O ENEAGRAMA COMPLETO

BEATRICE CHESTNUT

O ENEAGRAMA COMPLETO

**O mapa definitivo para
o autoconhecimento e a
transformação pessoal**

Tradução:
Simone Palma

goya

O ENEAGRAMA COMPLETO

TÍTULO ORIGINAL:
The Complete Enneagram

COPIDESQUE:
Tássia Carvalho

REVISÃO:
Entrelinhas Editorial
Hebe Ester Lucas

REVISÃO TÉCNICA:
Adriano Fromer Piazzi
Urânio Paes

CAPA:
Giovanna Cianelli

PROJETO GRÁFICO E DIAGRAMAÇÃO:
Desenho Editorial

DADOS INTERNACIONAIS DE CATALOGAÇÃO NA PUBLICAÇÃO (CIP)
DE ACORDO COM ISBD

C525e   Chestnut, Beatrice
O eneagrama completo: o mapa definitivo para o autoconhecimento e a transformação pessoal / Beatrice Chestnut; traduzido por Simone Palma. - São Paulo : Goya, 2019.
576 p. ; 16cm x 23cm.

Tradução de: The complete enneagram: 27 paths to greater self-knowledge

ISBN: 978-85-7657-461-3

1. Autoajuda. 2. Autoconhecimento. 3. Eneagrama. 4. Desenvolvimento pessoal. 5. Personalidade. I. Palma, Simone. II. Título.
                        CDD 158.1
2019-1838   CDU 159.947

ELABORADO POR VAGNER RODOLFO DA SILVA – CRB-8/9410

ÍNDICES PARA CATÁLOGO SISTEMÁTICO:
1. Autoajuda 158.1
2. Autoajuda 159.947

COPYRIGHT © BEATRICE CHESTNUT, 2013.
COPYRIGHT © EDITORA ALEPH, 2019.
(EDIÇÃO EM LÍNGUA PORTUGUESA PARA O BRASIL)

TODOS OS DIREITOS RESERVADOS.
PROIBIDA A REPRODUÇÃO, NO TODO OU EM PARTE,
ATRAVÉS DE QUAISQUER MEIOS.

é um selo da Editora Aleph Ltda.

Rua Bento Freitas, 306, cj. 71
01220-000 – São Paulo – SP – Brasil
Tel.: 11 3743-3202

WWW.EDITORAGOYA.COM.BR

@editoragoya

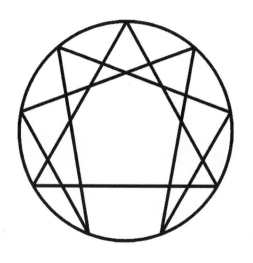

PREFÁCIO À EDIÇÃO BRASILEIRA

Beatrice Chestnut é hoje uma professora muito conhecida e reconhecida não apenas em San Francisco e na Califórnia, onde vive, mas também em toda a comunidade internacional do Eneagrama. Em grande parte, sua fama se deve ao livro primoroso que você está prestes a ler, o qual rapidamente se transformou em referência obrigatória tanto para iniciantes quanto para entusiastas desse fantástico mapa dos nove tipos humanos e seus caminhos de crescimento. Tenho a grande honra de ser amigo e sócio de "Bea" Chestnut.

Bea e eu nos conhecemos em congressos de Eneagrama e depois convivemos por seis anos como diretores da International Enneagram Association (IEA). Ambos acabamos assumindo a presidência global dessa associação que reúne a maioria dos professores e escolas que ensinam esse sistema. Ao longo desse período, pude comprovar a excelente formação e preparo de Bea para ensinar o Eneagrama da maneira correta: usando as abordagens e teorias mais atuais e apropriadas e mantendo sempre o necessário compromisso com seu próprio autodesenvolvimento, tanto psicológico quanto espiritual.

Bea teve seu primeiro contato com o Eneagrama em 1990, à mesa de jantar da casa de nosso querido e saudoso professor David Daniels, em Palo Alto, Califórnia. Teve então a abertura e a coragem de mudar sua carreira — ela já era ph.D. em Comunicação e Mídia de Massa — e voltar à universidade para estudar psicologia e tornar-se psicoterapeuta.

Quatorze anos depois, quando Claudio Naranjo descreveu sua versão dos vinte e sete subtipos do Eneagrama em congresso sobre o tema nos Estados Unidos, Bea abraçou definitivamente essa teoria por considerá-la a mais abrangente em sua área de estudo. Desde então, Bea tem dado exemplo de abertura para o novo e de humildade ao rever sempre suas posições — nada mal, sobretudo por ela ser Tipo Dois do Eneagrama (leia para entender).

O eneagrama completo tornou-se um livro de referência por várias razões. Em primeiro lugar, foi muito bem escrito, sendo ao mesmo tempo profundo e didático. O texto incorporou as versões mais atualizadas das teorias de Eneagrama, incluindo a abordagem que eu considero a mais correta sobre o funcionamento das flechas e dos subtipos. E a descrição dos nove tipos de personalidade eliminou mitos e estereótipos antigos sobre cada um deles. Em alguns casos, como no capítulo do Tipo Quatro, a autora tratou de resolver erros históricos e pela primeira vez descreveu corretamente a maneira pela qual funciona o subtipo Quatro Autopreservação. Conheço muitas pessoas gratas por revelações como essa.

O livro traz também páginas utilíssimas com comparações entre os tipos, para o leitor que ficar em dúvida entre duas ou mais opções. E, como a cereja de um bolo, cada capítulo apresenta uma analogia baseada no *Inferno*, um dos três livros que compõem o clássico *A divina comédia*, de Dante Alighieri.

Bea e eu temos viajado o mundo todo ensinando juntos o sistema do Eneagrama em nossa escola, a Chestnut Paes Enneagram Academy (www.cpenneagram.com). Oferecemos cursos que são parte de dois programas: Maestria Pessoal, para pessoas prontas para uma transformação interior mais profunda com o Eneagrama; e Certificação Profissional, em que terapeutas, *coaches* e líderes de todos os perfis aprendem a aplicar corretamente o Eneagrama com seus clientes e redes de influência. Em nossa plataforma *on-line*, a CPonline (antigo "Mundo Eneagrama"), Bea e eu ministramos nossas aulas virtuais e publicamos nossos vídeos, artigos e *podcasts*. Porém, em todos esses produtos, *O eneagrama completo* se coloca como uma das plataformas centrais. Por isso, recomendo a leitura deste livro o quanto antes para quem deseja trilhar os caminhos do autodesenvolvimento com o Eneagrama.

Estou muito feliz com a publicação do trabalho de Beatrice Chestnut em nossa língua portuguesa. E fico ainda mais satisfeito por ele ser lançado pela Editora Goya, do meu amigo e colega Adriano Fromer, que também é um excelente professor de Eneagrama.

Desfrute a leitura e mergulhe fundo nesse sistema de transformação pessoal único que é o Eneagrama!

– URÂNIO PAES

Este livro é dedicado a David e
Charlotte, na esperança de que cresçam
em um mundo mais consciente.

Você não precisa — e, de fato, não pode — ensinar uma semente a se tornar uma árvore de carvalho; porém, quando surge uma oportunidade, as potencialidades intrínsecas à semente se desenvolverão. De forma semelhante, o indivíduo humano, tendo uma oportunidade, tende a desenvolver suas potencialidades específicas [...] Em suma, ele crescerá substancialmente, sem desvios, rumo à autorrealização.

Mas, como qualquer outro organismo vivo, o indivíduo humano também precisa de condições favoráveis para se transmudar "de semente para árvore de carvalho"; precisa de uma atmosfera aconchegante que lhe proporcione sentimentos internos de segurança e liberdade, habilitando-o a ter seus próprios sentimentos e pensamentos, bem como a se expressar. [...] Ele precisa da boa vontade de seus semelhantes, não apenas para ajudá-lo em suas muitas necessidades, mas para guiá-lo e incentivá-lo a se tornar um indivíduo maduro e realizado. Ele também precisa manter um conflito sadio em relação aos desejos e às vontades alheias. Se ele puder crescer com os outros dessa maneira, com amor e conflito, ele também crescerá em harmonia com seu eu real.

— **KAREN HORNEY**, MD, EM *NEUROSIS AND HUMAN GROWTH: THE STRUGGLE TOWARD SELF-REALIZATION*

SUMÁRIO

Introdução
O autoconhecimento e o Eneagrama — 15

Capítulo 1
O Eneagrama como modelo para a compreensão
da natureza multidimensional da personalidade — 30

Capítulo 2
O Eneagrama como símbolo universal de um
ensinamento antigo: a perene visão de sabedoria sobre o propósito humano — 55

Capítulo 3
O arquétipo do ponto Nove: o tipo, os subtipos e
o caminho de crescimento — 77

Capítulo 4
O arquétipo do ponto Oito: o tipo, os subtipos e
o caminho de crescimento — 118

Capítulo 5
O arquétipo do ponto Sete: o tipo, os subtipos e
o caminho de crescimento — 168

Capítulo 6
O arquétipo do ponto Seis: o tipo, os subtipos e
o caminho de crescimento — 224

Capítulo 7
O arquétipo do ponto Cinco: o tipo, os subtipos
e o caminho de crescimento — 276

Capítulo 8
O arquétipo do ponto Quatro: o tipo, os subtipos
e o caminho de crescimento — 324

Capítulo 9
O arquétipo do ponto Três: o tipo, os subtipos e
o caminho de crescimento — 375

Capítulo 10
O arquétipo do ponto Dois: o tipo, os subtipos e
o caminho de crescimento — 422

Capítulo 11
O arquétipo do ponto Um: o tipo, os subtipos e
o caminho de crescimento   469

Apêndice
Identificadores do seu tipo no Eneagrama:
discernindo a diferença entre os pares de tipos   507

Notas   557

Referências   565

Agradecimentos   571

INTRODUÇÃO
O autoconhecimento e o Eneagrama

A faculdade de voluntariamente, reiteradas vezes, trazer de volta a atenção errante é a própria raiz do julgamento, do caráter e da vontade. Ninguém é *compos sui* [mestre de si] sem atenção. Uma educação que aperfeiçoe essa faculdade deve ser considerada uma educação por excelência.

WILLIAM JAMES, *PRINCÍPIOS DA PSICOLOGIA*

Entre o estímulo e a resposta há um espaço... Nesse espaço está o nosso poder de escolher nossa resposta. Na nossa resposta está o nosso crescimento e a nossa liberdade.

VICTOR FRANKL

Nos dias atuais, muitas pessoas buscam responder a determinadas perguntas, por exemplo: "Por que ajo assim?", "Como manter relacionamentos mais enriquecedores?", "Como conquistar melhores resultados no trabalho e viver de modo mais gratificante?".

Quando queremos ou precisamos promover algum tipo de mudança positiva na vida, compreensivelmente buscamos caminhos que nos permitam um entendimento mais amplo de nosso ser, alguma coisa não apenas fácil de ser aplicada no dia a dia, mas também eficaz no sentido de nos ajudar diante dos inúmeros desafios com que deparamos.

É fundamental nossa capacidade de mudar um comportamento diante de qualquer esforço de crescimento pessoal, porém esse ato também se torna incrivelmente difícil, considerando-se o poder dos nossos hábitos inconscientes. Visando à mudança de comportamento a fim de atingirmos nosso crescimento pessoal, precisamos desenvolver uma qualidade: a habilidade de criar um espaço intelectual e emocional dentro de nós mesmos, o qual nos possibilite observar e entender o que estamos fazendo, e pensar nos porquês de nossas ações. Desse ponto de vista, ao vislumbrarmos nossos pensamentos e sentimentos em ação, em vez de sermos apenas absorvidos por eles, conseguiremos começar a perceber com mais clareza onde e como estamos presos a um hábito, assim identificando o caminho que nos leve a outro tipo de escolha consciente. Ao criarmos um espaço intelectual de reflexão sobre o aspecto prático do nosso funcionamento rotineiro, abrimos a porta para uma compreensão mais profunda de nós mesmos.

Neste livro, espero atingir duas metas. A primeira, mostrar como os antigos ensinamentos de sabedoria iluminam a ideia de que o autoconhecimento — que defino como a capacidade de alguém observar, pensar e apropriar-se dos próprios pensamentos, sentimentos e ações — é a chave para um crescimento real e a conquista da competência para uma vida mais equilibrada e feliz. A segunda, oferecer um mapa e uma série de instruções — um manual delas para você — que lhe mostrarão formas para expandir o autoconhecimento a fim de que comece a aprofundar os estudos sobre si mesmo, objetivando mudanças positivas.

Ao expandir o autoconhecimento, você criará uma mudança sísmica de vida, e este livro o ajudará a examinar os pensamentos, os sentimentos e as ações automatizadas que compõem a maior parte de seu agir diário. Esta obra lhe ensinará maneiras de trazer mais consciência e propósito à sua rotina. Desde tempos remotos até hoje, essa prática constitui a base que nos leva rumo a uma vida mais criativa, flexível, íntegra, eficaz, autêntica e feliz.

A simples verdade sobre a condição humana: estamos adormecidos

Cada um de nós é único e dotado de enorme potencial, mas *existimos em uma espécie de sono desperto* por causa das programações do início da nossa infância.

A boa notícia é que os ensinamentos para a conquista de mais liberdade, paz e autoconhecimento existem há centenas ou talvez milhares de anos, incorporados em preceitos antigos, filosofia, mitos e símbolos. Entretanto, talvez nos seja difícil o acesso a verdades atemporais que envolvem o significado não só de ser humano, mas também as transformações que nos permitem manifestar nossos potenciais mais elevados.

INTRODUÇÃO

Assim, o objetivo deste livro é introduzir, explicar e traduzir os aspectos centrais de uma profunda tradição de sabedoria que, embora exista há séculos, apenas foi redescoberta nos últimos cinquenta e poucos anos.

Esse ensinamento antigo remonta à ideia de que, para crescermos e mudarmos desenvolvendo nossa habilidade de escolhas mais conscientes, primeiro precisamos compreender como realmente operamos no presente. Para que nos tornemos tudo o que podemos nos tornar, devemos começar do ponto em que estamos, sabendo exatamente qual é ele e quem somos. Um dos nossos padrões inconscientes mais profundos é a falsa crença de que já conhecemos quem somos e entendemos nossos pensamentos, nossos sentimentos e nossas ações. No entanto, eu argumento que, de fato, não sabemos; apenas pensamos saber, e isso constitui parte do problema.

Para que nos conheçamos e evoluamos de forma positiva, primeiro é necessário entendermos que operamos essencialmente em um "sono desperto". Sem esse esforço consciente, funcionamos em um nível altamente mecanizado, que segue os padrões habituais do dia a dia. Nosso "sono" se refere à crença não analisada de que todos temos de viver uma vida de liberdade relativamente ilimitada, quando, na verdade, ocorre o contrário: respondemos de formas previsíveis e repetitivas conforme os ditames da nossa programação inicial, bem similar às realizadas por máquinas programadas para apenas uma função. Assim como elas, enquanto não tivermos consciência de como nossa existência é limitada pela nossa programação, não alcançaremos o poder de nos afastar dessa condição pré-programada. Nem sempre entendemos o que não entendemos e somos tão limitados que não reconhecemos nossas próprias limitações.

A ideia de que a condição humana naturalmente nos coloca em um estado de comportamento automatizado e inconsciente se encontra na teoria psicológica ocidental e em tradições espirituais orientais. De fato, há evidências do nosso próprio estado de "sono desperto" nas repetições dos mesmos hábitos desconfortáveis dia após dia, e também em como com frequência nos desligamos e entramos no "piloto automático". Quando vamos a um quarto e esquecemos por que fomos até lá, ou quando lemos um livro e percebemos que não assimilamos o conteúdo da última página, ou quando estamos participando de uma conversa enquanto sentimos que nossa mente simultaneamente "divaga", ou, ainda, quando algo relevante acontece e não conseguimos realmente sentir o pulsar de nossas emoções, na verdade são nossos hábitos que estão no comando. Talvez seja mais preciso afirmar que nossos hábitos *comandam* a vida. Nosso trabalho, portanto, exige que aprendamos a prestar mais atenção ao que realmente acontece em nossa vida.

Em termos psicológicos, essa "diminuição da consciência" expressa que, assim como os mecanismos básicos de sobrevivência, a psique humana automaticamente "adormece", ou seja, se dissocia das experiências dolorosas como forma de sobreviver ou sentir-se segura no mundo. Embora sejamos criaturas extraordinárias, temos limitações básicas. Assim, como é impossível estarmos conscientes de tudo o que acontece o tempo todo, torna-se vantajoso o aprendizado de novas formas de pensar e de agir, as quais não apenas nos auxiliem a minimizar a dor e o perigo, mas também aumentem as sensações de conforto e segurança. Porém, ainda que a ausência de consciência de nossa própria dor e medo seja um elemento positivo para nossa sobrevivência e bem-estar, sobretudo nas etapas iniciais da vida, quando amadurecemos, se não analisarmos tais aspectos, adormeceremos para quem somos e para tudo o que poderíamos ser.

Como se iniciou esse hábito de adormecimento para nós mesmos? Como e por que nos tornamos assim? De todos os mamíferos, os bebês humanos são os que passam por um período mais longo de dependência, e, por isso, nas crianças há mecanismos de defesa inatos cuja função é evitar que se sobrecarreguem demais ou sejam feridas por ameaças psicológicas ou emocionais. Com o tempo, essas necessárias (e às vezes vitais) manobras defensivas e estratégias para lidar com o problema evoluem para "padrões" de pensamentos, sentimentos e comportamentos, os quais operam como "princípios organizadores", ou seja, crenças sobre o funcionamento do mundo e sobre como agir para sobreviver ou ser bem-sucedido. Tais estratégias padronizadas para lidar com o problema se transformam em "hábitos" automatizados e invisíveis que influenciam o foco da atenção e as estratégias adaptativas empregadas para interagir com o mundo.

Por exemplo, uma criança constantemente pressionada para "ser boa" poderá desenvolver uma estratégia para lidar com o problema que a ajudará a ser "perfeita"; portanto, desse modo evitará a crítica ou a punição. Outra criança, por exemplo, submetida a uma série diferente de influências externas e fatores internos, talvez se proteja de ameaças desenvolvendo estratégias que lhe permitirão esconder sua vulnerabilidade, o que a levará a encontrar formas de exercer controle e parecer corajosa. Cada um de nós automaticamente adota estratégias específicas de defesa contra ameaças, as quais atuam em conjunto na formação dos princípios organizadores de nossa personalidade.

Na infância, os padrões de comportamento que desenvolvemos para enfrentar as ameaças remetem a hábitos mentais disparados automaticamente, mesmo quando as ameaças originais desapareceram há muito tempo, e já adultos não nos confrontamos com nada nem de longe parecido. Nossas psiques desenvolvem esse anestesiante "sono desperto" que atua como protetor da dor emocional inicial, mas acabamos adormecidos para o que nos acontece na vida adulta. Esse desalinhamento entre nossos hábitos arraigados e nosso desejo de viver com autenticidade e espontaneidade torna-se a fonte de toda espécie de sofrimento, insatisfação e infelicidade. Desse modo, as estratégias para lidar com o problema dos primeiros anos, então não mais necessárias, transformam-se em prisões invisíveis que limitam nossos pensamentos, nossos sentimentos e nossas ações de um modo que soa tão familiar e completo que acabamos nos esquecendo de nossa capacidade de fazer outras escolhas. Assim, embora pensemos que ainda estamos despertos, adormecemos para nós mesmos. Perdemos a liberdade de nos engajar criativa e conscientemente no mundo, sem sequer saber que a tínhamos perdido.

Muitas tradições espirituais tentam explicar essa dissociação ou ensinam formas de nos manter conscientes de nós mesmos, mas acredito que basta olharmos nossa própria vida e veremos que caímos em antigos padrões inconscientes, sentindo-nos infelizes. Um exemplo dessa situação advém de minha própria experiência: ao crescer, passei a focar demais meus relacionamentos, levando felicidade às pessoas como estratégia para me sentir mais segura. Desejando evitar a dor da crítica dos outros ou suas rejeições, eu era charmosa e agradável. "Fazia as pessoas gostarem de mim" ao ser a queridinha e agradava aos demais para não sofrer com sentimentos ruins relacionados à reprovação e à separação. Sem consciência desse processo, adormeci para meus sentimentos, minhas necessidades e meus desejos porque, caso os reconhecesse, entraria em conflito com alguém que não quisesse lidar com minha raiva ou tristeza, ou que não pudesse atender as minhas necessidades. Com o tempo, fui perdendo contato com o que sentia a cada momento. Na faculdade, meu colega de quarto observou que eu nunca sentia raiva. No início me surpreendi, mas depois percebi ser verdade. Visando cumprir a minha principal estratégia de vida, ou seja, conviver bem com os outros e evitar qualquer tipo de conflito com eles, perdi contato com o fluxo natural de minhas emoções e com a habilidade de identificar aquilo de que precisava e o que queria. E, por muito tempo, nem sequer entendia o processo por que passava.

Mais tarde, os hábitos autoprotetores do início da minha vida me causaram problemas, pois representavam estratégias autolimitantes baseadas em uma perspectiva excessivamente limitada de minha capacidade de lidar com as inúmeras situações da vida. Da nossa própria maneira, cada um de nós inevitavelmente se prende a padrões de resposta relacionados aos primeiros anos de vida, os quais nos ajudaram naquele período, mas acabaram se tornando a origem de nossa inconsciência diária. Entretanto, se conseguíssemos perceber, prestar atenção e estudar esses padrões de respostas habituais, seríamos capazes de fazer o "trabalho interior" de liberação do ser: compreender, combater e, por fim, soltá-lo. Às vezes, o próprio ato de identificar um hábito e entender por que se desenvolveu basta para nos libertarmos das suas garras. Em outros casos, com padrões mais insistentes ou profundamente arraigados, talvez seja necessário que trabalhemos com nós mesmos de formas específicas durante um tempo para superá-los completamente e reverter a natureza automatizada de sua programação. De qualquer forma, os primeiros passos envolvem a compreensão de que adormecemos e a percepção de como alguém adormece a si mesmo.

Uma outra verdade comum sobre a condição humana: podemos despertar

Felizmente, a fundamental verdade de que estamos presos em nossos padrões inconscientes caminha lado a lado com outra verdade essencial sobre a condição humana: o estado de "sono desperto" é também o início de um processo crucial de despertar. A habilidade de despertar, ultrapassando os limites da possibilidade, torna-se parte inerente do que é ser humano. Adormecemos à medida que encarnamos no mundo e adquirimos uma personalidade, mas o potencial para o crescimento consciente e a transformação constitui parte da nossa configuração. De fato, muitas antigas tradições de sabedoria afirmam que a tarefa

INTRODUÇÃO

de despertar, tornando-nos conscientes de quem somos, representa o propósito da vida humana na terra.

Então, se nossos padrões automatizados de pensamentos, sentimentos e ações nos levam a adormecer para a própria vida, como despertaremos? Podemos nos tornar mais conscientes (e despertar) ao aprender a observar e estudar a nós mesmos com mais objetividade. Esse processo aprofunda de modo gradual nosso autoconhecimento ao conceber o entendimento consciente de quem de fato somos e o que de verdade está acontecendo. Embora a capacidade de despertar esteja na nossa natureza, o trabalho de nos mantermos acordados requer constante esforço. Se sentirmos preguiça, correremos o risco de adormecer novamente.

A auto-observação capaz de nos libertar do "sono desperto" começa com a experiência consciente de perceber nossa própria inconsciência. A prática de observar os padrões automatizados de pensar, sentir e agir constrói uma qualidade interna mais objetiva de autopercepção, que existe separada desses padrões. Com o tempo, esse esforço gera a capacidade de reconhecer quando "entramos no automático" ou quando nosso "programa" está rodando. (Como Chris Fasano, meu primo, costumava dizer, você começa a "'sacar' o próprio jogo".) Essa auto-observação estabelece a dicotomia entre os padrões e a consciência com o intuito de que a pessoa observe a revelação de pensamentos, ações e sentimentos automatizados sem "ser um" com eles ou julgá-los (ou julgar a si mesma) como bons ou ruins. Desse modo, será criado um espaço intelectual que possibilitará a ruptura desses hábitos mentais, a fim de que sejam abandonados e se façam outras escolhas mais conscientes.

O primeiro passo para despertar e evoluir ultrapassando hábitos mecânicos é começar a observá-los. Geralmente, estamos tão acostumados com nossas ações que nem nos questionamos. Então, o elemento de partida é, ao se pegar caindo no sono, desacelerar e fazer um verdadeiro esforço de se observar conscientemente e ver desde um ponto mais distante, ou com objetividade, o que se está fazendo. Para isso, é necessário aprender a prestar atenção àquilo a que está prestando atenção (e não está prestando).

O método psicológico e os ensinamentos espirituais apontam métodos simples de prática meditativa como a melhor maneira de desenvolver e expandir a capacidade de autorreflexão, além de permitirem o exercício da intenção consciente. A meditação ajuda a construir a habilidade de perceber e, conscientemente, estabilizar ou alterar o "foco de atenção". A autorre-flexão e o autoquestionamento — ao se perguntar "No que estou colocando atenção e por quê?" — permitem-lhe responder a questões profundas sobre "o quê, por quê e como" dos seus pensamentos, seus sentimentos e suas ações, em vez de pressupor que simplesmente devam ser assim.

Outra maneira de a antiga tradição expressar essa forma básica de prática meditativa como chave para o sucesso em quase todos os domínios é por meio do conceito de "concentração", ou da "faculdade de fixar o máximo de atenção em um mínimo de espaço". Quando conseguimos desenvolver alguma habilidade em pausar os pensamentos automatizados da mente recorrendo à concentração, começamos a construir uma "zona de silêncio" interior que poderá ser usada como apoio aos nossos esforços de auto-observação.

A prática de auto-observação consiste em focar a atenção nos pensamentos, nos sentimentos e nas ações do momento presente e trazer de volta o foco de onde quer que ele inevitavelmente esteja. Estudar sem julgamentos os próprios pensamentos, sentimentos ou ações no momento presente vira "objeto de atenção", impedindo assim que a mente continue a se preocupar com os padrões habituais reativos. O exercício de atenção plena lhe possibilita se tornar mais consciente do que está ocorrendo dentro de você, lembrando-o de se sintonizar propositalmente com você mesmo com mais frequência. Assim como a repetição em um exercício físico, o "músculo da atenção" se fortalece mediante um esforço consciente em notar para onde sua atenção vai e, então, mudá-la para um foco escolhido conscientemente.

• • •

Esse processo de fortalecimento do músculo da atenção também lhe permite desenvolver e empregar ativamente um "observador interno". O cultivo de uma "consciência observadora" é o ingrediente principal não só nas práticas de meditação, mas também nas muitas formas de psicoterapia. Paradoxalmente, ainda que muito simples, é ao mesmo tempo difícil de ser feito; simples, pois envolve uma atividade bem direta, possível a qualquer hora e em qualquer lugar. Entretanto, talvez seja desafiador sustentar o esforço consciente necessário para de fato levá-la a cabo. A "auto-lembrança", ou seja, o ato de se lembrar de focar a atenção consciente sobre si mesmo nunca se torna um hábito, e, portanto, é necessário prática para desenvolver a capacidade de realmente prestar atenção, perceber quando não se está prestando atenção e mudar o foco. Assim, efetivamente você chegará à auto-observação e se tornará mais "desperto".

Por sorte, vivemos em um momento em que pessoas de diferentes áreas do saber começaram a entender o autoconhecimento como peça-chave do desenvolvimento pessoal. Desde a psicoterapia até a espiritualidade, passando pela filosofia, neurociência ou pelo treinamento de liderança e desenvolvimento de negócios, os indivíduos que trabalham a pergunta "o que promove o crescimento humano e o bem-estar?" concentram-se nos mesmos elementos que estimulam mudanças positivas, eficácia, saúde e realização. O que antes era território exclusivo de líderes espirituais e psicoterapeutas acabou entrando no pensamento popular do significado de ser humano e de como podemos desenvolver nossas qualidades humanas inatas para conquistar mais liberdade e felicidade. E o início desse processo se baseia na ideia simples de desenvolver a habilidade de prestar atenção, pois, desse modo, gera-se um melhor entendimento do que está acontecendo dentro de nós.

O Eneagrama como um mapa para o desenvolvimento do autoconhecimento

A antiga injunção "Conhece-te a ti mesmo", gravada no Templo de Apolo em Delfos, na Grécia antiga, baseava-se em profundos ensinamentos filosóficos que reconheciam que a chave para o conhecimento do mundo natural e para as possibilidades humanas internas começa ao estudar tanto os "eus" individuais quanto o ambiente externo. Esse pilar de sabedoria da cultura ocidental se apoiava no estudo do ser humano por dentro (cada um de nós trabalhando para entender nosso próprio território interior) como um projeto necessário, que caminha lado a lado com o estudo científico do mundo exterior.

No último século, alguns indivíduos redescobriram um poderoso ensinamento, há muito perdido, que transmite uma visão clara de como nós, humanos, funcionamos: o *Eneagrama*, que basicamente significa "desenho de nove", está codificado em uma estrela de nove pontas inscrita em um círculo que oferece um modelo para um sistema de tipos de personalidade com 27 diferentes personagens "arquetípicos". Nos últimos anos, pessoas do mundo todo têm reconhecido essa sabedoria antiga como genuína, incrível e transformadora.

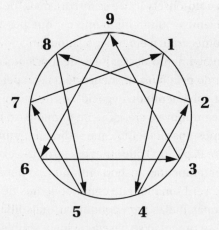

À primeira vista, o Eneagrama é um sistema de tipos de personalidade de nove arquétipos, ou tipos de personalidade interconectados. Cada um deles está ligado a outros quatro dispostos ao redor de um diagrama simbólico. O símbolo do Eneagrama, cuja origem é antiga e misteriosa, representa um elegante modelo sobre algumas das leis fundamentais do universo; expressas em termos matemáticos, elas refletem padrões discerníveis no mundo natural, incluindo o ego humano ou a personalidade.

> Os arquétipos são modelos ou protótipos que nos ajudam a discernir os padrões universais e dar sentido a eles. De acordo com Carl Jung, os arquétipos constituem "modos típicos de apreensão"— ou "padrões de percepção psíquica e entendimento comum a todos os seres humanos".[1] O conceito de arquétipo usado por Jung veio da Grécia antiga, que via o mundo em termos de "princípios arquetípicos", refletindo uma visão do cosmos como "uma expressão organizada de certas essências primordiais ou primeiros princípios transcendentais", e dos arquétipos como "esclarecedores universais no caos da vida humana".[2] Mais recentemente, Carolyn Myss definiu "nosso

> próprio arquétipo pessoal" como "as lentes psíquicas através das quais nós nos vemos e vemos o mundo ao nosso redor".[3]

O elemento básico do ensinamento associado ao Eneagrama reflete as mesmas mensagens comunicadas pelas mais antigas tradições filosóficas, místicas e psicoespirituais do mundo todo: a habilidade de observar e refletir sobre uma experiência por meio do desenvolvimento de um "observador interno" que lhe permite a expansão do autoconhecimento, possibilitando alcançar um estado mais elevado de consciência. Ao mostrar ao "observador interno" em que prestar atenção, o Eneagrama não só ajuda a incrementar a autopercepção, mas também atua como um método para mudar e crescer baseado nessa visão.

Ao começarmos esse "estudo" sobre nós mesmos, ele se torna uma espécie de guia. Pensamos, sentimos e fazemos tantas coisas todos os dias — e de que modo conseguimos dar sentido a tudo isso? É aí que entra o Eneagrama. Como modelo universal e antigo de transformação e desenvolvimento humano, ele possibilita uma visão exata e objetiva dos padrões arquetípicos que estruturam a personalidade humana. Desse modo, apresenta-se como um mapa fundamental para aqueles que buscam compreender a si mesmos em um nível mais profundo.

O Eneagrama descreve três "centros de inteligência", nove "tipos" de personalidade e 27 "subtipos", um conjunto que forma uma fotografia exata da personalidade em termos de padrões associados ao nosso funcionamento. A ideia central é de que a constituição da personalidade — tudo o que se pensa, sente e faz — segue padrões. Mesmo quando alguém tenta prestar atenção de modo mais cuidadoso a tudo o que está acontecendo em seu interior, talvez lhe seja difícil detectar padrões, pois agiu da mesma forma por tanto tempo que a "padronização" se torna invisível, assim como um peixe não "nota" a água onde nada. O Eneagrama permite ao indivíduo identificar padrões na sua própria personalidade.

Como funciona esse processo? E como ele gera mudanças mais positivas? Agrupam-se muitas das estratégias para lidar com problemas que usamos para avançar na vida em um número limitado de categorias ou tipos de personalidade. Ao descrever em detalhes os pensamentos, as emoções e as ações típicos dos nove tipos básicos de personalidade (e os três subtipos de cada um desses nove), o Eneagrama destaca também como esses padrões habituais são adotados para que se comece a enxergá-los.

Dessa forma, a descrição das personalidades pelo Eneagrama forma um mapa de 27 conjuntos específicos de temas e padrões. Uma vez que uma pessoa se encontra em um desses tipos, ao combinar o que se observa fazendo a uma das personalidades do Eneagrama, ela ganha acesso a uma quantidade imensa de informações, o que pode ajudá-la a reconhecer e entender os padrões em seus próprios pensamentos, em suas emoções e ações.

É fundamental na eficácia do Eneagrama como ferramenta de crescimento o fato de ele não ser um modelo estático. Somos seres complexos e mutáveis, e o Eneagrama, um mapa dinâmico de transformação, revela como podemos desenvolver hábitos e também, com o tempo, nos livrar dos padrões habituais restritivos que nem sequer percebíamos como limitantes. Começar a entender o próprio tipo de personalidade gera uma percepção mais precisa dos padrões de personalidade quando eles surgem; o indivíduo se "pega no ato" mais frequentemente, e solta as amarras ao escolher não permanecer inconsciente a esses padrões.

• • •

Chamarei de Max um advogado de quase 50 anos e cliente meu na psicoterapia, que veio me procurar em razão do sofrimento que lhe causava a ansiedade excessiva, o que o fazia duvidar constantemente de si mesmo e o impedia de avançar na vida. Ele não era capaz, por exemplo, de se separar da mulher, mesmo ciente de que a relação não estava mais dando certo e precisava acabar; Max se torturava por dentro, questionando incessantemente cada passo que daria. O talento para a análise, um elemento que o transformou em um advogado muito bem-sucedido, também contribuía para sua tendência de imaginar vários cenários negativos que o aprisionavam. Sua crença na própria "malícia" básica o levava a imaginar que os outros o estivessem julgando e condenando. Durante o processo de terapia, reconheci que ele era um "Seis Autopreservação", alguém que, vivendo com uma sensação contínua de medo e de incerteza, se engaja em padrões de pensamento circulares caracterizados pelo questionamento e pela dúvida. Mesmo gentil, bem-intencionado e inteligente, Max, paralisado no hábito de imaginar cenários assustadores, era incapaz de agir de forma decisiva para apoiar o próprio bem-estar.

Ao usar o Eneagrama como guia para compreender o dilema de Max, podemos focar os conflitos internos mais importantes e lidar com eles: 1) a falsa crença de que era uma pessoa ruim e por isso seria condenado e rejeitado pelos demais, embora existissem evidências do contrário; 2) a sensação de que, se agisse em benefício próprio, de forma decisiva, coisas ruins poderiam ocorrer; e 3) os hábitos mentais, que o mantinham aprisionado ao medo e à ansiedade. Max confiava em sua mente analítica, mas duvidava de tudo e, por isso, não conseguia se sentir seguro no mundo. Ao usar o mapa do Eneagrama, fomos primeiro capazes de definir e depois entender as questões principais de Max para, então, oferecer a ele instrumentos que lhe permitissem trabalhá-las. Como Seis Autopreservação, a questão fundamental englobava Max não haver desenvolvido uma sensação de autoridade interior forte (por causa das ameaças e dos abusos do pai, que não o protegia ou apoiava); portanto, permanecia preso nesse mesmo círculo, governado por uma estratégia defensiva sem controle. Ao tentar pensar em um jeito de conquistar mais confiança e segurança ao usar sua forte mente analítica, ele se via em um ciclo de medo e questionamentos infinitos, julgando-se incapaz de encontrar um modo de se sentir seguro e poderoso. No entanto, conforme aprendia a enxergar os seus padrões de pensamento sob uma perspectiva mais ampla e se empenhava em práticas específicas que agiam contra essas tendências, ele conseguiu lidar com a ansiedade exacerbada e começou a progredir na vida.

Talvez em razão do seu significado profundamente simbólico e legado antigo, o sistema do Eneagrama incorpora a complexidade dos hábitos humanos; portanto, as personalidades nele comunicadas se revelam retratos úteis dos 27 diferentes padrões de pensamento, sentimento e ação. De acordo com a tradição de sabedoria associada a esse modelo, a personalidade é vista não só como um "falso eu", ainda que de certa forma necessário para interagir com segurança no mundo, mas também como o meio que nos leva a perder contato com nosso "verdadeiro eu", soterrado atrás do "falso eu", que acaba ocupando um primeiro lugar no modo como lidamos com a vida.

De acordo com o Eneagrama, embora o falso eu ou personalidade seja o "problema", considerando-se que nos identificamos tanto com ele que equivocadamente pensamos que é tudo o que somos, ele também atua como o veículo que nos leva de volta ao eu verdadeiro. À medida que aprendemos a ver através das funções automatizadas do falso eu, ou personalidade condicionada, aprendemos a trabalhar com ele de modo mais consciente, tornando-nos menos fixados na perspectiva restrita e mais criativos e flexíveis. Como tal, o Eneagrama apresenta uma visão e um caminho para rompermos com velhos hábitos e alcançarmos nosso verdadeiro potencial.

Conclusão

Ao apresentar o poder do Eneagrama, este livro se baseou mais diretamente no trabalho de dois escritores e professores: Oscar Ichazo e Claudio Naranjo. Oscar Ichazo desenvolveu o Eneagrama no Chile nos anos 1960, como parte de um programa maior de transformação humana. Claudio Naranjo, psiquiatra com vasto conhecimento e experiência em abordagens espirituais e psicológicas de desenvolvimento humano, aprendeu o modelo de Ichazo em 1970 e traduziu os tipos do Eneagrama para uma linguagem ocidental. Naranjo refinou e expandiu as descrições dos tipos ao trabalhar o material nas décadas seguintes, começando em Berkeley nos anos 1970. Foi por meio de um grupo original de estudantes de Naranjo que o Eneagrama se espalhou pelo mundo. Embora hoje vários escritores tenham publicado livros excelentes sobre o Eneagrama, esta obra se fundamenta principalmente nos estudos descritivos de Naranjo sobre os tipos, os subtipos e a natureza do caminho de desenvolvimento de consciência, enfatizando as exigências desse caminho.

No entanto, em sua exploração sobre o porquê de o Eneagrama ser uma ferramenta tão poderosa de autoconhecimento, esta obra foi construída sob uma base ainda mais profunda e ampla do que as significativas e pioneiras contribuições de Ichazo e Naranjo. Ela surge não apenas de uma tradição de sabedoria com uma visão sobre o maior propósito humano e um mapa para essa manifestação, mas também dos meus próprios estudos nos campos da psicologia e desenvolvimento pessoal. Em especial, contribuíram com este livro minha formação como psicoterapeuta, meu próprio "trabalho pessoal" e as muitas lições que aprendi de professores de Eneagrama próximos a mim: Helen Palmer e David Daniels. Embora cite as fontes das ideias apresentadas aqui, é importante destacar que esses dois indivíduos moldaram, e é impossível quantificar,

INTRODUÇÃO

meu modo de pensar esses temas. Seus ensinamentos formulam a base da minha compreensão sobre este importante trabalho.

Espero, sobretudo, traduzir a profunda tradição de sabedoria e destacar as verdades eternas que ela revela, ao mesmo tempo que incorporo a informação valiosa com *insights* modernos sobre os elementos que nos ajudam a crescer e a criar mudanças positivas. Ao apresentar a poderosa e profunda verdade advinda dos estudos do Eneagrama, antes informações perdidas por séculos, espero inspirar o leitor a priorizar o próprio desenvolvimento como chave para o sucesso em tudo o que fizer na vida. E, embora esse "trabalho interior" nos desafie a romper nossa zona de conforto ao enfrentar situações que preferíamos manter adormecidas, é também uma enorme aventura, daquelas imortalizadas em poemas épicos e mitos clássicos, todos eles capazes de liberar nossa energia para viver, de forma mais pacífica, uma vida autêntica, animada e significativa. Espero que este livro discuta a visão proposta pelo Eneagrama e um método, e que ambos contribuam para incrementar a autopercepção e esclarecer o caminho para fazê-lo de modo que o leitor se sinta inspirado a seguir adiante em sua própria jornada de evolução pessoal.

CAPÍTULO 1

O Eneagrama como modelo para a compreensão da natureza multidimensional da personalidade

Ser humano é tornar-se visível
enquanto se carrega o que está escondido como presente para os outros.
Lembrar-se do outro mundo neste mundo
é viver nossa verdadeira herança.

Você não é um convidado problemático nesta terra
você não é um acidente entre outros acidentes
você foi convidado de uma outra mais profunda noite
do que aquela da qual você acabou de emergir.

Agora, ao olhar através da luz da janela da manhã
Em direção à presença da montanha de tudo o que pode ser
Qual urgência o chama para o seu amor uno?
Qual forma espera na semente sua
crescer e espalhar suas raízes
contra o céu do futuro?

DAVID WHYTE, DO POEMA "WHAT TO REMEMBER WHEN WALKING" ["O QUE LEMBRAR NA CAMINHADA"]

O termo "personalidade" geralmente se refere à parte de nosso caráter que se desenvolve para interagir no mundo. Nossa personalidade é moldada pela intersecção de nossas qualidades natas com nossas primeiras experiências de vida, envolvendo pais, educadores, família e amigos, e também com outras influências em nosso ambiente físico, social e cultural.

O que é a personalidade?

A maioria de nós entende a personalidade como "quem somos". Igualamos a ideia de personalidade — o "você" que os indivíduos dizem conhecer — com essa identidade. Porém, de acordo com o Eneagrama, a pessoa é mais do que isso — a personalidade que você e os outros associam com o "eu" representa apenas uma parte de quem você é. Assim como na psicologia ocidental, o Eneagrama considera a personalidade como um "falso eu" que se desenvolve para permitir que seu "eu verdadeiro" (mais vulnerável e recém-formado) se adapte, encaixe e sobreviva entre nós. Essa perspectiva sustenta que a personalidade é um *eu* "defensivo", ou "compensatório", cujas estratégias para lidar com o problema são desenvolvidas para nos ajudar a suprir nossas necessidades e reduzir nossas ansiedades.

A personalidade como ego e sombra: o que você enxerga e o que você não enxerga em si mesmo

Assim como a luz, ao iluminar um objeto, gera uma área sombria, Carl Jung afirma que a luz da consciência, percebida por alguém em si mesmo, cria um aspecto "sombra" da personalidade, o qual passa despercebido, como um ponto cego.[1] Atributos considerados "ruins" — sentimentos de raiva, ciúme, ódio e inferioridade — são relegados à nossa sombra e se tornam inconscientes. (As pessoas que tendem a focar suas características negativas podem esconder na sombra alguns sentimentos ou qualidades tipicamente "positivas".) No entanto, a sombra representa tudo o que nos recusamos a assumir e afeta nosso comportamento. Com frequência, a cegueira diante desses elementos dentro de nós implica a existência de uma diferença entre a pessoa que pensamos ser — ou a que gostaríamos de ser — e quem somos na realidade em nossa jornada no mundo.

Todos rejeitamos aspectos da nossa sombra porque são desconfortáveis e geram mal-estar em nós mesmos, mas relegar essas características ao inconsciente lhes dá o poder de criarem problemas inesperados em nossa vida e em nossos relacionamentos, pois somos influenciados sem nos dar conta. Desenvolver nosso "eu verdadeiro" exige saber, aceitar e integrar todos os nossos *eus*, inclusive os nossos elementos sombras. O Eneagrama nos auxilia nessa tarefa.

A visão de 360 graus do Eneagrama

O Eneagrama descreve os tipos de personalidade em termos de padrões conscientes de pensamentos, sentimentos e ações concomitantes com os aspectos reprimidos da sombra. Como resultado, ele se torna uma excelente ferramenta para realizar a parte mais difícil do trabalho de conscientização: perceber os pontos cegos, apropriar-se deles e aceitá-los.

Em 1994, participei do que depois se transformaria no primeiro encontro da Associação Internacional do Eneagrama, na Universidade de Stanford, em Palo Alto, na Califórnia. Nessa reunião que concentrou entusiastas do Eneagrama do mundo todo, o padre franciscano e escritor Richard Rohr, em uma palestra incrível, comparou o símbolo místico do Eneagrama com o arquétipo "Roda da Fortuna", que sintetiza a vida com seus inevitáveis altos e baixos. Rohr observou que a cultura ocidental é motivada para a "ascensão", ou seja, para o lado bom das coisas, e, portanto, enfrenta mais dificuldades com a "descida" da roda. Por isso, Rohr afirma que o Eneagrama nos permite ver nosso lado escuro sem julgamento. É uma ferramenta de valor incalculável, pois nos ajuda a aceitar essa descida e a lidar com ela.

Rohr expressou com eloquência uma verdade profunda. Nossa tendência humana (egoica) concentra-se em nos sentirmos bem (e evitarmos nos sentir mal) com nós mesmos. No entanto, sem uma maneira de reconhecer, aceitar e enfrentar tudo o que somos, inclusive o lado sombra e os aspectos difíceis da nossa experiência, nosso crescimento pessoal se estanca e nosso potencial permanece adormecido. O Eneagrama revela a verdade no que enxergamos como "bom" e "mau" da nossa programação habitual, possibilitando-nos enfrentar com compaixão as partes inapropriadas e "fixas" (aprisionadas) da nossa personalidade, acolhendo quem realmente somos.

O mapa da personalidade no Eneagrama

Ao descrever de forma sistemática hábitos e características dos 27 "falsos eus", o Eneagrama nos ajuda a identificar os padrões específicos da personalidade e as sombras que os acompanham. Considerando a personalidade de acordo com seu "centro de inteligência" predominante:

o instintivo (físico), o coração (emocional) e a cabeça (mental), ele, então, divide cada centro em três tipos de personalidade, totalizando nove tipos.

Agrupados de acordo com seus centros, os tipos de personalidade e as linhas de conexão entre eles desenham a figura de um antigo símbolo místico, o diagrama do Eneagrama. Além dos três centros e dos nove tipos, há um nível mais profundo que divide cada um dos nove tipos em três subpersonalidades específicas, ou "subtipos", que se baseiam na relativa ênfase de *três instintos básicos*. Os subtipos resultantes constituem tipos únicos de personalidade, levando-se em conta que cada um dos nove tipos é moldado pelos três impulsos centrais instintivos que todos compartilhamos: autopreservação, interação social e conexão sexual (ou Um-a-Um).

Os três centros

A sábia tradição implícita no Eneagrama sustenta que os humanos são "seres de três cérebros" — e que funcionam mediante três "diferentes centros de inteligência". Esses centros representam os três modos de percepção, processamento e expressão: movimento ou sensação (cinestesicamente), sentimento e pensamento. A função de cada centro apresenta vantagens e desvantagens — com seus usos positivos e negativos — que nos ajudam não apenas a interpretar o mundo ao nosso redor e a interagir com ele, como também a entender aquilo que pode nos desviar do caminho.

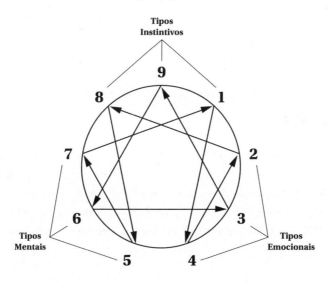

O centro *"instintivo"* inclui os *centros motores* (pontos 8, 9 e 1), que funcionam ativamente em relação a todos os movimentos físicos, o que corresponde às funções ligadas ao instinto. Quando os pensamentos iniciam os movimentos, o centro motor (instintivo) é ativado. Esse impulso pode servir como um possante guia para a ação certa, mas seu uso indevido talvez gere comportamentos impulsivos ou inércia.

O centro "emocional" ou do "coração" (pontos 2, 3 e 4) regula as funções sentimentais, ou seja, a experiência e a expressão das emoções. Cabe a ele permitir à pessoa sentir emoções e se conectar com outras por meio da empatia. Porém, seu uso excessivo (ou incorreto) pode desencadear extrema sensibilidade, insensibilidade ou mesmo manipulação emocional.

O centro "mental" ou da "cabeça" (pontos 5, 6 e 7) regula as funções do pensamento, isto é, a experiência e a expressão dos pensamentos, das crenças e de outras atividades cognitivas. Embora essa forma de inteligência seja imprescindível para uma análise imparcial e para um processo racional, pode ser paralisante quando se abusa da análise de uma situação.

Os nove arquétipos da personalidade

O poder do mapa do Eneagrama consiste na articulação exata de padrões automatizados associados às personalidades que ele descreve. Cada tipo apresenta um "foco de atenção" habitual — padrões de pensamento, sentimento e ação mais relevantes —, assim como a motivação fundamental para a "paixão" ou a "característica dominante".

As paixões

Cada tipo de personalidade do Eneagrama está associado a uma das nove "paixões" que apontam para a questão central emocional/motivacional de cada tipo. As paixões são impulsos emocionais (e frequentemente inconscientes) baseados em uma visão implícita do que se precisa fazer para sobreviver e como fazê-lo. Por serem

> motivadas por uma falta, as paixões criam um dilema básico ou uma armadilha em que a personalidade se organiza ao mesmo tempo que se esforça para suprir uma necessidade básica nunca satisfeita.
>
> É crucial entender o papel das paixões para compreender melhor o Eneagrama, porque elas motivam a ação por meio da intensa ânsia por algo, porém acabam bloqueando a verdadeira realização em decorrência do que precisamos fazer para satisfazer essa ânsia. Isso acontece em razão de conquistarmos o que de fato precisamos apenas quando transcendemos o âmbito limitado da personalidade. Só poderemos escapar desse ciclo que não nos leva a lugar algum pela consciência de nossas motivações.[2]

Os tipos do centro instintivo

Tipo Nove

Foco de atenção: O Nove foca sua atenção nos outros, no que está acontecendo em seu meio, em evitar conflito e conquistar harmonia. Tipicamente, o Nove se sintoniza com o que as outras pessoas querem, sem, no entanto, ter uma ideia muito clara sobre os próprios planos.

Padrões de pensamento e sentimento: O Nove busca estar bem com os outros, sem "agitar o barco" e criar conflitos. Emocionalmente estável, não sente tanto os altos e baixos. Embora do tipo "raivoso", ele não costuma sentir raiva. O Nove (inconscientemente) se dissocia desse sentimento como forma de evitar conflito ou separar os outros — a raiva, então, tende a ser extravasada ou por meio da teimosia, ou por um comportamento passivo-agressivo, ou ainda em ocasionais explosões.

Padrões de comportamento: O Nove gosta de "seguir o fluxo" e acomoda-se aos planos dos outros de modo automático, para, assim, evitar expressar (ou até registrar) qualquer preferência própria que gere conflito; entretanto, é possível que ele resista passivamente mais tarde, quando algumas pistas sobre seu desejo latente acabam vindo à tona. Ainda que esse tipo não goste de se sentir controlado, ele aprecia estrutura e formas definidas de autoridade. É um ótimo mediador por ter a habilidade de perceber todos os lados de uma questão, e naturalmente encontra um meio-termo em pontos de vista conflitantes.

Paixão — Preguiça: A preguiça se refere a uma inação da psique, uma rejeição para ver, uma resistência em mudar, além de uma aversão ao esforço, especialmente quando diz respeito a estar consciente do próprio sentimento, da sensação e do desejo. Essa paixão representa muito mais desatenção consigo mesmo e inércia da vontade, ao se sintonizar com o que acontece internamente, do que relutância em agir.

Tipo Oito

Foco de atenção: O Oito foca naturalmente sua atenção no poder e no controle: quem tem e quem não tem, e o exercício desse poder. Ele pensa grande, mas a maioria detesta lidar com detalhes. Vê o mundo dividido entre "fortes" e "fracos" e se identifica com os "fortes", evitando sentir-se fraco.

Padrões de pensamento e sentimento: Emocionalmente, o Oito em geral apresenta fácil tendência à raiva e (de modo inconsciente) evita demonstrar sentimentos de vulnerabilidade. Esse tipo parece destemido e intimidante para os outros, com frequência sem querer. Gosta de assumir o controle, é dominado por pensamentos radicais, sabe o que é melhor ou verdadeiro e não gosta de receber ordens.

Padrões de comportamento: O Oito é bastante energético, capaz de grandes feitos e de confrontos quando necessário, protegendo quem lhe importa. É possível que seja *workaholic,* trabalhando muito mais do que pode, sem reconhecer seus limites físicos. Nega-se a vivenciar sentimentos mais vulneráveis que talvez o desacelerem. Às vezes trabalha tanto que adoece.

Paixão — Luxúria: A luxúria é a paixão por excesso e intensidade em toda forma de estimulação. Atua como um impulso para preencher o vazio por meio da gratificação física. A luxúria, na definição do Eneagrama, implica "uma paixão por excesso ou um apaixonar-se em excesso cuja gratificação sexual é a única forma possível de gratificação".[3]

Tipo Um

Foco de atenção: Com a função de "superego" do modelo freudiano, o Um concentra-se em notar erros (como desvios de um ideal gerado internamente), ao discernir entre o certo e o errado, e em demonstrar confiança em regras e estrutura.

Padrões de pensamento e sentimento: Emocionalmente, é comum o Um ressentir-se ou irritar-se, ou ainda conter a raiva. Como a comunicação da agressão entra em conflito com sua crença pessoal de que expressar raiva é ruim, a ira e todos os impulsos instintivos em geral são retidos e logo vêm à tona em forma de ressentimento, irritação, criticismo e certa arrogância (ele sabe o que é melhor). O Um acredita que há um "jeito certo" de fazer as coisas e que todos deveriam tentar ser mais perfeitos.

Padrões de comportamento: Os comportamentos do Um podem ser vistos como rígidos ou altamente estruturados, pois ele se apega a rituais ou formas reiteradas de agir. No geral, segue regras, é confiável, ético e trabalha duro.

Paixão — Ira: Como paixão emocional, a ira aparece de modo reprimido para o Tipo Um, uma forma de ressentimento que busca uma solução ao perseguir a perfeição e a virtude. O Um demonstra hostilidade à imperfeição e se esforça para que tudo se encaixe com o seu ideal de como deveria ser.

Os tipos do centro emocional

Tipo Três

Foco de atenção: O Três foca sua atenção em tarefas e metas a fim de criar uma imagem de sucesso que seja vista pelos outros. Identifica-se com seu trabalho, acredita que é o que faz e perde contato com quem realmente é.

Padrões de pensamento e sentimento: Para um Três, o pensamento se centra em "fazer" — realizar tarefas e metas. Embora seja um tipo do coração, o Três (inconscientemente) evita lidar com seus sentimentos, o que o impediria de fazer algo. Quando desacelera a ponto de as emoções virem à tona, pode sentir tristeza ou ansiedade desencadeada por querer reconhecimento apenas pelo que faz, e não por quem é. O Três tende a expressar uma raiva impaciente quando alguém ou algo se interpõe entre ele e seus objetivos.

Padrões de comportamento: O Três tende a ser um *workaholic* ágil. Sente dificuldade em desacelerar e apenas "ser". Em razão do incomparável foco para fazer o que precisa ser feito rumo à conquista de seus objetivos, pode ser extremamente produtivo e eficaz.

Paixão — Vaidade: A vaidade é uma preocupação exacerbada com a própria imagem ou com o "viver para ser visto pelo outro".[4] A vaidade motiva o Três a apresentar uma imagem falsa às pessoas, pois deseja se moldar a qualquer imagem que seja a mais certa ou a mais bem-sucedida em um determinado contexto.

Tipo Dois

Foco de atenção: O Dois foca em relacionamentos, em ganhar aprovação e seduzir os outros por meio de sua utilidade, como forma de suprir as próprias necessidades renegadas. Ele consegue "ler" efetivamente as pessoas que o rodeiam e se alinhar com o que percebe ser mudança de humor e de preferência para aumentar a sua chance de conexão positiva com os outros.

Padrões de pensamento e sentimento: Emocionalmente, em função de o Dois temer a rejeição, com frequência reprime seus sentimentos em um esforço para agradar aos outros. Quando não consegue mais reprimir as emoções, pode demonstrar raiva, tristeza, ansiedade ou sensação de estar ferido. O Dois também expressa sentimentos de felicidade objetivando mostrar ser querido pelos outros.

Padrões de comportamento: O Dois tende ao otimismo, ao excesso de energia e à benevolência, embora isso às vezes esconda (e seja uma compensação excessiva) as necessidades reprimidas e a tendência para a depressão. É motivado e bom trabalhador, especialmente se o objetivo for servir ao próximo ou trabalhar em prol de um projeto em que se sinta muito engajado; no entanto, pode ser também hedonista ou autoindulgente. Esse tipo é capaz de assumir um papel de mártir, sacrificando necessidades e desejos para conquistar os outros, e depois sofrer por isso.

Paixão — Orgulho: Na linguagem do Eneagrama, o orgulho funciona como uma necessidade de inflar o ego, característica expressa como falsa generosidade na forma de sedução e elevação pessoal. O orgulho também alimenta um padrão de autoidealização e grandiosidade, seguido por desvalorização reativa e autocrítica.

Tipo Quatro

Foco de atenção: O foco de atenção do Quatro está nos próprios sentimentos, nos sentimentos dos outros e na conexão e desconexão interpessoal. Sentindo certa deficiência em relação a seu próprio valor, ele então procura experiências idealizadas de qualidades que percebe estarem fora de si mesmo.

Padrões de pensamento e sentimento: O Quatro valoriza expressões autênticas de uma ampla variedade de emoções. Tem padrões de pensamentos centrados no que falta em determinada situação e anseia por algo que perceba como ideal e que, de certa forma, está indisponível. Aprecia interações significativas enraizadas em sentimentos reais e nutre certa sensibilidade estética baseada na tradução da experiência emocional em expressão artística, tendendo, porém, a se identificar demais com os sentimentos e a mergulhar na melancolia (ou na raiva).

Padrões de comportamento: O Quatro pode ser reservado e retraído, ou cheio de energia e ativo, ou ambos. É emocionalmente intuitivo e intenso. Embora os padrões de comportamento mais específicos variem de acordo com o subtipo, o Quatro em geral não teme conflito e trabalha sem descanso quando se engaja apaixonadamente em algo, revelando capacidade de ver o que falta e apontar o problema.

Paixão — Inveja: A inveja se manifesta como uma sensação dolorosa de falta e um anseio por aquilo que imagina faltar. Para o Quatro, a inveja provém de uma sensação de perda na infância, o que o leva à percepção de que alguma coisa boa está fora da sua experiência — e é necessária, mas lhe falta em razão de uma deficiência interna.

Os tipos do centro mental

Tipo Seis

Foco de atenção: O Seis foca seu pensamento no que pode dar errado e cria uma estratégia, preparando-se para a situação. Como resposta a uma primeira experiência de perigo, o Seis recorre a uma estratégia adaptável centrada em detectar ameaças e em lidar com o medo.

Padrões de pensamento e sentimento: É difícil falar sobre um Tipo Seis, pois os três subtipos Seis diferem bastante. Isso pode originar-se nas três formas pelas quais normalmente lidamos com o medo: luta, briga e paralisação. Com pensamento analítico e estratégico, o Tipo Seis imagina como administrar a incerteza para se sentir seguro. Pensa tão detalhadamente em tudo que a análise excessiva pode deixá-lo paralisado. Com exceção do medo, ele tende a ter menos acesso aos outros sentimentos, embora seja o mais intenso nesse aspecto entre os tipos mentais

Padrões de comportamento: O Seis é atento e alerta de várias maneiras, e tem a questão da autoridade como tema central. Revela intenso desejo por seguir uma boa liderança, mas pode desconfiar e ser rebelde com autoridades na vida real. Além disso, é atencioso e fiel a quem confia. Pode ser um bom trabalhador, decidido no controle e na realização, ou ter dificuldade em executar tarefas, ficando aprisionado na procrastinação, na indecisão e no medo do sucesso. O foco constante no que pode dar errado o torna excelente na resolução de problemas.

Paixão — Medo: O medo é uma resposta emocional e fisiológica às reconhecidas fontes de perigo; em geral anda lado a lado com a ansiedade, a qual, dependendo do subtipo, pode ser mais ou menos consciente. A ansiedade inclui apreensão, tensão e desconforto ao antecipar o perigo, cuja origem é desconhecida ou não reconhecida, e pode originar-se dentro da própria mente.

Tipo Cinco

Foco de atenção: O Cinco acredita que conhecimento é poder, por isso gosta de observar o que acontece ao seu redor sem se envolver muito, especialmente no emocional. Concentra-se em acumular informação sobre assuntos que lhe interessam e gerenciar seu tempo e sua energia, que percebe como escassos, ao evitar emaranhar-se com os outros.

Padrões de pensamento e sentimento: O Cinco vive em sua própria mente e em geral se desconecta de suas emoções. É sensível às exigências emocionais. Normalmente, caracteriza-se por uma estreita gama de sentimentos e quase nunca demonstra as emoções em público.

Padrões de comportamento: O Cinco é reservado e introvertido, precisa de bastante tempo sozinho e evita interação com pessoas que (receia) podem deixá-lo esgotado. É bem analítico e objetivo e tende a passar muito tempo em busca de interesses intelectuais.

Paixão — Avareza: A avareza é a economia de tempo, espaço e recursos, motivados pelo medo da falta iminente. Não se trata tanto de ganância, mas sim de retenção, um "desejo de manter o que já tem, em vez de um desejo de acumular mais".[5]

Tipo Sete

Foco de atenção: O Sete evita sentimentos não prazerosos ao focar o que é agradável e ao manter um jeito otimista a ponto de transformar os negativos em positivos. O medo de ficar preso no desconforto alimenta o pensamento rápido, a solução criativa de problemas e um foco em possibilidades futuras mais positivas.

Padrões de pensamento e sentimento: A mente do Sete é ágil e sintetizadora, o que lhe permite encontrar conexões entre as semelhanças em assuntos diferentes, fazendo rápidas associações mentais. Emocionalmente, gosta de sentir felicidade e alegria e não gosta de sentir medo, ansiedade, tristeza, tédio, dor e desconforto. Sua atitude é "Por que sentir dor se você pode sentir felicidade?".

Padrões de comportamento: O Sete é cheio de energia, mostrando-se acelerado, inovador e ativo. Geralmente tem muitos interesses, perseguindo-os com entusiasmo, e dedica-se a inúmeras atividades. Gosta de planejar mentalmente tudo o que é divertido, e dispor de muitas opções, a fim de manter o seu alto-astral e mudar para a opção mais prazerosa se um plano se torna indesejável ou inatingível.

Paixão — Gula: Embora comumente pensemos na gula relacionada à comida e ao comer muito, na linguagem do Eneagrama, ela é a paixão por prazer e o desejo por mais; uma indulgência excessiva em consumir aquilo que lhe dê prazer.

Os 27 subtipos[6]

Os subtipos existem dentro de cada um dos nove tipos. Assim, dividem-se em três versões distintas, levando-se em consideração como a *paixão* de cada tipo combina com uma das três *tendências,* ou *objetivos instintivos,* que todas as criaturas sociais compartilham, direcionadas para a *autopreservação, interação social* ou *conexão sexual (um-a-um).*

Quando a paixão e o instinto dominante se unem, criam um foco de atenção ainda mais específico, refletindo uma necessidade insaciável que comanda o comportamento. Esses subtipos refletem, então, três "subconjuntos" diferentes dos padrões dos nove tipos, os quais se particularizam ainda mais na descrição da personalidade humana.

Nossos desejos animais: os três objetivos instintivos

Autopreservação: O instinto de autopreservação foca a atenção e molda o comportamento baseado em questões relacionadas à sobrevivência e à segurança material. Geralmente direciona a energia a preocupações sobre segurança, as quais incluem ter recursos suficientes, evitar perigos e manter um senso básico de estrutura e bem-estar. Além disso, esse instinto pode enfatizar outras áreas de segurança em termos próprios para a pessoa de um tipo específico (uma vez que se mistura com uma das nove paixões).

Interação social: O instinto social foca a atenção e molda o comportamento em questões relacionadas ao pertencimento, ao reconhecimento e às relações em grupos sociais. Isso nos leva a "querer pertencer ao bando" — nossa família, a comunidade e os grupos de que fazemos parte. Esse instinto também se relaciona com o quanto de poder ou firmeza temos com os outros membros "do grupo", em termos do que isso significa para a pessoa de um tipo específico.

União sexual: O instinto sexual fixa a atenção e molda os comportamentos em relação à qualidade e ao estado das relações com indivíduos específicos. Às vezes referido como o instinto "Um-a-Um", ele em geral direciona energia para a realização e a manutenção de conexões sexuais, atração interpessoal e união. Esse instinto busca uma sensação de bem-estar por meio das conexões um-a-um com pessoas pensando no que quer que isso signifique para a pessoa de determinado tipo.

Os três instintos operam em todos nós, mas geralmente só um é dominante — e, quando o poderoso desejo biológico de um instinto dominante fica a serviço da "paixão", ele alimenta uma expressão mais específica da personalidade, resultando em um caráter diferenciado (subtipo) do principal tipo de personalidade.

> **Os contratipos**
>
> Para cada um dos nove tipos, há um subtipo "contratipo". Para cada um dos nove pontos do Eneagrama, existem dois subtipos que seguem o fluxo de energia da paixão e um invertido, que não se parece com os outros e vai contra a principal direção energética da paixão. Chama-se a esse tipo "contrapassional" de "contratipo" dos três subtipos. Por exemplo, o "contrafóbico" Seis Sexual, o mais conhecido de todos os contratipos, representa o Seis sem medo. A paixão do Seis é o medo, mas, para o subtipo sexual, enfrentá-lo com força e intimidação é a forma que encontra para lidar com ele.[7]

Uma breve descrição dos subtipos

A breve descrição das personalidades dos subtipos apresentada a seguir resume esse terceiro nível de estrutura do Eneagrama e destaca dois aspectos importantes do subtipo: o movimento desde o centro para a paixão e depois para o instinto que define cada personalidade, e o "contratipo" de cada tipo do grupo de três subtipos. Vamos detalhar cada uma dessas personalidades nos capítulos seguintes.

Os subtipos do centro instintivo

Nove

Nove Autopreservação: "Apetite"

Em vez de sentir uma conexão contínua com os próprios sentimentos, desejos e poder, o Nove Autopreservação foca a atenção em se unir aos confortos físicos e às atividades rotineiras, como comer, dormir, ler ou fazer palavras cruzadas. O Nove AP, uma pessoa prática e de pensamento mais concreto, se concentra nas coisas do dia a dia, e não nas abstrações.

Nove Social: "Participação" (contratipo)

O Nove Social, focado nos grupos, age com preguiça quando se conecta com a própria vida interior por meio do esforço intenso em fazer parte de diferentes grupos. Dono de personalidade amorosa, sociável e simpática, o Nove Social pode ser um *workaholic* e também alguém que prioriza as necessidades do grupo acima das dele. O alto nível de atividade o torna o contratipo dos outros três subtipos.

Nove Sexual: "Fusão"

O Nove Sexual expressa a paixão da preguiça ao se fundir com pessoas importantes em sua vida. Inconscientemente, adota atitudes, opiniões e sentimentos dos outros, na medida em que talvez lhe seja muito difícil se virar sozinho. Esse Nove tende a ser amável, gentil, de personalidade tímida e não muito assertiva.

Oito

Oito Autopreservação: "Satisfação"

O Oito Autopreservação expressa a paixão da luxúria focando conseguir os elementos de que precisa para a sobrevivência. O Oito AP deseja com intensidade satisfazer as necessidades materiais e apresenta certa intolerância com a frustração. Além disso, sabe sobreviver em situações difíceis e se sente onipotente quando se trata de conseguir o que precisa. É o menos expressivo e o mais armado dos três subtipos.

Oito Social: "Solidariedade" (contratipo)

O Oito Social expressa a luxúria e a agressão ao servir aos outros. Pode ser considerado alguém social antissocial, e é o contratipo do Oito, mais útil e aparentemente menos agressivo e mais leal que os outros dois subtipos. O nome "Solidariedade" incorpora essa tendência de oferecer ajuda quando as pessoas precisam de proteção.

Oito Sexual: "Posse"

O Oito Sexual expressa a luxúria por meio da rebeldia e da necessidade de concentrar a atenção de todos. Intenso e carismático, esse personagem deseja controle e influência. Em vez de buscar segurança material, tenta obter poder sobre coisas e pessoas. O nome "Posse" se refere ao controle energético da cena toda, à necessidade de se sentir poderoso mediante o domínio de todo o ambiente.

Um

Um Autopreservação: "Preocupação"

O Um Autopreservação é o verdadeiro perfeccionista dos três Tipos Um. Expressa a paixão da ira por meio do trabalho duro rumo à perfeição de si mesmo e das coisas. Nesse subtipo, a emoção mais reprimida é a ira; o mecanismo de defesa da formação reativa transforma o calor da ira em cordialidade, resultando em um caráter mais bondoso.

Um Social: "Não Adaptabilidade ou Rigidez"

O Um Social (inconscientemente) se considera perfeito; expressa a ira focando um modelo perfeito da "forma certa" de ser. Apresenta a mentalidade de professor, o que se reflete em uma necessidade inconsciente de superioridade. No Um Social, o calor da ira se mantém meio camuflado, transformando-se em frieza. Esse é um tipo de personalidade mais frio e intelectual, cujo tema norteador se assenta no controle.

Um Sexual: "Fervor" (contratipo)

O Um Sexual centra-se em aperfeiçoar os outros; é mais reformador do que perfeccionista. Sendo o único Um com uma ira mais explícita, age movido por ela no intenso desejo de melhorar os outros e conseguir o que quer. Sente-se no direito, assim como um reformador ou fanático, de mudar a sociedade e conseguir o que quer, por compreender melhor a verdade e as razões por trás "do jeito certo de ser". Considerando-se o contratipo dos Tipos Um, ele externa mais impulsividade e braveza, contrariando a tendência do Um de reprimir a ira e os impulsos.

Os subtipos do centro emocional

Três

Três Autopreservação: "Segurança" (contratipo)

O Três Autopreservação tem um senso de vaidade em não ter vaidade. Esse Três também quer ser admirado pelos outros, mas evita buscar abertamente o reconhecimento. Sem se satisfazer apenas em se ver bem, o Três AP está determinado a ser uma pessoa boa, e nesse percurso assume exatamente o modelo perfeito de qualidade que alguém deveria ser: virtude, a qual implica falta de vaidade. Portanto, o Três AP busca segurança na capacidade de ser bom, trabalhando duro e sendo eficaz e produtivo.

Três Social: "Prestígio"

O Três Social foca a conquista para preservar uma boa imagem e finalizar o trabalho. Desempenha a vaidade recorrendo ao desejo de ser visto e ter influência sobre as pessoas. Adora estar no palco e ser o centro das atenções. Além disso, sabe como ascender na escala social e chegar ao sucesso. É o mais competitivo e o mais agressivo dos Três. Apresenta o impulso necessário para se ver bem e possui uma mentalidade corporativa ou de vendas.

Três Sexual: "Masculinidade/Feminilidade"

O Três Sexual foca a realização em termos de atração pessoal e suporte aos outros. Esse Três nem nega a vaidade (como ocorre no Três AP), nem a abraça (como no Três Social); ela simplesmente está bem ali no meio, com o objetivo de criar uma imagem atrativa de si e promover quem é importante. Esse Três, caracterizado por certa dificuldade em falar dele mesmo, com frequência coloca o foco em quem quer apoiar. Portanto, emprega bastante energia em agradar aos outros e tem uma mentalidade de equipe e família.

Dois

Dois Autopreservação: "Eu Primeiro/Privilégio" (contratipo)

O Dois Autopreservação "seduz", semelhante ao comportamento de uma criança na presença de adultos, a fim de (inconscientemente) induzir os outros a tomar conta dele. Todos gostam de crianças, e o Dois AP adota uma postura pueril visando receber um tratamento especial bem além da infância. Como contratipo, não é fácil perceber orgulho nesse Dois, em virtude de ser mais medroso e ambivalente em sua conexão com os outros. O nome "eu primeiro/privilégio" reflete o desejo em ser amado e priorizado apenas por ser quem é, não pelo que dá aos outros. Em relação à postura pueril, ele é brincalhão, irresponsável e charmoso.

Dois Social: "Ambição"

O Dois Social é um sedutor de ambientes e grupos — um poderoso líder cujo orgulho se manifesta na satisfação em conquistar as pessoas. Ele é um Dois mais Dois, pois seu orgulho se evidencia mais. O Dois Social cultiva a imagem de ser influente, supercompetente e digno de admiração. O nome "ambição" reflete o desejo de "estar no topo" e, como resultado dessa posição, receber benefícios e vantagens. Esse Dois "dá para receber" mais em retorno e sempre assume um ângulo estratégico ao expressar sua generosidade.

Dois Sexual: "Sedução/Agressão"

O Dois Um-a-Um seduz indivíduos específicos como meio de suprir suas necessidades e alimentar seu orgulho. Similar ao arquétipo da "femme fatale" (e seu equivalente masculino), ele recorre a métodos de sedução clássica para atrair o parceiro, alguém que vai suprir suas necessidades e lhe dar o que ele quiser. O nome "sedução/agressão" sugere uma personalidade atraente, mas que também deseja exercer algum poder. Energeticamente, como a força da natureza, esse é o tipo de pessoa irresistível, que inspira grandes paixões e sentimentos positivos como forma de encontrar suas necessidades na vida.

Quatro

Quatro Autopreservação: "Tenacidade" (contratipo)

O Quatro Autopreservação caracteriza-se por suportar mais o sofrimento. Como contratipo do Tipo Quatro, o Quatro AP é estoico ao enfrentar sua dor interna e não a compartilha com os outros tanto quanto os outros dois Quatro. É uma pessoa que aprende a tolerar a dor e a se virar sem ela como forma de ganhar amor. Em vez de mortificar-se na inveja, o Quatro AP a utiliza para trabalhar duro com a finalidade de alcançar o que os outros têm e ele não. Mais masoquista do que melo-dramático, esse Quatro exige bastante de si e apresenta, além de intensa necessidade de suportar a dor, paixão pelo esforço.

Quatro Social: "Vergonha"

O Quatro Social sofre mais, envergonha-se mais e é mais sensível que os outros dois Quatro. A inveja alimenta o foco na vergonha e no sofrimento quando ele recorre à estratégia de seduzir os outros para suprir as próprias necessidades, o que acontece por meio da intensificação da dor e do sofrimento. A inveja ainda se manifesta no lamento exagerado, levando-o a adotar o papel de vítima e a focar, de certa forma, a própria inferioridade. Além disso, experimenta um senso de conforto na melancolia. O Quatro Social não compete com os outros tanto quanto se compara a eles, percebendo que lhe falta algo.

Quatro Sexual: "Competição"

O Quatro Sexual provoca o sofrimento dos outros como forma inconsciente de tentar se livrar dos próprios sentimentos dolorosos de deficiência. Ao negar seu sofrimento e ter menos vergonha, expressa mais suas necessidades e pode exigir mais dos outros. Ao buscar ser o melhor, manifesta a inveja em termos de "competição". Nesse percurso, demonstra "uma inveja que quer" inconscientemente transformar sua dor em sentimentos de raiva por não conseguir o que quer dos outros.

Os subtipos do centro mental

Seis

Seis Autopreservação: "Afeto"

O Seis Autopreservação expressa a paixão do medo por meio da necessidade por proteção e amizade, o que o leva a se agrupar aos outros. Ao buscar alianças protetoras, o Seis AP se esforça em ser afetuoso, amigável e confiável, motivo pelo qual recebe o nome de "Afeto". O mais "fóbico" dos Seis, ele enfrenta dificuldade em expressar raiva, sente-se inseguro e engaja-se em muitas dúvidas sobre si mesmo.

Para o Seis AP, o medo se manifesta como insegurança e ele vê nos relacionamentos uma forma de se sentir seguro no mundo.

Seis Social: "Dever"

O Seis Social expressa medo na imposição de lidar com a ansiedade ao confiar em razões abstratas ou em ideologias como modelo de referência. Obedecer a uma autoridade mediante o conhecimento das regras o ajuda a se sentir seguro no mundo. Ao contrário do Seis AP, o Seis Social age com mais certeza e pode ser "seguro demais" como forma de lidar com a ansiedade da incerteza. Focado em precisão e eficiência, ele adere a qualquer norma como meio de conquistar uma autoridade protetora.

Seis Sexual: "Força/Beleza" (contratipo)

Ao se tornar forte e intimidante, o Seis Sexual expressa medo de ir contra o medo. Confiando mais em si mesmo do que nos outros, esse Seis se norteia pela programação interna de que, quando se sente medo, a melhor defesa é um bom ataque. Exibe uma postura poderosa, tanto no que faz quanto na forma como se apresenta, visando manter os inimigos a distância. Nele, a ansiedade se alia à habilidade e à presteza ao confrontar um ataque.

Cinco

Cinco Autopreservação: "Castelo"

O Cinco Autopreservação expressa a avareza recorrendo a um foco no limite — uma necessidade de estar "encastelado" em um santuário onde se sente protegido da introversão e tem controle sobre seu limite. O Cinco AP orienta-se pela paixão por se esconder atrás das paredes e saber que tem tudo de que precisa para sobreviver entre elas. O menos expressivo dos três Cincos, ele tenta limitar suas necessidades e seus desejos como forma de evitar depender dos outros.

Cinco Social: "Totem"

O Cinco Social expressa a avareza na necessidade por "ideais surpreendentes", relacionados a outros com interesses em comum mediante o conhecimento e os valores compartilhados (em vez de uma conexão emocional). Nesse Cinco, a avareza se conecta ao conhecimento. A necessidade por pessoas e o sustento que os relacionamentos lhe oferecem são canalizados na fome por informação. O "Totem" refere-se à paixão por ideais elevados, à necessidade de idealizar os especialistas e buscar conhecimento relacionado a qualquer que seja o melhor valor a que esse Cinco adere. Assim, engaja-se na busca por um significado para evitar uma vida sem sentido.

Cinco Sexual: "Confidência" (contratipo)

O Cinco Sexual expressa a avareza em uma busca por exemplares ideais de amor absoluto. É o Cinco com ar romântico. O nome "confidência" reflete a necessidade de encontrar um parceiro que preencha esse ideal. O mais emocionalmente sensível de todos os Cinco, ele sofre mais, lembrando o Tipo Quatro, além de ter desejos claros. Sua vibrante vida interior pode ser expressa na criação artística, mas, de várias formas, ele ainda está desconectado dos outros.

Sete

Sete Autopreservação: "Defensor do Castelo"

O Sete Autopreservação expressa a gula ao fazer alianças e criar oportunidades para ganhar vantagem. Pragmático e egoísta, encontra segurança em criar um bom networking e na atenção às oportunidades que lhe garantem a sobrevivência. A expressão "Defensor do Castelo" refere-se ao jeito de o Sete Autopreservação estabelecer uma rede partidária de aliados por meio da qual cria segurança e satisfaz os próprios desejos. Animado e amigável, sente amor pelo prazer e tende a conseguir o que quer.

Sete Social: "Sacrifício" (contratipo)

Como contratipo, o Sete Social vai contra a gula esforçando-se conscientemente para se colocar a serviço dos outros. Em razão do desejo de evitar explorar pessoas, norteia-se por ser bom e puro e sacrificar as próprias necessidades em prol do apoio às necessidades dos outros. Sente paixão por ser visto e consegue se virar com pouco. Além disso, expressa idealismo e entusiasmo como um instrumento para se provar ativo e valorizado no mundo.

Sete Sexual: "Sugestionabilidade"

O Sete Sexual expressa a gula na necessidade de imaginar algo melhor do que a realidade comum. Guloso por coisas de um mundo maior, é um sonhador idealista e otimista, apaixonado por viver na própria imaginação. Portanto, vê o mundo através de uma lente cor-de-rosa. O nome "sugestionabilidade" refere-se ao fato de ele ser um pouco inocente e fácil de hipnotizar. Irreverente e entusiasmado, centra-se em excitantes possibilidades e fantasias prazerosas, acreditando poder realizar qualquer coisa.

Traçando seu caminho de crescimento pessoal

Uma pergunta frequente depois que as pessoas identificam seu tipo no Eneagrama é: "E agora?". Quando você já conhece seu tipo e subtipo de personalidade, como usa essa informação para criar uma mudança positiva? Este é o aspecto mais poderoso do Eneagrama: ser um modelo de transformação que indica um caminho de crescimento.

Primeiro por nos lembrar de observar o que fazemos; depois por perguntar mais profundamente por que e como fazemos aquilo; e finalmente por trabalhar efetivamente contra nossos velhos hábitos em direção aos nossos aspectos mais elevados. Nesse percurso, iniciamos um processo de aprendizado contínuo focado em nos conhecer a ponto de fazer escolhas mais conscientes com mais regularidade.

O primeiro passo nessa jornada de crescimento interno é a *auto-observação como caminho para a desidentificação de nossa personalidade*; trata-se de criar espaço. Quando observamos os padrões de nossa personalidade em ação, abrimos espaço dentro de nós para assistir de longe a como pensamos, sentimos e agimos, e o fazemos com mais objetividade. Isso nos permite testemunhar nossos padrões habituais à medida que acontecem. Nas próximas páginas, destacarei padrões específicos para cada tipo observar em si mesmo.

O segundo passo nesse caminho de crescimento é olhar mais profundamente o que estamos fazendo por meio do *autoquestionamento* e da *autorreflexão*. Com o autoquestionamento, conseguiremos entender a causa original, sua raiz e as consequências dos padrões que observamos. Vou ajudá-los a começar esse processo não apenas identificando o que vejo como "questão principal" para cada tipo, mas também oferecendo ideias sobre o que "fazer" para lidar com essas questões.

A terceira tarefa relacionada a esse modelo é o *autodesenvolvimento*, que consiste em trabalhar ativamente para concretizar uma mudança. Por meio da observação e do entendimento dos principais padrões de nossa personalidade, temos o poder de superar hábitos de defesa e agir de modo diferente. Ter consciência de nossos padrões centrais, suas origens e consequências possibilita novas escolhas, pois não seremos surpreendidos por ações e reações inconscientes.

No final dos capítulos de cada arquétipo, apresento um guia direcionado ao tipo em termos de dois diferentes "Caminhos do Eneagrama" de transformação: 1) o *Fluxo Interno* do processo de mudança seguindo o caminho das flechas dentro do diagrama; e 2) o caminho de desenvolvimento vertical do "vício para a virtude": entendendo o "vício" (a operação inconsciente de paixão) para que trabalhe com a finalidade de manifestar a "virtude" mais elevada (o antídoto para a paixão).

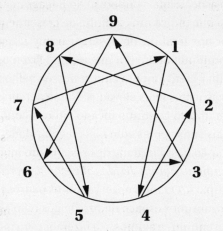

Com o objetivo de tornar esse Fluxo Interno um guia mais claro para o trabalho interior, apresento minha própria teoria sobre o uso desse mapa.[8] Resumindo, acredito que o caminho das flechas do Eneagrama aponta para o caminho específico de crescimento espiritual e psicológico de cada tipo, distante das características mais importantes e das nossas experiências de reprimi-las na infância (as quais periodicamente retornam para nos dar segurança). Esses pontos de conexão indicam que o diagrama do Eneagrama

O ENEAGRAMA COMO MODELO

nos ajuda a incorporar os aspectos mais elevados desses dois pontos específicos e a aprofundar nossa jornada interior. O *ponto que fica adiante de nosso tipo central (por exemplo, o ponto 1 para o tipo 7)* representa os principais desafios que precisamos dominar para nos tornar mais íntegros. E o *ponto atrás do nosso tipo central (por exemplo, o ponto 5 para o tipo 7)* representa questões do passado que devemos reintegrar como caminho para que recuperemos o que renegamos na infância, como elementos de base e apoio à nossa evolução no caminho indicados pelas flechas.

• • •

Ao entendermos o ponto adiante do nosso tipo central ao longo da linha da flecha não apenas como "defensivo" ou de "estresse", ao qual somos direcionados em casos de aflição, mas também como uma oportunidade importante de crescimento, o que ocorre pelo encontro de desafios específicos representados por aquele ponto, destaco as formas de expandir nossas capacidades ao manifestar conscientemente as qualidades mais elevadas do que chamo nosso ponto "crescimento-(por meio do)-estresse" ou "crescimento-estresse". Ao ver o que tem sido chamado de ponto de "segurança" ou do "coração" (atrás do nosso ponto central, seguindo a linha da flecha que chamo de ponto "coração-criança") como aquele que representa partes que tivemos de deixar para trás na infância (mas às quais ocasionalmente retornamos, como um recurso, em tempos de estresse ou de busca de segurança), sugiro meios que nos permitem, com mais consciência, a reapropriação desses aspectos como forma de apoiar nosso crescimento. Desse jeito, viso esclarecer mais sobre o mapa de Fluxo Interno nas seções de "autodesenvolvimento" e sugiro que cada tipo tire vantagem dessas avenidas de crescimento.

• • •

Por último, destaco que o caminho do "vício para a virtude" nos distancia da vida sob as garras da *paixão* (ou vício) da personalidade ao manifestar a realização da mais elevada *virtude* para cada tipo, a qual atua como um "antídoto" para a paixão emocional. Além disso, vou oferecer sugestões de tarefas mais específicas para cada subtipo nessa jornada de vício para a virtude em direção ao ser verdadeiro.

Conclusão

Espero que, ao entender a natureza e a função da sua personalidade, bem como os passos exigidos para sua maior expansão, você consiga visualizar e adotar um caminho consciente de autolibertação. Se pudermos ver a personalidade como um mecanismo necessário de sobrevivência, e não como tudo o que somos, encontraremos uma posição acima do "eu inferior" e poderemos incorporar nossas habilidades mais elevadas. Se tivermos a coragem de sermos honestos conosco sobre as coisas que sabemos fazer, as coisas que evitamos fazer e as estratégias adaptativas, ou seja, as que, ao fim e ao cabo, nos limitam, começaremos a participar do que a autora Cynthia Bourgeautl chama de "a dança da automanifestação", isto é, "a tarefa cósmica que nos é confiada como seres humanos".[9] Se conseguirmos reconhecer a sombra lançada por nossa personalidade, e suportar conscientemente o sofrimento com o qual em geral nos defendemos, aceitando tudo o que somos, poderemos abrir infinitas possibilidades para nós mesmos. O próximo capítulo contará mais da história da tradição de sabedoria por trás do Eneagrama e como ele comunica esse mapa profundo de evolução pessoal.

CAPÍTULO 2

O Eneagrama como símbolo universal de um ensinamento antigo: a perene visão de sabedoria sobre o propósito humano

A sabedoria é uma tradição antiga, que não se limita a uma vertente religiosa em particular, mas constitui a nascente de todos os grandes caminhos sagrados. Desde o princípio dos tempos existiram escolas de sabedoria e lugares onde homens e mulheres foram educados para um nível mais elevado de entendimento... a Sabedoria fluiu dessas escolas como uma grande fonte subterrânea, oferecendo guiança e estímulo, assim como drásticas correções ocasionais no fluxo da história humana.

CYNTHIA BOURGEAULT, *THE WISDOM WAY OF KNOWING* [O SABER DO CAMINHO DA SABEDORIA, EM TRADUÇÃO LIVRE]

Muitos dos que escrevem sobre o estado atual da humanidade apontam que, neste momento da história, sofremos uma crise de significado. Batalhamos para ganhar mais dinheiro, mais status ou mais paz interior, mas aquilo que supostamente nos deixaria felizes muitas vezes nos leva a uma sensação de vazio. Mesmo com algumas conquistas materiais, descobrimos a dificuldade em viver experiências mais profundas de conexão com a verdade, as quais podem nos ajudar a saber, a amar e aceitar mais a nós mesmos e aos demais, entendendo nosso papel no coletivo humano e no universo.

O ensinamento de sabedoria implícito no Eneagrama transmite uma visão poderosa e um caminho altamente eficaz para o crescimento pessoal porque decorre de um entendimento universal sobre o propósito e as possibilidades do ser humano. É possível encontrar esse conjunto de conhecimentos tanto na origem dos ensinamentos de todas as mais relevantes tradições espirituais do mundo quanto na maioria dos ensinamentos filosóficos antigos. Ele evidencia uma visão e um processo de transformação descritos por Huston Smith, acadêmico religioso, como uma "verdade esquecida" da "unanimidade humana". Esse escritor começa com a injunção "Conhece-te a ti mesmo" e propõe um mapa capaz de nos direcionar nessa obra crucial.

Smith defende que essa sabedoria perene possibilita um "padrão" ou "modelo da realidade" do qual precisamos hoje para nos orientar no mundo e ganhar senso de confiança sobre quem somos. O Eneagrama oferece não apenas um modelo geométrico perceptível de união das mensagens comuns implícitas nas religiões do mundo inteiro, mas também a tradição de sabedoria por elas representadas. Smith, observando a mesma tradição que destaco aqui, encontra nela "um padrão viável para o nosso tempo".[1]

Neste capítulo, esboço os elementos da antiga sabedoria revelada pela estrutura e pelo significado simbólico do Eneagrama, para que o adotemos como modelo de orientação no mundo. Quando me refiro à "sabedoria antiga implícita no Eneagrama", remeto-me especificamente à filosofia perene conforme definida por Aldous Huxley: uma filosofia metafísica e uma psicologia prática que "encontra na alma algo similar, até mesmo idêntico, à Realidade divina"[2] e que indica como manifestar nosso potencial.

Embora nos últimos tempos tenhamos perdido contato com essa sabedoria perene, ela vem sendo reiterada há séculos. O Eneagrama representa apenas uma das formas pelas quais foi codificada para as futuras gerações. Ao explorar o significado desse conhecimento — tanto seu simbolismo no Eneagrama quanto suas outras formas —, poderemos usá-lo na vida diária para minimizar nossas ansiedades, incrementar nosso sentido e também nosso propósito.

O perene ensinamento de sabedoria expresso pelo Eneagrama

Para cada um, o caminho da transformação pessoal começa com o esforço em *conhecer a nós mesmos*: o chamado para ver além dos padrões limitantes e das perspectivas aprisionadas dos quais dependemos por tanto tempo. No livro *Wisdom Way of Knowing*, a escritora Cynthia Bourgeault recorre a uma parábola instrutiva que incorpora a essência do que essa antiga tradição de conhecimento diz sobre nós:

> Era uma vez, em uma terra não muito distante, um reino de sementes de carvalho que residia aos pés de uma grande e velha árvore de carvalho. Como os cidadãos do reino eram modernos e totalmente ocidentalizados, viviam com entusiasmada determinação, e, como já estavam na meia-idade, sementes da geração de *baby-boomers*, participavam de muitos cursos de autoajuda. Havia seminários chamados "Tire o máximo da sua casca". Também existiam grupos para sementes de recuperação, feridas durante a queda original da árvore, spas de massagem para polir as cascas e vários tipos de terapias especiais destinados a aumentar a longevidade e o bem-estar das sementes.
>
> Um dia, no meio do reino, apareceu de repente um pequeno estranho que aparentemente caíra ali com a passagem de um passarinho. Estava sujo e sem a casca, transmitindo uma péssima primeira impressão aos colegas. Agachado debaixo da árvore de carvalho e apontando para cima dela, ele ia gaguejando uma história maluca:
>
> — Nós... somos... isso!
>
> — Pensamento delirante, sem dúvida! — concluíram as outras sementes.
>
> Uma delas, porém, incentivou a conversa:
>
> — Então, conte-nos como nos tornaríamos aquela árvore?
>
> — Bem — ele, respondeu apontando para baixo —, tem algo a ver com ir ao solo... e quebrar completamente a casca.
>
> — Insano — responderam. — Totalmente mórbido! Porque desse jeito não seríamos mais sementes![3]

Essa historinha expõe nossa situação humana de acordo com a tradição de sabedoria implícita no Eneagrama, especificamente, e da filosofia perene, de forma geral. Antes de começarmos o trabalho consciente de autodesenvolvimento, somos sementes daquilo que poderemos nos tornar. Para nos transformar de "eu-semente" em "Eu-árvore de carvalho", precisamos atravessar nosso território subterrâneo, permitindo que nossas defesas se abram por completo e sejam destruídas, de modo que conscientemente integrem todos os nossos sentimentos rejeitados, pontos cegos e características de sombra a fim de que agitemos a casca externa limitante da nossa personalidade e cresçamos para virar tudo aquilo a que somos destinados. A natureza faz uma parte, levando-nos até certo ponto, mas a manifestação completa de nosso potencial virá de esforços pessoais conscientes para crescer, e o Eneagrama pode nos guiar nessa transformação.

Como o conhecimento é uma função do ser, nossa capacidade de consciência precisa evoluir para conquistarmos as melhorias em um mundo que precisa delas tão desesperadamente. A perene visão filosófica do "ser" humano e seus métodos para conquistar a transformação incorporam alguns elementos básicos que aqui serão resumidos a fim de esclarecer melhor nosso propósito humano e a maneira de adotá-lo.

A visão: a interpretação sábia da humanidade e do universo

A perspectiva cósmica dessa sabedoria antiga observa o "brilho divino" de cada ser humano, caracterizado como uma capacidade inerente de manifestar um estado mais elevado de ser que se interconecta com o resto do cosmo. Ela vê a vida humana, a natureza e o universo governados pelas mesmas leis, princípios e padrões. Ao entendermos tais padrões, poderemos não apenas conquistar mais completude interior, mas também encontrar uma noção mais significativa de unidade e harmonia com o mundo natural.

À medida que crescemos, passamos a nos identificar tanto com um "ego pessoal", que representa o falso eu (semente), elemento necessário para a sobrevivência, quanto com um veículo para o trabalho interior exigido com o intuito de alcançar a plenitude do Eu Maior (árvore de carvalho) no qual podemos nos transformar. Porém, a perene tradição de sabedoria nos ensina ser possível criar uma separação útil entre nosso falso eu e o resto da nossa consciência por meio de um esforço combinado em conhecer e vivenciar o mais profundo em nós. Esse espaço entre a mais pura consciência do nosso observador interno e os hábitos do falso eu nos permite efetivamente "des-identificar" com a programação de nossa personalidade e abrir espaço para escolhas mais conscientes, dirigidas e apoiadas pelo nosso Eu maior (árvore de carvalho).

Aldous Huxley expressa essa perspectiva ao descrever a filosofia perene, iniciando com a ideia de "Isso é você", uma frase em sânscrito fundamental no pensamento hindu. "Isso é você" representa o que a semente contava às outras: elas não são só sementes, pois têm o potencial de se transformar em árvores de carvalho. A ideia de que existe uma parte nossa que é "Isso" — sendo o "Isso" o elemento que podemos chamar de "fonte divina", Tao, ou o Absoluto Princípio da existência — nos leva a outra ideia essencial dessa filosofia antiga: a de que nosso propósito humano implica cada um de nós descobrir por si mesmo esse Eu Maior, para que desvendemos (e nos tornemos) "quem realmente somos".

O caminho: a visão de sabedoria do processo de transformação humana mapeada pelo Eneagrama

A via de sabedoria para mais liberdade, paz e plenitude se inicia com o esforço ativo em nos conhecermos. De acordo com essa tradição, e considerando que o caminho para o autoconhecimento necessariamente exige disciplina e trabalho duro, precisamos do desejo de trilhá-lo; precisamos da motivação para sustentá-lo durante o processo.

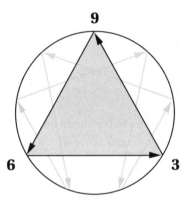

O caminho de sabedoria vincula três passos básicos possíveis de ser mapeados no diagrama interno do Eneagrama. O primeiro, simbolizado por um tema transformacional central conectado ao Tipo Três, é a *desidentificação da personalidade mediante a auto-observação*; o segundo, representado pelo Tipo Seis, envolve *libertar-se do medo e do sofrimento emocional associado à perda das defesas do ego* (para que abandone as defesas e integre as sombras); e o terceiro, simbolizado pelo Tipo Nove, implica trabalhar ativamente para a transcendência e a união (com a finalidade de que consiga ultrapassar a visão limitada da personalidade e unir-se a uma sensação mais ampla de plenitude e paz).[4]

1. Desidentificar-se da personalidade mediante a auto-observação (os três pontos)

Nessa fase do trabalho interior, a prática meditativa ajuda a aquietar a mente para que você crie, com mais facilidade, um "espaço" interno e, assim, observe-se promovendo uma separação entre sua consciência observadora e os hábitos e os padrões contemplados. Eventualmente, conforme vai aperfeiçoando a criação desse espaço reflexivo dentro de si, acabará libertando-se tanto da força de velhos hábitos e padrões que conseguirá fazer escolhas diferentes.

Desidentificar-se do falso e habitual foco pessoal nos desejos, nas paixões e nas fixações de nossa personalidade requer humildade, pois a personalidade desejará continuar no controle. No entanto, como máquina, ou ainda como alguém adormecido, a personalidade, limitada à habilidade de agir no mundo, pode crescer até certo ponto. Quando você enxergar isso, será capaz de iniciar um programa eficiente de desenvolvimento pessoal. Ao conseguir desafiar o controle da personalidade, começará o processo de construir um centro de gravidade consciente dentro de si, o que constitui o núcleo do seu Eu Maior, "melhor", ou essencial.

2. Entregar-se ao medo e ao sofrimento emocional associados à perda das defesas do ego (o ponto Seis)

Quando você participa do processo de crescimento consciente e começa a se desidentificar (ou desafiar o domínio) da sua personalidade e das suas defesas, é inevitável que o medo apareça. Portanto, o próximo passo de transformação no caminho da sabedoria implica uma disposição para sentir o medo em vez de retornar aos padrões comuns da personalidade (os quais são mantidos pelo medo). Permitir-se vivenciar com consciência o território emocional por baixo das defesas lhe possibilitará integrar sua sombra (os sentimentos rejeitados e evitados) e avançar na evolução.

Embora com frequência não gostemos de admitir, algum nível de sofrimento consciente necessariamente se atrela ao crescimento. Conhecer-se de fato e transcender a personalidade condicionada significa integrar fragmentos de que não se gosta ou os quais não se quer ver. Assim como a semente da parábola, o crescimento para o Eu Maior exige uma espécie de abertura visando a que a casca da personalidade seja descascada e a verdade mais profunda de quem você é emerja. O medo é compreensível quando você se torna menos defensivo e mais aberto e pode assumir muitas formas, inclusive a resistência à mudança. Entretanto, ainda que precise ser respeitado, também deve ser liberado, confrontado conscientemente e trabalhado para que não comprometa a nossa capacidade de crescer.

Ao se permitir reconhecer os padrões inconscientes e sentir as emoções que a personalidade o ajuda a evitar, você libera uma significativa energia gasta (inconscientemente) para manter as defesas no devido lugar. Isso, porém, significa vivenciar sentimentos para os quais se criaram amortecedores. Por essa razão, a tradição de sabedoria ensina que o caminho para o crescimento é um trabalho duro, que exige muito esforço e humildade. Portanto, se você tem força para sentir e descobrir o significado por trás das verdades mais profundas e dos sentimentos dos quais as defesas o têm protegido, poderá se abrir para a possibilidade de ser de uma forma completamente nova.

3. Trabalhar ativamente na direção da transcendência e da união (o ponto Nove)

Mantendo a prática contínua de auto-observação, autoestudo e autodesenvolvimento, é possível que gradualmente conquistemos mais liberdade, conexão, equilíbrio, plenitude e criatividade provenientes de viver a partir do nosso "Eu" maior. Este, que representa um estado de mais integração e consciência, está disponível a todos nós ao trabalharmos com o objetivo de desidentificar-se da personalidade e enfrentar nosso medo e nossa dor. Podemos vivenciar esse estado mais elevado de ser quando, além de desidentificarmo-nos da personalidade, nos fundimos a algo maior do que nós, recorrendo a práticas meditativas e a um trabalho interior consciente. Como sugerido pelos temas principais do "lado mais elevado" do ponto Nove, esse caminho nos possibilita uma experiência de união maior com nosso Eu verdadeiro, com os outros e com o mundo natural.

Embora nossas defesas nos protejam da dor, elas também nos afastam de experiências positivas, como a de receber amor e vivenciar uma verdadeira união com os outros. À medida que abandonamos o controle defensivo da personalidade, conseguimos não apenas nos tornar mais receptivos para uma experiência mais profunda de amor e conexão, mas também desenvolver mais habilidade para convocar estratégias e pontos fortes de todos os arquétipos da natureza, em vez de nos preocuparmos em fazer as coisas sempre da mesma forma.

Nos capítulos seguintes, explicarei como a visão e a tecnologia associadas a essa tradição antiga de sabedoria ganham vida no Eneagrama. Descobriremos que ele simboliza o caminho de sabedoria em razão de sua mensagem e de sua estrutura matemática geométrica, que expressa as leis universais da natureza; mostraremos como essa antiga visão pode ser aplicada e os métodos para sua conquista.

O Eneagrama como símbolo universal: a sabedoria antiga expressa por meio da linguagem da matemática e da geometria sagrada

De acordo com as antigas tradições de sabedoria, as leis universais transmitidas na linguagem dos arquétipos e da matemática e a tecnologia para chegarmos lá expressam a visão cósmica de transformação humana. Para os antigos filósofos em contato com formas mais ancestrais de sabedoria, a aritmética e a geometria manifestavam princípios arquetípicos que representavam pistas para um entendimento mais profundo do universo. Longe de serem apenas "servos do comércio", estudavam os números e os princípios matemáticos como padrões recorrentes significativos revelados na natureza.

Pitágoras e Platão acreditavam que os números e as formas simbolizavam princípios divinos; para eles, a matemática era fundamental não só para o cálculo, mas também para o "profundo cânon cósmico do desenho" da natureza.[5] Na Grécia antiga, ela era a base de todas as outras áreas do conhecimento, desde a filosofia até a arte e a psicologia, pois esses filósofos vislumbravam na matemática simbólica um "mapa da própria psicologia interna e da estrutura espiritual sagrada".[6] O poder simbólico do Eneagrama provém dessa antiga tradição que considera sagrada a geometria, ao revelar um padrão arquetípico ou uma ordem que estrutura o processo de crescimento das coisas vivas, seja o desenrolar de uma samambaia, as pétalas de uma flor, as dimensões de uma concha do mar, seja o desenvolvimento da psique humana.[7]

O significado simbólico do Eneagrama

A palavra "Eneagrama" significa "desenho de nove", simbolizado por uma estrela de nove pontas gravada em um círculo. Embora as origens exatas do símbolo permaneçam desconhecidas, imagina-se que tenha milhares de anos. Ele se compõe de três formas simbólicas: o círculo (que simboliza "a Lei do Um" ou "unidade"), o triângulo interno (que simboliza "a Lei do Três" ou "trindade") e a "héxade" (que simboliza "a Lei do Sete" ou os passos do processo, como manifestado nas oitavas da escala musical). Dessa forma, o símbolo se estrutura fundamentalmente pela combinação da Lei do Três e da Lei do Sete gravadas no círculo ou no todo unificado. O círculo simboliza a eternidade, a Lei do Três, a criação, e a Lei do Sete, um funcionamento ordenado e cíclico. Juntos, transmitem a ideia não apenas de que vivemos em um universo em constante desenvolvimento, mas também de que há uma unidade essencial por trás da multiplicidade de formas em evolução no mundo natural.

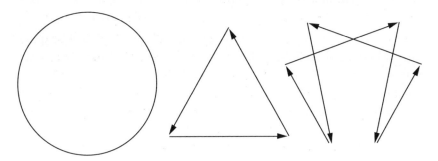

O profundo significado e o poder do símbolo do Eneagrama refletem-se na expressão de modelos naturais no universo. De acordo com G. I. Gurdjieff, uma das principais fontes de informação sobre o Eneagrama, "para o homem capaz de utilizá-lo, o Eneagrama torna os livros e as bibliotecas totalmente desnecessários". Gurdjieff disse aos seus estudantes: "*Tudo* pode ser incluído e lido no Eneagrama. Um homem, ainda que totalmente sozinho no deserto, é capaz de traçar o Eneagrama na areia e nele ler as leis eternas do universo".[8] Ele ainda descreve o Eneagrama como um dos muitos símbolos criados pelos mestres espirituais da Antiguidade com o intuito de transmitir um "conhecimento objetivo" da humanidade e do universo ao longo do tempo e das gerações.

Com frequência, achamos que a sociedade moderna está na vanguarda do conhecimento humano, o que de muitas formas é verdade; Gurdjieff, porém, argumentava que perdemos contato com a informação relativa à natureza do universo conhecida há muito tempo. O detentor desse conhecimento queria que fosse compreendido pelas futuras gerações, transmitindo-o por meio de histórias, parábolas e diagramas como o Eneagrama, os quais poderiam ser disseminados sem alteração de uma escola a outra, de era em era.[9]

O círculo e a Lei do Um

Para os antigos filósofos matemáticos, a unidade constituía "um conceito filosófico e uma experiência mística expressa matematicamente" na forma geométrica do círculo.[10] Desse modo, o círculo ao redor do diagrama do Eneagrama representa a unidade, a totalidade e a ordem natural do universo. A ideia de que "tudo é um", ou de que existe uma unidade implícita em todas as coisas, mesmo quando não conseguimos percebê-la, é expressa pelo fato de que, ao multiplicar ou dividir qualquer número por um (unidade), ele não se altera: "A Unidade sempre preserva a identidade de tudo que a encontra".[11] Assim, a Lei do Um metaforizava o processo de criação cósmica que começa desde um centro (o ponto ou a origem) sem dimensão e se expande igualmente em todas as direções.

• • •

Além de simbolizar a unidade e o processo cíclico da natureza, a ideia do *um* expressa pelo círculo também informa alguma coisa sobre o invólucro: os limites em torno de um processo específico ou da realidade. Portanto, é possível que o círculo seja compreendido como o processo de desenvolvimento que circunda um ser humano individual. Os elementos dentro do círculo sugerem a natureza finita da personalidade, e os fora dele envolvem "o infinito" que está além da compreensão da personalidade condicionada.[12]

O triângulo interno e a Lei do Três

A tríade é a forma da conclusão de todas as coisas.
DE *A TEOLOGIA DA ARITMÉTICA*

O "triângulo interno" do Eneagrama representa a Lei do Três, segundo a qual as *três* forças — uma ativa, uma passiva e uma neutralizadora (ou reconciliadora) — devem entrar em cada tipo de criação. Um exemplo simples envolve um veleiro: o barco é a força passiva, o vento, a ativa, e o velejar, a neutralizadora, ou reconciliadora. Os físicos chamam essa trindade de "ação, reação e resultante".[13]

Gurdjieff afirmou que cada fenômeno representa a manifestação de três forças — para ele, uma ou duas delas sozinhas não produzem nada. Quando vemos algo parado no mesmo lugar sem se manifestar ou se completar, a explicação frequentemente se assenta na ausência de uma terceira força. Entretanto, enquanto não transcendermos nosso ponto de vista baseado no ego, não teremos a habilidade perceptiva de ver a terceira força funcionando.

Podemos observar a Lei do Três atuando no crescimento psicológico se entendermos os elementos necessários para um indivíduo promover algum tipo de mudança. Normalmente, ao enfrentarmos dificuldades para mudar algo, como parar de fumar, resolver um conflito, perder peso, alterar a dinâmica de um relacionamento, reagimos de maneira mecânica ao acontecimento. No entanto, se conseguirmos trazer uma "terceira força" para dentro, entrará em cena algo além da ação e reação, e seremos capazes de promover uma mudança. Como aponta Michael Schneider: "os opostos são equilibrados por um terceiro elemento mediador que reconcilia o conflito, curando a divisão da polaridade e transformando as partes separadas em um todo completo e bem-sucedido".[14] A escolha apropriada de um terceiro fator sintetizará os opostos, criando uma relação que os unificará.

Assim como o círculo é a figura geométrica que representa o "um", o triângulo geometricamente representa a Lei do Três. O significado universal dessa lei é visto nas muitas "trindades" encontradas no cerne dos principais ensinamentos espirituais do mundo. Existem vários exemplos de deuses tríplices nas antigas mitologias e nas religiões. No hinduísmo, há Brahma, o Criador; Vishnu, o Preservador; e Shiva, o Destruidor; no cristianismo, a "Trindade" envolve as três "pessoas" divinas: o Pai, o Filho e o Espírito Santo, bem como tudo o que representam. No budismo, fica-se aprisionado em ciclos intermináveis de vida e morte ao criar um karma baseado em três venenos: *ignorância* ou *ilusão*, *desejo* e *aversão*, os quais são paralelos aos três pontos centrais do Eneagrama. Nesse sentido, a inconsciência (ou ignorância) constitui o tema principal representado pelo ponto Nove, a aversão é o movimento implícito do ponto Seis e a vontade (ou desejo) está associada ao ponto Três. Encontramos a "triplicidade" também no mundo: os estágios de nascimento, vida e morte; as três dimensões de espaço (profundidade, altura e largura) e de tempo (passado, presente e futuro); e as três cores primárias.[15]

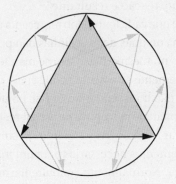

O sistema do Eneagrama também expressa muitas formas significativas de "triplicidade". Existem três "cérebros", chamados centros de inteligência,[16] marcados por três pontos do triângulo interno do Eneagrama; há ainda três tipos associados a cada um dos três centros; e três subtipos em cada um dos nove tipos. As 27 personalidades modulam todo o "Eneagrama psicológico" manifestado matematicamente pelos "três três" ou três ao cubo: 3 x 3 x 3. Além disso, podemos usar conscientemente, e de maneiras específicas, os três tipos principais visando desencadear mudanças em nossa vida: nosso tipo central e os dois tipos conectados ao nosso tipo central pelo "fluxo interno" do caminho das flechas no diagrama do Eneagrama.

• • •

O triângulo interno do Eneagrama psicológico simboliza os três aspectos necessários para que qualquer coisa se manifeste: uma força de evolução, outra de resistência e uma última de reconciliação, que atua como mediadora da união das duas primeiras. O ponto Três representa a força proativa (o Três foca ativamente "fazer"). O ponto Seis, a força resistente ou "antítese" (o Seis tende a resistir por meio do questionamento, da dúvida e do teste). O ponto Nove, a força reconciliadora (uma característica fundamental do Tipo Nove é a tendência a unir ideias diferentes para criar harmonia e chegar a um consenso).[17]

O Héxade e a Lei do Sete

Aqueles que estão livres de paixões
Observem os sinais da criação.
Aqueles que veem os sinais
Rendam-se aos seus ritmos.
Aqueles que anseiam as paixões
Estão cegos para os sinais,
E não veem a causa, mas apenas seus efeitos.
Assim começa todo o saber.
DO CAPÍTULO 1, "ORIGENS", DO *TAO TE CHING*,
POR LAO TZU (TRADUZIDO POR DAVID BURKE)

Enquanto a Lei do Três simboliza a manifestação de algo, a Lei do Sete revela que as coisas acontecem como um processo ou uma sequência de passos. A tradição de sabedoria implícita no Eneagrama indica que há uma "lei de ordem" diferente da "lei da criação", a qual é organizada de uma forma específica. A Lei do Três representa algo criado com propósito ou intencionalmente, e a Lei do Sete descreve um processo cíclico de transformação.

Os matemáticos da Antiguidade consideravam sete o número que simbolizava a transformação.[18] Encontra-se a Lei do Sete no fato de os filósofos da Grécia antiga acreditarem ser a mudança a única constante do universo. Heráclito afirmou que tudo está sujeito a um processo sem fim de transformação: ninguém se banha duas vezes no mesmo rio.[19]

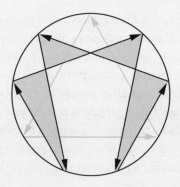

O movimento pelo caminho das flechas no Eneagrama indica passos específicos em um ciclo de transformação. Esse fluir do ciclo, simbolizado pelas linhas da "héxade" do símbolo, mapeia um processo de mudança comparado ao desenrolar orgânico dos processos naturais expressos na ideia de "O Caminho", ou *o Tao*, conforme descrito no *Tao Te Ching*, principal texto do taoísmo. Assim, a personalidade representada pelo Eneagrama pode ser encarada como uma maneira de ficarmos aprisionados ou "fixados" em um ponto nesse caminho natural de mudança; um mecanismo defensivo por meio do qual não só nos protegemos, mas também resistimos ao fluxo natural ou ao ritmo da vida.

O significado do Nove

> O Nove representa o limite entre o mundano e o infinito transcendental.
> **MICHAEL S. SCHNEIDER**, *A BEGINNERS GUIDE TO CONSTRUCTING THE UNIVERSE - THE MATHEMATICAL ARCHETYPES OF NATURE, ART, AND SCIENCE* (UM GUIA PARA INICIANTES DE COMO CONSTRUIR O UNIVERSO: OS ARQUÉTIPOS MATEMÁTICOS DA NATUREZA, ARTE E CIÊNCIA, EM TRADUÇÃO LIVRE)

O círculo de nove pontos do Eneagrama pode ser compreendido como fronteira entre o finito ou a natureza mundana da vida humana (vivenciada pela personalidade) e a infinidade além da consciência humana — uma realidade mais ampla do universo, situada além da compreensão, mas que ocorre quando estamos fixados no ponto de vista da personalidade limitada. O Nove é o último número em um sistema decimal que apresenta uma identidade singular. Como tal, simboliza a maior realização de um esforço específico: a fronteira máxima.

Os gregos da Antiguidade chamavam o nove de "o horizonte", pois para eles o número representava aquilo que circunda ou une os elementos essenciais de qualquer evento em um todo. O filósofo A. G. E. Blake explica que, no diagrama do Eneagrama, "o ápice do ponto Nove é único" porque "representa o começo e o final de um ciclo [...] aquele que dá a forma ao todo. É a origem do propósito que tem de ser manifestado".[20]

Em diversos gêneros de textos clássicos, encontramos muitas correlações entre os nove tipos do Eneagrama e certos elementos da sabedoria antiga.

De acordo com a Cabala, por exemplo, a essência do desconhecido divino está descrita em um diagrama chamado a "Árvore da Vida". Ela possui dez *Sefirot,* números que representam os princípios divinos, nove deles correspondendo diretamente aos nove arquétipos do Eneagrama. (O décimo, *Keter*, é colocado acima do diagrama Eneagrama, pois reflete a alma do Messias, e assim não se relaciona à personalidade humana.)[21]

A Odisseia, poema épico de Homero, organiza-se em nove diferentes episódios que descrevem a volta de Ulisses ao lar após a Guerra de Troia. Cada parte apresenta os obstáculos que Ulisses deve superar se quiser continuar sua jornada. Esta metaforiza a viagem interna de crescimento pessoal em direção ao "lar" ou ao ser verdadeiro. Surpreendentemente, as características dos nove episódios, bem como os personagens que ele encontra, constituem um paralelo exato com as características das nove personalidades descritas no Eneagrama, e Ulisses depara com elas na *mesma ordem*, como aparecem no Eneagrama, em sentido anti-horário. Nesse trabalho, assim como em *A Ilíada*, de Homero, a principal característica identificadora da pessoa é em geral a que a leva ao seu desconstruir, espelhando com exatidão os tipos de personalidade do Eneagrama: cada "ponto forte" da personalidade também pode ser a falha fatal ou o obstáculo mais significativo.

De maneira similar, há versões das nove paixões do Eneagrama nos "pecados" ou padrões inconscientes que impedem os humanos de chegar ao *Paraíso* no poema épico de Dante Alighieri, *A divina comédia.* A estrutura tripla do *Inferno*, do *Purgatório* e do *Paraíso*, bem como os nove níveis das diferentes partes da geografia moral do inferno que o escritor constrói, também destaca alguns dos mesmos temas mapeados no Eneagrama: a desidentificação (*Inferno*), a purificação por meio do sofrimento consciente (*Purgatório*) e a transcendência *(Paraíso)*.

• • •

O *Inferno,* de Dante, dividido em nove círculos, descreve as lições do personagem principal, o peregrino Dante, e aborda os diferentes tipos de "pecados", as motivações inconscientes das paixões descritas no Eneagrama. Dante, poeticamente, retrata a natureza das paixões e as consequências no "inferno": o "inconsciente" ou a sombra. Portanto, esse clássico da literatura ocidental explora a personalidade humana começando pelos aspectos mais profundos da sombra. Em seguida, nos versos sobre os tipos, os exemplos do *Inferno,* de Dante, ajudarão a ilustrar o cárater e o efeito das paixões como ponto primordial dos nove tipos quando não nos esforçamos conscientemente para conhecê-los. As punições para nossos impulsos inconscientes nos são cobradas no "inferno" da nossa inconsciência, quando falhamos ao enfrentar nosso lado sombra.

A moderna redescoberta da sabedoria antiga codificada no Eneagrama

Quando descobri o Eneagrama em 1990, assombrou-me o nível de precisão e detalhe com que ele descrevia a mim mesma. Assim como muitas pessoas se tornaram interessadas no sistema e fascinadas com sua exatidão, eu também queria saber de onde ele vinha. Conhecer mais as origens do símbolo me levou a um profundo entendimento pessoal dos *insights* que ele oferece.

J. G. Bennett, uma das fontes modernas de informação sobre o diagrama e estudante de Gurdjieff, afirma que esse "segredo cósmico de perpétua autorrenovação" foi descoberto há mais de quatro mil anos na Mesopotâmia, por uma irmandade de homens sábios e depois transmitido de geração em geração.[22]

A redescoberta do Eneagrama no último século se deve ao trabalho de três indivíduos fundamentais: G. I. Gurdjieff, Oscar Ichazo e Claudio Naranjo. Todos eles apresentaram ideias relacionadas ao Eneagrama a pequenos grupos de estudantes em um contexto de trabalho psicológico e crescimento espiritual: Gurdjieff começou na Rússia e na Europa no início de 1900, Oscar Ichazo, no Chile nos anos 1960, e Naranjo, em Berkeley, Califórnia, depois de estudar brevemente com Ichazo em 1970.

. . .

Quem eram essas pessoas e o que diziam sobre o Eneagrama e o conhecimento nele implícito? Explorar brevemente os ensinamentos de cada uma dessas três principais fontes nos proporcionará uma ideia mais precisa da natureza da linhagem de sabedoria expressa pelo Eneagrama.

G. I. Gurdjieff

No início de 1900, na Rússia e na Europa, Gurdjieff apresentou o símbolo do Eneagrama e um ensinamento prático chamado "O Trabalho", conhecido como "Quarto Caminho". Ele mostrou um sistema de conhecimentos "escondidos" que dizia ter-se originado de muitas fontes, mas primariamente de um cristianismo esotérico. Entretanto, Gurdjieff não relacionou o símbolo do Eneagrama aos tipos psicológicos; apenas abordou os três tipos de indivíduos conectados aos três centros de inteligência.

Gurdjieff nasceu na Armênia russa em torno de 1866. Seu pai era um bardo grego, e o próprio Gurdjieff sugere que ele teria participado de alguma forma em uma "tradição oral que remonta ao passado da humanidade".[23] Ainda jovem, viajou extensivamente pelo Oriente Médio, pela Ásia, pelo Egito e pelo norte da África, lugares onde estabeleceu contato com muitas sociedades secretas e organizações herméticas — religiosas, filosóficas, ocultas, políticas e místicas —, inacessíveis para uma pessoa comum.[24] Em 1914, ele finalmente começou a lecionar, na Rússia.

Controverso até hoje, Gurdjieff ensinava desafiando o pensamento comum, pois parte do seu método consistia em confundir por meio da apresentação de si mesmo. Ele propositalmente provocava as reações habituais da personalidade em seus alunos com a finalidade de demonstrar como se fixavam em um funcionamento mecânico e automatizado.

Os ensinamentos de Gurdjieff descreviam a humanidade vivendo uma espécie de sono desperto. No "Quarto Caminho", ele argumenta ser possível encontrar uma saída para o funcionamento mecânico por meio do autoconhecimento:

> É possível parar de ser uma máquina, mas para isso é necessário primeiro *conhecer a máquina*. Uma máquina, uma máquina real, não conhece a si mesma e não pode conhecer a si mesma. Quando uma máquina conhece a si mesma, então não é mais uma máquina, ou, pelo menos, não a mesma de antes. Começa a se tornar *responsável* por suas ações.[25]

Gurdjieff continuamente destacava o fato de que esse "trabalho no ser" exigia um árduo esforço, pois o estado mecânico da personalidade torna o adormecimento uma possibilidade contínua e bastante provável. Ele afirmava que a personalidade incorporava diferentes formas por meio das quais nos amortecíamos contra a realidade de nossa vida, ajudando-nos a manter um tipo de ilusão sobre o que realmente podíamos "fazer" no mundo. Propondo a auto-observação ativa e a "autolembrança" intencional, dizia que evoluiríamos além do estado mecânico associado com a nossa personalidade.

Gurdjieff afirmava também que havia em cada pessoa uma "característica principal", também chamada de "paixão", elemento central para o funcionamento da personalidade. Comparava-a com um "eixo em torno do qual a 'falsa personalidade' gira".[26] Segundo Gurdjieff, cabia a cada um de nós "lutar contra essa falha principal". As diferentes características principais das pessoas explicaria a impossibilidade de haver um conjunto geral de regras para o crescimento humano: "O que é útil para um é destrutivo para outro. Se um homem fala demais, ele deve aprender a silenciar. Outro homem, que é silencioso e deveria falar, deve aprender a falar".[27]

Oscar Ichazo

O Eneagrama dos tipos psicológicos, como é amplamente conhecido e usado hoje, chegou até nós por meio de Oscar Ichazo. Originalmente da Bolívia, ele explanou seu programa de desenvolvimento psicológico e espiritual pela primeira vez na década de 1950, estendendo-se até os anos 1960, no Chile. Como parte de seu trabalho original ao desenvolver um método de transformação pessoal, Ichazo transmitiu as ideias centrais que agora conhecemos como o "Eneagrama das personalidades" sob o nome "Protoanálise", processo que visava à transformação humana de acordo com métodos que se baseiam na ciência, na razão e na racionalidade.

Embora Ichazo não cite muitas fontes específicas para o modelo que apresentou, declarando ter sido desenvolvido por ele mesmo, há referências a Aristóteles e ao neoplatonismo como fontes, e imagina-se que seus estudos na Ásia Oriental e no Oriente Próximo, especialmente no Afeganistão, o tenham influenciado. O autor afirmou que o conhecimento que permeia sua Escola Arica veio até ele "de diversas fontes" descobertas na sua própria jornada.

Ichazo explica que a Protoanálise "é baseada nas seguintes questões: *O que é a espécie humana?*; *O que é o Bem Supremo da humanidade?*; e *Qual é a Verdade que dá significado e valor à vida humana?*".[28] Ele descreve seu trabalho como científico, não para aqueles que tenham fé em algo, mas, sim, para as pessoas que estudem, avaliem e analisem a psique. Em 1978, diante de um entrevistador que lhe solicitou a explicação do significado de Arica, ele disse:

> Arica oferece uma nova teoria sobre a psique; oferece um novo método de compreensão científica. E porque Arica tem essa teoria sobre a psique, também evoluiu um método para fazer com que a psique fosse realizada e esclarecida no sentido de estar disponível para desenvolver seu potencial ao máximo, se fosse possível. Esse é objetivo de Arica, pois, ao ter o completo e mais inteiro conhecimento da nossa psique, nós mesmos seremos capazes de lidar com nossos problemas de forma mais rápida, fácil e clara.[29]

Hoje, quarenta anos depois da fundação da escola de Ichazo, os ensinamentos dele representam uma visão cuidadosamente articulada da psique humana e sua possível transcendência.

O "Eneagrama das Fixações", de Ichazo (ao contrário de muitos outros "Eneagramas" usados por ele no trabalho de Arica), descreve agrupamentos de características psicológicas que resultaram de uma ferida inicial na psique e de algum tipo de compensação. Em seu sistema original, Ichazo direcionou os alunos a trabalharem em suas próprias "Fixações", as quais definiu como pontos em que "nossa psique tem sido erroneamente predisposta", ou concentrada, baseados em uma falta (necessidade não atendida ou trauma) que colore e define completamente o tipo de personalidade.[30] De acordo com o ensinamento de Arica, há em cada indivíduo um tipo central ou "fixação" em cada um desses três centros de inteligência. Sendo assim, a personalidade é descrita em termos de um "Trifix", ou tríade de tipos — um em cada centro —, de acordo com uma fórmula específica que determina quanto estamos fixados em cada centro. (Por exemplo, o meu Trifix é 2-7-1.)

• • •

Assim como Gurdjieff, Ichazo descreve o comportamento de fixação, associado à personalidade, ou ego, como mecânico: "O comportamento condicionado do ego parece completamente mecânico, ou um trabalho autômato cujo comportamento é dramaticamente óbvio e repetitivo".[31]

Claudio Naranjo

Claudio Naranjo nasceu no Chile, formou-se em psiquiatria nos Estados Unidos e aprendeu o modelo do Eneagrama de Oscar Ichazo durante uma viagem a Arica, no Chile, em 1970, após a qual criou um grupo orientado para o desenvolvimento psicológico e espiritual (chamado SAT, sigla em inglês de *Seekers After Truth* — em português, "Buscadores da Verdade" — uma alusão ao trabalho de Gurdjieff) em Berkeley, na Califórnia. Naranjo pediu aos membros do grupo que mantivessem o Eneagrama confidencial, mas a informação vazou, chegou até o mercado e no final dos anos 1980 se publicaram os primeiros livros que descreviam os tipos de personalidade do Eneagrama.[32]

Por vários motivos, Naranjo era a pessoa ideal para compreender o significado do Eneagrama e levá-lo a um público mais amplo. Além de ser a figura mais relevante do movimento do potencial humano nos Estados Unidos nos anos 1970, havia trabalhado com Fritz Perls, fundador da terapia Gestalt, uma forma de psicoterapia existencial que enfatiza a consciência no momento presente e no corpo físico como elemento-chave para a mudança. Na época em que estudou o Eneagrama das Fixações com Ichazo, Naranjo já conhecia com profundidade muitas teorias e práticas associadas ao crescimento pessoal, incluindo a psicologia psicanalítica, as terapias existenciais, a teoria da personalidade de Karen Horney, o trabalho do Quarto Caminho de Gurdjieff, o sufismo e a meditação budista. Sendo assim, não apenas reconheceu a utilidade do Eneagrama como dinamizador do crescimento, mas também o aprofundou, usando o próprio entendimento intuitivo para divulgá-lo por meio das lentes de abordagens psicológicas e espirituais para o autodesenvolvimento.

Naranjo, compreendendo o valor no trabalho de Ichazo, integrou-o com a própria visão de desenvolvimento humano, tecendo uma descrição muito mais refinada das personalidades baseando-se no processo original "Protoanalítico" (Eneagrama) de Ichazo. Assim como Ichazo, Naranjo não vislumbrou o Eneagrama como ferramenta, mas como parte de um programa mais extenso de trabalho interior criado para ajudar as pessoas a entenderem seus padrões e hábitos e como transcendê-los.

Em sua obra, Naranjo teoriza o Eneagrama como capaz de integrar e dar sentido a muitas outras tendências da psicologia ocidental e das práticas espirituais orientais. Este livro se baseia na interpretação de Naranjo sobre os tipos de personalidade e os subtipos do Eneagrama. Embora a obra dê crédito a Ichazo como fonte do modelo, a maioria do conteúdo sobre o Eneagrama nos muitos livros publicados internacionalmente se baseia mais diretamente no trabalho de Naranjo.

Conclusão: onde estamos e onde desejamos estar

As mesmas ideias básicas da tradição de sabedoria codificadas no Eneagrama são encontradas de diversas formas na história humana. Desde as tradições filosóficas que analisam perguntas perenes sobre a existência do homem até os textos espirituais orientais que definem a relação da humanidade com o "terreno do ser", e desde a poesia épica que retrata nosso distanciamento de nós mesmos como um ponto de partida na jornada de volta ao lar até os *insights* da psicologia ocidental, representações desse conhecimento ecoam em registros históricos.

O Eneagrama representa um modelo de totalidade: cada um dos pontos dele não só descreve as personalidades individuais, mas também caracteriza certos elementos arquetípicos universais. Além disso, cada ponto expressa uma gama de possibilidades: uma dimensão vertical indica um aspecto de expressão superior do arquétipo quando os aspectos fixados podem ser liberados e transcendidos, e um nível inferior descreve um funcionamento "fixado" mais inconsciente e automatizado.

Desse modo, o crescimento revelado pela filosofia perene e o mapa do Eneagrama constituem um processo de auto-observação, de sofrimento em razão dos nossos medos e dos aspectos renegados da sombra e de um trabalho para manifestar nossos potenciais mais elevados. Nos próximos capítulos, centrados em cada um dos arquétipos do Eneagrama e na respectiva jornada de regresso ao lar, traçarei o desenvolvimento da personalidade, os três diferentes subtipos que ela pode assumir e o caminho para a liberação. Ao nos identificarmos com esse modelo sagrado e eterno, seremos capazes de nos unir a essa antiga tradição e contribuir para um esforço coletivo no aumento do nível de consciência humana.

CAPÍTULO 3

O arquétipo do ponto Nove: o tipo, os subtipos e o caminho de crescimento

O contrário do lar não é a distância, mas o esquecimento.
ELIE WIESEL

O arquétipo do Tipo Nove é o da pessoa que busca a harmonia com o ambiente externo visando ao conforto e à tranquilidade, mesmo que isso implique a perda de contato com o ambiente interno. Semelhante ao significado sugerido pelas palavras "fusão" e "união", esse arquétipo se motiva pela sensação de calma e conectividade por meio não apenas da fusão com o externo, mas também de uma redução de consciência do interno.

O Tipo Nove é o protótipo dessa tendência, na verdade presente em todos nós, de desconexão com a nossa sabedoria interna para "seguir a maré" e não "agitar o barco". Conforme mencionado na Introdução, ele se revela um aspecto básico na nossa condição humana: vivenciamos uma redução de consciência como tentativa de suavizar as dores e os desconfortos da vida diária. Às vezes, todos nos sentimos tentados a seguir o caminho de menor esforço. O arquétipo do Nove representa o modelo da manutenção do conforto, resistindo às mudanças e optando pelo mais fácil, mesmo que isso signifique não reivindicar a si mesmo ou adormecer para as próprias prioridades na pretensão de se dar bem com os outros. Portanto, o Nove representa o protótipo de todos os tipos de personalidade com a tendência universal humana de entrar no automático e permanecer adormecido para quem são.

Em âmbito social, o arquétipo Nove está presente em culturas que priorizam o coletivo, e também no conceito de burocracia. Os mesmos princípios implícitos atuam quando gigantescas instituições resistem às mudanças em prol da manutenção inconsciente do *status quo,* à inabilidade em tomar decisões criativas e à desconexão com os princípios originais fomentadores da inovação e da evolução.

No modelo do Eneagrama, o Tipo Nove é adaptável, agradável e tranquilo. Especializa-se em, detectando uma tensão, encontrar formas de mediá-la e atenuá-la. Orientado para a inclusão, o consenso e a harmonia, esse tipo é especialista em entender e valorizar perspectivas diferentes, intervindo para resolver disputas e manter a paz. Genuinamente cuidadoso e altruísta, seu "superpoder" assenta-se em apoiar com firmeza os demais para que todos ao redor dele se sintam honrados e incluídos.

No entanto, assim como ocorre com todas as personalidades arquetípicas, as características e os pontos fortes do Tipo Nove também representam sua "falha fatal", ou "calcanhar de Aquiles", pois ele pode se ajustar demais aos outros e sentir dificuldade em registrar os próprios desejos e declarar seus interesses. Ao dar demasiada atenção às vontades das pessoas e ceder excessivamente a elas, o Nove representa ele mesmo um obstáculo no próprio caminho. Ajustando-se aos outros para evitar conflitos na busca pelo conforto, ele se torna incapaz de ouvir sua voz interna. No entanto, quando aprender a despertar a si mesmo, acessar sua bússola interna e começar a agir em benefício próprio, poderá equilibrar a atenção dos outros com a habilidade de agir a favor de si mesmo.

O arquétipo do Tipo Nove na *Odisseia*, de Homero: os Devoradores de Lótus

A Odisseia é um clássico que retrata a importância do "regresso ao lar" como metáfora para a jornada interior que nos leva para o "lar" do verdadeiro ser.[1] Assim como acontece com o herói da *Odisseia*, o objetivo principal é chegar em casa. Na linguagem simbólica da obra, o lar não é só um local específico, mas também um estado de ser em que personificamos nossa verdadeira natureza e somos reconhecidos por ser quem realmente somos. O eu verdadeiro, assim como nosso "lar", representa a "fonte de toda vontade e toda escolha".[2]

O primeiro lugar que Ulisses e sua tropa visitam depois de deixar Troia e velejar de regresso ao lar, no final da Guerra de Troia, é a terra dos Devoradores de Lótus, uma tribo tranquila e amigável que "vivia de comida de flores" chamadas lótus. Ainda que fossem pessoas agradáveis, não tinham desejo algum, pois o dizimavam com a flor do entorpecimento. Não conseguiam escolher entre dois caminhos de ação porque adormeciam para seu próprio caminho interno, o "lar": quem realmente eram e quem supostamente teriam de se tornar. Ficavam aprisionados na bifurcação da estrada, incapazes de escolher uma direção.

Os Devoradores de Lótus ofereceram a flor aos homens de Ulisses, os quais, então, acabam "olvidados do seu retorno".[3] Sob a influência da flor de lótus, os homens quiseram ficar na terra dos Devoradores de Lótus. Ulisses teve de encontrá-los e levá-los de volta ao barco à força, onde os amarrou nos bancos da canoagem para que prosseguissem a jornada.

Sem o conhecimento do que significa estar "no lar", não temos muitos motivos para participar da difícil jornada rumo ao ser verdadeiro. Os Devoradores de Lótus exemplificam o arquétipo do Nove de adormecer para as necessidades e os anseios do eu verdadeiro. Sem o desejo de manifestar as mais elevadas possibilidades de quem se é, perde-se o foco; não se consegue discernir a motivação para agir ou a direção para onde ir — não há nada que direcione a bússola. E, sem o desejo de ir para casa, é fácil que se queira ficar acomodado na "Terra de Lótus".

A estrutura de personalidade do Tipo Nove

Localizado no topo do Eneagrama, o Tipo Nove pertence à tríade instintiva, associada à emoção da raiva, com o foco de atenção conectado à ordem, à estrutura e ao controle. Enquanto o Oito "exagera" na raiva e o Um vive em conflito com ela, o Nove a ignora. Portanto, embora o modo como se relaciona com tal sentimento cumpra um papel formativo na personalidade dele, a maioria das pessoas desse tipo relata não sentir muita raiva (embora estourem em ocasiões esporádicas).

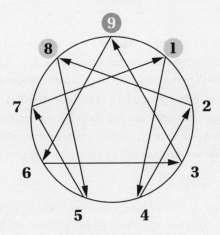

Todos nós temos capacidade de sentir raiva, mas o Nove geralmente a evita, pois se concentra demais na manutenção do conforto, e a raiva facilmente o colocaria em conflito com os outros. Assim, mesmo o Nove sendo um dos tipos raivosos, é possível que não consiga entrar em contato com esse sentimento e tenda a extravasá-lo em comportamentos passivo-agressivos. O foco do Nove em ordem e controle se manifesta na apreciação do suporte que a estrutura lhe oferece e no hábito de resistir passivamente quando controlado pelos outros (apesar de com frequência ele parecer concordar).

Por ser um tipo instintivo, o Nove sente o ambiente de modo cinestésico e estabelece como conexão primária o "saber instintivo", o que paradoxalmente pode ser suprimido. A personalidade Nove se molda sobretudo pelo hábito de "adormecer" para a experiência contínua de raiva inerente ao seu centro de inteligência instintivo.

Os tipos instintivos são também chamados da tríade dos que se "esquecem de si mesmos", considerando-se que os Tipos Oito, Nove e Um tendem a se "esquecer" deles em função de uma espécie de inércia psicológica diante de suas necessidades físicas. Esses três tipos, cada um por motivos próprios, tendem a não privilegiar suas necessidades e vontades, ignorando as exigências físicas e práticas quanto a descanso e relaxamento (Oito), brincadeira e prazer (Um), e prioridades, preferências e opiniões (Nove).

A estratégia para lidar com o problema dos primeiros anos: Tipo Nove

O Nove frequentemente relata ter crescido em uma família em que não se ouviam suas opiniões, cercado de pessoas mais enérgicas ao expressar as próprias opiniões; portanto, a melhor estratégia para ele se acalmar e evitar chatear-se era concordar com o que os outros queriam. Em virtude dessa experiência de não ser visto ou de ser dominado, é fácil lidar com o Nove, na medida em que se molda aos demais; além disso, se tiver de emitir uma opinião, não sabe expressar o que quer e acha mais simples deixar que os outros decidam por ele.

O Nove normalmente vivencia uma necessidade não atendida por uma união satisfatória — uma sensação de pertencimento ou de conexão com os outros que podem ver e confirmar a individualidade dele. Quando criança, é bem possível que o Nove não tenha recebido a atenção de que precisava, nem sequer tenha sido ouvido em seus desejos e em suas preferências. Às vezes, o Nove é o filho do meio ou um entre vários deles, talvez com um pai ou uma mãe enérgicos no exercício do controle. Portanto, com frequência decide se resignar e ceder à vontade dos outros para garantir conexões mais positivas com eles.

Independentemente do caso particular de cada Nove, tendendo a desistir de afirmar seus desejos, ele adota como estratégia para lidar com o problema o esquecimento de si mesmo (e a dor de não conseguir o que quer) e se ajusta demais aos outros visando à paz e à ausência de conflito. O Nove não tolera o conflito porque tem a impressão de que acabará levando-o à separação. Os relacionamentos representam uma forma de sustentação vital quando somos crianças, e o Tipo Nove cumpre um papel de mediação social a fim de reduzir as tensões e manter um senso de conexão que julga crucial para a própria sobrevivência.

Dessa forma, a estratégia para lidar com o problema de um Nove implica o ajuste aos outros — um ajuste inconsciente voltado ao que as outras pessoas querem e um "esquecimento" do que ele quer —, e sua atenção foca a harmonização com os mais próximos, em vez de ser mais assertivo consigo mesmo. Esse ajuste excessivo reflete-se em achar que qualquer sentimento forte ou demonstração de preferência talvez o coloque em conflito com os outros; em um nível inconsciente, a personalidade do Nove se configura para evitar interações contraditórias.

Para ele, o custo dessa tendência envolve sua conexão com a própria experiência interna.

Os comportamentos de autonegação e de ajuste excessivo do Tipo Nove são formas pelas quais ele cria o estado de fusão que anseia nos outros. Sentindo dor por ter ficado sozinho muito cedo no seu processo de desenvolvimento, ao se manter conectado a um apoio externo, o Nove encontra o conforto que busca.

Mark, um Nove Autopreservação, descreve sua situação na infância e o desenvolvimento de sua estratégia para lidar com o problema:

Ele era o mais novo de quatro filhos. Seu pai, um homem grandalhão, raivoso e crítico, de voz grave e com uma perpétua cara feia, provavelmente se encaixava em um Tipo Um Sexual. A mãe, uma Nove, tentava manter certa harmonia no lar ao concordar com tudo o que o pai pensava, evitando assim explosões de raiva. Mark aprendeu desde cedo que regras deveriam ser seguidas, e eram as regras do pai. Permitiam-se a autodeterminação e a autoexpressão dentro dos limites do aceitável para o pai. Rompê-los significava virar alvo da crítica e da fúria paterna. Os irmãos de Mark — um Tipo Um e dois Tipos Nove — também apoiavam as posições do pai, e todos sentiam prazer em corrigir o comportamento, a linguagem, a opinião e o desempenho do irmão caçula. Os acessos de raiva do pai incomodavam profundamente Mark, que percebia a mãe também incomodada. O garoto descobriu desde cedo que não contribuir com tais crises ajudava-o a manter a conexão com os pais. E o modo mais fácil era concordar com tudo o que o pai queria.

O principal mecanismo de defesa do Tipo Nove: dissociação

Assim como o Nove representa o protótipo da tendência universal humana de adormecer para a própria experiência interior, a dissociação, seu principal mecanismo de defesa, constitui também um componente de todos os mecanismos de defesa.

Quando somos mais jovens, a estrutura defensiva da personalidade se expande em resposta a algum tipo de dor ou desconforto intenso demais para nossa psique suportar. Há claras vantagens na dissociação quando vivenciamos algum trauma ou situação dolorosa: eliminamos a dor e a lembrança de algo extremamente difícil de enfrentar. Entretanto, o problema com esse tipo de defesa, quando a usamos habitualmente em situações cuja sobrevivência não está em risco — como forma de amortecer a nós mesmos dos desconfortos menores da vida diária —, está na possibilidade de perdermos contato com nós mesmos a ponto de isso comprometer nosso crescimento.

A dissociação, referida algumas vezes como "narcotização", leva o Nove a neutralizar a dor psicológica ou o desconforto por meio de um ofuscamento da consciência, ao se colocar para dormir de várias maneiras. Dedicando-se totalmente a uma ou mais atividades, como ler, cozinhar, assistir à TV ou fazer palavras cruzadas, o Nove evita os sentimentos, as necessidades e os desejos próprios. Utilizando diferentes estratégias inconscientes, que incluem brincar, falar demais ou focar o que não é essencial, o Nove afoga sua experiência de vida, suas interações com os outros e seu contato consigo com a finalidade de amortecer a dor da separação, o fato de não ser ouvido, ou de não sentir o pertencimento.

O foco de atenção do Tipo Nove

O Nove foca a atenção nos outros, nos acontecimentos ao redor dele, no esquivar-se do conflito e na criação da harmonia. Em geral fica atento ao que as outras pessoas querem, preferindo seguir as vontades delas a compartilhar as próprias predileções. Esse hábito de se misturar com o ambiente lhe permite evitar o desconforto e criar um tipo de paz defensiva (frequentemente artificial). No entanto, quando alguém foca um aspecto da sua experiência, há também uma esfera de vida a que não presta atenção: portanto, enquanto a atenção do Nove se volta para o ambiente externo e as outras pessoas, ele negligencia a própria experiência interior.

Baseado na sua estratégia para lidar com o problema, ou seja, harmonizar-se com o que acontece ao seu redor, o Nove em geral tenta detectar como as pessoas e seus ambientes "se sentem" em termos de tensão energética *versus* calma. Assim, incorpora como sua a perspectiva do outro para evitar a desconexão e o conflito. Como resultado, o Nove possui um talento natural para a mediação porque entende profundamente o ponto de vista dos outros. Ele se concentra com facilidade na semelhança entre argumentos opostos e é motivado pelo amor à paz e pela tranquilidade centrada em ajudar as pessoas a fazer concessões destacando um ponto comum entre elas.

Ao ter um estilo de atenção "focado no outro", o Nove permanece muito atento ao que as pessoas ao redor dele querem, pensam e sentem, relegando a um segundo plano o que ele mesmo quer, pensa e sente. A experiência dos outros lhe é tão prioritária que com frequência reporta não saber o que quer. Quando perguntam a um Nove algo do dia a dia, como: "O que gostaria de comer no jantar?", a resposta mais comum é: "Não sei, o que você quer?".

Em razão do hábito de focar os outros e não si mesmo, é possível que o Nove se sinta menos importante e menos digno da atenção das pessoas. Elas lhe parecem tão mais relevantes que os próprios planos dele desaparecem do cenário.

Pode ser tão difícil para um Nove encontrar e atender a própria direção interna que às vezes ele só consegue localizar uma motivação quando vem atrelada aos desejos dos outros. Certa vez participei de um trabalho em grupo no qual todos tentavam ajudar um Nove a expressar o que queria. No entanto, sempre que cada membro do grupo se esforçava no questionamento do que ele desejava, a resposta não se alterava: o Nove escolhia o que nós queríamos.

Com frequência a atenção de um Nove deixa de ser uma prioridade imediata em razão dos diferentes elementos do ambiente; ele enfrenta dificuldade em se concentrar porque muda seu foco de atenção do centro da sua experiência para a periferia.[4] As outras pessoas e mesmo as tarefas menos relevantes podem parecer mais dignas de atenção do que as prioridades dele. O Nove também se distrai de maneira mais deliberada, "como se impulsionado pelo desejo de não vivenciar ou não ver".[5] Pode ser bem estressante para um Nove agir em benefício próprio, o que talvez desencadeie ansiedade perante seu desempenho; desse modo, distraindo-se com atividades menos importantes, ele evita a pressão de precisar agir.

A paixão emocional do Tipo Nove: preguiça

A preguiça é a paixão do Tipo Nove. As palavras preguiça, inércia psicoespiritual, acédia, indolência e ignorância (no sentido budista) adquirem o mesmo significado: a tendência a adormecer a si mesmo. A preguiça refere-se à nossa propensão à inconsciência das nossas experiências interiores, desse modo operando no automático e de forma pré-programada porque não respondemos conscientemente aos sentimentos, às crenças e às experiências que motivariam nossos comportamentos se estivéssemos conscientes deles. Para o Nove, a "inércia psicológica" se manifesta como amortecimento dos sentimentos, incapacidade de saber o que quer, deficiência para entrar em contato consigo mesmo e relutância ao expressar opiniões fortes ou declarar sua vontade no mundo.

No livro *Eneagrama das paixões e virtudes*, Sandra Maitri define a paixão "preguiça" do Tipo Nove como "desatenção consigo mesmo", "autonegligência", abafamento ou redução da vida interna.[6] Talvez o Tipo Nove não pareça nem um pouco "preguiçoso" se considerarmos como pensamos no termo (ou seja, uma relutância em fazer as coisas), embora o seja, sobretudo quando se trata de prestar atenção a si mesmo.

O termo inicial usado para definir a paixão do Tipo Nove (de acordo com a tradição Contemplativa Cristã do Século IV) era "acédia". Derivado da palavra grega *a-chedia* (sem cuidado), acédia se referia a "uma preguiça da psique e do espírito, em vez de uma tendência à inação".[7] Em termos psicológicos, Naranjo explica que acédia "manifesta uma perda da interioridade, uma rejeição para ver e uma resistência à mudança".[8] O Nove se torna preguiçoso sobretudo ao não enxergar sua vida interna, tanto que perde o sentido do próprio ser, mas não sabe.

Naranjo define mais a "inércia psicológica" da personalidade ao caracterizar o Nove como alguém desprovido de fogo e paixão, que sofre de perda da essência e da imaginação. A paixão da preguiça psicológica também acarreta um esmorecimento dos sentimentos, o qual pode ser aparente, como ocorre com alguém que não comunica muito sobre si mesmo, ou escondido, como quando o Nove resvala para uma compensação excessiva ao transmitir de forma ativa um temperamento gentil e jovial.

A paixão da preguiça psicológica torna o Nove surdo às suas vozes interiores, o que causa um "eclipse" do observador interno.[9] Sob a influência da paixão, o Nove inconscientemente se esquece de si mesmo, perdendo contato com as próprias emoções, os instintos e a habilidade de detectar e agir com seus impulsos animais. Por isso, a preguiça implica um senso de "não querer ver, não querer estar em contato com a própria experiência".[10] Tal característica afeta diretamente a habilidade do Nove de estar consciente do seu padrão interno, afinal, todos precisamos ter consciência dos nossos padrões internos para construir o músculo da autoconsciência. Sem isso, o Nove pode viver fechado na própria "casca de semente" até que aprenda a estabelecer contato com o desejo de abri-la.

O erro cognitivo do Tipo Nove: "concordar para agradar é a única forma de ser"

Todos ficamos aprisionados às formas habituais de pensar que influenciam nossas crenças, nossos sentimentos e nossas ações, o que continua mesmo quando não são mais exatos os modelos mentais responsáveis por nossa perspectiva geral. Embora a paixão molde as motivações emocionais da personalidade, a "fixação cognitiva", ou "erro cognitivo", perturba o processo de pensamento da personalidade.

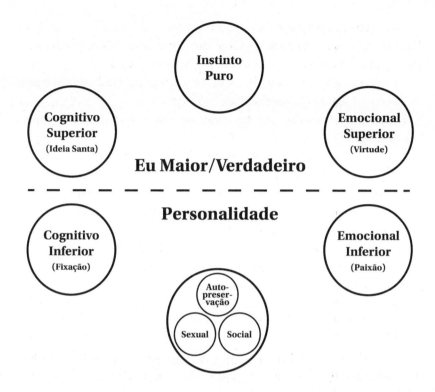

Em um Nove, a fixação mental (chamada de "indolência" por Ichazo) que apoia a paixão da preguiça se refere ao hábito de não pensar ativamente ou de não se importar em pensar nas próprias prioridades. A preguiça regula o hábito do Nove de adormecer para a própria experiência interna. A indolência o leva a ignorar e a negligenciar a si mesmo. Assim, ele é capaz de criar várias formas de reflexões, crenças e ideias centrais relacionadas a viver a paixão de autoesquecimento.

O psicólogo Jerome Wagner afirma que, em função de o Nove se sentir negligenciado nos primeiros anos de vida e não possuir o senso de pertencimento, ele se organiza em padrões de pensamentos conectados à presunção de que não é alguém importante e não tem muito a oferecer.[11] Portanto, o Nove menospreza e não ouve a própria voz interior como resultado da crença profunda de que ele não é importante.

De acordo com Wagner, para apoiar a paixão da preguiça psicológica, o Nove sustenta as seguintes crenças centrais como princípios psicológicos organizadores:[12]

- Não sou importante. É mais fácil assim.
- O que penso e sinto não é relevante. E tudo bem. Os outros apenas sentem as coisas com mais intensidade do que eu.
- Não é bom ficar com raiva ou chateado porque tais sentimentos me colocarão em conflito com os outros.
- É mais importante ser legal e tranquilo do que verdadeiro comigo mesmo.
- Não é bom mostrar raiva porque o conflito destrói uma conexão positiva com os outros.
- Se estou presente e acessível para os outros, sinto-me seguro.
- Não sei o que quero, e isso, de qualquer forma, nem sequer importa.
- Sou incapaz de saber o que quero.
- O fato de saber o que desejo e ser assertivo sobre minhas vontades no mundo, além de muito trabalhoso, afastará a conexão com pessoas necessárias ou desejadas.
- É mais fácil concordar com o que os outros querem do que me dar o trabalho de ser mais assertivo com o que quero.

O Nove, acreditando ser sempre melhor evitar um conflito aberto, em muitas situações pensa: "Para que agitar o barco?". Ele não consegue ver razão alguma que justifique prejudicar as coisas por sua causa. Como são essas suas crenças principais, soa natural para ele seguir o caminho de menor resistência e dar aos outros o que querem a fim de que se sinta confortável e não incomodado.

A armadilha do Tipo Nove: "ficar confortável um dia causa desconforto" ou "colocar-se em uma espécie de coma parece uma boa forma de evitar conflito"

Assim como ocorre com cada tipo, a fixação cognitiva ou "transe mental" do Tipo Nove engana a personalidade, virando uma "armadilha" que as limitações da personalidade não conseguem resolver.

Apesar da necessidade inconsciente de preservar certa comodidade e calma a todo custo, na verdade, evitar o conflito e assumir a conscientização dos próprios desejos geram o incômodo e a desarmonia que o Tipo Nove tenta evitar. A busca pelo conforto inevitavelmente produz desconforto, pois exige que ignoremos de propósito algumas verdades básicas, como o potencial unificador e construtivo do conflito e a necessidade de expressar sentimentos reais para que se estabeleça uma conexão mais profunda.

Para o Nove, o desejo de manter harmonia desencadeia um amortecimento da própria consciência, vivacidade interna e paixão, elementos que limitam a qualidade do engajamento dele com a vida. Além disso, a adaptação excessiva aos outros cria um senso de insatisfação que pode ser extravasado por meio de um comportamento passivo-agressivo, levando ao tipo de conflito que a adaptação procurava antes prevenir.

As principais características do Tipo Nove

Adaptação excessiva e fusão

O hábito mais relevante do Tipo Nove, ou seja, a adaptação aos planos e aos interesses dos outros representa um "ajustamento excessivo" porque em geral o Nove não apenas encontra o outro no meio do caminho em relação às suas opiniões, mas também simplesmente perde a habilidade de acessar as próprias opiniões e acaba cedendo por completo aos outros, via de regra sem que ninguém perceba isso. Embora o Nove com frequência ajude as pessoas a chegar a um consenso, ele tende a proativamente apagar suas vontades e necessidades com a finalidade de evitar vivenciar um cenário conflitante.

A tendência do Nove em ceder excessivamente aos outros implica uma prorrogação em satisfazer os desejos dele. A autonegação acompanha a estratégia de adaptação excessiva. Conforme explica Naranjo: "a adaptação excessiva ao mundo poderia ser muito dolorosa de suportar sem o autoesquecimento".[13]

O Tipo Nove se "funde" com os outros. Porém, o que significa essa palavra? A fusão acontece quando o Nove "absorve" as posições, os sentimentos e os desejos de outra pessoa a ponto de sentir que são dele. Desse modo, perde o limite entre si e as outras pessoas, o que lhe é fácil, pois geralmente não sabe o que quer e pode sentir bastante dificuldade em expressar a diferença entre os próprios planos e os da outra pessoa.

Inconscientemente, como o Nove se sente motivado a reter os laços simbióticos dos primeiros anos de infância, a desconexão pode parecer catastrófica a ele. Orientando a si mesmo conforme os outros, perder essas conexões talvez o leve a se perceber perdido e sem rumo. Por causa disso, frequentemente sem nem estar consciente de por que age assim, o Nove faz de tudo para se manter conectado a quem lhe é mais importante, chegando a adormecer para a própria verdade.

Resignação

No centro da estratégia do Nove para lidar com o problema de "concordar para agradar", encontra-se a propensão de se resignar ao não conseguir o que quer. Dessa forma, ele (com frequência inconscientemente) desiste até mesmo do esforço de querer saber o que quer.

O Nove desiste de si mesmo por conta da crença profunda de que não vale a pena se posicionar. Como diz Naranjo: "é como se o indivíduo endossasse uma estratégia de se fazer de morto para manter-se vivo (todavia, torna-se tragicamente um morto em vida em nome da vida)".[14] A crença de que não vale a pena lutar pelo que quer leva à resignação, sentimento que fortalece muitas das outras características do Nove, as quais envolvem a preguiça com relação aos próprios desejos. Desistir do que quer lhe facilita seguir o que outras pessoas querem.

Natureza tranquila/amabilidade

Embora o lado negativo de desistir dos próprios desejos e acompanhar os interesses dos outros seja tornar-se cada vez mais desconectado de si mesmo, o lado positivo é as pessoas tenderem a percebê-lo como alguém agradável, querido e fácil de se ter por perto. E a maioria dos Nove se insere nesta descrição: não faz exigência alguma às demandas dos outros, é emocionalmente estável e pode ser uma fonte sólida de apoio e amizade. O hábito de evitar conflito e tensão o motiva a ser amável e tranquilo.

É claro que a reputação do Nove em ser simpático, amigável e generoso tem um preço, ou seja, uma conexão mais intensa com sua própria raiva e opinião. Apesar do temperamento afável do Nove, talvez às vezes seja difícil lidar com ele, especialmente quando, em toda a sua tranquilidade, acaba fazendo coisas que não quer e então se torna teimoso ou irritado. Porém, no geral, o Nove tende a ser despreocupado e amoroso.

Indecisão

O Nove frequentemente sente dificuldade com a procrastinação e a indecisão. Como os Devoradores de Lótus de Homero, ele, tendendo a se desconectar do próprio sistema de orientação interior, pode vir a enfrentar extrema dificuldade quando precisa acessar seus desejos e tomar uma decisão. Embora tenha preferências na vida diária, escolher um caminho de vida, uma carreira ou um tipo de ação talvez lhe sejam opções difíceis.

No entanto, o Nove, às vezes, determina com facilidade as próprias preferências no negativo: embora não saiba o que quer, pode saber o que não quer. Nesse caso, como lado negativo da tendência de se adaptar demais aos desejos dos outros, é bem possível que ele silenciosamente vá contra o que os outros querem.

A sombra do Tipo Nove

O Nove apresenta pontos cegos relacionados à paixão da preguiça e à estratégia fundamental de adormecer para o seu interior a fim de conviver mais facilmente com os outros. O que ele de fato quer, seus sentimentos, suas opiniões e seu senso da própria verdade interna, tudo isso pode ser aspectos da sombra para o Nove, que inconscientemente evita descobrir o que quer como um elemento que lhe garantirá a sensação de conforto, segurança e conexão com os outros. Declarar uma posição, expressar suas preferências ou vivenciar emoções fortes pode ser difícil para um Nove, porque habitualmente se "esquece" de si mesmo para fluir de modo mais fácil com os outros. Quando questionados sobre o que querem, muitos Nove apenas respondem não saber.

Como o Nove não quer vivenciar a raiva, sua agressão representa um significativo ponto cego. Também devido a não querer se apropriar de nada — nem de fortes opiniões, nem de desejos ou emoções — que possa, de alguma forma, colocá-lo contra pessoas importantes na sua vida, então a raiva pode ficar na sombra dele. Acreditando que qualquer tipo de estresse talvez leve à separação, ele tende a negar qualquer coisa interior que cause uma ruptura energética nas suas conexões pessoais. No entanto, muito de sua vida interna pode ser caracterizada como uma espécie de ponto cego. Junto a isso, o Nove talvez não enxergue momentos em que se justifica um conflito ou uma discussão honesta.

A presença da raiva na sombra do Nove aumenta a possibilidade de que ela extravase em sentimentos passivo-agressivos, como teimosia, resistência passiva, procrastinação e irritabilidade — e possivelmente ele não perceba como isso ocorre ou como afeta os outros. Semelhante aos outros tipos instintivos, o Nove não gosta de receber ordens; ao mesmo tempo, quase sempre dirá sim aos outros, visando evitar um conflito que talvez eclodisse caso rejeitasse abertamente um pedido. Desse modo, diz sim quando, na verdade, quer dizer não. Assim, ao resistir passivamente ao que os outros querem que ele faça, o Nove se agarra a um senso de independência e evita ser controlado pelos desejos de outras pessoas, mesmo nos momentos em que parece adaptável e flexível. Entretanto, é possível que esteja inconsciente dessa dinâmica toda.

Como o Nove se concentra em manter uma sensação de paz e conforto, a necessidade de mudança também pode ser parte de sua sombra, o que talvez inclua o fato de ele evitar a vida real, como ir atrás de um emprego, mudar de carreira ou sair de um relacionamento — qualquer coisa que suscite uma necessidade de agir ou de mudar, pois o Nove pode viver aprisionado na inércia de querer manter o *status quo*.

Em razão de o Nove não gostar de chamar a atenção para si mesmo, talvez seja compulsivamente altruísta, e é possível que suas conquistas positivas ou o desejo de ser reconhecido também representem pontos cegos. Geralmente sem querer receber atenção, inclusive para seus atos bons, ele tende a dividir o crédito com os outros para evitar o desconforto de atrair o foco para si mesmo.

A sombra da paixão do Tipo Nove: a *preguiça* no *Inferno*, de Dante

Da perspectiva do Eneagrama, a sombra da personalidade do Tipo Nove tem um castigo adequado e um local determinado no *Inferno*, de Dante. No mundo simbólico do *Inferno*, a paixão da preguiça é um "pecado", pois a ela cabe a culpa pela vontade do indivíduo de desperdiçar a vida diariamente, resistindo à energia natural e à iniciativa. Na personalidade do Tipo Nove, a preguiça pode gerar um profundo e quase imperceptível ressentimento latente ou resistência passiva que frequentemente nem são expressos. Portanto, o Peregrino encontra essas sombras preguiçosas castigadas junto ao Furioso no lamacento rio Styx. No entanto, enquanto os ativos raivosos e "furiosos" espíritos "constantemente rasgam e se mutilam uns aos outros", o Preguiçoso é percebido debaixo da superfície lamacenta apenas pelas bolhas que indicam sua presença:[15]

> que embaixo d'água há gente que suspira,
> fazendo-a borbulhar, e o não duvida,
> mas to diz, teu olhar se em torno mira.

> Do fundo, assim: "Tristes fomos em vida,
> no ar ameno que o Sol se alegra,
> dentro portando névoa aborrecida:

> contrista-nos agora a lama negra".
> É o que em suas goelas gorgolam, e brota
> do lodo que as palavras desintegra.

Semelhante aos seus vizinhos mais visivelmente raivosos, os Preguiçosos estão enraizados no lodo lamacento da sua paixão, simbolizado no *Inferno* pelas "águas gosmentas" do rio pantanoso Styx. Mas, ao contrário do "Furioso" Tipo Um, a raiva do Nove, mais profunda e enterrada, surge no Preguiçoso como "almas suspirantes" que estão, assim como a sua raiva na vida, submersas abaixo da superfície.

Os três tipos de Nove: os subtipos do Tipo Nove

A paixão do Tipo Nove é a preguiça, definida como uma resistência psicológica de viver mais ativamente no lado mais profundo do seu próprio "ser" — uma aversão a ter consciência dos sentimentos, das sensações e dos desejos próprios.

Os três subtipos de personalidades do Tipo Nove expressam essa paixão de preguiça psicoespiritual, mas agem de três formas distintas, dependendo de quais dos três impulsos instintivos dominam: autopreservação, relação social ou conexão sexual. O Nove expressa a paixão da preguiça pela necessidade inconsciente de se fundir com algo ou com alguém como forma de se desviar da própria existência — ou da dor de não estar conectado a ela. Portanto, os três subtipos do Tipo Nove expressam a mesma necessidade de fusão, mas se fundem ou se unem com coisas diferentes como um meio de encontrar o conforto e a conexão de que sentem falta em si mesmos e nos outros. O Nove Autopreservação se funde com os confortos físicos e as atividades, o Nove Social, com grupos, e o Nove Sexual, com outros indivíduos. Entretanto, focar outro lugar permite ao Nove que evite a conexão mais profunda com a própria razão de ser. Os três Noves compartilham a paixão pelo amortecimento de si mesmos, seja em forma de preguiça e inatividade, seja na incapacidade diante de seus sentimentos, necessidades e vontades.

O Nove Autopreservação: "Apetite"

A combinação da paixão da preguiça e do instinto dominante de autopreservação nos Noves resulta em um subtipo de personalidade que Naranjo, seguindo Ichazo, chama de "Apetite". A profunda motivação desse subtipo do Tipo Nove centra-se em encontrar um senso de conforto no mundo satisfazendo as necessidades físicas em atividades como alimentação, leitura, jogos, televisão, sono ou até trabalho (se este for o mais confortável a ser feito).

Independentemente da atividade escolhida por um Autopreservação, o elemento primordial é o fato de esse Nove expressar sua necessidade de proteção e bem-estar ao se fundir com a experiência de atender a necessidades mais concretas. Dessa forma, ao voltar sua atenção para uma atividade, esse Nove simultaneamente evita ou "esquece" o próprio ser — ou a dor de não estar conectado a ele — e encontra um substituto de "ser" no conforto da rotina e dos apetites diários.

Para o Nove Autopreservação, é mais seguro se refugiar no conforto físico ou na rotina que estrutura sua experiência de maneiras concretas e familiares do que ter de aparecer no mundo e arriscar um potencial conflito ou uma excessiva estimulação. É mais fácil apagar-se ao se perder em atividades confortáveis do que se revelar ou se abrir para qualquer coisa imprevisível ou complexa do mundo exterior.

O termo "Apetite" não se refere apenas ao ato de comer, mas também à relevante percepção de bem-estar na realização de várias necessidades físicas — alimento, conforto, quietude ou algo interessante em que esse subtipo possa prestar atenção e que lhe ofereça a sensação de apoio, estrutura ou paz. O apetite também se refere ao aspecto mais concreto, mais terreno, de realizar as necessidades físicas e materiais de forma simples, direta, tangível e agradável. Uma Nove Autopreservação que conheço foca todos os esforços de autocuidado em exercícios físicos e em dietas, ambos de modo rotineiro e específico. Ela frequenta uma academia com uma comunidade exclusiva de pessoas que se exercitam regularmente de manhã cedo e que se apoiam em dietas periódicas baseadas em estruturas claramente articuladas de uma metodologia nutricional prática.

O Nove Autopreservação são pessoas mais concretas, orientadas para uma experiência imediata que não se relacione muito a abstrações ou a conceitos metafísicos. Nesse Nove existe menos da "mentalidade psicológica" e introspeção e mais do tangível e das "coisas a fazer" mais imediatas. Esse subtipo considera mais fácil lidar com a experiência do que com a teoria. Entretanto, nem sempre coloca sua experiência em palavras; não fala muito sobre o que acontece dentro de si.

Naranjo descreve o significado implícito no "Apetite" como uma espécie de semelhança com um animal, caracterizada pela atitude de "eu como, logo existo", ou "eu durmo, logo existo", a qual desvanece a questão do "ser" em um senso mais amplo. Para esse tipo de Nove, os fatos comuns da vida comprometem aquilo que é abstrato, como o que talvez esteja faltando na sua experiência. Essas pessoas vivem de uma maneira simples e direta.

Mais do que os outros dois subtipos Nove, este tende a querer passar mais tempo sozinho. No entanto, como os outros, o Nove Autopreservação habitualmente foca a atenção nos outros e no ambiente, embora possivelmente julgue mais tranquilizador e fácil de se centrar quando está sozinho, pois isso lhe permite relaxar em qualquer atividade de que participe. Esses indivíduos também tendem a um senso de humor caracterizado por sarcasmo e autodepreciação.

Ainda que bem amoroso, no fundo esse Nove não se sente amado, assumindo um comportamento de resignação por não receber efetivamente amor. Para um Nove Autopreservação, a busca por conforto em atividades prazerosas pode refletir o desejo de compensar seu sentimento mais profundo de abnegação ou a desistência da necessidade de amor, por meio da satisfação de outros apetites. A jovialidade e o espírito adorável desse tipo de Nove, embora características bem cativantes dessa personalidade, podem funcionar como um outro tipo de compensação para essa carência no início da vida; assim, substitui diversão por amor.

O Nove Autopreservação, em sua tendência a ser ativo e intuitivo, expressa um tipo de força sutil. Dos três subtipos Nove, esse é o mais semelhante ao tipo "Oito". O senso de inércia sobre a ação permite, sem sombra de dúvidas, que seja identificado um Tipo Nove, afastando-se a possibilidade de confundi-lo com um tipo Oito. No entanto, o Nove Autopreservação dispõe de uma energia mais intensa, sobretudo se comparado a um Nove Sexual, um personagem bem menos assertivo. Além da presença mais vigorosa do que os outros subtipos de personalidade Nove, ele pode ser mais irritado e teimoso. Talvez enfrente dificuldades de aceitar que o outro esteja certo. Esse subtipo, mais do que os outros Nove, vive uma vida de excessos, e, embora não fique raivoso com frequência, pode expressar a "fúria de um pacificador" quando se enraivece com pessoas que causam problemas.

Daniel, um Nove Autopreservação, diz:

Fui educado no Meio-Oeste dos Estados Unidos, onde as pessoas frequentemente me diziam que eu era "bom de garfo". Achava um elogio. Entretanto, na verdade, comer sempre foi uma fonte de prazer para mim, algo a que me permitia quando estava muito estressado. Gerenciei uma campanha política quando tinha mais de vinte anos e ganhei em torno de 11 quilos em poucos meses. Hoje reconheço que minha relação com a comida significava uma compensação pela falta de me sentir amado, e estou aprendendo a me dar esse amor em vez de apenas comer.

Adoro dormir, mas às vezes é mais uma espécie de fuga do que uma necessidade fisiológica. Um amigo meu, Tipo Nove, me contou sobre uma discussão em que se envolveu. Disse que ficou tão irritado que precisou de uma soneca. Identifico-me muito com isso. As rotinas também são reconfortantes. Por muitos anos, eu seguia a mesma rotina todas as vezes que ligava meu computador: primeiro checava o e-mail, em seguida visitava uns cinco sites diferentes, tudo na mesma ordem e múltiplas vezes ao dia. Quase sempre tinha coisas mais importantes a fazer, mas precisava do conforto proporcionado pela visita familiar aos mesmos sites antes de começar a trabalhar.

Estar sozinho é relaxante para mim porque apenas comer, dormir ou assistir à TV não exige muito esforço. No entanto, aprendi que apenas me sentir confortável não me ajuda na importante tarefa de recuperar minha autonomia e o senso de mim mesmo. Para isso, tenho de me adaptar à harmonia do meu próprio ser, o que envolve bastante trabalho, pois preciso resolver conflitos internos e minha própria posição sobre eles não é imediatamente clara para mim.

Algumas pessoas me perguntaram se eu não poderia, na verdade, ser um Tipo Oito porque pareço mais centrado do que os outros Noves. Bem, aprendi com o tempo a ser mais assertivo. Vejo isso como um elogio! Usei intencionalmente minha asa Oito como apoio para meu desenvolvimento pessoal, praticando me expressar, vivenciando minha raiva e agindo.

O Nove Social: "Participação" (contratipo)

O Nove Social expressa a paixão da preguiça psicológica ao se fundir com a comunidade, trabalhando duro para apoiar os interesses do grupo e priorizar os desejos dos participantes acima dos dele. O Nove Social, de natureza agradável, precisa sentir-se parte das coisas, o que expressa um sentimento implícito de ser diferente ou de não se inserir no grupo ou na comunidade. Essa pessoa sociável, despreocupada e jovial manifesta uma necessidade que a motiva a estar envolvida no grupo.

Necessitar de participação resulta de um profundo sentimento de não pertencimento ao grupo, o que direciona o Nove Social à compensação excessiva, manifestada em generosidade e sacrifício do que quer que seja para atender o grupo e conquistar adesão a ele. Esse subtipo se caracteriza pela intensa necessidade de sentir que faz parte das coisas, pois não se sente parte delas. É como se precisasse de algo extra para ser incluído, então trabalha em dobro visando ao apoio do grupo como garantia de sua participação.

O Nove Social sente paixão por fazer o que for necessário para pagar o ingresso de admissão ao grupo, para tornar-se alguém naquele grupo, o que, entretanto, exige muito esforço. O Nove Social pode ser *workaholic*, movido pela necessidade de trabalhar duro e dar muito de si. No entanto, não age assim só no trabalho, pois se mostra energeticamente amigo e social; não expressa dor, não é um peso para os outros e não demonstra às pessoas a gigantesca energia despendida ao dedicar-se com tanto empenho à comunidade. São pessoas generosas e altruístas, atentas ao grupo a ponto de se sacrificarem para satisfazer a responsabilidade que os outros colocam nelas.

Em contrapartida aos outros dois Subtipos Nove, que tendem a uma natureza mais moderada, o Nove Social, mais simpático e cheio de energia, é um contratipo Nove. Esse Nove Social incorpora uma marca especial de força porque se sente motivado a lutar pelas necessidades do grupo. É extrovertido, expressivo e determinado, e então, de várias formas, vai de encontro à inércia típica de um Tipo Nove, ainda que por dentro sinta preguiça em relação às próprias necessidades e vontades.

O Nove Social se revela um excelente líder, dos melhores que há, pois é bom e altruísta, alguém que luta para cumprir as responsabilidades assumidas. Também pode ser um talentoso mediador, traduzindo naturalmente opiniões diferentes para que todos sejam ouvidos e assim se evite conflito no grupo. Como líder, emprega muita energia no trabalho e tem certa capacidade de suportar muita coisa, às vezes se tornando um "saco de pancadas". Esse Nove se doa incondicionalmente como resposta a um medo mais profundo (às vezes inconsciente) de abandono, conflito, separação e possível perda de paz e harmonia.

O Nove Social gosta de assumir o controle e de falar muito. Por trabalhar tanto em favor do grupo, pode não ter tempo para si. Sua vida tende a ser bem ocupada — de tudo, exceto de si mesmo.[16] Embora a sensação de pertencimento e de realidade norteie o Nove Social, ele frequentemente duvida da própria existência, da própria razão de ser.

A aparência exterior desse subtipo denota mais felicidade do que tristeza, mas pode sugerir basicamente participação parcial: por trás da aparente alegria, mantém a sensação de não pertencimento e cria uma espécie de tristeza não comunicada aos outros. Ele não sente muito o próprio sofrimento, mas tampouco os extremos, como a euforia. Permanece emocionalmente no meio — nem muito quente, nem muito frio —, e talvez esteja de alguma forma desconectado de suas emoções e sensações.

O Nove Social se assemelha ao Tipo Três, no sentido de trabalhar duro e realizar muito sem demonstrar estresse. No entanto, difere desse tipo pela dificuldade em estar no centro das atenções e não apoiar o grupo meramente para transmitir uma imagem ou ganhar a admiração dos demais. E também se confunde com o Dois porque age muito para atender às necessidades dos outros, mas precisa de menos aprovação e reconhecimento do que o Dois e em geral é mais estável no aspecto emocional.

Maya, uma Nove Social, diz:

Fui criada como parte de um grupo. Ao crescer em uma grande família com cinco irmãos, frequentemente me via como mediadora entre os meus pais e os meus irmãos para reduzir os conflitos e promover a tolerância, o entendimento e o consenso. Por exemplo, em temas controversos na hora do jantar, quando a conversa esquentava, eu quase sempre ficava no meio — traduzindo, explicando ou tentando fazer com que cada um ali visse o lado do outro. Como resultado, eu me dei bem na liderança de grupos. No ensino médio, por exemplo, fui presidente de várias associações e clubes. No início da minha carreira, muitas vezes era bem-sucedida na organização de grupos que promoviam trabalho em equipe e de integração, incluindo um time de vôlei. Hoje, ainda examino ambientes, especialmente os novos, para saber como me inserir melhor e me orientar tranquilamente para as necessidades de todos. Ao tomar uma decisão que afeta o grupo, gosto de ouvir todas as variadas opiniões, sintetizá-las e depois consolidá-las na minha mente antes de tomar uma decisão. Estou sempre "de antenas ligadas", lendo o meio ao meu redor.

O Nove Sexual: "Fusão"

O Nove Sexual inconscientemente expressa a necessidade de ser por meio do outro, assim conquistando uma razão de "ser" que não encontra em si mesmo, mas pela fusão com alguém mais. Sem perceber, usa os relacionamentos para alimentar sua razão de ser, pois talvez lhe soe bem desafiador ou ameaçador estar por conta própria. Nesse sentido, substitui os interesses da outra pessoa pelos seus em função da comodidade de se posicionar ou ser por meio do outro. No entanto, é possível que esse Nove nem sequer perceba tal substituição, na medida em que com frequência ocorre em um nível subconsciente.

Como o Nove Sexual não está conectado à própria paixão por viver (no bom sentido da palavra "paixão"), ele tenta localizá-la em si ao se relacionar com outra pessoa. Quando vive um relacionamento íntimo, talvez tenha a sensação de que não existem limites entre sua experiência e a da pessoa querida. Desse modo, assume energeticamente sentimentos, atitudes, crenças e até comportamentos. Para ele, o sentimento de solidão ou abandono apenas será preenchido por outra pessoa, quer se dê conta disso conscientemente, quer não.

Sem dúvida, o problema inerente dessa postura remete ao fato de que a união verdadeira entre duas pessoas requer que ambas se posicionem de maneira independente antes de se encontrarem uma na outra. No entanto, o Nove Sexual, talvez sentindo dificuldade em se virar sozinho, sustentar-se e viver o próprio propósito, busque-o em outra pessoa.

Um indivíduo desse subtipo pode se conectar ao parceiro, um parente, um amigo próximo ou qualquer pessoa que seja importante para ele como meio de encontrar o objetivo da vida e evitar a própria experiência de não ter um. Sentindo incerteza em relação à própria identidade e falta de estrutura na vida, ele acaba buscando outras pessoas para satisfazer a percepção de quem ele é e do que quer, sem nem mesmo perceber o que está acontecendo.

O Nove Sexual tende a ser bem amável, gentil, terno e doce. Talvez seja o menos assertivo dos Noves, mas a ternura que expressa, como gestos de cuidado que vêm da personalidade em vez do seu eu verdadeiro, de alguma forma pode ser falsa. Mais do que os outros dois subtipos, é possível que esse Nove vivencie dificuldade em localizar a motivação para agir dando suporte às próprias iniciativas. Talvez até saiba que quer fazer alguma coisa, mas não consiga fazê-la por um bom tempo, especialmente se o ato envolver algum tipo de conflito com os outros.

O Nove Sexual defende-se da dor da primeira separação (e de separações no geral) ao inconscientemente negar a existência de limites. Desse modo evita a consciência do seu desejo profundo por isolamento, solidão e individualidade.[17] Esse Nove pode sentir que "Eu sou quando estou com o outro". Ao estabelecer conexões importantes na vida, talvez foque tanto atender às necessidades dos outros que traia as dele. Quando isso ocorre, pode reagir de formas passivo-agressivas de rebeldia, tais como evitar alguém ou ignorar algo importante que afete a relação.

O Nove Sexual lembra o Tipo Quatro, pois é possível que sinta certa melancolia, e vivencie e expresse temas e sentimentos similares nos relacionamentos. Deslocar seu centro de gravidade para os outros significa não só que ele é sensível aos desejos e ao humor das pessoas que lhe são importantes, mas também que incorpora uma percepção aguda do vaivém, da dinâmica de conexão e desconexão em um relacionamento. Entretanto, enquanto o Quatro é autorreferencial, o Nove Sexual primariamente encontra em outras pessoas sua referência e pode assumir os sentimentos delas em comparação ao Tipo Quatro, que tem mais consciência imediata dos próprios altos e baixos emocionais.

No que se refere à perda de um sentido mais firme de si mesmo, o Nove Sexual também compartilha as preocupações do Tipo Dois, e, portanto, busca nas relações importantes uma forma de encontrar certa autodefinição ou senso de identidade. No entanto, o Dois difere desse Nove ao estar mais atento à construção de uma imagem e, em geral, apreciar ser o centro das atenções, característica bem menos comum em um Nove Sexual.

Cynthia, uma Nove Sexual, diz:

Minha experiência com a paixão da preguiça parece mais uma incapacidade do que preguiça: a sensação de não conseguir me conectar a um aspecto mais profundo de mim mesma. De fato, sempre tive medo de me conectar com um senso mais profundo do meu eu, ou, para ser mais exata, medo de descobrir que na realidade não havia nada ali. Meu senso de segurança surge ao sentir que estou conectada com alguém especial; a primeira e mais longa conexão que estabeleci foi com a minha mãe, que não via problema algum em me dizer quem eu era ou quem deveria ser, nem o que deveria pensar ou sentir, não deixando muito espaço para que eu chegasse às minhas próprias conclusões. Não que fosse dominadora, mas eu estava tão requintadamente sintonizada com minha mãe que um mero piscar de reprovação era capaz de ameaçar minha conexão com ela.

Se em algum momento eu perdesse a conexão com minha mãe, sentia-me ansiosa com a sensação de não saber o que queria ou do que precisava. Em retrospecto, reconheço que minha ansiedade refletia o medo do abandono se eu quisesse ou fizesse algo que ela reprovasse. A conexão com minha mãe e a proteção advinda daquela fusão me garantiam que eu não vivenciasse o sentimento terrível de estar fora de harmonia. Os mesmos sentimentos vivenciados se alguma vez não estivesse conectada a ela — raiva, fúria ou a dor da rejeição causada pela desobediência — eram tão terríveis que não me lembro nem de estar consciente deles depois dos três ou quatro anos de idade.

Ao crescer, fui aprendendo que poderia substituir a conexão com minha mãe pela conexão com o meu melhor amigo ou parceiro. Se eu estivesse na companhia de alguém disposto a tomar decisões, assumir a liderança ou me dizer o que fazer ou como ser, relaxava e seguia adiante. E sempre ficava ansiosa com a possibilidade de interromper essa conexão, pois em geral eu era agradável e tranquila para garantir que isso não ocorresse, tanto que com frequência não conseguia determinar minha própria opinião e nem como me diferia da opinião desse alguém especial. Eu sempre dizia que, se você precisasse de alguém para cuidar das suas coisas, eu era essa pessoa. Na adolescência, desenvolvi um forte sentimento de rejeição: sentia que realmente não tinha personalidade e invejava aqueles que a tinham. É claro que, quando estava certa da fusão com esse alguém especial, eu também encontrava meu senso de rebeldia: às vezes me incomodava demais me dizerem o que fazer ou como ser, e eu reagia de forma passivo-agressiva, o que era totalmente oposto à minha natureza geralmente doce. Na pior das hipóteses, parecia trair meus parceiros românticos ou agia de um jeito que eles nem reconheciam mais.

Felizmente, em razão de minhas circunstâncias de vida, não foi possível que me perdesse completamente na união com um parceiro. Como resultado de uma relação desastrosamente controladora, no início, de modo inconsciente, eu escolhia homens emocionalmente bem distantes para que não roubassem minha alma, embora julgasse que queria que o fizessem. Isso me forçou a desenvolver um intenso senso de identidade e de propósito, ao passo que, se tivesse um parceiro, continuaria perdida e sem objetivo, ainda desejando ser guiada.

Com os anos, aprendi a estar comigo mesma de formas bem mais profundas, e agora, na meia-idade, realmente gosto de estar sozinha, valorizo a prática de meditação e vivo em uma comunidade incrível. Ocasionalmente ainda anseio que alguém me diga o que fazer, mas em geral apenas no que se refere a pequenas decisões. Meu senso de quem sou é mais claro, tanto nos aspectos positivos quanto nos negativos, e confio que minha personalidade de fato exista e até seja visível aos outros. Minhas primeiras experiências resultaram em uma intuição bem aguçada e em uma habilidade de ter empatia e sintonizar com os outros com mais profundidade; vejo uma situação sob múltiplas perspectivas, mas também localizo meus próprios sentimentos e opiniões e confio que minhas relações suportem as diferenças de opinião. Entretanto, estou ciente de que, mesmo que tenha progredido muito na independência e em minha capacidade de estar sozinha, ainda existem muitas coisas que não fiz na vida (por exemplo, viajar pelo mundo ou comprar uma casa) sem ter alguém especial comigo para me dar coragem.

"O trabalho" para o Tipo Nove: mapeando um caminho de crescimento pessoal

Finalmente, à medida que o Nove trabalha em si mesmo e conquista mais autoconsciência, ele aprende a escapar da armadilha do desconforto e da desarmonia, a qual ocorre quando esmaece na tentativa de criar paz e harmonia. Ao desenvolver uma forte conexão com seu próprio mundo interior, afirmar suas necessidades e vontades, e agir com mais confiança em benefício próprio, o Tipo Nove talvez evite a tendência de se ajustar tanto aos outros a ponto de se esquecer completamente dele.

Para todos nós, despertar para os padrões habituais da personalidade implica esforços conscientes e contínuos de auto-observação, além de muita reflexão sobre o significado e os recursos do que observamos e trabalho intenso no combate das tendências automatizadas. Para o Nove, esse processo envolve observar como ele adormece para o próprio ser interno para se dar bem com os outros; examinar de que formas ele busca a comodidade e o afastamento dos próprios sentimentos e desejos; e fazer esforços contínuos para se conectar consigo do mesmo modo que se empenha na conexão com os outros. É particularmente importante que ele aprenda a encarar suas vontades, manifestar seu poder e agir em benefício próprio.

Nesta seção, ofereço ao Nove não apenas algumas sugestões sobre o que notar, explorar e estabelecer como meta em seu esforço de crescimento, indo além das restrições da personalidade, mas também como incorporar as mais elevadas potencialidades associadas ao seu tipo e subtipo.

Auto-observação: desidentificar-se da personalidade ao observá-la em ação

Na auto-observação, cria-se suficiente espaço interno para que realmente sejam vistos, com um olhar renovado e de uma distância adequada, pensamentos, sentimentos e ações rotineiros. Ao prestar atenção nisso, o Nove deve procurar pelos seguintes padrões-chave:

Esquecer-se de si mesmo como forma de concordar facilmente com os desejos e as vontades dos outros

Observe o que acontece quando lhe perguntam o que você quer. Se não sabe, note como é não saber e como se sente ao buscar uma resposta sobre uma preferência sem conseguir encontrá-la. Sintonize-se com o que acontece quando você tem uma prioridade e se distrai com algo menos importante. Observe por que assume comportamentos passivo-

-agressivos e tente perceber qualquer pista sobre o que lhe despertou raiva ou aborrecimento. Observe ainda as atividades das quais participa e que contribuem com o adormecimento para si mesmo.

Evitar e aliviar o conflito como forma de ficar confortável e negar a separação

Observe como você busca aliviar a tensão, mediar o conflito e evitar a desarmonia. Quais são os tipos de atitudes que assume? Como se sente quando existe ameaça de conflito? Observe os tipos de atividades que lhe dão a sensação de desconforto e o que você faz para tentar minimizá-lo.

Ficar preso na inércia com relação às próprias prioridades

Observe o que acontece quando você precisa agir e não age. Como se distrai de si mesmo? O que está evitando? Observe o que acontece dentro de você quando precisa tomar uma decisão. O que ganha ao ficar em cima do muro e não decidir? Perceba o que acontece quando a mudança ocorre, ou ainda quando poderia ocorrer, detectando qualquer reação que tenha.

Autoquestionamento e autorreflexão: reunindo mais informações para expandir o autoconhecimento

À medida que o Nove observa esse e outros padrões, o próximo passo no caminho de crescimento do Eneagrama é entender mais sobre eles. Por que existem? De onde vêm? Com que propósito? Como causam problemas se existem para ajudá-lo? Frequentemente, ao ver a origem do hábito — o porquê da existência e a finalidade dela —, isso já lhe permitirá romper tais padrões. Em outros casos, considerando-se hábitos mais arraigados, saber como e por que funcionam como defesas talvez seja o primeiro passo para finalmente se libertar.

Aqui estão algumas perguntas que o Nove deva se fazer e as possíveis respostas para obter mais *insight* sobre as origens, as formas de funcionamento e as consequências desses padrões:

Como e por que esses padrões se desenvolveram? Como esses hábitos ajudam o Tipo Nove a lidar com o problema?

Por meio do entendimento das origens dos padrões defensivos e da forma de operar como estratégias para lidar com o problema, o Nove tem a oportunidade de tornar-se mais consciente não apenas de como e por que adormece a si mesmo, mas também das formas de evitar experiências desconfortáveis ou dolorosas. Se o Nove conta uma história da sua infância e observa como desligar-se da sua experiência interna o ajudou de modos específicos, talvez evitando sentimentos e experiências relacionados à separação ou a não ser ouvido e valorizado, talvez sinta mais compaixão por si e reconheça o funcionamento dessas estratégias. Desde o princípio, esses *insights* sobre o porquê de o Nove adormecer e de como isso opera para protegê-lo podem ajudá-lo a entender que essas defesas lhe garantem sobrevivência psicológica, ao mesmo tempo que o mantêm refém de seu "eu-semente", ao eliminar toda a vivacidade e a criatividade do seu Eu verdadeiro (árvore de carvalho).

De que emoções dolorosas os padrões do Tipo Nove o protegem?

A personalidade opera em todos nós com a finalidade de nos proteger das emoções dolorosas, incluindo o que a psicóloga teórica Karen Horney chama de "ansiedade básica": a preocupação com que o estresse emocional não permita que nossas necessidades básicas sejam atendidas. O Nove adota uma estratégia que o leva a se dissociar das dolorosas emoções na tentativa de eliminá-las. Os sentimentos difíceis relacionados à falta de apoio e de reconhecimento, ou ainda a não se sentir conectado ou incluído, podem ser convenientemente esquecidos. No entanto, a falsa sensação de conforto talvez lhe cobre um alto custo: a desconexão com sua vida interna. Se o Nove conseguir compreender os sentimentos frequentemente evitados como parte de um padrão de ajuste excessivo aos outros e de menosprezo a si mesmo, conseguirá tomar decisões relativas ao que permanece adormecido ou acordar para descobrir mais do que ele de fato é.

Por que estou fazendo isso? Como os padrões do Tipo Nove funcionam em mim neste momento?

Refletindo sobre o funcionamento desses padrões, os três tipos de Nove podem ficar mais conscientes de como seus padrões defensivos se manifestam na vida diária e no momento presente. Se o Nove conseguir conscientemente se pegar no flagra quando se distrai de si ou negligencia em seu universo interior desejos e emoções, será capaz de despertar para as motivações mais profundas que o levam ao autoesquecimento a fim de fluir com os outros. É possível que seja reveladora para um Nove a percepção de que ele não faz esforço algum para conseguir o que quer. Talvez nem se dê conta disso, como William James expressou em uma frase famosa: "Quando você tem de escolher e não escolhe, isso já é uma escolha". Ao entender quando ele desiste e o porquê, como sente dificuldade em saber o que quer e o porquê, e como falha na defesa de si mesmo e o porquê, o Nove, se assim quiser, poderá criar a base de motivação para reverter esses padrões.

Quais são os pontos cegos desses padrões? O que o Tipo Nove não percebe em si?

Para ampliar realmente seu autoconhecimento, caberá ao Nove lembrar o que não enxerga quando a programação de sua personalidade está rodando o espetáculo. Às vezes compulsivamente altruísta, ele se habitua a não prestar atenção às próprias necessidades, a seus desejos e a suas prioridades, enfim, a seus planos. Se os próprios desejos não estão no radar de uma pessoa, ela terá dificuldades de cuidar de si e conquistar o que quer. Portanto, se você tem um ponto cego, o que normalmente envolve raiva, paixão e poder, como conseguirá se apoiar em si mesmo e deixar sua marca no mundo? Se permite o adormecimento de sua raiva, o que acontece com ela? Talvez acabe expressando-a de forma passivo--agressiva ou ativo-explosiva e, assim, prejudique-se. No processo de se negligenciar, o Nove falha em se apropriar das próprias qualidades positivas e de sua habilidade de impactar os outros de modo poderoso e positivo. Desse modo, focar buscar o que não vê poderá ajudá-lo a sair do hábito de não se dar valor e colocar os outros como prioridade.

Quais são os efeitos ou as consequências desses padrões? Como eles me aprisionam?

A ironia da estratégia do Nove centra-se no fato de que, ao tentar manter-se conectado aos outros a ponto de se fundir com os planos deles, esse tipo neutraliza seus relacionamentos. Ao não se conhecer, você não levará as pessoas a o estimarem mais, não permitirá a quem o ame que o compreenda melhor. Ao não saber e não dizer o que deseja, correrá o risco de não conseguir o que quer das pessoas com quem se conecta, e assim limitará a qualidade dessas conexões e viverá um sentimento de vazio e insatisfação. Ao não reconhecer a raiva que naturalmente sente, poderá agir com uma resistência passiva que não lhe é produtiva e que ainda enfurece os outros. Ao não se valorizar o suficiente para construir uma conexão mais intensa com seu mundo interno, também convidará os outros a desvalorizá-lo.

Autodesenvolvimento: visar a um estado mais elevado de consciência

Para aqueles que buscam despertar, o próximo passo é injetar mais esforço consciente em tudo o que fazem: pensar, sentir e agir com mais consciência e escolha. Nesta seção, proponho ao Nove algumas sugestões sobre o "que fazer" depois de observar seus padrões principais e investigar suas origens, formas de funcionamento e consequências.

Esta última seção se divide em três partes, cada uma correspondendo a um dos três processos de crescimento relacionados ao sistema do Eneagrama: 1) "o que fazer" para combater ativamente os padrões automatizados do tipo central já descritos na "auto-observação", 2) de que modo usar o Fluxo Interno do caminho das flechas do Eneagrama como mapa de crescimento e 3) como estudar uma paixão (ou "vício") e conscientemente buscar incorporar o oposto: o antídoto, a "virtude" mais elevada do tipo.

Os três principais padrões de personalidade do Tipo Nove: "o que fazer" para lidar com eles

Esquecer-se de si mesmo como forma de concordar facilmente com os desejos e as vontades dos outros

Pratique "lembrar-se de si mesmo". Um dos primeiros conselhos de Gurdjieff a todos que embarcavam em uma jornada de trabalho interior mais consciente era sempre tentar "lembrar-se de si mesmo", ou seja, sintonizar-se com seus sentimentos e estar consciente de si a cada momento. Todos precisamos aprender a nos lembrar de nós mesmos; para o Nove, que representa a personalidade protótipo do modo como adormecemos para nós mesmos, é relevante que preste uma atenção contínua e consciente aos seus pensamentos, sentimentos e ações. A autolembrança é o antídoto para o autoesquecimento.

Pergunte-se o que você quer (e peça aos outros que lhe perguntem também). Transforme essa pergunta em uma prática regular. No início, talvez se sinta desanimado, pois provavelmente não saberá a resposta. No entanto, se persistir na pergunta, em algum momento acabará conhecendo-a. Uma vez trabalhei com um casal cujo homem era um Tipo Nove. Em certa ocasião, ele disse à parceira que realmente o ajudava quando era questionado sobre o que queria. Incentivar os outros a lhe perguntarem o que você quer o estimula a assumir energeticamente que sabe o que quer, isto é, o reconhecimento de que você tem suas preferências, mesmo que precise de um tempo para entrar em contato com sua "bússola interna".

Finja até conseguir. Se você não sabe o que quer, tente inventar algo. Quando estou na psicoterapia atendendo clientes com dificuldades em acessar sua sabedoria interna, peço-lhes que prevejam ou inventem algo. E adivinha? Eles frequentemente emitem um excelente "palpite" que os ajuda a acessar sua verdade interna. Então, comece a acreditar que, em algum lugar dentro de você, sabe o que quer, e apenas se arrisque a dar esse palpite. Com o tempo, desenvolverá um canal mais claro para determinar o que quer e aquilo de que precisa.

Evitar e aliviar o conflito como forma de ficar confortável e negar a separação

Reformule o conflito como algo positivo que o aproxime das pessoas. Apoie-se na sua asa Oito e reconheça que a discussão talvez seja um jeito interessante de conhecer melhor as pessoas; aprenda a confiar nelas e a resolver as diferenças objetivando o fortalecimento das conexões. Aprenda a gostar de expressar o que você pensa.

Trabalhe no sentido de entrar em contato com a raiva e seja mais direto. Manter-se confortável ao evitar emoções implica negar ou negligenciar uma parte importante de quem você é. A raiva conecta-se ao poder e à paixão por viver. Lembre-se de que vivenciar sua raiva não significa expressá-la; mas, se conseguir entrar mais em contato com ela, poderá ser mais direto sobre o que quer ou sobre como se sente, o que aperfeiçoará seus relacionamentos, sem prejudicá-los. As pessoas valorizam a franqueza. Assim, quando você concorda e depois percebe que não queria isso, permitir que o sentimento venha à tona nesse momento talvez cause mais problemas do que se fosse sincero desde o princípio.

Dê pequenos passos em direção ao conflito praticando o dar e receber feedback. Matt, meu amigo Nove, diz que o feedback lhe causa conflitos. Então, pratique dar feedback às pessoas em quem confia; permita-se começar com algo bem pequeno e depois continuar no processo. Trabalhe para empoderar-se, sempre tendo em mente que você tem a força e a estabilidade para lidar com o que vier, e que o conflito (ou feedback) não leva automaticamente à separação.

Ficar aprisionado na inércia com relação às próprias prioridades

Lembre-se de que continuar no conforto leva ao desconforto. Manter-se em uma situação cômoda frequentemente implica a negação das realidades práticas, e isso um dia lhe causará mais desconforto. Seja positivo e proativo, e treine-se pensando em o que aconteceria caso continuasse em cima do muro, resistindo ao fluxo natural de evolução da vida. Peça o apoio dos outros e faça um *brainstorming*, sobre o que poderia fazer para descobrir e avaliar suas potencialidades sem deixar que os outros lhe dissessem o que fazer. Desafie sua tendência à abstinência, lembrando-se gentilmente de que a não escolha é também uma escolha, e reflita sobre as possíveis consequências da inação e da ação. Permita-se fantasiar sobre os resultados positivos. Lembre-se de que você pode ter o que quiser, mas precisa agir (mesmo que lentamente) para que as coisas aconteçam.

O Fluxo Interno para o Tipo Nove: usando o caminho das flechas para mapear o caminho de crescimento

No Capítulo 1, apresentei o modelo do Fluxo Interno do caminho das flechas, o qual define uma dimensão do movimento dinâmico no modelo do Eneagrama. As conexões e o fluxo entre cada tipo central, seu ponto "crescimento-(por meio do)-estresse", ou "crescimento-estresse", e seu ponto "coração-criança-(segurança)", ou "coração-criança", mapeiam um tipo de caminho de crescimento descrito pelo símbolo. Reitero que se entende o caminho das flechas como uma sugestão para o crescimento de cada tipo:

- A direção desde o ponto central no sentido da flecha é o caminho de desenvolvimento. O ponto "crescimento-estresse", que está mais adiante, representa os desafios específicos colocados diante de nós pela natureza do ponto central da nossa personalidade.
- A direção contrária da flecha, desde o ponto central até o "coração-criança", indica as questões e os temas da infância que precisam de reconhecimento e apropriação consciente para que avancemos, livres das amarras dos assuntos inacabados do passado. O ponto "coração-criança" representa qualidades de segurança que reprimimos de modo inconsciente, retornando às vezes a elas em tempos de estresse ou em busca de segurança, as quais devem ser reintroduzidas conscientemente como apoio para avançar no caminho das flechas.

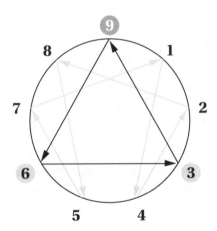

O Tipo Nove movendo-se em direção ao Tipo Seis: usando conscientemente o ponto "crescimento-estresse" do Seis para desenvolvimento e expansão

O caminho de crescimento para o Fluxo Interno do Tipo Nove o coloca em contato direto com os desafios personificados pelo Tipo Seis.

Assim, desenvolve-se uma percepção mais clara dos medos, das ansiedades, dos pensamentos e sentimentos em relação ao que pode dar errado como forma de motivar a ação e mobilizar os recursos internos da fé e da coragem. Portanto, não é estranho que o Nove se sinta desconfortável diante da ansiedade e da sensação de ameaça ao mover-se para o Seis. Entretanto, tais sentimentos (vivenciados de modo consciente e gerenciados com bastante atenção) podem ajudar o Nove a sair da inércia e estimulá-lo para a ação dando-lhe suporte a si mesmo. Essa mudança incorpora não apenas a sensação de urgência ao acessar desejos reais, mas também estimula capacidades genuínas de agir ao resolver problemas ou lidar com ameaças ao próprio bem-estar. Como a inação e o conformismo poderiam, em extremo, representar ameaças reais para a segurança do Nove e seu bem-estar, mover-se para o Seis talvez o ajude a encontrar motivos para agir em benefício próprio.

O Nove que conscientemente atua desse modo pode recorrer às ferramentas usadas por um Tipo Seis saudável: as habilidades analíticas e a atividade proativa como apoio para a autoproteção. A postura do Seis, baseada em intuição e sintonização com as ameaças contra o ser, o leva a manter-se alerta para as preocupações de segurança, o que talvez sirva para equilibrar o foco do Nove em acomodar-se e distrair-se com coisas irrelevantes. A atividade intelectual de vigilância e de análise crítica natural do Seis ajuda o Nove a analisar com mais determinação o que está acontecendo em sua vida e como ele pode se autoesquecer, o que reduz sua segurança. A habilidade intuitiva de um Seis também ajuda o Nove a desenvolver maneiras mais ativas de acessar o que está acontecendo no interior dele.

O Tipo Nove movendo-se em direção ao Tipo Três: usando conscientemente o ponto "coração-criança" para trabalhar questões dos anos iniciais e encontrar a segurança como suporte para avançar

O caminho de crescimento para o Tipo Nove convida-o a recuperar a habilidade de "agir" de forma ativa para se aprofundar nas próprias metas. O impulso do Nove para estabelecer seu próprio caminho de ação talvez não tenha sido percebido e nem sequer recebido apoio na infância, o que provavelmente o motivou a adotar estratégias de sobrevivência centradas em agradar aos outros, desfocando-se de metas e ambições pessoais. É possível que a criança Nove, percebendo que precisava decidir entre as próprias necessidades e as das pessoas que lhe eram mais importantes, tenha concordado com os outros e deixado caladas as próprias metas para lidar com a situação.

Ao movimentar-se para o Três de forma inconsciente, o Nove pode assumir um "agir" ansioso e confuso como resposta a situações extremas diante das quais ache não ter feito o suficiente. No entanto, ao navegar conscientemente, um Nove pode usar "o movimento para o Três" visando restabelecer um equilíbrio saudável entre apoiar os demais e sintonizar-se com eles e fazer o que é necessário para avançar na conquista das próprias realizações. Talvez o Nove foque as qualidades do ponto "segurança-criança" para entender o que precisou deixar adormecido no passado na busca de relacionar-se bem no mundo. Então, encontra no "Retornar para o Três" uma forma de reativar seu senso de perda da iniciativa e ação egoísta. É possível que, agindo assim, progrida na segurança e reintegre algo evitado no início; no entanto, o Nove pode se livrar disso para avançar no caminho de crescimento para o ponto Seis.

Ao reincorporar as qualidades do Tipo Três, talvez o Nove conscientemente se lembre de que querer atenção e valorizar a si mesmo e as suas realizações são comportamentos normais. Nesse sentido, em vez de desaparecer evitando passivamente as coisas e resistindo às demandas dos outros, o Nove, ao incorporar a característica mais elevada do Três, pode suscitar em si a chama que vem de uma ação positiva e alcançar metas específicas ao refletir mais sobre como ele é visto pelos outros. Dessa forma, o Nove estará usando o ponto Três de segurança-criança como um instrumento de reivindicar seu feitor interno e equilibrar seu talento em não apenas entender profundamente as perspectivas dos outros, mas também seu desejo por produtividade e por eficácia em interesse próprio.

A conversão do vício em virtude: acessar a preguiça e visar à ação certa

O caminho de desenvolvimento do vício para a virtude constitui uma das contribuições centrais do mapa do Eneagrama, pois pode ser usado na "vertical" para alcançar um estado mais elevado de consciência em cada tipo. O vício (ou paixão) do Nove é a preguiça, e a virtude (seu oposto) é a *ação certa*. Segundo a teoria de crescimento proposta pela "conversão do vício em virtude", quanto mais conscientes estivermos sobre o funcionamento de nossa paixão e sobre nosso trabalho consciente para incorporar nossa maior virtude, mais nos livraremos de hábitos inconscientes e padrões fixos do nosso tipo, evoluindo para um lado "mais elevado", ou para o já mencionado "Eu-árvore de carvalho".

À medida que o Nove mais se familiariza com a própria experiência da preguiça e desenvolve a habilidade de ter mais consciência sobre ela, mais consegue avançar no esforço em focar a ativação da sua virtude, o "antídoto" para a paixão da preguiça. No caso do Tipo Nove, a virtude da ação certa representa um estado de ser a que o Nove pode chegar por meio da manifestação consciente das suas capacidades mais elevadas.

A ação certa, ou seja, uma forma de ser desperta, engajada e presente em nossos impulsos naturais de saber nos movimenta ao que queremos e àquilo de que precisamos. Essa elevada virtude engloba tanto a habilidade de despertar ativamente quando observamos de modo constante nossa vida interna, quanto o foco proposital em nossos desejos e nossas prioridades mais importantes. Portanto, a ação certa significa não apenas que constantemente podemos nos lembrar de nós ao invés de habitualmente nos esquecer, mas também que podemos despertar e mover-nos quando estivermos adormecidos. Significa ainda que somos capazes de acessar com mais constância nosso centro de gravidade, agindo poderosa e decisivamente no mundo.

A incorporação da ação certa no Nove significa que ele trabalhou tanto para estar mais consciente da sua tendência inconsciente de adormecer para o próprio interior que consegue com frequência se flagrar quando se desconecta de si e se conecta a algo externo. Conquistar a ação certa significa fácil acesso ao instinto visceral, o que lhe permite usar esse poder pessoal e agir de forma consciente no mundo. Nós todos naturalmente subimos e descemos a dimensão vertical desse *continuum* vício-virtude. Subimos a níveis elevados de funcionamento à medida que trabalhamos em nós mesmos, mas, em função da dificuldade de sempre ficarmos despertos, também escorregamos nos momentos de estresse. Se você é Nove, incorporar a ação certa com consciência lhe possibilitará uma percepção mais ampla de si, de modo que, baseando-se em sua própria experiência, seus impulsos naturais o estimularão a agir em benefício próprio e a serviço de um bem maior. Ao focar a ação certa, o Nove fortalecerá a habilidade de manifestar seus desejos como um instrumento de contribuição ativa para a própria felicidade e a dos outros.

Quando o Nove trabalha do "vício para a virtude" e percebe como desliga sua voz interna para o que chamam de volta ao lar, em um sentido homérico, ele consegue despertar para sentimentos, instintos e desejos próprios, tornando-se um modelo para todos nós de como fortalecer nosso observador interno para que participemos com mais consciência na vida de nossa comunidade.

Trabalho específico para os três subtipos do Tipo Nove no caminho do vício para a virtude

Observar a paixão para encontrar seu antídoto não implica exatamente o mesmo percurso para cada um dos subtipos. O caminho para um trabalho interior mais consciente tem sido caracterizado em termos de "determinação, esforço e graça":[18] * a "determinação" dos hábitos da nossa personalidade, o "esforço" empregado em nosso processo de crescimento e a "graça" que alcançamos quando nos dedicamos a nos desenvolver com mais consciência, trabalhando em direção às nossas virtudes de maneiras positivas e saudáveis. De acordo com Naranjo, cada subtipo precisa esforçar-se contra algo levemente diferente. Esse *insight* constitui um dos maiores benefícios de entender os três diferentes subtipos de cada um dos nove tipos.

O *Nove Autopreservação* pode se deslocar pelo caminho da preguiça para a ação certa ao entrar de modo consciente em contato com sua raiva e ser mais proativo pensando mais, acessando e agindo em interesse próprio. Sentir e trabalhar a raiva em vez de evitá-la talvez o ajude a se conectar mais profundamente com sua paixão e o seu poder; além disso, mais consciente da raiva, você consegue se conectar com sua força interna, o que o ajudará a conquistar o que quer, em vez de desistir e perder-se. Se for atrás do que quer de forma mais direta, poderá satisfazer seus desejos mais profundos e reforçar seu senso interno de ser, sem se distrair com sua ausência. O contato mais franco com seu poder e sua paixão também lhe permitirá se abrir para ser mais amado e conseguir relacionamentos que o nutram, em vez daqueles falsos que normalmente o satisfazem porque seu "eu-semente" pensa que são tudo que você pode ser. No lugar de calorias

---

* No original, "grit, grind and grace". [N. do E.]

vazias de atividades confortáveis e relações complicadas, permita-se alimentar seu apetite para o amor e a presença ao acessar suas emoções, recebendo um amor verdadeiro e estabelecendo mais conexões conscientes.

O *Nove Social* pode caminhar da preguiça para a ação certa ao entrar em contato com qualquer tristeza subjacente a seu jeito otimista e agradável de ser, identificando formas pelas quais seu trabalho duro nos grupos pode distraí-lo da evolução pessoal. Se você é um Nove Social, será importante desacelerar e arriscar-se compartilhando mais de si com os outros, sobretudo necessidades, vontades e sentimentos mais profundos. A ação certa significa compreender o que lhe está acontecendo interiormente e não recear que venha à tona qualquer tristeza, raiva ou desconforto; assim se deixará levar pelas próprias motivações pessoais, e não pela vontade de apoiar os outros. Pare de se esconder para o que ocorre em seu interior como forma de acomodação e trabalhe mais pelos próprios interesses tanto quanto trabalha para prover as necessidades da sua família ou da comunidade. Perceba qualquer medo de abandono, conflito ou perda de paz e mantenha tais sentimentos como um instrumento de amar e apoiar a si. Aproprie-se das formas que lhe possibilitam fazer parte do grupo e absorva o fato de as pessoas valorizarem seu trabalho e o apoiarem como um jeito de lidar ativamente com suas mais profundas necessidades de pertencimento.

O *Nove Sexual* pode ir do caminho da preguiça para a ação certa ao reconhecer sua necessidade mais enraizada de separação e agir dando-se um tempo para estar sozinho, e não sempre encontrando uma razão de "ser" nos outros. Reconheça de que modos inadvertidamente se anulou para manter certos relacionamentos e crie limites saudáveis com os mais próximos. Perceba quando não está "em" você mesmo. Aja para encontrar seu próprio propósito e a experiência de ser, e perceba como, ao misturar-se com os outros, na verdade se afasta de relacionamentos autênticos. A fusão simula uma real conexão, mas na verdade atua somente como um substituto ou uma miragem, porque significa que você desistiu de si e se ajustou demais às outras pessoas. Engaje-se na ação certa ao trabalhar visando ao encontro de necessidades, desejos, experiências e emoções próprios, e, sobretudo, considerando seu propósito. Faça questão de perceber em que aspectos diverge de pessoas importantes e arrisque-se a dar voz a essas diferenças, deixando claro que você é um indivíduo singular. Construa desde o início relacionamentos nos quais evidencie suas preferências e aspirações para desse modo estabelecer um contato mais amplo com seu "eu verdadeiro"; agindo assim, vivenciará relacionamentos mais satisfatórios para conseguir ser quem é e ainda ser amado e aceito.

Conclusão

O ponto Nove representa o modo como adormecemos para nós mesmos com o objetivo de lidar com um mundo que exige que eliminemos nossa própria razão de ser para coexistir pacificamente com os outros. O caminho de crescimento do Nove nos mostra como transformar a preguiça interna e a tendência universal para o adormecimento em energia e senso de propósito exigidos para despertar quem somos e quem podemos ser. Em cada um dos subtipos do Tipo Nove, percebemos um caráter específico que nos ensina o que é possível quando a inércia psicoespiritual se transforma em uma habilidade consciente, e é esse o caminho para que intensifiquemos nossa própria evolução por meio da alquimia da auto-observação, do autodesenvolvimento e do autoconhecimento.

CAPÍTULO 4

O arquétipo do ponto Oito: o tipo, os subtipos e o caminho de crescimento

Um verdadeiro amigo te apunhala pela frente.

OSCAR WILDE

O Tipo Oito representa o arquétipo da pessoa que nega a fraqueza e a vulnerabilidade refugiando-se na bravura, no poder e na força. Assim, tende a expressar impulsos instintivos com menos inibição e a rejeitar qualquer coisa que o restrinja. Uma personalidade com esse arquétipo foca o exercício do controle de diversas maneiras, buscando uma "solução ampla" caracterizada pelo domínio e pela intensidade. Essa abordagem implica uma identificação com o seu eu glorificado (em vez de um senso de ser mais inferiorizado).[1]

As sombras desse arquétipo existem de forma similar nos conceitos de "id" de Freud e também nos de "libido" de Freud e Jung, os quais descrevem uma força energética por trás dos impulsos instintivos centrais humanos — a energia de força (ou *momentum*) que nos estimula a uma realização implacável de nossas necessidades animais. O arquétipo do Tipo Oito representa um "desejo ou impulso que não é analisado por nenhum tipo de autoridade". É "libido [energia psíquica] no seu estado natural" e "solo instintivo de onde nossa consciência brota".[2]

Freud via o id como o aspecto da nossa psique que representa "o repositório de nossos impulsos instintivos, sexuais e agressivos".[3] O id opera no princípio do prazer, "exigindo satisfação dos impulsos sem demora".[4] Assim, o arquétipo do Oito transmite o intenso impulso de energia de dentro do sistema dinâmico da psique humana. O id constitui não apenas a base da energia sexual em particular, mas também o desejo, carga ou energia que motiva toda ação visando atender às necessidades instintivas.

Entretanto, Naranjo aponta que, embora o arquétipo do Oito "pareça uma forma de ser mais instintiva, como no conceito freudiano do personagem centrado no id", essa suposição não é exatamente o caso, na medida em que a personalidade Oito implica "um ego que *defende* o instinto", em vez de exprimir o próprio instinto.[5] "Mais do que ser guiado pelo id", Naranjo explica que essa personalidade se posiciona contra o superego; opõe-se à parte da psique que representa o "censor interno" e reforça "os padrões e proibições dos nossos pais e da sociedade".[6]

A mais pura liberdade natural e espontaneidade no movimento instintivo caracterizam o Eu maior, mas a personalidade Oito expressa alguma coisa semelhante a um "eu-semente": uma reação automática do ego que se opõe a qualquer limitação dos seus impulsos instintivos. Essa autorrebeldia contra as regras sociais ou contra a autoridade estabelecida (como as expressas pelo arquétipo do Tipo Um) não é livre e espontânea. Naranjo esclarece que esse arquétipo se baseia em "contrarrepressão", e acrescenta que apoiar e defender os desejos sempre pode, de forma paradoxal, tornar o Tipo Oito rigidamente intolerante às restrições. Dessa forma, o excesso de impulso de energia libidinal/instintiva leva esse tipo a desejar excessivamente e a se voltar a experiências sensoriais. Assim como o Tipo Um representa a força "anti-instintiva" da personalidade humana, o Tipo Oito representa a força "pró-instintiva" de todos nós.

Além disso, o arquétipo Oito também denota um aspecto do princípio masculino, ou o *animus*. Enquanto o arquétipo do Tipo Dois incorpora uma versão do princípio "interno feminino", o do Tipo Oito comunica a ideia arquetípica do "masculino" na mulher e no homem. Naranjo aponta que os elementos do arquétipo masculino são percebidos na atenção da cultura ocidental à racionalidade e à ação, e na desvalorização das emoções mais brandas e nas formas mais predominantes de ausência de sensibilidade diante da violência.[7]

O Tipo Oito é o protótipo para essa tendência comum a todos nós de sentir que devemos "ser grandes" e seguir a rota mais direta rumo ao que precisamos, mediante o recuo das forças internas e externas que buscam restringir nossos impulsos instintivos. Conforme Sandra Maitri, estudiosa do Eneagrama, o arquétipo Oito representa nossa identificação "com o corpo e seus impulsos e imperativos biológicos".[8] Assim como o arquétipo Três representa a forma por meio da qual todos assumimos uma personalidade e o arquétipo Quatro destaca a presença universal da sombra, o Oito canaliza o momento energético de nossos instintos animais para satisfazer nossa necessidade de sermos bem-sucedidos e nos multiplicar.

A personalidade do Tipo Oito, luxuriosa, intensa, energética e poderosa, o leva a uma postura "menos social" que motiva rebeldia contra poderes restritivos de autoridades estabelecidas, regras e convenções. O hábito intelectual do Tipo Oito o impele a ir de encontro ao poder externo e às limitações tanto como forma de exercer controle quanto como meio de combater a opressão e a proteção do mais fraco. O arquétipo é forte nas pessoas que acreditam em "fazer justiça com as próprias mãos, em vez de delegar isso às instituições".[9]

O arquétipo do Oito também representa a negação de nossas fraquezas ou pequenezes, levando-nos a imaginar que somos poderosos a ponto de fazer o que deve ser feito para nós e para os demais. Todos compartilhamos a tendência a ignorar as restrições internas e externas quando a satisfação de nossas necessidades ou nossa defesa se tornam urgentes.

No modelo do Eneagrama, a pessoa de personalidade Oito é forte, poderosa e destemida. Tende a se preocupar bastante com a justiça e a proteger os oprimidos e os necessitados, podendo ser justa e autoritária. No geral, o Oito é inusitadamente direto na comunicação e intolerante à "conversa fiada". Valoriza a verdade e pode confrontar os outros em conflitos construtivos quando necessário. Com habilidade natural de liderança, tende a ser honesto, direto e eficaz ao fazer algo acontecer. A combinação entre ser geralmente divertido, generoso e intenso pode torná-lo excelente amigo e companheiro entusiasmado. Além disso, lida bem com a "visão geral" das coisas e é um trabalhador e defensor apaixonado das causas e das pessoas que considera importantes. Gosta de criar ordem no caos e pode incorporar uma quantidade considerável de energia para suportar as tarefas importantes no mundo, embora talvez não perceba os convenientes limites e as barreiras. De fato, o "superpoder" do Oito é o superpoder.

Entretanto, assim como todas as personalidades arquetípicas, os talentos e as forças do Tipo Oito também refletem seu "erro fatal" ou "calcanhar de Aquiles". A força e o poder dele frequentemente espelham uma compensação excessiva de não querer se sentir fraco ou mesmo encarar seus sentimentos mais vulneráveis. Assim, o Oito pode se julgar ou julgar os outros por sentimentos mais delicados ou pela expressão de qualquer tipo de vulnerabilidade. E, por negá-la nele mesmo — e não perceber que sua verdadeira força se centra na capacidade de se mostrar vulnerável —, pode exagerar na própria força. O Oito frequentemente falha em ver os efeitos negativos que cria ao expressar poder excessivo sem reconhecimento equilibrado das fraquezas humanas normais. Pode ser intenso e divertido, mas também arrogante, impaciente e intolerante à frustração. Entretanto, quando equilibra seu poder pessoal e sua força por meio da consciência mais acentuada da fraqueza, vulnerabilidade e impacto, o Oito pode ser líder, camarada e amigo corajoso (e até heroico).

O arquétipo do Tipo Oito na *Odisseia*, de Homero: os ciclopes

As características do Tipo Oito, como autonomia, valentia, força, raiva e autoindulgência, encontram uma poderosa personificação em ciclope. Os ciclopes ocupam a segunda terra que Ulisses e seus companheiros visitam na jornada de regresso ao lar desde a Guerra de Troia. Os "arrogantes" são "sem lei" e sem um conselho ou uma sala de decisões. "Cada um dá as leis [...]. Ignoram-se uns aos outros."[10] Os ciclopes "querem o que querem quando querem, e simplesmente pegam as coisas para si. Eles não sofrem com vergonha, nem culpa ou receios. Eles não se importam com o que os outros pensam".[11]

Essas criaturas gigantes habitam uma ilha de abundância natural, com colheitas fartas e lindos rebanhos de todos os tipos, como se recebesse uma poderosa energia natural. Os ciclopes desfrutam ao máximo essa abundância — e a protegem com todo o zelo.

Ulisses e seu grupo encontram o ciclope Polifemo no seu enorme e bem abastecido refúgio. Pedem a misericórdia que Zeus garante para qualquer convidado suplicante, mas o ciclope avisa que seus semelhantes não temem nem os deuses, nem os homens:

> És tolo, estrangeiro, ou chegas aqui de muito longe,
> se me dizes para recear ou honrar os deuses.
> Nós, os Ciclopes, não queremos saber de Zeus detentor
> da égide,
> nem dos outros bem-aventurados, pois somos melhores
> que eles.

> Nem eu alguma vez, só para evitar a ira de Zeus, te pouparia a ti ou aos teus companheiros. Só se eu quisesse.[12]

Para provar sua posição, Polifemo começa a comer um a um os homens de Ulisses.

Mas Polifemo conhece apenas seu poder, não sua vulnerabilidade. Assim, seu apetite e sua limitação natural confirmam sua ruína. Ulisses dá a Polifemo taças e mais taças de um delicioso e poderoso vinho, até embriagá-lo e ele cair de sono. Os gregos, então, cegam o monstro com uma estaca quente e escapam daquele refúgio sob os olhos das exuberantes e peludas ovelhas. Apesar de todo o seu poder, o ciclope consegue apenas destilar uma raiva cega, lançando, furioso, pedras ao mar.

O personagem do Tipo Oito representa o arquétipo de uma forte e luxuriosa energia para "ir atrás do que se quer" — uma constatação do poder pessoal que apoia a postura antissocial capaz de romper as regras e rebelar-se contra a autoridade. O mesmo poder pessoal é também naturalmente autoindulgente e excessivo. O episódio de ciclope na *Odisseia* revela como o apetite descontrolado e a raiva talvez gerem um poder — em queda — acentuado.

A estrutura de personalidade do Tipo Oito

O Oito pertence à tríade instintiva, associada à emoção fundamental da raiva e a temas associados a poder e controle. Em geral, esses três tipos no topo do Eneagrama também "se esquecem de si mesmos", sobretudo de suas necessidades e vulnerabilidades. Cada uma das três personalidades dessa tríade, localizada próximo ao ponto central do Tipo Nove, se forma — em um nível básico — pelo relacionamento com a raiva e o controle. O Nove subestima a raiva, exercendo um poder passivo por meio da plácida resistência ao ser controlado. O Um está em conflito com a raiva: acreditando ser negativo senti-la, ele a reprime até expressá-la como ressentimento. O controle, por sua vez, é exercido no cumprimento às regras, à estrutura e no agir do jeito "certo". No entanto, o Oito, por ter acesso fácil à energia da raiva, com frequência exagera. Assim, movimenta-se de modo impulsivo para expressar a raiva antes de se dar um tempo para pensar. Em relação ao controle, o Oito nega sua vulnerabilidade e compensa exageradamente essa característica ao exercer o poder de forma direta visando controlar os acontecimentos.

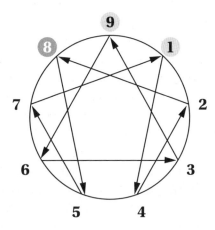

O Oito naturalmente foca a atenção no poder e no controle: quem os tem e quem não os tem e como é exercido. As outras pessoas o percebem de modo geral como detentor de uma "grande energia" e de uma boa dose de poder pessoal e força. O Oito com frequência se surpreende com o feedback de que os outros o veem como intimidador, pois em geral não pretende assustar. Porém, como sua presença comunica poder e força, os outros acabam projetando muitas vezes uma sensação ameaçadora diante dele.

O Oito, naturalmente com muita energia, também tende a pensar no todo ou na visão geral. Um indivíduo desse tipo age de forma direta, sem prestar atenção aos detalhes ou considerar o que as outras pessoas querem que ele faça. Sente-se mais à vontade quando assume o controle. Acredita que o mundo se divide em "os mais fortes" e "os mais fracos" e, se for preciso escolher, identifica-se com "os mais fortes".

A estratégia para lidar com o problema dos primeiros anos: Tipo Oito

Muitos Oitos reportam ter crescido em ambientes agressivos ou de muito conflito, nos quais precisaram amadurecer rapidamente para sobreviver. A maioria foi incapaz de manter a inocência infantil em função da carência ou da ausência de proteção na infância — frequentemente enfrentaram algum tipo de violência ou de negligência. Em muitos casos, o Oito era o caçula ou o menor de uma grande família. Em sua perspectiva, a sobrevivência dependia da negação de que era pequeno. Portanto, assumir uma persona maior e mais poderosa o ajudava a lidar com um mundo que não lhe ofereceu amor, cuidado ou proteção.

Sendo assim, o Tipo Oito foi pressionado a se fortalecer desde cedo, deixando a infância para trás prematuramente e tornando-se durão para se proteger e às vezes proteger os outros. Para atender às suas próprias necessidades, muitos Oitos, além de precisarem resolver as coisas sozinhos, tiveram de exercer controle sobre o ambiente com pouca idade. De acordo com Naranjo: "é minha impressão que a violência no lar [de um Oito] é mais frequente do que na história de vida de outros personagens; em tais casos é fácil entender o desenvolvimento da insensibilidade, dureza e cinismo".[13]

Nessas circunstâncias, a criança Oito desenvolve uma estratégia para lidar com o problema baseada em ser forte e sempre tentar assumir o controle, negando defensivamente sua vulnerabilidade e desenvolvendo a crença na invulnerabilidade. Adulto, o Oito tenta compensar o desamparo diante das injustiças percebidas da infância ao fazer justiça com as próprias mãos e expressar poder em nome dela.[14]

De acordo com a expressão "a melhor defesa é um bom ataque", a personalidade Oito leva a uma habilidade em tornar-se automaticamente "grande" diante de desafios. Essa "grandeza" resulta em uma personalidade caracterizada por uma presença enérgica e impactante (o Oito com frequência parece maior do que é fisicamente), um grande apetite por tudo (comida, bebida, prazer, sexo) e um comportamento excessivo (comer e beber demais, ficar acordado até muito tarde ou trabalhar demais).

Em razão de nos primeiros anos de vida ter vivenciado a necessidade de se sentir poderoso, o Oito aprende a negar sua vulnerabilidade e em geral sente que pode fazer as próprias regras e ignorar as limitações que os outros colocam nele. Além disso, tende a ver a realidade do seu próprio jeito, contornando de modo inconsciente sua percepção dos fatos e confundindo a realidade objetiva com o próprio senso pessoal do que é verdade. Essa postura acompanha sua força de vontade e a tendência a se perceber como a pessoa mais poderosa na área, a ponto de às vezes concluir que sua maneira de ver a realidade é a única correta.

Com um estilo de comportamento que se apoia em se tornar grande e poderoso para confrontar pessoas ou condições difíceis, o Oito, em determinadas situações, é percebido pelos outros como mandão ou controlador, embora frequentemente apenas se considere direto e honesto. Em virtude do desenvolvimento de uma estratégia específica de sobrevivência, o Oito torna-se hábil em conseguir aquilo de que precisa e o que deseja e também em lutar contra injustiças e proteger as pessoas que, segundo ele, necessitam de seu apoio. Também vai atrás da conquista dos próprios objetivos utilizando a força, a intimidação ou a agressão. Mais do que as outras personalidades, o Oito está disposto, se necessário, a confrontar os outros ou lutar com eles.

A estratégia do Oito relativa a reduzir a consciência da própria vulnerabilidade o leva a uma sensação de poder e invencibilidade. Por ser um tipo que "se esquece de si mesmo", tende a minimizar sua necessidade física e as limitações naturais humanas. Ao fazer isso, apoia-se na ideia de ser capaz de suportar demais — trabalhar duro e carregar o peso de muitas responsabilidades —, até mesmo quando isso compromete sua saúde e seu bem-estar.

Entretanto, conforme aponta Naranjo: "o lado contrário da necessidade por maestria é o pavor [do Oito] de qualquer coisa que expresse desamparo; esse é o seu maior medo".[15] Esse tipo de personalidade se sente atraído pelo poder e pela vontade de dominar os outros como componentes-chave da abordagem de vida de "ataque como defesa". Como sugere a psicóloga Karen Horney, há no Oito também uma intensa necessidade para o "triunfo vingativo", especialmente quando sente que alguém o enganou. Ichazo chamava essa personalidade "Ego-vingança", pois reflete os sentimentos de vingança de um Oito como resultado da necessidade de contra-atacar nos primeiros anos de vida. Naranjo cita uma potente combinação de "impulsos poderosos e insuficiente checagem, como no caso da força subjacente à necessidade de vingança — mas certamente uma falta de contato do Oito com sua fraqueza interna (e talvez uma vaga memória disso) também cumpre um papel.

Amelia, um Tipo Oito, descreve sua situação na infância e o desenvolvimento de sua estratégia para lidar com o problema:

Meus pais eram poderosos e carismáticos. Meu pai (um Tipo Sete) considerava todas as "regras sociais" irrelevantes; fazia o que queria e se considerava um Deus. Minha mãe (um Tipo Quatro) era atraída pela alta sociedade, embora se ressentisse dos comportamentos às vezes atrozes do meu pai. Isso causou em casa, nunca em público, muitos anos de discussões verbais bem cruéis entre meus pais.

Como ambos sempre estavam viajando, meu irmão mais velho e eu frequentemente ficávamos com a babá. Meus pais o consideravam o "herdeiro", e nossa babá o adorava. Embora ela definitivamente atendesse às minhas necessidades mais básicas, acabava considerando-me trabalho "extra", e retirava-me de casa para que passasse mais tempo com meu irmão. Por exemplo, quando bebê, eu era colocada em um carrinho e empurrada para o final do jardim, ficando lá por horas, frequentemente esquecida. Quando éramos bem pequenos, meu irmão se tornou um "valentão", e virei seu saco de pancadas. Eu costumava fazer todas as tarefas dele em casa para não receber uma surra. Era chamada de sua "empregada secreta" pelos adultos. Então, desde bem cedo, essa situação de ausência ou de constantes brigas de meus pais, além da presença de um irmão protegido e com permissão para se portar mal, me fez acreditar na injustiça da vida e no fato de que minha sobrevivência dependia de eu ser forte. Minha vulnerabilidade e inocência não eram atendidas ou nutridas, e eu devo ter entendido isso quando, aos sete anos, me enviaram para um internato, pois imediatamente comecei a proteger os mais novos e vulneráveis e a cuidar deles.

Mesmo agora, ao descrever isso, sinto essa lembrança fisicamente: minha mandíbula se fecha só de pensar na injustiça da situação e fico energeticamente impregnada por um tipo de armadura de batalha. É como se, mesmo neste momento, eu estivesse reagindo a essa injustiça. Também percebo que escrevo minha história de forma bem direta. Não há muito

> espaço — na época ou até mesmo agora — para meu coração se abrir para a inocência e a vulnerabilidade, pois ainda quero proteger a verdade daquela criança doce, gentil e muito sensível que fui — e de muitas formas ainda sou. Entretanto, hoje, entendo com mais profundidade tudo e agradeço àquela pequena menina dentro de mim ter escolhido o que considerou necessário com tão pouca idade: ser forte e durona!

O principal mecanismo de defesa do Tipo Oito: negação

O principal mecanismo de defesa psicológica usado pelo Oito é a *negação*, sobretudo quando precisa parecer forte e esconder a vulnerabilidade. Para dar a si mesmo a impressão de que consegue lidar com qualquer desafio, o Oito habitualmente nega qualquer vulnerabilidade. Afinal de contas, talvez se torne difícil ou até impossível ser forte e ganhar a briga se está preocupado com pontos fracos ou vulnerabilidades. Ao negar totalmente suas fraquezas, o Oito pode se perceber invulnerável, e a certeza de que não pode ser ferido é útil quando se tenta ganhar uma batalha, dominar uma situação ou sobreviver a uma situação difícil.

A psicóloga Nancy McWilliams define a negação recorrendo ao fato de crianças pequenas lidarem com experiências pouco prazerosas "recusando-se a aceitar que estejam acontecendo".[16] Dessa forma, verdades inconvenientes ou dolorosas podem ser simplesmente negadas ou vistas como falsas. Qualquer um que já tenha vivenciado uma tragédia, por exemplo, a morte de um ente querido, é capaz de entender a negação. Em geral, a primeira reação de uma pessoa depois de receber uma notícia extremamente ruim é "isso não poderia acontecer" ou "não aconteceu".

Outro mecanismo comum de defesa associado com o Tipo Oito é o *controle onipotente*, que ocorre nos primeiros anos da vida quando uma criança "faz com que as coisas aconteçam" ao evocar a resposta materna. Quando está com fome, ela chora e a mãe lhe traz comida. Quando está assustada, a mãe a protege. Nesse ponto bem inicial, ao se fundir com a mãe, a criança tem a sensação de que controla o mundo. Mais tarde, tendemos a imaginar que as coisas podem ser feitas como queremos por meio da combinação de negação e autoafirmação confiante. Sendo assim, o Oito às vezes acredita que mudará o rumo dos acontecimentos apenas exercendo controle sobre eles, defensivamente imaginando que poderá direcionar o percurso das coisas como quiser, livre das limitações impostas pela realidade.

O foco de atenção do Tipo Oito

A estratégia para lidar com o problema de negar a vulnerabilidade e ser grande e forte para lidar com o conflito e atender às necessidades leva a um foco no poder, no controle e na injustiça. A maioria dos Oitos é hábil ao, diante de uma nova situação, perceber rapidamente quem tem o poder e quem não o tem.

Notar as diferenças de poder torna o Oito muito sintonizado com situações em que pessoas com que se importa estão sendo injustamente perseguidas ou precisam da proteção dele. (Isso ocorre mais com os Oitos Sociais, discutidos mais à frente.) Em parte, o Oito centra-se em proteger como projeção da própria vulnerabilidade negada em alguém que ele sente que protege e a quem dá suporte. Dessa forma, pode se sentir motivado para a ação em resposta às próprias necessidades inconscientes de cuidado, sem experimentar a dor de sentir-se vulnerável.

O Oito quer muito estímulo e precisa dele para que também atenda às suas necessidades por prazer e outras formas de satisfação. Como às vezes se revela intolerante à frustração, escaneia seu ambiente em busca de fontes de realização: pessoas interessantes, coisas divertidas para fazer, coisas boas para comer e beber e situações desafiadoras a que se dedicar. A paixão do Tipo Oito é a luxúria, o que implica um intenso desejo por satisfação de necessidades físicas, impulso que foca sua atenção na consumação dos próprios apetites.

O Oito gosta de impor autoridade e superar a resistência para a sua influência e força. É naturalmente atraído até pessoas e situações que envolvem confronto, com o objetivo de corrigir injustiças, proteger os outros, desmascarar bandidos ou arrancar o poder de autoridades injustas.

Por fim, o Oito tende a ver o mundo sob uma ampla perspectiva do que é possível, o que combina com sua ampla energia e seu impressionante senso de poder e autoridade. O Oito tem facilidade para avaliar todo o cenário e naturalmente quer criar ordem na desordem. Em geral, sente-se seguro não só em relação ao modo como vê as coisas, mas também quanto a sua habilidade em fazer o importante acontecer.

A paixão emocional do Tipo Oito: luxúria

A paixão do Tipo Oito é a luxúria. Naranjo a define como uma "paixão pelo excesso, uma paixão que busca intensidade, não apenas no sexo, mas em toda forma de estímulo: atividade, ansiedade, temperos fortes, velocidade, prazer pela música alta, e assim por diante".[17] Embora se associe a luxúria frequentemente ao sexo, Naranjo indica que no Oito ela não se limita a isso; ao contrário, sugere que há certa fome por muitos tipos variados de estímulos sensoriais e realizações físicas. O Oito tem o que às vezes se considera um anseio insaciável pela satisfação dos próprios desejos e uma atitude sem remorso de busca pelo prazer.

A paixão emocional de cada tipo do Eneagrama constitui o foco central ou impulso, o que nos Oitos frequentemente lembra uma vida sem limites e uma busca intensa por todos os tipos de prazeres: contato físico, comida boa, quebra de tabus, confortos materiais e frutos do trabalho duro. Às vezes essa paixão pelo excesso o leva a se sentir atraído por oportunidades em que pode exercer sua força e sentir seu poder. A paixão o faz procurar desafios para superar e prazeres para desfrutar. A luxúria pode com frequência acentuar as ações do Oito, conduzindo-o ao extremo. Como explica Naranjo: "Em vez de ser inibido, em vez de atrapalhar os seus desejos [...] ele os apoia e os defende".[18] Assim, em vez de reprimir seus impulsos, ele propositalmente se torna um inimigo do repressor interno.

Conforme aponta Naranjo, a paixão da luxúria e as características que a sinalizam — intensidade, plenitude do contato e amor pelos caprichos físicos — estão "intimamente conectadas" à estrutura central da personalidade do Tipo Oito e a sua fisicalidade sensório-motora, que reforça a luxúria. As pessoas que apresentam tanto uma conexão primária com o corpo como base de sua personalidade quanto uma estratégia fundamental de vida baseada na expressão e no sentimento de seu poder físico também naturalmente priorizam a busca pela luxuriosa realização física e sensorial. Como explica Maitri: "talvez a forma mais completa de entender o significado da luxúria utilizado no mapa do Eneagrama seja uma inclinação excessiva que pende para o físico".[19]

Desse modo, a predisposição luxuriosa do Oito contribui para suas características de caráter: o "hedonismo, a propensão para o tédio quando não é suficientemente estimulado, uma ânsia pelo excitamento, impaciência e impulsividade".[20] A luxúria impulsiona o Oito para o hedonismo como se representasse um prêmio na luta pelo direto ao prazer e à satisfação, ou mesmo uma recompensa pelos muitos desafios de poder e vontade. Assim, a luxúria passa a ser vista menos como uma necessidade pelos prazeres (especialmente físicos) e mais como uma paixão pela intensidade e pelo direito de ser excessivo.

O erro cognitivo do Tipo Oito: "eu sou forte e invencível como penso que sou" ou "é verdade porque eu disse"

Todos nos aprisionamos às nossas formas habituais de pensar, que influenciam nossas crenças, nossos sentimentos e nossas ações, e esses padrões se mantêm mesmo depois que os modelos mentais responsáveis por nossa perspectiva geral não são mais exatos.[21] Enquanto a paixão modela as motivações pessoais da personalidade, a "fixação cognitiva" ou "transe" mental compromete os processos de pensamento da personalidade.

O controle é a questão central do Oito. A paixão da luxúria e o enfoque mental que a apoia decorrem da experiência de no passado ter sido ferido por autoridades que usaram erroneamente o poder. Nessa situação, ele reage com uma compensação excessiva de ser mais poderoso do que qualquer outro, assim afirmando que nunca será dominado de novo. Esse processo implica a necessidade de pensamentos e presunções que suportem a crença na fortaleza e nas habilidades dele.

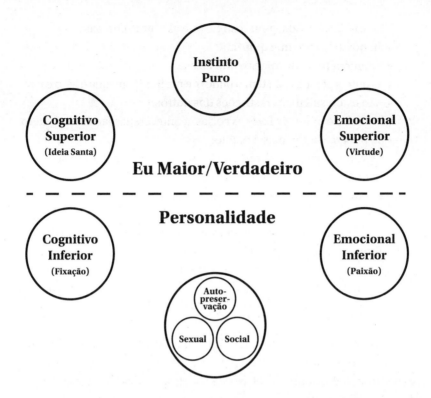

As crenças centrais e os padrões intelectuais de pensamento, associados com as posturas mentais do Oito (ou "transe") — necessidade de se ver como forte e no comando (e não fraco) —, com frequência envolvem pensamentos que reforçam a autoconfiança e a invencibilidade desse tipo. Essa mesma fixação intelectualmente minimiza a importância da vulnerabilidade e da ternura. É claro que o Oito quer afeto e precisa dele como qualquer outra pessoa, mas está disposto não apenas a manter as crenças que reforçam sua força e seu poder, assim como a desvalorizar ou trabalhar contra o reconhecimento de necessitar do apoio dos outros.

Pelo fato de se basear no controle, na justiça e no esquivar-se das fraquezas, o Oito pode manter algumas ou todas as crenças e princípios organizadores mentais:

- Em um mundo difícil, você precisa ser forte para sobreviver.
- É ruim ser fraco ou vulnerável. As pessoas fracas não são dignas de respeito.

- Eu sou forte e mais poderoso do que as outras pessoas.
- Eu posso fazer o que quiser.
- Ninguém pode me dizer o que fazer.
- As outras pessoas não têm o poder de me limitar no que quero e faço.
- Não estou sujeito às restrições dos outros.
- Eu tenho o poder de fazer as coisas acontecerem e faço o que quero.
- Se pouco é bom, mais é melhor.
- Às vezes você precisa quebrar as regras — ou criar as próprias — para fazer o que precisa ser feito.
- Eu trabalho demais e me divirto demais.
- Não é ruim ser ruim.
- As pessoas poderosas tendem a tirar vantagem das mais fracas. Protejo quem é importante para mim.
- Embora não "goste" necessariamente do conflito, posso confrontar os outros quando preciso avançar, conseguir o que quero, proteger alguém ou lutar contra a injustiça.

Tais crenças e pensamentos sustentam uma personalidade com uma poderosa, confiante e autoritária presença pessoal. O Oito desenvolve senso de autoridade próprio e independência de autoridades externas. Quando adere com intensidade a essa postura mental — quando está "no transe" do seu tipo —, talvez lhe seja bem mais difícil observar a si mesmo, ver as coisas sob um ângulo mais amplo e "voltar ao lar", aos sentimentos mais profundos e ternos que apontam o caminho para o seu ser verdadeiro.

A armadilha do Tipo Oito: "evitar a vulnerabilidade o deixa mais vulnerável"

Assim como em todos os tipos, a fixação cognitiva do Tipo Oito atua como uma "armadilha" inerente que as limitações da personalidade não conseguem resolver.

O conflito interno básico do Oito centra-se no fato de que, enquanto é fundamentalmente motivado a negar a vulnerabilidade e exercitar o controle no mundo, pode criar situações em que se torna mais vulnerável ao não levar em conta as limitações naturais humanas. Assim, se ele negligencia as próprias necessidades físicas ao trabalhar e divertir-se demais, pode adoecer. Se ele se empenha em exercer poder e controle sobre situações específicas, pode acabar fora do controle mediante um fracasso ao entender o valor da diplomacia. Negligenciar ou negar as próprias vulnerabilidades não garante ao Oito que elas não exerçam influência. Se não estamos conscientes dos nossos próprios pontos fracos, eles tendem a impactar as situações como resultado direto de não serem compreendidos.

Na busca (geralmente inconsciente) por evitar a todo custo sentir-se indefeso, o Oito pode exagerar, invocando hostilidades ou mal-entendidos ao evocar tanto poder que não conseguirá suportá-lo. Quando o Oito nega a própria sensibilidade, é provável que seja insensível aos outros, o que os convida a reagir de forma insensível, gerando um ciclo de agressão.

Então, enquanto o Oito tentar influenciar o mundo por meio da força e da determinação, poderá acabar exagerando e inadvertidamente comandando forças contra si mesmo. A falta de empatia com o lado emocional mais brando da vida afasta conexões mais profundas com os outros. É possível que o poder do Oito resulte em um ciclo negativo em que ele não consegue alimentar o amor de que realmente precisa.

As principais características do Tipo Oito

Raiva e disposição para confrontar

Dos três "tipos de raiva" no topo do Eneagrama, o Oito, ao contrário do Nove e do Um, geralmente tem menos resistência para confrontar pessoas, identificando a raiva e expressando sentimentos agressivos. Oito é o tipo que tem mais acesso à raiva comparado aos outros tipos — com exceção talvez ao Quatro Sexual e ao Seis Sexual —, e com frequência a descreve como uma experiência de forte energia. Além disso, está entre os tipos que menos se intimidam com a raiva das outras pessoas. Às vezes, o Oito pode ganhar o estereótipo de alguém que "gosta" de conflito. Entretanto, a maioria dos Oitos declarará que não necessariamente "gosta" de conflito, mas se engajará nele se necessário.

Paradoxalmente, pelo fato de o Oito conseguir lidar com a raiva e o conflito, sua disposição com frequência significa que ele não precisa lidar com isso. O Oito é um tipo instintivo com intensa conexão com seu centro de poder corporal. Ele transmite uma aura de solidez e força, o que frequentemente significa que não sente raiva; desse modo, pode manter sua posição, conseguir as coisas do seu jeito ou se fazer entender sem precisar apelar para a agressão. A relativa facilidade do Oito em extravasar a raiva o torna destemido, no sentido de não ser primariamente motivado pelo medo e em geral negar sentimentos de vulnerabilidade. Essa atitude destemida faz esse tipo parecer poderoso e forte, até mesmo quando não diz absolutamente nada.

O confronto com outros frequentemente significa um esforço (consciente ou inconsciente) de o Oito descobrir seus verdadeiros motivos. Utilizando-se do conflito, ele conhece melhor as pessoas, suas verdadeiras intenções, e consegue discernir como exercerá seu poder. Novamente, contrário aos estereótipos comuns, embora o Oito não necessariamente "goste" da raiva ou do conflito, move-se com mais facilidade do que os outros tipos nesse espaço e pode até recorrer ao conflito como forma de se aproximar das pessoas. Uma vez que o Oito entra em conflito com alguém, dependendo do resultado, isso talvez signifique que ele confiará mais nesse alguém. E alguns Oitos dirão que gostam de uma boa briga.

Quando o Oito extravasa a raiva, geralmente se livra dela com rapidez. Diferentemente de outros tipos, como o Dois, o Um ou o Nove, depois que o Oito expressa a raiva, em geral não se arrepende ou se culpa. Apenas aconteceu, e já não existe mais.

Rebeldia

Ao descrever algumas das principais características do Tipo Oito, Naranjo explica que "a própria luxúria implica um elemento de rebeldia na sua oposição assertiva para a inibição do prazer; a rebeldia se destaca como uma característica própria, mais eminente no Eneatipo VIII do que em qualquer outro caráter".[22]

O protótipo do ativista revolucionário, o Tipo Oito não reconhece facilmente uma autoridade acima dele. Sua postura natural contra regras e convenções estabelecidas por autoridades inevitavelmente tem um gostinho de rebeldia. Conforme explica Naranjo: "É uma virtude de tão franca invalidação da autoridade que essa 'maldade' automaticamente se torna uma forma de ser".[23]

Embora o Oito seja percebido como "ruim" na medida em que não segue as regras e não teme ir contra a forma convencional (hierárquica) de fazer as coisas, ele não se vê como severa ou abertamente rebelde;

pode apenas tomar uma posição de insubmissão à autoridade que os outros queiram exercer sobre ele. Na verdade, o Oito se vê como sua própria autoridade e, assim, elabora ou quebra as regras como consegue.

Em termos psicológicos, conforme Naranjo, uma atitude generalizada de "rebeldia contra autoridade pode geralmente remeter à rebeldia no encontro com o pai",[24] o arquétipo portador da autoridade na família. Muitos Oitos vivenciaram experiências nas quais aprenderam a não esperar nada de bom dos pais, para que "implicitamente pudessem considerar o poder paterno como ilegítimo".[25] Quando se percebe ilegítimo o poder da mais óbvia autoridade, é fácil dar o passo e afirmar sua própria autoridade como a mais significativa ou única.

Punição/vingança

Naranjo cita Ichazo ao afirmar que o Oito foca a vingança[26], mas esclarece que esse tipo não é vingativo de forma explícita. Portanto, é mais comum um Oito que "retalia com raiva no momento e rapidamente se livra de sua irritação", e talvez sentindo o desejo de "dar o troco" como reação imediata.[27] Além disso, Naranjo assegura que no caráter Oito a vingança é mais uma característica profundamente arraigada e prolongada, o que o motiva a "fazer justiça com as próprias mãos" em resposta à dor ou à sensação de impotência sentida quando criança.

Ao ser atingido de modo negativo pelos outros, o Oito não se permite o registro completo da dor da ferida, pois isso implica vivenciar a vulnerabilidade, o que automaticamente evita. Então, em vez de se sentir machucado, ele, sem se dar conta, pode dramatizar seus sentimentos ao querer dar o troco. Ao colocar foco e energia na vingança, o Oito redireciona seus sentimentos dolorosos para uma demonstração de força e poder — sentimentos mais confortáveis de vivenciar.

A tendência de o Oito querer se vingar daqueles que o feriram também se relaciona à sua preocupação fundamental com a justiça. Como com frequência quer corrigir os erros cometidos pelos outros, seu foco na justiça e no que é justo lhe inspira sentimentos vingativos direcionados àqueles que ele percebe terem ferido (ou abusado) as pessoas que desejava proteger.

Domínio

O Oito consegue dominar situações com facilidade, quer se decida a isso ou não. Em virtude da sua estratégia para lidar com o problema de tornar-se automaticamente forte e poderoso, ele costuma transmitir muito poder apenas com sua presença. Naturalmente assertivo e preparado para demonstrar agressão quando necessário, domina os outros de modo enérgico, mesmo que inconscientemente.

Embora o Oito aprecie assumir o controle, ele nem sempre se apropria da habilidade de controlar uma situação quando já existe um líder. Entretanto, se há um vácuo na liderança, ele está preparado (ou até se sente obrigado) para preenchê-lo. A tendência ao domínio do Oito representa uma manobra compensatória criada com o intuito de que evite se descobrir fraco ou em uma posição desprotegida. Essa estratégia funciona muito bem quando se evitam sentimentos vulneráveis e se está preparado e disponível para exercer poder e revidar a quem possa suscitá-lo.

É bastante interessante que, em razão de o Oito exalar força, às vezes as pessoas lhe cedem o controle, pois muitos gostam de que alguém seja responsável por assumi-lo. Porém, as pessoas poderão às vezes se sentir dominadas pela força natural do Oito e ressentir-se com ele por ser insistente, mandão ou autoritário.

Insensibilidade

Pode ocorrer de o Oito ser visto como insensível, o que surge compreensivelmente da sua tendência a minimizar emoções mais leves e vulneráveis, como o medo, a dor e a fraqueza. De modo inconsciente, esse tipo, ao se distanciar desses sentimentos, assume como padrão uma postura mais dura e pouco sentimental. Se você é um Oito, estar preparado para o ataque e dar o troco a alguém que o ameaça significa que precisa minorar o contato com seus sentimentos vulneráveis. Isso talvez o leve a uma postura emocional defensiva que os outros descrevem como "insensível", "impiedosa", "intimidante" ou "cruel".

Autonomia

O Oito valoriza a independência e a autonomia. De acordo com Naranjo, ainda de forma mais evidente o Oito idealiza a autonomia. Ao não querer ser considerado fraco ou se encontrar em posição vulnerável, ele renega qualquer dependência dos outros. Essa postura talvez o conduza não só a uma presença independente, mas também a uma fuga das emoções e das experiências, atitude que pode despertar nele a necessidade por outras pessoas.

Depender de outras pessoas soa terrível para alguém que aprecia estar no controle, não gosta que lhe digam o que fazer e não é muito propenso às vulnerabilidades associadas às relações de dependência. O Oito transmite certa invencibilidade; portanto, muitas pessoas desse tipo julgam a dependência passiva uma maldição.

Domínio sensório-motor

Naranjo classifica a personalidade do Oito como o tipo mais "sensório-motor" de todos. Isso significa que ele é o mais solidamente enraizado no físico, o mais presente no "aqui e agora" da esfera dos sentidos, em uma forma de funcionamento instintiva cinestésica. Voltado sobretudo ao presente, o Oito se concentra nos elementos concretos e estimulantes do aqui e agora.

A primazia de uma experiência mais sensório-motora também significa que o Oito se empenha mais na ação do que no pensamento e no sentimento. Essa tendência para a ação e a autoafirmação com frequência não lhe permite desacelerar a ponto de refletir sobre o que está fazendo antes de iniciar a ação. Naranjo descreve tal característica como um "luxurioso agarre no presente e uma empolgante impaciência para lembranças, abstrações, antecipações, assim como uma dessensibilização para a sutileza da experiência estética e espiritual".[28] Portanto, o mais real e convincente para o Oito se concentra no estímulo do sentido físico de forma tangível e imediata.

Quando as situações se tornam difíceis, o Oito, tendendo a agir sem pensar, pode demonstrar excesso de confiança ao tomar uma atitude, assim como em ciclope aqui relatado. Ao aderir a um padrão familiar de ação ousada e intensa, o Oito às vezes pode interpretar mal um acontecimento e exceder-se, em vez de adotar uma abordagem mais sutil, o que seria melhor.

A sombra do Tipo Oito

A sombra de cada tipo revela os pontos cegos do caráter; o que ele tende a manter adormecido como parte da estratégia de sobrevivência e o foco de atenção resultante.

O Tipo Oito tende a ignorar ou minimizar qualquer informação que revele as fraquezas e vulnerabilidades dele. Na infância, essa estratégia para lidar com o problema funciona bem, como resposta a um ambiente onde pessoas poderosas lhe tenham causado a sensação de ameaça, magoando-o ou negligenciando-o. Entretanto, já adulto, o lado sombra dessa defesa pode lhe trazer muitos problemas. Todos temos vulnerabilidades, mas o Oito esconde as dele, inclusive de si, para construir uma vida baseada na força, resiliência e invencibilidade. Como resultado, pode não ter a mínima consciência de algumas das suas fraquezas, vulnerabilidades, sensibilidades e desafios.

O Oito é naturalmente protetor daqueles com quem se importa e pelos quais se sente responsável. Quando ele invoca o próprio poder para proteger os menos poderosos, frequentemente projeta sua própria vulnerabilidade nos outros. Ao notar a fragilidade como um atributo dos *outros*, como uma experiência externa e distante dele, o Oito consegue se desprender dos próprios sentimentos vulneráveis e, apesar disso, agir para enfrentar a fraqueza. Esse padrão talvez reflita as autênticas qualidades de generosidade e coragem, mas também pode denotar um modo de ele manter-se inconsciente de seu lado mais vulnerável.

Embora o Oito seja forte, ele frequentemente não percebe o impacto da sua força; a real natureza da influência que deseja exercer nos outros pode se revelar um ponto cego nele. Desse modo, talvez o Oito de fato não queira intimidar os outros e trazer muito mais do que a força ideal ao lidar com as situações. Por ser de modo positivo bem direto e objetivo, ele às vezes se mostra tão curto e grosso que chega a ferir alguém, ou até evidencia insensibilidade ao não perceber que, por causa de sua franqueza, está ferindo o outro.

O Oito, por adormecer para as próprias vulnerabilidades e limitações, pode acabar trabalhando até a exaustão, parando apenas quando adoece.

A energia da luxúria motiva o Oito a buscar satisfação no divertimento e em atividades prazerosas, com frequência em excesso. No entanto, como as vulnerabilidades naturais humanas residem nas sombras, ele talvez esteja inconsciente dos limites saudáveis. Embora em parte o Oito procure viver o prazer luxurioso como uma representação maravilhosa do entusiasmo pela vida e pela alegria, pode ocorrer de ele resvalar para excessos, sem perceber que na verdade busca apenas uma compensação para evitar a dor ou outras manifestações de vulnerabilidade. Sem querer se sentir fraco nem ser visto desse modo, o Oito talvez negue sentimentos naturais de vulnerabilidade refugiando-se inconscientemente no excesso de comida, bebida ou socialização. Como resultado, pode ter problemas de saúde e nos relacionamentos.

O Oito também pode ter pontos cegos relacionados à sua interpretação da realidade em situações específicas ou no geral. Ele tende a negar aspectos importantes do que seja verdadeiro ou real quando não se inserem em sua vontade de como ver as coisas. Essa perspectiva limitada talvez revele outro aspecto de toda a sua capacidade de suportar — ele pode igualar a verdade pessoal com a objetiva e não perceber a diferença.[29] É possível que o Oito acredite estar certo em tudo, ou que considere suas opiniões como interpretações corretas dos acontecimentos, mesmo quando não os esteja necessariamente percebendo com exatidão. Esse impulso compromete o processo de discernir onde errou, ou mesmo falhou, e pedir desculpas.

É possível que o Oito se entedie se a vida não lhe parecer estimulante e, assim, insista em vivenciar conflitos ou excessos para não deparar com sentimentos que se escondam no "tédio". Quando o Oito reclama de se sentir entediado, com frequência esse comportamento reflete uma forma inconsciente de fugir de sentimentos mais profundos. A diversão e o entusiasmo lhe permitem escapar do vazio, da ansiedade, da confusão, da tristeza ou ainda da incapacidade, que podem ser pontos cegos emocionais para ele. A busca automática por intensidade, estimulação e diversão mantém as experiências emocionais mais difíceis fora de sua percepção. A paixão do Oito é a luxúria, o que significa um grande apetite — por diversão, experiências estimulantes e até trabalho —, mas a impulsividade e a indulgência excessivas podem camuflar a vulnerabilidade, a fraqueza e as emoções sombrias que ele inconscientemente nega e relega à sua sombra.

A sombra da paixão do Tipo Oito: a *luxúria* no *Inferno*, de Dante

A paixão da luxúria, assim como a gula, "desafia a razão, e a submete a seu talante".[30] Na personalidade do Tipo Oito, a paixão dessa sombra é uma indulgência desenfreada de muitos desejos, sobretudo os sensuais. Assim, o Inferno lança os Luxuriosos como espíritos aprisionados desamparadamente em um agitado vento negro que são incapazes de controlar:

> de opostos ventos o conflito assume.
> A procela infernal, que nunca assenta,
> essas almas arrasta em sua rapina,
> volteando e percutindo as atormenta.
> Quando chegam em face à sua ruína,
> aí pranto e lamento e dor clamante,
> aí blasfêmias contra a lei divina.[31]

O Luxurioso recorre a inúmeras desculpas para dar vazão ao seu desejo. O Peregrino é tão movido pela história de amor sedutora contada por um dos Luxuriosos que chega a desmaiar. A paixão da luxúria na sombra do Tipo Oito é então expressa no *Inferno*, de Dante, como uma teimosia relutante para restringir os impulsos com qualquer tipo de limite na satisfação. Além disso, o Luxurioso no inferno vive em profunda negação e totalmente sem remorsos. Simbolizando o lado sombra da personalidade do Tipo Oito, o único pesar do Luxurioso é o de ser punido.

Os três tipos de Oito: os subtipos do Tipo Oito

Os três subtipos do Tipo Oito expressam a paixão da luxúria de três formas distintas: o Oito Autopreservação busca direta e poderosamente os elementos de que precisa para sobreviver; o Oito Social é impulsionado pela necessidade de proteger as pessoas e pelo enfrentamento dos que cometem injustiças; e o Oito Sexual se caracteriza por ser um apaixonado e carismático personagem que, de modo provocativo, vai de encontro às convenções sociais.

O Oito Autopreservação se destaca como o mais defensivo (ou mais "armado"). Motivado para atender as suas necessidades, ele usa o poder na busca do caminho mais curto entre os desejos e a satisfação destes. Por sua vez, o Oito Social, mais tranquilo e menos agressivo, usa o poder não só para proteger as pessoas, mas também para lutar em prol das causas sociais. O último dos três, o Oito Sexual, mais rebelde, usa o poder contra a autoridade e atrai os indivíduos por meio de intensas demonstrações carismáticas.

O Oito Autopreservação: "Satisfação"

O Oito Autopreservação expressa a luxúria por meio de uma vigorosa necessidade de obter aquilo de que precisa para sobreviver, reconhecida como "Satisfação". Caracteriza-se pelo potente desejo de satisfazer as suas necessidades materiais e também pela intolerância à frustração. É possível que esse tipo de pessoa enfrente dificuldades com a paciência quando não conquista a satisfação imediata de suas necessidades e de seus desejos. Tal intolerância desperta nele um tipo de crueldade para buscar o que quer e usar subterfúgios com quem talvez atrapalhe seu caminho.

Além disso, esse Oito se sente impulsionado a, de modo direto e sem falar muito sobre isso, perseguir suas necessidades e seus objetivos. Ele sabe como agir sem recorrer à confusão ou à explicação. Portanto, as pessoas desse tipo são as menos expressivas dos três subtipos Oito: nem falam muito nem revelam muito. E também não se importam com falsas aparências; concentram-se em conseguir as coisas e passar despercebidas.

O Oito Autopreservação é movido pela habilidade exagerada de tomar conta de si e de encontrar maneiras de conquistar suas necessidades. Focado em realizá-las, ele demonstra um tipo exacerbado de egoísmo. Sente-se onipotente ao satisfazer qualquer necessidade e desqualifica sentimentos, pessoas, ideias ou instituições que se oponham ao que deseja. Nesse percurso, fará oposição a qualquer elemento que talvez comprometa seus ideais.

Esse tipo de Oito sabe não apenas sobreviver nas situações mais difíceis, mas também conseguir o que quer das outras pessoas. Naranjo às vezes emprega o nome "Sobrevivência" para referir-se ao Oito Autopreservação, tendo em vista a excelência para criar o suporte material de que precisa para sobreviver e satisfazer seus desejos.

O Oito Autopreservação sabe fazer negócios. De acordo com Naranjo, sabe negociar, pechinchar e levar mais vantagem do que ninguém. Por ser forte, poderoso, direto e produtivo, ele consegue gerar laços de dependência com aqueles que confiam no controle e na proteção que exerce.

O Oito Autopreservação, o mais "armado" e protetor dos outros Oitos, parece-se com o tipo Cinco. É um sobrevivente que tende a concentrar uma força mais calma sem necessidade de explicação. Para ele, pelo menos em determinadas ocasiões, inexistem a bondade e as boas intenções. Em virtude de ser forte para atender as suas necessidades, é bem possível que menospreze o mundo sentimental, inconsciente do dano que causa em outras pessoas.

Muitas vezes buscando vingança sem saber o porquê, o Oito Autopreservação difere da personalidade do Oito Social ou do Sexual, pois ambos têm um motivo específico para agir de forma vingativa. O subtipo Oito Autopreservação parece mais agressivo do que o Oito Social (especialmente os homens) e menos abertamente provocador e carismático do que o Sexual.

Por expressar uma energia direcionada à necessidade urgente de "conseguir o que é dele", o Oito Autopreservação muitas vezes se confunde com o tipo Um Sexual. No entanto, Naranjo esclarece que a diferença é que o Oito Autopreservação é menos social e, por isso, não se importa em ir de encontro às normas sociais ou em quebrar as regras, enquanto o Um Sexual é um tipo entusiasta. Agindo com cautela na busca daquilo que deseja, o Um Sexual ainda acata normas sociais, enquanto o Oito Autopreservação, sem se importar tanto com elas, elabora suas próprias regras visando satisfazer seus caprichos.

> **Janet**, uma Oito Autopreservação, diz:
>
> Sempre senti uma conexão bem forte com a responsabilidade pessoal por mim mesma. Não queria e nem conseguia depender de outra pessoa para conquistar o que desejava da vida. Para realizar isso, concentrei-me durante anos na independência financeira e na geração de meu próprio sustento — meu trabalho e minha carreira significavam tudo para mim. Quando meu primeiro casamento acabou, dediquei-me a meu objetivo principal por quase uma década, mesmo à custa de qualquer relação pessoal de longo prazo. Minhas ambições não se concentravam em ser fabulosamente rica, mas, sim, na capacidade de garantir que minha saúde financeira me propiciasse segurança para controlar

> escolhas como comprar um carro novo, conseguir uma casa nova ou aonde ir nas férias. Eu não era avarenta e não queria acumular dinheiro. Desejava apenas gastá-lo de forma responsável e sensata. Com esse objetivo, contratei um consultor financeiro muitos anos atrás que me ajudou com o planejamento da aposentadoria, com bons negócios imobiliários e ainda com investimentos.
>
> Casei pela segunda vez com um homem onze anos mais novo do que eu, e por quase vinte anos coube a mim o sustento e ainda a retenção do "poder" quando se tratava de dinheiro. Essa dinâmica mudou gradualmente com o passar do tempo, mas ainda me encarrego dos nossos assuntos financeiros. Quando me estresso, percebo que a minha ansiedade e preocupação se evidenciam ainda mais, pois imagino que estamos na miséria, sem lar e desamparados, o que nunca aconteceria em função do meu prudente planejamento em todos esses anos.

O Oito Social: "Solidariedade" (contratipo)

O Oito Social, o contratipo dos três subtipos Oito, apresenta uma contradição: o arquétipo do Oito se revela contra as normas sociais, mas o Oito Social também se orienta pela proteção e fidelidade. Desse modo, expressa a luxúria e a agressão a serviço da vida e dos demais indivíduos.

Ele é o "social antissocial". Em comparação ao Oito Autopreservação, o Social é mais fiel, mais publicamente amigável e menos agressivo; é um Oito prestativo, nutridor, protetor e preocupado com as injustiças que atingem as pessoas. Apesar desse traço, também demonstra um aspecto antissocial em relação às regras da sociedade.

Naranjo explica que, simbolicamente, esse personagem representa a criança que se torna durona (ou violenta) ao proteger a mãe contra o pai. Alguém que se associa à mãe e manifesta-se contra o poder patriarcal e tudo o que a ele se associa: violência a partir da solidariedade. Arquetipicamente, esse personagem traduz a criança que, desistindo de conseguir o amor do pai, alia-se à mãe contra ele.

O Oito Social, bem sensível, detecta situações de pessoas perseguidas ou exploradas por outras no poder. Em tais ocasiões, tende a proteger os menos favorecidos. Karl Marx, um campeão da solidariedade para com os trabalhadores e crítico declarado do capitalismo, talvez tenha sido um Oito Social.

No geral, esse Oito parece mais brando e extrovertido e menos rápido em sentir raiva do que os outros Oitos. Na verdade, tende a se rebelar de maneiras menos óbvias. Muito ativo, pode se perder pelo fato de viver constantemente em ação. E ainda se inclina a demonstrar, em um nível desproporcional, a luxúria por projetos ou por colecionar coisas.

Socialmente, o Oito Social gosta do poder que o grupo lhe oferece, e talvez sinta dificuldades em se engajar em relacionamentos "pessoais". Em casos extremos, pode tender à megalomania. Nas relações próximas, ao demonstrar falta de compromisso ao parceiro, pode estar camuflando o medo do abandono.

Desde cedo assumindo seu lado protetor, esse Oito tipicamente perde consciência de suas próprias necessidades de amor e de cuidado. Embora as pessoas desse subtipo Oito demonstrem ser muito hábeis em cuidar e proteger os outros, inconscientemente desistem da própria necessidade de amor com um movimento compensatório em direção ao poder e ao prazer. Em geral, é difícil para um Oito estar consciente de suas necessidades amorosas e, embora pareça mais tranquilo ou brando que os outros Oitos, pode ter um ponto cego quando se trata das próprias necessidades de amor e proteção.

Esse Oito com frequência não parece um Oito. Ichazo chamava esse subtipo de "Amizade", mas Naranjo usa os nomes "cumplicidade" ou "solidariedade" para distinguir o significado habitual e positivo da palavra "amizade" do que define como "jogo do ego" do padrão inconsciente da personalidade do Oito Social. De acordo com Naranjo, o principal impulso desse indivíduo é pela lealdade. O subtipo do Oito Social, ainda que seja o mais intelectual dos três, também se rebela contra a cultura (patriarcal) dominante. Essa rebeldia envolve uma combinação de autoridade e intelecto, pois a autoridade dominante nas sociedades patriarcais tende a promover o controle intelectual dos impulsos e dos excessos. Enquanto o Oito Sexual é o mais abertamente anti-intelectual dos três subtipos Oito, o Oito Social, ao ir de encontro ao poder da autoridade, é motivado pelo desejo de proteger os oprimidos e, inconscientemente, por uma necessidade pessoal de nutrição associada com o cuidado materno.

O Oito Social masculino pode parecer com o Tipo Nove, e o feminino, com o Tipo Dois. Entretanto, esse Oito se diferencia do Nove e do Dois porque, em um modo de ação mais direto e poderoso, engaja-se mais depressa no conflito e expressa mais poder e controle ao proteger e apoiar as outras pessoas.

Annie, uma Oito Social, diz:

Eu estava sempre fazendo algo para as outras pessoas pensando que, assim que aquela atividade terminasse, faria algo para mim. Quando conheci o Eneagrama, pensei que minha personalidade fosse do tipo Dois porque não me identificava com a raiva ou a necessidade de dominar. Na verdade, sentia aversão à raiva e não tinha consciência nem de minha própria agressão, nem de como era controladora nos meus esforços para ajudar os outros. Magoava-me ver as pessoas se afastarem e reclamarem.

Frequentemente assumia o papel de líder em grupos e depois enlouquecia achando que conhecia a melhor forma de realizar uma tarefa ou um projeto. No ensino médio, para evitar esse tipo de dor, comecei a dizer: "Não sou líder. Não olhem para mim como se fosse para eu fazer as coisas". Não dava certo. Quando via algo que precisava ser feito, especialmente se beneficiasse os outros, intervinha e agia.

Apesar de sempre ser vista como amigável, já adulta, só depois de alguns anos tive "melhores" amigos, pessoas com as quais me sentisse à vontade para ser vulnerável. É difícil admitir que preciso de ajuda, de conforto, de que se preocupem comigo. Embora me importe com os outros e faça muito por eles, percebo que não permito que se importem muito comigo. É comum eu abandonar relações sem nem olhar para trás. Até recentemente, não mantinha amizades. Ao mesmo tempo que anseio pela intimidade que as amizades oferecem, sinto medo disso, em boa parte porque eu então me obrigo a cuidar sem restrições da outra pessoa.

Magoo-me com frequência e me intriga as reações das pessoas; trabalho conscientemente para evitar ser vista como "exagerada" ou intrusiva. Quando os outros me avaliam dessa forma, em geral me sinto incompreendida. Por causa dessa dinâmica, sinto como se precisasse restringir minha energia e meu impacto em prol do conforto dos outros. Mas gosto da energia, do impulso e da capacidade de decisão, características naturais em mim. Consigo com facilidade assumir uma direção sem muito planejamento, e depois, se necessário, corrigir meus planos. Sempre fui ativa, participando em esportes individuais e em equipes.

Felizmente, fui levada a me tornar psicoterapeuta. Nesse papel, tive muita prática ouvindo as experiências dos outros, espelhando-lhes a verdade de volta e oferecendo ajuda de braços abertos. Mesmo me sentindo generosa, é difícil receber o amor e a gratidão que os outros me dedicam. Mais importante, aprendi a confiar que cada pessoa tem sua própria sabedoria e capacidade para viver bem a vida.

O Oito Sexual: "Posse"

O Oito Sexual apresenta intensa tendência antissocial. São pessoas provocativas, que expressam a luxúria por meio de uma rebeldia mais acentuada que os outros subtipos Oito: declaram em palavras e ações que seus valores diferem da norma. O Oito Sexual é, interessantemente, também o mais emocional de todos.

Esse Oito rebelde e franco gosta de ser visto como ruim — ou pelo menos não se importa que o vejam assim — e tende a não sentir culpa pelas rebeldias que comete. É quase motivo de orgulho para um Oito Sexual ser contra a convenção geral ou desrespeitar as regras e as leis.

Na infância, muitos Oitos vivenciaram o desrespeito e a falta de afeto e atenção de um ou de ambos os pais, e então decidiram (consciente ou inconscientemente) não reconhecer a autoridade materna ou paterna. Esse primeiro ato de oposição à autoridade tornou-se o modelo para suas intensas tendências rebeldes.

O nome dado para o Oito Sexual é "Posse", que se refere a um tipo carismático de controle (ou domínio) do ambiente, um apoderar-se energético da atenção das pessoas. Esse Oito demonstra a ideia de "Posse" quando domina toda a cena energeticamente falando, convertendo-se no centro de tudo. O Oito Sexual gosta de sentir como é poderoso ao receber a atenção de todos. Assim, incorpora a ideia de que "o mundo começa a funcionar apenas quando ele chega".[32]

O Oito Sexual necessita exercer domínio e poder sobre as outras pessoas. Não quer perder o controle e, por meio das palavras, deseja influenciar as pessoas. Tudo, pessoa ou coisa material, é objeto de posse. Sem interessar-se muito pela segurança material, ele busca o exercício do poder sobre pessoas, coisas e situações.

Quando quer conseguir ou mesmo manter o poder, o Oito Sexual pode ser fascinante e carismático, em um tipo de sedução e intensidade que o diferencia estilisticamente dos outros dois subtipos Oito. Como Naranjo explica, esse Oito tem penas mais coloridas; é mais magnético e franco; tem grande poder de sedução.

Ele busca com voracidade amor, sexo e prazer excessivos. Busca aventuras, riscos, desafios e fortes sensações de adrenalina. Em sintonia com seu apaixonante movimento de ação, acaba sendo particularmente intolerante com a fraqueza, a dependência e as pessoas lentas.

Ao ser o mais emocional dos Oitos, o subtipo Sexual demonstra uma intensidade de paixão que às vezes seria manifestada por emoções que podem surpreender e soar atípicas para os outros Oitos. Muito passional e emocional, esse Oito com frequência se desconecta do intelecto. Embora possa ser bem inteligente, exterioriza a ação e a paixão mais do que a contemplação naquilo que faz.

Esse Oito tem a capacidade de sentir as coisas profundamente, característica que talvez beneficie uma boa relação, mas que vira um problema quando um relacionamento não vai bem. No aspecto romântico, é possível que o Oito Sexual incentive a dependência de seus parceiros, ou leve-os a vê-lo como o centro energético da vida deles. Embora exija lealdade, pode não retribuir no mesmo nível. (O rei Henrique VIII da Inglaterra é um exemplo.) E ele tende a ter relacionamentos amorosos possessivos não somente com os parceiros, mas também com amigos, objetos, lugares e situações.

Em geral, esse subtipo é de imediato reconhecido como Oito, sendo improvável que o confundam com outros tipos. Até pode parecer um

Quatro Sexual, pois ambos tendem a ser raivosos, emocionais e exigentes, mas o Oito Sexual se diferencia por sua profunda confiança em comparação com a deficiência interna sentida pelo Quatro Sexual.

Kathy, uma Oito Sexual, diz:

Como Oito Sexual, gosto de ter em torno de mim um grupo pequeno de pessoas de confiança. Quando meu círculo se torna muito grande, sinto-me desconfortável e me retiro. Gosto também de ser muito importante para as pessoas no meu círculo íntimo, e quando se torna difícil gerenciá-lo, fico um pouco "louca". Os outros de fato são capazes de sentir quando começo a me afastar. Os mais próximos com certeza percebem os momentos em que me sinto consumida pelas pessoas que "precisam" demais.

Por outro lado, pareço "cuidar" dos mais próximos de mim. Meu instinto sexual passa a impressão de que estou dominando ou controlando as pessoas. Embora geralmente esteja bem consciente do efeito que exerço sobre os outros, com frequência eles têm dificuldades de resistir à tentação de me satisfazer. Sem dúvida, sou carismática e posso convincentemente trazer as pessoas para meu lado sem parecer querer adulação. Elas me veem como um "guru", e na maior parte das vezes lidero e os outros me seguem sem questionar. Já me disseram que meu poder narcotiza as pessoas. E isso acontece sem que eu tenha consciência. Meu instinto sexual também me transforma em uma dessas raras pessoas que podem passar pelos limites dos outros sem deixá-los desconfortáveis. Preocupo-me de verdade com eles, que se sentem protegidos e seguros na minha presença. Alguém próximo a mim fez uma observação que ainda ressoa em meu interior: "As pessoas na sua presença se veem apegadas a cada palavra que você diz... Buscam sua aprovação... Parecem submissas e superam tudo com assombro. Parece que você está continuamente buscando um igual — alguém que lhe oferecerá o mesmo".

Já me disseram que exalo sexualidade. Sou bem aberta sexualmente; falo sem pudor e com franqueza sobre sexo. Talvez em parte como uma forma de ir contra os valores, mas nunca pretendo ofender. Essa é uma característica honesta e linda que comunica minha vulnerabilidade. Já me disseram também que as pessoas não conseguem estar em uma sala sem sentir minha presença sexual ou força de vida. Creio que isso em parte me faz tão interessante. É difícil resistir ao carisma.

Naranjo estava correto sobre o Oito Sexual. Nossas cores são mais vívidas. Sendo um Oito Sexual, minhas cores brilham intensamente, exceto nos momentos em que minha energia, abundante e ousada, é atingida pela necessidade de ser a protetora e a protegida. Sinto intensa paixão e zelo pela vida. Meus poderes de sedução podem consumir o outro. Porque preciso do que posso dar com meu jeito de ser. Não tenho medo da vulnerabilidade, precisamente a característica que me faz líder e professora talentosa.

"O trabalho" para o Tipo Oito: mapeando um caminho de crescimento pessoal

Finalmente, à medida que o Oito trabalha em si mesmo e se torna mais autoconsciente, ele aprende a escapar da armadilha que o limita por meio dos limites contrários a ele, assim desenvolvendo uma clara percepção do seu lado mais gentil, dosando sua ação com mais pensamentos e sentimentos, e aprendendo a moderar seus impulsos e o impacto que causa.

Nós, que ainda estamos despertando para os padrões habituais da personalidade, precisamos despender esforços conscientes e contínuos em nossa auto-observação. Ao refletir sobre o significado e as origens do que observamos, poderemos trabalhar ativamente para combater tendências automáticas. Para o Oito, esse processo implica a percepção de como ele expressa o poder e evita sentir-se fraco e dependente; explorar como nega a verdade mais profunda de sua infância, as mágoas contínuas e a compensação excessiva buscando ser forte; esforçar-se para equilibrar força e autonomia, com mais consciência da sua capacidade relacional e emocional. É especialmente importante para o Oito que desenvolva uma relação mais direta com sua vulnerabilidade e tenha força e coragem para ser visto como alguém fraco.

Nesta seção, ofereço ao Oito algumas sugestões sobre o que perceber, explorar e objetivar em seu esforço de crescimento, para assim superar as restrições da sua personalidade, incorporando possibilidades mais dignas de seu tipo e subtipo.

Auto-observação: desidentificar-se da personalidade ao observá-la em ação

A auto-observação objetiva criar um espaço interno para que você realmente observe, com novos olhos e de uma distância adequada, o que está pensando, sentindo e fazendo no dia a dia. À medida que o Oito souber o que pensa, sente e faz, ele poderá buscar os padrões principais a seguir:

Rebelar-se contra uma autoridade externa e negar as limitações (internas e externas)

Observe sua tendência de ser superior diante de todas as formas de autoridade. Reconheça o que a motiva. Note como rejeita os limites sociais e a voz da autoridade convencional. Perceba como essa oposição surge, quais as crenças que apoiam essa visão e que tipos de coisas faz quando age como máxima autoridade. Perceba qualquer pensamento e crença que nutra sobre si que o acabe levando a ser grandioso demais; considere as situações em que se considera superior e o que habitualmente nem questiona ou duvida. Permita-se perceber se, ao negar sua vulnerabilidade, alimenta a tendência à grandiosidade. (Será que você está reprimindo sua "pequeneza", e então vivencia um impulso inconsciente de ser "grande"?) Observe quando age com rebeldia e o que acontece nessas situações. Busque qualquer exemplo em que sua incapacidade de aceitar limites, impostos de fora ou negados de dentro, na verdade o esteja magoando ou diminuindo. Tente estar consciente das consequências de sua relutância em se conter ou aceitar uma restrição.

Focar o poder e a força e agir desse modo como forma de compensar a sensação de impotência e fraqueza negadas

Observe quando se refugia no poder e na força e procure compreender que isso talvez atue como um meio de evitar ou compensar em excesso o fato de não querer vivenciar profundas sensações de impotência ou fraqueza. Perceba quando está sentindo raiva e quando sente um impulso para agir sobre ela. Que tipos de coisas o deixam com raiva e por quê? Perceba como age para se posicionar e expressar seu poder. Note quando pensa nas formas que apoiam esse agir poderoso sem considerar outras opções ou possíveis vulnerabilidades que a situação lhe apresenta. No geral, observe como exerce poder visando evitar sentir qualquer tipo de vulnerabilidade. Observe seu impulso para situações de confronto, continuando no mesmo caminho para tentar a satisfação a qualquer preço. Se lhe parecer difícil moderar as expressões de agressão, avalie o motivo. Perceba o papel da impulsividade em sua vida e considere qualquer tendência que o leve a evitar pensar em determinadas atitudes antes de concluí-las.

Evitar e negar sentimentos vulneráveis e a dependência dos outros

Observe a dificuldade que enfrenta de reconhecer suas emoções mais vulneráveis e se apropriar delas. Perceba se julga a si mesmo como fraco, se aceita vivenciar uma variedade de sentimentos, e observe os efeitos desse tipo de autojulgamento. Note seus pensamentos em relação a sentimentos mais gentis e como pode racionalizá-los ao se distanciar de qualquer experiência emocional que rotule como "fraqueza". Observe como você lida com uma posição de poder e autonomia nas suas relações. Sem considerar que possa estar incorreto ou as possíveis vulnerabilidades de sua percepção, perceba quando seus pensamentos se centram no que para você é o jeito correto de ver as coisas. Perceba qualquer pensamento que esconda de você mesmo suas vulnerabilidades. Em especial, observe qualquer tendência em ser excessivamente duro consigo (ou com os outros) diante da conscientização das suas vulnerabilidades. Que tipos de coisas faz para permanecer mais consciente dos seus sentimentos mais gentis?

Autoquestionamento e autorreflexão: reunindo mais informações para expandir o autoconhecimento

À medida que o Oito observa tais padrões nele mesmo, o próximo passo no caminho de crescimento do Eneagrama é compreendê-los melhor. Por que existem? De onde vêm? Com que finalidade? Como esses padrões lhe causam problemas quando originalmente deveriam ajudá-lo? Com frequência, só ver a origem do hábito, o porquê dele e para que foi criado já bastariam para que saísse deles. Em outros casos, ou seja, com hábitos mais enraizados, saber como e por que funcionam como defesa pode ser o primeiro passo para finalmente ser capaz de liberá-los.

Aqui estão algumas perguntas e algumas das possíveis respostas que o Oito pode considerar para discernir as origens, o funcionamento e as consequências desses padrões de personalidade:

Como e por que esses padrões se desenvolveram? Como esses hábitos ajudam o Tipo Oito a lidar com o problema?

Ao entender as origens dos padrões defensivos e o fato de atuarem como estratégias para lidar com o problema, o Oito ampliará a consciência de como e por que se afasta da sua fragilidade e incorpora diferentes formas de expressar seu poder. Ao avaliar como desafia a vulnerabilidade e a nega como reação contrária, o Oito consegue identificar por que emprega essas estratégias defensivas. Se o Oito contar honestamente a história dos seus primeiros anos de vida, ele compreenderá melhor como ser forte ao invés de fraco o ajudou a sobreviver ou a sentir bem-estar. Conseguirá ter mais compaixão por si ao avaliar como precisou silenciar sua própria "criança interior". Se tiver consciência de que "chegar com força"[33] foi a forma encontrada para lidar com um mundo que penalizava sua fraqueza, o Oito terá uma noção mais clara de que a estratégia "ataque como defesa" ainda funciona como forma de proteção.

De que emoções dolorosas os padrões do Tipo Oito o protegem?

A personalidade funciona como instrumento de proteção das nossas emoções dolorosas, incluindo o que Karen Horney, psicanalista alemã, chama de "ansiedades básicas": a preocupação com o estresse emocional decorrente do fato de que nossas necessidades básicas não sejam atendidas. O Oito adota uma estratégia que lhe permite negar emoções dolorosas relacionadas a ser frágil e vulnerável. Encontrando segurança na força e em uma sensação de invulnerabilidade, ele inconscientemente reprime o medo e outras emoções mais vulneráveis. O Tipo Oito adulto normalmente age no mundo em busca de compensação pela possível experiência traumática de desamparo diante do que percebe como injustiças ou maus-tratos reais na infância: "da mesma forma como foi ferido na época, ele tem a intenção de ferir os outros agora. Da mesma forma que se sentiu impotente na época, decidiu (implicitamente, e com muito pouca idade) evitar a fraqueza a todo custo".[34]

Portanto, os padrões que estruturam a personalidade do Tipo Oito evidenciam uma forma de negar vivenciar novamente os sentimentos dolorosos da infância, evitá-los e se defender deles. Uma boa ofensa e um fácil acesso à agressividade permitem ao Oito que assimile sentir-se indefeso, medroso, triste, inadequado e uma variedade de outras emoções dolorosas da criança em um mundo que não apoia suas sensibilidades naturais e vulnerabilidades.

Por que estou fazendo isso? Como os padrões do Tipo Oito funcionam em mim neste momento?

Cada um dos subtipos Oito, refletindo sobre como funcionam seus padrões fundamentais, pode ampliar a consciência de como os padrões defensivos emergem no seu dia a dia — e no momento presente. A auto-observação o ajudará a perceber quando evita recorrer a seu lado mais gentil, suas necessidades e emoções mais vulneráveis ou sua relação com o mundo externo, assumindo, então, uma postura compensatória de força, intimidação e independência. O discernimento dos padrões dos primeiros anos de vida ajudará o Oito a despertar para as motivações mais profundas que norteiam suas estratégias para lidar com o problema ao ser durão, ativo e forte. Para um Oito, talvez seja bem revelador (e transformador) ver como, de forma habitual e cuidadosa, evita ter consciência da parte mais profunda (e preciosa) de quem ele é. Ao compreender que a negação da vulnerabilidade o torna menos vivo, menos disponível para o amor e para os relacionamentos, e menos inteiro, o Oito poderá direcionar algumas das suas motivações à aceitação de que os sentimentos mais tristes e gentis são os que expressam a parte mais bela do seu verdadeiro Eu.

Quais são os pontos cegos desses padrões? O que o Tipo Oito não percebe em si?

Para realmente ampliar seu autoconhecimento, será importante o Oito lembrar-se do que *não percebe* quando a programação da sua personalidade está dirigindo o espetáculo. Ao encontrar não só prazer em sua sensação de poder, mas também segurança em sua força, o Oito talvez não perceba que sua postura enérgica o leva a evitar uma imensa variedade de emoções e de necessidades relacionais. No entanto, poderá se beneficiar extraordinariamente ao perceber que o contato com seus sentimentos mais vulneráveis, com sua sensibilidade e necessidades de amor e cuidados faz parte essencial dos relacionamentos mais profundos. Essa qualidade facilita a aproximação das pessoas e os cuidados que dedicam a você. Porém, se, de forma ativa, continuar evitando sentimentos de dor, tristeza, solidão e inadequação, você comprometerá sua habilidade de sentir empatia por outras pessoas que sintam a mesma coisa. A incapacidade de lidar com aspectos mais profundos do seu eu compromete sua disponibilidade para os relacionamentos. A total invulnerabilidade neutraliza sua capacidade de ser amado, amar e crescer. A liberdade que sente agindo de modo poderoso afeta sua percepção de que focar o poder reitera o padrão de negligenciar as causas iniciais que o tornaram "grande" e negasse ser criança. Portanto, tente focar "ver o que você não vê" e anule esse hábito de negligenciar seu lado mais maleável. Ao vivenciar os benefícios de expor a sua vulnerabilidade, você, do Tipo Oito, será capaz de se nutrir mais do que nega a si mesmo em troca das suas defesas.

Quais são os efeitos ou as consequências desses padrões? Como eles me aprisionam?

Ironicamente, a estratégia do Oito de se sentir mais seguro sendo menos sensível fecha a melhor via de conexões mais profundas com os outros. As melhores e mais saudáveis relações se desenvolvem quando as pessoas se sentem seguras ao compartilhar suas mais profundas vulnerabilidades. Mas, se nem mesmo reconhecem seu lado mais sensível e suas emoções mais gentis, como conseguirão vivenciar o estímulo, o prazer e a intensidade do contato humano que anseiam? Como o Oito busca inconscientemente o prazer mundano, talvez lhe seja trágico interromper sua melhor fonte de aventura e diversão: uma experiência plena de intimidade e conexão humana. É difícil ou até mesmo impossível viver a profunda satisfação que somente o amor humano saudável oferece sem a consciência do Eu completo, vulnerável e indefeso. Se não se conhecer tão bem, não será conhecido pelas outras pessoas que gostam de você e o amam.

Autodesenvolvimento: visar a um estado mais elevado de consciência

Para todos nós que queremos despertar, o próximo passo para trabalhar com o conhecimento da personalidade é injetar mais esforço consciente em tudo o que fazemos: começar a pensar, sentir e agir com mais consciência e escolha. Nesta seção, proponho ao Oito algumas sugestões de "o que fazer" depois de observar seus padrões principais e investigar suas origens, suas formas de funcionamento e suas consequências.

Esta última seção está dividida em três partes, cada qual relacionada a um dos três processos de crescimento conectados ao sistema do Eneagrama: 1) "o que fazer" para combater ativamente os padrões automatizados do tipo central descritos na seção "auto-observação", 2) como usar o Fluxo Interno do caminho das flechas do Eneagrama enquanto mapa de crescimento e 3) como estudar a paixão (ou "vício") e conscientemente buscar incorporar seu oposto: o antídoto, a "virtude" mais significativa do tipo.

Os três principais padrões de personalidade do Tipo Oito: "o que fazer" para lidar com eles

Rebelar-se contra a autoridade externa e as limitações (internas e externas), opor-se a elas e negá-las

Entenda como a rebeldia contra os limites pode levar à autolimitação.

Quando o Oito começar a compreender que rejeitar os limites da sua liberdade realmente o limita, poderá se arriscar a ser menos defensivo e a estar mais profundamente disponível. Ao contrário do que ele talvez acredite, crescer rumo ao lado "mais elevado" (ou "Eu-árvore de carvalho") na realidade exige dele mais entendimento e aceitação do pequenino núcleo da semente que se esconde, para sobreviver, em uma casca muito dura.

Com frequência, o Tipo Oito não aparece em contextos de "autoajuda", talvez porque não queira se submeter a uma fonte externa de aprendizado, a qual percebe como autoridade. Compreende-se tal relutância, pois muitas vezes a tendência do Oito para a rebeldia provém de uma experiência com autoridades que falharam na infância dele. Mas, ao se colocar acima das fontes externas de aprendizado, cuidado e acolhimento, o Oito talvez acabe sozinho ou solitário, mesmo que nem sempre perceba a dor desse processo. Entretanto, ele pode se beneficiar ao aceitar orientação, proteção e cuidado dos outros, e desconectar-se de sua necessidade de rejeitar a ajuda que vem de fora, mesmo que no início isso pareça controle.

Amplie sua visão de quem tem autoridade sobre a verdade. (Em outras palavras, como você sabe que não está errado?)

É bem possível que o Oito falhe ao pensar: "É verdadeiro porque eu digo que é". Quando se está tão acostumado a (defensivamente) se ver em uma posição de poder, talvez seja difícil conceber a realidade de que não se é uma autoridade em tudo. Ao acreditar tanto em que é "Chefão" o Oito às vezes se engana ao crer ser verdade tudo o que pensa. E como acredita com tanta autoridade (e crê que está falando de uma verdade objetiva), consegue fazer os outros acreditarem também. Então, no final, o hábito de ele focar a própria verdade pode ofuscar a verdade de fato.

Conforme aponta Sandra Maitri, quando o senso de ser está primariamente enraizado no físico, o senso de realidade pode distorcer-se mais do que se imagina: "quando o físico é a única dimensão da realidade que percebemos, podemos acreditar que estamos vendo as coisas como elas são, mas de fato estamos vendo através de lentes distorcidas".[35] Mesmo na ciência, "a mais reverenciada das disciplinas modernas", Maitri comenta que ser "objetivo, ver as coisas como elas são, significa apenas dar credibilidade ao que pode ser percebido e mensurado usando nossos sentidos físicos".[36] A confiança científica no físico como única fonte de verdade persiste mesmo quando as descobertas científicas nos mostram que a expectativa do observador talvez afete os resultados. De uma forma bem parecida, o Oito pode engajar-se firmemente em seu senso de verdade e em seu papel na personalidade dele, embora, por definição, a postura do ego desse tipo implique uma visão limitada da "verdade" vista diferente do outro, com perspectivas igualmente legítimas.

Por essa razão, é importante que às vezes o Oito questione sua própria autoridade, e não apenas se rebele por hábito contra fontes externas de poder e conhecimento. O Oito cresce ao aprender a aceitar ou a se permitir a discordar dos outros, e não só quando acredita deter o monopólio do que é objetivamente verdadeiro. Se uma pessoa verificar se está errada de vez em quando, poderá aprofundar sua autoconfiança e abrir-se para a experiência de admitir um erro.

Aprenda sobre limites.

Nesse extremo, não ter limites pode ser bem limitante. Se você se pressiona a trabalhar cada vez mais duro sem observar suas limitações, pode adoecer ou se machucar. Se você come, bebe ou se diverte de modo exagerado, pode causar um dano real a si e aos outros. O Oito às vezes, ao resistir à moderação e a restrições razoáveis, compromete saúde, liberdade, relações e ao bem-estar dele próprio. Se tiver mais consciência do porquê de recorrer ao poder e à rebeldia como instrumentos de superação, começará a aceitar que nem sempre precisa ser tão forte. Essa prática o ajudará a se livrar das projeções da sua personalidade "Eu-semente" ao desenvolver uma relação saudável com a limitação.

Focar a força e o poder e agir como compensação exagerada por causa da fraqueza e impotência negadas

Consulte mais mente e coração antes de agir.

Estar ciente de sua sabedoria como elemento norteador de suas ações e usá-la nesse sentido com frequência exige que se considerem diferentes formas de informação. O Oito habitualmente tende a se mover para a ação sem pensar nas coisas ou senti-las. Quando ele percebe que está agindo de forma rápida ou impulsiva, beneficia-se ao tentar desacelerar, analisando mais a situação e consultando as emoções em busca de outras informações

Use sua agressão como chave para os sentimentos implícitos.

Umas das vantagens do Oito está no fato de ele acessar mais facilmente a raiva e a agressão do que as outras personalidades. A conexão com a raiva, mesmo gerando poder e vantagem, serve com frequência para esconder os sentimentos mais vulneráveis que motivaram esse sentimento. Todos sentimos raiva quando somos feridos. Olhar o que está implícito nela pode ajudar o Oito a se conectar com os sentimentos de dor e desesperança. Quando ele percebe com clareza os sentimentos vulneráveis que talvez motivem sua raiva, vira um líder mais poderoso e construtivo. A prática de pesquisar, reconhecer e se permitir vivenciar qualquer sentimento vulnerável que a raiva evita que o Oito perceba poderá beneficiá-lo bastante, no sentido de se entender melhor e ter mais informação para lidar com a dor responsável pela raiva.

Reformule a vulnerabilidade e a fraqueza como expressões de grande força.

Como o Oito, a maioria das pessoas da cultura ocidental considera "boas" as posturas de poder e de força e "ruins" os sentimentos de fraqueza e vulnerabilidade, como desamparo, impotência e medo. Mas esse valor de julgamento, produto do arquétipo da personalidade de nossa cultura, não é objetivamente verdadeiro. Os sentimentos são apenas válidos e, portanto, nem "certos ou errados", nem "bons ou ruins". O Oito se desequilibra não apenas ao vivenciar relacionamentos por meio de sentimentos "fortes", mas também ao se comportar de maneiras que, ao mesmo tempo, reprimem ou evitam sentir-se "fraco". Desse modo, sem viver tudo o que é, estanca seu crescimento para tudo o que pode se tornar. Por isso, torna-se muito importante que o Oito tente reconhecer a verdade da sua ideia contraintuitiva, conscientizando-se de que *precisa se esforçar muito para se permitir ser verdadeiramente vulnerável.*

Evitar e negar a existência dos sentimentos vulneráveis e a dependência dos outros

Perceba quando você evita vulnerabilidade e dependência.

O Oito, habitual e automaticamente, nega sua vulnerabilidade e dependência dos outros. Com frequência, julga que inexistem esses importantes aspectos dele. Mas, à medida que se torna mais consciente de si e desenvolve uma consciência mais consistente dos padrões de personalidade, conquista a oportunidade de mostrar sua dureza interna real ao integrar sua vulnerabilidade, sem evitá-la por meio de demonstrações de força. O Oito, ao se perceber negando sua vulnerabilidade e dependência e trabalhando para incorporar uma experiência mais profunda dos seus sentimentos mais gentis, poderá levar seu ser mais pleno para as interações e os relacionamentos. Desse modo, é bem possível que se torne de fato poderoso e cresça como campeão da verdade de modo mais profundo e espiritualmente mais maduro.

Indague-se regularmente sobre a sua profundidade emocional e permita-se vivenciar mais esses sentimentos.

Já ouvi Oitos relatarem que acordam com raiva. É uma tendência desse tipo habitar no lado mais raivoso do espectro emocional: impaciência, irritação, frustração e ira. No entanto, também são características do Oito (mais do que nos outros tipos) sentimentos otimistas, por exemplo, o entusiasmo, pois não estabelece muita conversa interior negativa ou limitante. Mas, ao focar os sentimentos que tende a sentir, ele inconscientemente evita — e então nunca ou quase nunca sente — sentimentos mais vulneráveis como dor, tristeza, decepção, confusão, medo e perda. O Oito se torna mais armado do que as outras personalidades exatamente porque sua estratégia para lidar com o problema renega a vulnerabilidade em nome de ser grande e poderoso.

O Oito expande sua capacidade de crescimento, relacionamento e vivacidade quando conscientemente escolhe vivenciar as próprias profundezas emocionais. Por essa razão, pode ajudá-lo se perguntar com regularidade o que pode estar sentindo, ainda que inconsciente. Com o apoio dos outros nesse delicado processo, o Oito talvez aprenda a se desarmar de suas defesas para vivenciar a plenitude de todos os seus sentimentos e praticar a abertura para a entrada de mais amor e compaixão.

Faça suas necessidades por amor serem mais conscientes.

A maioria dos Oitos enfrenta problemas em assumir conscientemente sua necessidade por amor. No caso desse tipo de personalidade, o fator principal que o leva a se defender de dar e receber amor real é ele desistir de amar. Nos anos iniciais da vida, o Oito, diante da sensação de que o amor não lhe estava disponível, pode ter considerado melhor buscar poder e prazer do que os confortos que o amor oferece. O Oito conclui com frequência ser tolice esperar ser amado, e, então, elimina a parte da psique que precisa de fato disso. Mas todos somos movidos pelo amor, ainda que cada personalidade incorpore uma forma diferente de defesa contra o amor. Para sairmos da casca do nosso "eu-semente", precisamos estar cada vez mais conscientes dos modos como rejeitamos o amor até mesmo daqueles de quem precisamos ou a quem queremos. Cabe ao Oito avaliar eficientemente as situações em que desistiu do amor. Se ele conseguir despertar sua consciência em relação ao desejo de amar, poderá se abrir para a confiança e a vulnerabilidade exigidas pelo amor verdadeiro.

O Fluxo Interno para o Tipo Oito: usando o caminho das flechas para mapear o caminho de crescimento.

No Capítulo 1, apresentei o modelo do Fluxo Interno do caminho das flechas, que define uma dimensão do movimento dinâmico do modelo do Eneagrama. As conexões e o fluxo entre cada tipo central, seu ponto "crescimento-estresse" e seu ponto "coração-criança" mapeiam um tipo de caminho de crescimento descrito pelo símbolo. Como lembrete, considera-se o caminho das flechas uma sugestão para o caminho de crescimento de cada tipo:

- A direção desde o ponto central no sentido da flecha é o caminho de desenvolvimento. O ponto "crescimento-estresse", que está mais adiante, representa os desafios específicos perfeitamente ajustados para expandir o foco estreito do ponto central da nossa personalidade.
- A direção contrária da flecha, desde o ponto central até o ponto "coração-criança", indica as questões e os temas da infância que precisam de reconhecimento e de apropriação para que avancemos livres das amarras dos assuntos inacabados do passado. Esse ponto "coração--criança" representa qualidades de segurança que reprimimos de modo inconsciente, retornando às vezes a elas em tempos de estresse, as quais devem ser reintegradas conscientemente.

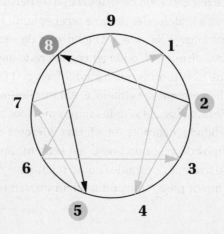

O Tipo Oito movendo-se em direção ao Tipo Cinco: usando conscientemente o ponto "crescimento-estresse" do Cinco para desenvolvimento e expansão

O caminho de crescimento do Fluxo Interno para o Tipo Oito o coloca em contato direto com os desafios personificados no Tipo Cinco, permitindo um equilíbrio não só entre o *momentum* de retirada e o de avanço, mas também entre o pensamento e a ação como forma de organizar recursos internos para desenvolver o "não apego". Não surpreende que o Oito se mova para o Cinco buscando a representação de uma resposta extrema a uma experiência intensa de estresse, do mesmo modo que se retira quando sua dependência normal ao poder e à ação acaba falhando. Para um normalmente expressivo Oito, a experiência do Cinco talvez soe como um abrigo onde se protege quando ameaçado ou quando as condições o levam para um grave revés. O ponto Cinco oferece ao Oito a possibilidade de se proteger refugiando-se em um lugar remoto que lhe possibilite se reagrupar em vez de usar poder e força. Essa experiência de Cinco, quando gerenciada com consciência e zelo, pode ajudar o Oito a desenvolver a capacidade de uma análise cuidadosa conduzida a distância, minimizando talvez a dependência excessiva da força, da agressão e da ação ousada (às vezes precipitada) para conseguir aquilo de que precisa.

O Oito, trabalhando conscientemente nesse percurso, pode recorrer ao uso imediato das mesmas ferramentas dos Cincos saudáveis: habilidades analíticas e emprego econômico de energia e recursos como elementos de apoio à autoproteção e à autoexpressão. A postura do Cinco, baseada na observação, no pensamento objetivo e em um foco cuidadoso nos limites, talvez sirva para equilibrar as tendências de impulsividade, excesso e intimidação do Oito. Se o Cinco usar com prudência seus recursos interiores, ajudará o Oito a agir focando mais intencionalmente a moderação e a autorregulação. A atividade mental, a pesquisa e o planejamento característicos do Cinco podem lembrar o Oito de pensar com mais cautela no quer fazer antes de se mobilizar para a ação. E o fato de o Cinco automaticamente priorizar sua própria segurança, mantendo uma distância segura do perigo, talvez auxilie o Oito a desenvolver uma habilidade mais consciente para cuidar da sua "criança interior". A valorização da necessidade de dispor de um tempo sozinho, da autorregulação energética e do espaço pessoal equilibra a dependência do Oito da força bruta e da ação exagerada.

O Tipo Oito movendo-se em direção ao Tipo Dois: usando conscientemente o ponto "coração-criança" para trabalhar questões dos anos iniciais e encontrar a segurança como suporte para avançar

O caminho de crescimento para o Tipo Oito exige que ele recupere sua habilidade de ser empático com os outros e sua necessidade de ser apreciado. Na infância desse tipo, não foram apoiados e reconhecidos os primeiros impulsos em ser visto e amado. Quando criança, talvez o Oito tenha sentido que precisava tomar uma decisão: optar pela vulnerabilidade de precisar do afeto e pelo poder de não necessitar de nada nem de ninguém, e escolheu refugiar-se na fortaleza. Sem consciência de que se movimenta para o Tipo Dois, é possível que o Oito incorpore os hábitos do Dois, que "dá para ter algo em retorno" e seduz por meio do charme e da ajuda aos outros. Assim, pode compulsiva e expansivamente agir em prol das pessoas, aconselhando-as ou expressando afeto físico como forma de forjar conexões. O Oito pode ir para o Dois de modo ansioso quando se sente estressado, como uma busca inconsciente de conforto da relação, ou como forma de representar sua necessidade inoportuna de amor, sentimento ao qual geralmente não se permite. Como observa Sandra Maitri, "dentro do durão e pragmático Oito que se delicia em testar sua coragem [...] dominando e controlando a vida e triunfando por meio da adversidade, reside uma criancinha parecida com o Dois toda carente, grudenta e solitária que está desesperada por ser amada e acolhida".[37]

Entretanto, navegando conscientemente o Oito talvez recorra ao movimento para o Dois como forma de desenvolvimento, ao restabelecer um equilíbrio saudável entre se sintonizar aos sentimentos e às necessidades dos outros e afirmar suas próprias necessidades. O Oito ainda pode focar as qualidades do seu ponto "coração-criança" para entender as necessidades, que talvez tenha negado na juventude, de conseguir se dar bem no mundo. Para ele, portanto, o retorno ao Dois pode funcionar como uma ferramenta para conscientemente voltar a se engajar em um senso de perda das suas necessidades de conforto, amor e cuidado e o desejo de querer se adaptar e agradar aos outros como forma de se relacionar. O Oito se orgulha com frequência da sua independência e do fato de que "não se importa com o que qualquer pessoa pense dele". Mas essa postura é uma defesa que o protege de um mundo insensível. Por essa razão, o movimento para o Dois pode ser não apenas uma forma de buscar um senso de segurança por meio do amor, mas também um modo de ele reincorporar partes importantes de si as quais precisou negar.

Ao reintegrar as qualidades do Tipo Dois, o Oito talvez conscientemente se lembre de que não há problema em se importar com o que os outros pensam e sentem sobre ele; o mais importante é que valorize sua necessidade de amor, entendimento, afeto e aceitação. Em vez de camuflar sua necessidade de amor e de conexão em uma postura de força e autonomia, o Oito talvez tente incorporar o lado mais elevado do Dois e, assim, abra um canal de relações amorosas e apoiadoras. Ele também pode usar a sabedoria do Dois não apenas para se adaptar e atender às necessidades dos outros, como também para manifestar, com mais consciência, cuidado e afeto para as pessoas. Dessa forma, o Oito equilibrará seu talento para agir mais ousadamente com a capacidade de vivenciar a vulnerabilidade com os devidos zelos. E ainda poderá usar seu ponto Dois "coração-criança" para recuperar em sua criança interior a necessidade de cuidado e afeto e, dessa maneira, abrir-se para uma participação mais profunda nas relações de trocas amorosas (dar e receber).

A conversão do vício em virtude: acessar a luxúria e visar à inocência

O caminho de crescimento do vício para a virtude é uma das contribuições fundamentais do mapa do Eneagrama, que destaca um percurso que pode ser usado na "vertical", para que cada tipo alcance um estado mais elevado de consciência. No caso do Tipo Oito, o vício (ou paixão) é luxúria; a virtude (seu oposto) é a inocência. A teoria de crescimento transmitida pela "conversão vício em virtude" refere-se ao fato de que, quanto mais conseguirmos ter consciência de como nossa paixão funciona e trabalharmos na incorporação da nossa virtude mais elevada, mais conseguiremos nos libertar dos hábitos inconscientes e padrões fixados (a "casca da semente") do nosso tipo, assim evoluindo para o nosso lado "mais elevado", ou "Eu-árvore de carvalho".

À medida que o Oito se familiariza com a experiência da luxúria e desenvolve a habilidade de ficar mais consciente, ele pode mergulhar no trabalho interior de se esforçar e focar elevar sua virtude, o "antídoto" para a paixão da luxúria. No caso desse tipo, a virtude de inocência representa um estado de ser que o Oito poderá alcançar ao manifestar conscientemente suas mais proeminentes capacidades.

A inocência é uma forma de ser liberta da culpa, com um coração puro e conectada naturalmente ao fluxo de nossa sabedoria animal e à natureza como um todo. Essa virtude superior abrange nossa habilidade de despertar para um nível animal ou instintivo do nosso funcionamento, sentindo como ele provém de uma fonte pura na ordem natural das coisas.

O Tipo Oito, como o "id" ou a "libido," representa a energia instintiva e sexual crua que anima a vida de todos os animais e permite que exploremos essa energia poderosa de nossos seres físicos. Entretanto, quando colocada a serviço do ego, essa energia se torna limitada e distorcida porque passa a participar da estrutura defensiva da personalidade. Como parte da personalidade condicionada, a luxúria ativa a energia que alimenta nosso desejo de termos as coisas de que precisamos para sobreviver como espécie. No entanto, na sociedade moderna, existe mais do que um indício de "maldade" implícito no impulso de energeticamente, sem restrições, ir atrás do que precisamos. A ideia de "pecado" e o medo do impulso instintivo irrestrito nutrem as ideias culturais que nos levam a rotular o sexo e outras necessidades como errados, quando nada é mais relevante do que seguir nossa inerente sabedoria animal. É contra esse tipo de repressão cultural ou julgamento de nossos impulsos animais que a personalidade Oito luta.

A inocência, portanto, representa nossa habilidade em termos consciência da atividade dos nossos impulsos animais e instintivos não apenas para as satisfações físicas, mas também para liberar a energia de vida que pode ficar aprisionada quando defendemos nossos egos por meio de movimentos de vaivém em torno do instintivo. Com uma consciência plena das maneiras como nos rebelamos contra nossos instintos, viveremos mais do "fluxo de realidade" natural em relação aos impulsos físicos.[38]

A incorporação da inocência no Oito significa que ele avaliou como a luxúria o impulsiona. Ele trabalha para estar mais consciente da sua tendência inconsciente de ir contra os outros e contra as regras que eles criam, e como resultado perde contato com a pureza e com o senso mais profundo de verdade emocional. Conquistar um estado de inocência significa que nos conectamos diretamente com nossa vida em todos os níveis: intelectual, emocional e físico. Agindo dessa forma, o Oito não buscará refúgio em demonstrações de poder ou força como afirmação de si. Em vez disso, confiará profundamente na pureza dos seus impulsos e das suas intenções à medida que interagir com os outros para conseguir aquilo de que precisa.

Maitri cita Ichazo ao definir a inocência como experiência de realidade e conexão para esse fluxo, e o ser inocente como aquele que "responde abertamente a cada momento, sem lembranças, julgamentos ou expectativas".[39] Para o Oito, liberar a luxúria e objetivar viver em um estado de inocência significa que ele se permite estar alinhado com o fluxo natural da realidade e conservar-se no tempo presente sem temer ser e querer demais, receber de menos ou voltar a vivenciar as mágoas do passado. Ao ansiar pela inocência, o Oito se livra de qualquer culpa ou orgulho conectado aos seus desejos e se abre para viver uma experiência direta de sua própria força de vida e sua conexão consigo, com os outros e com o mundo ao seu redor.

Trabalho específico para os três subtipos do Tipo Oito no caminho do vício para a virtude

Independentemente de qual o seu tipo, o caminho para observar a paixão e encontrar o antídoto não é exatamente o mesmo para cada subtipo. O percurso para um trabalho interior mais consciente tem sido caracterizado em termos de "determinação, esforço e graça:"[40] a "determinação" da programação da nossa personalidade, o "esforço" empregado em nosso processo de crescimento e a "graça" que alcançamos quando realizamos o trabalho interior de forma consciente e positiva. De acordo com Naranjo, cada subtipo precisa esforçar-se contra algo levemente diferente. Esse *insight* constitui um dos maiores benefícios de entender os três diferentes subtipos de cada um dos nove tipos.

O *Oito Autopreservação* pode viajar no caminho da luxúria para a inocência não só ao aprender a manifestar aos outros uma ampla variedade de sentimentos e pensamentos, mas também um senso de confiança na realização das suas necessidades. O Oito Autopreservação com frequência vive com uma sensação de urgência em suas necessidades, devido aos recursos exigidos para ter uma vida boa. Ele em geral sente que precisa "obtê-los por si próprio", e trabalhar duro para isso. Alinhado a esse impulso, naturalmente desenvolve as competências e as habilidades de que precisa para ser forte, autoconfiante e autossuficiente.

No entanto, essa postura pode intensificar sua insegurança para atender as suas necessidades. Essa insegurança (quase sempre inconsciente) pode ser negada e compensada quando, por exemplo, ele trabalha duro movido por sua crença em querer ser autônomo. Se você é um Oito Autopreservação, crescerá rumo à experiência da inocência ao desacelerar, aprendendo a confiar mais nos outros e tendo mais fé na sua habilidade de conseguir as coisas que julga precisar sem esforço e energia demais. Expanda sua habilidade de comunicar o que precisa e quer dos outros, seja dinheiro e recursos para si, seja amor, cuidado e companhia.

O *Oito Social* pode caminhar da luxúria para a inocência ao aprender como tomar conta de si da mesma forma que se sente motivado a tomar conta dos outros. Ele foca proteger e apoiar as pessoas como meio de representar as necessidades de proteção e de apoio que lhe foram negadas. Portanto, é importante que incorpore a inocência ao ter, mais ativa e regularmente, consciência da própria criança interior e da necessidade de amor e segurança. Ao substituir seu poder por tal necessidade, ele crescerá. Talvez seja importante que de fato o Oito Social se veja como uma criança inocente, seguindo o princípio de que todos entendemos que as crianças, além de merecerem amor, cuidado e proteção, são naturalmente inocentes. Abrir-se para a inocência implica permitir-se ser amado, cuidado e vulnerável, o que talvez tenha sido impossível quando o Oito Social era mais novo. Portanto, desse modo reintegrará a criança dentro dele, abandonada quando precisou crescer rápido demais para lidar com o mundo.

O *Oito Sexual* pode ir pelo caminho da luxúria para a inocência ao lembrar-se de que é digno de amor e "bom o suficiente" do jeito que é, sem precisar ser provocativo, superior ou extraordinário para merecer a devoção das pessoas. Isso pode ajudá-lo a explorar os motivos que o levam à rebeldia e a concentrar nele a atenção de todos. O padrão poderoso e carismático do Oito Sexual frequentemente serve para camuflar uma criança magoada que não conseguia nem o amor nem a atenção de que precisava. Se você, um Oito Sexual, conseguir permitir-se assumir e reintegrar a criança solitária e carente dentro de si, poderá ter domínio sobre sua necessidade defensiva em controlar o que acontece e ser o centro de tudo. Você tem muito para oferecer em termos de força, paixão e energia emocional, mas será até mais potente e presente nas coisas que faz e nas relações que constrói quando conquistar um senso contínuo da inocência e pureza dos seus sentimentos, das suas necessidades e intenções mais profundas. Esse é o coração verdadeiro e o potencial mais poderoso da inocência. Quando incorporar esse espírito nas coisas que fizer e compartilhar com mais consciência esse espaço energético com os outros, poderá ser verdadeiramente poderoso.

Conclusão

Assim como o ponto Oito representa como alguém se torna grande e poderoso para conseguir as coisas de que precisa quando não funciona ser pequeno e vulnerável, o caminho de crescimento do Oito nos mostra como transformar essa energia lasciva que coordena nossos impulsos em um senso consciente de propósito e confiança sobre quem somos e o que podemos ser. Há em cada um dos subtipos do Tipo Oito um caráter específico que nos revela ser possível transformar a rebeldia luxuriosa contra as limitações no nosso poder animal em uma habilidade desperta de sentir, assumir e integrar nossas emoções mais vulneráveis e nossas necessidades inocentes de amor. O Tipo Oito nos ensina a beleza da inocência ao incorporar um estado de ser que flui em facilidade e harmonia com o mundo natural por meio da alquimia da auto-observação, do autodesenvolvimento e do autoconhecimento.

CAPÍTULO 5

O arquétipo do ponto Sete: o tipo, os subtipos e o caminho de crescimento

Se você não pode deslumbrá-los com brilho, confunda-os com o touro.
W.C. FIELDS

Os homens são tão leais quanto suas opções.
BILL MAHER

O Tipo Sete representa o arquétipo da pessoa que busca vários tipos de prazer como forma de distração para o desconforto, a escuridão e o lado mais negativo da vida. O impulso do arquétipo Sete é defender-se da dor por meio da inteligência, da imaginação, do encanto e do entusiasmo, evitando o medo ao adotar um ponto de vista mais otimista.

O conceito junguiano de "puer" ("criança divina") caracteriza uma forma desse arquétipo, que representa um "símbolo de esperanças futuras [...] a potencialidade da vida, a própria novidade [...] frivolidade, prazer e diversão".[1] Jung caracteriza esse arquétipo como o "eterno jovem", que resiste ao crescimento para se esquivar da responsabilidade, que vem atrelada a compromissos, obstáculos e dificuldades.

O foco predominante desse personagem arquetípico está no lado mais leve da vida, nos "elementos mais empolgantes, encantadores e revigorantes da experiência humana",[2] evitando, portanto, os aspectos sombrios da experiência humana. A personalidade do Tipo Sete e o arquétipo do puer personificam um idealismo altamente positivo, um entusiasmo juvenil e um foco em esperanças futuras. No entanto, seu lado sombrio reflete o oposto dessas qualidades: a falta de vontade inconsciente para enfrentar a dor da separação, do envelhecimento e da mortalidade.

O Tipo Sete representa nossa tendência de focarmos a atenção no positivo da vida, no bom, na luz ao invés de na escuridão. Assim como o Tipo Quatro do Eneagrama representa a tendência humana de se concentrar na sombra, no que está faltando ou no que é negativo, o Tipo Sete tipifica aquela parte nossa que olha para a luz para evitar a sombra. Essa atração por sentimentos positivos (entusiasmo e felicidade) e a dificuldade de vivenciar sentimentos desconfortáveis (tristeza, medo, dor) é uma experiência humana universal. Conforme explica Sandra Maitri, "a aversão à dor e a atração pelo prazer estão programadas na nossa fisiologia".[3] Todos, de uma forma ou de outra, tentamos nos refugiar em sentimentos agradáveis para fugirmos das emoções dolorosas.

Do ponto de vista da tradição de sabedoria esotérica implícita no Eneagrama, define-se em termos neutros muito do que chamamos "bom" e "ruim", ou "positivo" e "negativo". (Às vezes, com muita raiva, pensamos em alguém como "ruim", porém esse sentimento não é intrinsecamente negativo.) Os juízos de valor que atribuímos a esses diferentes estados emocionais resultam de nosso condicionamento cultural e dos nossos instintos animais. Portanto, a atração pelo prazer e a aversão à dor são impulsos humanos universais. Mas, se não conseguirmos ter consciência de como nos distanciamos automaticamente do "ruim" e do "doloroso", comprometeremos nossa capacidade de crescer.

A dor representa o estímulo para nosso amadurecimento pessoal, e o sofrimento consciente traduz uma parte fundamental do processo de crescimento. Entretanto, a maioria das pessoas opta pelo difícil trabalho da "jornada interior" para aliviar o sofrimento e encontrar a felicidade. É fundamental que encaremos nossos medos e nossas dores de infância no decorrer dessa jornada, como a semente da "árvore de carvalho" descrita no Capítulo 2, a qual precisa "atravessar seu território subterrâneo, permitindo que sua casca se abra completamente". A fim de que qualquer um de nós se torne tudo o que pode ser — expandindo a "árvore de carvalho" do nosso Eu superior —, precisamos de coragem para ver a sabedoria e a verdade na escuridão e na luz. Para que nos desenvolvamos de fato, devemos enfrentar nossos medos e nossas partes sombrias. O caminho de crescimento do Sete nos ensina essa dura verdade.

O arquétipo do Sete manifesta algumas dimensões no movimento da personalidade rumo ao prazer e longe da dor, por exemplo, refugiando-se automaticamente no intelecto para racionalizar estados emocionais complicados. E, para evitar o lado sombrio da vida, procura constantemente experiências divertidas e estimulantes. O Sete se movimenta e pensa em ritmo acelerado, o que lhe permite se superar ou sobrepujar qualquer desconforto que surja.

Na estrutura de personalidade do Eneagrama, em geral o Tipo Sete é visto como animado, otimista, inventivo, aventureiro, divertido e imaginativo. De acordo com o que frequentemente um dos meus amigos Sete observa em si, ele é "divertido nas festas" e "leva jeito com as mulheres". Além disso, tem o dom de perceber o melhor nas pessoas e situações, e faz as coisas com entusiasmo. Ele também é pensador, criativo, inovador, flexível, otimista, amigável e energético, com uma facilidade natural de gerar ideias e opções. A "superpotência" específica do Tipo Sete é o pensamento positivo, a capacidade de ver ideias e possibilidades interessantes em quase qualquer lugar.

Entretanto, assim como com todas as outras personalidades arquetípicas, os talentos e os pontos fortes do Tipo Sete também representam sua "falha fatal", ou "calcanhar de Aquiles", na medida em que seu talento para ressignificar "negativos" em "positivos" pode levá-lo a ignorar informações importantes, que não se inserem na sua forma positiva de ver as coisas. Embora seja uma companhia divertida e agradável, o Sete sente dificuldade em se relacionar quando chamado para enfrentar problemas e para lidar com a dor ou o desconforto do conflito. Embora se destaque na criação de ideias, os aspectos rotineiros e mundanos podem desagradá-lo, tornando-o evasivo, distraído, irresponsável e descomprometido com projetos de longo prazo. O Sete com frequência enfrenta dificuldade em progredir na vida, pois resiste a lidar com emoções mais profundas e situações complicadas. Nesse sentido, é comum que encontre refúgio em um modo superficial ou excessivamente otimista de ver as coisas, o que minimiza a dura realidade. No entanto, quando o Sete equilibra sua visão positiva e entusiasmada da vida com a capacidade de se envolver mais profundamente e com uma variedade maior de emoções, ele pode ser um parceiro e amigo estimulante, inspirador e dedicado.

O arquétipo do Tipo Sete na *Odisseia*, de Homero: Eólia e Éolo, o Mestre dos Ventos

Quando Ulisses e seus homens alcançam Eólia, encontram um lugar que personifica a personalidade do Tipo Sete: uma suntuosa ilha sem um local fixo, movendo-se com o vento controlado pelo seu governante, Éolo. Os eólios desfrutam festas e festividades contínuas enquanto flutuam. A vida é fácil, divertida e confortável por definição.

Obviamente, Éolo encontra uma solução fácil e confortável para o problema de Ulisses: ele amarra em um saco todos os ventos, exceto o Vento Oeste, e Ulisses armazena a bolsa no porão do seu navio "para que não escapasse nenhum sopro"[4] que pudesse ir na direção errada. Depois disso, Éolo liberta o Vento Oeste para conduzir Ulisses e seus navios a oeste, rumo ao lar.

Com essa ajuda, os gregos navegaram durante dez dias até que encontraram Ítaca à vista. Ulisses, exausto de trabalhar dia e noite nas cordas, sucumbiu ao cansaço. Enquanto dormia, seus homens ficaram curiosos sobre aquela bolsa de ventos, pensando que poderia esconder um tesouro:

> Mas os companheiros trocaram palavras uns com os outros,
> dizendo que eu trazia para casa ouro e prata,
> [...]
> – Como ele é estimado e honrado entre todos os homens,
> seja qual for a terra a que aporta!
> De Troia traz os mais finos tesouros,
> ao passo que nós, que fizemos a mesma viagem,
> regressamos para casa de mãos vazias.[5]

A tripulação abriu o saco enquanto Ulisses dormia, pensando que Éolo lhe dera ouro e prata, e quiseram pegar algo para si. Então, "abriram o saco — e para fora se precipitaram todos os ventos", criando uma furiosa tempestade que os levou de volta a Eólia.

No entanto, o retorno dos gregos a Eólia estraga a festa deles. Isso provou que aqueles homens eram do pior e menos popular tipo: os deuses os odiavam. O pedido de Ulisses foi em vão, e ele e seus homens foram expulsos de uma ilha que, se não fosse por isso, viveria em um clima de completa despreocupação.

> Certamente, o otimismo criativo e o espírito inovador exalados pela personalidade do Tipo Sete podem gerar uma brisa na navegação de qualquer pessoa. Encontros novos, prazeres sensuais e experiências agradáveis fazem em grande parte a vida valer a pena. Mas, assim como a tripulação de Ulisses acabou descobrindo, focar apenas conquistar a nossa parte do mais confortável da vida desencadeia problemas. Ninguém pode ter de fato sua própria Eólia, onde as preocupações do mundo são intrusões que precisam ser despachadas ou evitadas. Flutuar na superfície de uma terra marcada por festa infinita será sempre só mais uma forma de ficar à deriva.

A estrutura de personalidade do Tipo Sete

Localizado no lado esquerdo do Eneagrama, o Tipo Sete pertence à tríade "mental", associada à emoção central do medo e cuja preocupação principal se assenta na segurança. Embora o Sete faça parte da "tríade do medo", ele em geral não age com medo e é possível que nem sequer o sinta. Nesse grupo de três tipos, o Seis é aquele que exagera no medo, o Cinco se afasta dele, pois o evita com grande habilidade, e o Sete o subestima. Ele se defende com inteligência, adotando como principal estratégia para lidar com o problema distanciar-se do medo e de sentimentos que estejam a ele relacionados.

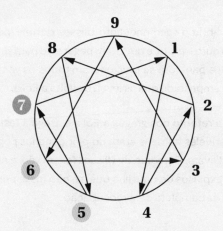

Assim como ocorre com outros tipos mentais, o Sete tem um padrão diferente de pensamento, às vezes chamado "mente de macaco". A principal característica desse estilo está em mudar rápida e automaticamente sua forma de pensar, indo de uma linha de pensamento para outra, de acordo com as associações criadas. Outra maneira de descrever esse traço predominante do Tipo Sete seria dizer que ele tem uma "mente sintetizadora", que lhe permite encontrar com facilidade conexões e semelhanças entre assuntos aparentemente díspares.

O Sete compartilha uma preocupação implícita com a segurança, assim como as outras duas personalidades mentais, mas evita a ansiedade e o medo buscando sentimentos felizes, visão mais positiva das situações e experiências prazerosas. Foca a procura do prazer, que pode estar em atividades divertidas, em prazeres sensuais ou em coisas interessantes para pensar.

A estratégia para lidar com o problema dos primeiros anos: Tipo Sete

O Sete frequentemente relata ter vivido boas experiências na infância, e a maioria se lembra de que ela foi feliz. De fato, o início da vida pode mesmo ter sido agradável e despreocupado, mas com certeza a lembrança seletiva de alguns Setes torna uma recordação melhor do que de fato foi. Essa lembrança mais "cor-de-rosa" não surpreende, na medida em que se reitera que a principal estratégia do Sete para lidar com o problema é ressignificar automaticamente os aspectos negativos em positivos, evitando o lado sombrio e dando atenção ao positivo. Como Naranjo sugere, às vezes a "memória apoia a fantasia para negar o sofrimento".[6]

Embora o Sete com frequência relate um período prolongado de satisfação na infância, muitos deles dizem que vivenciaram algum tipo de evento induzido pelo medo, com o qual não se sentiram preparados para lidar. Em geral, ocorreu em determinado momento uma "queda do paraíso", uma experiência que motivou a criança a superar inconscientemente o medo, e ela fez isso retornando a um estágio anterior de desenvolvimento, quando se sentia segura e onipotente. Ao retornar psicologicamente a um estágio em que se sentia bem e sobre o qual tinha senso de controle, o Sete se refugiava em uma experiência mais feliz e que lhe transmitia segurança. A partir disso, diante da ameaça de ansiedade, medo ou dor, o Sete emprega uma estratégia similar: automaticamente se afasta dos problemas e vai ao encontro de pensamentos, sentimentos ou experiências imaginárias estimulantes, divertidas e agradáveis, com frequência sem consciência plena de estar realizando essa mudança.

Dessa forma, o Tipo Sete adota a estratégia de sobrevivência inconsciente ao recuar quando se defronta com aspectos angustiantes, movendo-se para pensamentos positivos, fantasias e planos prazerosos. Esse eficaz mecanismo de defesa permite à criança (e depois ao adulto) evitar a dor e outras emoções desconfortáveis. O mesmo processo também leva o Sete a desenvolver habilidades e pontos fortes como uma imaginação mais ativa, um temperamento positivo e uma mente inventiva. Mas evitar realidades complicadas torna difícil para um Sete lidar (ou até mesmo registrar) com emoções difíceis em situações naturalmente desafiadoras. Portanto, evitá-las automaticamente vira uma estratégia habitual e inconsciente. Em outras palavras, por que alguém escolheria ficar triste (ansioso ou desconfortável) quando, ao invés disso, pode ser feliz? O Tipo Sete parece sempre escolher sentir-se bem, e a opção contrária lhe soa absurda.

Nas histórias de muitos Setes, é comum ter-se estabelecido um bom relacionamento com um dos pais, em geral a mãe, e um relacionamento mais desafiador com o outro, comumente o pai. Conforme explica Naranjo, são mais frequentes situações em que o Sete teve um pai autoritário, "cujo domínio excessivo e severidade foram vivenciados como falta de amor, o que contribuiu não só para um julgamento implícito quanto à autoridade ser ruim, mas também para uma experiência de autoridade intensa demais para ser encarada de frente".[7] Um padrão familiar típico para o Sete em relação à figura materna é ela frequentemente representar um papel de "superproteção, permissividade e indulgência".[8] No entanto, em alguns casos as condutas de gênero podem ser revertidas, com a mãe desempenhando o papel autoritário "paterno", e o pai sendo percebido como o mais amoroso.

Baseado nessa experiência, o Sete desde o início incorpora a ideia de que autoridade é sinônimo de limitação e de controle externo. E o Sete, junto com o Tipo Oito, é o que menos aprecia receber ordens.

O Sete reage refugiando-se na mente, imaginando um futuro mais positivo, cenários melhores e estimulando ideias e opções. Essa distração lhe permite se afastar de uma realidade potencialmente negativa, que pode evocar emoções desagradáveis. Assim, o Sete desenvolve o talento para transformar uma época problemática em uma experiência mais otimista e estimulante do ponto de vista intelectual. Sendo assim, conforme sugere Naranjo, o Sete "se defende por meio da inteligência".[9]

Ao aprender a encarar a diversão, o prazer e as formas mais "suaves" de rebeldia como estratégias para enfrentar os perigos de ser controlado e evitar as emoções negativas, ou mesmo se sentir aprisionado a qualquer tipo de desconforto, o Sete se torna alguém que busca prazer e conversa bem. Mais do que apenas ter uma mente aberta e investigativa, a busca por estímulos mediante experiências interessantes e envolventes representa uma forma de ele se defender dos desconfortos presentes: "o que os leva de um aqui insuficiente para um promissor outro lugar".[10] Desse modo, ele automaticamente evita lidar com a ameaça de desagrado imediato, pensando no que precisa olhar a partir daquele momento. Portanto, direciona seu foco mental para as opções e possibilidades futuras, visando afastar-se do medo mais profundo de ficar aprisionado em sentimentos pouco agradáveis e de ser limitado por circunstâncias que extrapolam seu controle.

Sam, um Tipo Sete, descreve sua situação na infância e o desenvolvimento de sua estratégia para lidar com o problema:

Sam, o caçula de sete filhos e o favorito da mãe, era oito anos mais novo do que seu irmão mais próximo. A mãe quis tê-lo como tentativa de reparar o casamento difícil com o pai. Sam se lembra dos seus primeiros anos de vida como um período em que ficou no meio do conflito dos pais. Ele tinha a sensação de que a mãe realmente o amava, mas o pai, muito bravo, estava sempre gritando. Muitas vezes seus pais brigavam por causa dele, que se tornava o centro das brigas. Nessa difícil situação, Sam retirava-se para seu mundo mental: lia muito e sonhava com lugares aonde ir e com coisas que poderia fazer.

Certa vez, após uma briga bem complicada, ele se lembra de que sua mãe o levou até um hotel para afastá-lo do pai. Enquanto a mãe chorava, ele se recorda de concentrar toda a sua atenção em olhar pela janela e decidir que curtiria a chuva que estava caindo. Sentiu-se intensamente fascinado pela beleza das gotas de chuva.

Aos seus nove anos, quando sua mãe faleceu, Sam ficou com um pai que não o queria por perto, o que aumentou sua insegurança oculta, e ele continuou refugiando-se em sua imaginação. Até hoje não gosta de controvérsias e conflitos. Embora recorra ao fato de ter muita energia e mente ágil como recurso para confrontar as pessoas no tribunal (Sam é advogado), ele reconhece que não lida muito bem com os conflitos na sua vida pessoal. Se estiver sozinho, simplesmente ignorará qualquer ansiedade, e quando sai com os amigos, fica "nervoso de um modo caricatural". Ele ainda lê muito, refugia-se na imaginação e embeleza mentalmente as coisas para escapar de alguma coisa que lhe soe desconfortável.

Os principais mecanismos de defesa do Tipo Sete: racionalização e idealização

A facilidade característica do tipo Sete em ressignificar as coisas em termos positivos se relaciona aos seus principais mecanismos de defesa: a *racionalização* e a *idealização*. A racionalização como defesa implica encontrar boas razões para se fazer o que quer, ver as coisas como quer ou acreditar no que quer. Naranjo cita Ernest Jones ao dizer que "a racionalização é a invenção de uma razão para uma atitude ou ação cujo motivo não é reconhecido". [11]

Todos racionalizamos buscando a criação de um suporte teórico para o que fazemos ou para o que acontece conosco. Isso nos protege da dor que sentimos quando algo lamentável ocorre conosco, ou quando queremos fazer alguma coisa que não seja boa para nós. Se sofremos um revés, pensamos que "foi uma boa experiência de aprendizado", o que minimiza os sentimentos de derrota ou de fracasso. Se queremos comer outro pedaço de bolo, mas sabemos que não devemos, por questões de saúde ou por dieta, podemos nos dizer: "É apenas um pequeno pedaço" ou "Está tudo bem, porque vou correr uns oito quilômetros de manhã".

Ao recorrer à racionalização, o Sete encontra bons motivos para justificar o que quer fazer, pensar ou sentir. Embora encontrar uma razão para o que se está fazendo atue como proteção de sentimentos ruins conectados ao comportamento, isso também impede alguém de entrar em contato direto com suas motivações reais e com os sentimentos atrelados às coisas que faz.

Ver a vida em termos positivos demais ou, sendo mais exata, precisar ver as coisas em termos positivos, também leva o Sete ao mecanismo de defesa da idealização. Esta lhe permite perceber as pessoas e as experiências como melhores do que são, atribuindo a elas qualidades sobre-humanas ou superpositivas; desse modo, o Sete evita avaliar qualquer falha das pessoas ou das coisas, ou quaisquer emoções menos positivas que possam inspirar.

De certo modo, é claro, a idealização pode ser um componente normal do ato de amar alguém. As crianças idealizam os pais quando querem acreditar que são amadas e protegidas. Porém, quando o Sete idealiza, ele frequentemente o faz para defender-se de qualquer sentimento que naturalmente dedique à pessoa real que está com ele. Nesse sentido, a idealização talvez o mantenha em um relacionamento fantasioso, o que pode levá-lo (muitas vezes sem o conhecimento dele) a não ir fundo demais na relação e evitar uma experiência mais profunda que envolva saber quem a outra pessoa de fato é. Com certeza, um modo de não denegrir a versão idealizada (altamente positiva) que criou na sua cabeça.

O foco de atenção do Tipo Sete

O Sete tende a ser autorreferencial. Em contraste com outros tipos, como o Dois e o Nove, que se concentram mais nas outras pessoas, o Sete foca principalmente as próprias experiências e necessidades internas, e sobretudo seus pensamentos. Já que o principal modo de ele se defender psicologicamente é a fuga para a fantasia e para as possibilidades mentais positivas, tende a focar seus planos e suas preferências. É um hábito essencial para o Sete gerenciar sua experiência e direcionar seus pensamentos. No entanto, essa situação também pode levá-lo a (muitas vezes inconscientemente) usar sua inteligência para manipular os outros, já que naturalmente tem noção de suas prioridades, focando automaticamente desejos, necessidades e interesses próprios.

O Sete automaticamente presta atenção às informações positivas e pode expandir sua mente com um copo meio cheio até que vislumbre um cenário melhor. Inconscientemente, ele é motivado para evitar a dor e para se sentir bem, otimista, e assim tende a negligenciar ou a minimizar as informações negativas no ambiente, concentrando-se no que o ajudará a permanecer otimista.

Caracteriza-se pela busca pelo prazer, o que significa ver o mundo como se fosse seu quintal. Desejando manter quase sempre o bom humor, o Sete foca experimentar o melhor do que a vida tem para lhe oferecer: as comidas mais finas, os melhores vinhos, os locais e as atividades mais emocionantes. O Sete, com sua felicidade, também acabou sendo chamado de "o Epicurista" ou "o Aventureiro". Ele percebe oportunidades infinitas na vida e com facilidade imagina e procura mover-se em direção a experiências e possibilidades estimulantes. Entusiasmado e pronto para se sentir fascinado, o Sete é alguém bem ativo que busca energeticamente uma imensa variedade de hobbies ou interesses pessoais.

Como é o mais otimista de todos os tipos do Eneagrama e habitualmente foca o futuro, ele pode ser um visionário encantador ávido por experiências novas e estimulantes. O Sete acredita sinceramente que vai realizar sozinho tudo o que consegue imaginar e que alcançará o que almeja.

Ser orientado para o futuro leva o Sete a viver em uma realidade imaginada, baseada na visão positiva de como ele gostaria que as coisas fossem. Essa idealização opera como um amortecedor contra o ser ou o sentimento do momento presente: o Sete mentalmente faz planos futuros para que não vivencie qualquer realidade possivelmente entediante ou negativa do presente. Um grande amigo meu, tipo Sete, diz que, no transcurso do dia, ele "sempre precisa de algo que o faça aguardar com expectativa".

O Sete também gosta de ter muitas opções de atividades agradáveis, para que escolha a que mais lhe apeteça na hora certa. Com variadas possibilidades em jogo, sua atenção muda automaticamente para outra opção se um plano se torna insustentável ou menos desejável. Essa flexibilidade talvez o leve a limitar seus compromissos (quando uma pessoa lhe pede que se comprometa, ele pode, entusiasticamente, dizer "sim", mas em geral quer dizer "talvez"). Como o Sete escolhe mentalmente a melhor opção, às vezes descarta um compromisso no último minuto se outra possibilidade lhe oferece uma experiência melhor. Além disso, ele não gosta de limites, especialmente das restrições que inibem sua capacidade de se afastar de potenciais desconfortos. O Sete assume postura antiautoritária mais branda, por exemplo, visando equilibrar a autoridade nas hierarquias para prevenir que aqueles abaixo ou acima dele exerçam o controle.

A resistência do Sete às restrições também se reveste de intensa antipatia por tarefas rotineiras que envolvam papelada ou trabalho doméstico, inerentemente constrangedoras para ele. A aversão ao tédio também o direciona a um trabalho que não recaia nem em repetição nem em detalhes chatos. Sempre que possível, o Sete definirá (ou redefinirá) as tarefas de forma divertida, objetivando transformá-las em uma maneira agradável de passar o tempo. Esse hábito de evitar o tédio ou a estagnação também alimenta a tendência à multitarefa, com várias coisas, como pensamentos e atividades, acontecendo ao mesmo tempo.

A paixão emocional do Tipo Sete: gula

A "paixão", ou "característica principal", associada ao Tipo Sete é a gula. Mas esta no Eneagrama não é definida como o desejo de consumir grandes porções de comida (de acordo com o significado usual da palavra). No contexto do Eneagrama, a gula sugere o apetite (muitas vezes insaciável) por experiências de todos os tipos, como refeições boas, interações prazerosas, conversas interessantes ou planos de viagem emocionantes. Naranjo aponta que todas as paixões se voltam para uma tentativa de preencher um vazio interior. Nesse aspecto, a gula representa o desejo de absorver o máximo possível de experiências novas e superlativas, como tentativa de compensar um sentimento oculto de medo ou insegurança. Maitri afirma que a gula motiva o desejo de vivenciar intensamente o maior número possível de coisas, revelando-se um "querer mais" que, no entanto, não preenche. Como "o consumo em vez da digestão é o foco", a gula da experiência do Sete quase sempre gera insatisfação, o que o leva (e é mascarado) a buscar mais estímulos.[12]

Naranjo descreve a gula como uma "paixão pelo prazer". Ele explica que, se a entendermos melhor, perceberemos que constitui uma espécie de hedonismo e uma suscetibilidade generalizada à tentação, o que pode inibir o crescimento do Sete. Levando-se em conta os dois aspectos de todas as paixões: motivadoras principais e armadilhas finais, talvez a princípio seja difícil ver a gula como um obstáculo, sobretudo pelo fato de o Sete tender ao charme e à persuasão na busca pelo prazer. É como se ele se perguntasse: "Por que seria errado querer se divertir?". Portanto, a paixão da gula o motiva a almejar cada vez mais: mais prazer, mais coisas boas e mais experiências emocionantes. Essa procura por diversão e prazer talvez até tenha um lance romântico, ou seja, uma busca idealizada e empolgante por formas mais originais e extraordinárias de entretenimento e aventura. Embora esse traço às vezes torne o Sete atraente para os outros, que se encantam pela convicção de que mais é melhor e a vida é um mundo repleto de possibilidades, também pode dificultar-lhe relacionamentos mais profundos. O problema com a gula por experiências plenas de prazer é que tal "insaciabilidade [está] dissimulada por uma satisfação aparente", e "a frustração se esconde atrás do entusiasmo".[13] Enquanto a gula do Sete surge para que evite o sofrimento e o vazio, ela na verdade é o sofrimento dele.[14] Sua gula por felicidade representa a fuga do medo, especialmente do medo da dor.

Assim, enquanto a gula leva o Sete a uma procura incessante por novas e melhores formas de entretenimento e estímulo, essa compulsão por "querer mais" acaba deixando-o emocionalmente vazio. Perseguir o prazer não gera um sentimento satisfatório de júbilo, porque atua como defesa das emoções que o Sete não quer sentir. Apesar de ele querer que não lhe imponham limites, acabará restringindo sua vida emocional ao experimentar coisas "a partir da separação segura de suas mentes".[15] Ele age movido pelo medo de não se permitir determinadas sensações, recorrendo então a uma busca faminta por estímulos mentais que, ao mesmo tempo, o confortam e o impedem de se envolver com emoções autênticas. Mesmo quando o Sete declara querer uma relação profunda, ele também a teme: a gula o deixa caminhando em círculos.

O erro cognitivo do Tipo Sete: "acreditar que estou bem e você está bem, e isso nem sempre está bem"

Todos vivemos aprisionados em formas habituais de pensar que influenciam nossas crenças, nossos sentimentos e nossas ações, o que continua mesmo depois de os modelos mentais responsáveis por nossa visão geral não mais serem necessários. Enquanto a paixão molda as motivações emocionais da personalidade, a "fixação cognitiva", ou "erro cognitivo", perturba os processos de pensamento da personalidade. A postura cognitiva do Sete centra-se em crenças que apoiam a paixão da gula, concentrando-se na ideia de que a melhor maneira de viver envolve manter um alto nível de humor, ter opções e ser otimista.

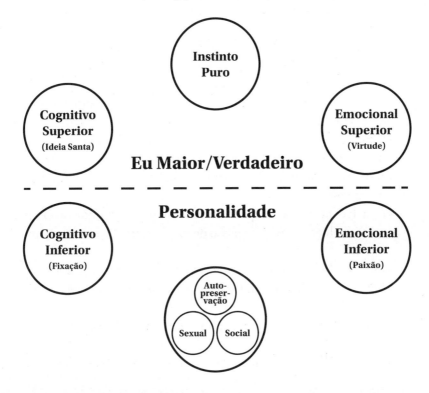

Sob a influência da estratégia e dos padrões da sua personalidade, o Sete mantém com veemência crenças que o levam a focar o positivo e o ajudam a se defender mentalmente da aproximação da dor. Essa abordagem cognitiva de vida expressa um medo mais profundo (muitas vezes inconsciente) de que, se ele não tiver opções, e se não gastar energia para continuar feliz, ficará aprisionado em uma intolerável experiência dolorosa. Por trás da atitude mental positiva e do foco cognitivo na felicidade e no prazer, o Sete teme enclausurar-se em sentimentos de tédio, ansiedade, tristeza, depressão, desconforto ou dor.

Assim, os princípios organizados apresentados a seguir sustentam o foco de atenção do Tipo Sete.[16]

- Para me sentir bem, preciso sempre ter opções prazerosas e divertidas de coisas para fazer ou para pensar.
- Se não focar o planejamento positivo e experiências positivas, ficarei aprisionado a um sentimento doloroso que de fato prefiro evitar.
- Preciso evitar dor, desconforto ou tédio porque, se me permitir vivenciar essas emoções, provavelmente me aprisionarei nelas por muito tempo, talvez para sempre.
- Devo evitar a todo custo aprisionar-me em uma experiência emocional negativa.
- Consigo evitar a dor e outras emoções negativas se mantiver o foco no positivo e buscar experiências prazerosas.
- Devo evitar limitações de qualquer tipo, pois levam a sentimentos negativos.
- Consigo me afastar de qualquer desconforto e continuar a ter uma vida empolgante quando passo de uma experiência excitante para outra.
- Por que alguém desejaria uma vida desconfortável se pode ser feliz? A felicidade está em permanecer otimista, uma meta sensata e razoável.
- Não consigo tolerar sentimentos de frustração, tristeza ou dor e, portanto, devo evitá-los, buscando sempre os positivos.
- A vida é feita de experimentar o máximo de coisas boas e divertidas.

Embora algumas dessas crenças fundamentais do Tipo Sete sejam positivas e valham para a vida de qualquer pessoa, também podem se tornar tão prejudiciais e limitantes quanto qualquer um dos mais obviamente negativos grupos de princípios organizadores mentais. De um modo que talvez soe contraintuitivo, o Sete pode ter uma crença "mal-ajustada" ou autodestrutiva de que precisa se manter positivo. No entanto, o excesso de positividade atua realmente como uma estratégia para lidar com o problema, projetada para perpetuar a ilusão de que podemos viver aproveitando ao máximo, mesmo que seja evitando a inevitável dor da vida.

A armadilha do Tipo Sete: "o foco exclusivo na felicidade pode gerar a infelicidade"

Em cada tipo a fixação cognitiva ocorre de modo distinto, e no Sete ela engana a personalidade, atuando como uma "armadilha" peculiar que as limitações da personalidade são incapazes de resolver. Conforme observa Sandra Maitri, "no Sete, o movimento de distanciamento da dor [...] acaba criando seu próprio tipo de angústia".[17]

Dada sua estratégia para lidar com o problema e seu associado foco de atenção, o Sete geralmente acaba aprisionado no conflito entre o hábito de evitar a dor por meio da busca pelo prazer e a percepção da realidade de que não conseguirá escapar da dor para sempre. As manobras defensivas a que ele recorre para evitar o desconforto poderão deixá-lo deprimido quando perceber que evitar sentimentos e realidades mais complicadas não os fará desaparecerem.

Ao tentarmos evitar a dor focando mais o prazer, inevitavelmente acabamos criando mais dor. As coisas ruins não desaparecem quando evitadas; apenas são varridas para debaixo do tapete, onde alguém topará com elas mais tarde. Ao não enfrentarmos os problemas no presente porque não conseguimos nos concentrar nas dificuldades, estamos fadados a dificultar nossa vida no momento em que os desafios inevitavelmente se acumulam e transbordam em nós.

Embora todos tenham a capacidade de entender o apelo de querer evitar a dor, o Sete perpetua seu desconforto e seu medo oculto ao ignorar os aspectos mais sombrios da vida. Da mesma forma que a luz sempre projeta uma sombra, o lado da luz que o Sete celebra tão bem sempre tem um correspondente mais escuro que, muitas vezes, ele se recusa a ver.

Quando nossa estratégia de vida se assenta na ideia ilusória de que focar o lado positivo fará o mais sombrio desaparecer, estaremos nos preparando para a decepção e para o fracasso. Manter tudo mais leve é uma opção atraente na hora da diversão, mas, quando isso é usado como forma de evitar os desafios inerentes à vida e aos relacionamentos humanos, as coisas acabam se tornando pesadas ou sombrias. E, sem vivenciar o mal, como apreciaremos totalmente o bem?

As principais características do Tipo Sete

Autorreferência

No sistema dos tipos de personalidade do Eneagrama, o foco de cada estilo de personagem é autorreferencial ou tem como referência o outro, ou, ainda, ambas as opções. Essa distinção significa que cada personalidade foca o que está acontecendo dentro dela, com as outras pessoas ou os dois.

O foco da atenção do Tipo Sete é sua experiência interior: pensamentos, preferências, desejos, necessidades e sentimentos, o que caracteriza um padrão autorreferencial. Portanto, esse hábito faz o Sete se sintonizar principalmente com seus desejos, suas necessidades e um modo de ação imediatista. Como qualquer outra característica essencialmente neutra, essa tendência pode ser boa: por exemplo, o Sete tende a saber o que quer e aquilo de que precisa, o que lhe facilita ir atrás e conseguir. Entretanto, esse foco em si também pode gerar problemas, sobretudo nos relacionamentos, quando o Sete prioriza tanto o que deseja que não consegue nem sequer perceber as necessidades dos outros, nem reagir a elas.

Ressignificação positiva/otimismo

O Sete é excelente em ressignificar positivamente as situações que talvez não sejam percebidas de modo menos positivo. Habituado a manter um jeito animado e automaticamente atento ao "lado positivo", ele é um incansável otimista, que transforma facilmente, sem muito esforço consciente, o negativo em positivo.

A ressignificação ocorre de forma natural para o Sete, em razão de tender a idealizar a sua experiência no mundo. Dar um significado mais positivo para as coisas anda de mãos dadas com a tendência de maximizar as informações positivas e minimizar as negativas, uma estratégia que permite ao Tipo Sete ver as coisas e as pessoas como melhores do que realmente são.

Como a maioria dos elementos de estratégias para lidar com o problema tipificados, reformular, ou reenquadrar, apresenta pontos "positivos". Por exemplo, não apenas é uma maneira altamente eficaz de manter uma perspectiva que motive as pessoas, em especial quando as condições externas dificultam manter o moral elevado, mas também destaca verdades importantes sobre o que é positivo em situações consideradas inicialmente negativas por alguns.

Mas, seguindo a maioria dos padrões habituais, a ressignificação também pode alcançar níveis desmedidos, especialmente para um Sete, que ressignifica a realidade como meio de defesa de ver algo real e importante que possa ser rotulado como "negativo" porque lhe causa sentimentos ruins. É também possível que a ressignificação positiva leve o Sete a suspender a crítica exatamente quando um olhar crítico é mais necessário. Assim, estaria buscando uma forma de fazer tudo certo e negando a obrigação de lidar com alguma dificuldade. E ainda eliminaria a informação "negativa", que talvez fosse vital para uma compreensão mais profunda sobre o que está acontecendo e o que pode ou deve ser feito para garantir um resultado mais positivo.

Finalmente, o otimismo e a idealização tão comuns ao Tipo Sete podem levá-lo a confundir a imaginação com a realidade. Natural e automaticamente, ele vê o que está acontecendo de um ponto de vista tão positivo, que pode interpretar mal ou ignorar detalhes de eventos ou pessoas que não se insiram nesse quadro positivo. Como olhar para o lado positivo é socialmente aceitável, o que parece mesmo senso comum para muitas pessoas, é importante para o Sete entender como essa atividade aparentemente benigna (ou válida) também pode ser desmedida no contexto do ego humano. Como os padrões de personalidade, por definição, são inconscientes, o Sete talvez não perceba os problemas inerentes à ressignificação contínua do que está acontecendo em termos positivos.

Hedonismo

O foco do tipo Sete no hedonismo visa a uma vida cheia de prazer, o que racionaliza evitar o sofrimento. Se um dos seus objetivos mais importantes é a busca do prazer pelo prazer, o Sete evitará questionar as motivações mais profundas que estimulam a "tendência para o prazer guloso".[18]

Quando o hedonismo se torna normal, já se tem uma justificativa pronta para o afastamento contínuo da dor e para a busca pelo prazer. Em virtude de as atividades proporcionarem prazer ao Sete, distraindo-o das emoções importantes que não quer sentir, o hedonismo se torna um fim que, por si só, já é válido, justificando que esse tipo evite todos os tipos de inspirações práticas que não lhe causem satisfação. Dessa forma, o

Sete cria uma filosofia sobre o valor da vida por prazer que sustenta a ilusão de que pode banir o sofrimento e, ainda assim, levar uma vida plena e satisfatória.

Ao aceitar a atitude hedonista, é possível que o Sete confunda prazer com amor, pois ele normalmente se sente amado pela experiência do prazer e da indulgência na infância.[19] Como resultado, o Sete se envolve com regularidade em experiências autoindulgentes que ele (inconscientemente) aceita como se envolvessem amor. Perpetuar essa falsa sensação de igualdade entre o amor real, que necessariamente envolve uma disposição de vivenciar toda variedade de sentimentos, e não apenas os felizes e prazerosos, faz o Sete acreditar que o modo de vida hedonista pode oferecer-lhe uma experiência mais próxima ao amor, o que é impossível. Desse modo, na fixação, um Sete pode acreditar que está vivendo uma experiência profunda de amor quando, na realidade, está apenas deslizando em uma superfície hedonista do que é possível em um relacionamento.

Rebeldia

Em função de o Sete querer fazer o que quer quando quer, recusando limites impostos por outras pessoas, ele é essencialmente antiautoritário, assim como seus companheiros da tríade mental. No entanto, por não gostar de conflito aberto, que pode gerar nele sentimentos desagradáveis, o Sete exibe formas mais dissimuladas de rebeldia. Naranjo o descreve como se tivesse uma "orientação anticonvencional"[20], em vez de uma postura "antiautoritária", pois, em relação à autoridade, adota uma atitude de "rebeldia implícita", manifestada por meio do "olhar aguçado para identificar preconceitos convencionais", e frequentemente encontra uma "saída bem-humorada".[21] Portanto, sua rebeldia é "não confrontante ou direta, mas dissimulada".[22]

Ser anticonvencional lhe permite questionar de modo velado a autoridade, sem se sentir forçado a se opor abertamente a ela. Diante de uma autoridade limitadora, o Sete prefere usar o charme por meio do humor, da manipulação intelectual e da aparente aceitação a escolher uma briga que possivelmente o leve a uma situação desagradável. Um ponto de vista anticonvencional também permite ao Sete questionar as maneiras típicas de fazer as coisas sem abandonar completamente o comportamento convencional. Adotar uma oposição mais explícita pode resultar em atrair mais atenção autoritária limitadora, o que o Sete, moralmente flexível, é excelente em evitar. Como aponta Naranjo, faz do Sete uma força ideológica por trás das revoluções em vez de ativista.[23]

Geralmente, o Sete, amável e simpático, "não dedica muita atenção à autoridade e [...] assume de forma implícita que ela é ruim".[24] Portanto, um indivíduo Sete normalmente não se envolve em uma briga contra a autoridade, diferentemente do Tipo Seis e do Oito. "Ele simplesmente não presta atenção nisso".[25] Querendo liberdade para poder se satisfazer, o que muitas vezes não é possível quando estamos sujeitos às influências potencialmente inibidoras de pais, cônjuges, chefes ou subordinados, ele vive no que Naranjo chama de "ambiente psicológico não hierárquico".[26] Sensível quando é constrangido por alguma autoridade externa, o Sete adota uma atitude "diplomática, e não de oposição".[27]

Sem levar a autoridade muito a sério, e sabendo que ela não o impedirá de se satisfazer, o Sete confia em sua própria capacidade de transformar possíveis tiranos em amigos. De maneira similar, considera desconfortável ser autoridade, preferindo exercer influência por meio da criatividade mental e da camaradagem, "enquanto, ao mesmo tempo, assume o traje da modéstia".[28] O Sete permite a si e aos outros uma enorme liberdade. "Seu lema é 'viver e deixar viver.'"[29]

Falta de foco/disciplina

A tendência do Tipo Sete de evitar limites também o leva à dificuldade em manter o foco e a autodisciplina. Sua habilidade em mudar o foco mental muito rapidamente lhe garante demasiada habilidade para o pensamento criativo, mas também significa que lhe é difícil se concentrar em uma coisa por vez. O Sete tende a ser permissivo consigo, e com facilidade se distrai por estímulos internos e externos. Como resultado, considera difícil manter o foco em algo por muito tempo. O Sete vislumbra o mundo através de lentes idealizadas, nunca como um lugar muitas vezes limitante e frustrante. Essa fantasia sobre o futuro e a intolerância à frustração e ao tédio são a receita para a distração. Além disso, o Sete não gosta de postergar o prazer. Se há diversão no momento presente, ele logo encontra uma maneira de racionalizar o adiamento de uma tarefa de trabalho (menos agradável, obviamente) em favor de uma atividade mais prazerosa.

A sombra do Tipo Sete

O Sete tem pontos cegos relacionados à dor e aos desconfortos inerentes à vida e, especialmente, ao possível valor de sentir as emoções mais dolorosas. De várias formas, a sombra do Sete é arquetípica: ele se concentra na luz e não quer ver a sombra que ela lança. A personalidade desse tipo representa a relutância que muitos sentimos ao enfrentar os aspectos mais sombrios da nossa experiência, e o desejo que a maioria tem de evitar emoções dolorosas ou assustadoras. O Sete demonstra o impulso humano básico de se afastar da dor e de outros sentimentos ruins, uma reação que forma a base de todas as nossas defesas psicológicas.

Muitos Setes relatam receio de se aprisionarem no medo, na depressão ou em outros sentimentos dolorosos; expressam a crença de que, caso se abram para sentir sua dor mais profunda, ficarão encarcerados nela para sempre. Esse medo, às vezes inconsciente, afasta o possível valor da experiência consciente da dor, sobretudo relacionada ao crescimento pessoal na sombra, e motiva o Sete a focar o prazer, as opções prazerosas e as visões de futuro e liberdade. Isso o ajuda a evitar experiências desagradáveis; sua necessidade consciente de ter muitas opções lhe permite ter acesso a possíveis vias de saída, por meio das quais manobrará em situações desconfortáveis; a atenção que dedica ao futuro o ajuda a fugir de sentimentos difíceis no presente; sua preocupação com a liberdade lhe garante que não será forçado a permanecer em uma realidade particularmente dolorosa.

Acima de tudo, o medo e a ansiedade permanecem como pontos cegos para o Sete, mesmo que possam impulsionar muitos dos seus comportamentos. Embora ele pertença à "tríade do medo" dos tipos do Eneagrama, relata com frequência não sentir medo (embora um Sete mais autoconsciente às vezes possa ter consciência de uma vaga ou oculta sensação de ansiedade). Quando o medo é mantido na sombra do Sete, ele é tipificado pela busca por estímulo mental, coisas divertidas para fazer e em que pensar, e futuras aventuras. Dessa forma, o Sete evita o contato regular com a dor e, por consequência, com a própria profundidade emocional.

Elemento relacionado ao receio do medo, o Sete nutre aversão ao tédio, o que muitas vezes expressa a resistência a se tornar consciente das experiências conectadas ao vazio e ao desconforto, o que o Sete relega à sua sombra. Também é conhecido por manter um ritmo acelerado de vida. Tende a falar e a pensar com rapidez. Além disso, gosta de se manter em movimento, o que talvez reflita o desejo de evitar o que chama de "chato". Mas, por trás da vontade de não se sentir entediado, há o medo talvez inconsciente de precisar desacelerar ou silenciar na experiência da quietude, o que pode lhe causar sentimentos desconfortáveis.

Embora o Sete coloque foco consciente na leviandade, na diversão e na felicidade, pode se sensibilizar ao não ser levado a sério pelos outros. Sua necessidade de ser "leve" pode dar a outras pessoas a impressão de que é "leviano", superficial, descompromissado, criando uma situação em que ele queira ser visto como alguém engajado e com conteúdo. Por outro lado, essa percepção pode levá-lo a negar sua capacidade de seriedade ou fazer com que permaneça cego à sua real resiliência diante do desconforto. Portanto, a gula por experiências positivas e prazer muitas vezes esconde o medo que ele sente, como se não estivesse pleno do que o faz se sentir bem.

A sombra da paixão do Tipo Sete: a *gula* no *Inferno*, de Dante

Assim como a luxúria, a paixão da gula é um pecado de indulgência. A gulosa sombra do Tipo Sete habitualmente sujeita à razão esse apetite pelo conforto, a busca pelo excitante e a perseguição do apetite pelo prazer. No *Inferno*, a gula leva as almas terrenas a um castigo diametralmente oposto, baseado em uma experiência de privação completa:

> Caminhando entre as almas que aferroa
> a densa chuva, estávamos pisando
> aparências, com vulto de pessoa,
> que jaziam todas no lodo nefando;
> exceto alguém que já se ergueu, direito,
> assim que à frente sua nos viu passando.
>
> [...]

> "A angústia", respondi, "que te envilece
> talvez tua imagem borre à minha mente,
> como se nunca visto eu te tivesse,
>
> mas dize quem és tu que em tão dolente
> sítio metido estás, para tal pena
> que, se há maior, não há tanto deprimente."[30]

As imagens de Dante mostram a arrogância e o apetite voraz por prazer sendo punidos no desconforto perpétuo da lama imunda. Pressionados como pedras no pavimento, uivando de fome, o único excesso dos gulosos é o lodo fétido que os reveste, e eles sofrem desconforto extremo sob uma tempestade constante de chuva e granizo.[31] Conforme observa Dante, o Peregrino, outras fixações passionais podem ter consequências mais dolorosas, mas nenhuma é mais humilhante do que os sofrimentos infligidos ao apetite descontrolado. Assim, Dante comunica simbolicamente o lado sombrio da gula: quando a gula inconsciente pelo prazer enlouquece, isso inevitavelmente leva ao desconforto. Os apetites do eu inferior (personalidade) são insaciáveis, e só nos satisfazemos quando abandonamos nosso excesso passional e ascendemos a um estado mais elevado de ser.

Os três tipos de Sete: os subtipos do Tipo Sete

Os três Setes representam uma forma diferente de expressar a paixão da gula ou de reagir a ela. O Sete Autopreservação encontra segurança na busca gulosa por prazer, satisfazendo oportunidades e cultivando uma rede de aliados. O Sete Social expressa um tipo de antigula ao estar a serviço dos outros. O Sete Sexual canaliza a gula em uma busca idealizada pela melhor relação e as melhores experiências.

Portanto, os três subtipos Sete traduzem as manifestações da gula, cada qual relacionada ao impulso instintivo dominante. Quando predomina o impulso pela autopreservação, vemos um personagem Sete cuja gula o motiva a encontrar segurança e oportunidades para o bem-estar em uma rede de família, amigos e filiados. Quando o instinto social é relevante, vemos um Sete Social que vai contra a gula sacrificando suas necessidades pelo bem dos outros. E quando o impulso para a conexão sexual (ou um-a-um) domina, no caráter Sete, caracterizado por uma personalidade extremamente entusiasmada, a gula por experiências prazerosas cria a tendência de ver a realidade de maneira extremamente positiva.

O Sete Autopreservação: "Defensor do Castelo"

No Sete Autopreservação, a gula se expressa por meio da formação de alianças. Normalmente ele cultiva uma espécie de rede familiar, no sentido de se unir a outras pessoas de confiança e criar uma boa "máfia", ou grupo partidário, por meio do qual satisfaça suas necessidades. Em sua maioria, ele conta com aqueles em quem confia. Esse Sete cria uma espécie de família substituta com pessoas que valoriza; uma família na qual em geral ocupa uma posição privilegiada.

Esse Sete, apesar de muito prático, bom em networking e habilidoso em conseguir o que quer e encontrar uma boa oportunidade, tende a ser oportunista, egoísta, pragmático, calculista e esperto. Ele reconhece prontamente as oportunidades que lhe possibilitam criar vantagem para si. Dessa forma, conforme explica Naranjo, a gula se expressa no Sete Autopreservação como uma preocupação excessiva em fazer um bom negócio em cada oportunidade.

O Sete Autopreservação sempre consegue detectar boas oportunidades. Ele encontra maneiras de conseguir o que precisa e o que quer, e tem facilidade em descobrir caminhos para que as coisas aconteçam por si mesmas, seja encontrando as pessoas certas, as relações mais vantajosas, seja deparando com uma oportunidade de carreira afortunada. Tem os pés no chão e é hábil socialmente.

Esse Sete estabelece com facilidade contatos comerciais porque está alerta e atento às oportunidades que podem garantir sua sobrevivência. Ele acredita que, se você não estiver atento às oportunidades, acabará perdendo-as. Esse tema da autopreservação é muito bem descrito no provérbio

"Jacaré que dorme vira bolsa". Há um elemento de interesse próprio nas alianças estabelecidas pelo Sete Autopreservação o qual pode ou não ser negado (ou ser inconsciente) por alguém com esse subtipo. Naranjo afirma que existe um tipo de interesse recíproco nesses relacionamentos, expresso na ideia de que "eu te servirei e tu me servirás". Nesse tipo de acordo, a corrupção pode se fazer presente.

Estilisticamente, o Sete Autopreservação é alegre e amável, com traços que se assemelham a um tipo hedonista, um *bon vivant*. Ele, ainda que tenda a ser acolhedor, amigável e comunicativo (o Sete adora falar), pode expressar uma espécie de ganância e impaciência que reflete seu desejo de vivenciar numerosas experiências prazerosas; assim, quer comer tudo. Esse Sete gasta muita energia no exercício do controle, manipulando sem ser notado. E, na maioria das vezes, consegue o que quer.

Os traços dominantes do subtipo Autopreservação se destacam no amor pelo prazer e no foco egoísta em conseguir os elementos de que precisa para se sentir seguro. No entanto, na busca por segurança, ele pode confundir desejos com necessidades.

É o tipo de pessoa que quase sempre sente a necessidade de ter muitos recursos, incluindo dinheiro e outros tipos de suprimentos que garantem a sobrevivência, e pode entrar em pânico diante da sensação de escassez.

De acordo com Naranjo, as três principais fixações do Sete Autopreservação são estratégia, rebelião e isolamento, embora, por tender à popularidade, possa ser difícil vê-lo como isolado. Mas sua natureza estratégica e intelectual, em combinação com o interesse de destacar seu egoísmo, pode isolá-lo dos outros em um nível mais profundo.

O Sete Autopreservação cultiva um senso de bondade e generosidade, e gosta de sentir que todos dependem dele. Às vezes, pode se sentir onipotente e usar as pessoas. Também tende a achar que as regras normais não se aplicam a ele: não há lei, e pode fazer o que quiser. Esse tipo de afirmação da sua liberdade e a capacidade de fazer o que for necessário para apoiar o interesse em si próprio o ajudam a se sentir mais seguro.

O desejo de prazer do Sete Autopreservação e a autoindulgência hedonista às vezes são encarados como uma espécie de compulsão retroativa de retorno ao útero — ele dedica sua vida à busca de uma espécie de paraíso primordial ou utópico de prazer perfeito. Ao procurar experiências positivas e estimulantes, ele talvez recorra ao sexo, à comida e à bebida como uma fuga das dificuldades impostas pela vida.

É fácil distinguir o Sete Autopreservação do Sete Sexual, pois representam dois extremos opostos de um mesmo *continuum*, desde o pragmático e materialista (Autopreservação) até o idealista e etéreo (Sexual). O subtipo Autopreservação é mais terreno e sensual, mais guloso no sentido literal da palavra, enquanto o Sete Sexual é mais "celestial" e entusiasmado, mais "ascendente" em termos de positividade e ideais elevados. Esses dois personagens focam tipos diferentes de excesso: o Sete Autopreservação é a personalidade mais dissimulada, astuta e pragmática dos Setes, enquanto o Sete Sexual aproveita mais despreocupadamente a vida.

Em contraste com os Setes Sexuais, o Sete Autopreservação se revela cinicamente desconfiado e menos idealista. Sem ser ingênuo e facilmente hipnotizado (como o Sete Sexual), é mais prático e concreto. Caracteriza-se o Sete Autopreservação como o personagem mais astuto e estratégico dos três subtipos Sete. Às vezes, incorpora elementos do Tipo Seis, pois pode sentir medo ou mesmo paranoia, embora não sejam características normais nele. Talvez paradoxalmente, o Sete Autopreservação seja bem mais paquerador, sedutor e sexual do que o Sete Sexual, que muitas vezes se concentra mais em um tipo de relacionamento idealizado do que no sexo real. Enquanto o personagem do Sete Autopreservação se assemelha a um tipo de pessoa mais *bon vivant* que valoriza comida e sexo, o Sete Sexual pode se contentar com o perfume das coisas.

É possível que o Sete Autopreservação sinta menos dificuldade do que os outros Setes em assumir compromissos. Por exemplo, muitos Sete Autopreservação relatam que estão casados há muitos anos ou que tiveram um relacionamento sólido com um parceiro por um longo período. No entanto, quando no grupo, talvez sinta que tem acesso a recursos de que precise em algum momento. Muitas vezes, ele vê os relacionamentos íntimos como um investimento, semelhante a colocar dinheiro no banco — sempre tem alguém a quem ligar caso precise de algum tipo específico de ajuda. Por essa razão, ele tende a ser muito ativo nos grupos de que participa e nas redes a que se vincula.

Quando no Sete Autopreservação o instinto sexual atua como o segundo instinto dominante, ele pode se assemelhar mais ao Seis (isolado, excessivamente cuidadoso e estratégico), porém, quando no segundo lugar está o instinto social, ele pode se parecer mais com o magnânimo

Oito (orientado para as pessoas e impulsivo). No entanto, ao contrário do Seis, esse Sete tende a ser um otimista incansável e a encontrar segurança na busca por interesses em si mesmo; em contraste com o Oito, ele tende a ser motivado por um medo de sobrevivência ou ansiedade mais profundo, mesmo que nem sempre tenha consciência disso.

Joe, um Sete Autopreservação, diz:

Há um elemento de gula em mim que acredito resultar do fato de compreender, na infância, que a vida é inerentemente fugaz. As oportunidades perdidas não são recuperadas com facilidade. Desse ponto de vista, ao se aproximar minha formatura no ensino fundamental e como preparação para o ensino médio, percebi que era hora de avaliar minhas prioridades e começar a planejar uma carreira e uma vida que fossem vivenciadas ao máximo. Então, aos treze anos, priorizei:

1) viver e aproveitar plenamente a vida enquanto fosse possível; 2) ajudar os outros a fazerem o mesmo; 3) não magoar as outras pessoas ao longo desse caminho. Isso no nono ano.

O meu caminho para a faculdade de medicina e depois dela envolveu sacrifícios dolorosos em relação à qualidade de vida. Suportei uma década de prazer postergado e mergulhei nos estudos, dedicando-me aos meus interesses intelectuais na medicina e à incrível experiência de me tornar cirurgião. E consegui dar continuidade a esse trabalho árduo por causa da visão clara que tive de uma vida plena: ao equilibrar as experiências perdidas de curto prazo com os prazeres a longo prazo e a segurança ao longo de uma vida completa como cirurgião plástico, percebi que as dificuldades em me tornar um médico valeram muito a pena. Para manter as coisas mais equilibradas, eu me divertia muito durante as pausas no trabalho e tentava não perder um minuto de diversão com meus amigos nos fins de semana e nas noites livres.

> Os sacrifícios para me tornar cirurgião não foram fáceis, mas agora me encontro na mais maravilhosa posição de ter cumprido minha "missão de vida". Fiz o melhor com o mínimo possível de prejuízo, e ao mesmo tempo colhi benefícios na minha qualidade de vida. Amo minha esposa, que é artista, além do que as palavras são capazes de expressar. Velejamos e cultivamos vegetais orgânicos juntos. Gosto dos desafios de cultivar uvas e fazer vinho, e estamos criando uma fazenda esteticamente bela e autossustentável. Desfruto as recompensas que o tempo e o trabalho trazem e aproveito ainda mais quando me divirto. O que poderia ser melhor ou estar errado nisso?
>
> No entanto, estou ciente de que tenho menos contato com as minhas emoções do que seria o ideal, já que viver a vida intensamente em muitos níveis diferentes faz sentido para mim. Aproveito as experiências quando o amor, a empatia e outras emoções invadem minha consciência, mas em geral funciono tranquilamente em um plano mais cerebral. Às vezes, o medo ou a ansiedade entram em jogo, mas me sinto menos disposto a tolerar a presença desses sentimentos. Aprendi a ouvir minha intuição e minhas emoções, mas, a menos que representem um aviso para agir, prefiro não remoer um estado de humor negativo.

O Sete Social: "Sacrifício" (contratipo)

O Sete Social representa uma espécie de caráter puro que, como contratipo dos subtipos do Tipo Sete, expressa uma espécie de "contragula". O Sete Social, indo de encontro à paixão da gula, conscientemente evita explorar os outros. Naranjo afirma que, sentindo a tendência à gula, o Sete Social decide se definir como antiguloso.

Se a gula é um desejo por mais, um desejo de desfrutar tudo de determinada situação, existe um indício da exploração nela. Mas, ao ser o contratipo, o subtipo Social quer ser bom e puro e não agir de acordo com o seu impulso guloso. É uma pessoa que evita qualquer excesso, inclusive o oportunismo, e que trabalha contra qualquer tendência inconsciente de explorar os outros.

Sendo assim, pode ser difícil identificar a gula no Sete Social, pois ele se esforça para escondê-la assumindo um comportamento altruísta. Isso o purifica da culpa de sentir atração pelo prazer ou de agir de acordo com seus interesses, de forma a tirar vantagem dos outros.

O Sete Social evita se concentrar em seu próprio interesse ou em suas vantagens ao perseguir um ideal de si mesmo e do mundo. Assim, sacrifica sua gula para se aperfeiçoar como pessoa e trabalhar por um mundo melhor, onde não haja dor ou conflito. Como explica Naranjo, o Sete Social adia seus próprios desejos em busca de um ideal.

Em seu esforço para combater a gula, ele, na verdade, pode ser puro demais. E inclusive busca a pureza, implícita na preocupação com a dieta, a saúde e o espírito. Curiosamente, Naranjo observa que esses Setes são frequentemente veganos.

Ao lutar pela pureza e contra a gula, ele expressa uma espécie de ideal ascético (ou de estilo Cinco): gosta de sobreviver com menos e faz disso uma virtude. Na tentativa de provar sua bondade, dá mais aos outros e toma menos para si, como forma de combater seu desejo voraz por mais. Portanto, mesmo que queira o maior pedaço de bolo, age contra esse impulso e pega o menor, deixando as porções maiores aos outros.

O Sete Social assume muitas responsabilidades no grupo ou na família. Desse modo, expressa o sacrifício da gula para o benefício dos outros. E ainda adia suas vontades a fim de adotar um ideal de serviço. Como o nome desse subtipo sugere, "Sacrifício" significa a disposição para ser útil.

Mas onde está a recompensa do ego nessa estratégia de personalidade aparentemente pura e altruísta? Está, em parte, no fato de esse subtipo querer — e até ansiar — ser considerado bom pelo seu sacrifício. Assim, esconde a gula em nome do reconhecimento do seu sacrifício — está faminto de amor e de reconhecimento, e essa fome talvez se revele insaciável. Esse Sete usa o sacrifício para camuflar defeitos e deficiências e estimular o reconhecimento e a admiração, ou amor, porque não se sente legitimado e age de acordo com seus desejos e caprichos. Sacrificar-se e ser útil é o preço que paga pela necessidade neurótica de admiração.

Além de desejar ser apreciado e reconhecido pelos outros, o Sete Social quer ter uma imagem positiva, diminuir conflitos e criar dívidas nos outros. No entanto, essas motivações podem levá-lo a relacionamentos relativamente superficiais.

Alinhada a essa necessidade de que reconheçam seus sacrifícios, existe nesse subtipo Social a tendência de adotar o papel de ajudante, servindo e preocupando-se com o alívio da dor. Mas, ainda que desejando aliviar a dor nas pessoas, ele não gosta de senti-la, e ajudar os outros também pode significar uma forma de projetar a dor dele mesmo para outro lugar e tentar aliviar-se a uma distância segura. Esse subtipo está sempre "sendo" para o outro, assumindo caráter indulgente e generoso, capaz de gerenciar projetos e mobilizar forças para um propósito particular. Ele tende a dedicar-se muito ao trabalho e a entregar prontamente as tarefas que lhe são solicitadas.

O Sete Social vivencia um tabu interior no egoísmo e quer ser visto como a "criança boa", ou uma "pessoa boa". A culpa reprimida se manifesta quando ele acoberta seu interesse em si sob a forma de bondade, e pode projetar sua culpa renegada por gula nos outros, então ele os julga por não se comprometerem ou não se dedicarem o suficiente. Às vezes, esse Sete desconfia de si mesmo porque sabe que mistura altruísmo e interesse próprio; assim, julga suas motivações mais profundas como "ruins" ou "interesseiras".

O idealismo no Sete Social é uma mistura de ilusão, boas intenções e engenhosidade que atuam como uma "droga intelectual" que motiva a ação. Ele é muito ativo, movido continuamente pelos ideais que deseja traduzir em uma vida que melhore o mundo, mas precisa de idealismo para ajudá-lo a agir. Ao investir muito em altruísmo, idealismo, dedicação e sacrifício, objetiva sentir-se mais aceitável, e também tende a usar a defesa da racionalização como instrumento de suporte para as coisas que faz em nome do altruísmo e do idealismo. Seu idealismo em parte se baseia na racionalização de ideologias, de modo que, se algumas das suas crenças estiverem erradas, ele simplesmente poderá substituí-las por outra lógica e, então, explicar essa mudança como evolução. Diante disso, o Sete Social pode sentir um pânico velado em relação à perda do seu idealismo, assim como temer acabar na apatia e no vazio.

O fato de o Sete Social se motivar por meio do idealismo pode fazê-lo sentir que está em uma missão, em que será "O Salvador". Às vezes, ele se critica por ser ingênuo e irrealista, por querer demais da humanidade. Além disso, ele incorpora algumas qualidades juvenis:

ser provocativo, culto, mas também simplista e preguiçoso quando a tarefa exige demais. E também pode não ter consciência de sua preguiça, amor ao conforto e narcisismo.

Naranjo explica que o entusiasmo, o idealismo e as habilidades sociais são os três pilares da personalidade do Sete Social. Esse Sete também é visionário: imagina um mundo melhor, mais livre, mais saudável e mais pacífico. (Cultiva a cultura da Nova Era.) Com frequência manifesta entusiasmo excessivo sobre suas percepções e pode fantasiar um futuro perfeito. O Sete Social tende a manipular por meio do entusiasmo. Aparenta muita alegria e evita a dissonância e o conflito.

Nos relacionamentos, o Sete Social talvez se sinta desafiado ao se perceber aprisionado pelo forte desejo de não causar dor a outra pessoa e pelo medo de compromisso. Desejando ser puro e manter sua postura idealista, ele busca um tipo de amor romântico que seja puro e perfeito. Inconscientemente, colocando-se em uma posição arrogante de ser "melhor" ou mais puro do que seus parceiros, então espera que eles evoluam rumo à perfeição. E também pode ter dificuldade em navegar nas emoções mais profundas dos relacionamentos íntimos.

Devido não apenas ao seu entusiasmo e alegria, mas também a seu desejo notório de ajudar e servir, o Sete Social pode parecer um Dois. Porém, enquanto o Dois foca principalmente os outros e não tem uma conexão tão intensa consigo, o Sete Social, ainda bastante autorreferencial, não tem como referência os outros, então ele em geral conhece aquilo de que precisa, mesmo que implique sacrificar-se. Seu desejo de ajudar decorre da necessidade de ir contra uma sensação egoísta, e não apenas de um desejo de aprovação, para que vivencie uma experiência mais direta das próprias necessidades e desejos, apesar da tendência de se esforçar em servir aos outros ou a um bem maior. O Sete Social é muito puro, e, desse modo, também se assemelha a um tipo Um, mas a pureza dele visa ao aplauso, ao desejo de alcançar um ideal de perfeição que se baseia no consenso social (oposto ao do Tipo Um, que é uma sensação gerada internamente pelo que é "certo").

Rusty, um Sete Social, diz:

Considerando o Tipo Sete Social, é fácil esquecer que o medo nos impulsiona e a segurança é o motivo de todas as nossas opções. Somos experientes em não demonstrar nosso desespero. Como Sete Social, o "Sacrifício" não exige dificuldades porque, na vasta gama de possibilidades, qualquer tesouro é dispensável, desde que haja alguma outra pepita para nos vangloriarmos. Isso vale para qualquer causa ou esforço, não importa qual a motivação aparentemente altruísta ou a recompensa pessoal secreta.

O idealismo e o desejo de ser visto como uma pessoa boa, e não como alguém ganancioso, me levou a participar de uma longa lista de grupos filantrópicos. Adoro a sensação de segurança e de certeza que conquisto ao entrar em grupos, apesar de em geral participar de alguns em que não sinto o pertencimento. Independentemente do quanto estivesse comprometido em dar vida à companhia de teatro itinerante, em última análise, foi o fato de odiar realizar solilóquios que me levou a abandonar aquele porto seguro, substituindo-o por outra coisa. Embora nós, Setes Sociais, possamos parecer um Tipo Dois, meu imenso impulso de parar de aceitar e de concordar (aliado ao fato de não ter uma verdadeira e profunda âncora de necessidade própria) me permitia abandonar os grupos de que participava, não importando se vários destroços devastadores ficassem para trás ou se restava um lago tranquilo sem qualquer ondulação.

Hesitei em assumir o narcisismo dos tipos Quatro e Sete, até que ressoou em mim a reflexão de que ver bondade, virtude e beleza demais, e também maldade, perversidade e inadequação, acaba me conduzindo à mesma toca do coelho em que me avalio muito. Assim, após muitos esforços para sair de mim mesmo para meu próprio bem, aliados à conexão e depois à retirada ocorridas em tantas ocasiões, me colocou em muitos auges e conflitos. Com inúmeros projetos, planos e saídas de emergência, surge a habilidade de iluminar e costurar semelhanças e

> percepções singulares, sempre de modo estranho; por exemplo, sou a única pessoa no acampamento que carrega um saltério, o cara recém-chegado de Wyoming e que gerencia um showroom no A&D da Madison Avenue em Nova York, o quaker do coral da igreja Presbiteriana, o símbolo de homem em um coro gay, e assim por diante. Gosto de entrar de fininho pela porta lateral, agitar as coisas, contribuir de alguma maneira, ganhar vários pontos como virtude, e então partir.

O Sete Sexual: "Sugestionabilidade"

Os indivíduos com o subtipo Sete Sexual demonstram gula pelas coisas do mundo superior. Assim, enxergam as coisas com o otimismo do mundo idealizado da imaginação. O Sete Sexual é um sonhador com a necessidade de imaginar algo melhor do que a realidade comum. Esse Sete sente paixão por embelezar o cotidiano, por ser muito entusiasmado, por idealizar as coisas e ver o mundo como melhor do que realmente é. Portanto, a gula se expressa na necessidade de idealização.

O Sete Sexual não se interessa tanto pelas coisas deste mundo, focando o que está em uma dimensão mais avançada. Assim, mais "celestial" do que "terreno", observa o céu como uma forma de escapar da terra. As pessoas com esse subtipo são despreocupadas e aproveitam a vida, junto com uma necessidade de sonhar, idealizar e embelezar o comum. De acordo com essa tendência, podem ser muito idealistas e um tanto ingênuas.

Esses Setes tendem a olhar a vida com o otimismo de alguém que está apaixonado. Tudo parece melhor quando estamos apaixonados, e o Sete Sexual se refugia nesse tipo de experiência positiva e ideal para, assim, evitar inconscientemente o que considera desagradável. Ele se concentra em uma perspectiva altamente positiva da vida para se afastar das emoções desconfortáveis ou assustadoras, as quais prefere ignorar.

Dizem que "o amor é cego". Naranjo afirma que o Sete Sexual pode ser considerado cego nesse sentido: demonstra entusiasmo e otimismo exagerados e presta uma atenção desproporcional às informações positivas de determinada situação. Esse Sete pode se apaixonar intensamente, relacionando-se com o mundo por meio do sonho e da imaginação. Ele imagina com otimismo o que o mundo poderia ser e acredita que essa perspectiva é real.

Dessa forma, o Sete Sexual precisa da fantasia, do sonho, do uso de óculos cor-de-rosa. E ainda tende a ser feliz demais, demonstrando a necessidade de viver em uma realidade encantada, fantasiosa, em um mundo criado na sua mente. Isso pode ser considerado um mecanismo de uma compensação excessiva que reflete o desejo inconsciente de negar ou evitar os aspectos dolorosos, chatos ou assustadores da vida. O Sete Sexual, tendendo a recear aprisionar-se a esse tipo de sentimento, refugia-se no otimismo. Sua necessidade de sonhar é uma forma de idealização, uma paixão por ver a vida como poderia ser ou como imagina que seja; uma tendência a viver pela doçura em um mundo sonhado ou imaginado, descartando a realidade comum e pouco interessante. Resumindo: ele não quer prestar atenção em nada ruim ou difícil que esteja acontecendo.

O Sete Sexual pensa: "Estou bem, está tudo bem". Naranjo observa que esse modo de pensar é muito terapêutico para todos, menos para o Sete. É frequente que ele tenha passado por uma experiência dolorosa ao crescer, e assim adotou uma sensação de leveza como modo de se defender da sensação de dor. Portanto, como instrumento de defesa, se refugia em um humor muitas vezes excessivamente feliz e expansivo para se desviar, de modo inconsciente, do reconhecimento e do sentimento de uma dor mais profunda. Isso se assemelha a caminhar com leveza acima das coisas, pairando em um nível elevado como meio de escapar das emoções desconfortáveis.

O nome dado a esse tipo é "sugestionabilidade", o que implica não só prontidão para ser mentalmente flexível e imaginativo, mas também ingenuidade, facilidade de ser hipnotizado e suscetibilidade ao entusiasmo. Naranjo observa que as defesas cognitivas do Sete Sexual são moldadas pela sugestão, fantasia e ilusão. Ele pode ingenuamente acreditar que as pessoas são o que dizem ser, e também pode ser muito confiante, vendo o mundo e os outros em termos belos, talvez positivos demais. O Sete Sexual corre em direção a um futuro idílico e afasta-se de um presente potencialmente desconfortável ou doloroso. Além disso, exterioriza a predominância do pensamento e da imaginação sobre o sentimento e o instinto.

Em termos de estilo pessoal, o Sete Sexual gosta de falar muito. Ele é eloquente e animado pelo seu próprio discurso, que se caracteriza por um fluxo de "ideias e possibilidades maravilhosas". Também pode desempenhar o papel de palhaço despreocupado, que não é afetado por nada. As pessoas com esse subtipo tendem a usar um humor irônico, que pode ser escapista, e testam limites por meio da sedução e do humor. Desse modo, buscam aceitação, apreciação e reconhecimento, e manipulam por meio da sedução.

O Sete Sexual planeja e improvisa muito. Acreditando que pode fazer tudo, sente a necessidade de planejar ou elaborar estratégias de sucesso que lhe garantam prazer. No entanto, talvez se torne ansioso diante da dificuldade de se engajar em muitos cenários ao mesmo tempo e desistir de alguma coisa. Caracteriza-se por uma energia inquieta, ansiosa e empolgada, a qual pode ofuscar sua percepção da realidade. Tal traço talvez justifique que atue em várias frentes e se engaje em muitas atividades simultâneas. Às vezes se rebela em uma agressividade passiva, em virtude da tendência de viver na imaginação, relacionando-se com as situações como gostaria que fossem e não agindo no mundo real.

Além disso, vê o mundo como um mercado de oportunidades extraordinárias: quanto mais se tira dele, mais se consegue aproveitar. Esse Sete se entusiasma com a possibilidade de vivenciar muitas experiências, tudo soa excitante e espetacular, como alguém que vai a uma padaria e quer provar um pouco de tudo. Para ele, a satisfação também está em poder ter tudo, sem perder nada.

Ao contrário do que poderíamos esperar desse subtipo "Sexual", ele não é tão focado no sexo quanto na essência do amor. Apaixona-se com grande facilidade, mas não centra seu interesse no sexo, e sim em um tipo de conexão idealizada. A sexualidade permanece em especial na cabeça desse personagem. Por um lado, é uma sexualidade normal, mas, por outro, uma promessa de abertura maior para uma união mística com o parceiro.

O Sete Sexual é guloso para as coisas do mundo superior, e isso o torna um sonhador. Frequentemente sente atração não apenas pela experiência espiritual ou metafísica, mas também pelo extraordinário ou esotérico. Alguém que vive em uma realidade mental mais idealizada talvez tenha dificuldade de suportar as coisas terrenas e mundanas.

Assim, atividades que considera rotineiras, tediosas ou chatas, as quais exigem esforço, lhe despertam intensa antipatia. Afinal, na mente tudo funciona facilmente e sem desgaste. É bem mais fácil imaginar fazer algo do que realmente fazê-lo. Portanto, esse Sete encontra conforto na entrega a uma espécie de preguiça mundana, imaginando em vez de realizar.

Adam, um Sete Sexual, diz:

Assemelho-me profundamente à descrição do Sete Sexual. Embora nunca tenha sentido gula por coisas ou posses materiais, sinto-a pela idealização, pelo aprendizado e pela energia positiva. Para estar bem, em geral preciso me sentir "animado". Na verdade, meu apelido no ensino médio era "EntusiAdam". Eu vivia muito empolgado com a maioria dos aspectos da minha vida, em um entusiasmo contagiante. Essa característica permaneceu quase sempre constante, embora eu tenha amadurecido um pouco à medida que fui ficando mais velho.

Também me considero bastante romântico, e boa parte de meu pensamento é consistente com um eneatipo Quatro: amo profundamente estar apaixonado e sempre anseio por amor. Como tal, fui bem cuidadoso em escolher minha esposa, afinal, precisava ter certeza absoluta dessa importante decisão e, felizmente, escolhi bem. Apaixonei-me loucamente por ela e há mais de vinte anos estamos juntos. A realidade de hoje era antes um sonho que passei muito tempo visualizando e fantasiando, e agora estou ciente de que essas atividades são compatíveis com esse subtipo.

O mundano me desgosta. Para mim, é difícil suportar a conversa sem sentido, e não suporto trabalho doméstico. Só consigo fazê-lo se me distrair com um MP3 de uma palestra estimulante e ficar sozinho. Dessa forma, pelo menos, estou aprendendo; o tempo não é um desperdício total e satisfaço minha gula pelo aprendizado.

> Finalmente, passei muito tempo fantasiando sobre minha aposentadoria ideal, que deveria estar recheada de viagens com minha amada esposa, bastante tempo livre para uma conexão profunda com ela, muito estímulo intelectual e diversão sem fim.

"O trabalho" para o Tipo Sete: mapeando um caminho de crescimento pessoal

Finalmente, à medida que o Sete trabalha em si mesmo e se torna mais autoconsciente, aprende a escapar da armadilha da busca pelos prazeres mais superficiais e a evitar uma experiência mais profunda de si mesmo. E faz isso desacelerando e estando presente, apreciando o valor do seu medo e da sua dor, e encontrando a alegria nos relacionamentos pessoais quando se conecta com seu lado mais profundo.

Para todos nós, despertar para os padrões habituais da personalidade envolve esforços contínuos e conscientes de observação, refletindo sobre o significado e as origens do que observamos e trabalhando com empenho para combater as tendências automatizadas. Para o Sete, isso significa observar os elementos a que recorre para evitar os aspectos mais profundos de si (e da vida) a fim de garantir o conforto permanente, explorar como perde contato consigo quando se defende da dor e busca o prazer, e esforçar-se para se reconectar com ele mesmo e voltar à vida em um nível mais profundo e mais imediato. É particularmente importante que aprenda a suportar a dor decorrente do trabalho interior, com a compreensão de que a verdadeira alegria, o contentamento e a vivacidade resultam de ele enfrentar aquilo de que tende a fugir, e integrar em si aquilo que o assusta.

Nesta seção, faço algumas sugestões sobre o que o Sete pode observar, explorar e ter como alvo em seu esforço de crescer além das restrições da sua personalidade e incorporar as possibilidades mais relevantes associadas ao seu tipo e subtipo.

Auto-observação: desidentificar-se da personalidade ao observá-la em ação

Auto-observação significa criar espaço interno para realmente observar com novos olhos, e de uma distância adequada, o que você está pensando, sentindo e fazendo no seu cotidiano. Quando o Sete presta muita atenção às coisas que pensa, sente e faz, deve procurar padrões fundamentais apresentados a seguir:

Concentrar-se no prazer como forma de escapar da dor

Observe o que acontece quando você acelera e vai em direção de uma experiência que promete ser prazerosa. Tente saber com clareza quais são seus motivos ao se motivar em ter uma experiência específica de prazer. Pergunte-se se recorre à diversão para evitar sentir a ameaça de algo desconfortável e do que exatamente está tentando se distanciar. Observe se, durante uma conversa, muda de assunto para evitar um que lhe desagrade. Sintonize-se consigo e com as formas de fuga quando um sentimento doloroso ameaça surgir. Observe o que acontece quando aumenta seu entusiasmo, ou o ritmo de sua atividade, ou o planejamento a que se dedica. Do que está se afastando? Do que talvez esteja fugindo? Pense no que o motiva quando intensifica sua busca por diversão, ou se, ao tentar se concentrar em algo menos interessante, você se distrai com ideias estimulantes. Investigue bem seus sentimentos para ver se acontece algo objetivamente doloroso, e observe como você reage. Preste atenção ao fato de desvalorizar algumas experiências específicas, considerando-as negativamente, justificando (ou racionalizando) o ato de evitá-las.

Confundir a indulgência e a liberdade de limites com amor

Observe o que acontece quando você se engaja em uma "rebeldia suave". Observe também como se sente em relação a pessoas de "autoridade", mesmo que seja seu parceiro ou um amigo que tenha alguma expectativa quanto a você. Perceba como lida com as opções e como reage às restrições impostas pelos outros. Que coisas o fazem se sentir limitado? Como se comporta diante dessas limitações percebidas ou reais? Tente sintonizar-se com qualquer medo ou ansiedade que se relacione à sua experiência de se sentir limitado pelo outro. Observe qualquer medo ligado à sensação de estar aprisionado no desconforto, e reflita sobre o que isso poderia representar. O que imagina alimentar seu medo dos limites? Observe de que jeito acaba se entregando ao prazer quando o que realmente quer é amor. Observe se essa entrega é uma forma de encontrar conforto. Note se você iguala a limitação à falta de amor e compara a indulgência com o amor, e pense no motivo. Sintonize-se com o que acontece em seu interior caso algum tipo de experiência dolorosa pareça intensificar sua busca pelo prazer. Pense no que realmente quer das pessoas mais próximas, e observe se as incentiva a se divertirem quando o que você quer de fato é amor ou atenção.

Viver pelo (ou no) futuro como forma de evitar estar presente no agora

Observe o que acontece quando você foca o futuro. Examine suas motivações mais profundas caso sinta vontade de planejar aventura. Observe suas perspectivas do futuro e o fato de talvez atuarem como forma de escapar (ou compensar) do que está acontecendo no presente. Pense no que está acontecendo no momento quando estiver focado no que ainda vai acontecer. Observe qualquer tendência de imaginar um cenário futuro excessivamente utópico ou otimista. O que o motiva em um nível mais profundo quando cria imagens positivas e futuristas? Exatamente o que é tão bom quanto o seu futuro imaginado? Existe algo específico de que esteja tentando fugir? Tente diminuir o ritmo e observe o que acontece, em especial se surgir alguma emoção ou determinadas sensações.

Autoquestionamento e autorreflexão: reunindo mais informações para expandir o autoconhecimento

Como o Sete observa os padrões que se relacionam a ele, o próximo passo no caminho de crescimento do Eneagrama é entendê-los melhor por que existem. De onde vêm? Com que propósito? Como geram problemas quando foram feitos para ajudá-lo? Muitas vezes, ver as causas básicas de um hábito — por que existe e qual o seu papel — é o suficiente para lhe permitir sair do padrão. Em outros casos, com hábitos mais arraigados, saber como e por que atuam como defesas pode ser o primeiro passo para finalmente largá-los.

Aqui estão alguns questionamentos que o Sete pode se fazer e algumas possíveis respostas para ter mais discernimento das origens, do funcionamento e das consequências desses padrões.

Como e por que esses padrões se desenvolveram? Como esses hábitos ajudam o Tipo Sete a lidar com o problema?

Ao entender as origens dos seus padrões defensivos e o fato de atuarem como estratégias para lidar com o problema, o Sete tem a oportunidade de se tornar mais consciente de como e por que evita experiências mais profundas, permanecendo na superfície das coisas. Se o Sete conseguir relatar seus primeiros anos de vida e encontrar neles os hábitos que adotou para se afastar do medo e da dor como forma de superação, poderá sentir mais compaixão por seu eu mais jovem, que acabou desenvolvendo estratégias para ficar feliz. Explorar o "como e o porquê" do desenvolvimento dos padrões habituais talvez também proporcione ao Sete uma perspectiva mais ampla de como a busca pela felicidade paradoxalmente o impede de vivenciar experiências mais plenas e mais ricas. O discernimento de que a necessidade de leveza na verdade mascara aspectos importantes da experiência ajuda o Sete a perceber que seu estilo de personalidade o leva a permanecer confortável e o impede de entrar em contato com as fontes internas mais profundas da vitalidade. Compreender que necessitar da liberdade para fugir da dor funcionou como proteção desde a infância permite ao Sete entender que se aprisionou na limitante "casca da semente de carvalho" da sua personalidade, mesmo quando acreditava ser livre.

De que emoções dolorosas os padrões do Tipo Sete o protegem?

A personalidade funciona como forma de proteção das emoções dolorosas, incluindo o que Karen Horney chama de nossa "ansiedade básica", a preocupação com o estresse emocional de não ter as necessidades básicas atendidas. No entanto, a personalidade específica de "falso eu" é projetada no Sete exatamente para ajudá-lo a não ter consciência das suas emoções dolorosas. A personalidade desse Sete se desenvolve com frequência como reação à carência de proteção — ou ao tipo certo de proteção — no começo da vida; portanto, ela opera defensivamente para que o Sete não vivencie emoções difíceis: dor, tristeza, medo, ansiedade, inveja e imperfeição. A personalidade Sete é o protótipo do modo como todas as personalidades, de uma forma ou de outra, nos protegem de sentimentos ruins, ajudando-nos a gerar bons sentimentos. E embora isso seja frequentemente necessário na infância, para que desfrutemos relacionamentos saudáveis e nos tornemos tudo o que seremos quando adultos, precisamos compreender como nossas defesas contra a dor se tornam obstáculos para uma expressão mais completa de quem de fato somos.

Por que estou fazendo isso? Como os padrões do Tipo Sete funcionam em mim neste momento?

Ao refletirem sobre como seus padrões operam no presente, é possível que os três tipos de Sete comecem a ter mais consciência de como se dispersam quando se sentem desconfortáveis, ou ao fazerem planos com saídas de emergência. Se conseguirem conscientemente se flagrar no ato de evitar assumir um compromisso, poderão despertar para as motivações mais profundas que os levam a buscar conforto na estimulação positiva. Pode ser revelador para o Sete constatar como se priva de um senso mais profundo da própria vivacidade e conexão com os outros quando automaticamente foca a busca por diversão. Ao monitorar seus hábitos mentais, o Sete perceberá que continuará aprisionado aos padrões antigos, que o impedem de viver experiências ideais, mesmo se esses padrões envolverem promessas de entretenimento e entusiasmo. Quando ele compreender como e por que seus padrões de personalidade o inibem de maneira contínua, abrirá a porta para uma sensação mais completa de realização.

Quais são os pontos cegos desses padrões? O que o Tipo Sete não percebe em si?

Para realmente expandir seu autoconhecimento, será importante o Sete se lembrar do que não vê quando a programação da sua personalidade está dirigindo o espetáculo. O Sete tende a se concentrar no que é bom e serve a seus interesses. Mas, quando ele presta atenção às suas prioridades como forma de se sentir livre e evitar limitações, talvez nem sempre atente às necessidades e aos desejos dos outros. Embora suas intenções em relação às outras pessoas sejam muitas vezes puras e positivas, a relutância em se sintonizar com os seus sentimentos mais profundos significa que inconscientemente evita a empatia. Além disso, o hábito do Sete de se afastar dos sentimentos mais complicados, os quais conserva na sombra, pode mantê-lo aprisionado exatamente às experiências dolorosas que tenta evitar. Quando você não percebe o valor em entrar em contato com sua dor e com seu desconforto, não consegue efetivamente lidar com essa situação para que possa apoiar seu crescimento. Se você tem um ponto cego onde se refugiariam sensibilidades, medos e tristeza, como conseguirá conectar-se, de modo eficaz e estimulante, com seu lado mais profundo? Ao fracassar em ver seus sentimentos mais profundos — quando permite que surjam porque receia ficar preso neles —, será difícil despertar para quem você é. Focar a busca do que não vê talvez o ajude a abandonar o hábito de precisar se sentir bem e lhe permita perceber sua capacidade de sentir-se completo.

Quais são os efeitos ou as consequências desses padrões? Como eles me aprisionam?

Ironicamente, o Sete, ao recorrer à estratégia de se sentir feliz o tempo todo, limita sua capacidade de crescer e vivenciar toda a variedade das emoções humanas. Quando você apenas se interessa em ser feliz, não consegue trabalhar seu interior para crescer além das restrições limitadas da sua personalidade ("semente de carvalho"), porque não deseja ou não tem coragem de "ir ao subsolo" e permitir que sua casca se abra. Conforme discutido no Capítulo 2, o caminho de crescimento para um estado mais elevado de ser necessariamente exige o envolvimento total com nosso medo, nossa dor e com todas as emoções que aprendemos a evitar ao adotarmos uma estratégia para lidar com o problema, a fim de sobreviver no mundo. Decidindo (consciente ou inconscientemente) que só vamos vivenciar o lado positivo da vida, não passamos pela "noite escura da alma", que faz parte de qualquer jornada interior de despertar e voltar para o verdadeiro eu. Se você não consegue sentir por completo suas emoções mais sombrias, recebendo as informações que elas trazem sobre quem você é e deixando-as ir, também não consegue quebrar totalmente a casca de carvalho para revelar a futura árvore de carvalho que está lá dentro.

Autodesenvolvimento: visar a um estado mais elevado de consciência

Para todos nós que buscamos despertar (conhecer nossa personalidade), o próximo passo é injetar mais esforço em tudo o que fazemos: pensar, sentir e agir com mais consciência e seletividade. Nesta seção, sugiro ao Sete o "que fazer" depois de observar seus padrões principais e investigar as origens, as formas de funcionamento e as consequências deles.

Esta última seção está dividida em três partes, cada qual correspondendo a um dos três processos de crescimento conectados ao sistema do Eneagrama: 1) "o que fazer" para combater os padrões automáticos do seu tipo central, descritos na seção referente à "auto-observação", 2) de que maneira usar o Fluxo Interno do caminho das flechas do Eneagrama como mapa de crescimento e 3) como estudar sua paixão (ou "vício") e conscientemente incorporar seu oposto: o antídoto, a "virtude" mais relevante do tipo.

Os três principais padrões de personalidade do Tipo Sete: "o que fazer" para lidar com eles

Focar o prazer como forma de escapar da dor

Torne-se mais consciente do movimento do prazer para a dor.

Somente quando o Sete observar com consistência como automaticamente se afasta da dor e busca o prazer, ele conseguirá entender essa rota de escape como a ilusão que de fato é. O primeiro passo para ficar no desconforto é desacelerar o processo de fuga para o prazer e observar como isso acontece. Quanto mais o Sete observar conscientemente quando nega, evita ou, de alguma forma, distancia-se ao sentir um pouco de dor, mais abrirá a porta para uma escolha consciente de experiências difíceis e aprenderá que pode sobreviver e crescer a partir delas.

Não confunda uma bolsa de vento com uma bolsa de tesouro.

Assim como Ulisses e seus companheiros foram levados até Eólia, quando os navegantes ficaram gananciosos pelo prazer pensando no que a bolsa de tesouro lhes traria, o Sete corre o risco de criar mais dor para si ao focar tão obstinadamente o prazer.[32] Muitas vezes, as lindas imagens que elaboramos em nossa mente como fugas imaginativas de fabulosas possibilidades não resultam de fato em nada. Só porque você consegue focar o prazer e imaginar que o outro lado do muro é mais verde não significa que não vá vivenciar a dor na vida real, pelo menos se realmente quer viver. Portanto, enquanto o Sete acreditar que pode evitar as emoções difíceis ao mergulhar em experiências prazerosas, ao criar imagens mentais positivas e ao planejar festas, não conseguirá progredir muito na sua jornada interior.

Reconheça o prazer da sua dor e a dor que vem de viver somente pelo prazer.

Apaixonado por ressignificar, o Sete talvez desperte para uma verdade importante ao absorver o prazer na dor e a dor do prazer excessivo. Por mais paradoxal que pareça, encarar nossos medos e tocar na dor pode gerar mais prazer na vida e nos relacionamentos, e, quando há um exagero de algo bom, isso em geral nos causa algum tipo de dor. Nesse sentido, lembrar-se regularmente dessa situação ajuda o Sete a reverter a crença de que precisa evitar a dor recorrendo ao prazer para ficar bem e se engajar mais no trabalho de se abrir na travessia de seu território interior.

Confundir a indulgência e a liberdade de limites com amor

Reconheça a ansiedade como um efeito colateral da libertação.

O filósofo Soren Kierkegaard afirma que "a ansiedade é a vertigem da liberdade". O Sete deve recorrer a essa ideia para se lembrar de que a ansiedade é parte inerente de ser livre, não algo que escapa na busca por uma liberdade sem limites. Caminhar para a ansiedade, e não se distanciar dela (e ao compreender suas origens), pode ajudar o Sete a realmente se libertar.

Aprenda a diferença entre amor e prazer.

O Sete pode confundir amor e prazer caso tenha se sentido amado na infância apenas vivenciando o prazer. Embora o Sete com frequência se concentre no prazer como forma de ser "feliz" nos relacionamentos, o amor e relacionamentos verdadeiros exigem que doemos tudo de nós para a experiência com o outro, não apenas nossa felicidade ou nosso prazer. É possível que o Sete cresça ao perceber quando busca a diversão e o prazer como substitutos para o amor. Os psicólogos modernos se afastaram do "princípio do prazer", da ideia de Freud de que os seres humanos são motivados pelo impulso ao prazer. Embora esta seja a motivação principal do Sete, os teóricos pós-freudianos sugerem sabiamente que o mais importante para a realização humana é a qualidade do contato com os outros, e não o prazer.

Reporte-se aos outros como forma de conciliar a liberdade com a conexão

Conforme já abordado, o Sete basicamente "se reporta", ou presta atenção, às necessidades, aos sentimentos e desejos próprios. Aprender a focar conscientemente os outros o ajuda a equilibrar essa necessidade compulsiva de liberdade com uma habilidade mais intensa de estar presente para e com as outras pessoas. Embora o Sete seja bastante relacional e atraído pelas pessoas, deve buscar contato com elas investindo o mesmo impulso defensivo para o prazer que motiva muitos dos seus principais hábitos da personalidade. É importante que o Sete se permita aprender a mergulhar mais profundamente em suas conexões, não como forma de se refugiar por meio do estímulo, mas de trazer a plenitude da sua experiência para um contato mais íntimo com outra pessoa. Muitas vezes, isso é divertido e emocionante, mas, em outras, não. O Sete cresce por meio do aprendizado de não só realmente "ficar com" o desânimo e os desafios dolorosos dos seus amigos e parceiros, mas também com suas alegrias.

Viver pelo (ou no) futuro para evitar estar no presente

Observe como você vai para o "depois" para escapar do "agora".

Assim como é importante para o Sete observar e avaliar o modo como busca o prazer para se distanciar da dor, ele também pode se tornar mais consciente ao perceber que foca o futuro como uma espécie de fuga para o momento presente. Se você é um Sete, quando perceber que está absorvido por uma fantasia futurista, tente ver como consegue trazer o que deseja para o momento presente. Tente se concentrar no hoje, ao invés de no amanhã ou na semana que vem. Perceba que a vontade de planejar uma viagem para sair da rotina ou participar de uma jornada idealizada no futuro é sinal de que talvez esteja enfrentando dificuldade em aceitar "o que é" no presente.

Um dos meus poetas favoritos, T. S. Eliot, aborda a importância de se viver no momento presente em quatro poemas denominados "Quatro Quartetos". Nos versos, ele expressa lindamente uma ideia interessante para o Sete: nós nos privamos da vida quando evitamos o momento presente, o único "lugar" em que podemos de fato viver, e passamos a focar exclusivamente "lembrança ou desejo". Eliot escreve: "O tempo presente e tempo passado/ Estão ambos talvez no tempo futuro", referindo-se à "escassa consciência", "o ponto tranquilo de um mundo que gira". Eliot poeticamente ilustra a perigosa tendência de escapar do "agora", e, portanto, nossa única possibilidade de viver e amar conscientemente, quando escreve: "O desejo em si mesmo é o movimento / Não em si mesmo desejável/ O amor é em si mesmo imóvel/ Apenas causa e fim do movimento".[33]

Aceite viver uma experiência mais completa de dor e de outras emoções desconfortáveis.

A maioria das pessoas se sente motivada ao trabalho interior quando vivenciam sua dor. Como psicoterapeuta que busca ajudar as pessoas da forma mais direta e eficaz possível, fui aconselhada pelos terapeutas mais experientes a "seguir a dor". Se você não consegue aceitar viver uma experiência completa das suas emoções dolorosas, é bem difícil que se motive para fazer o trabalho de crescimento. Essa relutância em sentir completamente a dor é característica do personagem do arquétipo Sete "puer," retratado também pela representação do Peter Pan como uma "eterna criança". É verdade que um aspecto do Sete é o desejo de não ter de "crescer". Todos os tipos de personalidade apresentam formas prototípicas de resistir ao processo de crescimento, e no Sete isso se revela no fato de ele querer ficar com os bons sentimentos e não entrar nos ruins. Então, ao conhecer tal traço, o Sete precisará despender muito esforço para encontrar formas de se engajar mais completamente com a dor que motivará sua jornada para o "lar," tornando-se tudo o que ele pode ser. Ou por meio da meditação, com a ajuda dos outros, ou por uma combinação de práticas de apoio, o Sete se beneficiará significativamente quando aprender a sentir a dor.

Arrisque viver no presente.

O Sete pode começar a criar mais espaço para suas emoções dolorosas de uma maneira simples (todavia, nem sempre fácil): praticando viver no presente. Lembrar-se continuamente de que se concentrar no seu corpo, na sua respiração ou avaliar como está se sentindo são elementos que talvez ajudem o Sete a não fugir do que está acontecendo no momento presente. Assim como poderá desacelerar e "estar no aqui e agora" ao perceber quando se aprisiona em uma fantasia fundamentada no futuro e ao desafiar-se a ver o que existe de maravilhoso no presente. Se isso for difícil (ou "chato"), será importante que o Sete busque outras pessoas para ajudá-lo. À medida que ele aprender a ficar mais silencioso e presente, poderá querer buscar mais apoio para os sentimentos difíceis que talvez surjam. Isso o auxiliará a compreender que sua experiência mais profunda de (todos) seus sentimentos incorporados no momento presente lhe oferecerá um portal para suas capacidades mais elevadas e proporcionará maiores alegrias de seu "Eu-árvore de carvalho".

O Fluxo Interno para o Tipo Sete: usando o caminho das flechas para mapear o caminho de crescimento

No Capítulo 1, apresentei o modelo do Fluxo Interno do caminho das flechas que define uma dimensão do movimento dinâmico no modelo do Eneagrama. As conexões e o fluxo entre cada tipo central, seu ponto "crescimento-estresse" e seu ponto "coração-criança" mapeiam um tipo de caminho descrito pelo símbolo. Como lembrete, o caminho das flechas é uma sugestão para o caminho de crescimento de cada tipo:

- A direção desde o ponto central no sentido da flecha é o caminho de desenvolvimento. O ponto "crescimento-estresse", mais adiante, representa os desafios específicos que a natureza do ponto central da nossa personalidade coloca diante de nós.
- A direção contrária da flecha, desde o ponto central até o "coração--criança", assinala as questões e os temas da infância que devem ser conscientemente reconhecidos e dos quais precisamos nos apropriar para que avancemos e não nos enredemos em assuntos inacabados do passado. Esse ponto "coração-criança" representa as qualidades de segurança que inconscientemente reprimimos, retornando a elas em determinados momentos de estresse ou em busca de segurança, as quais devem ser reintroduzidas de modo consciente como apoio para avançar no caminho das flechas.

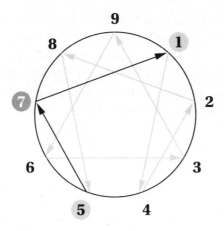

O Tipo Sete movendo-se em direção ao Tipo Um: usando conscientemente o ponto "crescimento-estresse" do Um para desenvolvimento e expansão

O caminho de crescimento do Fluxo Interno para o Tipo Sete o coloca em contato direto com os desafios incorporados no Tipo Um, permitindo-lhe uma percepção mais clara do que é ideal e "certo", em um sentido mais amplo, para desse modo estabilizar o foco de agir em prol de um bem maior. Não surpreende que incomode ao Sete a ansiedade e a frustração que talvez vivencie ao ir em direção ao Um (e possivelmente se tornar perfeccionista ou autocrítico). Mas é possível que uma experiência do Tipo Um gerenciada conscientemente ajude o Sete a sair dos sonhos e das fantasias para aceitar, de maneira mais realista, os padrões e os limites. Quando inconsciente, essa mudança pode gerar uma ansiosa resistência ou adesão às restrições impostas por regras e rotinas; entretanto, quando mais consciente, pode abrir o Sete para a possibilidade de uma estrutura de apoio assentada em padrões e exatidão, o que talvez o auxilie a realizar seus ideais. Em vez de se deixar levar por um futuro imaginado ou idealizado, o Sete pode buscar maneiras de aceitar as restrições específicas, de modo que coloque seus planos em prática no momento presente, com mais pragmatismo. Assim, o Sete será inspirado pelo lado mais elevado do ponto Um, provavelmente expressando seu impulso para a invenção criativa e dando base ao que faz de fato em uma concepção mais clara de "bom" ou "perfeito". O foco do Sete no planejamento e na diversão pode, em casos mais extremos, impedi-lo de avançar com seriedade e disciplina.

Enfim, movendo-se para o Um, o Sete será ajudado a dar mais praticidade, viabilidade e polidez às possibilidades que ele imagina.

Ao trabalhar nesse sentido com consciência, o Sete poderá recorrer às ferramentas dos saudáveis Tipo Um: diligência, disciplina, responsabilidade e senso intuitivo do uso de uma estrutura com um objetivo construtivo. A dedicação idealista do Um para um bem social mais amplo — em vez do seu autointeresse — pode inspirar o Sete a conciliar seu saudável autointeresse com o altruísmo, de modo que suas perspectivas possam se enquadrar mais e servir a causas mais elevadas. A apreciação natural pela ordem, pela organização e pelo ritmo pode ajudar o Sete a executar seus planos e suas ideias criativas, oferecendo-lhe rotinas e processos que lhe permitirão transformar seus sonhos em realidade. Embora o Sete, ao mover-se para o Um, talvez se defenda do que ele percebe como tédio ou chatice implícita no foco do Um pelos detalhes, a incorporação mais consciente do lado mais elevado do ponto Um o ajudará a aprender a mesclar o entusiasmo com a praticidade para fazer as coisas acontecerem. No entanto, a princípio, o Sete, amante da liberdade, talvez sinta desconforto ao ir incorporando a tendência do Um ao julgamento e à avaliação; o talento natural do Um pela análise objetiva e crítica auxiliará o Sete a estruturar suas perspectivas imaginativas e a conter sua rebeldia contra todos os limites.

Sendo assim, se o Sete conseguir moderar a tendência de estresse induzido ao se tornar obsessivo e controlador no movimento para o Um, se conseguir encontrar a sensação de poder em sua habilidade de Um de aderir a cronogramas e de atuar de acordo com as restrições estruturais (e de apoio), conquistará mais integração do seu talento para o pensamento criativo com um senso apropriado de controle e disciplina. Quando conciliar o potencial para um excesso de controle no ponto Um e o controle mínimo natural do Sete, alcançará a combinação "perfeita" de seriedade e leveza, elementos que representam um nível de crescimento mais elevado e saudável.

O Tipo Sete movendo-se em direção ao Tipo Cinco: usando conscientemente o ponto "coração- criança" para trabalhar questões dos anos iniciais e encontrar a segurança como suporte para avançar

O caminho do crescimento para o Tipo Sete exige dele que reivindique uma moderação saudável e a habilidade de se retirar e refletir, característias do Tipo Cinco. Na infância, o Sete talvez tenha passado pela experiência de, como forma de evitar o medo, retirar-se para um espaço privado, e tal comportamento não ter sido bem-visto. Possivelmente tenha sentido que a sensação natural de medo, e a consequente vontade de se afastar, era inaceitável e, portanto, tornou-se mais ativo em lidar com o mundo exterior por meio do charme, como forma de desarmar o potencial limitador das autoridades externas. Por alguma razão, demonstrar medo ou necessidade de apego a recursos preciosos pode não ter sido seguro ou desejável para o Sete. Assim, ele talvez "vá para o Cinco" quando vive situações de estresse ou mesmo em busca de segurança, retirando-se para encontrar um lugar seguro de descanso ou para consolidar sua posição e gerar apoio interno. Dessa forma, é bem possível que se mover para o Cinco represente o desejo de ser menos social e menos presente "lá fora" — ter mais limites e afastar-se com mais segurança do turbilhão social.

Por essas razões, ao se "voltar para o Cinco", o Sete se afasta dos outros e modera sua necessidade de ser excessivamente social. Atrair-se de modo consciente para o lado mais elevado do ponto Cinco pode ser o caminho que auxiliará o Sete a encontrar um modo saudável de estar mais interiorizado e envolvido em seus pensamentos, de uma maneira menos frenética. Mas, como o ponto Cinco representa uma parte natural do Sete que precisou ser reprimida na infância e à qual pode retornar compulsivamente, ele corre o risco de se aprisionar no vaivém entre o otimismo e o entusiasmo exacerbados do Sete e o total recolhimento do Cinco. Quando o Sete retorna ao ponto Cinco com ansiedade ou inconsciência, é provável que não esteja recuperando a saudável sensação de privacidade e calma interior, pois está temporariamente se fechando com a finalidade de escapar para compromissos e atividades exageradas. Além disso, como sugere Sandra Maitri, o feliz e sortudo Sete vivencia o movimento para o Cinco como uma sensação infantil de escassez interior motivada pelo medo da perda e do vazio interior.[34]

No entanto, ao navegar conscientemente, um Sete pode usar o movimento para o Cinco como crescimento, conciliando saudavelmente o desejo de estar envolvido no estímulo do mundo social com a necessidade de descansar e revigorar-se afastando-se da cena social. O Sete pode focar as qualidades mais elevadas da criança interior do Cinco, as quais teve de reprimir — como relaxar e não precisar lidar com o mundo exterior com diplomacia e humor —, ao honrar conscientemente o ato de se retirar, de se esconder, e desfrutar os prazeres privados sem temer o esgotamento interno. Ao Sete cabe a escolha consciente de se lembrar de que não há problema em se afastar de vez em quando para consolidar seus recursos internos. Ao se tranquilizar, poderá reintegrar o impulso do Cinco para a tranquilidade interior, o que lhe permite avançar no caminho de crescimento para o ponto Um. Assim, o Sete conscientemente deslocará sua atenção do mundo externo para o mundo interno e tomará decisões mais objetivas, ponderadas e analisadas sobre como gostaria de gastar sua energia e como pode ser mais parcimonioso nisso, como pode mais atentamente cuidar de si. Isso permitirá ao Sete honrar suas necessidades ocasionais de solidão, entendendo-as como um meio de ser cuidadoso com o que está ocorrendo em sua vida sem se distrair. Dessa forma, poderá recorrer, como fonte de apoio externo, ao que precisou minimizar no passado a agora servirá para que enfrente os crescentes desafios envolvidos no movimento consciente para o Um.

A conversão do vício em virtude: acessar a gula e visar à sobriedade

O caminho de crescimento do vício para a virtude é uma das contribuições fundamentais do mapa do Eneagrama, pois pode ser usado na "vertical" para que cada tipo alcance um estado mais elevado de consciência. O vício (ou paixão) do Tipo Sete é a gula, e seu oposto, a virtude, a *sobriedade*. A teoria de crescimento quanto à "conversão do vício em virtude" se baseia na ideia de que, quanto mais conscientes estivermos sobre o funcionamento de nossa paixão e sobre nosso trabalho consciente de incorporação da nossa mais relevante virtude, mais nos livraremos de hábitos inconscientes e de padrões fixos do nosso tipo e evoluiremos para nosso lado "mais elevado", ou "Eu-árvore de carvalho" mencionado no Capítulo 2.

À medida que o Sete se familiariza com a experiência da gula e desenvolve a capacidade de torná-la mais consciente, ele pode avançar nos esforços em promulgar sua virtude, ou "antídoto" para a paixão da gula. No caso do Tipo Sete, a virtude da sobriedade representa um estado de ser que ele atingirá ao manifestar conscientemente suas melhores capacidades.

O ARQUÉTIPO DO PONTO SETE

A sobriedade é um modo de ser liberto da pressão da insaciabilidade do desejo por mais. A personalidade se estrutura em torno da necessidade de preencher um vazio interior, como elemento de alívio de uma ansiedade básica ou de insegurança, ajudando-nos a conquistar o que julgamos necessário para nos sentir bem. O Tipo Sete incorpora o desejo, comum a todos nós, de se sentir bondoso e evitar a sensação de ser malvado. A busca pelo prazer tipificada pelo Sete é uma maneira de nos defendermos do medo de não estarmos seguros, por meio do impulso em acumular cada vez mais do que julgamos necessário para nos sentir bem: comida, sexo, diversão, estímulo intelectual; na verdade, desejamos vivenciar a sensação de satisfação interior. No entanto, essa satisfação nunca vem. O dilema do Tipo Sete ilustra como procuramos o que nos satisfaz, mas não nos satisfazemos porque nunca conquistamos o que de fato precisamos para nosso contento quando nossa perspectiva de vida é limitada pela visão limitada da personalidade (a "casca da semente").

Em vista disso, a sobriedade representa a atitude mais elevada de reagir ao problema da personalidade ilustrada pelo personagem do Tipo Sete. Ao nos tornarmos mais sóbrios, colocamo-nos acima do vício do prazer e da necessidade de escapar da dor. Percebemos a falsidade da crença de que encontraremos as coisas de que precisamos tentando nos preencher com mais e mais do que é bom. Como explica Sandra Maitri, "em vez de nos relacionar com um vazio que precisa ser preenchido, começamos a nos relacionar com *nossa* jornada".[35]

Para o Sete, o foco na sobriedade significa o trabalho para abandonar a busca por experiências agradáveis em favor de ficar com a verdade da sua experiência. Em vez de se afastar da dor e correr rumo ao prazer, ele se permite estar ciente do que é real e verdadeiro no momento, sem precisar procurar algo mais ou se afastar. A sobriedade inspira o Sete a deixar de buscar os "altos" das experiências prazerosas, sejam eles apetites físicos, atividades intelectuais ou processos espirituais. Assim, embora a palavra "sobriedade" esteja em geral relacionada a não beber álcool ou ingerir outras substâncias que alteram a mente, como virtude do Sete ela tem um significado bem mais amplo. Maitri cita Ichazo ao descrever a sobriedade como dar ao corpo "um senso de proporção", além de estar em um estado "firmemente ancorado no momento, no qual não se absorve nem mais nem menos do que se precisa".[36]

Como Sete, incorporar a sobriedade significa que você examinou e trabalhou duro para ter consciência da sua tendência hedonista pela gula, a ponto de escolher moderar o impulso pelo prazer, que o leva de "um insuficiente aqui a um promissor lá".[37] Alcançar a sobriedade significa que você pode estar mais presente na realidade do aqui e agora quanto a seus verdadeiros sentimentos, pensamentos e sensações, e que começou a entender que a verdadeira satisfação está em valorizar a experiência autêntica de si mesmo, e não em buscar prazeres efêmeros.

Quando o Sete consegue ir do "vício para a virtude" percebendo como está motivado a se sentir bom e a não se sentir mau, ele conquista o poder de despertar para medos e inseguranças que talvez alimentem sua necessidade de se agarrar ao positivo. Ao assumir e vivenciar completamente o seu medo e qualquer outra emoção dolorosa, o Sete nos demonstra como superar a pressão em se defender da dor e se abrir para a verdade mais profunda de quem somos, confiantes de que podemos encontrar uma sensação de alegria e bem-estar ao estarmos presentes diante da nossa própria plenitude.

Trabalho específico para os três subtipos do Tipo Sete no caminho do vício para a virtude

Independentemente do tipo, o caminho de observar a paixão para encontrar seu antídoto não é exatamente o mesmo para cada um dos subtipos. O caminho para um trabalho interior mais consciente tem sido caracterizado em termos de "determinação, esforço e graça:"[38] a "determinação" dos hábitos da nossa personalidade, o "esforço" no nosso processo de crescimento e a "graça" que naturalmente vem até nós quando trabalhamos com honestidade em direção à virtude do nosso tipo. De acordo com Naranjo, cada subtipo precisa esforçar-se contra algo levemente diferente. Esse *insight* constitui um dos maiores benefícios de entender os três diferentes subtipos de cada um dos nove tipos.

O *Sete Autopreservação* pode deslocar-se da gula para a sobriedade ao assumir que o interesse em si mesmo, como apoio ao impulso pela segurança, pode levá-lo a se aproximar inconscientemente de uma realidade mais ampla de experiência. Se você for esse Sete, esteja ciente de que consegue refinar seu foco nos elementos importantes da vida baseando-se nos medos e nas ansiedades dos quais talvez nem sequer tenha consciência, e então trabalhe para vivenciar essas motivações mais profundas. Você pode visar à sobriedade observando como fica atento às oportunidades, e vendo essa tendência como um possível sinal para o medo mais profundo de que não terá o bastante para sobreviver ou para se sentir confortável. Quando se relacionar com os outros, trabalhe para estar consciente de todos os motivos e sentimentos ocultos que influenciam suas ações. Como primeiro passo para moderar seus impulsos de autopreservação e prazer, deixe vir à tona qualquer ansiedade e dor. Reconheça quando a busca por suas necessidades e por seu interesse pessoal pode impactar os outros de forma negativa, e explore como racionalizar fazendo o que deseja e conquistando o que precisa, mesmo se isso restringir sua perspectiva ou permitir-lhe justificar os danos que pode (sem intenção) causar. Permita-se mergulhar mais profundamente no prazer de estar com pessoas próximas, conectando-se mais conscientemente com tudo que o envolva. Quando você trabalhar para aceitar todos os seus sentimentos, lembrará que a suprema alegria vem de uma total e completa abertura para a vivência plena de si mesmo e dos outros.

O *Sete Social* pode caminhar da gula para a sobriedade ampliando sua consciência sobre os motivos ocultos naquilo que faz. Se você é um Sete Social, tente estar mais consciente do desejo de ser reconhecido pelo seu sacrifício ou pela ajuda — por ser "bom" —, sem se julgar egoísta ou egocêntrico. Trabalhe com a polaridade da gula/antigula dentro de você, e permita-se ver medos e necessidades que talvez estejam por trás dessa dinâmica interna. Fique atento aos sentimentos e aos motivos que talvez não assuma, mas que o impulsionam, e apoie a si aceitando que todas as suas necessidades e seus sentimentos são válidos e importantes. Tente também entender como pode criminalizar o egoísmo e evitar conflitos internos e motivos mais sombrios. Desafie-se e seja honesto em relação ao fato de confundir o altruísmo com o autointeresse. Revele a verdade sobre suas motivações mais profundas e, ao mesmo tempo, esforce-se para não se julgar "ruim" por qualquer interesse pessoal que venha a descobrir. Não deixe que o medo de não ser visto como "bom" comprometa sua percepção do que é de fato verdadeiro. Reconheça que pode manipular por meio do entusiasmo, e use seu idealismo como uma droga intelectual. Veja como se apega ao seu idealismo e aos seus ideais de servir ao grupo como forma de evitar um vazio interior. Apoie-se diante de qualquer receio que possa surgir sobre o seu valor ou sua essência bondosa. Dê crédito a si mesmo por suas boas intenções; crie espaço para entender com compaixão todas as suas intenções e limitações.

O *Sete Sexual* pode viajar da gula à sobriedade ao perceber quando está vivendo na imaginação e não na realidade e ao explorar o motivo disso e o que está acontecendo no interior dele quando permite tal situação. Se você é esse Sete, aprenda a distinguir fantasia da realidade. Trabalhe na compreensão das suas necessidades de embelezar a realidade e idealizar as pessoas e as coisas, e explore os motivos e os sentimentos subjacentes a essas tendências. Esteja alerta para identificar "argumentos lógicos" e racionalizações que sustentem fantasias que o impedem de crescer e avançar. Reconheça quando uma perspectiva cor-de-rosa está mascarando uma frustração ou um medo, e trabalhe para desenterrar esses sentimentos mais profundos. Trabalhe também para aprender a tolerar a frustração como instrumento que o levará a conseguir mais do que quer e do que precisa no mundo real, sem precisar subsistir na fantasia. Observe se está envolvido em uma rebeldia passivo-agressiva de qualquer tipo e investigue o que o está motivando. Trabalhe para entrar em contato com seus sentimentos mais profundos, incluindo medo, tristeza ou raiva. Seja honesto consigo quando pensa que está trabalhando em um relacionamento, mas, na verdade, está "trabalhando nele" apenas na sua imaginação. Esteja aberto para reconhecer quando se desaponta com a realidade, quando não está à altura da sua idealização, e quando a ansiedade lhe turva a visão do que está acontecendo. Apoie-se ao entrar em contato com qualquer ansiedade, em vez de representá-la por meio do entusiasmo e de uma motivação por prazer.

Conclusão

Assim como o Ponto Sete representa a maneira como evitamos sentir dor e nos concentramos no prazer para lidar com um mundo que parece nos aprisionar em medos e sentimentos negativos, o caminho de crescimento do Sete nos mostra como usar a consciência da nossa dor a fim de despertarmos plenamente para o "bom" e o "mau" de tudo o que somos; assim cresceremos rumo ao que podemos vir a ser. Em cada um dos subtipos do Tipo Sete, vislumbramos um personagem específico que nos ensina o que é possível quando transformamos nosso medo do medo e nossa aversão inconsciente à dor em uma capacidade totalmente desperta de viver a realidade de quem somos e de como nos sentimos, abrindo-nos para capacidades superiores por meio da alquimia da auto-observação, do autodesenvolvimento, da autoaceitação e do autoconhecimento.

CAPÍTULO 6

O arquétipo do ponto Seis: o tipo, os subtipos e o caminho de crescimento

No melhor dos tempos, a "segurança" nunca foi mais do que temporária e aparente.
ALAN WATTS, *A SABEDORIA DA INSEGURANÇA: COMO SOBREVIVER NA ERA DA ANSIEDADE*

A coragem não é simplesmente uma das virtudes, mas a forma que cada virtude assume quando é testada.
C. S. LEWIS

O Tipo Seis representa o arquétipo da pessoa que, dado o medo de uma ameaça iminente, busca a segurança por meio da proteção dos outros ou refugiando-se na sua própria força. O impulso desse arquétipo é detectar o perigo em um mundo assustador e gerenciar defensivamente o medo e a ansiedade recorrendo à luta, à fuga ou aos amigos.

Assim, o Tipo Seis é o protótipo da tendência humana de encontrar uma sensação de segurança no mundo ao enfrentar os medos inerentes ao homem, os quais ele sente em especial ao buscar se desidentificar com a própria personalidade. Os tipos de personalidade sentem de modo diferente, mas a localização do Seis no mapa do Eneagrama transmite a ideia de que, "enquanto estivermos identificados com a estrutura da nossa personalidade, viveremos em medo".[1] O "eu-semente" desconhece uma vida sem medo, entretanto, o "Eu-árvore de carvalho" se desenvolve muito além do medo e da ansiedade.

Ao fazer parte do triângulo interno que é a base do Eneagrama, o ponto Seis representa o passo fundamental no caminho de transformação para a transcendência do ego. Depois de observar nossos padrões habituais para que nos desidentifiquemos, isto é, nos separemos da nossa personalidade egoica (simbolizada pelo ponto Três), devemos trabalhar para encontrar uma forma de encarar nossos medos, por meio da ansiedade que surge ao perder nosso ego, e confrontar primeiro as emoções despertadas pela nossa personalidade desperta como defesa.

O Ponto Seis traduz o medo psicológico de abandonar nossas defesas — a inevitável ansiedade de situações em que, corajosamente, nos permitimos ser vulneráveis e desprotegidos, a qual precisamos superar se objetivamos nosso crescimento enquanto união com nossos eus verdadeiros. Sandra Maitri destaca que, embora hoje estejamos "bem menos centrados na sobrevivência do que em épocas anteriores", pois muitos de nós não mais necessitamos buscar comida e abrigo como meta principal de vida, "isso não diminui nosso medo".[2]

Assim, o Seis representa o protótipo da tendência universal humana de restringir o medo e desenvolver uma personalidade que nos protegerá quando crianças, ou seja, uma reação ao compreensível medo associado a ser pequeno em um mundo grande. Os psicólogos, ao se referirem à fase inicial de crescimento, falam sobre a "confiança básica", elemento importante para se ter uma sensação de bem-estar no mundo.[3] Se não conseguirmos conquistar determinado nível de fé e confiar em nosso ambiente, será difícil (ou impossível) viver nossa vida e desenvolver nossas capacidades inerentes.

O arquétipo Seis, assim como o conhecido mecanismo de reação fisiológica representado na frase "luta ou fuga", ilustra a variedade básica de reações humanas normais diante do medo. (Às vezes, a "paralisação" também se inclui na resposta básica ao medo; portanto, podemos falar em "luta, fuga ou paralisação"). Assim como ocorre com todos os animais, inclusive no humano, o medo representa um mecanismo de sobrevivência, já que nos alerta da presença de perigo. Vemos que as três reações básicas ao medo, ainda que distintas, moldam os três subtipos de personalidades do Tipo Seis.[4]

Os três tipos de Seis reagem ao medo de modos específicos, tanto no mundo natural quanto na sociedade civilizada. Quando sentimos medo, podemos fugir, ou assumir um comportamento "durão" e brigar, ou ainda procurar a proteção de alguém que julgamos mais forte. Isso faz com que seja desafiador descrever o Tipo Seis em termos de um conjunto de características. Isso também explica por que os três subtipos do Tipo Seis diferem de maneira tão marcante. Os complexos padrões emocionais, comportamentais e de pensamento associados com o medo constituem o ponto fundamental que motiva as três personalidades Seis de três formas bem diferentes.

Na sociedade, encontramos o tema do arquétipo Seis expresso nas dinâmicas de poder, nas atitudes de "nós contra eles", no autoritarismo e em todas as formas de hierarquia. Naranjo relaciona o medo com a autoridade e o poder como fatores decorrentes da infância: ser pequeno diante da presença dos pais que, sob os olhos de uma criança, parecem gigantes. A figura paterna é o símbolo arquetípico — caso não seja o verdadeiro executor — da autoridade na maioria dos lares; desse modo, a relação pai-filho serve como padrão subsequente para nossa experiência de relação de poder (relações entre superior e inferior).[5] Conforme Naranjo explica, o "medo é, portanto, uma paixão que faz com que no mundo social exista o que manda e o que é mandado".[6]

O Seis tem uma excelente mente analítica e pode ser um amigo extremamente fiel e inabalável daqueles em quem confia. Além disso, é bom estrategista e soluciona bem os problemas. Pela prática em viver sob uma sensação de ansiedade, o Seis costuma ser calmo e eficaz na crise, mas corajosamente rebelde contra autoridades exploradoras ou defensores sinceros das causas. Naturalmente intuitivo, lê bem as pessoas, e o talento em ver além das falsas pretensões e detectar segundas intenções e interesses ocultos se torna nesse tipo um "superpoder".

Entretanto, assim como em todas as personalidades arquetípicas, os talentos e os pontos fortes do Tipo Seis também representam seu "erro fatal" ("calcanhar de Aquiles"); portanto, embora seja um excelente pensador crítico, ele se aprisiona na dúvida, em questionamentos intermináveis e na análise excessiva. Ainda que excelente no planejamento e na preparação, às vezes foca também demais os piores cenários e o que pode dar errado, a ponto de fracassar na ação. O Tipo Seis costuma se complicar ao se preocupar em excesso, permitindo-se ser impulsionado pela ansiedade ao negar o medo investindo na agressão ou em um comportamento arriscado. Ele pode questionar as autoridades em aspectos importantes, ou fixar-se na dúvida, na desconfiança ou na rebeldia quanto a elas. Assim, aprisionado em pensamentos contraditórios, pode tornar-se indeciso. E corre o risco de confundir uma acurada intuição com a projeção nos outros de seus próprios temores.

Quando consegue conciliar suas tendências a representar formas inconscientes de medo e de ansiedade com verdadeiro discernimento e análise clara, o Seis pode ser um amigo, um aliado ou um conselheiro sábio, profundamente ponderado e fiel.

O arquétipo do Tipo Seis na *Odisseia*, de Homero: o Desastre dos Lestrigões

Embora Ulisses e seus homens tenham enfrentado muitas situações angustiantes, o encontro com os lestrigões foi a mais assustadora e a mais desastrosa.

Depois de seis dias e seis noites de remo, Ulisses amarra seus doze navios em um porto aparentemente pacífico. O grupo encontra a filha do rei, e ela os leva até o castelo. Assim que os três homens entram, ficam horrorizados com a monstruosa rainha dos lestrigões, que chama o rei, e os dois gigantes atacam os homens, dilacerando um deles e comendo-o.

Enquanto os sobreviventes fogem para os navios, centenas de lagartos gigantes correm até o porto e bombardeiam os doze navios com rochas. Apenas a força decorrente de um terror abjeto salva o navio que Ulisses comanda:

> Logo dei ordem aos companheiros para que se lançassem
> aos remos, de modo a que fugíssemos da desgraça.
> Todos agitaram o mar com seus remos, receando a morte;
> fugiu felizmente a minha nau das rochas iminentes
> para o mar alto; mas as outras pereceram onde ficaram.[7]

Os lestrigões são tão poderosos que não temem ninguém. Mas reagem agressiva e imediatamente, supondo que qualquer um que se aproxime deve ser um inimigo. Como símbolo superdimensionado do lado inferior da personalidade do Tipo Seis, eles estão fixados em expectativas negativas e veem apenas ameaças. Os lestrigões vivem tão vigilantes diante da ameaça de problemas que chegam à paranoia, e

> aguardam uma explicação racional ou uma investigação do que é realmente verdade porque estão dominados pelo medo.[8]

A estrutura de personalidade do Tipo Seis

Localizado no lado esquerdo do triângulo interno do Eneagrama, o Seis é o "ponto fundamental" da tríade "intelectual", associado com a emoção do medo e a preocupação com a segurança. Segundo ele, em um mundo perigoso e incerto, foca-se pensar no que pode dar errado, em ter uma estratégia e em se preparar para possíveis problemas. Seus pensamentos centram-se na possibilidade real de armadilhas e nos problemas imaginários que cria; mas, em todos os casos, frequentemente encontra dificuldades em parar de se preocupar com suas expectativas negativas geradas internamente.

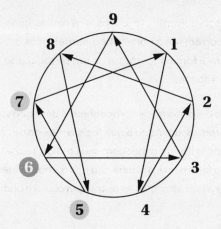

Embora o medo represente não apenas a emoção primordial da tríade mental, mas também a paixão (ou "característica principal") do Seis, seu nível de consciência varia de acordo com sua ação quanto ao medo — alguns Seis talvez não estejam conscientemente atentos ao impulso de medo em muitos dos hábitos defensivos que assumem. Cada um dos três tipos baseados no centro mental se relacionou com uma experiência inicial de medo de um modo que lhe modelou a personalidade.

Enquanto o Cinco se tornou desapegado e minimiza sua necessidade pelos outros, e o Sete foca o positivo e empolgante, o Seis tenta entender as ameaças e os resultados incertos para que evite o acontecimento de alguma coisa ruim.

A estratégia para lidar com o problema dos primeiros anos: Tipo Seis

Em geral, a personalidade do Tipo Seis começa a se moldar com a criança que vivenciou algum tipo de situação contínua e ameaçadora e, portanto, entende desde cedo que o mundo é um lugar perigoso. O Seis frequentemente relata ter vivido com um dos pais que sofria com problemas mentais, ou era alcoólatra, violento, ou ainda fraco demais para protegê-lo. Ele pode ter vivido expectativas que mudavam com frequência, passado por condições objetivamente perigosas ou sofrido punições periódicas.

Ao viver sob os cuidados de alguém que de alguma forma inspirava pouca confiança, imprevisível ou inconsistente, a criança Seis desenvolve como estratégia para lidar com o problema se especializar em descobrir indícios mínimos que sinalizem perigo ou ameaça. Ela se especializa em detectar sinais que a ajudam a saber o que está acontecendo e o que vai acontecer em seguida, permitindo-lhe preparar-se, ou, de alguma outra forma, proativamente lidar com desafios ou situações assustadoras. Essa habilidade molda a forma básica de a criança receber e processar informações do mundo externo.

Assim, o Seis desenvolve um modo de absorver e organizar as informações baseado em captar sinais, sutis ou não, das intenções negativas ou ameaçadoras dos outros. A capacidade de prever quando e se alguém iria magoá-lo implicava tentar se manter seguro. Finalmente, o processo mental automatizado de classificação da mente de um Seis consegue detectar incongruências ou qualquer outra coisa que se esconda debaixo da superfície.

De forma consciente e inconsciente, o Seis vive focado em perceber as informações negativas e pensar nas coisas perigosas ou problemáticas que talvez aconteçam antes mesmo de acontecerem. Por meio da imaginação, o Seis desenvolve um radar para problemas, e não consegue desligá-lo. Embora esse hábito o torne intensamente intuitivo e analítico, também pode ser distorcido para um pensamento alerta ao pior cenário possível, à projeção e à profecia autorrealizável. O Seis, ainda que seja bom em detectar o que talvez se esconda sob uma falsa apresentação, também fabrica mentalmente perigos inexistentes para confirmar sua sensação interna de ameaça e dúvida.

Como já mencionado, as reações de sobrevivência do Seis ao medo são análogas à "luta ou fuga". A estratégia de "fuga" (medroso, "fóbico") o leva a escapar, esconder-se, de alguma forma retirar-se, ou ainda buscar a proteção dos outros. A estratégia de "briga" (ou negação do medo, "contrafóbico") envolve ir ao encontro da percebida fonte de perigo e administrá-la pela força ou pela intimidação. No meio desses dois espectros, reside uma terceira estratégia de sobrevivência, baseada no medo que incorpora uma mistura das reações fóbicas e contrafóbicas, e na busca da segurança que encontra ao obedecer ou ao aderir a uma autoridade. Embora essa autoridade possa ser uma pessoa real, é bem frequentemente a "impessoal" autoridade de um conjunto de regras orientadoras ou pontos de referência — um sistema de conhecimento ou uma ideologia sobre como devemos nos comportar.

Considerando a história do Seis com figuras autoritárias, ameaçadoras e inconsistentes, ele não apenas anseia por uma boa autoridade verdadeira (às vezes inconscientemente), mas também questiona e se rebela contra as autoridades presentes na vida dele. Ao normalmente suspeitar de qualquer pessoa que possa exercer poder sobre ele, o Seis incorpora a estratégia defensiva da desconfiança ou do ceticismo em relação aos desconhecidos em geral, e sobretudo com figuras autoritárias. Entretanto, o mais importante é que as abordagens dos três subtipos Seis variam em relação às autoridades. O Seis Autopreservação (fóbico) tende a ser o mais discretamente evasivo; o Seis Social, o que mais cede e obedece; e o Seis Sexual (contrafóbico), o mais competitivo e rebelde. Apesar disso, os três tendem a ser desconfiados e antiautoritários se as condições exigirem.

Frequentemente, a relação do Seis com as autoridades nasce de uma experiência inicial com um pai autoritário ou uma mãe superprotetora. A figura de um pai ameaçador reforça o medo da rejeição ou da punição, e uma mãe ansiosa ou superprotetora envia à criança a mensagem de que o mundo não é seguro e de que ela não dispõe dos recursos internos para lidar com as ameaças externas. No entanto, um pai Seis pode também ser ausente ou fraco, e um específico tipo de pai pode influenciar o subtipo dominante do Seis. Naranjo sugere que o Seis atraído ao culto do herói e da insegurança (Seis Autopreservação ou Seis Social) frequentemente demonstra a necessidade exagerada do bom pai que ele não teve, enquanto o Seis cuja tendência resvala para a grandiosidade e uma visão heroica de si mesmo (Seis Sexual) provavelmente vivencie rivalidade ou competição com seu pai (ou assume o lugar de um pai fraco).[9]

Portanto, a criança Seis com frequência sofre com a falta de uma boa "primeira autoridade", alguém que lhe ofereceria um modelo de confiança e segurança quando deparasse com ameaças. Sob essa visão, a estratégia do Seis para lidar com o problema pode ser compreendida como uma compensação pela falta de uma figura paterna forte, protetora e benevolente.

Jack, um Seis Sexual, descreve sua situação na infância e o desenvolvimento de sua estratégia para lidar com o problema:

Jack era o mais velho de três crianças. Desde seu nascimento, a mãe sofria de fortes enxaquecas. Geralmente conseguia lidar com a dor durante a semana, mas todas as sextas tinha uma crise debilitante. Naquela época, como não havia medicamento que aliviasse a dor, ela se recolhia durante todo o final de semana. Com a mãe frequentemente indisponível e o pai (um Tipo Cinco) ausente, Jack vivenciou a vida como incerta e as figuras de autoridade como não confiáveis. Nessa situação, sentiu que precisava ser independente porque deveria apenas confiar em si mesmo.

A mãe de Jack era uma Seis fóbica que considerava o mundo um lugar pouco seguro, e Jack internalizou essa crença. Seu foco ansioso na segurança contribuiu para que Jack desenvolvesse uma sensação implícita de medo. O pai não era um bom modelo de força, e Jack ficava com raiva quando a mãe repreendia o pai na frente de outras pessoas e o homem não se defendia. Ele sentia raiva da mãe por humilhar o pai, e ficava bravo com a passividade do pai. Jack sabia que o desejo de ser forte e independente se originou da dolorosa experiência de testemunhar os conflitos dos pais e precisar ser independente para escapar deles.

> Jack aprendeu cedo que precisava assumir-se como sua própria autoridade. Embora de fato buscasse uma forte autoridade, ele incorporou a ideia de que é bem determinado e está sempre alerta, procurando incongruências nos comportamentos das outras pessoas, seja em uma figura potencialmente autoritária, seja em outros relacionamentos. Têm existido poucas figuras autoritárias na vida de Jack de quem de fato goste, porque ele não acredita que os outros sejam confiáveis. Portanto, busca autoridades bondosas e pessoas confiáveis, mas já esperando que o desapontem ou lhe provem ser pouco confiáveis. Até nas amizades, está sempre "esperando um evento inevitável". Só consegue sentir-se tranquilo e relaxar com uma única pessoa: a esposa.

Os principais mecanismos de defesa do Tipo Seis: projeção e dissociação

O mecanismo de defesa primário do Tipo Seis é a projeção. No caso da introjeção, quando alguém se engaja na projeção como proteção psicológica, a fronteira psicológica entre o ser e o mundo desaparece. O Seis, ao "projetar" inconscientemente não assume algo originado dentro dele e "projeta em", ou vivencia como se pertencesse a alguém de fora.

Conforme explica a psicóloga Nancy McWilliams, a "projeção é um processo segundo o qual o que está dentro é confundido com o que vem de fora. Na sua forma benigna e madura, é a base para a empatia [...] na sua forma maligna, a projeção gera perigosos equívocos.[10] Orientado para detectar ameaças, o Seis psicologicamente se autodefende da sensação interior de medo ao projetá-lo, de modo inconsciente, para fora (ou "livrar-se dele"), imaginando que tem origem no mundo exterior, com frequência em uma outra pessoa. Por exemplo, se um Seis está se sentindo crítico em relação a si, ou inseguro, ele talvez imagine que alguém está sendo crítico com ele. Ao perceber que o medo vem de alguém de fora, é possível que evite a dor do autojulgamento ou mesmo a insegurança, e então tente controlar a dor do seu julgamento ao relacioná-lo ao outro de modo específico.

Assim como o Quatro recorre ao mecanismo de defesa da introjeção para gerenciar as ameaças de fora, ao vivenciá-las como se estivessem dentro dele para ter um controle mais amplo, o Seis lida com sentimentos desconfortáveis, o medo e a dúvida de si, ao vivenciá-los como se fossem causados por outra pessoa. Atribuindo motivos, sentimentos ou pensamentos que não quer reconhecer em si a uma outra pessoa, ele os expulsa de sua experiência interna e se sente mais seguro por dentro. Se uma pessoa o leva a vivenciar um sentimento ruim, ele assume comportamentos que soam paradoxais: afasta-se do outro ou é agradável com ele. Lidar com um sentimento ruim que vem de dentro pode ser difícil e ameaçador para um Seis. Sendo assim, a projeção lhe permite escapar da culpa e da ameaça relacionadas aos seus sentimentos e pensamentos, substituindo-os e colocando-os fora de si. Assim, acredita que os sentimentos desconfortáveis são causados por outras pessoas.

Embora a projeção sirva como defesa, abrandando a sensação de ameaça interna, também pode causar ao Seis muitos problemas, como relatou McWilliams: "Quando as atitudes projetadas distorcem seriamente o objeto para o qual foram projetadas, ou quando o que é projetado consiste de partes bastante negativas e rejeitadas do ser, é previsível que ocorram todos os tipos de dificuldades. Os outros, ressentidos por terem sido mal-entendidos, podem retaliar quando tratados, por exemplo, como críticos, julgadores ou invejosos".[11] O hábito de projetar medo e outras experiências interiores nos outros também gera sentimentos e comportamentos que podem ser considerados suspeitos ou de natureza paranoica, pois, quando habitualmente se identifica que a origem do medo e do desconforto está nas outras pessoas, inconscientemente se criam razões para suspeitar delas e não confiar, ou considerá-las perigosas e potencialmente ameaçadoras.

Além da projeção, o Seis também recorre a outro mecanismo de defesa: dissociação. Esta, originada em um estágio inicial da infância, relaciona-se às necessidades da criança em organizar sua percepção de "objetos" (os outros no mundo externo) em termos de "bons" e "maus". Desenvolvida em uma época anterior à compreensão de que as boas e más qualidades coexistem em uma pessoa ou em uma experiência (a isso se denomina ambivalência, conquistada em um estágio mais tardio), o deslocamento opera defensivamente para reduzir a ansiedade e manter a autoestima.[12]

Percebemos dissociação — tanto em nível individual quanto coletivo — quando alguém define uma pessoa ou grupo como bom ou mau. Temos exemplos na política, em situações em que um lado demoniza o oponente, e nas guerras, quando o inimigo é considerado completamente mau. Nas psiques individuais, e mais exatamente na psicologia do indivíduo Tipo Seis, uma pessoa pode recorrer à dissociação com a finalidade de claramente demarcar quem é bom e quem é ruim, para assim sentir menos medo; desse modo, localiza a "maldade" ou a origem do medo para que seja mais fácil lidar com ela. Se você vê a si como mau e aos outros como bons, deve tentar ser melhor ou confiar nas pessoas para protegê-lo. Se vê a si como bom e aos outros como maus, deve manter sua autoestima e usar seus recursos internos positivos para protegê-lo de uma ameaça específica, localizada fora.

Do ponto de vista psicológico, a dissociação justifica por que muitos Seis vivenciam um elevado grau de culpa e autoacusação, além da firme crença de que são de alguma forma maus. Entretanto, esse mecanismo pode funcionar de outro modo, com o Seis julgando outra pessoa — alguém de quem não gosta ou vê como pouco digno de confiança — como má, mesmo quando objetivamente possui características "boas" e "más".

O foco de atenção do Tipo Seis

O Seis desenvolve uma forma de ser no mundo baseada no hábito de prestar atenção seletiva às possíveis ameaças e imaginativamente elaborar o que poderá acontecer como base defensiva para lidar com o perigo. Ele, além da tendência a estar alerta às complexidades das coisas, foca sua mente analítica na percepção e no entendimento dos inúmeros aspectos das situações e das pessoas. O foco do Tipo Seis também se centra em duvidar e questionar-se, bem como interpelar pessoas e informações no mundo externo; o foco específico de dúvida varia por subtipo.

Impulsionado por uma necessidade implícita de segurança no que entende como um mundo repleto de perigos, o Seis foca os dados negativos do ambiente (ou de sua própria cabeça), os quais sinalizem ameaças à sua segurança. Ao encontrar os outros, o Seis tende a assumir uma atitude inicial de cautela e desconfiança, questionando as intenções das pessoas. Assim, as pessoas são observadas até que o Seis, por experiências ou evidências, confie nelas. Diante do perigo, ou seja, ao perceber (ou intuir) uma informação "negativa" em um determinado contexto, focado em encontrá-la, o Seis às vezes acaba criando-a.

Se ele suspeita de alguma coisa, seus pensamentos poderão criar o pior cenário possível. Em geral, o Seis tende a confiar em seu radar de problemas e em sua habilidade intuitiva de captar informações no ambiente que lhe possibilitem determinar o que pode acontecer e os preparativos necessários. Às vezes, esse hábito de estar sempre atento leva a uma leitura precisa e discernida de uma situação, ou a um entendimento profundo ou intuitivo do que está acontecendo; outras vezes, entretanto, o Seis pode preencher as lacunas das informações objetivas que reuniu com pensamentos baseados no medo do que está acontecendo. Em outras palavras, inconscientemente um pensamento baseado no medo poderá ser alimentado pela imaginação para criar ameaça onde não existe.

O Seis tende a focar atenção em autoridades, seja ao procurá-las para guiar suas ações, seja olhando-as com suspeita. É frequente que ele suspeite de pessoas que exercem poder, questionando se o usam bem ou não. O Seis também tende a naturalmente focar os oprimidos e as causas de desfavorecidos, pois entende a sensação de se sentir vulnerável e ameaçado por figuras autoritárias que talvez queiram dominar ou oprimir os outros.

Assumir-se como "advogado do diabo", ou ainda manifestar uma postura contrária, é outro modo de o Seis prestar atenção. Ele tipicamente questiona as pessoas que expressam opiniões sólidas ou se opõe a elas. E em geral foca perspectivas alternativas ou posições contrárias para chegar à verdade, dando corpo à complexidade de uma questão, ou desafiando e testando as pessoas ao promover uma visão antes negada ou deixada de lado. Questionar continuamente e analisar tudo são comportamentos que trazem segurança ao Seis, pois desse modo está reunindo mais informações ou confirmando sua certeza. Além disso, procura inconsistências nos argumentos, não só visando pressionar os outros a provar sua confiabilidade (ou as intenções mais profundas), mas também para conseguir chegar à verdade. O hábito de assumir o papel de advogado do diabo e perceber o que pode dar errado caracteriza o Seis como alguém bom em resolver problemas, o que faz com frequência no ambiente de trabalho.

Para as pessoas com outros tipos de personalidade, o Seis pode parecer viver no negativo, ou ser suspeito, paranoico, pessimista, mas é comum que ele não se veja como alguém com uma perspectiva pessimista. Ao contrário, tende a se perceber como realista, ou até idealista, ao se dedicar a uma cuidadosa análise de cada situação e avaliar as possibilidades de algo dar errado.

A paixão emocional do Tipo Seis: medo

O *medo*, emoção universal, garante a sobrevivência de todos os animais — e é a paixão do Tipo Seis. Como paixão emocional que modela a personalidade Seis, o medo aparece de variadas formas e pode ser mais consciente ou menos. Reveste-se de medo do desconhecido, motiva a ansiedade e a preocupação obsessiva com possíveis ameaças ao bem-estar, ou aparece como dúvida de si mesmo e incerteza. Além disso, talvez seja vivenciado como culpa e vergonha relacionadas à razão de ser, ou pode vir à tona como convicção de que alguém quer prejudicá-lo e, portanto, não é uma pessoa confiável. Também é possível que o medo seja constante e paralisador, estimule a obediência às regras e à ordem para manter controle e segurança, ou manifeste-se como uma contrarreação enérgica a uma agressão nascida do desejo (ou impulso) de atacar quando se está com medo.

Estreitamente relacionada ao medo, a ansiedade é também um traço fundamental da personalidade do Tipo Seis. Ela se caracteriza como um estado de "apreensão, tensão ou mal-estar em antecipação ao perigo".[13] Portanto, difere do medo, visto como uma reação emocional a uma "ameaça externa ou a um perigo em geral conscientemente reconhecido"; a ansiedade tem sobretudo "origem intrapsíquica",[14] ou seja, é algo que criamos em nossa mente em resposta a uma ameaça desconhecida ou não reconhecida.

Com frequência, a ansiedade ocorre mesmo quando não existe uma clara sensação de ameaça iminente, pois em geral só se origina do medo do próprio medo, ou de alguma coisa que imaginamos ou que apenas percebemos com imprecisão. Naranjo a compara com um "medo ou um alarme paralisadores antes do perigo que já deixou de representar uma ameaça (embora continue no plano da imaginação)".[15] O Seis tende a vivenciar um estado de ansiedade relacionado ao medo quando imagina cenários assustadores ou antecipa que estará em perigo ou em um contexto ameaçador. Muitas vezes, a ansiedade pode se relacionar a situações sociais, e o Seis tema o julgamento, a crítica ou a sensação de ameaça vindos de outras pessoas. A hesitação ou o desconforto provocados por determinadas situações sociais podem ter relação com as dúvidas que nutre por si mesmo ou o hábito de suspeitar das motivações dos julgamentos alheios. A dúvida ou a incapacidade em agir diante da ansiedade pode aprofundá-la, e, dessa forma, tornar as tendências ansiosas cíclicas, autorreforçadas e de difícil resolução.

Independentemente da forma que o medo e a ansiedade assumam, as experiências emocionais e os esforços internos do Seis em lidar com elas originam uma estrutura defensiva baseada em padrões criados para que encontre modos de sobreviver diante das ameaças, quer sejam normalmente sentidas como opressivas, quer sejam apenas vagamente sentidas.

O erro cognitivo do Tipo Seis: "pensar que o mundo é um lugar perigoso o faz ainda mais perigoso" ou "só por ser paranoico não significa que alguém não esteja me perseguindo"

Estamos aprisionados em formas usuais de pensar que influenciam nossas crenças, nossos sentimentos e nossas ações, situação que persiste mesmo depois que os modelos mentais responsáveis por nossa perspectiva geral não são mais exatos.[16] Embora a paixão delineie as motivações emocionais da personalidade, a "fixação cognitiva" (ou "erro cognitivo") perturbam o processo de pensamento da personalidade.

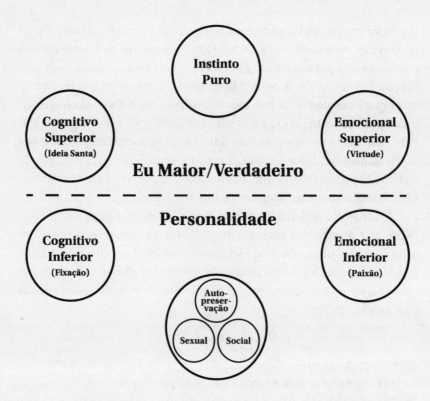

Observados de fora, os pensamentos e as crenças que tipicamente impulsionam o Seis podem soar negativos demais. Entretanto, para o Seis parecem uma forma inteligente de se preparar ou de elaborar uma estratégia para encontrar problemas, caso surjam, o que lhe dá uma sensação de controle (potencialmente falsa). As crenças fundamentais do Tipo Seis refletem temáticas relativas aos elementos necessários para perceber e gerenciar ameaças e riscos, criar e encontrar segurança ao enfrentar os perigos reais do mundo, e lidar com a ansiedade inspirada em uma imaginação ativa e alimentada no medo.

Para apoiar a paixão do medo, o Seis mantém as crenças apresentadas a seguir como princípios psicológicos organizadores:

- O mundo é um lugar perigoso, e cabe a você estar alerta e consciente dos sinais de problemas para se manter seguro.
- Ao imaginar o pior que pode acontecer, você deve se preparar e, então, potencialmente proteger a si mesmo ou, em antecipação, distanciar-se.

- Ao criar expectativa e pressentir o que talvez dê errado, você deve se proteger dos erros, das mágoas ou do aprisionamento em uma situação negativa.
- Catástrofes iminentes podem ocorrer a qualquer momento, e se você não estiver preparado, terá menos oportunidades de preveni-las ou de lidar com elas.
- Procurar certezas e reunir informações em um mundo instável é uma forma de se sentir seguro.
- É difícil confiar em qualquer coisa (ou pessoa) porque há sempre espaço para a dúvida.
- É bom manter-se de sobreaviso em relação a como as pessoas podem ameaçá-lo, machucá-lo ou tirar vantagem de você para que não seja surpreendido e incapaz de se proteger.
- Fóbico: Ao focar as maneiras em que talvez transmita a sensação de vulnerabilidade aos outros, você dará alguns passos para minimizá-la.
- Contrafóbico: Ao focar os desafios que possivelmente encontre, deverá pensar em formas de superá-los proativamente, com intensidade e contundência.

Embora os pensamentos do Seis de se preocupar com os modos de lidar com o risco e o perigo originalmente lhe proporcionem uma sensação de segurança e de controle em um ambiente instável e temeroso, poderão de fato criar mais ansiedade e estresse, sobretudo quando adulto, pois parece impossível ao Seis se sentir convicto ou seguro o suficiente.

A armadilha do Tipo Seis: "quando se espera que algo dê errado, geralmente é o que acontece" ou "o perigo está onde é procurado"

A fixação cognitiva do Tipo Seis guia sua personalidade, apresentando uma "armadilha" inerente que as limitações da personalidade não conseguem resolver. Em razão da estratégia de vida e do foco de atenção, o Seis vivencia um conflito entre seus hábitos, criados para ajudá-lo a se sentir seguro em um mundo ameaçador, e o fato de que as manobras defensivas, na verdade, funcionam para mantê-lo aprisionado na ansiedade, no medo e na insegurança.

As crenças fundamentais do Seis o mantêm fixado em um mundo ameaçador porque, ao focar continuamente o medo e as imaginações a ele relacionadas, talvez vivencie a maximização do medo, em vez de minimizá-lo. O foco excessivo do Seis em pensamentos sobre o que poderia dar errado leva a uma autossabotagem e a uma profecia autorrealizável, pois o hábito de criar cenários temerosos e de agir sobre eles pode gerar efeitos involuntários, por exemplo, o de manifestar o medo. Na medida em que nossas crenças e percepções tendem a moldar nossa realidade, o Seis, ainda que sem querer, poderá produzir mais perigo, por meio da atividade mental criada para ajudá-lo a escapar dele.

As principais características do Tipo Seis

Hipervigilância

A hipervigilância associa-se intimamente à ansiedade do Seis. O medo (consciente ou não), como característica fundamental, motiva um Seis a viver frequentemente "alerta" aos sinais de perigo ou de ameaça, ou a coisas que talvez deem errado. Por natureza desconfiado e bastante cauteloso, o Seis tende à hipervigilância dos sinais que possam revelar perigos velados. Essa característica é denominada por Naranjo de "estado de estimulação crônica", que atua para o Seis, de maneira contínua, como forma de reunir informações e, assim, reduzir a incerteza, proteger-se das surpresas negativas e interpretar uma realidade potencialmente perigosa.

Ao procurar e observar sinais de problemas e outras informações negativas, as quais levem o Seis a imaginar o pior, ele se engaja em um comportamento defensivo habitual: um constante estado de vigilância. Estar sempre alerta decorre da crença — apoiada em uma experiência dolorosa — de que o mundo é um lugar perigoso. Assim como as pessoas que sofrem de transtorno de estresse pós-traumático (TEPT) tendem a permanecer hipervigilantes e ansiosas diante da possibilidade de reviverem um trauma, o Seis pode manter-se em constante alerta em função do medo de reviver uma situação passada.

Inclinação teórica

Como o medo contribui para a incerteza quanto ao que fazer e a como agir, o Seis continuamente procura basear suas decisões em informações positivas, e então as processa mentalmente, aplicando lógica, razão e racionalidade como forma de optar pelo melhor.

Conforme aponta Naranjo, o Seis "não é só um tipo intelectual, mas também o mais lógico de todos, devotado à razão". O autor afirma que, "necessitando de respostas que resolvam seus problemas, o Tipo 6 é mais do que qualquer outro um questionador, e assim um filósofo em potencial".[17] O Seis vive no reino do intelecto, não somente como método de resolver problemas, mas também como forma de "buscar problemas", na tentativa de se sentir seguro.

A tendência de se concentrar na teoria oferece ao Seis um instrumento mental de combater o medo e a indecisão, além de também representar uma consequência de medrosa privação. O Seis tenta encontrar segurança no pensamento — em virtude da sua inclinação excessiva para o pensamento e a abstração —, mas corre o risco de se aprisionar em um ciclo infinito de pensamentos e aplicação da lógica para, em seguida, questionar suas conclusões, o que exige mais pensamento e racionalidade. Assim, o Seis busca refúgio no abstrato e no teórico, mas essa tendência também representa uma armadilha que pode impedi-lo de agir no mundo.

Inclinação para a autoridade

A inclinação para a autoridade é uma das características mais marcantes do Seis. Em geral, resultando de experiências, ainda na infância, com figuras autoritárias — quase sempre os pais —, um indivíduo do Tipo Seis assume atitudes singulares com as autoridades, as quais variam de acordo com os três subtipos Seis. Vivendo em um mundo hierárquico, o Seis tanto ama quanto odeia as autoridades, pois espelham as experiências infantis não apenas de dedicar amor ao pai ou à mãe, mas também de odiar ser dominado ou penalizado por eles.

Naranjo resume como a experiência com autoridades paternas arquetipicamente estrutura as três distintas variações de autoridade demonstradas pelos três subtipos de Seis:

> As manobras por segurança do agressivo [Sexual], o cumpridor [Social] e o afetuoso [Autopreservação] têm em comum a relevância com a autoridade. Poderíamos dizer que o medo do eneatipo VI emerge originalmente da autoridade parental e a ameaça de punição pelo poder exercido pelos pais – quase sempre pelo pai. Assim como originalmente esse medo norteou a doçura [Autopreservação], a obediência [Social] ou o desafio [Sexual] (e em geral ambivalência) em direção aos pais, agora ele continua a se comportar e a sentir o mesmo diante daqueles a quem atribui autoridades.[18]

A maioria dos Seis, incluindo o Autopreservação (que pode não se posicionar abertamente contra uma figura de autoridade), reporta sentir certo sentimento antiautoritário. Via de regra, o Seis relata ter vivenciado alguma espécie de suspeita, questionamento e falta de confiança em relação a figuras autoritárias, e é possível que alguns frequentemente se rebelem ou sejam contra a autoridade. É claro que o ceticismo quanto às autoridades pode ser um ponto forte — algumas delas talvez não se mostrem benevolentes, e, portanto, o Seis demonstra profunda coragem em desafiar autoridades injustas —, mas, em algumas outras ocasiões, essa característica sugere paranoia e incapacidade de aceitar qualquer autoridade, mesmo bem-intencionada. Tendendo a questionar o que está acontecendo e desconfiando daqueles que estão no poder, o Seis confia em pouquíssimas autoridades.

Dúvida e ambivalência

A "mente que duvida" é a característica principal do Tipo Seis. A elaboração de sua forma gera a tendência à dúvida e ao questionamento contínuo. Isso se reflete na ansiedade quanto às intenções dos outros e na necessidade de se sentir seguro testando e avaliando mentalmente as pessoas e as ideias. Propenso a duvidar de si mesmo e dos outros, a estratégia do Seis para lidar com o problema — viver alerta aos sinais de ameaças — assenta-se no hábito de duvidar do que é verdadeiro como forma de encontrar segurança. Dessa forma, pode-se ver o Seis anulando-se por meio da constante dúvida de si e dos outros, e da expressão de suspeita. É importante lembrar que tais características se tipificam nos diferentes subtipos, com mais intensidade ou menos.

Naranjo explica a situação do Seis quando se sente em dúvida: "ele duvida de si e também da sua dúvida; suspeita dos outros, mas receia estar equivocado. O resultado dessa dupla perspectiva é, claro, a incerteza crônica quanto à escolha de um plano de ação e a ansiedade resultante".[19] Além da atitude de um "interrogador acusador" de si e do outro, a dúvida no personagem Seis reflete incerteza das suas opiniões: ele se anula e se apoia. Um Seis pode se sentir perseguido e imponente.

A ambivalência e a indecisão são consequências naturais da dúvida, o que leva à incapacidade de emergir da ambivalência e esclarecer a ambiguidade. Conforme aponta Naranjo, apesar de a ambiguidade desencadear ansiedade em um Seis, ele é o mais explicitamente ambivalente de todos os outros tipos. A ambivalência está sempre no Seis: quando na infância ao mesmo tempo se ama e se teme uma autoridade, o resultado pode ser uma profunda sensação de ambivalência. Assim, a dúvida e a ambivalência refletem o perpétuo conflito interno que um Seis vivencia: agradar aos outros e rebelar-se contra eles, admirando-os e tentando anulá-los.

Pensamento contrário

Fica evidente no Seis outra manifestação da dúvida e da busca por certeza no hábito do pensamento contrário. Essa característica transparece na tendência do Seis em expressar uma ideia oposta à opinião dominante do momento. Como forma de procurar a resposta correta e defender-se negligentemente aceitando o poder de dominar de uma outra pessoa, quando o Seis ouve uma afirmação ou uma opinião, com frequência automaticamente se posiciona do lado oposto, razão pela qual é às vezes chamado de "advogado do diabo" ou o "do contra". Soa perigoso para o Seis aceitar de imediato o ponto de vista de uma outra pessoa, e, portanto, o hábito do pensamento contrário constitui uma estratégia defensiva — uma maneira de se prevenir de ser com rapidez dominado pela ideia errada de alguém. Ao ser capaz de instantaneamente contra-argumentar, a tendência do Seis em se engajar em um pensamento contrário permite-lhe ir contra as pessoas que talvez tentassem persuadi-lo como forma de dominação.

O pensamento contrário também cria um cenário em que a dúvida (e, potencialmente, um medo inconsciente) motiva um tipo de investigação obrigatório por meio de um argumento imediato sobre o que é de fato verdadeiro. Tanto como forma de evitar a dominação quanto de buscar a resposta certa, o pensamento contrário permite ao Seis sentir que não será facilmente dominado ou influenciado de um modo que porventura seja perigoso.

Esse tipo de pensamento também destaca a natureza intelectual e lógica da personalidade Seis. Se alguém se inclina para a teoria e a abstração, pode gerar argumentos opostos com bastante facilidade. Entretanto, assim como a dúvida, a tendência de se engajar em um pensamento contrário pode levar um Seis a se perder no debate, resvalando para um vaivém interminável. E, embora esse estilo de pensamento possa ser útil e evitar uma fácil dominação de um ponto de vista sobre o outro, ele fracassa com frequência em provocar certeza, gerando apenas mais argumentos.

Profecia autorrealizável

Em razão de o Seis ter como hábito e principal mecanismo de defesa a projeção, que está enraizada no medo, ele também tende para a profecia autorrealizável. Funciona assim: o Seis vivencia um sentimento ameaçador — talvez um medo de si, ou a sensação de que é fraco demais, ou a impressão de que as pessoas não gostem dele — e, para se proteger da dor ou do medo de tais sensações, ele inconscientemente as projeta em outra pessoa. Ou seja, o Seis começa a duvidar de si e a temer suas próprias falhas, e daí projeta esse medo e a correspondente autoavaliação negativa em outra pessoa. Então, o Seis percebe que o outro, o projetado — que provavelmente não sentiu nada negativo em relação ao Seis —, nutre pensamentos e sentimentos ameaçadores em relação a ele, e passa a agir segundo sua percepção/projeção. Em resposta a esse tipo de ação, o outro desenvolve sentimentos negativos sobre o Seis. Dessa forma, a experiência do sentimento inicial do Seis, irreal a princípio, torna-se real — uma profecia autorrealizável.

Sendo assim, o medo e a ansiedade característicos da personalidade Seis podem criar problemas e situações negativas que inexistiam no início.

A influência do medo do Seis e a dúvida em relação às pessoas e situações externas (e no caso do Seis Sexual, a agressão) podem fazer com que as suspeitas e as expectativas baseadas no medo se realizem de fato.

A sombra do Tipo Seis

Assim como em muitas outras dimensões da personalidade do Tipo Seis, os elementos renegados para a sombra variam de acordo com o subtipo e com sua estratégia preferida para lidar com o medo e a ansiedade.

Entretanto, em geral o Seis foca o seu medo e pensamentos e preocupações que envolvem como lidar com as ameaças, o que talvez leve coragem, fé, poder e autoconfiança para a sombra. Ao se preocupar com imaginar o que pode dar errado como forma de controlar o mundo, ele nem sempre reconhece sua autoridade, força e capacidade quando se trata de lidar com os problemas. (Isso é especialmente mais verdadeiro com o Seis Autopreservação.)

Mesmo o contrafóbico Seis Sexual — que porventura não está consciente de se sentir temeroso e se refugia na ansiedade como força — pode apenas *parecer* confiante e corajoso. Naranjo afirma que a "coragem" do Seis pode ser a coragem de "ter uma arma", e não a profunda sensação de confiar que as coisas ficarão bem. No Seis Sexual, a vulnerabilidade e o receio podem estar na sombra porque ele talvez sinta necessidade de parecer intimidador e forte. Esse é um contraste em relação ao Seis Autopreservação, aprisionado na dúvida de si mesmo e conscientemente vulnerável, que então pode ter pontos cegos quanto ao seu poder, à autoconfiança ou à agressão. O Seis Social foca tão conscientemente a obediência a uma autoridade impessoal, que seus pontos cegos podem estar na saudável sensação de dúvida e ambivalência.

Viver principalmente no universo de sua cabeça e confiar no pensamento e na análise como primeira linha de defesa significa, para alguns Seis, que muitas emoções, aliadas à capacidade para "um saber instintivo", fazem parte de sua sombra. O hábito de pensar nos problemas baseando-se na lógica e na racionalidade pode implicar que o Seis não se aproprie da verdade emocional e da "sabedoria" visceral (ou instintiva). O Seis Autopreservação evita estar consciente das suas emoções mais agressivas, o Seis Social procura não viver de incertezas ou emoções sentimentais e o Seis Sexual tem emoções mais sensíveis na própria sombra.

De natureza cética, o Seis talvez também não esteja bem consciente da sua capacidade interior de confiança e fé, preferindo duvidar conscientemente, testar e questionar o que as pessoas dizem como elemento que o protegerá, impedindo-lhe de depositar fé na ideia ou na pessoa errada.

Por definição, a projeção do Seis nos outros é sempre um processo inconsciente e, sendo assim, faz parte da sombra. Reiteradas vezes o Seis projeta seu poder em outras pessoas em vez de assumi-lo nele mesmo. Naranjo explica que a autoacusação e a culpa são características-chave da personalidade do Tipo Seis, pois o hábito interno de se ver como "mau" (assim como talvez as autoridades ameaçadoras o fizeram sentir) contribui para a insegurança que motiva seu medo.[20] Portanto, é possível que represente os efeitos dessa presunção implícita em sua própria "maldade", temendo que coisas ruins lhe aconteçam porque de alguma forma merece, mesmo sem perceber até que ponto esse tipo de culpa e "oposição a si" o leve.

O Seis também pode estar cego para o fato de o medo alimentar sua imaginação, impossibilitando-lhe ver o que está acontecendo. Ao perceber o perigo e o risco, o Seis, com frequência acreditando que apenas vê o que está lá fora, assume que está alimentando algo realista, baseado em evidências. No entanto, talvez ele perceba a intensidade de sua imaginação, que o leva a ver catástrofes ou ameaças que inexistem. De forma similar, pode não ter a noção exata de que vive aprisionado em ciclos viciosos, por exemplo, nos momentos em que os medos o fazem perceber a realidade de uma forma específica, estimulando mais medo, o que lhe afeta a percepção do que é real e do que não é.

A sombra da paixão do Tipo Seis: a *dúvida* no *Inferno*, de Dante

O medo (como a ira), uma reação emocional humana básica, é completamente apropriado em alguns contextos. Assim, o medo como tal não é punido como pecado separado no *Inferno*, de Dante. Mas o submundo pune a paixão do medo de um modo que soa verdadeiro para o lado sombra da personalidade do Tipo Seis.

O Vestíbulo (ou anel externo) do *Inferno* castiga os que compulsivamente duvidam, os medrosos demais para serem verdadeiramente fiéis a qualquer coisa:

E eu que olhei vi, em disparada agora,
um lábaro que parecia sujeito
a rodear sem pouso e sem demora;

imensa turba o seguia, que o conceito
deu-me, numa visão medonha e abstrusa,
de quantos tinha a morte já desfeito.

[...]

Esses, de quem foi sempre a vida ausente,
estavam nus, às picadas expostos
de uma nuvem de vespas renitente.[21]

A dúvida reflexiva da sombra do Tipo Seis é como estar aprisionado no impulso de arriscar a vulnerabilidade e no medo agudo que a acompanha. O Seis vive preso no hábito de querer confiar ou agir, e encontrar razões para não confiar. No submundo de Dante, essa indecisão é definitiva. Ferroadas implacáveis forçam essas sombras a perseguirem, sem pensar, uma bandeira, expressando uma lealdade sem significado algum, simbolizando como ele fracassou na superação de suas dúvidas e no compromisso com uma atitude na vida.

Os três tipos de Seis: os subtipos do Tipo Seis

Cada um dos três subtipos lida de modo diferente com a paixão do medo e com as ansiedades relacionadas a ela. O Seis Autopreservação sente a necessidade de proteção e, portanto, lida com o medo se conectando às pessoas. O Seis Social enfrenta um medo social que o deixa temeroso de agir errado aos olhos das autoridades, e por isso consulta regras e pontos de referência. E o Seis Sexual lida com o medo combatendo-o de uma posição de força e negando a própria vulnerabilidade.

Naranjo observa que a variação nos três personagens do subtipo é particularmente perceptível no Tipo Seis. De fato, ele afirma que no Seis, mais do que em qualquer outro tipo, é "difícil falar de um único persona-gem".[22] Embora os três Seis compartilhem uma história antiga de ter de lidar com a ansiedade, o Seis Autopreservação a enfrenta por meio de um "desejo de formar alianças de proteção recíproca", o Seis Social recorre ao "desejo de encontrar uma resposta para os problemas de vida mediante a razão, a ideologia ou outros padrões de autoridade", e o Seis Sexual invoca "o desejo de ser maior e intimidante para os outros".[23] Como resultado do domínio dos três instintos diferentes e de suas formas correspondentes de lidar com o medo, as três personalidades do subtipo Seis têm diferentes "temperaturas energéticas:" os Seis Autopreservação é cálido, o Seis Social, frio, e o Seis Sexual, quente.

O Seis Autopreservação: "Afeto"

Na personalidade do Seis Autopreservação, o medo se manifesta como insegurança. Ele sente um medo relacionado à sobrevivência, a não ser protegido, e alimenta a necessidade de proteção por meio de amizades e de outros tipos de alianças com as pessoas. Esse é o mais fóbico dos três subtipos Seis, o que mais sente medo.

Ao perceber o mundo como perigoso, o Seis Autopreservação procura alianças amistosas e, para isso, esforça-se em ser um bom amigo, confiável e solidário, do modo que supostamente bons aliados são. Conforme explica Naranjo, "ao não confiar em si o suficiente, ele se sente sozinho e incapaz sem apoio externo".[24] O Seis Autopreservação quer sentir o abraço da família, estar em um lugar acolhedor e protegido onde não existam inimigos. Ele busca um "outro idealizado" como proteção, e pode ter problemas que parecem relacionados à angústia da separação. Como uma criança que precisa se apegar à mãe, esse Seis não se sente seguro para defender seus interesses e sua sobrevivência.

Esse Seis tenta escapar da ansiedade buscando a segurança da proteção; assim, torna-se dependente dos outros. Sua paixão é compensar o medo da separação, que se manifesta em um temperamento carinhoso e amigável. Portanto, a necessidade motivadora dele o impele a uma (neurótica) amizade ou afeto, o que o torna o subtipo mais acolhedor dos

Seis. Ele tende a estar de bom humor e revela uma disposição geralmente agradável. Além disso, procura nos relacionamentos um vínculo de intimidade e confiança, e teme desapontar os outros, sobretudo aqueles mais próximos. A afetuosidade que demonstra constitui uma maneira de levar as pessoas a serem amigáveis, para que assim não seja atacado.

O Seis Autopreservação teme a raiva, a agressão, a provocação e o confronto. Sentir medo da agressão dos outros significa que ele não consegue afastar-se de sua agressão. De acordo com Naranjo, levar os outros a gostarem de você [desse Seis] significa ser bom, e ser bom significa não ficar com raiva. Naranjo afirma ainda que "o tabu da agressão resultante das necessidades de dependência enfraquece esse Seis diante da agressão dos outros, contribuindo para sua insegurança e necessidade de apoio externo".[25]

A personalidade do Seis Autopreservação se caracteriza por hesitação, indecisão e incerteza. Ele questiona muito, mas não chega a resposta alguma. Duvida de si mesmo e duvida da própria dúvida.[26] Ao sentir-se inseguro e incapaz de vivenciar uma sensação satisfatória de certeza, o Seis Autopreservação tem dificuldade em tomar decisões. Assim, vislumbra o mundo em termos de ambiguidade, por exemplo, "cinza", e não "branco e preto". As pessoas desse subtipo não conseguem se desfazer da sensação de dúvida e incerteza. Devido à insegurança e ao hábito de questionar e duvidar, elas nunca se sentem preparadas ou capazes, e também sentem muita culpa, mesmo assumindo ou percebendo a culpa dos outros.

Há duas realidades para o Seis Autopreservação: uma exterior, que envolve afeto, ternura, serenidade e paz, e outra interior, que encerra medo, culpa, angústia e tormento. Assim, a cabeça e o coração dele estão separados: externamente se centra no coração, mas internamente, na cabeça.

Como o mais fóbico dos três Seis, o precavido subtipo Autopreservação equipara o amor à proteção; desse modo, ao buscar o amor, busca uma fonte de segurança para compensar um sentimento de insegurança. Ele quer encontrar alguém forte em quem se apoiar, e pode ser excessivamente amigável e generoso como estratégia de impedir um ataque externo. Para preencher a lacuna da força que lhe falta, o Seis Autopreservação atrai o afeto ou a proteção de uma pessoa forte, pois assim se sentirá mais seguro.

O Seis Autopreservação pode se assemelhar ao Tipo Dois, pois ambos são afetuosos e amáveis, e concentram muita energia e atenção na evolução de relacionamentos com as pessoas. Como o Tipo Dois, esse Seis tende a liderar com afeto e a agradar aos outros para forjar conexões, no entanto, diferentemente do Dois, a principal motivação desse Seis é criar segurança, não ganhar aprovação em apoio ao orgulho.

Linda, uma Seis Autopreservação, diz:

Moro em um condomínio administrado por uma associação de proprietários. Inicialmente, consolava-me o fato de que poderíamos nos unir como grupo para criar diretrizes e regras que, presumi, gerariam menos conflitos e mais segurança. Fiz questão de conhecer todos e de estabelecer um relacionamento agradável com eles. Participei como voluntária do conselho e até me ofereci para compartilhar minha experiência profissional, de modo que o grupo trabalhasse nossos valores e nossa visão como comunidade.

No entanto, com o tempo, percebi negligência com relação ao cumprimento dos princípios estabelecidos e uma aplicação seletiva ou inexistente da lei. Quatro anos atrás, vivi uma situação em que meus direitos estavam sendo violados por um vizinho, e, por razões que desconheço, o conselho ficou do lado do vizinho. Em um golpe fatal, meus aliados, cuidadosamente cultivados por mim, transformaram-se em inimigos perigosos, e me senti indefesa, com medo de gerar mais ataques caso tentasse defender a mim mesma ou aos meus interesses.

Os sentimentos de choque e raiva por causa dessa traição rapidamente se transformaram em culpa, vergonha e ansiedade tão profundas que não consegui mais comparecer às reuniões, falar com os vizinhos ou até mesmo andar no quarteirão devido ao medo de ser "atacada". Fiquei obcecada com as conversas fantasmas de minha mente, nas quais realizaria um discurso perfeito para reconquistá-los, ou diria e faria alguma coisa àquelas pessoas motivada

> por vingança, se pelo menos tivesse coragem de fazer algo. Externamente, tentava agir de forma amigável, mas por dentro sentia medo e desprezo, vivendo uma dissonância cansativa. Agora, quero vender a casa e fugir desse lugar e dessas pessoas.

O Seis Social: "Dever"

Com a falta de confiança em si (como o Seis Sexual) ou nas outras pessoas (como o Seis Autopreservação), o Seis Social lida com a paixão do medo e a ansiedade relacionada a ele ao confiar na razão abstrata ou em uma ideologia específica como suporte de referência impessoal. Ele encontra segurança ao confiar nas autoridades, ou na "autoridade" da razão, das regras e do pensamento racional. Ichazo denomina esse tipo "Dever", o que não significa que ele "cumpra seu dever" (embora com frequência o faça), mas que se concentra em "qual é o seu dever". Ao lidar com a ansiedade, o Seis Social consulta as normas associadas a qualquer autoridade que ele respeite. Assim, foca conhecer os pontos de referência — todos eles, por exemplo, qual é a linha do grupo, quem são os mocinhos e os bandidos — e em obedecer às regras do jogo.

Consciente ou inconscientemente, o Seis Social teme não ser aprovado pelas autoridades e acredita que estar seguro implica agir certo — ter regras claras que lhe digam como pensar e agir, conforme estabelecido por uma autoridade. Essa tendência resulta no desenvolvimento de uma mente filosófica, porque quando não se sabe como deveria viver, quando não se confia na intuição ou no senso humano de vida para guiá-lo, é preciso que se torne muito intelectual. Mas esse senso de dever também vira um modo de estruturar a vida: alguém dá as regras e elas são cumpridas.

Arquetipicamente, as diretrizes de qualquer sistema seguido por um Seis Social se tornam um tipo de autoridade que substitui a primeira: os pais, em geral o pai. Embora ele possa ter se rebelado contra o pai ou sido decepcionado por ele, busca uma autoridade benéfica como forma de encontrar segurança. A total submissão e a obediência às autoridades (e às regras relacionadas com elas) o ajudam a se sentir seguro. No entanto, Naranjo observa que a escolha da autoridade errada pode virar um problema para o Seis Social: "Em vez de acreditar na pessoa certa, ele tende a acreditar naquelas que falam como se estivessem certas, pessoas com o talento especial de se fazerem acreditar".[27]

O Seis Social — mais frio do que o Seis Autopreservação — normalmente representa uma mistura de expressões fóbicas e contrafóbicas, encontrando segurança em ser mais meticuloso na condução de si mesmo. Como vive imbuído de ansiedade antecipada (acredita que tudo vai dar errado), só confia na retidão ao seguir regras como forma de lidar com esse sentimento. Sente-se mais seguro em situações que exigem a mente mais clara e em que as coisas estão em categorias mais evidentes. O Seis Social é um bom escoteiro (ou escoteira), dedicado a se engajar no código do grupo e a agir com competência, baseado nesse código.

O Seis Social é mais forte do que o Seis Autopreservação, o que advém mais da certeza do que da incerteza. O Seis Autopreservação é alguém inseguro, que hesita pois não tem certeza. O Seis Social, por sua vez, é alguém que, visando defender-se da insegurança, associada a não ter certeza, torna-se ainda mais seguro. Em situações extremas, talvez vire um "crente verdadeiro" ou um fanático. No Seis Sexual contrafóbico, o medo é transformado em uma postura de força, mas, no Seis Social, "não é o medo que se transforma em um inverso, mas a dúvida".[28]

O Seis Social também pode ser muito idealista, estruturando a vida por meio do engajamento em ideais superiores. Como modo de se sentir seguro, é um personagem que se apega a ideologias e a uma visão particular das coisas.

Em contraste com o Seis Autopreservação, aprisionado na ambivalência e incapaz de tomar decisões, o Seis Social não suporta a ambiguidade, teme a ambivalência e tolera pouco a incerteza, que para ele se iguala à ansiedade. Como resultado, ama a exatidão e vê o mundo mais branco e preto do que cinza.

A mente do Seis Social também é um tanto legisladora, como a de um advogado, e ele gosta de categorias claras. Culturalmente, os alemães são um bom exemplo desse arquétipo, pois apreciam exatidão, ordem e eficiência. O Seis Social, marcado por intensa sensação de dever, idealiza a autoridade e manifesta uma obediência ou devoção generalizada — à lei, ao cumprimento de responsabilidades definidas por autoridades externas —, além da tendência a seguir regras e a valorizar documentos e instituições, e certo tipo de rigidez e organização.

O Seis Social receia cometer um erro e anseia por certezas: alguém com esse subtipo "quer que falem com ele de uma forma específica para que consiga sentir que o locutor saiba do que fala e que esteja certo".[29] Além disso, tem uma inclinação intensamente intelectual e seus padrões de pensamento talvez até assumam a forma de diagramas e fluxogramas.

Em razão de esse Seis não ser muito espontâneo, vive uma vida mais roteirizada. Como resultado de ficar muito na própria cabeça, ele não estabelece muito contato com seus instintos ou com sua intuição. Também tende à timidez, com pouca habilidade para socializar, ou ser motivado ou sensibilizado por algo ou alguém. É possível que se sinta desconfortável com experiências relacionadas a instintos animais desenfreados ou à sexualidade.

O Seis Social pode tender ao exercício do controle, à impaciência, à crítica e à autocrítica. Em virtude de exigir muito de si, talvez insista em que tudo siga os códigos de conduta e os pontos de vista que adota. Outras pessoas possivelmente percebam que o Seis Social é mais frio, em função de agir com extrema formalidade.

Indivíduos desse subtipo têm muitas características em comum com o Tipo Um, especialmente com o Um Autopreservação. Assim como o Um, eles seguem regras e tendem a ser controlados, críticos, trabalhadores, pontuais, precisos e responsáveis. No entanto, enquanto o Um é norteado de modo confiante pelo seu senso de padrões internos, o Seis teme cometer um erro, o que se relaciona a problemas diante uma autoridade exterior.

Nesse subtipo Seis Social, o amor à exatidão e à eficiência também o faz parecer com o Tipo Três; destaca-se, no entanto, que a principal motivação desse Seis é evitar a ansiedade encontrando uma percepção de autoridade em pontos de referência, e não para atingir metas e parecer bom por meio da eficiência.

A.H., um Seis Social, diz:

Na vida adulta, alguns dos meus momentos mais felizes aconteceram depois de me alinhar com um sistema de conhecimento de como viver. Aos trinta anos, descobri não apenas o trabalho de Ken Wilber, mas também vivi uma sensação de clareza e paz porque tudo finalmente fazia sentido. Toda a minha confusão sobre como coisas diferentes se relacionavam de repente se dissolveu. Havia encontrado um sistema em que podia confiar. O mesmo aconteceu há alguns anos, quando me choquei com a descoberta de que meu percentual de gordura corporal atingia quase 25%. Imediatamente pesquisei como melhorar esse percentual. Assim que encontrei uma dieta confiável que combinava alimentação e exercícios, apeguei-me a ela. Em ambos os casos, não só porque tinha regras a seguir, mas também porque elas me colocaram de fato em contato com uma sensação de propósito e conforto.

Agora, o outro lado da história é que internalizei um conjunto de regras sobre como me sentir seguro, fisicamente falando, e fico chateado quando as outras pessoas não as seguem. Nem sei dizer quantas vezes falei à minha esposa: "Cuidado com a cabeça!", nos momentos em que ela passava por uma porta segurando meu filho recém-nascido. Em tais situações, meu corpo reage acelerando muito. Não apenas percebo o perigo, mas também enxergo alguém que não está seguindo as regras, e penso no que fazer para evitar isso. É aí que o cara legal pode virar rude e até mesmo frio diante de um possível ataque. Com frequência, ele parece ousado e até mesmo selvagem, indo de encontro ao perigo de forma assertiva e agressiva, para assim negar e superar o medo (muitas vezes inconsciente).

O Seis Sexual: "Força/Beleza" (contratipo)

O contratipo dos subtipos Seis, o Seis Sexual é o mais contrafóbico, aquele que se volta contra a paixão do medo assumindo uma postura de força e intimidação. Em vez de se sentir efetivamente com medo, esse Seis, em seu interior, acredita que, quando se está com medo, a melhor defesa é uma boa ofensa. Conforme explica Naranjo, habilidade e prontidão aliviam a ansiedade nesse Seis. Ao negar sentimentos de medo, o Seis Sexual vai contra o perigo com uma postura de força; portanto, tem paixão por procurar ou assegurar tal comportamento. E não procura apenas um personagem forte, mas, sim, o tipo de força que deixa alguém com medo, ou seja, quer assumir uma postura poderosa o suficiente que mantenha o inimigo a distância. Esse Seis evidencia a força que vem de não querer ser fraco, sem aceitar a fraqueza em si mesmo.

A força do Seis Sexual é em geral física. Ele a desenvolve, por exemplo, por meio de esportes ou de exercícios que estimulem os músculos, a ponto de sentir a força no próprio físico. E ainda tende a exercer um intenso controle sobre o corpo como forma de cultivar uma sensação de força interior que o leve a evitar as emoções caóticas associadas à liberação de raiva ou de outros impulsos.

Esse Seis também procura ser forte em termos de resistência; desse modo, tenta sentir-se mais forte diante da fadiga, da repressão, da humilhação e da dor. (Nesse aspecto, assemelha-se ao Quatro Autopreservação.) Para o Seis Sexual, a força se conecta em geral a uma ilusão de independência e a uma sensação de ser capaz de passar "ileso" pelos problemas. Ele também pode vivenciar a sensação de ser de alguma forma "mau" por dentro, e, portanto, a força o protege dos próprios ataques interiores contra si. O Seis Sexual necessita não só da força, como também da intimidação. Conforme sugere Naranjo, a expressão de intimidação constitui a essência do personagem: se parecer forte, não será atacado. Embora Naranjo explique que a denominação "Força/Beleza" dada por Ichazo a esse subtipo originalmente significava "força" nos homens e "beleza" nas mulheres, é verdade que a beleza também pode ser uma fonte de força nos Seis Sexuais, tanto nos homens como nas mulheres.

Esse personagem, convivendo com a ideia de que qualquer um pode se tornar perigoso, faz de tudo para não se sentir enganado, manipulado, visando evitar a sensação de que estão aproveitando dele ou atacando-o. Se você pensa e se sente assim, precisa estar preparado para ser forte e organizar uma resistência. Por essa razão, o Seis Sexual não apenas desenvolve força, mas também intimidação: em prol da resistência, de estar preparado para assustar alguém, rebelar-se ou ser contrário.

O Seis Sexual sugere que pode tornar-se violento com qualquer um a qualquer momento, no entanto, isso não significa que não tenha medo. É precisamente por temer que a antecipação de um ataque se concretize, que vive na imaginação um tanto paranoica de perigo, na crença de que qualquer um pode se transformar em ameaça. No entanto, esse Seis não parece medroso, isto é, seu personagem manifesto dificilmente seria chamado de "medroso".

Em contraste com o Seis Autopreservação, que se afasta das ameaças, o Seis Sexual contrafóbico tende a vivenciar situações de risco, sentindo uma sensação de segurança ao confrontar o perigo ao invés de se esconder dele ou evitá-lo. Ele se convence (e convence os outros) de que não é vítima do medo, que julga uma emoção que deve ser sistematicamente eliminada.

Apesar de recorrer à agressividade como parte do seu esforço para intimidar pela força, o Seis Sexual tende a não reconhecer esse aspecto nele mesmo e, inclusive, pode não estar ciente dele, ou pelo menos da sua intensidade. A agressão é expressa principalmente na arena social, e não tanto na vida pessoal, pois ele, em geral, precisa desenvolver algum nível de confiança nos que estão próximos. Além disso, o Seis Sexual também tende a separar suas emoções: a agressão é desconectada do medo, e o sexo, dos sentimentos de amor e intimidade.

O fato de esse Seis com regularidade ir de encontro ao perigo (ou o perigo percebido) pode, às vezes, aparentar rebeldia, ousadia, vício em adrenalina ou ser causador de problemas. Em alguns casos, o Seis Sexual tende à megalomania ou a um "complexo de herói". No entanto, do seu próprio jeito, procura ser uma "boa pessoa" para evitar a punição. Ele pode iludir-se quanto à espontaneidade, pois tende a não tê-la.

O Seis Sexual costuma ser "do contra", sempre com um argumento pronto para rebater e contradizer uma opinião. Em vez de pensar em termos de "melhor" ou "pior" cenário, pensa em cenários contrários; portanto, se os outros focam o pior, ele focará o melhor, mas se todos focam o melhor, ele vai sustentar o pior.

Embora aparente certeza de sua assertividade, o Seis Sexual pode ter dúvidas por bastante tempo, aprisionando-se em escolhas. Frequentemente acreditando na existência de apenas uma verdade, ele opta por ideologias concretas e pragmáticas porque assim se sente seguro, e isso lhe permite exercer o controle do mundo. Ele teme errar e as consequências do equívoco.

O Seis Sexual pode assemelhar-se ao Tipo Oito porque ambos parecem intimidantes, fortes e poderosos. No entanto, em contraste com o Oito, que tende a ser destemido, o Seis Sexual é motivado por um medo implícito, mesmo quando não o percebe conscientemente nem o demonstra. Além disso, enquanto o Oito gosta de criar ordem, o Seis Sexual muitas vezes aprecia interrompê-la, provocando problemas. E mais, ele também se parece com o Três, inclinando-se à ação, à rapidez, à assertividade e ao trabalho. Entretanto, difere do Três pelas fantasias mais paranoicas e pelo fato de sua assertividade basear-se no medo, em vez de na necessidade de realizar objetivos em nome de uma imagem positiva.

Richard, um Seis Sexual, diz:

Para mim, o mundo é um lugar perigoso e, como resultado, mantenho-me em vigilância constantemente. Procurar e detectar discrepâncias nas pessoas e no mundo é uma tarefa contínua e interminável. Como resultado, torna-se cansativo lidar com o mundo exterior.

As ocasiões sociais são especialmente exigentes. Em uma noite recente, eu e minha esposa fomos a uma festa onde havia uns trinta casais, todos em um clima divertido e festivo... inclusive eu. No entanto, percebi rapidamente que, embora minha esposa fosse facilmente envolvida pelas novas pessoas, eu, por outro lado, parecia manter uma "área restrita" (quase 1 metro) ao meu redor por pelo menos a primeira hora.

Percebi que minha abordagem automatizada e inconsciente para lidar com situações incertas e potencialmente ameaçadoras é me apresentar como uma possível ameaça. Claro que não ameaço as pessoas no sentido literal; crio uma energia ou uma aura em torno de mim sem nem sempre perceber. Muitas vezes me pergunto como os outros me sentem quando estou reservado e um tanto estoico, crítico, atento e fisicamente intenso. Em meu interior, tenho a sensação de que estou pronto para entrar em ação a qualquer momento. Recentemente, por meio de terapia, percebi a importância de suprimir o medo (e até possíveis indícios dele) de forma agressiva, assertiva e preconceituosa.

"O trabalho" para o Tipo Seis: mapeando um caminho de crescimento pessoal

Finalmente, à medida que o Seis trabalha em si mesmo e se torna mais autoconsciente, ele aprende a escapar da armadilha de intensificar o medo (por meio de tentativas para reduzi-lo) fazendo o seguinte: incorporando a fé e a coragem, tornando-se consciente de como ele cria uma profecia autorrealizável, aprendendo a confiar mais em si (e nos outros) e assumindo poder e autoridade em vez de projetá-los nos outros.

Para todos nós, despertar para os padrões habituais da personalidade envolve esforços contínuos e conscientes no sentido da auto-observação, da reflexão sobre os significados e as origens do que observamos e do trabalho intenso para combater as tendências automatizadas. Para o Seis, esse processo exige que ele observe as maneiras como lida com o medo e a ansiedade, que explore como se comporta quando está com medo (e os motivos por trás do seu comportamento) e que se empenhe para desenvolver a confiança, a fé e a coragem.

Nesta seção, apresento algumas sugestões do que os Seis podem perceber, explorar e ter como alvo nos esforços para crescer além das restrições de sua personalidade e incorporar as melhores possibilidades associadas ao seu tipo e subtipo.

Auto-observação: desidentificar-se da personalidade ao observá-la em ação

A auto-observação implica a criação de um espaço interno que lhe permita observar de fato, com novos olhos e de uma distância adequada, o que está pensando, sentindo e fazendo no cotidiano. À medida que o Seis observa pensamentos, sentimentos e ações, ele poderá procurar padrões principais expostos a seguir:

Tentar encontrar uma sensação de controle e segurança em um mundo perigoso ao observar, duvidar, testar e questionar

Observe a sua tendência de procurar perigos e ser hipervigilante. Como ela se manifesta em termos de comportamentos, energias e das formas pelas quais se relaciona com os outros? Que tipo de coisas está procurando? Entende que "procurar problemas" pode produzir estresse, sem o ajudar a relaxar e sem lhe trazer a sensação de segurança? Observe sua cética mente em ação e observe os padrões de pensamentos envolvidos. Perceba o seu hábito de questionar a si mesmo e aos outros. Como isso o ajuda? Como pode prejudicá-lo? Observe a que instrumentos recorre para testar as outras pessoas. Essa tendência o auxilia a esclarecer as coisas ou impõe barreiras que o impedem de se conectar com os outros? Avalie seu pensamento para ver se fica aprisionado em padrões circulares e explore por que talvez lhe seja difícil escapar desse ciclo mental.

Projetar o medo, a ansiedade e o poder nos outros, especialmente em autoridades

É possível que seja difícil testemunhar a atividade da projeção em você, mas tente se flagrar no ato de negação de seus medos e do seu poder. Quando consegue imaginar que uma fonte externa cause seu medo? Ou seja, quando procura pessoas e situações com as quais conectar sua ansiedade para que se convença de que elas são de alguma forma culpadas, em vez de assumir seus sentimentos e as razões por trás deles? Você nutre pensamentos de que outra pessoa é a causa dos problemas que enfrenta e pensa no que ela faz de ruim como forma de se desviar da ansiedade? Preste muita atenção em como se sente, no que pensa e em como se relaciona com figuras de autoridade. Avalie o que talvez esteja projetando nelas, em termos de medos e de poder renegado, e como essas projeções porventura influenciam suas percepções e o que está acontecendo.

Agir no medo de diferentes maneiras, em vez de assumi-lo, estar com ele e gerenciá-lo

Quando permanecemos inconscientes às emoções que impulsionam nosso comportamento, tendemos a "representá-las" a fim de evitar sentir coisas talvez complicadas. Essa situação pode ocasionar problemas, na medida em que continuamos inconscientes dos reais motivos que norteiam como lidamos com as coisas. O Seis pode agir com medo ao pensar demais, criando os piores cenários, construindo fantasias negativas sobre as más intenções dos outros, tornando-se indeciso e incapaz de agir, ou então quando procrastina. Se você é um Seis, será importante que perceba como vê o medo e a ansiedade como motivadores de seu comportamento e procure sinais quando tais sentimentos atuarem inconscientemente, em vez de vivenciá-los por completo. Observe se sente medo e ansiedade e que formas eles assumem. Perceba também se não sente de modo exagerado medo ou ansiedade, pois isso talvez indique que você está expressando de outras formas (por exemplo, por meio de inibições) ao evitar fantasias imaginativas ou paranoicas, projeções, análise excessiva ou superintelectualização.

Autoquestionamento e autorreflexão: reunindo mais informações para expandir o autoconhecimento

À medida que o Seis observa determinados padrões em si mesmo, o próximo passo no caminho de crescimento do Eneagrama é *entendê-los* melhor. Por que existem? De onde vêm? Com que objetivos? Como criam problemas quando se destinam a ajudá-lo? Muitas vezes, ver as causas básicas de um hábito — por que existe e o que é projetado a fazer — permite a você sair do padrão. Em outros casos, com hábitos mais arraigados, saber como e por que atuam como defesas pode ser o primeiro passo para finalmente libertá-los.

Em seguida, sugiro alguns questionamentos que o Seis pode se fazer, e algumas possíveis respostas que merecem ser consideradas para obter mais informações sobre as origens, o funcionamento e as consequências desses padrões.

Como e por que esses padrões se desenvolveram? Como esses hábitos ajudam o Tipo Seis a lidar com o problema?

Compreendendo as origens dos padrões defensivos e o fato de eles atuarem como estratégias para lidar com o problema, o Seis tem a oportunidade de expandir sua consciência no sentido de como as principais estratégias para lidar com o medo e a ansiedade funcionam na vida dele para, assim, ajudá-lo a encontrar a sensação de segurança. Se o Seis relatar sua infância e entender como e por que desenvolveu maneiras habituais de lidar com o medo, poderá ter mais autocompaixão. Investigar esses padrões o auxiliará no controle como forma de enfrentar o medo e a compreender que tendências como a hipervigilância, a dúvida, a análise excessiva e a paranoia se desenvolveram como elemento de apoio às estratégias específicas para lidar com o problema, as quais ele usa para controlar o medo, o risco e a ameaça.

De que emoções dolorosas os padrões do Tipo Seis o protegem?

A personalidade nos protege de emoções dolorosas, incluindo o que Karen Horney, psicanalista alemã, denomina "ansiedade básica", uma preocupação com o estresse emocional de não satisfazermos nossas necessidades elementares. Ironicamente, as estratégias a que o Seis recorre para tentar exercer algum controle em um mundo assustador talvez mascarem sentimentos mais profundos de medo e ansiedade, assim os exacerbando. Afinal, embora tais estratégias mantenham o Seis focado em ameaças, muitas vezes não conseguem afastá-lo delas, e em especial os hábitos de questionar e duvidar viram armadilhas circulares. Além disso, dependendo do subtipo Seis, alguns dos padrões típicos no Seis também podem representar proteção contra sentimentos de raiva, tristeza, culpa ou solidão. Em particular, o Seis Autopreservação muitas vezes sente que a agressão é um tabu, e os hábitos defensivos que adota reforçam nele a incapacidade de acessar a raiva. O foco no medo também funciona para evitar sentimentos de culpa ou vergonha, os quais o Seis tende a vivenciar em um nível mais profundo, resultado de ter sentido desde a infância que não valia a pena ser protegido.

Por que estou fazendo isso? Como os padrões do Tipo Seis funcionam em mim neste momento?

Ao refletir sobre o funcionamento desses padrões, os três tipos Seis podem ampliar sua consciência a respeito de como esses padrões se manifestam no cotidiano e no momento presente. Se conseguir conscientemente se flagrar no aprisionamento da dúvida, do questionamento, da desconfiança ou da suspeita de elementos que lhe permitirão se sentir seguro, talvez desperte para as motivações mais profundas que o impulsionam nas tentativas às vezes autodestrutivas de reduzir riscos e lidar com a ameaça, ou seja, compreenderá como *expandir* a sensação de insegurança por meio de esforços para enfrentar problemas e perigos. Ao entender exatamente o que o está motivando a proclamar padrões recorrentes (hipervigilância, pensamentos e atos "do contra", rebeldia e até paranoia), é bem possível que conquiste uma boa dose de proveitoso e viável autoconhecimento.

Quais são os pontos cegos desses padrões? O que o Tipo Seis não percebe em si?

Para de fato expandir seu autoconhecimento, será importante o Seis tornar-se mais consciente do que não vê quando sua programação de personalidade está dirigindo o espetáculo. Embora os pontos cegos variem de acordo com o subtipo, o crescimento do Seis ganhará produtividade se o indivíduo desenvolver mais consciência das áreas da sua experiência nas quais se escondem as defesas, como a verdadeira natureza e as origens do medo, da ansiedade e da agressão. O Seis tende a não querer perceber a amplitude do seu medo e as razões por trás desse processo, pois isso pode provocar o avivamento das ansiedades. O Seis que tende a reagir ao medo implícito recorrendo a padrões contrafóbicos pode ficar cego aos sentimentos mais vulneráveis e aos medos característicos dele. Por outro lado, o Seis mais fóbico evita assumir sua agressividade, seu poder e sua autoridade. Em razão de o Seis tender a projetar seu poder nos outros, isso poderá ajudá-lo a reconhecer o poder e a autoconfiança que inconscientemente negou.

Quais são os efeitos ou as consequências desses padrões? Como eles me aprisionam?

Em virtude da natureza potencialmente cíclica da dúvida, do questionamento, da autoacusação e da insegurança, muitas vezes os esforços do Seis para lidar com o medo e a ansiedade são autodestrutivos. Se ele não consegue evitar a dúvida e o questionamento por conta da necessidade de encontrar alguma segurança na certeza, e se duvida da própria dúvida, talvez lhe seja complicado cessar o questionamento e localizar de fato um sentido sólido sobre alguma coisa de que tenha certeza. De forma alternativa, o Seis, alguém que encontra na segurança exacerbada um modo de combater a insegurança da ambiguidade e da dúvida, pode se alinhar com demasiada rapidez ou de maneira muito rígida à autoridade errada. Ser muito inseguro e fraco, facilmente seduzido por um sistema ou por uma pessoa autoritária, ou o contrário, muito agressivo e intimidador como forma de afastar as ameaças, são padrões que podem criar mais problemas do que resolvê-los. Projetar medos nos outros e criar imagens

Autodesenvolvimento: visar a um estado mais elevado de consciência

Para todos que buscamos despertar, o próximo passo no trabalho com o conhecimento da personalidade envolve injetar mais esforço consciente e capacidade de escolhas em nossas ações, pensamentos e sentimentos. Nesta seção, sugiro algumas ideias sobre o "que fazer" depois de observar seus padrões principais e investigar suas origens, formas de funcionamento e consequências.

Esta última seção está dividida em três partes, cada qual correspondendo a um dos três processos de crescimento conectados ao sistema do Eneagrama: 1) "o que fazer" para efetivamente combater os padrões automatizados do seu tipo central (apresentados na seção de "auto-observação"), 2) de que maneira usar o Fluxo Interno do caminho das flechas do Eneagrama como mapa de crescimento e 3) como estudar a paixão (ou "vício") e conscientemente buscar incorporar seu inverso, o antídoto, a "virtude" superior do tipo.

Os três principais padrões de personalidade do Tipo Seis: "o que fazer" para lidar com eles

Tente encontrar uma sensação de controle e segurança em um mundo perigoso ao observar, duvidar, testar e questionar

Reconheça que a incerteza é parte inevitável da vida.

Assim como o Tipo Um se beneficia ao aceitar que a imperfeição é inerente à vida humana, o Seis pode se beneficiar ao reconhecer que a incerteza faz parte da vida. O Seis tem uma mente analítica bem superficial, e, portanto, será impossível, ou quase, erradicar toda a incerteza; como o Seis bem sabe, a natureza da realidade também depende das circunstâncias, então, serão frustrados os esforços para alcançar um ideal de certeza.

Em vez de se permitir ficar aprisionado em um ciclo implacável de questionamento enquanto procura provas de que algo é verdadeiro, lembre-se de que a busca lhe possibilitará saber que está com medo. Em vez dos contínuos testes mentais, saia da sua cabeça e observe, a distância, o que está fazendo. Olhe seu coração e se pergunte o que está sentindo e do que precisa emocionalmente. Ouça-se de modo visceral. Lembre-se de que a busca pela certeza não o levará a lugar algum, e por isso é importante que se desvie conscientemente desse vórtice inútil.

Lembre-se de que tendemos a encontrar o que procuramos.

De certa forma, o hábito de vigiar atentamente os sinais de perigo talvez o leve a vê-lo em todo lugar. Na medida em que criamos nossa própria realidade através de nossas lentes para olhar o mundo, o Seis encontra problemas porque os procura. Assim, vê o mundo como sinônimo de problemas porque sua mente habitualmente os procura para corrigi-los. Portanto, é importante o Seis perceber quando fica obcecado em procurar ameaças e problemas e, conscientemente, desfocar sua atenção para os aspectos mais positivos da vida. Enquanto o Seis tende a se ver como realista, os outros podem percebê-lo como pessimista, porque o padrão de buscar problemas para resolvê-los soa como se ele se concentrasse apenas no negativo. Por conseguinte, em vez de ver o copo meio vazio (ou em vez de procurar furo nele), tente vê-lo meio cheio.

Saia da cabeça e entre no corpo.

O Seis pode basear-se bem no mental e no intelectual. Ele gera medo e ansiedade em razão da tendência de imaginar o pior, em seguida planejando o que fazer se isso se concretizar. O medo atua na cabeça do Seis como antecipação ao negativo, mesmo que ele conceba esse tipo de expectativa proativa como um elemento positivo. Assim, uma maneira de trabalhar contra todo esse pensamento preparatório, a ansiedade e os ciclos negativos provavelmente gerados a partir disso é sair por completo da cabeça e entrar no corpo. Os exercícios físicos devem ajudá-lo a ancorar a consciência no "momento presente", em uma experiência de eu corporal, transformando o modo padrão de atividade mental que o mantém aprisionado. Portanto, se você é desse tipo, faça questão de se exercitar com regularidade, respirando conscientemente a partir da barriga e concentrando-se nas vísceras como forma de se lembrar de que precisa visitar outras partes do seu eu a fim de conciliar todo esse pensamento.

Projetar o medo, a ansiedade e o poder nos outros, sobretudo nas autoridades

Aprenda a discernir a diferença entre intuição e projeção.

O Seis incorpora duas tendências: uma natureza intuitiva e a capacidade de habitualmente projetar. Por esse motivo, é importante que ele aprenda a diferenciar informações baseadas no conhecimento interior daquelas baseadas no que ele rejeita e atribui aos outros. O Seis projeta uma separação e se associa defensivamente a um elemento ou sentimento ameaçador. Quando ele confunde projeção com intuição, pode *achar* que conhece as palavras ou as ações de alguém, mas não as conhece de fato. Ao inconscientemente culpar os outros pelos sentimentos dele, permanece inconsciente dos seus pontos cegos e das emoções renegadas, estabelecendo relações potencialmente paranoicas ou alienantes. Por isso, é importante que o Seis sempre se cheque e pergunte: "Isso é algo que conheço intuitivamente ou algo que estou projetando?". Então, ele precisará avaliar as evidências com bastante objetividade e solicitar a outras pessoas informações confiáveis sobre a leitura das evidências, caso lhe pareça difícil discernir. Se o leitor é um Seis e acha que alguém está furioso com você ou até mesmo o julgando, pergunte-lhe diretamente antes de inventar uma história inteira envolvendo a situação.

Reivindique conscientemente o que você está projetando.

O Seis deve trabalhar para não projetar medo, poder e outras coisas nas pessoas, detectando as próprias ideias sobre os outros e procurando extravasar suas emoções, experiências e qualidades renegadas. Se você é um Seis e tem um sentido aguçado de julgamento, ansiedade ou preocupação direcionado a alguém, examine as histórias que está inventando sobre isso. Explore o motivo pelo qual projeta esses sentimentos na pessoa como forma de explicar por que é perigosa, e você, inocente. Alternativamente, observe quando projeta seu poder em alguém e se vê como impotente; considere que talvez esteja subestimando sua própria força para encontrar um herói ou uma ameaça externa.

Trabalhe para estar mais atento aos seus problemas com a autoridade.

Conforme aponta Naranjo, os três tipos de personalidades do Tipo Seis têm problemas com as autoridades: eles necessitam, mas desconfiam delas, amando-as e também as odiando. Assim, relacionamentos hierárquicos e que envolvem autoridade configuram áreas importantes para o Seis expandir o nível de consciência dos seus hábitos defensivos. Ele vai querer prestar muita atenção aos sentimentos e aos pensamentos despertados nos relacionamentos com as autoridades, ou tentar confiar mais (quando a evidência é justificada) neles, ou adquirir independência, poder e sabedoria próprios. O Seis será ajudado, ao longo do caminho de crescimento consciente em direção ao seu mais naturalmente poderoso "Eu-árvore de carvalho", caso consiga se abster de manifestar uma dependência excessiva de autoridades externas como compensação por sua insegurança e assuma seu poder, vulnerabilidade e energia, elementos que surgem quando ele se torna capaz de ser vulnerável.

Agindo no medo de diferentes modos, em vez de assumi-lo, estar com ele e gerenciá-lo com mais consciência

Reconheça a "luta", a "fuga" e a "paralisação" como reações de medo.

Se você aprender a identificar suas reações específicas ao medo assim que surgem, conseguirá desenvolver uma noção mais clara de como reage a ele, da atitude a tomar e fará uma escolha mais consciente sobre suas reações. Se tiver mais clareza, criar espaço e sentir autocompaixão em relação às maneiras como o medo surge, navegará com mais facilidade e mais consciência em experiências que impliquem esse sentimento. Quer fuja e se esconda, quer fique paralisado por excesso de pensamento ou excesso de confiança em regras, quer assuma uma atitude de rebeldia, vale a pena expandir sua consciência de como o medo aparece e desenvolver a habilidade de identificar as pistas para saber exatamente como ele está norteando seus pensamentos, seus sentimentos e suas ações.

Aprenda a sentir, gerenciar e abandonar o medo.

Trabalhar com o medo faz parte do caminho de crescimento do Seis. Refletir não apenas sobre como surge (ou é evitado), mas também sobre como se relaciona com ele, avaliando suas consequências, é fundamental para observar o funcionamento de sua personalidade. Ao sentir medo, verifique os sinais. O que de fato está (objetivamente) acontecendo? Será importante avaliar com honestidade se suas preocupações são equivocadas ou inventadas, e não uma verdadeira representação da realidade. À medida que aprender a identificar como o medo surge, conseguirá examiná-lo, explorá-lo, modulá-lo ou acalmá-lo mais conscientemente.

Alguns Seis não relatam ter vivenciado uma experiência relevante de medo. São pessoas que talvez estejam mais conscientes dos sentimentos de raiva ou de como agem por meio do medo, sem entender que ele as impulsiona. Alguém pode trabalhar arduamente, ou estar ansioso com alguma coisa, ou movimentar-se com agressividade, sem ter clareza de que emoções norteiam suas ações. Nesses tipos de situações, será importante para um Seis olhar mais para baixo e identificar qualquer esforço, agressão ou sentimento desafiador que possa sinalizar os medos escondidos que está evitando, para a partir disso agir contra eles e trabalhar para entender e gerenciar as possíveis reações.

Como resposta ao medo, tenha mais fé.

Assim como o medo é uma sensação antecipada de que algo vai dar errado, a fé é a capacidade de abandonar o medo e acreditar que as coisas em geral acabam bem. Se, como Seis, você conseguir sair da sua cabeça e entrar no seu instinto (ou seu coração), conscientemente desviará a atenção da análise mental, sairá dos pensamentos e entrará nas emoções e no saber instintivo, que lhe oferecerão outro tipo de informação e, portanto, poderão ajudá-lo a romper a confiança na busca intelectual da certeza como uma forma de se tranquilizar.

O Fluxo Interno para o Tipo Seis: usando o caminho das flechas para mapear o caminho de crescimento

No Capítulo 1, apresentei o modelo do Fluxo Interno do caminho das flechas, que define uma dimensão do movimento dinâmico no modelo do Eneagrama. As conexões e o fluxo entre cada tipo central, seu ponto "crescimento-estresse" e seu ponto "coração-criança" mapeiam um tipo de caminho de desenvolvimento descrito pelo símbolo. Como lembrete, o caminho das flechas é visto como uma sugestão para o caminho de crescimento de cada tipo:

- A direção desde o ponto central no sentido da flecha é o caminho de desenvolvimento. O ponto "crescimento-estresse", posicionado mais adiante, representa os desafios específicos que a natureza do ponto fundamental da nossa personalidade coloca diante de nós.
- A direção contrária da flecha, desde o ponto central até o "coração-criança", indica as questões e as temáticas da infância que precisam ser conscientemente reconhecidas para que avancemos e não nos atrasemos em assuntos inacabados do passado. Esse ponto "coração-criança" representa as qualidades de segurança que reprimimos de modo inconsciente, as quais ocasionalmente retornam em épocas de estresse ou em busca de segurança, mas devem ser reintegradas conscientemente.

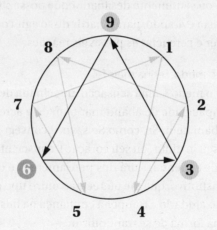

O Tipo Seis movendo-se em direção ao Tipo Três: usando conscientemente o ponto "crescimento-estresse" do Três para desenvolvimento e expansão

O caminho de crescimento do Fluxo Interno para o Tipo Seis o coloca em contato direto com os desafios incorporados no Tipo Três: desenvolver a capacidade de usar metas e relacionamentos como instrumentos de suporte para superar o medo, agir e conquistar resultados. Em situações extremamente estressantes, o Seis pode representar de forma defensiva o "aspecto mais frágil" do Três, recorrendo a uma ação frenética ou a um esforço ansioso. No entanto, ao participar do Ponto Três com consciência e procurar incorporar as melhores qualidades do Tipo Três, por exemplo, produtividade, honestidade e esperança, o Seis pode trabalhar contra os medos que o limitam. Considerando que tende a ficar paralisado pelo medo e pela análise excessiva, ou a se lançar em um pesado e tenso trabalho, o Seis pode usar o Ponto Três para desviar sua atenção dos medos e das ansiedades, concentrando-se assim na dignidade dos seus objetivos, nos aspectos positivos interligados para impressionar os outros com um bom trabalho e no orgulho sincero da realização. Assim como, em situações extremas, aprisionar-se no medo pode ameaçar o bem-estar do Seis, o contrário o ajudará a aprender a usar a motivação natural do Três em relação ao progresso e à realização de metas como forma de neutralizar o hábito do Seis de se aprisionar na inação ou na indecisão.

O Seis que trabalha com consciência deve usar prontamente as ferramentas saudáveis do Tipo Três: autoconfiança, capacidade de gerenciar sentimentos e dedicação aos resultados. O aspecto superior da postura do Três baseia-se na autoexpressão sincera, no prazer de agir em nome de que as coisas de fato aconteçam e na expectativa positiva de que será recompensado por seus esforços. Esses três aspectos talvez atuem como fonte de equilíbrio para a preocupação do Seis com o que poderia dar errado, o que pode enfraquecer sua capacidade de agir. Concentrando-se na realização das capacidades superiores do Tipo Três (impulso, diligência, perspectiva positiva e desejo saudável de reconhecimento do Ponto Três), é bem provável que o Seis contrarie sua tendência de se debilitar por meio da insegurança, da dúvida e do medo de chamar a atenção e tornar-se alvo. Em vez de despender energia observando o "perigoso" mundo exterior, ou de lutar contra suas ansiedades interiores, ele poderá investir energias em esforços que sustentem sua capacidade de se expressar no mundo, equilibrando medo e dúvida com esperança e confiança; desse modo, contribuirá produtivamente para a sociedade.

O Tipo Seis movendo-se em direção ao Tipo Nove: usando conscientemente o ponto "coração-criança" para trabalhar questões dos anos iniciais e encontrar a segurança como suporte para avançar

O caminho de crescimento do Tipo Seis exige que recupere a capacidade de relaxar nos relacionamentos e siga o fluxo da vida sem se preocupar com as ameaças do ambiente ou com alguma coisa ruim acontecendo. É possível que o Seis não tenha encontrado apoio interno nas conexões com os outros, porque podem ter sido ameaçadores, punitivos, imprevisíveis, ausentes ou ineficazes. Portanto, incapaz de se misturar com as pessoas e encontrar uma sensação confortável de união nos relacionamentos, o Seis precisou quase sempre se afastar para se proteger de pessoas perigosas, ou encontrar segurança na independência. O Nove costuma dizer que confia nos outros com facilidade, mas muitos Seis, não vivenciando essa experiência quando mais novos, ficaram aprisionados na desconfiança e na suspeita como estratégia de sobrevivência.

O Seis pode retornar ao ponto "coração-criança" do Nove como forma de encontrar uma sensação de segurança por meio da união com algo ou alguém seguro, ou seja, refugiando-se em um lugar confortável ou em uma verdadeira união com o outro. Sandra Maitri explica que dentro de cada Seis existe uma criança preguiçosa Nove que "só quer ficar debaixo das cobertas, sem sair para enfrentar o mundo, buscando apenas a sensação de conforto e de ânimo".[30] Nesse sentido, o Ponto Nove representa não só um lugar de segurança e conforto no qual o Seis se refugia para estar a salvo de um mundo perigoso, mas também uma maneira de se aprisionar ainda mais à inatividade quando está estressado. O Seis que vai para os aspectos menos positivos do Nove, sem integrar conscientemente suas qualidades, pode se anular em inação, inércia e união inconsciente com os outros quando suas ansiedades o afastarem da vida e o desligarem.

Navegando conscientemente, um Seis deve usar o "movimento para o Nove" para desenvolver um equilíbrio saudável entre precaver-se dos elementos que ameaçam seu bem-estar e poder relaxar na segurança dos relacionamentos que lhe oferecem apoio. Concentrando-se nos atributos desse ponto "coração-criança", o Seis terá chances de entender as coisas de que precisou nos relacionamentos da infância, ainda que não as recebendo o suficiente, e, então, buscá-las como forma de atenuar o medo e a desconfiança desenvolvidos para sobreviver. Desse modo, o "retorno para o Nove" constituirá uma maneira de o Seis recuperar a sensação de perda de conforto ao se unir com os objetivos e as vontades dos outros, o que lhe possibilitará encontrar bem-estar nos relacionamentos. Portanto, o Seis poderá recorrer ao Ponto Nove visando trabalhar sua necessidade de se afastar dos outros como defesa para se distanciar das ameaças, e aprenderá a ver com mais profundidade os pontos de vista de diferentes pessoas. Se ele conseguir reincorporar alguns dos aspectos superiores do Ponto Nove, talvez se liberte de hábitos baseados no medo, os quais o impedem de progredir em direção ao Ponto Três. Ao voltar a se envolver com as qualidades naturais do Tipo Nove (confiança e conforto nos outros), o Seis conscientemente se lembrará de que não há problemas em abandonar as defesas e relaxar de vez em quando. Em vez de precisar se proteger das mágoas causadas por outros, o que o leva a viver em alerta, ele recuperará sua capacidade de se abrir mais para o mundo e de cultivar o apreço pelas opiniões e pelas abordagens de vida das pessoas. Assim, o Seis conciliará seu medo das intenções ocultas dos outros com a capacidade de encontrar segurança, em um sentido mais profundo, de ser e de conectar-se com as pessoas.

A conversão do vício em virtude: acessar o medo e visar à coragem

O caminho de crescimento do vício para a virtude é uma das contribuições fundamentais do mapa do Eneagrama, ao destacar um caminho "vertical" de uso de desenvolvimento para um estado de consciência mais elevado para cada tipo. No Tipo Seis, o "vício" (ou paixão) é o medo, e seu inverso, a virtude, é a *coragem*. A teoria de crescimento transmitida pela conversão do "vício em virtude" se refere ao fato de que, quanto mais estivermos cientes do funcionamento de nossa paixão e trabalharmos conscientemente na incorporação da nossa virtude superior, mais nos libertaremos dos hábitos inconscientes e dos padrões fixados do nosso tipo, evoluindo para o nosso lado "mais elevado" (ou "Eu-árvore de carvalho").

À medida que o Seis se familiarizar com a experiência do medo e desenvolver a capacidade de torná-lo mais consciente, deverá levar o trabalho adiante, esforçando-se em proclamar sua virtude, o "antídoto" para a paixão do medo. No caso do Tipo Seis, a virtude da coragem representa um estado de ser que ele pode alcançar por meio da manifestação consciente de suas capacidades superiores.

A coragem envolve estar atento aos perigos inerentes do mundo e, ao mesmo tempo, ser capaz de desfrutar uma sensação natural de confiança ao encontrá-los. A virtude superior engloba a capacidade de enfrentarmos nossos medos e nossas ansiedades mais profundas, seguros do que é necessário para lidar com eles. A coragem também representa o apoio interior que nos oferecemos, de modo que nos livremos das defesas do ego e cresçamos para além da estrutura limitada da nossa personalidade. Ichazo definiu coragem como "o reconhecimento da responsabilidade do indivíduo por sua própria existência", e também como o movimento natural do corpo em se autopreservar.[31] A coragem não exige pensamento, nem vigilância, nem agressão; ao contrário, ela surge de uma profunda fonte de conhecimento interior, da ideia de que conseguimos cuidar de nós mesmos.

Incorporar a coragem como um Seis significa não apenas que se tem a capacidade de enfrentar os perigos externos com confiança, mas também de se abrir e explorar o território interior. Conforme aponta Maitri, em virtude da poderosa atração da inconsciência (simbolizada pelo Ponto Nove), uma das coisas mais difíceis é nos comprometermos a conhecer nossa realidade interior. Assim, a coragem representa a qualidade que incorporamos quando, recorrendo ao que for preciso, prestamos atenção ao que está acontecendo dentro de nós, apesar da constante tentação de permanecermos em uma situação confortável para assim evitar qualquer dor e medo. Adormecer para nós mesmos é muito fácil, mas é difícil perseverarmos no engajamento no processo de nos conhecer, o que exige coragem para, conscientes, despertarmos para nós mesmos, sobretudo porque acordar implica inevitavelmente deparar com sofrimento. Além disso, a coragem significa a vontade de saber quem de fato somos e em quem podemos nos transformar, mesmo quando isso nos leva aos medos e a todas as outras emoções dolorosas e assustadoras que sentimos ao adormecer (e relegar à sombra), visando sobreviver diante de nossa personalidade ainda na infância.

Todos vivenciamos a inércia — o desejo de continuarmos adormecidos — e o medo — o desabamento de nossas defesas protetoras —, e todos devemos ter a coragem de tentar nos manter despertos para a dor e o medo mais profundo, sentimentos que deixamos de lado desde a infância. A coragem nos permite (e também ao Seis) enfrentar nossos medos e sofrimentos de modo que de fato cresçamos. A virtude do Ponto Seis representa a habilidade, profundamente sentida, de participar mais, e com mais segurança, da vida. Nesse sentido, a virtude da coragem do Seis reflete tanto um recurso interior real e inerente a quem nós somos, como um modelo daquilo que podemos desenvolver e assumir mais conscientemente, à medida que tentamos abandonar as defesas protetoras associadas à personalidade condicionada. Como dizia C.S. Lewis, "a coragem não é simplesmente uma das virtudes, mas a forma de cada virtude em um momento decisivo".[32]

Trabalho específico para os três subtipos do Tipo Seis no caminho do vício para a virtude

Seja qual for o tipo, o caminho de observar a paixão para encontrar o antídoto não é exatamente o mesmo para cada um dos subtipos. O caminho para um trabalho interior mais consciente tem sido caracterizado em termos de "determinação, esforço e graça:"[33] a "determinação" dos hábitos da nossa personalidade, o "esforço" empregado em nosso processo de crescimento e a "graça" que alcançamos quando trabalhamos para incorporar nossa virtude de forma positiva e consciente. De acordo com Naranjo, cada subtipo precisa esforçar-se contra algo levemente diferente. Esse *insight* constitui um dos maiores benefícios de entender os três diferentes subtipos de cada um dos nove tipos.

O *Seis Autopreservação* costuma percorrer o caminho do medo para a coragem manifestando-se de modo direto, sem ser vago, tomando decisões sem se perder em questionamentos e tendo a coragem de satisfazer suas necessidades, sem buscar apoio e proteção nos outros. Se você é um Seis Autopreservação, deve trabalhar para incorporar a coragem, dando voz à agressão de maneira consciente e construtiva. Assuma o risco de aprender a aspirar à agressão e à confiança de forma mais ativa, em apoio a si mesmo. Desafie-se a abandonar a compulsão de sempre ser bom e dócil, e pratique o sentimento da raiva. Tenha coragem de dizer com mais clareza o que pensa, em especial quando teme que os outros o desaprovem. Declare suas opiniões e preferências não com reatividade, sob pressão, mas assumindo a confiança, que se relaciona ao seu poder e à sua força. Arrisque-se a ser "mau", a ficar bravo e a expressar mais quem você é, sem desculpas ou dúvidas. Tenha a coragem de incorporar seu poder e sua autoridade, sem os projetar nos outros. Em vez de esperar o apoio das pessoas, assuma suas qualidades positivas (e são muitas), de modo que incremente sua autoconfiança. Trabalhe para ter uma percepção mais consciente da sua força e da força do seu propósito, sabendo que tem a coragem de se sustentar no mundo, independentemente de como isso ocorra.

O *Seis Social* pode navegar pelo caminho do medo em direção à coragem ao esquecer qual é ou não seu dever e conectando-se mais diretamente aos seus instintos, à sua própria intuição e à vida como um todo. Se você é um Seis Social, reconheça que viver do intelecto não lhe permite avançar além de certo ponto; sua cabeça não é necessariamente a parte certa para lhe dizer como viver em plenitude. Permita-se ficar um pouco amalucado e esquecer todas as regras e pontos de referência. Você crescerá mais em direção à coragem se conseguir aprender a abandonar seu método de pensamentos, suas ideias sobre o que lhe cabe como dever e suas categorias claras, e desenvolver a capacidade de se tornar sua própria autoridade. Explore como pode estar criando uma ideologia — ou mesmo a própria "racionalidade" —, uma autoridade impessoal em que confia, pois é fonte de apoio ou substituta dos pais; em vez disso, corra o risco de assumir seu próprio poder. Torne-se mais consciente de como pode estar compensando uma figura paterna que o decepcionou, de modo que não precise se basear tanto no que estiver usando como autoridade norteadora de sua vida. Não seja guiado com tanto exagero pelos seus mapas intelectuais; aja mais a partir do instinto. Tenha a coragem de buscar o prazer, e não o dever, sabendo que o caminho real para manifestar suas melhores capacidades implica que se conecte ao seu poder e à sua satisfação em todos os níveis.

O *Seis Sexual* pode percorrer o caminho do medo à coragem aprendendo a ser mais vulnerável. Se você é um Seis Sexual, talvez às vezes se sinta corajoso, mas não confunda a agressão e a "força" nascida do medo da verdadeira coragem. Conforme afirma Naranjo, a coragem do Seis Sexual é a de ter uma arma. Desarme-se e aprenda a alcançar as emoções vulneráveis como uma fonte verdadeira de força, poder e coragem. Perceba como ser forte mascara o medo e outros sentimentos vulneráveis que sinta, e trabalhe para entrar em contato com eles, em vez de sempre se refugiar na capacidade de anular o medo e parecer exteriormente forte. Empenhe-se na coragem de ser menos defensivo com mais pessoas, de maneira mais frequente. Permita-se sentir prazer sem ambivalências e vivenciar a ternura sem reservas. Note como o medo de perder sua liberdade e independência o leva a afastar as pessoas, e trabalhe para aprender a confiar mais nelas, inclusive recorrendo a seus sentimentos mais vulneráveis. Permita-se ser guiado mais pelo instinto, pela intuição e pelas emoções mais suaves, para que expanda a forma que se relaciona consigo mesmo e se abra para os outros. Reconheça que poderá libertar-se do medo que o mantém aprisionado na dura casca do seu "eu-semente" ao aceitar que nem sempre precisa ser tão forte e tão vigilante.

Conclusão

O Ponto Seis representa a maneira como nos protegemos dos outros e do mundo em razão da necessidade de nos sentir seguros. O caminho de crescimento para o Seis nos demonstra como transformar nosso medo, inclusive todas as suas manifestações, em coragem e força de propósito, o que nos permitirá encontrar mais sensação de segurança dentro de nós, a fim de que despertemos para tudo o que podemos nos tornar. Em cada um dos subtipos do Tipo Seis, há um personagem que nos ensina o que é possível quando transformamos nosso medo na capacidade plenamente desperta de ter a coragem de enfrentar o que nos assusta — por dentro e por fora — por meio da alquimia da auto-observação, do autodesenvolvimento e do autoconhecimento.

CAPÍTULO 7

O arquétipo do ponto Cinco: o tipo, os subtipos e o caminho de crescimento

Viaja mais rápido quem viaja sozinho.

RUDYARD KIPLING

Jamais encontrei companheiro que me fosse mais companheiro do que a solidão.

HENRY DAVID THOREAU, *WALDEN*

O entendimento é uma espécie de êxtase.

CARL SAGAN

O Tipo Cinco representa o arquétipo da pessoa que, buscando refugiar-se em seu íntimo, se retrai no pensamento e se desprende da sensibilidade, o que implica encontrar privacidade e autonomia em um mundo que parece intrusivo, negligente ou opressivo. Esse arquétipo é movido fundamentalmente pelo impulso de encontrar segurança não apenas minimizando as necessidades, mas também usando os recursos de modo econômico para, assim, limitar e controlar as demandas externas. No Cinco, a necessidade humana natural por pessoas pode ser deslocada para uma sede de conhecimento, de forma que o apoio interno venha da informação e dos limites concretos, e não das relações sociais.

Constatamos uma característica importante desse arquétipo no conceito de "introversão" de Jung. Assim, embora o Cinco seja introvertido ou inclinado em especial para o mundo interior, tendência que pode ser comum a todos os tipos de personalidade, "o introvertido", conforme a psicologia junguiana, reflete particularmente os traços definidores do arquétipo do Ponto Cinco.

De acordo com June Singer, analista junguiana e escritora, o introvertido "se orienta sobretudo para uma compreensão do que ele percebe".[1] A atenção do introvertido concentra-se principalmente no "seu próprio ser", o "centro de todos os interesses". As demais pessoas importam no sentido dos aspectos em que poderiam afetar o introvertido, cujo "interesse pelo autoconhecimento o impede de ser dominado pela influência do ambiente objetivo em que circula".[2] Portanto, o introvertido "defende-se das reivindicações externas, consolidando sua posição"[3] de segurança. Nas palavras de Naranjo, a introversão consiste em "um movimento de distância do mundo exterior rumo ao interior e em uma sensibilidade para as experiências internas".[4]

O Tipo Cinco é o protótipo da nossa tendência de nos enxergarmos isolados e desconectados de todas as coisas, o que desperta em nós a necessidade de apego a qualquer coisa para sobreviver.[5] Identificamo-nos com nossos egos e, assim, acreditando que somos indivíduos isolados e não parte de um todo interconectado, apegamo-nos àquilo que julgamos importante preservar em nós mesmos.

No cotidiano, esse arquétipo universal pode se manifestar na necessidade de ter um tempo para descansar, ou "recarregar", longe dos olhares indiscretos e das necessidades emocionais dos outros, ou seja, uma parte dele que prefere observar a ter que participar, e que gosta de se refugiar em algum local de tempos em tempos. O arquétipo do Cinco representa o modelo que prefere a relativa segurança do intelecto aos rigores da vida social e emocional, e vê no conhecimento a forma mais segura e satisfatória de poder. Diante de um conflito, de uma dificuldade ou de um ressentimento, a retirada e a distância são a melhor estratégia.

Ao descrever a personalidade do arquétipo Cinco, Naranjo se remete a Karen Horney, psicanalista alemã, na descrição da pessoa que favorece a "resignação" como solução para os conflitos da vida, encontrando paz ao preservar uma atitude de "não se importar" e declarar-se desinteressado no que está acontecendo no mundo social.[6] Incomodado diante do movimento de ir em direção aos outros, ou até contra eles, essa pessoa se retira do "campo de batalha interior" do amor e da agressão e desiste da luta para conseguir o que precisa, resignada a se contentar com menos, o que talvez inicie um "processo interno de recuo, de restrição ou mesmo de cerceamento da vida e do crescimento".[7]

Dono de uma mente analítica, o Cinco tende a gastar muito tempo perseguindo seus interesses intelectuais. Além disso, em geral acumula muito conhecimento e experiência em áreas específicas de estudo. Como automaticamente se desprende das emoções, é muito bem qualificado para análises racionais e objetivas das questões ou das situações, característica que lhe dá calma em momentos de crise. Na medida em que aprecia a importância dos limites nos relacionamentos, valoriza e respeita também os limites e as confidências dos outros. Embora não costume ter muitos amigos íntimos, torna-se um amigo de qualidade, leal e confiável das pessoas com quem se relaciona. Naturalmente austero e lacônico, o Cinco é minimalista e econômico no que faz, o que reflete preocupação em aproveitar ao máximo seus recursos e capacidade de viver com bens limitados.

Entretanto, assim como com todas as personalidades arquetípicas, os talentos e os pontos fortes do Tipo Cinco também representam sua "falha fatal" (ou "calcanhar de Aquiles"): tende a afastar-se dos outros, a sentir-se inibido nos relacionamentos e a isolar-se e retrair-se em situações sociais. Embora excelente na análise objetiva, ele pode ser tão excessivamente analítico e pouco emotivo que lhe é difícil relacionar-se com as pessoas. Apesar do comportamento calmo, é provável que não consiga se expressar emocionalmente. O Cinco pode ter inúmeros e rígidos limites, parecendo indiferente ou de difícil acesso, além de se conter nas interações, por medo de que sua energia se esgote pelo contato social. Entretanto, se ele conseguir aprender a conciliar as necessidades de tempo e espaço com mais abertura para os outros e com as próprias emoções, poderá tornar-se um amigo e parceiro dedicado, que respeita o valor da separação saudável e a capacidade de se engajar com sabedoria e de forma ponderada.

O arquétipo do Tipo Cinco na *Odisseia*, de Homero: Hermes e Circe

Hermes e Circe refletem as temáticas da personalidade associadas ao Tipo Cinco, com cada qual protegendo e usando um conhecimento secreto. Cabe a Hermes, o mensageiro dos deuses, guardar os segredos deles. Além disso, na obra, ele também simboliza os limites e a proteção que recebe dos próprios deuses. Se quiser, Hermes tem o poder de trazer o secreto à luz do dia. (Até hoje, as pessoas se referem a um compartimento fechado como "hermeticamente" selado, e ao processo de discernir os significados implícitos de um texto literal como hermenêutica.)[8]

Circe, em grego, significa "falcão", palavra que invoca a imagem de alguém perspicaz, que observa de longe. Na obra, ela era uma feiticeira misteriosa que utilizava uma varinha mágica e poções secretas, além de conhecer as rotas e os perigos do mundo muito melhor do que qualquer viajante humano: "Circe representa aquele sábio capaz de orientar, com autoridade, sobre o caminho a seguir, se assim quiser e se o outro souber como se aproximar dela".[9]

Circe vive em um palácio escondido em um vale florestal, cercada por uma coleção de animais, mas sem um companheiro humano. O grupo de Ulisses a interrompeu enquanto ela cantava e tecia, e logo os recém-chegados foram convidados para entrar. No entanto, depois de se acomodarem, beberem e comerem muito, ela os tocou com a varinha de condão, transformando-os em porcos – o símbolo do apetite ganancioso; desse modo, evidenciou a fome humana e a avidez que os levavam a se empanturrarem por medo de perder o que tivessem. Ulisses, quando avisado, partiu em busca dos homens e, com a ajuda de Hermes, que lhe dera o broto de uma planta resistente às bruxarias, venceu Circe. Verdadeiramente maravilhada, talvez pela primeira vez na vida, ela disse:

> Estou espantada por teres bebido a poção sem ficares
>> enfeitiçado.
> Nenhum homem jamais resistiu a esta droga depois que a
>> bebesse
> e que ela lhe passasse a barreira dos dentes.
> Mas a tua mente não pode ser enfeitiçada.[10]

Novamente graças a Hermes, Ulisses não caiu na armadilha de Circe, criada para envolvê-lo na ganância de um porco. E conseguiu da feiticeira o juramento de que nunca cometeria atrocidades contra ele e seus homens. Após toda a tripulação readquirir a forma humana, Circe lhes revelou o que deveriam fazer para continuar sua jornada de volta ao lar, passando sãos e salvos pelo território subterrâneo (mundo inferior) de Hades.

Como a personalidade do Tipo Cinco, Hermes e Circe são guardiões autossuficientes do conhecimento secreto. Eles compartilham sua sabedoria estrategicamente protegida somente com aqueles que consideram dignos do ponto de vista intelectual. Hermes mostra a Ulisses como se proteger para não ser atraído pela avareza, e Circe o recompensa com abundância quando ele resiste à armadilha da ganância, ainda o orientando em relação ao mundo inferior. Simbolicamente, Ulisses passou por duas experiências diferentes de medo — medo de monstros grandes e assustadores e de ser consumido pela cobiça, pela cilada e pela necessidade de sigilo —, e então está pronto para entrar no território subterrâneo.

A estrutura de personalidade do Tipo Cinco

O Cinco pertence à tríade "mental" associada à emoção do medo e a uma preocupação com a segurança. A personalidade de cada um dos três tipos mentais (Cinco, Seis e Sete) é moldada pela forma como cada qual reagiu diante da experiência do medo ainda na infância. Além disso, priorizar o centro mental também significa que esses tipos processam informações do mundo exterior sobretudo por meio da função mental, isto é, do pensamento e da análise de informações do ambiente. O Sete evita vivenciar o medo e a ansiedade na busca exagerada por experiências estimulantes e prazerosas. O Seis se torna vigilante, cauteloso, desconfiado e estratégico diante do medo. O Cinco, ao contrário, fica introvertido, afasta-se dos outros e foca a proteção e a gestão econômica dos seus recursos internos. Na verdade, ele se especializa em evitar possíveis situações de medo.

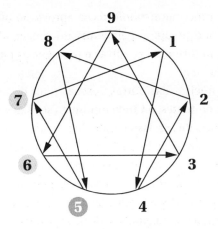

O Tipo Cinco "vive na mente dele" mais do que qualquer outro tipo de personalidade do Eneagrama. Sente-se mais confortável quando está pensando e acumulando conhecimento, e menos à vontade ao lidar com as emoções. Apesar de não aparentar sentimentalismo, pode ser muito sensível em seu interior, protegendo essa sensibilidade com a criação de densas barreiras que o tornam imune às exigências que lhe são impostas pelo mundo exterior. O Cinco se adapta ao ambiente e lida com a ansiedade desde cedo na vida, afastando-se dos outros, inclusive no aspecto emocional, e protegendo sua vida interior.

A estratégia para lidar com o problema dos primeiros anos: Tipo Cinco

O Cinco frequentemente relata a experiência de ter sido negligenciado ou tragado pelos outros quando precisava deles para sobreviver, isto é, de alguma forma, não responderam às suas necessidades, e ele compreendeu que não conseguiria nada por meio da força ou da sedução.[11] Assim, condenado a uma vida de privação, o Cinco aprendeu a reter seus escassos recursos.

Para superar o problema e proteger-se de um mundo que não atende a suas necessidades, e também para defender seu novo senso de ser das ameaças externas, o Cinco se retira para dentro de si. Ao encontrar pessoas que o ameaçaram ou o privaram de algo, ele essencialmente desiste do apoio proporcionado por esses relacionamentos e busca satisfação em conhecimento e interesse intelectual. Enquanto alguns tipos recorrem à atenção exterior, procurando conforto na aprovação ou no cuidado dos outros, o Cinco, porque optou pela autossuficiência, afasta-se dos relacionamentos como forma de se salvar e proteger os parcos recursos internos que acredita ter.

Para evitar precisar das outras pessoas e ter de se abrir para relacionamentos dependentes, o Cinco minimiza suas necessidades e adota um jeito econômico de ser. Isso gera nele a tendência de reter recursos limitados e uma mentalidade de "cobiça" (ou acumulação) quando se trata de tempo, energia, informação e recursos materiais. Assim, em geral se orgulha em adotar um estilo de vida ascético ou minimalista.

Como todas as estratégias para lidar com o problema começam com a necessidade de se adaptar a algum tipo de privação ou de mágoa relacionada ao amor, o Cinco se apega a si e desiste dos relacionamentos como fonte de amor e apoio. Dessa forma, sua estratégia para lidar com o problema baseia-se em um modelo de escassez: diante da falta do que precisa, ele decide inconscientemente não precisar de muito do mundo exterior, e por isso se volta para dentro dele, reduz suas necessidades e conserva seus recursos interiores. Esse movimento do Cinco para dentro e para a independência como solução da privação (ou intrusão) dos primeiros anos manifesta-se não apenas na sensação de manter rédea firme quanto à vida interior, mas também na de focar o uso econômico dos recursos, dos esforços e da energia.

Essa estratégia defensiva naturalmente o leva ao cultivo de hábitos que o distanciam dos outros. Assim, embora pareça distante e indiferente, ele é muito mais sensível em seu interior do que aparenta. Essa estratégia para lidar com o problema envolve dois aspectos: distanciar-se dos relacionamentos, incluindo aí até a necessidade de relacionamento, e desligar-se das próprias emoções, em parte porque vivenciá-las talvez o conduza ao contato com os outros. Dessa forma, por meio de uma compulsiva fuga da vida e das pessoas, ele se afasta não apenas de um "mundo intromissor", mas também de si mesmo.[12]

Thomas, um Cinco Social, descreve sua situação na infância e o desenvolvimento de sua estratégia para lidar com o problema:

Desde que era bem novinho, preferia a minha própria companhia à dos outros. Frequentemente lia muito ou me entretinha com brincadeiras imaginárias. Descobrir o funcionamento das coisas importava mais do que brincar com meus irmãos ou com as outras crianças. Na verdade, divertia-me lendo enciclopédias e outros livros com muitas informações sobre o mundo. Embora fosse considerado inteligente por aqueles que me cercavam, achava muito mais fácil ser solitário. Meus poucos amigos na infância geralmente eram outros "solitários" com quem compartilhava interesses intelectuais.

Lembro-me de, aos nove anos, brincar de "jogos de resolver problemas" com meus melhores amigos. Analisávamos as pessoas ao nosso redor, classificando-as de acordo com grupos de cores, animais, celebridades e arquétipos em geral, e elaborávamos questionários para testar nossas teorias. Criamos uma linguagem secreta para o que escrevíamos, codificando nossas mensagens, o que facilitava a comunicação do grupo.

Jamais gostei de falar de mim, e aprendi que perguntar e ouvir atentamente as respostas poderia desviar a atenção das outras pessoas para fora dos meus sentimentos pessoais e do meu mundo interior. Em um nível, sentia-me desajustado, e em outro, mais profundo, precisava manter comigo camadas preciosas da minha identidade. Quando meus pais nos levavam para fazer compras, eu sempre subestimava minhas necessidades, ou então escolhia os itens mais baratos para evitar a sensação de ser um fardo para eles. Chegava a guardar em um grande pote os doces que minha mãe nos dava, e não os comia.

O principal mecanismo de defesa do Tipo Cinco: isolamento

A psicóloga Nancy McWilliams define *isolamento* como um mecanismo de defesa em que as pessoas "lidam com ansiedades e outros estados dolorosos da mente [...] ao isolar o sentimento do conhecimento".[13]

Ao recorrer ao isolamento como defesa, a pessoa inconscientemente dissocia a emoção relacionada a uma ideia da própria ideia. O Cinco, sentindo-se mais confortável com os pensamentos do que com as emoções, automaticamente se concentra no intelectual, isto é, nos pensamentos sobre determinada situação, tornando inconsciente qualquer tipo de emoção relacionada ao que está pensando. Esse mecanismo de reduzir de forma defensiva a consciência dos próprios sentimentos atua não apenas o protegendo de vivenciar emoções problemáticas, mas também limitando sua necessidade (possivelmente perigosa) de precisar do apoio das outras pessoas.

No entanto, esse mecanismo de defesa, como muitos outros, tem um aspecto positivo: o isolamento pode ser valioso em situações em que vivenciar sentimentos talvez seja prejudicial, como ocorre, por exemplo, quando um cirurgião precisa se distanciar de suas emoções para operar, ou quando um general militar precisa planejar uma estratégia sem se sentir oprimido pelo horror da guerra. Entretanto, o isolamento também pode gerar a incapacidade de sentir emoções, sobretudo porque o Cinco valoriza demais o pensamento e subestima o sentimento. Outro hábito dele é intelectualizar, ou seja, falar sobre sentimentos sem de fato os sentir.

Para se proteger de sentimentos dolorosos como tristeza, medo ou solidão, o Cinco se afasta das pessoas que podem causá-los, dissocia os pensamentos das emoções e identifica-se com a função de pensar.

O foco de atenção do Tipo Cinco

Dada a experiência ainda na infância do Cinco e a estratégia que adotou para lidar com o problema, ele se concentra no gerenciamento dos recursos internos e nos possíveis impactos exteriores da privacidade. Esse contexto contribui para uma postura de observação, e não de participação, e um foco em um nível de vida mental, e não no emocional ou "instintivo".

Por dentro, o Cinco se concentra na minimização das necessidades, na análise, no pensamento e na conservação e uso criterioso da energia e dos recursos. Conheço um Cinco que compara como se sente quanto à sua energia com um tanque de gasolina. Quando acorda de manhã, ele tem a sensação de que a energia depositada no "tanque" vai durar o dia todo. Não querendo ficar sem gasolina, mas regularmente com medo de ficar, ele se especializou em saber quando alguém ou alguma coisa ameaça esgotar esse suprimento de energia. Uma vez identificadas as pessoas ou as atividades que talvez sobrecarreguem seus recursos energéticos, ele consegue tomar algumas medidas com a finalidade de evitar ou neutralizar a ameaça.

O Cinco gosta de sistemas de conhecimento e às vezes se perde pensando em projetos, hobbies ou áreas particulares de estudo que envolvam seus interesses. Como está engajado na ideia de que "conhecimento é poder" (e, portanto, potencialmente uma forma de segurança), o Cinco busca uma espécie de domínio mental da informação, por meio do conhecimento sobre as pessoas e das coisas ao seu redor, bem como de temas específicos.

O Cinco se concentra na proteção de seu mundo interior, limitando intrusos e ameaças ao seu espaço privado. Também não gosta nem de surpresas nem de situações em que precise lidar com as emoções ou a emotividade dos outros. Enquanto tipos como o Dois e o Nove sentem dificuldade em colocar limites entre eles e as outras pessoas, o Cinco não tem problemas nesse sentido. Na verdade, tende a viver o oposto: pôr limites demais. Acima de tudo, quer saber que controla os limites estabelecidos e que não precisa ser colocado na posição de se sentir invadido ou interrompido por outras pessoas quando prefere ficar sozinho.

Tipicamente introvertido, o Cinco pode avaliar com rapidez se quer ou não se envolver com certos indivíduos. E, ao interagir com os outros, consegue obter muito de bem pouco, ou seja, pode estar presente e de fato engajado com os outros socialmente, mas de forma limitada. Além disso, tende a ser altamente seletivo, pois, nas interações sociais, deseja despender energia com pessoas de quem realmente gosta e em quem confia, e ainda está sujeito aos limites de tempo da sua escolha.

A paixão emocional do Tipo Cinco: avareza

A paixão do Tipo Cinco é a *avareza* (ou ganância). No entanto, a avareza dele não implica necessariamente o desejo de acumular dinheiro, riqueza ou bens materiais, como a ganância é com frequência compreendida. Para o Cinco, a principal motivação da avareza está na manutenção do que tem por causa de uma experiência nos primeiros anos de vida de não receber muito dos outros. Como não lhe dedicaram nem amor suficiente nem cuidado ou receptividade na infância, o Cinco naturalmente teme sentir-se esgotado, o que gera nele uma expectativa defensiva de empobrecimento. Portanto, essa mentalidade de miséria motiva o Cinco a reduzir suas necessidades e a refrear o dar de volta aos outros: "Ao dar o pouco que sente ser dele, acha que ficará sem nada".[14]

Em certa ocasião, ouvi de um Cinco um comovente relato: o principal problema entre ele e sua agora ex-esposa era que, no casamento, ela o percebia escondendo emoções e afeto. O indivíduo disse que a ex-mulher era Tipo Quatro e, portanto, se as emoções fossem dinheiro, seria milionária, enquanto ele teria apenas alguns centavos. Assim, quando dava a ela seis de seus dez centavos, o que era muito para ele, a mulher encarava como nada.

Por conseguinte, a avareza do Cinco representa uma apreensão temerosa do tempo, do espaço e da energia, motivada por uma fantasia inconsciente de que deixá-los para trás resultaria em um esgotamento catastrófico. Implícito no desejo de acumular o pouco que tem, há o medo ainda mais profundo de empobrecimento iminente, cuja fonte está em não ter sido suficientemente nutrido.[15] Ao mesmo tempo, ele também pode temer sentir-se sobrecarregado pelo excesso de compromissos ou por serem bem onerosos.

Sob a influência da avareza, o Cinco torna-se minimalista e retira-se para dentro de si a fim de não permitir aos outros que o esvaziem. Reitera-se, teme não ter o suficiente e ficar sobrecarregado/carregar muito por conta própria. As pessoas podem perceber o Cinco como reservado ou indiferente, e ainda alguém que não se envolve completamente. Como resultado, talvez o julguem frio, insensível ou até arrogante, mas por trás do hábito de se conter há o medo de não ter o bastante para sobreviver.

A estratégia do Tipo Cinco para lidar com o problema centra-se na avareza, na medida em que, ao minimizar as interações que podem ser energicamente onerosas, o Cinco acredita que poupará energia e acumulará preciosos recursos. Assim, ao contrário do entendimento usual da avareza como o equivalente à aquisição gananciosa de recursos cada vez mais supérfluos (dinheiro e bens materiais), a paixão da avareza do Cinco se manifesta na preocupação em manter o controle sobre os recursos mínimos que julga necessários e na sensação de que é perigoso usá-los ou perdê-los.

Enquanto algumas paixões motivam a personalidade a se mover em direção aos outros com muita intensidade, a avareza estimula o contrário, ou seja, o afastamento. Ela induz o Cinco a estabelecer limites firmes, retirar-se do contato alheio e evitar situações em que talvez se sinta esgotado. Assim, seu desejo de não ser incomodado, invadido ou submetido a exigências externas se transforma em uma paixão, levando-o a buscar dentro dele mesmo o que os outros procuram fora de si.[16]

O erro cognitivo do Tipo Cinco: "o contato humano esgota e não enriquece"

Todos nos aprisionamos nas formas habituais de pensar que influenciam nossas crenças, nossos sentimentos e nossas ações, um processo que continua mesmo depois que os modelos mentais que criam nossa perspectiva geral não se fazem mais necessários.[17] Embora a paixão molde as motivações emocionais da personalidade, a "fixação cognitiva" (ou o "erro cognitivo") inquieta os processos de pensamento da personalidade.

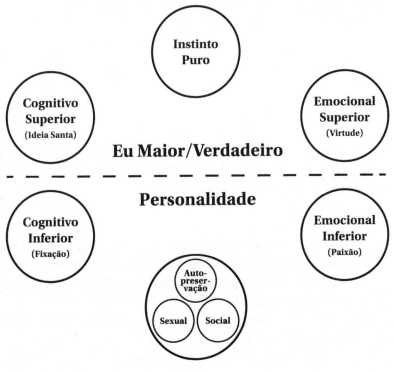

As principais crenças do Tipo Cinco refletem temas de isolamento, inibição emocional, retenção energética, valor do conhecimento e inadequação. Elas atuam como princípios organizadores que se concentram na ideia geral a seguir apresentada, reforçando-a: em um mundo intrusivo ou indiferente, você precisa ser capaz de se retirar para dentro de si, refugiar-se na mente e controlar as interações externas; de outra forma, ficará completamente exaurido.

Para apoiar a paixão da avareza, o Cinco mantém determinadas crenças como princípios organizadores psicológicos:[18]

- As pessoas podem ser intrusivas e ameaçadoras para meu conforto pessoal.
- O mundo nem sempre oferece aquilo de que se precisa, então vale a pena encontrar modos de ser autossuficiente.
- As outras pessoas querem mais de mim do que quero dar.
- Preciso proteger meu tempo e minha energia impondo limites firmes e mantendo meu espaço privado; caso contrário, os outros vão me deixar esgotado.
- As demandas emocionais das pessoas acabam com meus recursos internos, e por isso devem ser evitadas.
- Se me disponibilizar para relacionamentos, os outros criarão expectativas e exigirão mais do que tenho para dar. Relacionamentos demais, e com as pessoas erradas, me levarão ao risco de ficar totalmente exaurido.
- Os compromissos com os outros são fardos bem pesados para eu carregar. É melhor viajar com pouca bagagem.
- Sinto-me incapaz de negociar necessidades e desejos pessoais, e as outras pessoas possivelmente nem sequer me ouvem, por isso o plano de ação mais seguro é retirar-me.
- No geral, parece mais confortável me isolar das pessoas do que buscar uma alternativa.
- Se agir com espontaneidade ou mesmo demonstrar meus sentimentos, os outros desaprovarão, eu me envergonharei ou terei a sensação de estar fora do controle, ou ainda vou me expor de uma maneira que parecerá intolerável.
- É melhor e mais seguro vivenciar minhas emoções quando estou sozinho (e não na presença das pessoas).

- Conhecimento é poder.
- A melhor forma de obter conhecimento é por meio da observação, da pesquisa, da coleta e da compartimentalização das informações.

Reagindo a um mundo que parece querer demais, como o Cinco não acredita no seu preparo para estar presente de forma contínua, engajada e conectada, deduz ser melhor evitar o contato com os outros.[19] Ao considerar as exigências das pessoas potencialmente cansativas e focar sua capacidade de se afastar dos relacionamentos, ele acaba reiterando a convicção de que a melhor e a mais segura solução para a ameaça do esgotamento interno é observar, desligar-se das emoções, acumular energia e manter limites para proteger seu espaço privado.

A armadilha do Tipo Cinco: "escassez gera escassez" ou "o medo do esgotamento por si só já esgota"

Lembrando que a fixação cognitiva difere em cada tipo, a do Cinco engana a personalidade, representando uma "armadilha" específica que as limitações da personalidade não conseguem resolver.

As crenças fundamentais do Cinco o mantêm fixado em um mundo de escassez, pois essas ideias autolimitantes minam sua motivação de trabalhar no sentido de perceber a mentira nas suposições implícitas. Ao contrário do que ele pensa, quando está sob a influência dessa fixação, o mundo oferece abundância, em especial a alguém que crê nisso.

Se você acredita que o contato emocional com o mundo exterior talvez lhe sirva de instrumento de apoio, tem mais chances de se abrir para o risco de recebê-lo. Ao não acreditar na abundância e na possibilidade de apoio externo, o Cinco permanece aprisionado aos padrões mentais que o levam a sentir-se seguro. Afastando-se de relacionamentos potencialmente gratificantes com outros, ele não aprende que o contato social pode renovar e revigorar os recursos internos, não apenas os esgotar. E, portanto, priva-se ao aderir a uma estratégia de vida que lhe impede de recarregar como resposta à privação.

As principais características do Tipo Cinco

Centralidade do pensamento

A "inclinação cognitiva" do Cinco significa que quase sempre ele "vive na mente" e, desse modo, relaciona-se com o mundo sobretudo por meio do pensamento, tendendo a ser muito intelectual. O fato de o Cinco focar o raciocínio respalda seu desejo de observar a vida e refletir sobre ela, sem participar ativa e espontaneamente. Nesse sentido, Naranjo compara a satisfação buscada pelo Cinco com o pensamento centrado na "substituição do viver pela leitura",[20] portanto, para esse tipo, o poder verdadeiro está no conhecimento intelectual. A intensa atividade de pensamento também serve ao propósito de ajudar o Cinco a se preparar para a vida, embora sempre avalie que falta algo porque nunca se sente suficientemente preparado.

Para o Cinco, pensar é confortável porque, ao fazê-lo, ele se esconde. A maioria das pessoas não consegue revelar os pensamentos dos outros, o que não se verifica nas emoções intensas, que em geral são demonstradas e compartilhadas, queiramos ou não. A ênfase na cognição, aliada à inibição dos sentimentos e da ação, indica que o Cinco se preocupa em ser um observador da vida, tentando descobrir na mente o significado das coisas e dos acontecimentos, sem precisar se comprometer com a vida e com os relacionamentos. O Cinco, não se sentindo confortável em vivenciar e expressar os sentimentos, confia no pensamento, o que lhe permite permanecer na zona de conforto.

O pensamento do Cinco tende a se concentrar em descobrir coisas, preparar-se para as interações e envolver-se na classificação e na organização mental. Ser atraído pelo pensamento sustenta que ele pareça competente, o que pode ser uma maneira de se esconder ou de transmitir seu valor sem revelar muito de si. Naranjo também destaca que o Cinco tende a "habitar em abstrações e, ao mesmo tempo, evitar a concretude",[21] o que representa um modo de se manter no seu esconderijo. Ele é capaz de disponibilizar suas percepções ao mundo sem deixar transparecer o substrato mais profundo dos apegos emocionais, motivos e valores implícitos nessas percepções.

Atraído por métodos e sistemas de conhecimento, o Cinco se sente mais à vontade quando reúne informações e descobre coisas por meio do intelecto. Por inclinar-se à coleta e à organização das informações, muitas vezes demonstra um intenso interesse pela ciência ou por áreas de conhecimento técnico ou especializado. Uma das maneiras mais fáceis de ele conectar-se aos outros é compartilhando conhecimento e especialização, tanto para demonstrar sua competência quanto para participar de um tipo de conexão menos ameaçadora.

Distanciamento emocional e falta de sentimentos

O Cinco se desprende automática e inconscientemente das emoções. Esse hábito, nascido de uma experiência inicial de privação ou intrusão, serve de várias formas à estrutura defensiva do Cinco. O distanciamento emocional lhe permite evitar emoções desconfortáveis e o gasto de energia por senti-las; manter-se afastado dos outros (pois os sentimentos tendem a conectar as pessoas no espaço e no tempo); e reprimir a necessidade de relacionamentos. Em outras palavras, o hábito de se desvincular dos sentimentos ajuda o Cinco a evitar cargas emocionais, a perceber suas próprias necessidades e a escapar dos relacionamentos "indesejados".

É importante enfatizar que o Cinco não se desconecta conscientemente das emoções, ao contrário, vivencia um desligamento mais automatizado delas, uma falta de consciência mais generalizada dos sentimentos ou uma interferência inconsciente na geração deles.[22] O desejo de se manter distante das cargas emocionais excessivas e de preservar a sensação de autonomia e controle configura-se como mais relevante na experiência consciente do Cinco.

A falta de engajamento em suas próprias emoções também gera no Cinco pouca tolerância diante das emoções intensas das outras pessoas. E, embora essa característica possa fazê-lo parecer frio, insensível ou antipático, é uma óbvia falta de empatia que reflete simplesmente uma postura defensiva, não um desrespeito intencional ou mesquinho. A falta de sentimentos manifestada pela maioria dos Cinco representa seu desejo profundo de permanecer escondido, de gerenciar seus recursos internos sem ser interrompido e de manter uma distância segura nos relacionamentos.

Medo de envolvimento

Talvez como consequência de uma experiência traumática na infância de sentir-se invadido ou de ter seus limites desconsiderados, o

Cinco tipicamente teme a possibilidade de ser envolvido, tomado ou de alguma forma dominado pelos outros. Esse medo em geral não é totalmente consciente, como ocorre com o medo (relacionado a esse) de depender dos outros, o que o motiva a evitar relacionamentos. Talvez surja uma sensação de ansiedade nele, vivenciada vagamente, o que o leva a se apegar ao que tem e a manter rígidos limites, garantindo-lhe privacidade e isolamento como meios de assegurar sua independência. Conforme explica Naranjo, "na medida em que o relacionamento implica a alienação das próprias preferências e das expressões autênticas, surge um estresse implícito e a necessidade de recuperar-se: o desejo de se encontrar de novo na solidão".[23]

Autonomia e autossuficiência

O Cinco sente necessidade por autonomia, mas ao mesmo tempo a idealiza.[24] Ele valoriza intensamente a autossuficiência, que atua como um modo de se afirmar e racionalizar sua preferência por manter-se distante dos outros. A afinidade do Cinco pela autossuficiência também se relaciona com o sistema de valores associado à estratégia para lidar com o problema de se retrair: se você quer isolar-se, precisa ser capaz de se manter sem recursos externos, ou, então, acumulá-los sozinho. Como pessoas que desistiram de que os outros satisfaçam seus desejos, o Cinco precisa ser capaz de criar recursos por conta própria.

Ao necessitar da autonomia e valorizá-la, o Cinco adota uma estratégia para lidar com o problema que lhe é típica (projetada não apenas para que se distancie dos relacionamentos, mas também para que reduza a ameaça de esgotamento) e encontra suporte teórico para o estilo de vida que considera mais confortável e atraente. O Cinco acredita que o isolamento é bom, pois lhe permite lidar com as coisas sem depender dos outros ou sem se envolver muito com eles. Naranjo ressalta que essa é a filosofia de vida que o escritor Herman Hesse articulou em Siddartha quando este disse: "Sei pensar, sei esperar, sei jejuar". E faz sentido que Siddartha, o jovem Buda, expresse essa ideia, pois o budismo pode ser considerado um caminho espiritual "Cinco", caracterizado fundamentalmente por práticas que, baseadas no intelectual, focam um objetivo maior (a "virtude" superior do Cinco): tornar-se desapegado.

Hipersensibilidade

Embora o Cinco possa aparentar desapego ou insensibilidade, essa postura reflete (e protege) uma sensibilidade interior muito mais profunda que a estrutura defensiva foi criada para proteger. O distanciamento emocional do Cinco advém da necessidade de se proteger da dor emocional, e isso por se sentir tão vulnerável a ela.

O hábito do Tipo Cinco de se desapegar automaticamente dos sentimentos serve para que se proteja da experiência da dor da solidão, do medo, da mágoa, da impotência e do vazio. A personalidade Cinco não costuma sentir ou mesmo reconhecer conscientemente tais emoções no cotidiano, mas a estrutura defensiva se desenvolve em reação a elas, ou ao medo delas. Naranjo ressalta que a tendência do Cinco de preservação interna e minimalismo contribui para a sensibilidade interior de se sentir privado, pois "um indivíduo que se sente completo e forte pode suportar mais dor do que alguém que se sente vazio".[25]

O Cinco também pode sensibilizar-se com os outros, embora em geral não deixe transparecer. Portanto, é possível que sua tendência a retrair-se seja encarada como uma reação defensiva que expressa o desejo de evitar sentir a dor das pessoas, considerando-se que simpatizar com ela talvez lhe soe assustador e potencialmente desgastante, em razão da hipersensibilidade. O fato de aceitar limites irrestritos também evidencia essa sensibilidade, tendo-se em vista que o Cinco está atento às necessidades de espaço alheio, baseado na preocupação com a privacidade e a proteção.

Como o Cinco não vive no mundo das emoções, ele pode ser mais vulnerável aos efeitos da dor emocional; afinal, sem criar tolerância ou conforto para suas emoções, talvez não saiba lidar com sentimentos dolorosos. Diante desse quadro, o Cinco pode ser menos capaz de sentir e de enfrentar emoções difíceis, e, nesse aspecto, sua aparente insensibilidade talvez deva ser entendida como reflexo da proteção de que ele precisa em relação às emoções intensas.

A sombra do Tipo Cinco

Os pontos cegos do Cinco relacionam-se às emoções, à necessidade de amor e relacionamentos, à viabilidade de recursos abundantes e à sua própria força, agressão e poder. Em razão da estratégia de se distanciar das emoções e proteger os limites para preservar energia e se manter a uma distância segura dos outros, o Cinco normalmente consegue se desligar dos próprios sentimentos e dos das outras pessoas de tal modo que seu potencial para relacionamentos e criação de vínculos permanece oculto na sua sombra. O Cinco pode subestimar tanto sua vida emocional que acabará desistindo de desenvolver a capacidade de sentir ou de expressar sentimentos. Embora possa ser emocionalmente sensível em um nível mais profundo, parece-lhe pouco seguro expressar isso, e, portanto, talvez pare de acreditar na própria capacidade de ter sentimentos profundos.

A segurança do Cinco surge quando ele é autônomo e autossuficiente, ou seja, nos momentos em que consegue evitar a sensação de que precisa de pessoas e de apoio externo. Em vez de encararem tal cenário como algo conscientemente evitado porque se sentem ameaçados, alguns Cincos chegam a acreditar que simplesmente não gostam de estar próximos demais das pessoas, e se resignam em não manter vínculos ou manter pouquíssimas relações mais próximas. Assim, o Cinco tende ao que lhe parece seguro e confortável, sem motivação para desafiar sua restrita necessidade por pessoas. Ele nem sempre reconhece que, assim como todos os outros, também necessita de apoio, porque seu desejo pela nutrição que os relacionamentos proporcionam permanece no ponto cego.

Embora muitos Cincos digam que querem amor e vínculos, a maioria também se concentra em manter rígidos limites. Antecipando que ficará exaurido, ele não entende que a percepção da energia como um bem escasso se justifica pelo "próprio sistema" defensivo, que não só o levou a acreditar na sua pobreza energética interna, mas também o motivou a se isolar e viver com muito pouco. O potencial do Cinco de gerar energia abundante permanece na sombra. Ele não compreende que tem a capacidade de produzir mais recursos internos e uma fonte maior de energia, sobretudo se aceitar mais apoio e proteção do lado de fora. Sua crença na escassez interior o cega para as possibilidades de abundância na vida adulta.

Em virtude de os conflitos ameaçarem forçar o Cinco a despender uma energia que acredita não ter, ele tende a evitá-los. Apesar de o Cinco ser capaz de recorrer a uma força significativa ao estabelecer limites, o sentimento de empobrecimento interno poderá cegá-lo para a (saudável) agressão, a verdadeira força e o poder pessoal.

Naranjo escreve que o Cinco "pode sofrer muito como resultado da sua incapacidade de se relacionar de modo explicitamente amoroso".[26] Ser introvertido, reservado e sem emoção talvez faça os outros acreditarem que ele não se interessa pelo amor. Às vezes, o Cinco também se percebe menos amoroso do que os outros, pois, ao se sentir mais seguro quando está sozinho, seu desejo de receber amor é atenuado pelo hábito de minimizar qualquer necessidade de estar vinculado a outros. Normalmente, não acredita que mereça amor, pois o fato de não manifestar interesse por outras pessoas o leva a acreditar que não dá o suficiente.[27]

Quando o Cinco acredita na autolimitação, talvez vivencie a sensação de que não se interessa por envolvimentos mais profundos, o que poderá tornar-se realidade. Apenas a personalidade condicionada do Cinco é limitada por sua capacidade de expressar e receber amor, não seu ser verdadeiro, e enquanto ele mantiver a crença de que é reduzida sua capacidade de amar e ter intimidade, a verdadeira capacidade de amar e ser amado permanecerá oculta na sombra dele.

A sombra da paixão do Tipo Cinco: a *avareza* no *Inferno*, de Dante

A paixão do Tipo Cinco é uma forma de acumulação excessiva interna denominada classicamente de "avareza". Na forma da ganância, é uma fixação em adquirir e reter riqueza e recursos materiais, embora na psique do Cinco conote uma retenção nascida do medo de empobrecimento. No Canto VII do *Inferno*, Dante mostra a principal pena dos pródigos e dos avarentos. Sendo assim, o Pródigo e o Mesquinho — aqueles que expressavam a avareza (principalmente papas e cardeais) e outros que gastavam sem moderação — estão condenados a mover-se em um círculo eterno, sofrendo a punição competindo uns contra outros:

> De espíritos imenso duplo bando
> um contra outro, às gritas aguerridas
> grandes pesos co'os peitos nus rolando,
> chocavam-se e, as refregas concluídas,
> viravam-se e, ao voltar, ainda gritavam:

"Por que me poupas?" ou "Por que dilapidas?"
Pelo tétrico giro assim rodeavam

[...]

Mal dar, e mal guardar, toda a ventura
do mundo lhes vedou, e nessa rinha
pô-los, que meu discurso não apura.[28]

O pecado fundamental do Mesquinho e sua punição no submundo de Dante expressam o lado sombrio da paixão da avareza, como o escritor poeticamente relata ao se referir ao fardo em que a riqueza material pode se transformar quando nos concentramos na ameaça de esgotamento.[29] Virgílio explica que ninguém pode contra-atacar os ditames da Fortuna, que dão mais pujança a alguns do que a outros, o que significa que parte do erro dos avarentos está em não compreenderem que a "Fortuna" (ou a vida) nos dá os recursos suficientes para que nos sustentemos; não devemos mexer na ordem natural das coisas, agarrando-nos a ela com tanta força.[30]

Além disso, Dante destaca mais uma característica do personagem do Tipo Cinco ao retratar o Mesquinho como "irreconhecível"; o Peregrino não consegue reconhecer qualquer um dos pecadores porque a preocupação com a riqueza os deixou subjugados à avareza na vida. Dessa forma, Dante simbolicamente delineia o efeito da sombra da avareza no indivíduo: persistindo e acumulando, você acaba carregando uma carga mais pesada (ao invés de uma mais leve), a ponto de inviabilizar que seja visto e que se relacione no mundo dos outros.

Os três tipos de Cinco: os subtipos do Tipo Cinco

A paixão do Tipo Cinco é a avareza. Entretanto, os três Cincos expressam um sentido diferente no que focam para se preservar, considerando-se a paixão da avareza e a tendência correspondente em minimizar as necessidades e os relacionamentos com os outros. O Cinco Autopreservação representa a avareza criando e mantendo limites. O Cinco Social, aderindo a ideais específicos relacionados a grupos e ideias. O Cinco Sexual, buscando uma experiência de confiança com um parceiro digno e expressando ideais românticos.

Em comparação com outros tipos de personalidade, como o Quatro e o Seis, os três subtipos do Tipo Cinco são relativamente semelhantes, o que talvez comprometa diferenciá-los. Conforme explica Naranjo, quando se trata dos três subtipos instintivos, tudo é mais monocromático com o Cinco. Os Quatros mais intensos divergem claramente, tornando-se personagens cujas diferenças são mais fáceis de discernir, mas os Cincos soam mais semelhantes em sua manifestação característica. No entanto, há algumas diferenças entre eles, incluindo o fato de que, de acordo com Naranjo, o Cinco Autopreservação e o Cinco Social se distanciam mais dos seus sentimentos, enquanto o Cinco Sexual é mais intenso, romântico e sensível interiormente.

O Cinco Autopreservação: "Castelo"

O Cinco Autopreservação é o mais "Cinco" dos Cincos, manifestando a avareza na paixão pelo oculto ou pelo refúgio. A esse tipo se denomina "Castelo", palavra cujo significado incorpora a necessidade de encastelamento, visando se esconder ou ser protegido por muralhas. Portanto, psicologicamente (e, às vezes, até no aspecto físico), o Cinco Autopreservação constrói grandes muralhas para se proteger do mundo e das outras pessoas.

O Cinco Autopreservação necessita de limites claramente definidos, evidenciando, assim, a personalidade do arquétipo que mais precisa do isolamento e da introversão. Desse modo, refugiando-se em limites que consegue controlar, sabe que tem um lugar seguro onde se refugiar, com o objetivo de não se sentir perdido no mundo. Focado em encontrar abrigo, ele aprende a sobreviver cercado por muralhas, e quer ter tudo ali dentro para que não precise se aventurar pelo mundo, que julga hostil, desajustado e cruel.

Relacionado à necessidade de proteção com limites bem demarcados, o Cinco Autopreservação também se concentra em como sobreviver livre da restrição de choques externos ou de surpresas. Tem a sensação de que precisa se proteger e sente dificuldade em expressar a raiva, embora possa manifestá-la passivamente, retirando-se e escondendo-se, ou optando pelo silêncio.

É possível que a necessidade do Cinco Autopreservação de se esconder lhe cause dificuldades com a autoexpressão; esse subtipo é o menos comunicativo dos três subtipos Cinco. A paixão por se esconder também se manifesta quando age em segredo, de modo que sua capacidade de manter as defesas não seja afetada.

O problema, especialmente quando esse comportamento se torna extremado, refere-se ao fato de que viver em um local fechado não é compatível com a satisfação das necessidades humanas básicas. O Cinco Autopreservação, por ser o mais retraído dos Cincos, e como parte natural de renunciar às necessidades e aos desejos, tenta sobreviver com muito pouco, sobretudo quando se trata do apoio emocional proporcionado pelos relacionamentos. O Cinco Autopreservação limita necessidades e anseios porque acredita que todo desejo abrirá uma porta que o tornará dependente dos outros. Portanto, os desejos são sublimados em interesses ou atividades específicas, ou apagados da consciência. O Cinco Autopreservação "vive pouco", ou seja, consegue se virar com poucos recursos, o que implica viver com o irrisório ou até mesmo pobremente.

Naranjo explica que, em geral, as pessoas têm capacidade de dizer: "Eu quero isso" como manifestação de seus desejos, e assim agem para os conquistarem, mas esse Cinco nem consegue pedir nem consegue aceitar. Então, precisa preservar o que é capaz de conquistar por si mesmo.[31]

Vemos essas características do Cinco Autopreservação claramente refletidas em alguns escritos de Franz Kafka (que provavelmente era um Cinco

Autopreservação), especialmente no livro *O castelo*, no ensaio biográfico de Louis Begley, *O mundo prodigioso que tenho na cabeça*, e no conto "Um artista da fome", em que o protagonista se torna especialista em jejuar.

Nos relacionamentos, o Cinco Autopreservação evita criar expectativas ou relações de dependência. E também foge do conflito, comportamento que sugere outra maneira de se desapegar das pessoas. No entanto, normalmente vivencia intensa sensação de apego a alguns lugares e a algumas pessoas. Para evitar conflitos e gerenciar o contato com os outros, ele pode se adaptar a não ser visto.

Conheço um Cinco Autopreservação que aparenta ser sociável, mas explica que observa como as outras pessoas interagem e depois age de maneira semelhante, adaptando ação à observação; desse modo, usa sua habilidade de se adaptar ao que se espera dele como uma espécie de camuflagem. Segundo ele, se as pessoas não o virem como particularmente reservado, não desafiarão os seus limites. No entanto, a necessidade de adaptação pode gerar ressentimento no Cinco Autopreservação, quando sente que precisa despender energia para se adaptar aos outros.

Embora às vezes decida compartilhar sentimentos com poucas pessoas confiáveis, o Cinco Autopreservação é dominado por intensa inibição, sobretudo no que diz respeito às manifestações de agressão. Ele raramente mostrará raiva. No entanto, tem uma espécie de cordialidade e humor que se revelam uma expressão genuína não apenas da sua sensibilidade interna, mas também da sua construção defensiva ou escudo social. Nas interações sociais, tais traços talvez deem a quem o conhece superficialmente a sensação de que se estabeleceu um vínculo, quando na verdade o Cinco Autopreservação estava tão somente estudando ou apaziguando os outros, e não necessariamente iniciando um relacionamento. Por ser o mais Cinco dos Cinco subtipos, é pouco provável que ele seja confundido com outro tipo.

Stacy, uma Cinco Autopreservação, diz:

As pessoas geralmente falam que sou uma boa ouvinte. Na verdade, especializei-me em fazer o tipo certo de perguntas, aquelas que levam a outra pessoa a continuar falando enquanto, ao mesmo tempo, consigo me manter a uma distância confortável de qualquer tema que exija um engajamento mais completo. Na maioria das vezes, não gosto de falar de mim mesma, e se alguém me pressionar nesse sentido será visto como invasivo. Entretanto, dentro de um grupinho de amigos próximos e de confiança, vou compartilhar informações com bastante profundidade. São essas as pessoas cujas perspectivas procuro e cujas ações estudo para que consiga navegar no meu caminho através do mundo emocional.

Raramente peço favores. Embora me sinta feliz em ajudar um amigo que passa por uma necessidade, a natureza recíproca de receber um favor soa sufocante para mim. Esforço-me bastante para garantir que minha vida seja organizada e estruturada de uma forma que exija pouca ajuda das outras pessoas. Apenas nas circunstâncias mais extremas busco auxílio, e então me vejo imediatamente querendo comprar um presente de agradecimento para me livrar de qualquer dívida possível de existir. No geral, sentir que os outros precisam de você pode assemelhar-se à carência.

Meus momentos mais tranquilos envolvem poucas obrigações e fazer as coisas no meu horário, de modo independente e em casa. O tempo que passo sozinha me rejuvenesce, e ficar em casa é especialmente restaurador. É difícil para mim lidar com intromissões e visitantes inesperados. Mantenho os vizinhos a certa distância e evito a festinha de fim de ano do bairro como se fosse a própria peste. Quando nos mudamos para nossa casa, uma vizinha me pediu várias vezes que me unisse ao clube de livros composto por mulheres do bairro. Honestamente, era como se ela estivesse me pedindo que fugíssemos juntas e me associasse a um circo; a ideia era estranha demais e pouco atrativa. Até hoje me escondo quando a vejo por perto.

O Cinco Social: "Totem"

Para o Cinco Social, a paixão da avareza está ligada ao conhecimento. Esse Cinco não precisa da nutrição dos relacionamentos porque a paixão pelo conhecimento de alguma forma compensa o que ele conquista do contato humano direto. É como se intuísse que pode encontrar tudo do que precisa por meio da mente. Assim, ele transfere suas necessidades (de pessoas e de apoio emocional) para o alimento de sua fome de conhecimento.

Esse subtipo é denominado "Totem", o que reflete sua necessidade de "superideais" ou de se relacionar com pessoas que compartilham os mesmos valores, interesses e ideais. A imagem de um totem refere-se à altura, mas também sugere um personagem que é construído (como um objeto), e não um ser humano. Esse Cinco não se relaciona com pessoas comuns do cotidiano, mas com especialistas idealizados que compartilham seus ideais, isto é, pessoas que ostentam o que ele considera características marcantes, considerando os próprios valores e conhecimentos compartilhados, e das quais pode manter-se a certa distância. Um Cinco Social que conheço afirma que "coleciona pessoas" que compartilham seus interesses e valores.

Portanto, para o Cinco Social, a avareza implica uma busca gananciosa por ideais supremos, que lhe proporcionarão vivenciar a sensação de que se conecta a algo especial, desse modo edificando sua vida. A paixão do Cinco Social é a necessidade do essencial, do sublime ou do extraordinário, e não do que está no aqui e agora. Necessitando de relacionamentos baseados em ideais compartilhados, o Cinco Social tende a olhar para cima, para valores superiores. De acordo com Naranjo, ele olha para as estrelas e se preocupa pouco com a vida na Terra.

Em comparação com o Cinco Sexual, que é iconoclasta, o Cinco Social admira pessoas, sobretudo as que expressam seus ideais de maneiras extraordinárias. Ao procurar supervalores e aderir a eles, talvez desdenhe da vida cotidiana e das pessoas comuns. A vida intelectual parece mais atraente, e as pessoas mais distantes que representam o extraordinário lhe soam mais sedutoras e interessantes do que aquelas do cotidiano.

O Cinco Social busca o propósito definitivo da vida motivado por um sentimento implícito (possivelmente inconsciente) de que as coisas não fazem sentido a menos que se encontre o significado definitivo. O impulso desse Cinco pelo extraordinário destaca uma polaridade, que ele pode perceber, entre o que é extraordinário e a falta de sentido. Assim, busca sentido para evitar a sensação de que o mundo não faz sentido, mas nessa procura ele se orienta tanto para encontrar a quintessência (o extraordinário) da vida, que talvez até se desinteresse pelo cotidiano. Percebendo uma lacuna entre o ideal e o dia a dia, ele se consome na ânsia de encontrar um significado superior em tudo. Para esse Cinco, motivado pelo instinto social a serviço da avareza, o eu comum e ordinário nada significa para satisfazer seu direcionamento ao sentido.

Nesse percurso, é possível que esse Cinco torne-se espiritual ou idealista de um modo, na verdade, contrário à realização espiritual verdadeira, porque ignora a compaixão e a empatia, além da praticidade das pessoas ao se relacionarem com a vida cotidiana. Essa tendência é o protótipo do que às vezes se denomina *spiritual by-pass,* ou "atalho espiritual", que significa a tendência de alguém se dedicar a ideias ou práticas religiosas (ou a um ideal superior ou a um sistema valioso de conhecimento, no caso desse Cinco) para evitar enfrentar questões emocionais e psicológicas que lhe permitirão se desenvolver. O Cinco Social possivelmente até acredite que está transcendendo seu ego, mas, ao se engajar em valores ou práticas espirituais, escapará da realidade emocional cotidiana para um sistema intelectual "superior" por ele idealizado. Qualquer tipo pode resvalar para esse comportamento, mas o Cinco Social é o protótipo de alguém que o emprega como uma estratégia defensiva.

O Cinco Social prefere não sentir. Ele consegue ser misterioso e inacessível, ou divertido e intelectualmente atraente. Além disso, refugiando-se na posição de especialista, tende a vivenciar uma sensação de onipotência por meio do intelecto. Esse Cinco pode imaginar-se superior aos outros por causa de valores e ideais mais edificantes. Embora nunca demonstre (intencionalmente), ele busca reconhecimento e prestígio; quer ser alguém importante, e muitas vezes satisfaz esse desejo se aliando a pessoas que admira.

O Cinco Social pode parecer com o Tipo Sete, na extroversão e no entusiasmo diante de ideias e pessoas interessantes. O Cinco Social é tipicamente mais "extrovertido" do que os outros Cincos, mais social e capaz de participar mais. No entanto, difere-se do Sete no sentido de ser mais reservado, menos interessado em si e menos sentimental.

Scott, um Cinco Social, diz:

Quando encontrei o Eneagrama pela primeira vez, pensei que fosse um Sete. Considero-me muito sociável e me vinculo facilmente com as pessoas; mas, ao refletir mais profundamente, percebi que me conecto especificamente a "especialistas", ou a pessoas que compartilham meus interesses. Escolhia amigos baseado no intelecto, e dedicávamos nosso tempo juntos a compartilhar ideias. Percebi que era um Cinco e não um Sete porque categorizo as pessoas, crio barreiras que me afastam dos outros e sou invisivelmente misterioso. Faço muitas perguntas sobre a outra pessoa para evitar ser questionado por ela. Muitas vezes me pergunto: "Quem sou eu? Que mistério é esse dentro de mim?".

Quando criança, lia o tempo todo enciclopédias e livros do tipo "How it Works" e "Eyewitness" para me divertir. Focava mais o meu mundo de fantasia interior do que o banal mundo exterior. Em uma longa viagem com destino a um local de férias com minha família, imaginava-me reconstruindo uma cidade com enormes estátuas de animais e temáticas arquitetônicas egípcias. E enquanto todos queriam ir para a praia, eu só queria ler meus livros.

Sempre quis mudar o mundo em grande escala, para transformá-lo no mundo ideal que idealizava, pouco me importando se fosse algo realizável ou não.

Para dar sentido ao universo como um todo, estudei metafísica, astrologia e diferentes sistemas místicos e espirituais. Esperava que cada novo assunto me oferecesse uma nova peça para meu quebra-cabeça: encontrar o sentido da vida. Com muito trabalho de autodesenvolvimento, finalmente percebi que a única experiência real e significativa é a vida neste momento, no presente.

O Cinco Sexual: "Confidência" (contratipo)

No Cinco Sexual, a avareza se manifesta pela busca contínua por uma relação que lhe satisfaça a necessidade de viver uma união mais perfeita, mais segura e mais satisfatória (idealizada). O Cinco Sexual pode assemelhar-se, do ponto de vista externo, aos outros dois subtipos Cinco, também no sentido das inibições e da introversão comuns ao Cinco nos relacionamentos, mas diferencia-se dos dois ao valorizar em especial as relações um-a-um ou íntimas.

A paixão desse Cinco se centra em encontrar uma pessoa especial com quem se relacione profundamente, às vezes alguém que não consegue encontrar ou que ainda não encontrou. Assim como o Cinco Social, o Cinco Sexual também procura um ideal superior, mas no reino de um amor absoluto. Portanto, ambos se tipificam na busca de um modelo superior: o Cinco Social quer o extraordinário; o Cinco Sexual, um tipo de relação ideal baseado em um padrão muito elevado, uma espécie de união mística suprema — uma experiência divina. E isso também pode se estender à busca de bons amigos ou de um mestre espiritual.

Enquanto o Cinco Social e o Autopreservação se desligam mais das emoções, o Cinco Sexual é intenso, romântico e emocionalmente mais sensível, manifestando com mais intensidade seus desejos. Por sofrer mais, assemelha-se ao Quatro. Este é o contratipo dos Cincos. No entanto, visto de fora, esse traço não parece óbvio. O Cinco Sexual se aproxima muito dos outros Cincos, até que se toque no seu ponto romântico e, desse modo, inspire sentimentos românticos.

Embora aparente ser reservado ou lacônico, o Cinco Sexual tem uma vida interna vibrante, intensamente romântica. Chopin, um exemplo de artista desse subtipo, é considerado por Naranjo o mais romântico dos compositores clássicos, detentor de uma expressividade emocional extrema, mas tais pessoas são, de muitas formas, extirpadas das demais no mundo cotidiano.[32]

O Cinco Sexual vive em um universo interior repleto de ideações, teorias e fantasias utópicas centradas no encontro do amor incondicional. Assim, dedica-se a vivenciar a experiência de um casal apaixonado como um ideal de relação. No entanto, na verdade, procura uma forma idealizada de relacionamento que possivelmente não existe no mundo humano.

A confiança é a questão básica no subtipo Cinco Sexual. A isso Naranjo denomina "Confidência", que implica a habilidade de confiar no outro e sugere a busca pela pessoa que estará com ele, independentemente das circunstâncias, o parceiro (ou amigo) a quem confiará todos os segredos. A confidência é o tipo de ideal que permite caracterizar o Cinco Sexual como alguém no fundo muito romântico, alguém cujo significado da vida está na busca de uma versão idealizada de amor e relacionamento.

Nesse aspecto, o Cinco Sexual é tão exigente que se torna muito difícil para uma pessoa que esteja se relacionando com ele ser aprovada no teste. O Cinco Sexual decepciona-se com facilidade, pois necessita tanto confiar que quase nunca se satisfaz; por isso talvez haja muitos testes nos seus relacionamentos.

O Cinco tende a ser reservado, mas o subtipo Sexual necessita de muita intimidade em certas circunstâncias, em especial se encontrar uma pessoa em quem possa de fato confiar para amá-lo, apesar das falhas dele. É um subtipo que manifesta a necessidade de ser transparente com o parceiro, e que isso seja mútuo, em um nível ideal de confiança e intimidade difícil de ser encontrado. Por essa razão, o Cinco Sexual, em geral muito exigente em relação às pessoas com quem se relaciona, poderá frustrar-se ao descobrir que o outro é humano. Portanto, se um parceiro não atende às expectativas de transparência e franqueza, tende a se decepcionar e, temendo ser magoado, a se isolar.

Alguns Cinco Sexuais relatam que sua busca por um tipo de relação suprema não se concentra apenas nos relacionamentos com um(a) namorado(a) ou um(a) parceiro(a) de vida. Um Cinco afirmou identificar-se com a ideia de "promiscuidade emocional": "Quero uma relação suprema com muitas pessoas", uma de cada vez. E alguns Cincos do mesmo subtipo relatam que, embora se sintam cautelosos diante de muita intensidade emocional, nutrem um profundo desejo de intimidade com algumas poucas pessoas de confiança. Um deles descreveu que apreciava sobretudo a experiência de "dar o clique" com alguém — a sensação de ter química com outra pessoa —, dizendo que, quando vivenciava esse sentimento, conseguia se apaixonar rapidamente.

Embora o Cinco Sexual se assemelhe a um Tipo Quatro, ele ainda se mantém bastante Cinco em seu jeito, e, portanto, parece improvável que seja confundido com um Quatro. No entanto, como esse subtipo, o contratipo do Cinco, procura manifestar um ideal de intimidade, talvez seja difícil discernir a diferença entre ele e os outros dois, já que todos os subtipos do Cinco vivenciam a necessidade de se afastar. A diferença entre eles assenta-se no fato de que o Cinco Sexual busca um relacionamento especial, que lhe proporcione segurança, e um tipo de amor ideal.

Stephen, um Cinco Sexual, fala sobre seu subtipo:

O acesso total aos meus sentimentos veio depois que comecei a fazer um trabalho corporal, aos meus trinta e poucos anos, e eles eram, às vezes ainda são, muito confusos e cansativos, em especial as emoções "mais suaves", como a compaixão. Às vezes me percebo em lágrimas e preciso olhar para dentro de mim e encontrar o gatilho, que pode ser tão simples quanto observar um mendigo ali no canto da rua. Minha vida adulta é marcada por uma constante tensão entre a necessidade de atrair meus recursos (emocionais, físicos, intelectuais, financeiros) e ceder a eles, e um intenso impulso para entrar em contato com os outros e estabelecer relações, não apenas com minha companheira íntima, mas em quase todos os lugares.

Pedir ajuda é uma tentativa de preencher um vazio existencial e psíquico que parece advir de uma fase pré-natal. Procuro conectar-me com os outros para evitar esse vazio. O nome do subtipo, Confidência, significa a criação de um vínculo com o outro (ou com muitos outros em uma base um-a-um). Por exemplo, quando preciso dar palestras para um grupo, foco uma única pessoa, ao mesmo tempo em que pareço dirigir-me ao grupo todo. Os relacionamentos são os assuntos que mais temo, embora sejam os mais necessários.

Fui convidado para participar de painéis de Eneagrama por não me parecer com os outros Cincos, muito exuberante, muito extrovertido, muito disposto a falar sobre o meu mundo interior e os demônios que o habitam. Isso é verdade, mas na juventude eu era uma camuflagem (física). Agora é apenas uma forma de ser. Compreendi que o desejo de desaparecer na história da minha juventude era uma es-

> perança falsa e, como não consigo desaparecer, seria bem melhor se eu fosse quem de fato sou.
>
> O aspecto mais importante que se deve compreender sobre o Cinco Sexual é o fato de viver em uma luta constante entre o afastamento e a privação (mesquinhez), como ponto essencial, e sua necessidade de se relacionar com os outros impulsionado pela energia instintiva do subtipo. Por trás dessa tensão, há uma sensibilidade emocional escondida do mundo exterior e também do próprio Cinco, até que ele se permita a percepção das emoções no cotidiano.

"O trabalho" para o Tipo Cinco: mapeando um caminho de crescimento pessoal

Finalmente, à medida que o Cinco trabalha em si mesmo e conquista mais autoconsciência, ele aprende a escapar da armadilha de se proteger do "alimento" advindo das relações emocionais, a qual intensifica sua sensação de escassez. Portanto, poderá estabelecer uma conexão mais intensa com suas emoções, aprendendo a acreditar na própria abundância e abrindo-se para receber mais amor e apoio. Despertar para os padrões habituais da personalidade implica esforços contínuos e conscientes no sentido da auto-observação, reflexão sobre os significados e as origens do que observamos, e trabalho efetivo para combater as tendências automatizadas. Para o Cinco, esse processo exige que ele observe como perpetua sua sensação de esgotamento interno; que explore os instrumentos a que recorre para garantir a sensação de segurança, criando limites e restringindo o contato com os outros; e que se esforce para expandir sua zona de conforto nas interações sociais. É extremamente importante que ele aprenda a desafiar suas crenças sobre a escassez interior, a abrir-se para receber mais nutrição do mundo exterior e a recuperar uma sensação mais intensa de vivacidade interior e vitalidade por meio do sentimento e da expressão de quem ele é.

Nesta seção, faço algumas sugestões sobre o que o Cinco pode observar, explorar e ambicionar para que, em seu caminho de crescimento, rompa as restrições da sua personalidade e incorpore as melhores possibilidades associadas ao seu tipo e subtipo.

Auto-observação: desidentificar-se da personalidade ao observá-la em ação

A auto-observação envolve a criação de espaço interno que lhe possibilite observar, com um novo olhar e a distância, seus pensamentos, seus sentimentos e suas ações cotidianos. À medida que o Cinco vai percebendo tais aspectos, ele deverá procurar os padrões principais apresentados a seguir:

Acumular e reter recursos internos a partir da percepção de escassez e medo de empobrecimento

Observe a sua tendência de agir a partir da presunção de que tempo, energia e outros recursos são escassos. Que ideias embasam esse tipo de pensamento? Perceba qualquer preocupação ou pensamentos sobre você não dispor de energia suficiente para agir ou até mesmo interagir com as pessoas. Observe os tipos de experiências que o levam a se fixar em seu nível de energia. Perceba de que maneiras acumula tempo, recursos ou espaço privado, com medo da escassez. Note se você se esconde do ambiente ou se insere nele, como faz isso e o que pensa (ou sente) quando tal situação ocorre.

Desligar-se das emoções e da vida emocional

Observe como se desliga das suas emoções (se conseguir ver como isso acontece). Perceba uma situação em que deveria sentir alguma coisa, mas não sente. Você consegue se flagrar no momento em que se desliga dos seus sentimentos ou se distancia de algo ou alguém que talvez lhe desperte emoções? Observe dentro de você alguns indícios que sugiram sentimento ou sensibilidade, e faça-o com o mesmo interesse com que observa os outros a distância. Existem algumas emoções que vivencia mais intensamente do que outras? Existem algumas emoções que evita mais do que outras? Perceba quando adia as emoções, esperando senti-las no momento em que fica sozinho. Há emoções específicas que são mais ou menos confortáveis de serem vivenciadas na presença dos outros? Observe especialmente as maneiras pelas quais racionaliza não sentindo seus sentimentos e evitando aceitar e vivenciar os sentimentos dos outros.

Distanciar-se dos outros impondo limites excessivos, a necessidade de controle e o medo das exigências externas

Observe as diferentes formas pelas quais cria limites com as pessoas. Perceba como isso acontece e se registra os sentimentos que o motivaram a estabelecer limites. Observe como tenta controlar as situações e qual o pensamento por trás dos esforços para o exercício do controle. Perceba quando se distancia dos outros e como faz isso. Existem algumas pessoas das quais deseja manter mais distância do que outras? Que ideias e fatores o norteiam nessas escolhas? Observe qualquer medo que surja — ou pensamentos sobre como evitar senti-lo — ao pensar em interagir com determinadas pessoas em situações específicas.

Autoquestionamento e autorreflexão: reunindo mais informações para expandir o autoconhecimento

À medida que o Cinco observa em si esse e outros padrões, o próximo passo no caminho de crescimento do Eneagrama é entendê-los melhor. Por que existem? De onde vêm? Com que objetivo? Como causam problemas se existem para ajudá-lo? Com frequência, bastará você discernir a origem de um hábito — por que existe e para que foi criado — para que saia do padrão. Com hábitos mais arraigados, saber como e por que atuam como defesas pode ser o primeiro passo para finalmente os libertar.

Sugiro algumas perguntas para o Cinco fazer a si mesmo e algumas possíveis respostas para que acumule mais informações sobre as origens, o funcionamento e as consequências desses padrões.

Como e por que esses padrões se desenvolveram? Como esses hábitos ajudam o Tipo Cinco a lidar com o problema?

Embora o Cinco seja naturalmente curioso, às vezes não é tão curioso a ponto de querer descobrir como as defesas associadas à sua personalidade o limitam. Ao contrário dos outros tipos de Eneagrama, que podem efetivamente sofrer em virtude de seus padrões habituais, muitos Cincos se sentem quase à vontade com sua postura defensiva, que lhes possibilita as sensações de segurança e controle. Na verdade, ela atua como fuga dos sentimentos difíceis — tanto dos deles quanto dos de outros —, ajudando-os a evitar sentir medo. Mas a personalidade do Cinco envolve uma postura que reduz ativamente a conexão dele consigo e com os outros, e, dessa forma, ele restringe sua capacidade de crescer. Pode ser bem útil e empolgante para o Cinco deter-se mais profundamente nele e em sua própria história para compreender como seus padrões de pensamento e comportamento representam desde a infância uma reação exagerada à legítima necessidade de proteger sua preciosa sensibilidade.

Embora isso talvez se pareça com estar "em busca de problemas" em um primeiro momento, o Cinco pode despertar para os instrumentos que usa para se manter isolado da vida, escondido na "casca da semente", e avaliando como passou a precisar de tanta proteção na vida.

De que emoções dolorosas os padrões do Tipo Cinco o protegem?

A personalidade funciona como instrumento de proteção das emoções dolorosas, incluindo o que Karen Horney denomina "ansiedade básica", ou seja, a preocupação com o estresse emocional referente ao não atendimento de nossas necessidades básicas. Em reação a uma experiência de estresse, o Cinco adota como estratégia desligar-se de sentimentos dolorosos e encontrar refúgio na mente. Enquanto investigar as emoções dolorosas que talvez esteja evitando vai de encontro ao objetivo principal da sua estratégia para lidar com o problema, explorar o que possa estar perdendo ao não se manter conectado com suas emoções possivelmente ajude o Cinco a encontrar mais significado, riqueza e satisfação na vida. Ao primeiro pensar e depois, pouco a pouco, mover-se rumo aos sentimentos dos quais em geral se desconecta, o Cinco pode se reconectar com sua vitalidade emocional de um modo verdadeiramente estimulante. Para entender tudo que ele pode se tornar, o Cinco deve se abrir para o medo, a tristeza e a raiva que não imagina existir dentro dele.

Por que estou fazendo isso? Como os padrões do Tipo Cinco funcionam em mim neste momento?

Ao refletir sobre como e por que os padrões funcionam no presente como uma proteção no cotidiano, o Cinco conseguirá expandir sua consciência sobre como mantém limites e evita envolver-se com o emocional da vida para permanecer seguro e sem perturbações. Também não seria uma má ideia que o Cinco revisitasse os motivos mais profundos implícitos em seus padrões. Questionar as razões pelas quais habitualmente se protege de um envolvimento mais ativo com a vida pode ajudá-lo a desenvolver mais autoconhecimento sobre o próprio comportamento. Ao compreender que evita complicações emocionais e exigências externas para se manter seguro, o Cinco deve avaliar que esses hábitos talvez o impeçam de crescer. Racionalizar a conveniência da fixação pode ser parte dela, e será importante que, no mínimo, o Cinco seja honesto consigo para que consiga decidir de modo consciente se deseja ou não mudar.

Quais são os pontos cegos desses padrões? O que o Tipo Cinco não percebe em si?

Alguns Cincos se sentem bem nos limites seguros das suas "cascas de semente". E isso é compreensível, na medida em que as muralhas que eles constroem os protegem da dor de ter necessidades e sensibilidades em um mundo que lhes soa indiferente ou fatigante. Mas é importante que ele, pelo menos, avalie o que estaria perdendo. A solução do distanciamento implica um tipo de cegueira para o valor dos sentimentos e das possibilidades inerentes ao estar mais ligado ao próprio poder e à vitalidade. Se você é um Cinco, o conforto, associado à resignação, talvez o impeça de ver como a vida seria melhor se estabelecesse mais contato com as pessoas certas. Escolher crescer ou não depende apenas de nós, mas devemos avaliar com mais cuidado nossas opções e os elementos que nossas defesas estão escondendo de nós. Se você é um Cinco, imagine como seria boa sua vida se fosse capaz de correr o risco de se abrir mais e desafiar a rigidez das suas defesas?

Quais são os efeitos ou as consequências desses padrões? Como eles me aprisionam?

A armadilha na programação da personalidade do Cinco é que, ao construir a vida baseado em um sentimento de escassez e de medo do esgotamento, ele acaba intensificando a experiência de escassez de recursos e a ameaça de empobrecer. Embora a estratégia do Cinco para lidar com o problema de recorrer a uma "engrenagem de distanciamento" por meio do "beneficiar-se com uma boa muralha"[33] possa levar a uma sensação confortável de isolamento, ela talvez também intensifique um medo contínuo de violação ou intrusão. Segundo Naranjo, é possível que "vulnerabilidade e impotência envolvidas em uma disposição exageradamente passiva e inexpressiva ou insensível"[34] causem no Cinco os sentimentos de impotência e insegurança. Explorar completamente como os padrões defensivos funcionam poderá levar o Cinco a se reconectar em um nível mais profundo, afastando-o da armadilha de precisar reduzir-se como único jeito de se sentir seguro.

Autodesenvolvimento: visar a um estado mais elevado de consciência

Para todos nós que buscamos despertar, o próximo passo no trabalho com esse tipo de conhecimento da personalidade é injetar mais esforço consciente em tudo o que fazemos: pensar, sentir e agir com mais consciência e escolha. Nesta seção, sugiro ao Cinco o "que fazer" depois de estudar seus principais padrões e investigar as origens, as formas de funcionamento e as consequências deles.

Esta última seção está dividida em três partes, cada qual correspondendo a um dos três processos de crescimento relacionados ao sistema do Eneagrama: 1) "o que fazer" para efetivamente combater os padrões automatizados do seu tipo central, descritos na seção de "auto-observação", 2) como usar o Fluxo Interno do caminho das flechas do Eneagrama como mapa de crescimento e 3) como estudar sua paixão (ou "vício") e conscientemente incorporar seu inverso, o antídoto, a "virtude" superior do tipo.

Os três principais padrões de personalidade do Tipo Cinco: "o que fazer" para lidar com eles

Acumular e reter recursos internos a partir de uma percepção de escassez e medo de empobrecimento

Desafie as falsas crenças sobre a escassez.

O Cinco se beneficia não só ao desafiar a falsa crença de que não tem recursos suficientes para sobreviver, mas também ao reconhecer que apenas *parece* que dispõe de pouco tempo, espaço e energia, pensamento decorrente das decisivas e dolorosas experiências dos primeiros anos de vida. Na realidade, alguém tem abundância de recursos tanto quanto acredita nisso (ou se permite acreditar). Ao conectar-se mais a outras pessoas, o Tipo Cinco na realidade incrementa os recursos disponíveis porque expande as próprias fontes de apoio. Lembrar-se da fé na abundância inicia um ciclo positivo de acesso a muito mais do que ele (falsamente) julga não ter.

Lembre-se de que escassez gera escassez.

É quase um lugar-comum hoje que aquilo em que acreditamos molda nossa realidade. Quando o Cinco vê o mundo através de uma lente que resume tudo a escassos recursos que precisa manter, acaba amplificando a experiência de escassez. Focar o que tem e se agarrar a isso para sobreviver apenas perpetua a crença e a realidade da escassez. Tal mentalidade o mantém aprisionado no mesmo modelo mental: precisa sobreviver com muito pouco.

Encontre maneiras diretas de se prover no mundo exterior.

Se você é um Cinco, talvez lhe seja difícil trilhar o caminho de crescimento, porque ele vai de encontro à vontade de se esforçar para vivenciar mais emoções, compartilhar mais de si e relacionar-se com os outros de modo mais intencional. Porém, conforme observa Naranjo, "ser um observador da vida naturalmente leva à sensação de não vivê-la, e isso pode estimular um desejo pela experiência".[35] Concentre-se em qualquer desejo de vivenciar mais a vida e apoie-se ao assumir o risco de encontrar formas de vivenciar um mundo que o nutre e aperfeiçoa sua vida. Seja como for, ao receber uma massagem, ao permitir a alguém que o leve para jantar ou ao compartilhar mais de si com alguém em quem confia, permita-se vivenciar modos mais agradáveis de participar do mundo exterior.

Desligar-se das emoções e da vida emocional

Esteja consciente da sua escolha ao se desligar dos sentimentos.

Um passo importante para que se conecte mais com seus sentimentos e tenha mais empatia com os outros é perceber as situações que o levam a se desligar das emoções e também aquelas em que para de senti-las. Reconheça quando pensa nos sentimentos, e não os vivencia de fato. No entanto, lembre-se de que, apesar de ser importante pensar nos sentimentos em estágios iniciais do trabalho interior, é preciso discernir a diferença. Observe os momentos em que detecta uma ausência de sentimento quando, na verdade, poderia (de maneira lógica) inspirar-se a sentir algo e desviar a atenção para o seu corpo, aberto e alerta para captar os sinais sutis das emoções. Participar de algum exercício físico também pode ser uma maneira importante de sair da cabeça e entrar no coração e no corpo.

Esforce-se, e com mais frequência, para vivenciar mais emoções.

Para o Cinco que deseja se relacionar mais plenamente com os outros, apesar das tendências defensivas da sua personalidade, o crescimento implica esforços contínuos de reconectar-se à vida, a ponto de que as tentativas de se envolver e expressar sentimentos com mais regularidade se transformem em uma prática. Permitir que as necessidades e os verdadeiros sentimentos surjam e gentilmente se abrir para eles ajuda a despertar aspectos de si mesmo que automaticamente evita. Comece tentando sentir suas emoções quando está sozinho, e depois expanda esses esforços e preste atenção ao que sente na companhia de outras pessoas. Tente falar mais sobre seus sentimentos com aqueles em quem confia.

Faça questão de ver o lado positivo das emoções e das relações emocionais.

Lembre-se do lado bom de se conectar com suas emoções, mesmo que a princípio não acredite muito nisso. Se vivenciar uma experiência positiva ao se relacionar com outra pessoa emocionalmente, mantenha como prioridade na mente os momentos agradáveis que viveu, alguma coisa de que se recordará quando emergirem pensamentos sobre o efeito desagradável de sentir emoções. Comemore pequenas vitórias de uma relação emocional, ciente de não haver qualquer problema em dar pequenos passos rumo a uma percepção mais positiva das possibilidades relacionais quando consegue se abrir para os sentimentos.

Distanciar-se dos outros impondo limites excessivos, a necessidade de controle e o medo das exigências externas

Reconheça que a sensação de que não há nada de errado faz parte da fixação.

O Cinco é tão bom em fazer o que faz que pode adormecer para o fato de que talvez seja severamente limitado pela fixação da sua personalidade. Um Cinco sente-se seguro atrás das barreiras cuidadosamente construídas, achando que não há nada que precise ser resolvido. Quando está preso à sua personalidade, o Cinco vivencia em geral uma sensação reconfortante de controle. Bom em evitar pessoas carentes e muito sentimentais, ele se destaca mantendo limites, e sabe como controlar a vida para evitar o medo. Quando atuo como moderadora em painéis com auto-observadores qualificados como forma de ensinar o Eneagrama, às vezes é difícil encontrar um Cinco que testemunhe com clareza o motivo pelo qual quer se afastar de sua programação. Compreender o conforto e o controle que provêm de um bom sistema de barreiras de proteção pode ser o primeiro passo para discernir os problemas inerentes a essa estratégia.

Entrar em contato com o medo que motiva o distanciamento e a criação de muralhas.

Embora o Cinco seja um "tipo que se baseia no medo" na estrutura do Eneagrama, ao se esconder, ele não se conecta muito com tal sentimento. Como Naranjo (ele próprio um Cinco) bem observa, ao contrário do Seis, que vivencia o medo porque não se esconde tanto dele, o Cinco se especializa em evitar situações que lhe causem medo. Se ele conseguir não se esconder tanto e entrar mais em contato com o medo, poderá reduzir a rigidez das defesas que utiliza para ajudá-lo a evitar completamente sofrer tal sensação.

Avançar para a vida em vez de retrair-se para dentro de si.

Embora isso vá de encontro ao programa da personalidade do Cinco, aquele que busca o caminho de crescimento deve seguir em frente na vida, encontrar uma fonte de energia mais profunda dentro de si e reconectar-se com os sentimentos, sem se esconder deles. Se você é um Cinco, diante de um impulso defensivo automático, o primeiro passo é se distanciar, tentar ficar parado e não se desconectar automaticamente. Comece a perceber como e quando se retira, pratique permanecer ali. Seja nos relacionamentos, seja em situações de conflito ou na sua vida profissional, brinque com a possibilidade de escolher movimentar-se até as pessoas e para o fluxo da vida. Lembre-se de que aprender a arriscar-se e a confiar no mundo é um gigantesco e maravilhoso passo para seguir em direção ao seu próprio avivamento.

O Fluxo Interno para o Tipo Cinco: usando o caminho das flechas para mapear o caminho de crescimento

No Capítulo 1, apresentei o modelo do Fluxo Interno do caminho das flechas, que estabelece uma dimensão do dinâmico movimento dentro do modelo do Eneagrama. As conexões e o fluxo de cada tipo central, seu ponto "crescimento-estresse" e seu ponto "coração-criança" mapeiam um tipo de caminho de crescimento descrito pelo símbolo. Como lembrete, o caminho das flechas constitui uma sugestão para o caminho de crescimento de cada tipo:

- A direção do ponto central no sentido da flecha é o caminho de desenvolvimento. O ponto "crescimento-estresse", que está mais adiante, representa os desafios específicos que a natureza do ponto central da nossa personalidade coloca diante de nós.
- A direção contrária da flecha, do ponto central até o ponto "coração-criança", indica as questões e as temáticas da infância que precisam ser conscientemente reconhecidas para que avancemos e não fiquemos aprisionados em assuntos inacabados do passado. O ponto "coração-criança" representa qualidades de segurança que inconscientemente reprimimos, retornando a elas às vezes, em momentos de estresse ou por segurança, as quais devem ser reintegradas conscientemente.

O ARQUÉTIPO DO PONTO CINCO

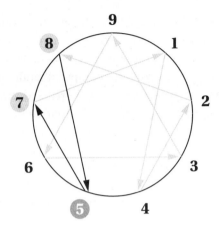

O Tipo Cinco movendo-se em direção ao Tipo Sete: usando conscientemente o ponto "crescimento-estresse" do Sete para desenvolvimento e expansão

O caminho de crescimento do Fluxo Interior para o Tipo Cinco o coloca em contato com os desafios incorporados pelo Tipo Sete: uso da leveza, sincero interesse intelectual, pensamento inovador e opções criativas como forma de interagir mais diretamente com o mundo exterior. Aproximar-se de modo consciente das qualidades naturais do arquétipo Sete talvez ajude o Cinco a compreender que poderia se envolver mais com os outros sem precisar desaparecer. Embora o Cinco se movimente para o ponto Sete em momentos de estresse, manifestando seu nervosismo em situações sociais por meio de riscos ansiosos ou um jeito de falar meio enlouquecido, ele pode trabalhar para aliviar essa tensão incorporando conscientemente as melhores qualidades do Sete. Desse modo, expandirá a capacidade de compartilhar mais de si com os outros, intencionalmente recorrendo ao humor, ao lúdico e à curiosidade intelectual como instrumentos de ajuda para lidar com qualquer ansiedade que sinta ao se abrir mais socialmente.

O Cinco que atua com consciência nesse sentido pode usar de imediato as mesmas ferramentas saudáveis do Tipo Sete: pensamento criativo e interesse pelas pessoas como suporte para se engajar mais com a intenção de interagir de forma mais profunda com os outros. A postura do Sete advém da criação de opções que lhe permitam entender diferentes maneiras de lidar com as situações, mesmo em meio à ansiedade implícita. Os hábitos mentais de encontrar relações e participar com entusiasmo da troca de ideias proporcionam um bom modelo para o Cinco que pretende expandir sua zona de conforto compartilhando mais de si. O jeito rápido e desenvolto de pensar a que o Sete recorre para conectar sentimentos e ideias com os dos outros pode atuar como suporte ao Cinco que busca maneiras de ligar suas ideias e emoções com o mundo exterior.

O Tipo Cinco movendo-se em direção ao Tipo Oito: usando conscientemente o ponto "coração-criança" para trabalhar questões dos anos iniciais e encontrar a segurança como suporte para avançar

O caminho de crescimento do Tipo Cinco exige que ele recupere a capacidade de se envolver de modo mais ativo, mais destemido e mais poderoso no mundo. O ponto Oito pode funcionar como um lugar de conforto para o Cinco, que assim se permite mais liberdade para se afirmar e reforçar os limites de que precisa. É possível que o arquétipo Oito também represente o que não funcionou para o Cinco no ambiente dos primeiros anos de vida. Os impulsos do Cinco em agir de forma direta para obter aquilo de que precisava — a estratégia de autoafirmação do Oito — possivelmente não foram vistos ou apoiados na infância, levando-o a retrair-se. No entanto, a experiência do Oito talvez tenha continuado a ser um lugar para onde o Cinco se movimentou após a infância, em busca de conforto, livre para agir de maneira poderosa para se proteger, erguer muralhas ou se afastar das pessoas.

Ao navegar de forma mais consciente, o Cinco pode usar o "movimento para o Oito" como desenvolvimento, ou seja, para restabelecer um equilíbrio saudável entre afastamento e saída para o mundo. Concentrando-se nas qualidades e nas características superiores desse ponto "coração-criança", compreenderá o que talvez precise reprimir para se dar bem no mundo, e o que deverá reintegrar como elemento de apoio para seu crescimento em direção ao ponto Sete.

Retornar para o Oito com consciência pode ser uma maneira de o Cinco voltar a se envolver com a sensação de poder e autoridade, uma forma de sentir-se mais forte ao lidar com o medo, envolver-se com suas emoções e interagir com os outros. O Cinco pode se apoiar em seu trabalho interior e crescimento, recorrendo conscientemente ao talento do

Oito em expressar a raiva de maneira produtiva, fazendo grandiosas coisas acontecerem e afirmando-se para impactar as pessoas de modo positivo. Em vez de sempre ter de sondar o que está acontecendo a distância e pensar antes de fazer qualquer coisa, o Cinco pode agir de forma mais decisiva. Ao reincorporar as qualidades do Tipo Oito, o Cinco conscientemente se lembrará de que está tudo bem em ter sua autoridade, em expressar-se com mais intensidade e em usar a força para criar limites e se abrir à vulnerabilidade, isto é, compartilhar mais com outras pessoas. Ao assumir essas habilidades do Oito, o Cinco talvez elimine qualquer sofrimento na infância associado a se esconder em vez de se expressar mais poderosamente, e conseguirá se valer da autoridade como ferramenta de apoio aos desafios inerentes a incorporar mais do idealismo, do otimismo e das possibilidades de expansão associadas ao ponto Sete.

A conversão do vício em virtude: acessar a avareza e visar ao não apego

O caminho do desenvolvimento do vício para a virtude constitui uma das fundamentais contribuições do mapa do Eneagrama, em uma significativa utilidade "vertical" do caminho de crescimento para um estado mais elevado de consciência voltado a cada tipo. No caso do Cinco, seu vício (ou paixão) é a avareza, e o inverso, a virtude, é o *não apego*. A teoria do crescimento transmitida por essa conversão do "vício em virtude" refere-se ao fato de que, quanto mais conhecermos o funcionamento de nossa paixão e trabalharmos conscientemente para incorporar a nossa virtude superior, mais nos libertaremos dos hábitos inconscientes e dos padrões fixados do nosso tipo e evoluiremos rumo a nosso lado "mais elevado" ou "Eu-árvore de carvalho".

À medida que o Cinco se familiariza com a experiência da avareza e desenvolve a capacidade de torná-la mais consciente, ele progredirá no trabalho, esforçando-se para focar a afirmação da sua virtude, o "antídoto" para a paixão da avareza. No caso do Tipo Cinco, a virtude do não apego representa um estado de ser que o Cinco atingirá manifestando conscientemente suas capacidades superiores.

O não apego implica que ele seja orientado para abandonar a necessidade de compreender o fundamental para se manter seguro, desse modo, abrindo-se para uma experiência mais profunda do fluxo natural da vida. A virtude do não apego pode inspirar o Cinco ao trabalho de liberar a necessidade de controle que garante que o caminho esteja seguro antes de continuar avançando. O não apego exige que o Cinco explore as ferramentas a que recorre para se apegar e acumular tempo, espaço e energia, assim desafiando suas crenças de escassez. Como os tipos da tríade do medo tendem a controlar recursos preciosos, a ansiedade mais profunda do Cinco se manifesta nos hábitos de reter e privar-se. Ao enfrentar o medo do empobrecimento e lidar com ele, o Cinco poderá trabalhar em direção a um objetivo mais significativo: compreender que, recorrendo à sua falsa expectativa, a vida não o apoiará. Por sua vez, isso lhe permitirá libertar-se de seu apego às coisas que ele julga necessárias para sobreviver absolutamente sozinho no mundo.

Trabalhar no sentido de incorporar o não apego implica reconhecer o significado do apego, entender a que você se apega e ter fé para abandonar o que sua personalidade eu-semente julga essencial para sobreviver. Sandra Maitri salienta que o "apego" que o Cinco precisa aprender a abandonar para crescer não é do tipo em que comumente pensamos, isto é, "formar laços profundos com os outros", mas o oposto, uma sensação de "apego às coisas" sob a luz da percepção de uma inexistência de tais vínculos.[36] Como elemento orientador para o não apego, Maitri destaca os ensinamentos budistas, que nos encorajam a compreender e liberar nosso apego aos bens, às crenças e, finalmente, à necessidade do nosso ego de controlar a realidade como uma maneira de nos libertar do apego que o sofrimento inevitavelmente causa. Atingir um estado de não apego funciona dessa maneira para o Cinco. Quando ele desperta para como se apega às ideias e às suposições sobre o que precisa controlar para permanecer seguro e abastecido, abre uma porta de aceitação mais profunda da vida. Ao conseguir fazer isso, o Cinco conseguirá também se libertar da necessidade de controle e retenção, pronto para viver um engajamento mais entusiasmado com o mundo.

Ao abandonar conscientemente os apegos, a crença na desagregação e a necessidade de controle, o Cinco poderá conectar-se à abundância disponível para ele em um amplo mundo mais interconectado com a natureza e com as outras pessoas.

Trabalho específico para os três subtipos do Tipo Cinco no caminho do vício para a virtude

Independentemente do tipo, o caminho de observar a paixão para encontrar seu antídoto não é exatamente igual para cada um dos subtipos. O percurso do trabalho interno consciente tem sido caracterizado pelos termos determinação, esforço e graça:[37] a "determinação" dos hábitos da nossa personalidade, o "esforço" em direção ao nosso crescimento e a "graça" que nos alcança quando nos empenhamos para uma autoconsciência mais ampla, desenvolvendo e trabalhando rumo às nossas virtudes de modo positivo e saudável. De acordo com Naranjo, cada subtipo precisa esforçar-se contra algo levemente diferente. Esse *insight* constitui um dos maiores benefícios de entender os três diferentes subtipos de cada um dos nove tipos.

O *Cinco Autopreservação* pode percorrer o caminho da avareza até o não apego, arriscando-se com mais frequência a flexibilizar os limites e as barreiras das relações, e esforçando-se mais para compartilhar seus sentimentos com outras pessoas, mesmo se isso lhe despertar medo ou ansiedade. As pessoas com esse subtipo podem trabalhar de modo proveitoso ao perceber como suas crenças no que é possível ou desejável nos relacionamentos e no mundo as impedem de conquistar o reconhecimento ou o apoio que lhes permitiriam crescer. Em vez de obcecar-se com a resignação, desafie-se em relação ao que é possível e imagine como será levado ao crescimento e à expansão quando não sentir que precisa de muralhas tão altas ao seu redor. Lembre-se de que pode se abrir e deixar que, em seu mundo, entrem mais pessoas, com mais intensidade e com mais frequência, e ainda manter uma saudável sensação de controle. Desperte para o fato de que pode estar "vivendo pouco" e perceba que não precisa de fato se inferiorizar para se sentir bem. Abra-se e procure formas de compartilhar seus talentos com o mundo, vivendo mais tempo fora das muralhas do castelo.

O *Cinco Social* pode percorrer o caminho da avareza até o não apego deslocando seu foco de atenção no conhecimento e na informação para uma sensação mais acentuada de envolvimento emocional com as pessoas da vida real. Se você é um Cinco Social, perceba quando sua devoção a superideais o afasta do que está acontecendo em seu cotidiano, levando-o a se fechar para os outros. Reconheça quando talvez esteja idealizando ou superidealizando especialistas e um grupo restrito de indivíduos (possivelmente distantes), desse modo atendendo indiretamente a suas necessidades relacionais, em vez de correr o risco de interagir de maneira mais direta com as pessoas nos ambientes em que circula. Trabalhe contra a tendência de se relacionar com os outros apenas compartilhando as mesmas ideias; vá além e compartilhe intencionalmente mais das suas emoções e de seus sentimentos instintivos. Examine os modos como se apega à tentativa de criar significado e evitar um medo mais profundo da ausência de sentido por meio de valores e ideais específicos; desafie-se a vivenciar mais plenamente seus medos como um primeiro passo no percurso de abandonar os apegos. Aprecie as alegrias cotidianas e toda a variada gama de expressões humanas para que, assim, expanda seu foco e viva uma experiência mais rica que a vida tem a lhe oferecer.

O *Cinco Sexual* pode percorrer o caminho da avareza até o não apego ao trabalhar contra a tendência de estabelecer padrões superiores para as pessoas como forma de evitar a intimidade. Reconheça quando está testando os outros ou engajando-se em padrões inviáveis de sustentar uma relação como forma de evitar o medo e defender-se do próprio medo da exposição. Perceba as formas como se retrai e não entra em contato com alguém, mesmo ansiando por isso. Trabalhe para conquistar a relação íntima que deseja, não se apegando a um ideal do que o amor pode ser, mas sim assumindo o risco de expressar seus sentimentos às pessoas com quem convive. Sinta e trabalhe seu medo quando se abre para relacionamentos mais intensos e para manifestações autênticas das suas emoções. Liberte-se das ideias preconcebidas sobre o significado de relacionar-se com os outros, e desafie-se para permitir que esse contato ocorra. Surpreenda-se pela vida e transmita a beleza dos seus sentimentos e desejos profundamente românticos com mais frequência e de várias maneiras diferentes.

Conclusão

O Ponto Cinco representa nosso afastamento do contato com o mundo como forma de nos manter seguros e no controle. O caminho de crescimento do Cinco nos ensina como transformar nosso medo do medo e criar motivação para compartilhar mais de quem somos e, assim, nos conectarmos de forma mais profunda com nós mesmos e com os outros. Em cada um dos subtipos de personalidade do Tipo Cinco, percebemos um personagem específico que nos ensina o que podemos conquistar quando conseguimos transformar nosso medo do isolamento em uma habilidade de estarmos totalmente despertos para nos conectar com quem somos e com quem podemos nos tornar, caso nos envolvamos mais profundamente no fluxo da vida por meio da alquimia da auto-observação, do autodesenvolvimento e do autoconhecimento.

CAPÍTULO 8

O arquétipo do ponto Quatro: o tipo, os subtipos e o caminho de crescimento

O homem gosta de contabilizar os problemas, mas não conta as alegrias.
FIÓDOR DOSTOIÉVSKI

Tenho a verdadeira sensação de mim mesmo apenas quando eu estou insuportavelmente infeliz.
FRANZ KAFKA

A tristeza prepara você para a alegria. Ela varre violentamente tudo para fora de sua casa para que uma nova alegria encontre espaço para entrar.
RUMI

O Tipo Quatro representa o arquétipo de alguém que vivencia a sensação interior de falta e o desejo intenso por aquilo que está faltando, ainda que não se permita conquistar o que poderia satisfazê-lo. O impulso desse arquétipo, ou seja, o foco excessivo no que está faltando, representa um passo para recuperar a integridade e a conexão, mas, vivendo um eu imperfeito, ele se convence de uma carência interna que o impede de realizar-se. Embora essa situação incorpore uma frustração compreensível em relação à carência, a identificação exacerbada com ela e a frustração geram a incapacidade de absorver aquilo que poderia proporcionar-lhe satisfação.

Esse arquétipo do Quatro também pode ser encontrado no conceito de Jung de "sombra", definido como "o submundo conturbado de nossa psique" ou "o lado sombrio da personalidade".[1] Enquanto o Tipo Três se identifica em excesso com a persona, ou com os aspectos positivos dele mesmo que transparecem na "imagem pública", o Tipo Quatro se identifica com nossas partes que preferimos que os outros não vejam. Embora o Quatro também possa ressignificar sua sensação de inadequação ao ser "especial" ou "único" como forma de se valorizar em um nível mais superficial, ele se identifica mais com um eu inadequado do que com um eu idealizado.

O arquétipo do Quatro também representa o arquétipo do artista trágico que sofre a serviço da autoexpressão artística. Isso sugere uma visão idealista das emoções, sobretudo em relação a como proveitosamente se manifestam as emoções autênticas por meio da arte, de uma forma que inspira, move e une as pessoas.

Também se observa a ressonância do Quatro com a sombra no fato de ele possuir um talento natural para entender não só o nível emocional mais profundo da vivência, mas também a beleza nas emoções mais sombrias que os outros tipos preferem não sentir, muito menos reconhecer. Essa característica pode levar os outros, ainda que inconscientemente, a perceberem o Quatro como perigoso, na medida em que poderia abordar a questão de emoções autênticas, com a qual os outros quase sempre preferem não ter de lidar.

Por esse motivo, o Tipo Quatro é o protótipo desse nosso lado insatisfeito com quem somos. Todos nos sentimos mal com o que percebemos como nossas falhas, e nos afligimos e ansiamos por aquilo que falta em nossa vida. É comum que nos deprimamos diante de um sentimento de inadequação, ou seja, quando não nos ajustamos na imagem idealizada do que acreditamos precisar ser para receber amor. Assim, esse arquétipo representa a tendência humana de desenvolver um "complexo de inferioridade", o que dificulta nos sentirmos bem conosco e acolhermos o bom vindo do lado de fora.

Os pontos fortes naturais do Tipo Quatro incluem uma gigantesca capacidade de sensibilidade emocional e intensidade, habilidade de sentir o que está acontecendo entre as pessoas em um nível emocional, talento natural para a beleza e a criatividade, e sensibilidade idealista e romântica. Ao não temer os sentimentos intensos, o Quatro valoriza a manifestação das emoções autênticas e o apoio às pessoas que estão vivenciando emoções dolorosas, na forma de muito zelo, respeito e sensibilidade. O Quatro, extremamente empático, consegue vislumbrar a beleza e o poder nos sentimentos dolorosos, o que os outros tipos quase sempre evitam.

O "superpoder" do Quatro concentra-se em ser intuitivo emocionalmente, de forma natural. O contato regular dele com seu próprio território emocional lhe traz muito conforto e força para viver sentimentos intensos, e assim empoderar outras pessoas a sentirem e aceitarem as próprias emoções. Embora não seja correto pensar que todos os Quatros são artistas ou que todo artista é um Quatro, ele tem um impulso artístico que lhe permite ver e reagir à poesia da vida, transmitindo-a para os outros de forma que encarem as experiências cotidianas de modo criativo e até transcendental.

Entretanto, assim como com todas as outras personalidades arquetípicas, os talentos e os pontos fortes do Tipo Quatro também representam sua "falha fatal" (ou "calcanhar de Aquiles"): ele às vezes exagera seu foco na dor e no sofrimento como forma de evitar um tipo mais profundo ou diferente de dor. E, apesar de ser talentoso na sensibilidade emocional, pode se apegar tanto aos seus sentimentos que talvez não consiga pensar com objetividade ou agir. Conseguindo ver o que está faltando tão claramente, sujeita-se a se cegar para o que é bom ou promissor em uma situação, muitas vezes em detrimento próprio. No entanto, quando desperta para as formas pelas quais se apega ao sofrimento ou dramatiza as emoções para se desviar de sua necessidade mais profunda de amor, ele pode expressar um tipo especial de sabedoria, manifestada por uma intensa verdade emocional.

O arquétipo do Tipo Quatro na _Odisseia_, de Homero: Hades e as Sereias

Quando Ulisses pede à deusa Circe que o ajude na jornada ao lar, ela lhe diz que vá a Hades e realize rituais de sangue para que fale com o espírito de Tirésias, que lhe dará mais orientação. Em troca pelo sacrifício de sangue de Ulisses, o cego profeta lhe contará seu futuro, bom e ruim, bem ao final:

> Procuras saber do doce regresso, ó glorioso Ulisses,
> mas o deus fá-lo-á difícil;
>
> [...]
>
> Ainda assim podereis regressar, embora muitos males sofrendo,
> se refreares o teu espírito e o dos companheiros

> [...]

> e do mar sobrevirá para ti
> a morte brandamente, que te cortará a vida
> já vencido pela opulenta velhice; e em teu redor
> os homens viverão felizes: é esta a verdade que te digo.[2]

Ulisses ouve dos outros espíritos da Terra dos Mortos, mas a mensagem em comum é uma ladainha de arrependimento pelas escolhas na vida e pela inveja daqueles que ainda vivem. Hades, portanto, representa "a terra do que poderia ter sido, um lugar que todos nós estamos destinados a visitar em algum momento". No entanto, Hades também transmite uma mensagem sobre o papel da saudade e do arrependimento na vida humana. Poderíamos ficar presos em "Hades" por conta própria se não só entramos em contato com nosso luto interno, mas vivemos a vida inteira ao redor dessa "sensação dolorosa de perda e de sonhos fracassados".[3] Depois dessa visita ao submundo, Ulisses pode decidir mais conscientemente a vida, ao falar com os fantasmas do seu passado, que simbolizam os intensos desejos e anseios não realizados da psique — seus aspectos sombrios —, com os quais ele deve fazer as pazes para seguir adiante em sua jornada ao lar.[4]

O próximo destino revela ainda mais sobre a natureza do desejo. Depois de deixar Hades, Ulisses e sua tripulação passaram pela Ilha das Sereias. Conseguindo sentir a angústia particular de cada indivíduo, as sereias tinham o poder do encanto dirigido a quem aparecesse no caminho, e seduziram os viajantes com a melodia que entoavam, para que não mais tivessem qualquer expectativa de retornar ao lar. Elas cantaram para Ulisses dizendo conhecerem todas as dores que ele sofreu na Guerra de Troia. E prometeram-lhe sabedoria se ele escutasse o próprio coração. Então, revelariam a ele o significado oculto de tudo que havia sofrido. "Que canção poderia ser mais doce? *Quem não morreria para ouvi-la?*"[5]

Ulisses, já sabendo que encontraria essas sedutoras, tomou uma decisão pessoal e voluntária de ouvir a canção das Sereias e conhecer a profundidade da saudade e da tentação. Ele já sabia que encontraria essas sedutoras. Ele sabe que o seu canto delicado atrai os marinheiros para a morte, arremessando-os contra as rochas. Primeiro, ele protege seus homens colocando-lhes cera nos ouvidos, e ordenou-lhes que o amarrassem ao mastro e ignorassem seus apelos inflamados até que o perigo passasse.

Apenas o planejamento cuidadoso salvou Ulisses do seu próprio anseio irresistível por essa experiência. De outra forma, a tentação de explorar uma profundidade emocional incomensurável teria acabado, como tantas vezes acontece, em total autodestruição.

Hades e as Sereias são uma passagem sombria da *Odisseia*, refletindo a dor e a sabedoria do Tipo Quatro. A melancolia, a inveja e o arrependimento são emoções sedutoras das quais alguns nunca conseguem escapar. Mas elas também nos trazem a verdade sobre nossas necessidades e nossas dores, se tivermos coragem de acolhê-las. Enfrentar essas importantes emoções constitui um aspecto relevante da jornada para o verdadeiro eu.

A estrutura de personalidade do Tipo Quatro

Localizado no canto inferior do símbolo do Eneagrama, o Quatro pertence à tríade "emocional", associada à tristeza ou à dor. Enquanto o Tipo Dois vive em conflito com a própria tristeza e o Três subestima a dor em geral entorpecendo os sentimentos para que não comprometam seus objetivos, o Quatro exagera no apego à dor. Os três tipos emocionais também compartilham o interesse com a imagem — uma autopercepção sobre como os outros os veem. Embora todos os três tipos da tríade tenham uma necessidade subjacente e formativa de serem "vistos", cada um age de modo diferente, baseado nos ideais que tenta cumprir para ser reconhecido e apreciado pelos outros.

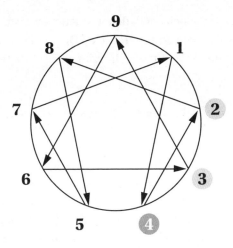

A tristeza no centro das personalidades do tipo emocional reflete o sentimento de não serem amados do jeito que são, e a dor por terem perdido contato com seu eu verdadeiro, pois, não se assumindo, criaram uma imagem específica para tentar receber o amor (ou a aprovação) de que precisam. Todos os três tipos emocionais enfrentam questões fundamentais relacionadas às necessidades não satisfeitas de serem vistos, aceitos e amados profundamente do jeito que são. Portanto, criam estratégias para lidar com o problema visando conquistar a aprovação das outras pessoas de três maneiras distintas, como um substituto para o amor que buscam, mas que temem ou acreditam que não receberão. Enquanto o Dois se esforça para transmitir uma imagem agradável e o Três cria uma imagem de realização e sucesso, o Quatro se apresenta como único e especial.

De muitas formas, de todos os tipos, o Quatro é o que se sente mais confortável com a vivência das emoções, valorizando as relações interpessoais baseado em sentimentos autênticos. No entanto, o modo como ele se relaciona com suas emoções é, ao mesmo tempo, básico e complicado, pois sua estratégia para lidar com o problema envolve apego a algumas emoções como proteção contra a convivência com outras pessoas. Conforme observa Naranjo, enquanto o Tipo Três se identifica com uma imagem idealizada de si mesmo, o Quatro se identifica com aquela parte da psique que "falha em se ajustar à imagem idealizada e está sempre se esforçando para alcançar o inatingível".[6] Como parte da "tríade do coração", da qual o Tipo Três é o "ponto central", o Quatro expressa uma versão da paixão do Tipo Três pela vaidade em querer ser visto e amado pelos outros, ainda que o desejo de admiração do Quatro leve ao sentimento de fracasso em razão de um sentimento interior de "escassez e falta de valor".[7]

A estratégia para lidar com o problema dos primeiros anos: Tipo Quatro

A maioria dos Quatros relata ter sofrido, ainda na infância, algum tipo de perda de amor, seja ela verdadeira, seja apenas percebida como tal. As coisas geralmente começam bem, mas em algum momento específico a criança Quatro vivencia algum tipo de abandono ou de privação e, para dar sentido a essa situação e conquistar alguma sensação de controle, o pequeno Quatro, de maneira inconsciente, se convence de que, de alguma forma, ele foi o responsável. Embora quase nunca seja verdade, isso dá à criança a impressão de que poderia fazer alguma coisa para recuperar o que perdeu, e assim recorre a esforços próprios, mesmo quando persiste, como um sentimento íntimo irremediável de carência, a percepção errônea de que foi a culpada pela rejeição.

Para lidar com a dor dessa perda, o Quatro adota a estratégia de focar o que perdeu e desejá-lo, e, ao mesmo tempo, considera-se "mau", uma tentativa de explicar e controlar a perda. Portanto, ele sonha com uma relação de amor idealizada e especial que compensará ou reverterá a privação. Mas, como não consegue evitar sentir-se desamparado diante da possibilidade de um dia recuperar o que perdeu — tanto como reação natural ao sentimento de privação, quanto como defesa contra uma nova decepção —, muitas vezes ele vive aprisionado em dor, melancolia e vergonha, o que lhe dificulta ou até mesmo o impossibilita de se abrir para receber o amor que com intensidade deseja.

A mesma lembrança — algo valioso perdido — também leva o Quatro a insistir em viver no passado, lamentando-se em relação ao que já teve. Conforme explica Naranjo, "ao contrário de outras pessoas que esquecem e se resignam, [o Tipo Quatro] abriga uma ávida sensação de 'paraíso perdido'".[8]

Nesse contexto, acaba considerando que "não é bom o suficiente" para ser amado, como forma de se defender contra a possibilidade de amor, porque se permitir alimentar a esperança de ser amado o deixa vulnerável ao pior tipo de dor: vivenciar mais uma vez a perda sofrida na infância e confirmar a sensação de falta de valor que o acompanha. Desse modo, apega-se a sentimentos dolorosos de desamparo e melancolia para se proteger da tristeza e da vergonha provenientes da crença que ele é praticamente incapaz de ser amado e, portanto, nunca vivenciará o amor que quer e do qual precisa.

Ao mesmo tempo, o Quatro não consegue evitar o desejo por um ideal ou por um tipo especial de amor e reconhecimento, capaz de provar que, afinal de contas, ele é digno. A busca por uma relação de amor idealizada que resgatará seu sentimento interior de falta acalma a vergonha que talvez sinta, resultante do fato de achar que sua imperfeição causou a experiência inicial de perda. Mas, mesmo quando o Quatro fantasia ser amado de uma forma que o acalma, ele acaba frustrando suas tentativas de receber amor, em razão de estar convencido de que não merece ser amado. Ele tende a buscar pessoas inatingíveis e a se engajar em padrões de *"puxa e empurra"* nos relacionamentos: idealiza e se movimenta em busca do parceiro perfeito no mundo da fantasia, mas rejeita a possibilidade de relacionar-se ao perceber que a realidade é muito banal ou imperfeita.

A identificação excessiva com desesperança e melancolia, aliada à busca da confirmação de que é especial ou superior, desvia o Quatro de uma saída verdadeira da armadilha defensiva particular: arriscar-se na esperança de vivenciar o amor e abrir-se para recebê-lo. Mesmo aceitando que precisa de amor e aceitação, o Quatro habitualmente evita a busca de tais sentimentos porque seu falso eu (personalidade) acredita que ele não conseguirá alcançar o que procura.

Todos os tipos de personalidade do Eneagrama criam obstáculos defensivos que lhes dificultam conquistar o que precisam, por medo de reviverem a dor dos anos iniciais da vida e acabarem fracassando. Nesse aspecto, o Quatro incorpora crenças negativas sobre si mesmo e, ao se identificar excessivamente com sentimentos relacionados à perda ou ao abandono, fecha-se para a possibilidade de encontrar relacionamentos satisfatórios e afetuosos. Permitir-se a possibilidade de ser amado por quem ele é lhe soa como uma cilada perigosa para mais perdas e experiências que lhe causem mais vergonha.

Para os que não são do Tipo Quatro, a estratégia deste para lidar com o problema talvez pareça contraintuitiva, pois se baseia em sentir-se mal consigo como forma de evitar sentir-se pior a respeito de si. Conforme afirma Naranjo, essa estratégia "busca a felicidade por meio da dor". Ao se esconder no sofrimento, ao necessitar sofrer, o Quatro se desvia do trabalho interior de se abrir para receber o que de fato quer, mas de modo incorreto, e defensivamente, acredita que não terá.

Grace, um Tipo Quatro, descreve sua situação na infância e o desenvolvimento de sua estratégia para lidar com o problema:

Minha primeira perda grave de segurança e sustentação ocorreu no início da infância. Com dez dias de vida, enquanto estava sendo alimentada, inspirei, fiquei azul e quase morri. Fui levada às pressas para o hospital e passei a noite na UTI.

Sou a quinta filha de sete filhos, e tinha dois anos e meio quando os gêmeos nasceram. Até então, havia desfrutado muito o amor e a atenção como a primeira menina depois de quatro meninos. Tenho uma foto da minha mãe sentada na beira da cama com os dois bebês nos braços enquanto eu ficava de pé, próxima dela, com o rosto contorcido, olhando-a desesperadamente, confusa e com o coração partido. Ela tinha se afastado de mim, com um sorriso forçado para a câmera.

Com dois bebês para cuidar, minha mãe estava ocupada demais para me dar atenção; meus dias de zelo total tinham acabado. Eu não era mais o objeto do amor e da adoração dela. Com seis irmãos competindo por atenção e vendo meus pais sobrecarregados e distraídos, aprendi desde cedo a reprimir minha sensibilidade e também as necessidades. Por fora, eu era independente e assertiva. Por dentro, dolorosamente insegura e também envergonhada. Portanto, precisei desenvolver uma casca grossa e usar ansiedade e raiva para ser ouvida no caos e para proteger meu sensível coração.

O principal mecanismo de defesa do Tipo Quatro: introjeção

A introjeção é o principal mecanismo de defesa psicológica do Quatro, por meio da qual internaliza sentimentos dolorosos como forma de se proteger. Conforme explica a psicóloga Nancy McWilliams, a "introjeção é o processo que acaba confundindo o que está fora com o que vem de dentro".[9] Portanto, é o inverso da projeção, o principal mecanismo de defesa do Tipo Seis.

A introjeção funciona como um mecanismo de defesa, permitindo a um indivíduo que "absorva" o outro por completo. Quando "introjeta" alguém, acaba-se levando-o para dentro de si, e o que o outro representa se torna parte da identidade de quem o introjetou. Portanto, você tem a sensação de poder controlar essa pessoa e tudo o que ela faça ou defenda. Por exemplo, se um indivíduo importante o critica e você o introjeta, passa a sentir que a crítica vem de dentro de você. E, embora ainda esteja sendo criticado, pelo menos terá a sensação de controle, ou seja, a ilusão de que conseguirá fazer algo a respeito, já que o crítico faz parte de você. O que antes vinha do exterior agora vem de dentro, dando-lhe a sensação de que conseguirá lidar com o ocorrido em vez de se sujeitar a ele (ou ser uma vítima passiva).

O apelo desse processo quase sempre inconsciente se assenta no desejo implícito de exercer mais controle sobre toda a interação. Se fomos criticados, por meio da introjeção podemos assumir a crítica e tentar fazer melhor.

Ao entendermos o funcionamento dessa defesa, conseguiremos discernir um comportamento comum a todos nós: aceitar o que vivenciamos como alguma coisa criada no início da nossa vida, e fazer isso por nós mesmos; em outras palavras, se você foi criticado, você mesmo se critica. Se suas necessidades não foram atendidas, você as negligencia. O significado de todo esse processo para o Tipo Quatro é ele continuar sujeitando-se a experiências interiores que foram dolorosas, não só para aceitá-las e tentar lidar com elas, mas também para se proteger de ser magoado novamente de maneira semelhante.

O foco de atenção do Tipo Quatro

O Quatro foca principalmente a própria experiência interna, as suas emoções e as dos outros, e também a relação interpessoal e o desligamento. Certa vez, perguntei a uma Quatro se ela focava mais a si ou os outros, e a resposta foi que se concentrava "no espaço que existe entre nós". Dito isso, o Quatro é de fato autorreferente, voltando sua atenção mais para a própria experiência interior do que para o que está acontecendo com as outras pessoas. Ao mesmo tempo, ele naturalmente se sintoniza com as condições de suas relações e com sua percepção sobre o estado emocional implícito ou o teor dos relacionamentos.

Fundamentalmente, o Quatro foca não apenas pensar e expressar os sentimentos, mas também o que os outros podem estar pensando ou sentindo sobre ele, e se está ou não conseguindo estabelecer relações autênticas com as pessoas que o circundam. Embora o Quatro tenha um talento inato de sentir e apreciar uma ampla gama de emoções, às vezes se concentra demais nos próprios sentimentos, o que o leva a se perder em uma restrita gama de emoções, especialmente no que se refere aos sentimentos de perda, saudade, tristeza, melancolia ou desesperança. Ao prestar muita atenção ao que está sentindo, o Quatro tende a se identificar demais com suas emoções e, desse modo, talvez encontre dificuldades em desviar sua atenção para aspectos diversificados da sua vivência.

Em relação aos outros, o Quatro tende a se sentir desajustado e a querer se destacar como único e especial. Focado no desajuste, cria fantasias de que o julgam negativamente e acha que algo lhe falta, e, quando foca ser especial e ter qualidades únicas, quase sempre constrói fantasias relacionadas a ser elogiado por pessoas importantes devido às suas qualidades únicas.

O Quatro também tende a se concentrar no que está lhe faltando em qualquer situação. Em um relacionamento ou em uma circunstância específica, como trabalho, aula ou reunião social, ele automaticamente focará o que enxerga como ideal e o que inexiste — o que está em falta e que melhoraria a situação, ou o que não está funcionando bem porque alguma coisa específica inexiste ali.

Às vezes, o Quatro pode aprisionar-se na concentração do que acontece no mundo exterior, ou, então, no próprio mundo interior, tendo dificuldades em mudar de um lado para outro. Com frequência se preocupa com a inveja: comparando-se aos outros, pensando no que os outros têm e ele não, focando suas falhas imaginárias (embora às vezes atribua essa percepção aos outros). Por outro lado, também pode, fixando-se demais em seu estado interno, identificar-se com sentimentos específicos. Assim, é possível que tenha dificuldade em desviar a atenção para outros aspectos da sua experiência, especialmente emoções e pontos de vista mais positivos.

Nesse sentido, às vezes, o Quatro poderia pensar: "Se o ambiente externo apenas me desse o que preciso, as coisas seriam melhores". Diante da insatisfação, ele quase sempre não sabe como agir. Pode ser difícil para um Quatro mudar seus sentimentos ou o mundo por meio dos próprios esforços ou da força de vontade. Ao se concentrar no que não está funcionando, tem dificuldades de agir, mesmo que a ação o ajude a se libertar do foco de atenção do qual é refém.

Dramatizar também pode ser uma forma de o Quatro não apenas maximizar o que julga errado, para assim fugir das dolorosas verdades emocionais, mas também por fazê-lo prestar atenção ao que parece banal. Ele ainda injeta drama nas experiências cotidianas ou na expressão do seu estado emocional, visando dar mais profundidade aos aspectos mundanos da vida que talvez o deprimam ou o levem a se sentir comum ou carente. Por causa disso, as pessoas podem achar o Quatro muito dramático.

Finalmente, o Quatro tende a se concentrar no passado, algumas vezes revivendo mágoas antigas ou experiências decepcionantes, e insistindo em momentos cruciais da própria história para explicar o que percebe como seu deplorável estado atual. Um amigo Quatro costumava retornar várias vezes ao tema de como seus pais fizeram a vida dele tomar um curso negativo quando lhe negaram a oportunidade de se tornar jogador profissional de golfe. Assim, consolava-se ao não pensar na própria falta de esforço, acreditando que, se aquela condição de vida tivesse sido diferente, se outra pessoa não o tivesse impedido, toda a sua vida seria melhor.

A paixão emocional do Tipo Quatro: inveja

A *inveja* é a paixão do Tipo Quatro, responsável por organizar sua personalidade em torno da sensação do que é valorizado e necessário estar fora dele, e por isso, de alguma forma, indisponível. A inveja surge de uma percepção de falha pessoal, isto é, a crença de que "os outros têm algo que eu quero e não tenho". O Quatro também pode ter a percepção de que "as coisas chegam facilmente para as outras pessoas, mas não para mim".

A tendência de se comparar aos outros contribui para a dolorosa sensação de falta e vergonha do Quatro. Naranjo observa que, enquanto o estado emocional de inveja é uma reação compreensível à frustração e à carência dos primeiros anos de vida, a inveja do Quatro acaba sendo motivo de frustração na sua psique, porque a intensa "ânsia por amor nunca corresponde à sensação crônica de escassez interna e maldade, ao contrário, estimula ainda mais a frustração e a dor".[10]

Essa inveja contribui, de um lado, para um desejo de amor e aceitação e, por outro, para um sentimento de vergonha por precisar do amor e não se sentir digno dele. A sensação de falta interior do Quatro também colabora para um ciclo doloroso na medida em que intensifica a sensação de que precisa procurar e conquistar algo bom (mas que está fora dele), mesmo quando acredita que não merece ou não consegue alcançar aquilo de que necessita porque ele é, de certa forma, imperfeito. Portanto, a inveja mantém o Quatro focado no que não tem, e esse foco alimenta o sentimento de falta que apenas perpetua a inveja.[11]

Entretanto, a vivência específica e a expressão da inveja no Quatro diferem de acordo com o subtipo. O Quatro Social se aprisiona no senso de inadequação e vergonha amplificado ao invejar os outros; o Quatro Autopreservação nega a inveja perseguindo energicamente tudo que vê como escasso; e o Quatro Sexual se torna competitivo, esforçando-se para provar que é superior.

O erro cognitivo do Tipo Quatro: "sonho em ter o amor que nunca terei"

Todos nos aprisionamos nas formas habituais de pensar que influenciam nossas crenças, nossos sentimentos e nossas ações, o que continua mesmo depois de os modelos mentais que criam nossa visão global não serem mais exatos.[12] Enquanto a paixão molda a motivação emocional da personalidade, a "fixação cognitiva" inquieta os processos de pensamento da personalidade.

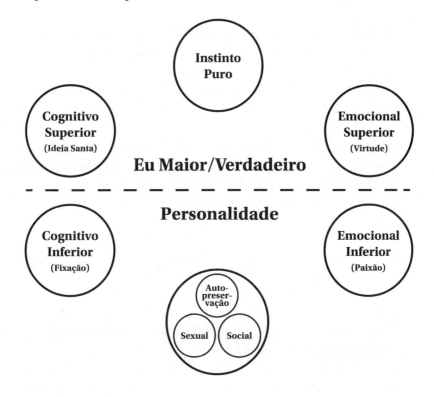

O erro cognitivo do Tipo Quatro concentra-se na crença subjacente de que lhe falta alguma qualidade importante que o faria digno do amor. Reitera-se que o Quatro considera crenças e ideias relacionadas à sensação de falha pessoal e à inevitabilidade de ser rejeitado ou abandonado por ser errado. Essas crenças, que atuam como princípios organizadores da personalidade, estruturam a vivência e as expectativas do Quatro.

Se você acredita que lhe faltam características pessoais importantes, as quais o tornariam mais atraente e aceitável para os outros (e, portanto, mais digno de amor), então logicamente não desejará arriscar-se a viver a rejeição ou o abandono ao se abrir para ser amado. Se você espera que os outros o rejeitem ou abandonem, ou seja, se prevê resultados negativos, acaba criando uma realidade externa que confirma as expectativas negativas.[13]

Aqui estão algumas crenças e premissas típicas da personalidade do Tipo Quatro, as quais sustentam a paixão da inveja:

- Sinto falta de algumas qualidades essenciais de bondade, e sem elas, inevitavelmente, serei rejeitado ou abandonado.
- Como perdi o amor de alguém a quem amei e de quem precisei no passado, existe algo fundamentalmente errado comigo.
- Os outros têm o que eu quero, mas não o obtenho porque há algo errado comigo.
- O que quero me escapa e o que poderia ter parece, de alguma forma, chato ou sem algo essencial. O que ocorre aqui e agora é banal e enfadonho; o que mais desejo é algo ideal e distante.
- Se as pessoas me amam ou querem estar comigo, deve haver alguma coisa errada com elas.
- Minha intensidade é o que me faz especial.
- Meu desejo supremo é o amor, mas não o viverei porque (a experiência tem me provado) não sou digno dele.
- Faltam-me qualidades básicas que fariam os outros realmente me amarem. Mas, se conseguisse encontrar a pessoa ideal, alguém que percebesse o quão especial sou, então talvez vivenciasse o que desejo.
- Sou especial, mas os outros não reconhecem isso.
- Ninguém me entende. Estou destinado a não ser compreendido.
- Nunca serei capaz de me ajustar porque sou único (especial ou inadequado). Não sinto a sensação de pertencimento.
- Prevejo que em algum momento a maioria das pessoas me abandonará.

Essas crenças e os pensamentos recorrentes do Quatro sustentam e perpetuam sua visão de mundo: ele não consegue ter o que mais deseja. Além disso, o Quatro normalmente possui pensamentos variados de autorrejeição. A crença na própria inadequação interior acaba perpetuando sentimentos de desesperança, melancolia ou depressão. Portanto, faz sentido que o Quatro busque o amor que provará que ele está errado e também evite abrir-se a esse sentimento, caso sua crença se mostre correta.

A armadilha do Tipo Quatro: "a inveja nutre um desejo intenso por algo que não se permite ter"

Embora varie de acordo com cada tipo, no caso do Quatro, a fixação cognitiva engana a personalidade, levando-a a caminhar em círculos, e atua como uma "armadilha" intrínseca que as limitações da personalidade não conseguem resolver.

Naranjo afirma que, no Tipo Quatro, "a busca pelo amor funciona como compensação pela falta de amor-próprio, um estado de intensa e crônica autorrejeição e frustração".[14] Mas, enquanto o Quatro busca o amor para recuperar o que foi originalmente perdido — motivado pela fantasia de que enfim provará seu mérito e sua excepcionalidade —, a firme crença na própria carência não lhe permitirá aceitar o amor que, conforme pensa, irá redimi-lo.

No entanto, paradoxalmente, o Tipo Quatro "busca a felicidade por meio da dor",[15] aprisionado às várias formas de produzir dor para se defender do medo de não conquistar a felicidade que almeja. Embora anseie por amor e compreensão, evita recebê-lo autorrejeitando-se, como se não tivesse valor, o que acaba invalidando o amor que porventura receba, criando drama e sofrimento como obstáculos em relacionamentos saudáveis e abandonando proativamente os esforços antes que seja abandonado.

As principais características do Tipo Quatro

Autoimagem inferiorizada

Neste ponto, deve estar claro como a inveja prepara o cenário para o Quatro tender a incorporar a ideia de uma autoimagem inferiorizada. Acreditar na bondade que vem de fora significa que o Quatro se percebe desprovido de características e qualidades relevantes e positivas. A sensação de que bondade ou satisfação são sentimentos que foram ou estão sendo subtraídos dele gera outra sensação: a falta de valor.

Essas crenças do Quatro se desenvolvem desde os primeiros anos, em reação a circunstâncias reais, e evoluem ao longo da vida, protegendo-o da esperança de que a situação melhore. Uma autoimagem inferiorizada funciona como um tipo de proteção dentro da personalidade porque a defende diante de novas e surpreendentes revelações da própria carência: se alguém acredita que não tem valor, não será confrontado com a vivência inesperada e dolorosa de mais rejeição ou frustração.

Foco no sofrimento

Naranjo explica que o Quatro tem "necessidade de sofrer". O padrão de esperar que ele ganhe ou atraia o amor por meio da própria dor resulta em uma tendência ao masoquismo ou (inconscientemente) a movimentar-se rumo a experiências dolorosas.

O foco do Quatro no sofrimento pode atender a alguns propósitos da sua personalidade. Conforme sugere Naranjo, é possível que represente a esperança inconsciente de que, por meio do sofrimento, atrairá a atenção e o amor compassivo de um pai ou de outra pessoa importante, que apreciará a intensidade de sentimento e a característica singular de sensibilidade do Quatro. Talvez ele tenha esperança de que, se alguém conseguir entender o modo como sofre, será recompensado com um tipo especial de compreensão e reconhecimento.

O sofrimento também pode atuar como uma defesa; assim, se você já está focado em uma fonte específica de sofrimento, conseguirá desviar-se de outra ainda mais intensa. Se está desesperançoso, não se decepcionará e nem mesmo se chocará com más notícias. É a depressão que atua como defesa: se você está preocupado com sentir-se mal por não ser entendido em uma situação específica, não notará nem sofrerá o sentimento mais profundo de inadequação ou falta de amor na vida.

Além disso, o sofrimento também pode ser uma manifestação da capacidade única do Quatro de sentir as coisas intensamente, de suportar a dor e de se consolar por meio do contato com ela. O arquétipo do artista que sofre em nome da arte, ou do poeta romântico em uma trágica busca por um amor não correspondido, cria algo belo e especial nessa experiência de dor, e assim o Quatro é redimido ou valorizado em razão da capacidade de sofrer (e expressar esse sofrimento por meio da arte).

Sensibilidade emocional e habilidade empática

Junto com o Tipo Dois, o Quatro é o mais emocional de todas as personalidades do Eneagrama. No entanto, ao contrário do Dois, o Quatro tende a ser mais introvertido, às vezes mais intelectual, sentindo-se confortável em vivenciar uma gama mais ampla de emoções, incluindo o ódio e a raiva, enquanto o Dois consegue reprimir esse sentimento em nome do contínuo desejo de evitar ofender os outros.

O Quatro, valorizando a intensidade emocional e a autenticidade, tende a vivenciar emoções profundas e a confortar-se em sentimentos como melancolia ou tristeza, mais do que a maioria dos outros tipos. De acordo com a perspectiva do Quatro, as emoções apontam para a profundidade inerente e a verdade da vivência dele mesmo, e por isso as que são autênticas não devem ser negadas, pois refletem o que é especial e exclusivamente singular nele.

Talvez mais do que qualquer outro tipo de Eneagrama, o Quatro possui o talento da empatia e, portanto, pode ser um ótimo terapeuta e amigo das pessoas que precisam de apoio emocional. Ao contrário de algumas outras personalidades, que talvez nos pressionem a "olhar para o lado positivo" quando estamos nos sentindo para baixo, o Quatro tem a experiência e a coragem emocional de reservar para si as emoções mais sombrias, como tristeza e dor. Assim, sente um conforto natural com uma ampla variedade de sentimentos, da alegria à raiva, do medo à tristeza, embora, é claro, talvez evite às vezes vivenciar algumas emoções por motivos defensivos. A habilidade de sentir seus sentimentos em um nível mais profundo lhe garante familiaridade com as intensas experiências emocionais dos outros e a compreensão delas.

O Quatro também se sintoniza automática e naturalmente com o nível emocional das interações sociais, ou seja, intui o que está acontecendo por trás da superfície das coisas, em uma dimensão emocional mais profunda.

Sensibilidade estética

O Quatro tem uma capacidade natural de ver as qualidades e as possibilidades estéticas de determinada situação, o que se explica não só por ele se inclinar às emoções, mas também pela afinidade com o processo artístico como forma de comunicar uma verdade emocional. O arquétipo do Quatro também se assemelha ao do artista sofredor que vê a beleza na dor e usa seu senso de tragicidade e romantismo para expressar sentimentos profundos por meio da criação artística.

Padrão puxa-empurra nos relacionamentos

O Quatro demonstra em geral um padrão puxa-empurra nos relacionamentos. Assim, quando um ser querido está distante, ele o idealiza, concentrando-se no que é positivo e agradável no outro e desejando estar com ele. No entanto, quando a mesma pessoa se aproxima, o que implica um relacionamento mais íntimo, presente e constante, o Quatro tipicamente foca o que está faltando, ou o que é indesejável e até mesmo intolerável na pessoa, sentindo-se motivado a afastá-la. Essa vontade de repelir o parceiro (ou uma aversão direta a ele) representa um abandono proativo ou uma rejeição baseada no medo de ser abandonado e rejeitado. No entanto, o desejo de atrair o parceiro representa a tendência de idealizar o que parece indisponível, ou distante e desejado, e também o anseio real de intimidade, um anseio que pode parecer perigoso quando alguém se aproxima de fato do Quatro.

Essa dinâmica explica a profunda sensação de ambivalência vivida por ele nos relacionamentos: pode apreciar ou amar uma pessoa e querer estar perto dela, mas também ter uma percepção aguda do que está faltando ou do que está errado no outro, o que lhe dificulta aceitá-lo completamente.

A sombra do Tipo Quatro

A personalidade do Tipo Quatro é uma espécie de representação arquetípica da sombra. Ele geralmente foca experiências emocionais que outras personalidades evitam ou das quais negam ter consciência. Além disso, sente ativamente — e pode até encontrar conforto em — raiva, decepção, medo, tristeza e vergonha, emoções que a maioria das pessoas prefere negar ou evitar.

Ao contrário de alguns outros tipos de personalidade, as particularidades e os atributos *positivos* do Quatro representam uma grande parte da sua sombra pessoal. São as coisas boas sobre ele que relega à inconsciência e não assume ou nem mesmo percebe.

Um dos principais desafios do Quatro é sua tendência de se concentrar no que está perdido ou faltando nas situações, uma característica que talvez o leve a um ciclo negativo em que não consegue fazer a transição para aceitar o que é satisfatório e "bom o suficiente" no presente. O Quatro não reconhece suas qualidades positivas, por exemplo, a capacidade de crescimento (e mudança positiva), a inerente amabilidade e a beleza e o poder. Focando mais o passado e o futuro, ele tende a não ver e a não aproveitar os elementos positivos da sua vida atual.

A inveja, paixão do Quatro, também funciona em parte na sombra dele, pois cria a ilusão de que tudo "bom" está do lado de fora. Embora muitos Quatros estejam bem conscientes da inveja, ela também opera em um nível inconsciente da personalidade Quatro, para motivar muito do que pode aprisioná-lo em um ciclo vicioso de negatividade e desesperança. Naranjo refere-se à atividade inconsciente da inveja do Quatro como um "desejar excessivo". A ânsia insaciável do Quatro (ou a avidez de amor) surge da intensa sensação de que foi privado do amor de que precisa para sobreviver, o que ativa o medo inconsciente de não ser "bom o bastante" para merecê-lo ou recebê-lo.[16]

Embora a paixão da inveja possa ser óbvia para o Quatro, e por isso não muito "sombria", ela cria, entretanto, um conflito inconsciente do qual é difícil que tome consciência e resolva: um desejo intenso de amor e de relacionamentos, e uma sensação correspondente de vergonha e carência interior que o incapacita para absorver o que mais precisa e quer. A tendência do Quatro de ter uma autoimagem negativa e o foco no sofrimento representam formas inconscientes de ele encerrar-se em si ao não conseguir o que deseja, mesmo quando se preocupa com a necessidade de conquistar o que quer e a fantasia da realização.

Desse modo, a sombra "positiva" do Quatro — não perceber, não assumir e não criar consciência do fato de que é tão digno de amor e capaz de ser amado como qualquer outra pessoa — o impede de se abrir com mais confiança para participar plenamente de relacionamentos amorosos com os quais sonha. A convicção de que ele não é digno ou não tem valor atua como um bloqueio inconsciente para agir em relação à capacidade de ser amado e amar. Como resultado desse processo, o Quatro pode não apenas fracassar ao não perceber sua bondade natural, mas também assumir os aspectos da sombra da família ou do grupo, inconscientemente a incorporando — as sensações mais sombrias e os aspectos da realidade que os outros não querem reconhecer — do coletivo maior. E isso pode intensificar sua incapacidade de se ver de uma perspectiva positiva.

O Quatro é um excelente alvo para projeções inconscientes coletivas da sombra, não porque seja mau, mas porque é altamente sensível a emoções como a dor e o sofrimento. Portanto, torna-se um alvo eficaz para as projeções dos outros, na medida em que não consegue escapar da consciência de (e expressá-las) aspectos negativos que os outros não querem perceber ou assumir. Por essa razão, muitos Quatros se tornam o "paciente identificado", isto é, a pessoa em uma família disfuncional que foi inconscientemente, ou às vezes conscientemente, escolhida para culpar-se de desviar a atenção dos verdadeiros conflitos internos da família. Toda essa dinâmica pode reforçar as defesas do Quatro, o que de certa forma o leva a se refugiar na sua "maldade", para assim evitar as qualidades que poderiam fazê-lo se abrir à perigosa perspectiva de ser visto e amado.

A sombra da paixão do Tipo Quatro: a *inveja* no *Inferno*, de Dante

O lado mais sombrio da paixão da inveja do Tipo Quatro pode incitar competição, superioridade, tristeza e desprezo. Essa inveja, que extrapola o simples querer, caracteriza-se por uma profunda melancolia que reflete a necessidade de sofrer e uma visão da vida baseada no que falta e em como se compara em relação aos outros. No *Inferno*, onde a maioria das pessoas é julgada pelos seus atos, vemos o lado sombrio da inveja na representação que Dante faz dos "Suicídios", punidos por irem de encontro à ordem natural das coisas; aqueles que se suicidam acabam entregando-se aos seus "lamentos" e buscando escapar do escárnio.

Cada alma que se entregava ao desespero se tornava assim um galho seco de uma árvore infértil e repleta de espinhos, em um bosque deserto do submundo. Ali faziam seus ninhos as harpias, criaturas de rostos humanos, mas grandes asas, garras e plumas, que devoravam as copas das árvores, causando "dor e, para a dor, janela".[17] Essas feridas sangravam, as almas ali encerradas soltando apelos chorosos por misericórdia. Uma sombra admite que se suicidou especificamente em reação à calúnia invejosa:

A meretriz que nunca do alto auspício
de César desviou o olhar poluto –
a comum perdição, das cortes vício –

contra mim inflamou todo reduto
que, inflamado, tanto inflamou Augusto,
que ledo fausto tornou triste luto.

O meu desdém, lhe desprezando o custo,
julgou co'a morte ser de injúria isento,
e contra mim, justo, me fez injusto.

[...]

E vós, voltando ao mundo, o vil labéu
riscai do meu renome, que inda jaz
do golpe que da inveja recebeu.[18]

Assim como o lado sombrio do Tipo Quatro, os suicidas cometem um ato de violência contra si, tornando sua própria dor primordial. Um desses espíritos tentou escapar do "desdém"[19] matando-se, e depois quis que sentissem compaixão por ele. Dessa forma, vemos um personagem que lidou com as inverdades que lhe foram desferidas mergulhando ainda mais na miséria. O resultado foi uma existência sem corpo (porque ele negava a santidade do seu corpo na terra) e a prisão a si mesmo, emocionalmente estéril e atormentado. No inferno, essas sombras não conseguem compreender a inveja dentro delas mesmas.

Os três tipos de Quatro: os subtipos do Tipo Quatro

A paixão do Tipo Quatro é a inveja. Todos eles focam exageradamente o sofrimento (relacionado à inveja), mas cada subtipo de modo diferente. O sofrimento do Quatro surge do hábito de, comparando-se com os outros, sentir-se incompleto, pensando invejosamente que algo fora dele é melhor ou ideal, e vivenciando uma sensação de carência interior. O Quatro Autopreservação internaliza e até certo ponto nega ou suprime o sofrimento; o Quatro Social vive nele demais e o exibe abertamente; e o Quatro Sexual o projeta nos outros para descarregar (e, assim, defender-se) um doloroso senso de inferioridade.

Naranjo observa que as diferenças dos três subtipos Quatro estão entre as mais notáveis de todos os nove tipos. Os três variam de forma significativa de um para outro, e assim parecem se diferenciar mais de outros grupos de subtipos.

Nos Quatros, de acordo com Naranjo, a paixão da inveja se combina com cada um dos três fundamentais instintos humanos para criar uma situação em que os subtipos são motivados por uma necessidade diferente de sofrer: o Quatro Social sofre, o Autopreservação martiriza-se e o Quatro Sexual faz os outros sofrerem.

O Quatro Autopreservação: "Tenacidade" (contratipo)

Pode ser difícil identificar o Quatro Autopreservação, o contratipo dos subtipos Quatro. Embora ele vivencie a inveja como os outros Quatros, acaba extravasando-a, bem como o sofrimento, menos do que os outros dois subtipos. Em vez de falar sobre seu sofrimento, esse Quatro "martiriza-se", no sentido de aprender a suportar a dor sem estremecer. Portanto, é o mais estoico e forte diante da dor.

A inveja é menos aparente no Quatro Autopreservação porque, no lugar de expressá-la, trabalha duro para conquistar o que os outros têm e ele não. Em vez de ficar ansioso de uma maneira que o impeça de agir, ele se esforça para obter "aquelas coisas distantes" que lhe despertam a sensação de ser capaz de conquistar o que estava perdido. No entanto, independentemente do que tenha, nunca lhe parecerá o bastante.

O ARQUÉTIPO DO PONTO QUATRO

O Quatro Autopreservação não demonstra sensibilidade, sofrimento, vergonha ou inveja, embora possa senti-los com a mesma intensidade dos outros Quatros. Ele aprende a absorver muito sem reclamar. Encara a resistência como uma virtude, e espera que seu sacrifício pessoal seja reconhecido e apreciado, embora não fale muito sobre isso.

Como os outros Quatros, o Autopreservação sente a necessidade de sofrer na esperança inconsciente de que isso lhe traga amor e aceitação, mas, ao contrário dos outros dois, sofre em silêncio, como um modo de buscar redenção e ganhar amor. Portanto, ele tem a virtude de suportar as dificuldades sem falar sobre elas, esperando que os outros, reconhecendo essa característica, o admirem e o ajudem a atender às suas necessidades. Em vez de evidenciar o ímpeto de sofrer, ele tende a negar sua inveja e a suportar muito sofrimento e frustração como consequência.

Conforme explica Naranjo, os outros dois subtipos são muito sensíveis à frustração. Assim, ou sofrem demais ou fazem os outros sofrerem demais (como compensação pelo sofrimento deles). O subtipo Autopreservação é o contratipo do Quatro porque segue para outro extremo, desenvolvendo grande capacidade de internalizar e suportar a frustração, o que se torna uma virtude.

O Quatro Autopreservação exige muito de si. Com intensa necessidade de suportar, ele acaba desenvolvendo a capacidade de viver sem algo. Além disso, coloca-se em situações difíceis, testando e desafiando a si mesmo. Uma das minhas pacientes com esse subtipo relata "se jogar no fogo". Esse Quatro tem paixão pelo esforço, o que o leva a se envolver em atividades intensas, e pode com frequência parecer tenso e cansado. É possível que se angustie se o nível da sua atividade diminuir, e pode ser compulsivo nos esforços para conseguir o que precisa para sobreviver, mesmo que não chegue a lugar algum. Em alguns casos, ele talvez não saiba viver sem o estresse e a pressão que exerce sobre si. Enfim, não se permite a experiência de viver na (ou da) fragilidade.

Assim como o Três Autopreservação (contratipo) quer ser visto como bem-sucedido, mas demonstra humildade em relação ao trabalho que faz, acreditando que as demonstrações de vaidade o tornam menos digno de respeito, o Quatro Autopreservação internaliza o sofrimento e se esforça para conquistar o que almeja com mais autonomia que os outros subtipos Quatro.

Ele tende a ser humanitário, com uma disposição empática e acolhedora, alguém que protesta pelo bem dos outros e é sensível aos necessitados, aos desprovidos e às vítimas de injustiça. Desse modo extravasa sua dor, dirigindo-a ao sofrimento alheio, em vez de falar sobre ela. Portanto, o Quatro Autopreservação cuida da dor dos outros ou trabalha para aliviar o "sofrimento do mundo", para que assim não precise lidar completamente com o próprio sofrimento.

Enquanto os outros dois subtipos Quatro podem ser mais dramáticos, o Autopreservação é mais masoquista — estratégia do ego ou da personalidade para obter amor — do que melodramático. O Quatro Autopreservação se desvaloriza de maneiras importantes, o que talvez dificulte ainda mais seu trabalho para conquistar a segurança e o amor que deseja. Sua fixação em suportar, que talvez seja vista como masoquismo, deriva do anseio por receber amor e aceitação ao ser forte e resiliente. Esse subtipo é motivado, na infância, pelo desejo de que os pais percebam que ele não está reclamando, mas somente sendo uma boa criança por não pedir muito.

Além disso, esse subtipo pode, masoquistamente, ter necessidade de se mostrar trabalhando contra ele, isto é, esforça-se para conseguir o que quer, mas, de maneira inconsciente, atua ao mesmo tempo contra si. Ainda que às vezes seja impulsivo, controlará e inibirá sua tendência para conquistar reconhecimento. Até quer sentir-se feliz, entretanto vivencia um tabu inconsciente a respeito da felicidade. Como despende muita energia em temer o que está acontecendo, em vez de lidar com os problemas e fazer melhorias, ele normalmente adia ações importantes para alcançar o que quer e depois se culpa. Desgasta-se buscando e lutando de maneiras e em lugares onde sabe que vai fracassar, o que garante a perpetuação de um ciclo de esforço e desvalorização. Pode ser ambicioso, mas nega esse traço e trabalha contra as próprias ambições.

Anteriormente chamado de "imprudente/destemido", mais recentemente identificado pela palavra "tenacidade", esse Quatro se dedica a atividades que exigem grande capacidade de resistência, como forma de receber amor, sem levar em conta a dor ou o perigo talvez envolvidos nelas.

Esse subtipo Quatro assemelha-se ao Um ou ao Três. O foco do Quatro Autopreservação em autonomia, autossuficiência e trabalho duro o faz parecer o Tipo Um; no entanto, ele vivencia uma gama mais ampla de emoções — mais altos e baixos — do que o Um, mesmo que nem sempre

O ARQUÉTIPO DO PONTO QUATRO

as expresse. O Quatro Autopreservação também se assemelha ao Três, sobretudo ao Três Autopreservação, pois trabalha duro para desfrutar uma sensação de segurança e pode ser ansioso; no entanto, ao contrário do Três, esse Quatro quase sempre trabalha com objetivos opostos, involuntariamente frustrando seus próprios esforços, enquanto o Três tende a conquistar o que batalha para conseguir. E mais, o Quatro sente suas emoções com mais intensidade do que o Três.

O interessante é que esse subtipo também se assemelha ao Tipo Sete, que de certa forma é o oposto do Tipo Quatro, porque algumas pessoas Quatro Autopreservação expressam a necessidade de serem leves. Com todo o esforço e a resistência desse Quatro, ele às vezes exibe um alto nível de energia, elemento característico do Sete, e também pode necessitar de diversão e do lúdico como fuga de dificultar as coisas o tempo todo. Isso talvez explique por que alguns Quatros não parecem tão melancólicos quanto os outros — são mais "radiantes" e despreocupados. No entanto, esse Quatro pode ser diferenciado do Sete em razão de acessar mais facilmente as emoções.

Marcy, uma Quatro Autopreservação, compartilha:

Durante boa parte da minha vida, foi difícil sentir minhas verdadeiras emoções porque estavam muito soterradas; simplesmente não era bom expressá-las enquanto eu crescia; a frase que internalizei na minha infância foi: "Apenas se resigne e siga em frente". Além disso, sempre tive um traço de teimosia, como se fosse a única que soubesse fazer as coisas certas. Minhas colegas costumavam achar que eu era Um por causa da minha necessidade de perfeição. E, às vezes, é muito difícil para mim relacionar-me com a paixão da inveja de uma forma que faça sentido. Porém, um dia, quando eu pensava em alguém que admirava e em como me sentia muito inferior a essa pessoa, ouvi minha voz interna dizer: "Você não é boa o suficiente", e então tive certeza de que era Quatro. Nesse momento, senti de fato a picada da inveja. Agora minhas emoções surgem mais livremente, em pequenos impulsos e explosões, não em oscilações maiores e violentas que você ouve relatarem de muitos Quatros.

Embora medite há muitos anos, ainda é difícil relaxar durante as atividades do dia a dia. Parece-me perda de tempo não fazer alguma coisa. Mesmo agora, quando sinto mais meus sentimentos, me surpreendo tentando descobrir o que posso FAZER com eles. Sempre me esforcei para trabalhar duro e ser bem-sucedida porque queria provar a mim mesma que era de fato boa em tudo o que faço e que tenho a sorte de ter sido recompensada por isso.

Ainda sinto o nome anterior do Quatro Autopreservação (imprudente/destemido) aparecer no meu comportamento. De uma forma que parece oposta à "autopreservação", tenho uma queda por gastar dinheiro, comprar coisas boas e ajudar as outras pessoas, às vezes com mais dinheiro do que na verdade ganho. (Minha mãe costumava dizer que eu pensava que o dinheiro nascia em árvores.) É como se eu tivesse essa sensação imprudente de que o dinheiro sempre estaria lá, então por que não o gastar com o que mais amo? Além do mais, tendo a tomar decisões de momento, sem pensar nelas. Por exemplo, em apenas um mês deixei meu trabalho após dezoito anos lá e meu casamento de vinte anos. É claro que como resultado vivi alguns anos bem difíceis, mas pelo menos comecei a sentir meus sentimentos!

O Quatro Social: "Vergonha"

O Quatro Social parece emocionalmente sensível (ou supersensível), sente as coisas profundamente e sofre mais do que a maioria das pessoas. Na verdade, deseja testemunhar seu sofrimento e que as pessoas o vejam e o compreendam, para que ele seja perdoado pelos seus fracassos e deficiências e amado incondicionalmente.

Naranjo explica que o Quatro Social se lamenta demais e que muitas vezes se coloca no papel de vítima. Pode parecer autossabotagem quando ele manifesta seu sofrimento e sua vitimização como forma de gerar compaixão nos outros, mas, por outro lado, acaba também se enfraquecendo ao se apegar demais às causas do sofrimento.

Nesse Quatro, a inveja nutre o foco na vergonha e no sofrimento como fonte constante de dor: um sentimento de que os outros têm o que o Quatro deseja. No entanto, ele acredita que seu sofrimento é também o que o torna único e especial — há uma espécie de sedução dos outros por meio do sofrimento.

A motivação do Quatro em insistir demais no sofrimento e na sensibilidade parece relacionar-se à ideia de que o sofrimento é o caminho mais curto para o paraíso. Semelhante à criança que chora para atrair os cuidados da mãe, ele acha que as lágrimas são o caminho para a felicidade. Embora haja certa verdade na concepção de que o caminho de transformação implique dificuldade, ele usa esse ideal superior para justificar a manifestação de insatisfação como uma forma de atrair a ajuda dos outros. O Quatro Social racionaliza o seu apego ao sofrimento, em vez de fazer algo a respeito disso, e é muito dependente de que suas necessidades sejam satisfeitas pelos outros. Ele demonstra que, se traduzir a força das suas necessidades em termos suficientemente dolorosos, alguém virá ajudá-lo e atenderá a elas.

A inveja motiva o Quatro Autopreservação a trabalhar para conseguir o que quer, no entanto, leva o Quatro Social a focar a sua insatisfação emocional e carência interna. Ele vive a sensação de conforto e familiaridade no sofrimento — a doce tristeza da poesia, o rico significado e a dolorosa beleza na música melancólica — e nutre uma esperança inconsciente de que o sofrimento de alguma forma o redimirá. No entanto, a questão mais relevante do Quatro Social não está apenas no sofrimento, mas sobretudo na inferioridade. Esse subtipo precisa humilhar-se e recriminar-se para virar contra ele mesmo, para se enfraquecer. O Quatro Social expressa a inveja por meio de uma paixão por se comparar com os outros e acabar na posição mais inferior. A mentalidade e a insistência de que "há algo de errado comigo" pode soar surpreendente para outras pessoas. Esse subtipo tem uma autoimagem negativa que ele próprio perpetua. E também se envolve muito em autossabotagem: subestima-se com regularidade e sempre se sente "menos que" em comparação com os outros.

Conforme destaca Naranjo, o Quatro Social pode evocar uma reação nos outros que o conduz à pergunta: "O que há de errado com você que o faz achar que exista algo errado com você?". Uma pessoa com esse subtipo pode ser competente, cativante e inteligente, e ainda assim se concentrar no sofrimento e se identificar com ele e com uma sensação de inadequação.

O Quatro Social tende a se envergonhar dos seus desejos e das suas necessidades, o que está associado a sentir mais culpa do que as outras pessoas. Em outras palavras, ele se sente culpado por qualquer desejo. A vergonha o leva a focar as próprias emoções intensas e sombrias, tais como a inveja, o ciúme, o ódio e a competição. Ele é muito tímido para expressar desejos, e só o faz demonstrando sofrimento. Além disso, não se sente no direito de ter suas necessidades atendidas, mas, ao mesmo tempo, pode acreditar que o mundo está "contra" ele, ou que "ninguém me dá o que quero ou aquilo de que preciso".

O Quatro Social não é competitivo (como o Quatro Sexual), mas compara-se aos outros e se julga carente — quase como se, ao evidenciar que algo lhe falta, conseguisse pedir às pessoas aquilo de que precisa. Entretanto, por trás dessas sensações, ele vivencia uma competitividade feroz, talvez inconsciente: aspira ao reconhecimento, quer ser único e especial, e deseja estar em primeiro lugar. No entanto, esse traço é mais oculto e sutil no Quatro Social do que no Quatro Sexual.

Esse também explora a dor do passado reiteradamente para atrair alguém que cuide dele e lhe satisfaça as vontades. Ele criminaliza seus anseios, assim como muitos de nós, mas sofre com mais intensidade por se virar contra si.

Um Quatro com esse subtipo tende a pensar com as próprias emoções, enredando-se em pensamentos "emocionais", aprisionado a emoções intensas e identificado com elas a ponto de não agir, mesmo quando lhe seria positiva a ação. Ele tende a ser generoso e a se dedicar aos outros, mas não assume a responsabilidade pela própria vida e pode dramatizar os problemas para se desviar de agir em busca de uma solução.

Em público, o Quatro Social reprime emoções "malvistas" como a raiva ou o ódio, e pode parecer terno, amigável e fraco, mas, em situações e cenários privados, pode manifestar as emoções que foi acumulando e tornar-se agressivo. Geralmente, prefere engolir seu próprio veneno a externá-lo às pessoas ao seu redor, e com frequência enfrenta dificuldades em se ajustar em um grupo e na sociedade. Também tende a gerar situações sociais de rejeição para confirmar sua vergonha. Ele vê a si como vítima e aos outros como "agressores", e nem sempre assume responsabilidade por suas próprias ações ou agressividade.

O Quatro Social, ainda que menos propenso a ser confundido com outros tipos do Eneagrama do que os outros dois subtipos, pode assemelhar-se ao Seis ao focar o que está faltando ou o que está de errado na sua vida. No entanto, deseja ser especial (ao contrário da identificação do Tipo Seis com o "homem comum"), e vive menos tempo com medo e mais tempo com emoções como tristeza, dor e vergonha.

Elizabeth, uma Quatro Social, diz:

Fui chamada de "supersensível" a vida inteira. Meus sentimentos sempre eram facilmente magoados — mesmo bem pequena, aos três ou quatro anos de idade, muitas vezes me senti terrivelmente incompreendida ou esquecida. Lembro-me de chorar no quarto aos quatro anos, atormentando-me, tentando descobrir o que estava acontecendo com minha família, que não me compreendia e me magoava tanto. Cheguei a acreditar que havia algo de errado comigo e que eu não tinha a mínima importância. Essas crenças permaneceram como alicerces durante boa parte da minha vida.

Sentir-me diferente, incompreendida e deprimida eram minhas constantes companheiras, e com elas me sentia em casa. Passando o tempo, desenvolvi atração e apego à dor e ao sofrimento, que me pareciam mais reais e ressonantes com a sensação generalizada de que havia algo realmente errado (comigo ou com o mundo ao meu redor). Vivenciar minha dor me conecta mais comigo mesma, o que alivia o desconforto de me sentir desconectada e incompreendida. Assim, quando um sentimento sombrio me invade, tenho o impulso de permanecer com ele até que chegue ao fundo. Tendo a me irritar e me sinto ainda mais incompreendida quando as pessoas sugerem que me alegre, que faça alguma atividade física ou que vá assistir a um filme engraçado. A melancolia continua sendo meu sentimento favorito. Não só reconforta, mas também cria um portal para as minhas intensidades, minha criatividade e a sensação de estar em casa em mim mesma.

> Apesar da gigantesca quantidade de feedback positivo que recebo em muitas áreas da minha vida, ainda luto todos os dias com uma baixa autoimagem. Amigos, entes queridos e colegas sempre se chocam ao descobrir as discrepâncias entre como me veem e como me vejo. Quando estudante, ficava surpresa ao ser avaliada sempre com notas muito altas e comentários brilhantes. E inclusive agora, ao compartilhar meu trabalho de criação ou profissional, me surpreendo com o sincero feedback positivo dos outros. Meu barômetro para qualificar meu trabalho em qualquer área é muito distorcido, e quase sempre penso: "Isto poderia ter sido muito melhor". E então volta a sensação de "Tadinha de mim, tenho um barômetro quebrado, você conseguiria me ajudar a consertá-lo?".

O Quatro Sexual: "Competição"

O subtipo Quatro Sexual é motivado pela inveja interior, cuja manifestação se dá na forma de competitividade. Ele não se sente conscientemente tão invejoso quanto se sente competitivo, assim silenciando a dor associada à inveja. Se consegue competir com outra pessoa, percebe-se não só como se tivesse mais do que tem e ganha, mas também melhor sobre si mesmo.

O Quatro Sexual acredita que ser o melhor é muito positivo. Embora a maioria das pessoas deseje apresentar uma boa imagem para os outros, o Quatro Sexual não se importa muito com o gerenciamento da imagem ou com ser benquisto, apegando-se à ideia de ser superior. Altamente competitivo, foca com intensidade a competição, esforçando-se para demonstrar que é o melhor.

As pessoas desse subtipo tendem a acreditar no "tudo ou nada" relacionado ao sucesso: se este não advém todo delas, acaba deixando-as com nada. Esse padrão gera esforços exagerados para alcançar o sucesso e também sentimentos de ódio.

O Quatro Sexual é quase sempre arrogante, apesar da sensação subjacente de inferioridade. Diante da dor de sentir-se incompreendido, adota uma atitude arrogante como supercompensação — um meio de ser reconhecido. Esse Quatro gosta de fazer parte do grupo "escolhido" e pode ser muito elitista. É possível que recuse a sensação de estar em débito com qualquer pessoa, e pode ter a percepção de estar ofendido — direito exclusivo dele — pela falta de consideração dos outros. Desse modo, entende qualquer crítica ou reprovação como uma afronta ou uma maneira de desqualificá-lo.

A raiva invejosa domina a manifestação dos impulsos instintivos inconscientes desse subtipo. Nesse sentido, a motivação instintiva mais intensa do Quatro Sexual é recusar-se a sofrer a dor provocada pela inveja, e uma necessidade de minimizar o sofrimento projetando nos outros, com insistência e raiva, a responsabilidade pela satisfação de suas necessidades, depreciando as realizações das pessoas em comparação com as dele.

O Quatro Sexual "faz os outros sofrerem" porque sente que foram feitos para sofrer e precisam de alguma espécie de compensação. Portanto, talvez tente magoá-los ou puni-los como uma estratégia inconsciente de repudiar, ou reduzir, ou recusar a própria dor. Naranjo observa que essa tendência do Quatro Sexual pode ser resumida na frase: "Magoar as pessoas as magoa". A dor exteriorizada o ajuda a atenuar o sentimento de inferioridade. Mais desavergonhado do que vergonhoso, o Quatro Sexual expressa mais abertamente suas necessidades, rebelando-se contra qualquer constrangimento ligado aos seus desejos. Enfim, segue a filosofia de vida de que "quem não chora não mama".

Quando os outros percebem o Quatro Sexual como alguém exigente, isso pode levá-lo a um padrão de rejeição e raiva, afinal, ainda que se zangue quando os outros não atendem às suas necessidades, a raiva surge mesmo em razão da natureza exigente desse subtipo e da reação das pessoas, que o evitam ou o rejeitam. Dessa forma, entra em um ciclo vicioso em que a rejeição o leva a protestar, e o protesto leva à rejeição.

O Quatro Sexual é mais assertivo e colérico do que os outros subtipos. Naranjo refere-se a ele como o "Quatro furioso", contrário ao Quatro "triste" (Social). Como a expressão da raiva atua como um dos sentimentos dolorosos, esse Quatro pode ser muito franco em relação a ela. Quando inconscientemente transforma a dor em raiva, não mais precisa vivenciar a dor.

Esse subtipo é capaz de magoar ou punir os outros para repudiar ou minimizar sua dor subjacente. Sente-se legitimado em apontar as pessoas como fonte dos sentimentos de privação ou frustração, o que funciona não só para que se desvie do seu próprio papel no sofrimento, mas também como um pedido de ajuda e compreensão.

Naranjo afirma que esse subtipo Quatro pode ser a personalidade mais raivosa dos tipos do Eneagrama. Ele talvez manifeste a raiva invejosa para estabelecer ou impor poder quando se sente inferiorizado em um nível mais intenso, o que também pode ser um instrumento para manipular as situações ao seu favor. (Esse tipo de raiva foi o impulso por trás da Revolução Francesa: "Invejo os ricos, então organizarei uma revolução".) O Quatro Sexual tende a ser muito impulsivo. Quer as coisas imediatamente e tolera pouco a frustração.

Naranjo chama esse tipo de "Competição", e Ichazo, de "Ódio". No entanto, embora às vezes seja tanto detestável quanto competitivo, é importante lembrar que tais sentimentos representam uma intensa necessidade desse Quatro de projetar o sofrimento e a inadequação para fora. A dolorosa sensação de inveja que vivencia pode motivar um desejo com raiva, ou uma sensação de "Eu preciso do que preciso, tanto para me convencer de que minhas necessidades não são vergonhosas, quanto para me sentir melhor em relação aos outros". Portanto, competitividade e raiva atuam como um mecanismo de compensação e defesa contra o sofrimento.

Esse Quatro gosta e precisa de intensidade emocional. Sem ela, tudo pode parecer insuportavelmente sem graça e entediante. Quando o Quatro Sexual quer o amor de alguém, é possível que assuma dois comportamentos: ser bem direto em pedir o que precisa ou tornar-se "extraordinário", fazendo parecer que é especial, atraente e superior, em um esforço para atrair o outro. Em sintonia com sua intensidade natural (alimentada pelo temperamento emocional baseado no coração e pelo instinto sexual), esse indivíduo tende a estar mais presente e disponível nos relacionamentos porque não nega nem mesmo evita muitos dos fatores que podem inibir os outros na relação, como raiva, carência, competitividade, arrogância e necessidade de ser apreciado o tempo todo. No entanto, às vezes, é difícil para ele manter uma atitude amorosa, na medida em que confunde doçura e benevolência com falsidade ou hipocrisia.

É mais provável que o Quatro Sexual seja confundido com o Tipo Oito ou com o Dois Sexual. Como o Oito, ele tem um acesso mais fácil à raiva do que a maioria dos tipos, mas difere no aspecto de vivenciar a mais ampla variedade de emoções. Naranjo explica que o Oito frequentemente

O ARQUÉTIPO DO PONTO QUATRO

não precisa se enfurecer, enquanto o Quatro, que quase sempre se sente incompreendido ou invejoso, demonstra a raiva com mais frequência. Ele também se assemelha ao Dois Sexual "agressivo-sedutor", pois ambos os tipos podem recorrer à agressividade e à sedução nos relacionamentos, mas o Dois Sexual se inclina mais para agradar aos outros.

Roger, um Quatro Sexual, diz:

Os complicados testes on-line de Eneagrama frequentemente relatam que sou um Oito ou um Três, mas sei muito bem que sou um Quatro Sexual. Minha melhor amiga, minha irmã mais velha Tipo Cinco, certa vez, em um workshop do Eneagrama, apontou com o dedo a palavra "hostilidade" em uma descrição do Quatro Sexual e disse: "Você precisa trabalhar nisso". Precisei ouvir esse feedback porque ela, conhecendo-me a vida toda, seria uma relatora confiável. É claro que eu tinha um dedo apontado para ela em relação ao trabalho que julgava que minha irmã ainda teria de enfrentar em sua própria vida.

Em vez de me sentir vulnerável na minha vida pessoal, muitas vezes parto para a raiva. Em vez de me sentir comum ou inferiorizado em minha vida profissional, com frequência parto para a competição, a agressão ou até mesmo a hostilidade. Não me associo com as descrições do Quatro (Social) supersensível, queixoso; corro atrás dos meus inimigos ou aparentes adversários se me sinto ameaçado diretamente, sem me pendurar no desconforto. Também vou diretamente atrás dos meus objetos de desejo, e existem muitos. Pode parecer algo do Três ou do Oito eu precisar estar no topo profissional e pessoalmente. Mas, embora me orgulhe de ser direto e franco em vez de agradável, sei que não sou um Oito porque meu foco de atenção e meu calcanhar de Aquiles é definitivamente a inveja; sinto-me revigorado em ir atrás do que quero (ou em derrubar a pessoa que conseguiu o que não consegui). Sei que não sou um Três porque me orgulho mais de ser único do que bem-sucedido. Assumo que pareço arrogante e até mesmo hostil se me sentir ameaçado. Essa característica nem sempre me foi útil em relacionamentos pessoais ou profissionais, e esse tipo de reação me

> entristece. Felizmente, aprendi o valor de vivenciar sentimentos mais suaves, minha vulnerabilidade, estar na companhia de um bom parceiro e ser um entre muitos outros.

"O trabalho" para o Tipo Quatro: mapeando um caminho de crescimento pessoal

Finalmente, quando o Quatro trabalha em si mesmo e se torna mais autoconsciente, aprende a escapar da armadilha de procurar — mas bloquear — o amor para provar que ele tem valor, e consegue discernir o que há de bom nele e não apenas o que lhe falta; desse modo, assume o risco de acreditar na sua própria amabilidade e se abrir para receber o amor e a compreensão pelos quais anseia.

Despertar para os padrões habituais da personalidade envolve esforços contínuos e conscientes de auto-observação, reflexão sobre o significado e as origens do que observamos e trabalho para combater as tendências automatizadas. Para o Quatro, esse processo implica que observe como se desvaloriza para justificar a defesa contra o amor que deseja; explorar como se aprisiona na inveja, na vergonha e na inferioridade; e fazer esforços efetivos para ver o que é positivo no presente, para assim abrir-se para as coisas boas que lhe estão disponíveis. É especialmente importante que deixe de acreditar na própria carência interior, que entenda como frustra seus esforços para conquistar a felicidade, e que saia de suas defesas emocionais e se abra para o que de fato quer.

Nesta seção, dou algumas sugestões sobre o que o Quatro pode perceber, explorar e ter como alvo no esforço para crescer além das restrições da sua personalidade e incorporar as melhores oportunidades associadas ao seu tipo e subtipo.

Auto-observação: desidentificar-se da personalidade ao observá-la em ação

A auto-observação significa criar espaço interno para de fato observar pensamentos, sentimentos e ações do cotidiano com um novo olhar e a distância. À medida que o Quatro perceber tais coisas, poderá procurar os padrões mais relevantes apresentados a seguir.

Manter a sólida crença na própria inadequação a ponto de levá-lo a se fechar para os outros (e para o amor e a bondade) na expectativa do abandono

Observe sua tendência de se envolver em intensa autocrítica e até autodesprezo. Que tipos de pensamentos e crenças tem sobre si mesmo? Que espécie de coisas diz interiormente sobre você com regularidade? Observe de quais modos aceita e perpetua crenças negativas sobre si e o seu valor. Observe se vive engajado em autocrítica e autodegradação, de que forma isso se manifesta, como e quando acontece. Observe como foca suas falhas e desvaloriza ou rejeita elogios e feedback positivo. Reconheça quando gera sentimentos negativos sobre si baseado em uma autoconcepção negativa e no que percebe como falhas e deficiências. Perceba se você se vê como especial, único ou superior como forma de compensar defensivamente uma crença mais intensa em sua inadequação. Note de que forma o "puxa-empurra" é um padrão que não se altera, o que acaba reforçando sua crença subjacente na própria falta de valor.

Desviar-se de várias formas do próprio crescimento e expansão por meio do apego a várias emoções

Observe as maneiras como cria autossofrimento por meio de pensamentos negativos sobre quem você é e, dessa forma, apega-se a esse sofrimento para se desviar da necessidade de agir e de lidar com as causas desse sentimento. Observe se usa a depressão como defesa — se foca a desesperança para evitar dores mais intensas, ou se não faz nada para gerar esperança e um pensamento mais positivo. Fique atento ao que está evitando quando se apega à sua tristeza. Observe qualquer tendência em maximizar as emoções ou criar dramas para evitar o vazio interior ou ter de lidar com a realidade da vida. Perceba se evita enfrentar o que está acontecendo no presente, desvalorizando-o como chato ou banal.

Focar tanto o que está faltando que nada está à altura

Observe como sua atenção se encaminha naturalmente para o que está faltando em qualquer situação. Observe se isso o ajuda a melhorar as coisas a ponto de se beneficiar com o que está acontecendo, ou se funciona como uma desculpa para descartar ou desvalorizar o que está acontecendo, ou como uma forma de evitar o engajamento construtivo na realidade atual. Observe como usa as pessoas e gera ambivalência, distanciando-se ou frustrando possíveis relações se concentrando nas falhas dos outros. Observe se você fica aprisionado na ambivalência ao focar a ideia de que não é bom o suficiente. Observe se permanece concentrado no passado como forma de desvalorizar o que lhe está acontecendo no presente. Perceba qualquer padrão de *puxa-empurra* em seus relacionamentos, e pense em por que ocorre. Observe como se fixa no que está faltando e "acaba jogando o bebê junto com a água do banho", descartando vivenciar o lado bom de uma situação ou de um relacionamento.

Autoquestionamento e autorreflexão: reunindo mais informações para expandir o autoconhecimento

À medida que o Quatro observa em si esses e outros padrões, o próximo passo no caminho de crescimento do Eneagrama é entendê-los melhor. Por que existem? De onde vêm? Com que objetivos? Como causam problemas quando foram criados para ajudá-lo? Com frequência, basta compreender a origem de um hábito (por que existe e com que razão foi criado) para que saia do padrão. Em casos de hábitos mais arraigados, saber de que modo e por que atuam como defesas pode ser o primeiro passo para finalmente os libertar.

A seguir, sugiro questionamentos que o Quatro pode se fazer, acompanhados de algumas possíveis respostas para que receba mais informações sobre as origens, o funcionamento e as consequências desses padrões.

Como e por que esses padrões se desenvolveram? Como esses hábitos ajudam o Tipo Quatro a lidar com o problema?

Ao entender as origens dos padrões defensivos e o fato de atuarem como estratégias para lidar com o problema, o Quatro terá condições de se tornar mais consciente do como e do porquê de eles comprometerem sua capacidade de conquistar o amor que deseja. Se o Quatro conseguir relatar os primeiros anos de sua vida e identificar de que modo criou uma sensação negativa de si, apegando-se a sentimentos específicos e focando o que estava faltando, talvez desenvolva mais autocompaixão e entenda que esses padrões funcionaram para protegê-lo. Discernir o motivo pelo qual desenvolveu esses padrões desde a infância e o fato de funcionarem como defesas, ainda o aprisionando na "casca da semente", talvez ajude o Quatro a desafiar suas premissas e a preparar o caminho para uma visão mais ampla de si e para sua capacidade de crescer para além da perspectiva limitada que o mantém aprisionado.

De que emoções dolorosas os padrões do Tipo Quatro o protegem?

Responder a essas perguntas implica o Quatro observar como se identifica demais com alguns sentimentos para evitar ou negar outros. Será importante que ele questione se o apego exacerbado à desesperança e à melancolia serve para que se mantenha em um espaço emocional familiar e, ao mesmo tempo, o leve a enfrentar uma experiência mais profunda de dor por não ter o amor de que precisa. Se permanecer em um estado de desesperança e tristeza está funcionando como defesa, o que essas emoções o impedem de sentir? Ter coragem de se posicionar e sentir emoções mais profundas pode ajudá-lo a se libertar de uma identificação defensiva exagerada com as emoções que o aprisionam em um ciclo de depressão e desejo. Se ele exagera certos sentimentos ou os dramatiza para se desviar do que está sentindo em um nível mais básico, o que está acontecendo no mais profundo? Examinar dessa maneira seu território emocional pode ser uma forma importante de o Quatro se compreender por meio de maneiras potencialmente enganosas de usar algumas emoções como defesa contra os outros.

Por que estou fazendo isso? Como os padrões do Tipo Quatro funcionam em mim neste momento?

Ao refletir sobre como esses padrões funcionam, os três tipos de Quatro podem adquirir mais consciência de como os padrões defensivos acontecem no cotidiano e no momento presente. Se o Quatro conseguir conscientemente flagrar-se no ato de focar o que não está funcionando e como ele não atende às expectativas, é bem possível que se conscientize de como racionaliza, não se abrindo para o amor e a aceitação. Se ele conseguir explorar as razões que o levam a se aprisionar na ambivalência, despertará para as motivações defensivas mais profundas que o fixam no padrão de não permitir o que com inveja vê faltando. É importante que o Quatro perceba, em tempo real, como cria barreiras que o impedem de aceitar a compreensão e a acolhida que deseja, e como isso contribui para um ciclo vicioso quando se sente desesperançoso.

Quais são os pontos cegos desses padrões? O que o Tipo Quatro não percebe em si?

Para expandir de fato seu autoconhecimento, será importante para o Quatro lembrar-se (reiteradamente) do que ele não percebe quando sua personalidade está dirigindo o espetáculo. O Quatro presta tanta atenção ao que está faltando — nele, nas outras pessoas e nas coisas boas que lhe chegam — que, normalmente, evita ver tudo que *não* está faltando, por exemplo, toda a qualidade, o valor e a bondade inerente a ele próprio e aos outros. Se você tem pontos cegos onde deveriam estar beleza, bondade e poder, como conseguirá desenvolver sua autoconfiança e fé para agir e alcançar o que precisa e quer? Se não reconhece o potencial dos outros, dando-lhes crédito pelos pontos positivos e apreciando o fato de se esforçarem para amá-lo, mesmo que não sejam perfeitos, como conseguirá ser receptivo às coisas boas que querem lhe dar? Ao focar o que não está lá, você se cega para tudo o que está lá.

Quais são os efeitos ou as consequências desses padrões? Como eles me aprisionam?

A ironia da estratégia do Quatro para lidar com o problema é que, ao idealizar o que quer como perfeito e perpetuamente distante, acaba distanciando-se de conseguir o que deseja no cotidiano. Ao apegar-se às próprias imperfeições, você se convence de que não é bom o bastante para conseguir o que quer e, inconscientemente, impede-se da realização — suas crenças moldam sua realidade. Ao se identificar demais com certas emoções, você se desvia de agir para conquistar o que precisa e quer (e de achar que é possível). Embora foque muita atenção no que deseja e fantasie sobre as formas de obtê-lo, suas crenças nas condições ideais necessárias para realmente se mover podem não existir no mundo real. Como resultado, mesmo que concentre muita energia no anseio de conquistar o que deseja, de modo inconsciente, mas efetivamente, frustra os próprios esforços e permanece distante de alcançar o que quer.

Autodesenvolvimento: visar a um estado mais elevado de consciência

Para todos nós que buscamos o despertar, o próximo passo ao trabalhar com o conhecimento baseado nos tipos de personalidade é injetar mais esforço consciente em tudo o que fazemos — pensar, sentir e agir com mais seleção e consciência. Nesta seção, dou algumas sugestões sobre o que o Quatro pode "fazer" depois de observar seus principais padrões e analisar origens, funcionamentos e consequências deles.

Esta última seção se divide em três partes, cada qual correspondendo a um dos três processos de crescimento distintos relacionados ao sistema Eneagrama: 1) "o que fazer" para combater os padrões automatizados de seu tipo central apresentados na seção "auto-observação", 2) de que maneira usar o caminho das flechas do Fluxo Interno do Eneagrama como um mapa de crescimento, e 3) como estudar a paixão (ou "vício") e conscientemente procurar incorporar seu inverso, o antídoto, a maior "virtude" do tipo.

Os três principais padrões de personalidade do Tipo Quatro: "o que fazer" para lidar com eles

Manter uma crença tão sólida na própria inadequação que se fecha para os outros (e para o amor/bondade) na expectativa do abandono

Desafie a sua crença inabalável na inferioridade.

Somente se conscientizando de seu ciclo vicioso de inveja, necessidade, inferioridade e vergonha é que o Quatro sairá dos padrões defensivos de pensamentos, sentimentos e ações nos quais se engaja e que o tornam autorreforçado e autofrustrado. Enquanto o Quatro continuar acreditando tão intensamente na sua própria inferioridade, não conseguirá compreender e incorporar a verdade essencial sobre sua bondade e amabilidade.

Ao perceber, explorar e depois desafiar essa crença, o Quatro conseguirá perceber que é falsa e começará a acreditar não na própria superioridade, que é outro polo desse padrão, mas na "bondade". Ao comparar conscientemente sua crença na própria imperfeição com a evidência válida para ele, e ao desafiar-se a considerá-la positiva, perceberá a falsidade na sua crença e ampliará a visão de si para contemplar seu valor real. Desafie a vergonha, focando que você é bom.

Trabalhe para reverter a tendência de se autodepreciar recorrendo a iniciativas de amor-próprio.

Outro aspecto importante do desenvolvimento do Quatro refere-se a aprender a se aceitar e a não se punir por aquilo que percebe como inadequado. É crucial que o Quatro aprenda gradualmente a encontrar dentro dele o amor e a aceitação que almeja, que aprenda a apreciar quem ele de fato é e a abandonar seu foco constante em se considerar sem valor ou mau. Boa parte da frustração crônica do Quatro em não conquistar o amor que almeja advém do fato de não se amar. Essa falta de amor-próprio mantém todo o ciclo defensivo do Quatro. Faça esforços efetivos para perceber e incorporar tudo que tem de positivo. Flagre-se sendo duro consigo mesmo e trabalhe para acabar com isso.

Reconheça a inveja, a competição e o comportamento masoquista como sinais de perigo.

A tendência do Quatro de se comparar com os outros o leva a encontrar algo que lhe falta. Então, dependendo do subtipo, ele pode se esforçar de maneiras masoquistas para comprovar isso, mergulhar nos sentimentos de inadequação, ou, ainda, tornar-se agressivamente competitivo. No caminho de crescimento, será importante que o Quatro perceba não só esses comportamentos como característicos de um autojulgamento e autodepreciação excessivos, mas também que a "cura" real para os sentimentos de imperfeição são o amor-próprio e a autoaceitação. Se você é um Quatro, observe quando se envolve em comportamentos baseados em uma suposição de inadequação — e trabalhe de modo efetivo para se valorizar e cuidar de si. Às vezes, mudar conscientemente seu foco de atenção e seus comportamentos talvez o ajude a mudar definitivamente também suas crenças e atitudes emocionais.

Desviar-se de várias formas do próprio crescimento e expansão por meio do apego a várias emoções

Observe e aceite suas emoções em vez de se identificar demais com elas.

Conscientemente, perceba e aceite suas emoções sem se apegar ou se identificar demais com algumas delas (ou com emoções no geral). Alguns Quatros, que podem ter vivido situações de constrangimento na infância por serem mais sentimentais, também precisam se lembrar de que os seus sentimentos são legítimos e importantes, independentemente de como os outros reagiram a eles no passado. Conscientemente, observe quando se aprisiona em emoções específicas, sobretudo no desamparo, na tristeza ou no arrependimento. Reconheça como isso pode ser uma maneira de evitá-las, lamentar as perdas reais e chegar ao outro lado. Permita-se ter sentimentos, movimentar-se através deles, ouvir as informações que trazem, e então os deixar ir. Ainda mais importante, reconheça como o ato de se perder nos seus sentimentos funciona para protegê-lo de agir ou de buscar formas produtivas para conquistar o que precisa; escolha deixar suas emoções de lado depois de tê-las vivenciado bastante. Conscientemente, desviar a atenção dos seus sentimentos para os pensamentos ou as ações o ajudará a evitar se fixar nas emoções de modo improdutivo, ainda que as emoções sejam válidas.

Observe seu desejo de criar drama e intensidade e trabalhe contra ele.

Se você é um Quatro, perceba quando está exagerando nas coisas para evitar experiências específicas como o tédio ou o vazio, e desafie-se a assumir o risco de aceitar e valorizar o "aqui e agora", mesmo que a princípio pareça usual e desinteressante. Se maximiza suas emoções para se desviar de sentimentos e realidades que talvez não queira aceitar, permita-se vivenciar qualquer sentimento e quaisquer experiências, libertando-se assim de uma defesa emocional. Apoie-se em aceitar sua vivência ao focar conscientemente o que é bom e prazeroso no aqui e agora, e também ao se permitir viver sentimentos dolorosos que tem evitado como forma de afirmar sua habilidade de lidar com eles.

Aprenda a compreender desamparo, sofrimento e anseio como defesa contra a vida e contra o abrir-se para as possibilidades.

O Quatro tende a encontrar conforto nos sentimentos familiares de desesperança, decepção e anseio, e apegar-se a eles pode ser uma espécie de vício. É vital que procure romper sua armadilha caracterológica para entender que esses sentimentos o impedem de encontrar maneiras de alcançar o amor e a apreciação que deseja. Lembre-se de que é tão fácil e possível focar a esperança quanto a desesperança ou o que o faz feliz, em uma reação contrária ao que lhe causa sofrimento. Logo, mude o foco para todas as possibilidades de amor e relacionamentos que lhe estarão disponíveis se, conseguindo deixar de se concentrar em sentimentos específicos, perceber as opções positivas disponibilizadas a você no presente.

Focar tanto o que falta que nada está à sua altura nem deve ser vivenciado

Alinhe seus desejos ao que é possível.

Naranjo observa que a inveja é um "desejar desmedido". No caso do Quatro, o desejo é excessivo porque se origina de uma experiência infantil e dolorosa de frustração, pois ele "pede mais do que pode ser esperado".[20] Esperar o perfeito ou criar expectativas fora da realidade a respeito dos outros pode ser um mecanismo para defender-se de se abrir para conquistar o amor que deseja. Sem se contentar com menos do que é realmente satisfatório, tente perceber quando está pedindo mais do que você pode obter como forma de se defender da decepção, e teste moderar suas expectativas e seus pedidos. Observe quando evita aceitar algo bom porque está ocupado buscando uma falha nisso, e desafie-se a vislumbrar todas as coisas que poderiam ser satisfatórias e "boas o suficiente".

Aplique seu idealismo para compreender o valor inerente de si mesmo e dos outros.

Em vez de imaginar que o que precisa envolve a conquista de um ideal distante, apoie-se no sentido ao permanecer consciente e apreciar seu valor e o das outras pessoas. Lembre-se de que o valor que atribui a algo pode se basear em como percebe seus aspectos positivos. Se você idealiza o que está faltando, viverá sempre insatisfeito. Mas, se consegue perceber o que é ideal em tudo, até no dia a dia, pode se identificar com isso e aceitar as dádivas mesmo em experiências mundanas.

Mude sua atenção para o positivo.

Transforme em uma prática constante ver o lado positivo em tudo: em você, nos outros e na vida. Quando você se perceber focando aquilo que falta como uma maneira de justificar sua frustração, liste todas as coisas boas que estão acontecendo, e apoie-se ao adotar essas coisas. Para receber o amor e a compreensão que almeja, você precisa de coragem para mudar sua atenção no sentido de como isso seria possível, em vez de se apegar na impossibilidade.

O Fluxo Interno para o Tipo Quatro: usando o caminho das flechas para mapear o caminho de crescimento

No Capítulo 1, apresentei o modelo do Fluxo Interno do caminho das flechas, que estabelece uma dimensão do dinâmico movimento dentro do modelo do Eneagrama. As conexões e o fluxo de cada tipo central, seu ponto "crescimento-estresse" e seu ponto "coração-criança" mapeiam um tipo de caminho de crescimento descrito pelo símbolo. Como lembrete, o caminho das flechas constitui uma sugestão para o caminho de crescimento de cada tipo:

- A direção do ponto central no sentido da flecha é o caminho de desenvolvimento. O ponto "crescimento-estresse", que está mais adiante, representa os desafios específicos que a natureza do ponto central da nossa personalidade coloca diante de nós.
- A direção contrária da flecha, do ponto central até o ponto "coração-criança", indica as questões e as temáticas da infância que precisam ser conscientemente reconhecidas para que avancemos e não fiquemos aprisionados em assuntos inacabados do passado. O ponto "coração-criança" representa qualidades de segurança que inconscientemente reprimimos, retornando a elas ocasionalmente, em momentos de estresse ou por segurança, e que devem ser reintegradas de modo consciente.

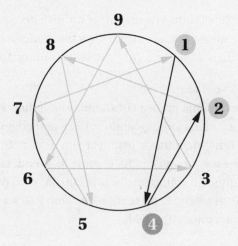

O Tipo Quatro movendo-se em direção ao Tipo Dois: usando conscientemente o ponto "crescimento-estresse" do Dois para desenvolvimento e expansão

O caminho de crescimento do Fluxo Interior para o Tipo Quatro o coloca em contato direto com os desafios incorporados no Tipo Dois, possibilitando um equilíbrio entre ser autorreferencial e ter como referência os outros, entre atender às próprias necessidades e às dos outros, e entre ser autêntico e adaptar-se às outras pessoas. Quando está em uma condição estressante, o Quatro pode ficar defensivo ao ser pressionado em direção ao ponto Dois e atuar no lado inferior do Dois, ao se doar compulsivamente em um esforço para ser apreciado, ou então ao desistir do que precisa, na tentativa de comprar o amor ou a aceitação alheia. Mas, quando o Quatro consegue lidar conscientemente com os desafios incorporados na oportunidade do "crescimento-estresse" do Dois, ele pode recorrer às qualidades superiores do Dois para se libertar da autoabsorção, dos sentimentos intensos e do isolamento, e assim, além de encontrar maneiras criativas de expressar quem ele de fato é, abrir-se para se relacionar com os outros.

O Quatro que trabalha conscientemente dessa maneira é capaz de usar as mesmas ferramentas que o Tipo Dois saudável usa: sensibilidade para as necessidades e as preferências dos outros, visão positiva do que é possível no relacionamento e gerenciamento consciente dos sentimentos e das necessidades à luz do que sentem e precisam os outros.

A postura do Dois de se adaptar para agradar às pessoas pode ajudar o Quatro a ser mais atuante e a apoiar os outros de uma forma que também expanda sua visão do próprio valor e do valor alheio. O Quatro, que tende a se perder em seu próprio mundo emocional, pode equilibrar essa tendência a serviço do seu crescimento ao buscar acalentá-los mais. Encontrar formas de apoiar e compreender outras pessoas talvez seja uma boa maneira de conciliar o foco exacerbado do Quatro em sua experiência interior de carência ou em determinado humor ou reação emocional. Conscientemente, incorporar a atitude de servir aos outros pode destacar as qualidades de otimismo, generosidade e alegria do Quatro, atributos que ele nem sempre vê e valoriza. Ao equilibrar conscientemente a autorreferência com outras referências, e a capacidade de vivenciar os sentimentos mais sombrios com a capacidade de ser leve, o Quatro pode usar o Ponto Dois como forma de incorporar um sentido mais completo e integral de quem ele realmente é e trabalhar contra a tendência autodepreciativa do seu "eu-semente".

O Tipo Quatro movendo-se em direção ao Tipo Um: usando conscientemente o ponto "coração-criança" para trabalhar questões dos anos iniciais e encontrar a segurança como suporte para avançar

O caminho do crescimento para o Tipo Quatro exige que ele recupere a capacidade de usar a autoavaliação, a autodisciplina e a organização para se apoiar, em vez de se desvalorizar e se punir. Quando criança, o Quatro pode ter precisado minimizar sua habilidade natural de usar ideais e seguir regras visando agir para se sentir bem consigo e ser produtivo no mundo. Em resposta à perda ou à privação nos primeiros anos de vida, o Quatro, de forma mais típica, refugiou-se em uma autoimagem distorcida e no anseio pelo que poderia ter sido, o que talvez lhe tenha retirado o foco de trabalhar duro para provar seu valor. A estratégia de tentar ser bom para ganhar aprovação não teria funcionado se ele tivesse precisado lidar com uma esmagadora sensação de perda ou com a sensação intensa de imperfeição.

O Quatro tende a lidar com a desesperança ou a melancolia para evitar a esperança das coisas que, segundo ele, não poderiam acontecer. Ao fazer isso, é possível que desista das características do Um, como a competência de estabelecer ideais práticos e a crença em sua capacidade de controlar, com trabalho duro, o que acontece. O Quatro pode não ter sido capaz de oferecer a si organização por meio da rotina e do engajamento a padrões e regras, pois precisou se concentrar em como lidar com uma experiência específica de perda ou de privação.

O Quatro pode conscientemente recorrer aos aspectos fortes do Ponto Um, usando-os para obter o apoio de que precisa no crescimento em direção ao Ponto Dois e também na ação para manifestar seus ideais. Ser mais perfeccionista — não controlando ou sufocando emoções, mas melhorando efetivamente a si mesmo ou ao seu ambiente — pode dar ao Quatro uma sensação de controle e realização. Por exemplo, um Quatro que conheço gosta de relaxar trabalhando no jardim quando está de folga. Suas fileiras de legumes são perfeitas, e o jardim é extremamente bonito. Trabalhar em jardinagem lhe possibilita uma atividade estruturada que o relaxa, contendo-o e permitindo-lhe expressar sua criatividade natural.

Os padrões regulares e o trabalho repetitivo podem ajudar o Quatro a encontrar a paz e a contenção em meio a uma vida em que se perderia nos altos e baixos do seu humor inconstante. Ao reincorporar a capacidade de trabalhar duro para ajudar a melhorar a si ou aos outros, o Quatro agirá de modo mais poderoso e confiante, o que reforçará seu crescimento e desenvolvimento, impedindo-o de procurar algo que perdeu no passado.

A conversão do vício em virtude: acessar a inveja e visar à equanimidade

O caminho de desenvolvimento do vício para a virtude é uma das contribuições fundamentais do mapa do Eneagrama, ao destacar um percurso "vertical" de crescimento para um estado mais elevado de consciência para cada tipo. No caso do Quatro, o vício (ou paixão) é a inveja, e o seu inverso, a virtude, é a *equanimidade*. A teoria do crescimento transmitida pela conversão do "vício em virtude" refere-se ao fato de que, quanto mais estivermos cientes de como nossa paixão funciona e trabalharmos conscientemente para incorporar nossa virtude superior, mais nos libertaremos dos hábitos inconscientes e dos padrões fixados do nosso tipo, evoluindo para o nosso lado "mais elevado", ou "Eu-árvore de carvalho".

À medida que o Quatro se familiariza com sua vivência de inveja e desenvolve a capacidade de tornar-se mais consciente, ele pode levar seu trabalho adiante se concentrando em incorporar sua virtude, o "antídoto" para a paixão da inveja. No caso do Quatro, a virtude da equanimidade representa um estado que ele pode atingir, manifestando conscientemente suas melhores competências.

A equanimidade envolve um modo de ser engajado com a vida emocional e, portanto, livre dos altos e baixos e do *puxa-empurra* de ser consumido por vivências emocionais específicas. Quando o Quatro está em um lugar de equanimidade, consegue sentir seus sentimentos, mas não ser consumido pelo sofrimento, em suma, consegue afastar-se de sentimentos específicos sem se abandonar, concentrar-se em emoções importantes sem se perder. A equanimidade é uma maneira de perceber as emoções de uma distância saudável, com a sabedoria e o desapego do observador interno que faz parte do Eu superior. Sandra Maitri a conceitua como a capacidade de vislumbrar o contexto geral de todas as coisas de tal forma que "tudo cai em perspectiva".[21] Explicando que a "equanimidade" significa literalmente "mente igual", ela a descreve como um estado de "equilíbrio emocional" caracterizado por uma visão equilibrada de nós mesmos e dos outros e desenvolvida à medida que "aprendemos a manter nosso coração aberto por meio das circunstâncias variáveis da nossa vida e prática".[22]

Se a inveja é um estado de reatividade emocional assentado na percepção de que os outros têm algo de que você precisa e lhe falta, a equanimidade é um lugar de abertura e aceitação, baseada em uma visão mais ampla de nós mesmos, das pessoas e da vida. Incorporar a equanimidade como Quatro significa que você aprendeu a superar emoções intensas e inconstantes, advindas de uma experiência de sofrimento ligada à perda e à privação da personalidade. Incorporar a equanimidade significa não apenas que você valoriza seus sentimentos pelo fato de eles refletirem sua verdade emocional, mas também que tem a confiança e o entendimento para não se envolver neles ou permitir que distorçam a visão de quem você é e do que é capaz. Portanto, a equanimidade atua como antídoto para o desejo contínuo da inveja, pois leva a concentração ao contexto geral, ao valor de todas as emoções e à importância de se desprender de emoções específicas ou de uma sentimento de falta, permitindo-lhe abrir-se a uma experiência de abundância.

Quando o Quatro faz o percurso do "vício para a virtude", percebe como as emoções dolorosas inspiradas pela inveja o prendem em um círculo vicioso. A visão mais ampla da equanimidade possivelmente o despertará para sua bondade essencial, permitindo-lhe perceber que todas as emoções são valiosas, pois o conduzem a uma compreensão animada da sua plenitude.

Trabalho específico para os três subtipos do Tipo Quatro no caminho do vício para a virtude

O percurso de observar a paixão para encontrar seu antídoto não é exatamente o mesmo para cada um dos subtipos. O caminho do trabalho interno consciente tem sido caracterizado pelos termos "determinação, esforço e graça":[23] a "determinação" dos hábitos da nossa personalidade, o "esforço" direcionado ao nosso crescimento e a "graça" que nos alcança quando nos empenhamos para estar mais autoconscientes, trabalhando nossas virtudes de modo positivo e saudável. De acordo com Naranjo, cada subtipo precisa esforçar-se contra algo levemente diferente. Esse *insight* constitui um dos maiores benefícios de entender os três diferentes subtipos de cada um dos nove tipos.

O *Quatro Autopreservação* pode percorrer o caminho da inveja à equanimidade descontraindo seus sentimentos e compartilhando-os mais com os outros, permitindo-se, assim, mais fontes de apoio interno e externo. A inveja faz o Quatro Autopreservação acreditar que precisa agir por conta própria, mas, ao buscar a ajuda dos outros, consegue mais espaço para respirar e relaxar. Ao procurar conscientemente personificar a equanimidade, esse Quatro talvez crie um lugar de paz dentro dele, permitindo-lhe sentir e deixar de lado sua dor, vivenciando mais sua fragilidade e curando o que precisa ser curado. O Quatro Autopreservação libera a inveja quando não trabalha tanto para se provar e, em vez disso, permite-se viver com mais leveza, diversão e prazer. Superar a necessidade de sofrer de forma silenciosa e árdua implica que esse subtipo se cobre menos e incorpore tudo o que é, não apenas sua capacidade de suportar.

O *Quatro Social* pode percorrer o caminho da inveja à equanimidade trabalhando para liberar seu complexo de inferioridade, assumir suas qualidades positivas e incrementar sua autoconfiança. Se você é um

Quatro Social, isso o ajudará em seu autojulgamento e nas percepções negativas, para assim correr o risco de compreender os elementos positivos de você e de sua vida, sem se aprisionar em comparações e vergonha invejosas. Manifestar a equanimidade implica que valorize todos os seus sentimentos igualmente, e também que não se identifique demais com alguns deles. Isso o ajudará a considerar que não há problema em sentir raiva e expressar de modo direto desejos e sentimentos, de um lugar de autocompaixão, em vez de seduzir por meio do sofrimento. Acima de tudo, poderá se ajudar ao incorporar a equanimidade levando em consideração todos os seus sentimentos, analisando conscientemente toda a situação e agindo para conquistar o que precisa e quer, sem se dedicar tanto a seu sofrimento emocional.

O *Quatro Sexual* pode percorrer o caminho da inveja à equanimidade fortalecendo sua capacidade de estar em contato com o próprio sofrimento sem precisar externá-lo ou projetá-lo nos outros. Se você é um Quatro Sexual, crescerá ao perceber que todas as suas emoções são igualmente valiosas, quer esteja sentindo inveja e raiva, quer sendo triste e vulnerável. Portanto, lembre-se de que os sentimentos de ternura são tão importantes quanto os impulsos competitivos. A equanimidade implica que reconheça o valor de quem é, mesmo que você não seja melhor ou superior a qualquer outra pessoa. Ninguém precisa provar ser o melhor para se tornar digno — somos todos naturalmente bons o bastante. Permita-se perceber a raiva, a frustração e a impaciência como indícios relevantes para sentimentos mais profundos de dor os quais possa estar vivenciando ou relegando à inconsciência. Viva todos os sentimentos e lembre-se de que eles são reflexos importantes da verdade emocional de quem você é; desse modo, desenvolverá mais compaixão por si e pelos outros e estará mais aberto para receber amor e aceitação das pessoas com quem convive.

Conclusão

O arquétipo do ponto Quatro representa como todos tememos o abandono quando nos sentimos imperfeitos e como nos concentramos em nossas falhas para nos controlar ou defender contra a perda em um mundo que parece exigir que sejamos especiais para receber amor. O caminho de crescimento nos mostra a transformação de nossos anseios e sofrimentos na confiança em nossa capacidade de sermos amados, de modo que despertemos para uma experiência mais completa de quem somos e do que podemos ser. Em cada um dos subtipos do Tipo Quatro, vemos um personagem específico que nos ensina como a equanimidade pode nos levar à valorização de nossa verdade emocional e integridade essencial, promovendo, assim, nossa evolução por meio da alquimia da auto-observação, do autoconhecimento, do autodesenvolvimento e da autoaceitação.

CAPÍTULO 9

O arquétipo do ponto Três: o tipo, os subtipos e o caminho de crescimento

As únicas mentiras pelas quais somos realmente punidos são aquelas que contamos a nós próprios.

V. S. NAIPAUL

O Tipo Três representa o arquétipo da pessoa que, para conquistar a admiração dos outros, procura criar uma imagem de valor e sucesso, recorrendo ainda a esforços intensos no trabalho e na aparência física. Essa motivação lhe oferece uma proteção defensiva em um mundo que recompensa a conquista e enfatiza as aparências.

Esse arquétipo também se faz presente no conceito de Jung de "persona": o "sistema de adaptação do indivíduo ou a maneira como ele lida com o mundo".[1] Baseado no termo empregado para descrever a máscara usada pelo ator, uma persona é nossa imagem social exterior consciente, o papel que desempenhamos ou a imagem que revelamos aos outros "para dar forma à nossa percepção exterior de ser".[2] Uma persona se constrói em forma e função na realidade externa e coletiva.

O Tipo Três representa o protótipo de que todos assumimos uma imagem pública exterior a fim de sobreviver no mundo; ela atua como elemento de mediação entre o eu interior e o ambiente social. Reflete o modelo do desejo humano de "fazer uma cara bonita" ou usar uma máscara social como meio de proteção e esforços de marketing. Essa postura arquetípica prioriza a aparência de estar bem e a correspondência entre ideais sociais de valor e status como um modo para se sentir aceito e aprovado socialmente.

Esse esforço também implica dissimular ou inibir os aspectos do "eu verdadeiro", os quais não se ajustam à máscara social construída. O Tipo Três tende a perder contato com suas emoções mais profundas, pois estas talvez interfiram na imagem que ele cria para os outros. Assim, corre o risco de se identificar demais com sua persona e pouco com quem de fato é.

Também encontramos o arquétipo do Três na cultura americana da ênfase aos valores de "mercado": a importância da embalagem, a propaganda e a venda de produtos, o foco central em "vencer" em um ambiente competitivo, atraindo mais clientes, e a força impulsionadora da maximização do lucro por meio da priorização do trabalho e dos interesses corporativos. O "Sonho Americano" (American Dream) de "subir na vida", ou seja, a mobilidade ascendente mediante o trabalho intenso, demonstrada pela aquisição de símbolos convencionais de sucesso (casa própria, carro bom, casa de férias), também reflete os temas centrais desse arquétipo. Os meios de comunicação em massa dos EUA destacam a atração superficial das coisas e sacrificam, com frequência, a profundidade delas.

Assim, o arquétipo Três está presente na sociedade em todas as culturas que enfatizam a competição e a vitória, e geralmente também no mercantilismo, que incorpora os esforços de marketing e vendas como um componente fundamental da interação social. Os temas arquetípicos associados ao Ponto Três são observados sobretudo no mundo corporativo, focado em competir e trabalhar muito na busca do sucesso enquanto sinônimo de popularidade, lucros e liderança.[3]

Alguém do Tipo Três trabalha pesado e sabe como causar uma boa impressão. É um executor bastante competente e eficaz, que apresenta bons resultados e faz isso parecer fácil (mesmo que exija muito esforço). Além de competente em recorrer a metas como elemento motivador de seus esforços, é engenhoso e produtivo para atingir objetivos. Sabe como se apresentar aos outros e se ajusta a determinada imagem de acordo com o contexto. Destaca-se ainda que o "superpoder" específico do Tipo Três se centra na capacidade de fazer as coisas acontecerem, encontrando o caminho mais direto para atingir seu objetivo, eliminando obstáculos que talvez o prejudiquem e aparentando estar bem o tempo todo. Portanto, sabe como garantir seu sucesso por meio de um trabalho cuidadoso, concluindo as tarefas necessárias para alcançar o que objetiva e exalar uma imagem de sucesso e competência.

No entanto, assim como acontece com todas as personalidades arquetípicas, os talentos e os pontos fortes do Tipo Três também representam sua "falha fatal" (ou "calcanhar de Aquiles"): ele se esgota trabalhando demais e perde de vista quem realmente é, acreditando ser a persona que adotou para alcançar seus objetivos. Sendo assim, talvez se revele insensível aos outros na corrida para a linha de chegada. No entanto, quando aprender a equilibrar o foco no trabalho e nas conquistas com as necessidades e os sentimentos do seu verdadeiro eu, talvez consiga combinar sua competência em alcançar metas com a criatividade e a profundidade de quem ele é, produzindo resultados positivos que aprimorarão sua vida e a dos outros.

O arquétipo do Tipo Três na *Odisseia*, de Homero: navegar por Cila e Caríbdis, e o desembarque em Trinácia

A deusa Circe diz a Ulisses que, depois que ele e sua tripulação passassem pelas Sereias, navegariam por um trecho estreito e perigoso, que deveriam atravessar o mais rápido e eficientemente possível, pois ela sabe que Ulisses terá de sacrificar seis de seus homens para as seis cabeças de Cila ali.

Ulisses enfrenta muitos desafios de liderança, enquanto se esforça para retornar com a tripulação a Ítaca. Nessa parte crucial da jornada, observamos o foco obstinado dele em alcançar seu objetivo e também as consequências desastrosas de assumir o poder de modo ilegítimo.

Ulisses sabe que deve conduzir a embarcação cuidadosamente entre dois terríveis obstáculos: Cila (um monstro selvagem de seis cabeças) e Caríbdis (a personificação de um redemoinho fatal e inevitável). Como Ulisses não consegue se esquivar desses obstáculos, foca manter a nau no caminho para alcançar o objetivo terrível, ainda que viável, de atravessar o perigoso estreito. No entanto, decide não contar à tripulação sobre Cila, porque está ciente de que deverá sacrificar ao menos seis dos seus homens para manter a rota e evitar a destruição completa no redemoinho.

Ulisses é o homem certo para esse trabalho. Sabe que precisa manter seu ego sob controle e rumar de maneira eficiente, consistente e implacável a seu objetivo. Com maestria, ele exerce o poder de controle das informações e tomada das decisões mais importantes. A tripulação não hesita em seguir as ordens de Ulisses nos momentos mais cruciais. De fato, seis morrem, mas os demais sobrevivem.

Quando chegam à ilha de Trinácia, Ulisses faz um comunicado muito específico à tripulação: os homens não deveriam tocar no gado que pastoreia lá, pois eram propriedade do deus Sol, "que tudo vê e tudo ouve".[4]

Os homens lhe obedecem até se esgotar o suprimento de comida. Então, enquanto Ulisses dorme, o segundo comandante (Euríloco) os convence de que serem mortos pelos deuses no mar é melhor do que morrer de fome. Assim, fazem um banquete com o gado de Hélios, assumindo para si os poderes e os privilégios exclusivos do deus Sol.

Ulisses desperta tarde demais. Assim que o vento permite, ele manda os tripulantes para o mar, mas Zeus destrói a nau e a tripulação, restando Ulisses como o único sobrevivente.

Esses confrontos simbolizam o poder e as armadilhas da personalidade do Tipo Três. A liderança autêntica e focada de Ulisses salvou homens em circunstâncias angustiantes. Na sua ausência, eles assumiram o poder além da sua verdadeira natureza, o que os levou à destruição.

A estrutura de personalidade do Tipo Três

Como parte da tríade dos tipos baseados na "emoção", a estrutura da personalidade do Três centra-se na emoção da *tristeza* ou do *sofrimento*. O Três foca a criação de uma *imagem* específica de si. Cada uma das personalidades do tipo emoção/coração (Dois, Três e Quatro) se relaciona com as outras pessoas sobretudo por meio da empatia emocional. A "percepção de sentimento" que esses tipos compartilham desencadeia neles mais necessidade de se engajarem com os outros e capacidade de interpretar bem situações interpessoais em um nível emocional e relacional. Portanto, como dedicam toda a sua atenção aos relacionamentos, em geral estão conscientes da imagem que precisam apresentar para atrair o amor ou a aprovação das pessoas.

Enquanto o Tipo Quatro exagera no apego ao sofrimento e o Tipo Dois está em conflito com a própria tristeza, o Três não lida com o sofrimento, normalmente anestesiando os sentimentos para que não interfiram no esforço de alcançar os objetivos que almeja.

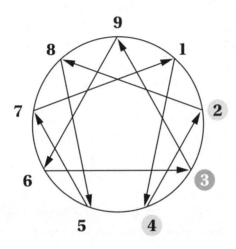

A tristeza no centro das personalidades do tipo emocional reflete o sentimento de não ser amado por quem é e a tristeza por ter perdido contato com seu eu verdadeiro, pois, sem assumi-lo, criou uma imagem específica na tentativa de conquistar o amor (ou a aprovação) de que precisa. Todos os três tipos emocionais se engajam nas necessidades não satisfeitas de serem reconhecidos, aceitos e amados por seu eu verdadeiro. Mas criam uma estratégia para lidar com o problema pela aprovação dos outros de três maneiras distintas como um substituto para o amor que buscam, mas temem ou acreditam que não vivenciarão devido a seu modo de ser. Enquanto o Dois se esforça para ter uma imagem agradável e querida e o Quatro se apresenta como único e especial, o Três cria uma imagem de realização e sucesso.

Executar coisas e aparentar estar bem parece a rota para a sobrevivência e o conforto do Três, que usa a "inteligência do coração" na avaliação automática do que os outros consideram admirável, para então se transformar nisso. Executar com talento tarefas, atingir metas e construir uma imagem refinada, aderindo ao bem-sucedido de acordo com os padrões geralmente aceitos, permite-lhe provar seu valor para os outros.

A estratégia para lidar com o problema dos primeiros anos: Tipo Três

O Três relata que recebeu uma mensagem na infância de que seria amado por suas ações. Ou de forma implícita ou explícita, talvez devido a elogios de pais bem-intencionados que desejam realizações específicas dos filhos, quando criança o Três acreditou que o caminho para receber apoio, aprovação e admiração seria o bom desempenho e o sucesso nas tarefas. Assim, desenvolve a sensação de não ser amado por quem de fato é como indivíduo, mas pelo que faz, e adota uma estratégia para lidar com o problema adequada às expectativas dos pais e aos ideais convencionais de êxito. Dessa forma, a necessidade de admiração surge de uma experiência na infância de ser admirado pelas conquistas, em vez de ser reconhecido por aspectos do "eu verdadeiro".

Por outro lado, é também possível que as crianças Três, sem receberem a atenção de que precisavam, sintam-se motivadas a atraí-la, destacando-se e sendo notadas por meio de realizações que impressionem os outros. Portanto, o Três se torna bem-sucedido pelo exacerbado esforço na tentativa de evitar que o ignorem. Alguns Três, por exemplo, sem receberem apoio ou proteção dos pais nos anos iniciais de vida, aprenderam a ser executores como forma de sobrevivência. Sobretudo quando a criança perde o pai, ela talvez sinta que precisa se tornar muito competente para assim preencher a lacuna formada pela ausência parental arquetipicamente masculina (ativa, protetora e produtiva).

Diante da percepção de que necessita provar de alguma forma ser admirável para receber amor, o Três desenvolve uma estratégia de sobrevivência em que ele se identifica com alguém e depois se transforma no que os outros valorizam. Os indivíduos desse tipo possuem um radar sensível, ou antena, voltado àquilo que as pessoas apreciam, admiram e consideram bem-sucedido. Nesse sentido, ele vira alguém que faz ou que tem elementos associados com sucesso e realização. Semelhante à estratégia do Tipo Dois de determinar as necessidades e os gostos dos outros e depois se adaptar a eles, o Três se metamorfoseia para se ajustar à imagem de competência, atratividade e elevado status. Dessa forma, não apenas se direciona ao alcance de objetivos e à apresentação de uma imagem positiva de si, mas também à competitividade e ao êxito.

Motivado pela necessidade de se sentir reconhecido devido à falta de atenção na infância ou à percepção de que ser aprovado se relaciona com o desempenho, a estratégia do Três para lidar com o problema foca agir continuamente e se defender contra sentimentos dolorosos. Portanto, o "fazer" prevalece sobre o "ser" e os sentimentos. O fazer porque parece resultar na almejada resposta de aprovação dos outros, e o "ser" porque se torna um ponto cego, pois o Três evita sentimentos para que não criem obstáculos emocionais. Isso (compreensivelmente) o leva a ser aqueles "humanos que fazem", e não "humanos que são".[5]

Portanto, o Três lida com um mundo que não lhe oferece amor incondicional pelo fato de ele não se identificar com sua imagem e seu trabalho, levando-o a se ver igual à imagem que cria, a acreditar no que ele é e no que faz. Como consegue controlar imagem e trabalho, o Três se esforça para corresponder à imagem admirada pelos outros; trabalha duro para conquistar aprovação ao atingir uma definição socialmente sancionada de sucesso, evitando a todo custo o fracasso.

Candice, uma Três Autopreservação, descreve sua situação na infância e o desenvolvimento de sua estratégia para lidar com o problema:

Minha mãe costumava me dizer que eu era uma bebê tão boa que ela poderia me deixar sozinha no meu cantinho por horas enquanto corria atrás de meu irmão mais velho. Mesmo criança, eu me orgulhava disso. Apenas percebi ser equivocado meu "orgulho" na autossuficiência quando vi como os outros se assustavam com o comportamento da minha mãe. Eu oscilava entre o medo de ser ignorada e a segurança na minha habilidade de voar sob o radar da codependência intrusiva da minha mãe. Diagnosticaram meu irmão com esquizofrenia quando tínhamos uns vinte e poucos anos, e ele se suicidou aos vinte e nove. Muitas vezes senti que me escondia atrás dele — ter sido ignorada e ser capaz de fazer as coisas sozinha me salvou. Naquela época, os psiquiatras literalmente culpavam as mães. E a minha, que era muito melhor do que muitas outras, carregava uma enorme culpa. Ao me tornar diligente e confiável, permiti a ela que não "se preocupasse" tanto comigo. Essa capacidade sempre superou a ordem de nascimento da nossa família. Quando algo dá errado, meu telefone toca primeiro, apesar de ser a terceira de quatro filhos. Acabo de regressar depois de ter ajudado meu pai de noventa e cinco anos a ficar bem em casa após passar por uma cirurgia. Meu irmão mais novo e minha irmã mais velha estiveram lá antes de mim. Um amigo do meu pai me disse: "Quando você vem para a cidade, todas as coisas se resolvem".

Sendo uma Três Autopreservação, tenho uma percepção instintiva do que precisa ser feito e de como fazê-lo com eficiência. Foi difícil reconhecer que preparei os que me cercam para esperar que eu assumisse a liderança, então, nos últimos anos, tem sido uma experiência interessante recuar. Antes de mergulhar em algo, faço-me as seguintes perguntas: Isso precisa ser feito? Precisa ser feito agora? Precisa ser feito por mim? É incrível constatar que não deveria ter sido assim, mas atendia a meu "fazer doentio".

"Estou bem" foi meu mantra durante anos. Sempre me arrepiaram as descrições do Três ao querer aparentar sentir-se bem. Quando li que o Três Autopreservação deseja parecer dominar as coisas, mas não quer assumir sua imagem consciente de que tem uma "vaidade em não ter vaidade", entendi que havia me encontrado. Não me sentia feliz com isso, mas sabia que era verdade. Recentemente quebrei meu tornozelo, o que me possibilitou observar mais a mim mesma e as minhas reações às propostas de assistência. Consigo sentir o "estou bem" surgindo em meu físico e preciso combatê-lo conscientemente.

Outro desafio que enfrento envolve reconhecer e sentir minhas emoções. Costumo brincar que "as emoções não são aerodinâmicas, e o Três não gosta de desacelerar". Um grande achado foi o livro The book of qualities, de J. Ruth Gendler, no qual descreve dezenas de emoções como se fossem pessoas. Isso me ajudou a entrar em uma realidade que havia evitado (inicialmente) para ajudar minha mãe a não se preocupar comigo. O livro não só abriu a porta para eu sentir de fato a perda do meu irmão, mas também escavou o caminho para que outras emoções me atravessassem. Estou bem agora sem estar bem.

O principal mecanismo de defesa do Tipo Três: identificação

O mecanismo de defesa associado à estratégia para lidar com o problema dos primeiros anos se chama *identificação*. Ao se identificar com alguém, ou seja, correspondendo a uma imagem ou a um modelo específico e se tornando o que os outros valorizam, o Três tenta satisfazer a necessidade de aprovação, o que substitui a necessidade implícita de ser reconhecido e amado. O Três cria uma imagem tão convincente como instrumento de defesa contra a dor de não ser reconhecido e amado por quem ele de fato é, que começa a confundir sua imagem com a integralidade de quem é. Identificando-se em excesso com a imagem que cria como uma forma de controlar a reação das pessoas a ele, acaba se esquecendo de que não se assemelha à sua imagem. Por essa razão, ele representa o protótipo de um comportamento comum a todos nós: a exagerada identificação com a nossa personalidade a ponto de não percebermos que somos mais do que nossa persona.

Mas de que maneira exatamente a "identificação" funciona como mecanismo de defesa? Talvez soe estranho que a considerem uma defesa psicológica, pois identificar-se com alguém ou modelar-se a uma pessoa pode parecer uma atividade normal e benigna. E, embora seja verdade que alguns tipos de identificação incorporem poucos componentes defensivos, se é que isso existe, muitos outros exemplos evidenciam que ela ocorre como instrumento de se evitar a ansiedade, o sofrimento, a vergonha ou outros sentimentos dolorosos. Além disso, a identificação também pode funcionar para fortalecer uma sensação de autoconfiança instável ou gerar autoestima.[6]

Assim, ela opera como defesa contra sentimentos dolorosos relacionados à percepção ainda na infância de que o amor se condicionava à aprovação de que um indivíduo deliberadamente (embora pelo menos em parte um processo inconsciente) se tornasse outra pessoa, ou um ideal de um tipo específico de pessoa. Ao adotar as características de outro indivíduo, ou uma imagem que os outros admiram, minimiza-se a ameaça dos sentimentos difíceis resultantes do medo de não ser reconhecido e amado do jeito que se é.

Mas com o que o Três em geral se identifica? Naranjo explica que "fundamental para o Tipo Três é a identificação com uma autoimagem ideal construída como reação à expectativa dos outros",[7] o que frequentemente se inicia com o esforço defensivo para corresponder às características ideais que os pais valorizavam. Portanto, o Três acaba se transformando no que as pessoas importantes, a quem deseja impressionar, admiram e apreciam, por exemplo, no ambiente em que ele trabalha. Ao perceber e assumir características consideradas valiosas pelos outros, o Três tenta combiná-las com um modelo externo para garantir aprovação.

O foco de atenção do Tipo Três

Como resultado da mensagem de que amor e aprovação se relacionam a desempenho, o Três foca atenção não apenas no cumprimento de metas e tarefas, mas também na criação de uma imagem de sucesso aos olhos dos outros. Naturalmente hábil para se concentrar como um raio laser em direção a tarefas e objetivos que o ajudem a ser o que a sociedade define como bem-sucedido, ou meritório, a maioria deles atinge um elevado nível de sucesso. No entanto, no processo se sacrificam os sentimentos do Três e seu autêntico sentido de si, pois *não* foca tanto quem ele é separado de sua imagem. Focado, sobretudo, no outro, o Três não reage tanto ao que está acontecendo no interior dele.

Exageradamente concentrado nas coisas que precisa fazer para alcançar um objetivo, ele tende a uma consciência exacerbada dos obstáculos que podem bloquear seu caminho para o resultado desejado. Um Três conhecido meu descreveu sua vigilância diante da possibilidade de obstáculos como a tendência de avaliar rapidamente qualquer "coeficiente de resistência". O Três se concentra com tanta intensidade no caminho até seus objetivos, que automaticamente se move para enfrentar qualquer fator externo que possa retardar-lhe o avanço.

O Três concebe até as férias e o tempo livre em termos de coisas a fazer. Frequente criador de listas, a atenção dele muitas vezes foca organizar a vida de acordo com tarefas que precisam ser realizadas, resultados que precisam ser produzidos e em como preencherá seu tempo (de modo que evite lacunas nas quais surjam os sentimentos). A realização de tarefas leva à experiência satisfatória de verificar itens fora da lista depois de estarem concluídos.

O Três é com frequência alguém multitarefas, competente em voltar sua atenção a uma série de atividades. Especialista em concluir trabalhos de maneira rápida e eficiente, o Três relata que julga necessário e bastante fácil fazer bastantes coisas ao mesmo tempo, muitas vezes em um ritmo acelerado, pois a movimentação rápida e eficiente lhe permite concretizar inúmeros trabalhos sem perder tempo.

O foco de atenção do Três também está em "tocar para a multidão". Com capacidade natural de executar, o Três dedica atenção e energia à aprovação alheia, concentrando-se em outras pessoas e em como estão reagindo à apresentação dele. Naranjo descreve o Três como se tivesse uma "orientação de marketing". Um bom profissional de marketing determina as necessidades e os valores do seu público-alvo e, em seguida, adapta a apresentação com base nas reações desse público. Por isso, tende-se a caracterizar o Três como "camaleão". Ele tem uma competência instantânea de corresponder ao modelo perfeito de como alguém deveria se mostrar em cada contexto e situação. O talento do Três em criar uma persona refere-se ao modo como constrói uma "casca de semente" protetora e útil, mas, em última análise, limitadora se ele não consegue rompê-la.

A paixão emocional do Tipo Três: vaidade

A paixão do Tipo Três é a *vaidade*, que significa a paixão por "viver nos olhos dos outros".[8] Ela o motiva a apresentar uma imagem social falsa com a finalidade de inspirar admiração e viver a vida "na expectativa ou na fantasia da vivência do outro".[9] Assim, a vaidade incentiva o Três (inconscientemente) a se entregar a uma imagem insubstancial, imaginando como vai se mostrar diante dos outros no aspecto exterior, em vez de fazê-lo a partir de seu "eu verdadeiro".

Aqui se compreende a vaidade como um impulso "para brilhar, atrair a atenção, seja por meio do desenvolvimento do sex appeal, seja por meio da realização ou do sucesso",[10] baseando-se em critérios estabelecidos e universalmente aceitos. Esse processo exige muito esforço, e o Três é o tipo de pessoa inclinada para a ação, alguém que se esforça para fazer bem as coisas. Ele tem "um talento para representar e um gosto por exibição e aplausos".[11] Quando está sob a influência da vaidade, que é norteada pela aparência exterior, o Três tem "pouca capacidade de entrar em contato com sua essência (ou se interiorizar)",[12] e precisa se ocupar o tempo todo, sem "deixar tempo para estar a sós consigo".[13]

Na antiga tradição contemplativa cristã, na qual encontramos as primeiras descrições das mesmas paixões do Eneagrama, a vaidade é chamada de vanglória, descrita como se envolvesse "a fantasia sobre encontros sociais, uma pretensão de laboriosidade, ao contrário da verdade [...] um desejo por privilégio, a designação suprema [e] escravidão aos elogios".[14]

A vaidade do Três expressa uma profunda necessidade de ser visto positivamente, o que ele procura satisfazer por meio do cultivo de uma imagem específica, projetada para atrair os outros e assentada em valores convencionais de atratividade, qualidade e status. Viver para a aparência leva o Três a uma preocupação constante quanto a como se apresenta sob a ótica das outras pessoas. Ele se torna bom em desempenhar um papel ou representá-lo, fazendo seu marketing apoiado em boas embalagens e vendendo-se como o tipo de pessoa que as outras respeitam e admiram.

O erro cognitivo do Tipo Três: "quando você aparenta ser tão bom, quem precisa dos sentimentos?" ou "sou o que faço"

Todos nos aprisionamos nas formas habituais de pensar que influenciam nossas crenças, nossos sentimentos e nossas ações, o que persiste mesmo depois de não serem mais necessários os modelos mentais que criam nossa perspectiva geral.[15] Embora a paixão molde as motivações emocionais da personalidade, a "fixação cognitiva" perturba os processos de pensamento da personalidade.

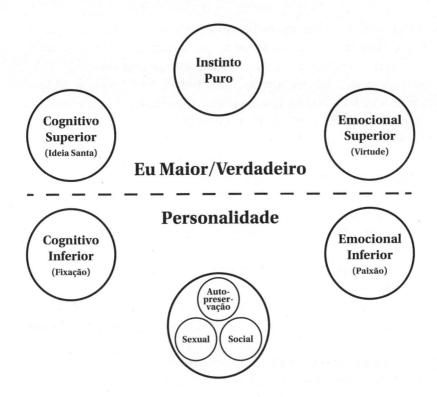

O autoengano é a fixação mental do Tipo Três. Isso significa que o princípio fundamental do pensamento dele é a "falsificação de si mesmo", que implica criar uma imagem para consumo público. Como parte do funcionamento normal da sua personalidade, o Três "mente" para o mundo sobre quem ele é, ainda que na maioria das vezes não o faça intencionalmente. Na verdade, os processos de pensamento do Três, assim como suas principais motivações emocionais, são impulsionados pela profunda necessidade de impressionar as pessoas.

Assim, em geral, quando o Três cria uma imagem específica para mostrá-la ao mundo exterior, ele se engaja no autoengano, isto é, automática e inconscientemente apresenta uma fachada falsa para influenciar a reação das pessoas a ele, e acredita com frequência que a imagem falsa o representa de verdade. É possível que nem sequer perceba que existe uma diferença entre a imagem que ele manipula para impressionar e quem é por dentro. A falta de verdade do Três não implica o que avaliamos como "engano"; no três, ele acontece em um nível mais profundo:

o indivíduo desse tipo mente para si sobre quem é na realidade porque precisa acreditar que é aquele que os outros veem de um modo positivo.

As principais crenças, suposições e pensamentos associados a essa postura intelectual (ou "transe") da falsidade ou falsificação incluem ideias e racionalizações que corroboram a estratégia fundamental da personalidade Três de agir com produtividade e eficácia, em prol de manter uma imagem. O princípio de organização intelectual do Três, ou seja, as principais crenças que norteiam seus padrões habituais de pensamentos, sentimentos e comportamentos, assim se apresenta:

- As pessoas admiram e respeitam o sucesso e a realização. Para inspirar a admiração nos outros, preciso ser bem-sucedido e conquistar coisas.
- Se uma pessoa alcança um status elevado, é importante aos olhos da sociedade.
- Trabalhar com intensidade para atingir objetivos específicos me permite controlar as coisas que executo, o que me torna bem-sucedido.
- Executar e ser produtivo dá suporte ao meu bem-estar.
- Estabelecer metas é uma forma importante de me manter organizado, fazer as coisas e alcançar o sucesso.
- Atingir objetivos específicos exige muito trabalho. Trabalho muito e faço o que for preciso para alcançar meus objetivos e eliminar qualquer obstáculo do caminho.
- A imagem e a aparência são importantes.
- Como me apresento e o que tenho feito são elementos que comunicam às pessoas o que pensar e sentir sobre mim.
- É importante que a imagem seja adequada a cada contexto, para que as pessoas me julguem positivamente.
- Os sentimentos não importam tanto quanto a conclusão das coisas. Eles comprometem o trabalho e, por isso, podem significar perda de tempo.

Essas crenças comuns do Três, bem como os pensamentos recorrentes que o norteiam, corroboram e perpetuam o fato de criar uma autoapresentação socialmente adequada, destinada a gerar uma avaliação positiva das pessoas. Quando o Três se engaja com mais vigor nessa postura intelectual, em outras palavras, quando está "em transe", talvez lhe seja muito mais difícil interromper a identificação com a personalidade e "voltar para casa", para os sentimentos e os pensamentos do verdadeiro eu.

A armadilha do Tipo Três: "tenho uma imagem tão positiva que gosto mais dela do que de mim"

Assim como ocorre com cada tipo, no caso do Três, a fixação cognitiva engana a personalidade, levando-a a andar em círculos. Representa, pois, uma "armadilha" inerente que as limitações da personalidade não conseguem resolver.

Quando se cria uma imagem para conseguir amor, ela é "amada", não necessariamente a pessoa ali escondida, o que intensifica a convicção do Três de que não é amado por ser quem é (e precisa da construção de uma imagem para conquistar amor).

O Três se identifica com uma imagem positiva para assim ser visto aos olhos dos outros, mas não se sente "à vontade" para receber o amor ou a apreciação que provoca. Ele se desconecta de seus sentimentos para trabalhar e conseguir a aprovação dos outros; portanto, sentimentos não se embrenham na vivência dele e não podem estar presentes nos relacionamentos que conquistou por meio de tantos esforços. Ao precisar trabalhar muito e aparentar bem-estar, o Três se transforma em alguém que não é e perde de vista quem de fato é. Na verdade, torna-se o que julga precisar ser para criar conexões positivas com os outros; entretanto, como ele vive mergulhado em uma imagem com o objetivo de ser valorizado, e não em seu verdadeiro eu, frequentemente não está disponível para o amor e para um relacionamento verdadeiro.

As principais características do Tipo Três

Direcionamento para o outro

Pode parecer que o Três fundamentalmente se oriente para si mesmo porque age para promover os próprios interesses, sabe se apresentar para atrair pessoas, estabelecer metas e alcançá-las e parece capaz de manifestar com facilidade seus desejos pessoais.

No entanto, em um nível básico, a personalidade do Três é moldada de acordo com uma apresentação para uma plateia. A estratégia de criar uma imagem de consumo público baseia-se na necessidade de atrair a atenção dos outros e repousa na capacidade do Três de interpretar com precisão o público, e depois traduzir o resultado tornando-se o que eles valorizam. Dessa forma, como qualquer outro expert inteligente em marketing, o Três cria uma aparência visando impressionar as pessoas, com base em uma avaliação cuidadosa do que elas admiram.

Inclinação para a realização

O Tipo Três inclina-se para a realização ou a conquista, o que significa ser um excelente empreendedor, alguém que trabalha arduamente para definir e alcançar metas baseado em conceitos sociais ou culturais do significado de uma pessoa bem-sucedida. O foco na realização também implica que o Três valoriza a eficiência e avança rapidamente para conquistar o máximo possível sem perda de tempo. Esse impulso às vezes é tão intenso que ele pode se viciar em trabalho, sendo incapaz de desacelerar, parar ou tirar férias de todas as "atividades" a que se dedica.

A fórmula do Três para a realização funciona mesmo. Ao contrário dos outros tipos de personalidade que às vezes assumem padrões que os inibem no mundo exterior, a estratégia para lidar com o problema no centro da estrutura de personalidade do Três se alinha mais com o que a cultura ocidental considera uma maneira produtiva (portanto, boa) de atuar. O objetivo e a inclinação para o trabalho, a disposição de trabalhar com muito afinco por longos períodos de tempo, o vigoroso senso de ambição e o otimismo em relação à capacidade de alcançar o que almeja sugerem que o Três, em geral, é bem-sucedido no cumprimento das metas.

Foco no sucesso

O Tipo Três compreende naturalmente os elementos responsáveis pelo sucesso em determinada cultura ou contexto, sobretudo pelos indícios externos de êxito. Ele sustenta a ideia de que, se a pessoa conhece os fatores que a levam ao sucesso, por que não os concretizar de uma vez por todas e apreciar os frutos das conquistas materiais e da admiração das pessoas que tendem a vir com isso? Um olhar atento para os elementos que levam ao "sucesso" e a vontade e a disposição de realizar o necessário para alcançá-lo tornam o Três uma pessoa que frequentemente incorpora qualquer visão de contexto cultural como bem-sucedida.

Ao procurar garantir que ele próprio seja bem-sucedido, o Três determina o caminho mais curto entre os pontos A e B (o objetivo) e faz o que for necessário para chegar lá com a máxima eficiência possível. Agir de modo contrário não tem sentido para o Três. Por que uma pessoa toleraria o fracasso ou medidas intermediárias quando poderia trabalhar para conquistar seus objetivos e alcançar o sucesso? Por que ela falharia em realizar algo que estabeleceu como objetivo quando lhe bastaria encontrar uma maneira de concretizá-lo? O slogan da Nike, *"Just Do It"* (Apenas faça), incorpora efetivamente essa visão comum.

Competitividade e desejo de vencer

Como parte do esforço para conquistar, o Três pode ser implacável e competitivo, querendo vencer a qualquer custo e dominando situações em que acredita no exercício do poder para conseguir realizar as coisas. Pragmático, o Três se especializa no foco de conquistas específicas, e faz o que for necessário para concretizá-las. Portanto, joga para vencer e, sendo extremamente competitivo, gasta muita energia e esforço para chegar ao topo. De fato, o Três com frequência relata que deseja tanto triunfar que simplesmente não se engaja em atividades das quais talvez saia perdendo.

Manipulação da imagem e autoengano

O Três é tão bom em manipular sua imagem para garantir o sucesso no palco público e a admiração, que talvez lhe seja muito difícil olhar mais profundamente dentro de si, para além da imagem e das realizações. Ele explora automaticamente o que os outros julgam atraente e cria uma persona perfeita para combinar com essa imagem. No trabalho, na academia ou nas saídas noturnas, o Três se revela excelente em selecionar as roupas certas e criar a imagem perfeita para cada ambiente. Reconhecendo a importância da aparência, dedica pensamento e energia à compreensão do que os outros podem querer ou esperar dele.

No entanto, ao agir desse modo, o Três não apenas (inconscientemente) engana os outros sobre quem ele de fato é, mas também se engana. Focando com intensidade a imagem certa (e rejeitando os sentimentos que corroboram essa falsa apresentação), ele mesmo se confunde em relação a onde a imagem acaba e onde começa. Quando o Três está "em transe" na fixação da sua personalidade, mistura a realidade de quem ele é — sentimentos, necessidades, desejos e preferências — com as aparências que cria para impactar os outros. O engano associado a essa personalidade se refere à criação de falsidade no lugar de um eu verdadeiro, que pode fracassar ou ser julgado como falacioso ou inadequado.

Uma amiga minha, empresária atraente e bem-sucedida, disse-me uma vez com toda a seriedade: "Sou o que faço". Em razão de ela conhecer o Eneagrama e acreditar ser do Tipo Três, decidi argumentar dizendo-lhe: "Não, você não é" (pensando que minha amiga era muito mais do que fazia). Ela retrucou: "Sim, sou". E reafirmei: "Não, você não é". E ela insistiu: "Sim, sou". Após muito vaivém, resolvi encerrar a discussão. Mas me senti triste depois. Eu sabia que ela possuía motivos válidos para pensar que "é o que faz", ou por querer acreditar nisso. Tinha um bom emprego, de alto nível, ganhava muito dinheiro e era vista como uma profissional excelente. Consegui entender por que minha amiga gostaria de se igualar ao sucesso alcançado no trabalho. Mas, por mais incrível que fosse sua carreira, eu sabia que ela era muito mais do que isso.

A sombra do Tipo Três

As forças naturais do Tipo Três alinham-se tanto com os ideais ocidentais em relação ao significado de bem-sucedido que talvez pareça não enfrentar desafios internos. Porém, o maior desafio dele está no reconhecimento da diferença entre o seu eu verdadeiro e sua imagem, função ou trabalho, porque no Três há um ponto cego em que esse "eu verdadeiro" deveria estar. Esse tipo tende a acreditar com tamanha intensidade na sua imagem que a incorpora a seu real eu como uma coisa só.

Enquanto o Três considerar que a imagem criada é seu verdadeiro eu, não conseguirá agir de maneira pessoal, isto é, de acordo com seus reais sentimentos e necessidades. Para viver na autenticidade do eu, é preciso que se tenham sentimentos próprios e que se perceba que a imagem pública difere do eu verdadeiro.

Outro elemento de sombra para o Três refere-se a como ele se sente no aspecto emocional. O Três com muita frequência evita vivenciar sentimentos verdadeiros porque habitualmente reprime as emoções para executar o trabalho. Como a estratégia do Três para lidar com o problema está centrada em evitar as emoções, teme o que acontecerá se abrir espaço para os sentimentos. Especialmente se o Três vive atarefado e é bem-sucedido, talvez não necessite vivenciar as emoções, e por isso toda a sua reação emocional autêntica diante de variadas situações possa ficar na sombra. Tal comportamento muitas vezes é reforçado por racionalizações do tipo "leva muito tempo" ou "não é produtivo" ter sentimentos.

A ação está com tanta frequência no primeiro plano da vivência do Tipo Três que seu senso de "ser" vai para a sombra. Na verdade, é bem possível que seja extremamente desafiador para ele desacelerar e apenas se permitir ser, e isso porque se habituou a trabalhar o tempo todo. Pode lhe soar estranho, desconfortável, e até lhe causar ansiedade *não* fazer nada, somente permanecendo sentado ali. Em síntese, alguns Três se norteiam tanto por um constante "vai, vai, vai" de produzir que nem sequer conseguem entender o significado de simplesmente "ser".

Os outros talvez considerem que o Três não se sente "à vontade" em si, que tem dificuldades em se relacionar porque muitas vezes não se conecta a seu ser e a seu mundo interior de sentimentos. Isso ocorre porque o Três dá tanta atenção e despende tanta energia para se ajustar à visão dos outros a respeito de positivo e valioso que acaba vivenciando um vazio quanto a seu próprio senso de identidade. Ele emprega muito esforço consciente em detectar o que as pessoas consideram bem-sucedido, para então corresponder a essa imagem (originada dos outros), e seu eu real acaba permanecendo um ponto cego.

Relacionado a isso, outro ponto cego do Três é a vulnerabilidade, pois ele foca tão intensamente competir para vencer que o fracasso talvez lhe soe intolerável. Ao se concentrar no sucesso e em evitar contratempos, ele não se permite uma vivência consciente de insegurança, perda ou fracasso. E, como o Três em geral pouco conhece o fracasso, vivê-lo pode ser uma experiência devastadora.

A sombra da paixão e da fixação do Tipo Três: a *vaidade* e o *engano* no *Inferno*, de Dante

A paixão do Tipo Três é a vaidade, ou seja, a paixão por "viver para os olhos das outras pessoas", atraindo e cultivando atenção e aprovação alheias. A vaidade alimenta a fantasia de como somos vistos pelos outros, interligando-se intimamente à "fixação" intelectual do engano. O lado mais sombrio da paixão da vaidade da personalidade Três alimenta a necessidade de desenvolver e apresentar uma imagem social falsa, visando inspirar admiração por meio do engano.

Nas profundezas do Inferno, na parte "fraude" — o último círculo do submundo antes da vala final —, Dante encontra os falsificadores. Os pecadores ali se criaram enganando os outros: alquimistas, imitadores, falsificadores e mentirosos estratégicos. Ao contrário de qualquer outro lugar no Inferno, as punições dos falsificadores provêm de tormentos internos, e não externos. E em consonância com o dispositivo poético de Dante de fazer da exposição "pecadora" o problema principal da específica questão inconsciente que ele procura ilustrar, a punição associada à falsificação de si mesmo torna repulsivo o aspecto físico do pecador. Todos os alquimistas têm lepra, e os impostores são raivosos. Os falsificadores mal conseguem caminhar, em razão dos edemas repletos de fluidos. Os infames mentirosos fedem devido a uma constante febre. As facetas sombrias da vaidade e do engano (ou autoengano) chegam ao extremo aqui, quando Dante simbolicamente se refere às consequências negativas de se apresentar como uma fraude, ou seja, como alguém que não se é. Negligenciar a verdade e a virtude do verdadeiro eu em troca de uma aparência externa enganosa é mostrado como um óbvio apodrecimento interior. Dessa forma, Dante nos adverte dramaticamente sobre o lado sombrio de não sermos verdadeiros.

Os três tipos de Três: os subtipos do Tipo Três

A paixão do Tipo Três é a vaidade. Embora os três diferentes subtipos do Tipo Três a expressem por meio da necessidade de conquistar e manter uma imagem bem-sucedida, isso se manifesta de três maneiras diferentes. O Três Autopreservação é um *workaholic* eficiente e autônomo a serviço da segurança, alguém que vai de encontro à vaidade ao tentar ser bom. O Três Social a manifesta ao buscar reconhecimento no palco social, criando, impulsionando e vendendo uma imagem mais polida. E o Três Sexual é carismático e adora agradar, mostrando a vaidade na aparência atraente, no apoio aos outros e na autorrealização por meio deles.

Os três subtipos do Tipo Três são bem distintos: o Três Autopreservação foca mais o trabalho intenso para executar as coisas da melhor forma possível, e foca menos ser o centro das atenções; o Três Social, mais do que os outros Três, gosta de estar no palco e anseia que o desempenho gere o reconhecimento; e o Três Sexual busca atenção atraindo um parceiro romântico e promovendo e apoiando as pessoas que lhe são importantes, em vez de apenas revelar suas conquistas.

O Três Autopreservação: "Segurança" (contratipo)

Seguindo Ichazo, Naranjo chama esse subtipo de "segurança" porque trabalha com afinco para conquistar a sensação de segurança não apenas relativa a recursos materiais e financeiros, mas também a saber como executar as coisas com eficácia. Essa preocupação com a segurança se justifica, pois ele precisa se sentir autônomo e autossuficiente para cuidar de si e dos outros.

As pessoas desse subtipo quase sempre viveram desprotegidas e sem recursos suficientes na infância. Como resposta a essas condições, aprenderam a ser eficientes e executoras, voltadas a cuidar de si mesmas sem ajuda alheia. Portanto, por vivenciarem uma segurança comprometida, desenvolveram foco especial na autonomia.

A preocupação com a segurança também pode se estender aos outros. São pessoas que exalam uma sensação de segurança e estabilidade, às quais se recorre em busca de conselhos. Aparentam calma e organização, como se tivessem tudo bem resolvido, mas, no fundo, são ansiosas. Mostram-se assertivas, especializadas em resolver problemas e fazer as coisas com excelente qualidade, e, embora trabalhem muito, não demonstram estresse. Em geral, são financeiramente seguras, bastante produtivas e estão "no controle", mas também relatam um sentimento subjacente de ansiedade relacionado ao esforço despendido para atingirem a sensação de segurança que tanto buscam.

O Três Autopreservação concentra esforços para se tornar o modelo ideal de qualidade em qualquer coisa que faça, em qualquer papel que desempenhe: o melhor pai ou mãe, o melhor parceiro, o melhor trabalhador, o melhor em tudo. E age assim porque necessita não só ser *visto* como bom, mas também *ser* realmente bom, o que lhe proporcionará uma sensação de segurança para inspirar admiração nos outros sem que a vaidade se revele uma característica óbvia. Deseja ser admirado pelo bom desempenho, mais ainda, por fazer as coisas da melhor forma possível e assim conquistar uma imagem que as pessoas consideram atraente e viver de acordo com ela. Essa tendência de se adaptar a um "modelo" também o motiva a esquecer os próprios sentimentos.

Seguir o modelo perfeito de como executar as coisas significa ser virtuoso, e ser virtuoso implica falta de vaidade. Nesse sentido, o Três Autopreservação "tem vaidade em não ter vaidade".[16] Isso significa que, embora queira parecer atraente e bem-sucedido diante dos outros, não deseja que saibam isso, ou seja, não quer que vejam que ele criou efetivamente uma imagem de aparência. Não quer que o flagrem no trabalho da aparência, porque incorporou uma ética segundo a qual pessoas "boas" ou virtuosas não são vaidosas. No entanto, alguns Três Autopreservação estão cientes (e admitem) que querem ser admirados por sua imagem positiva, e quase sempre desejam manter isso em segredo. Por outro lado, alguns Três Autopreservação acreditam tão firmemente que é errado ou fútil querer a aprovação alheia que não admitem esse desejo nem para si. São pessoas que buscam tanto a perfeição que a vaidade não está no código de honra delas.

Ao negar a vaidade, o Três Autopreservação representa o contratipo dos três subtipos Três, isto é, ele é o tipo "contrapassional", que não necessariamente se assemelha a um Três. Embora motivado pela vaidade, assim como os outros subtipos, ele a nega até certo ponto, moldando seu caráter para ir contra a atração energética da vaidade. Há uma oposição natural entre o interesse vaidoso de atrair a atenção e o impulso instintivo primário de segurança e autopreservação. Ao contrário do Três Social, que se gaba abertamente das suas realizações, o Três Autopreservação evita falar sobre suas características positivas e sobre as credenciais de elevado status, porque acredita ser essa uma forma negativa de propagar seus pontos fortes, mesmo que também queira ser visto como bem-sucedido. Na verdade, ele pode ser modesto ou falsamente modesto.

O ARQUÉTIPO DO PONTO TRÊS

Em termos do hábito intelectual do engano, esse subtipo também incorpora o autoengano, na medida em que tenta dizer a verdade. No entanto, nele o engano ocorre em um nível mais inconsciente; quando se trata de identificar suas verdadeiras motivações, o Três com frequência confunde as razões baseadas em imagem para executar as coisas com sentimentos e convicções reais.

O Três Autopreservação manifesta uma vigorosa tendência de ser *workaholic*, e sente-se motivado para trabalhar muito e conquistar segurança. Além disso, tem compulsão pela autossuficiência, por estar no controle da sua vida, acha-se responsável por fazer tudo acontecer e pode até chegar a uma sensação de onipotência. Aliando-se à sua necessidade de controle e à ansiedade subjacente, é possível que vivencie uma sensação de pânico ao precisar de ajuda ou ao perder a autonomia.

A paixão pela segurança o leva a uma simplificação excessiva da vida, reduzindo foco e interesse ao que é "prático e útil". Nesse tipo de indivíduo, há uma necessidade imperiosa de saber que pode lidar com tudo e que tudo será bom para os que o cercam. Nunca demonstra fraqueza e é capaz de pensar em coisas do estilo "Tenho de fazer tudo, porque faço melhor". Situações que lhe fogem do controle podem deixá-lo confuso e perdido internamente, levando-o à paralisia; como consequência, para restabelecer o controle, ele pode se tornar invasivo. Esse subtipo é o mais inflexível dos Três.

Com tanta energia focada no trabalho, na eficiência e na segurança, pode sobrar pouco espaço intelectual e emocional para que esse Três se envolva profundamente com os outros. Embora até trabalhe com intensidade para manter relacionamentos, talvez enfrente problemas para que sejam profundos. Quando o Três Autopreservação — sobretudo o Autopreservação menos consciente de si mesmo — cria conexões, elas podem ser superficiais. E isso porque a sensação de que as emoções implicam perda de tempo inibe a capacidade dele de se engajar em relacionamentos íntimos e verdadeiros, uma vez que isso significa cada pessoa estar em contato com os próprios sentimentos e com o "eu verdadeiro".

Às vezes, é difícil para um Três Autopreservação se reconhecer como Três, pois com facilidade se confunde com Um ou Seis. Ele se assemelha ao Um porque é um tipo inflexível, responsável e autossuficiente, e, como o Um, tenta ser um modelo de virtude nas coisas que faz. No entanto, diferencia-se dele por se mover em um ritmo mais rápido, estar atento à criação de uma imagem (mesmo quando não a reconhece) e ajustar-se a um modelo perfeito de ser julgado pelo consenso social, não pelas normas internas de certo e errado (como o Um faz). E difere do Seis porque fundamentalmente se volta à imagem e ao trabalho intenso em resposta à insegurança, enquanto o Seis encontra proteção de outras formas. E, embora o Três possa questionar seu senso de identidade, quase sempre não permite que a produtividade se desacelere por excesso de dúvida ou questionamento.

> **Virginia**, uma Três Autopreservação, diz:
>
> Sempre fui uma executora. Já na pré-escola, terminava as tarefas tão rápido que me faziam ajudar os outros para que permanecesse ocupada. No primeiro ano, o orientador da escola explicou aos meus orgulhosos pais que minha insistência em um dever de casa perfeito e meu comportamento exemplar poderiam gerar ansiedade no futuro. Esforcei-me demais ao longo da minha carreira, e agora sou uma executiva de empresa que está entre as quinhentas mais famosas do mundo. Casada e divorciada duas vezes, meu padrão era passar de três a cinco anos no papel da esposa perfeita, e depois disso vinha uma exaustão emocional e um marido furioso. Ser vulnerável ou ter de confiar nos outros me causa desconforto. Adoro quando as pessoas contam comigo para enfrentar desafios difíceis e me esforço para ser hiper-responsável, justa e generosa. Embora anseie por admiração tendo em vista tais características, evito que as pessoas me vejam preocupada com aparências superficiais. Preciso ser essas características positivas. Quando comecei a estudar o Eneagrama, rejeitei a ideia de que seria um Três, um tipo de pessoa preocupada com a impressão que gera. Identifiquei-me como Seis, até mesmo "me desempenhando" como ele em um workshop do Eneagrama. Agora objetivo o equilíbrio: a vulnerabilidade (versus autonomia intensa) e a tranquilidade (versus ação hiperativa).

O Três Social: "Prestígio"

O Três Social tem o desejo de ser reconhecido e de influenciar as pessoas. Ele expressa a vaidade por meio da vontade de brilhar diante do mundo inteiro: gosta de estar no palco. É o subtipo mais vaidoso dos Três e o mais camaleão.

A esse Três se dá o nome de "Prestígio", que reflete a necessidade da admiração e do aplauso de todos. Ele, mais do que os outros dois subtipos, como gosta de ser reconhecido e precisa disso, tende a estar mais à frente, deliciando-se no holofote. Quando criança, em geral era importante que o Três Social "exibisse" algo, aparentasse estar bem e demonstrasse competência na execução das coisas, para então receber amor. É bem provável que tenha recebido aprovação pelo "olhar" dos pais.

Socialmente, o Três Social é brilhante, sabendo como falar com as pessoas e ascendendo na escala social. Esse subtipo percebe a necessidade de usar com cuidado as palavras para obter o máximo proveito de uma situação, o que significa causar a impressão certa, conquistar o que ele quer e concretizar seus objetivos. O combustível desse Três é o sucesso social, embora a noção de "sucesso" possa variar dependendo da história e da situação de cada Três Social. Alguns mostram inteligência, cultura ou classe; outros conquistam diplomas e títulos; e outros têm símbolos materiais de status: uma casa maravilhosa, um carro valioso, roupas de grife ou relógios caros.

Esse subtipo se preocupa muito com a competição e a vitória, sendo o mais competitivo dos Três. Ele também foca o poder, independentemente das mãos em que esteja. Além disso, tende a ser exigente e autoritário, ainda que essas características se escondam por trás de uma apresentação mais suave, decorosa e bem-humorada. O Três Social às vezes vê os outros em termos de como poderiam beneficiar ou bloquear-lhe o caminho rumo aos objetivos que almeja. E observa as coisas avaliando como poderia controlá-las, sem se deixar surpreender pela vida.

Ele também é o mais agressivo dos Três, de caráter marcante e assertivo. Bom em anestesiar os próprios sentimentos, ele pode, no extremo, chegar à insensibilidade. O Três Social tem mentalidade corporativa e paixão por trabalhar da melhor maneira possível, sobretudo em termos de aparência externa. Pensa no que é melhor para o grupo, em especial no que vai vender, pois isso, além de soar bem, refletiria uma imagem positiva dele.

Fazer algo que funciona para o grupo também funciona para ele, pois promove sua imagem de sucesso. Para o Três Social, a imagem e o enriquecimento podem anular as boas intenções ou as ações virtuosas. Na era atual, o elemento que norteia as corporações é acima de tudo ganhar dinheiro, e isso se reflete na preocupação do Três Social em encontrar um modo eficiente de atingir as metas corporativas e alcançar excelentes resultados financeiros, e ele pode ou não levar em conta as consequências destrutivas para os outros em um sentido mais amplo.

Esse Três também incorpora bastante confiança para liderar. Se um líder não está orientando bem o grupo, o Três Social talvez sinta um desejo intenso de assumir o controle, pois pode se frustrar ao ver o caminho a seguir e não conseguir guiar as pessoas com eficiência ou sucesso. Ele gosta de estar no centro de tudo.

Além disso, revela muito talento para melhorar a imagem da empresa e uma vigorosa capacidade de se vender (ou vender qualquer produto que queira promover). De acordo com Naranjo, ele aparenta ser tão bom que quase chega a despertar a sensação de que não tem falhas. É difícil identificar os defeitos desse subtipo porque faz um excelente trabalho de criar a imagem certa. Ele parece tão bom e faz as coisas tão bem que ofusca qualquer sensação de problema ou de qualquer coisa excluída.

No entanto, o Três Social sente-se não só ansioso caso se exponha demais, mas também vulnerável quando o veem como alguém sem valor. Como se importa tanto em criar uma boa impressão, as críticas talvez lhe sejam devastadoras, embora provavelmente não demonstre isso. O desejo de uma boa aparência também significa que pode ser difícil para ele se revelar por completo aos outros, desse modo mantendo as pessoas afastadas. Ansiando ser visto de forma positiva, chega a temer que as pessoas enxerguem além da imagem projetada caso se aproximem demais dele. Pode também ter dificuldades de se abrir e deixar de gerenciar sua imagem. É possível ainda que a profunda necessidade de ter uma boa aparência impeça o Três Social de conhecer e se conectar com seu real eu e seus verdadeiros sentimentos.

Não se confunde facilmente o Três Social com os outros tipos, pois ele é, em muitos aspectos, o Três mais evidente, sobretudo em termos de como os subtipos historicamente têm sido caracterizados em livros do Eneagrama.

William, um Três Social, diz:

Quando eu era mais novo, morava com a minha avó e saía com caras mais velhos, e queria ser aceito por eles por causa do prestígio que vinha com a imagem. Sempre que escolhiam os times de futebol americano, eu era um dos primeiros jogadores escolhidos. Um dia, durante uma partida intensa no bairro, eu, jogando no ataque, fiz um duplo reverso falso. Deveria acertar meu primo Robert em uma posição padrão, mas eu fingi o passe, puxei a bola para baixo e comecei a correr. Um dos outros jogadores me viu de um bom ângulo, mas eu era mais rápido do que ele. Quando o sujeito se aproximou, fiz um corte, fui atrás dele e marquei o touchdown. Então ouvi um dos mais velhos dizer: "Caraca, Sonny é bom!". Eu me sentia atraído pelo futebol porque sabia que jogava bem. O elogio dos mais velhos confirmou o que eu precisava ouvir e me senti especial. Depois daquele dia, social e atleticamente, sabia que queria ser o melhor.

Continuei a me destacar no futebol e acabei me tornando profissional na NFL. Jogando com a função de um running back, as pessoas muitas vezes me perguntaram como conseguiria lidar com a punição jogo após jogo. Quando você joga futebol, independentemente do nível, não pode fazer as coisas meia-boca, precisa fazer bem ou não fazer nada. Alguns chamam isso de fortaleza interna ou coragem, outros o igualam à vontade... Eu chamo de coração! Aprendi que exige trabalho duro retornar várias vezes ao jogo e ter sucesso em um nível mais elevado, e estava preparado para isso. Era gigantesco o desejo pela sensação de ser "alguém" que vinha ao jogar futebol. Fazer parte de algo maior, conseguir resultados e alcançar o sucesso em um palco tão grande foi o combustível que me impulsionou. Anos depois, por meio da terapia e aprendendo o Eneagrama, mudei muito. Percebi que a autoaceitação autêntica não vem do que faço ou de como pareço para os outros; é um trabalho interno.

O Três Sexual: "Masculinidade/Feminilidade"

A vitória ou a meta que interessa ao subtipo Três Sexual (que expressa a vaidade desse Três) são o apelo sexual e a beleza, e não o dinheiro ou o prestígio, embora ele seja tão competitivo na busca de objetivos quanto um executivo de negócios no trabalho. Nesse Três, a vaidade não é negada (como no Três Autopreservação) ou aceita (como no Três Social); em vez disso, está em algum lugar ali no meio, empregada para criar uma imagem atraente e promover pessoas consideradas importantes por ele.

O Três Sexual é amável e tímido, distanciando-se assim do caráter extrovertido do Três Social, em especial quando se trata de falar sobre si mesmo. Como tem dificuldades de se promover, frequentemente foca as pessoas que deseja ajudar.

Embora ele seja tão capaz quanto os outros subtipos de alcançar o sucesso por meio da competência e do trabalho árduo, não necessita alcançar objetivos no mundo externo porque se concentra muito mais em agradar e tornar-se atraente como forma de receber amor. Esse Três vê suas conquistas no sucesso e na felicidade das pessoas que o cercam.

Embora Ichazo denomine esse tipo de "masculinidade/feminilidade", Naranjo explica que não é masculinidade ou feminilidade no estilo de Hollywood, ou mesmo muito sexualizada. Esse subtipo se preocupa mais com uma apresentação atraente como homem ou mulher e, de modo sutil às vezes, com agradar aos outros por ser atraente de um modo classicamente masculino ou feminino. E, embora o Três pertença à tríade do coração, nesse subtipo o prazer pode ser menos intenso quando ocorre por meio de conexão emocional ou sedução sexual, e mais quando surge por meio de conexão intelectual ou apoio entusiasmado. Naranjo prefere utilizar o nome "carisma" para esse subtipo, visando a que reflita a forma peculiar pela qual o Três Sexual motiva e estimula a admiração dos outros, ou seja, pela qualidade de "magnetismo pessoal".[17]

O Três Sexual, que se realiza nos relacionamentos, gosta de agradar e ajudar, e tende a um trabalho intenso para apoiar as pessoas, gastando muita energia na promoção delas. Portanto, ainda que muito ambicioso e trabalhador, sempre visa ao bem-estar de alguém. Muitas vezes, esse subtipo não parece Três porque não foca tanto status e realização, voltando-se a ser mais atraente e a apoiar os outros. Para ele, basta a beleza;

não precisa conquistar o amor. A aprovação e o amor advêm de esse Três ser agradável, então ele não precisa se revelar um conquistador clássico.

O Três Sexual coloca muita energia em seduzir as pessoas e agradar-lhes. Talvez movido pelo medo de decepcioná-las, ele se justifica no pretexto de evitar confrontos. As pessoas desse subtipo podem fantasiar o "parceiro ideal" ou o "Príncipe Encantado" (ou princesa), e querem mudá-lo a fim de que se transforme no que gostariam, para assim viverem "felizes para sempre".

Esse Três tende a se voltar à satisfação dos outros, para tanto assumindo uma mentalidade familiar ou de equipe. Nesse sentido, pode focar totalmente o que é positivo para a família (em casa ou no trabalho) e projetar a imagem de alguém bom nesse aspecto.

Como o Três Sexual depende muito de se mostrar atraente aos outros, ele relaciona bondade e perfeição com ser amado. E, em nome de provar sua amabilidade — o desejo de cultivar a imagem do "melhor amante" ou da "esposa perfeita" —, tende a ser muito prestativo.

Conquistar o amor ou o desejo dos outros vira um objetivo para os Três Sexual. Para corroborar isso, ele sente paixão por projetar a imagem de alguém lindo, encantador ou sexy. Sente a necessidade urgente de que as pessoas que deseja atrair (romanticamente) o vejam como bem-apessoado, o que talvez reflita a falta de atenção e admiração da mãe ou do pai.

Esse Três vivencia a sensação de estar desconectado, emocional, sexual e fisicamente, dos próprios sentimentos e do eu verdadeiro, pois em geral não tem contato real consigo ou com os outros. Um Três com esse subtipo comentou: "É como se tivesse colocado um aviso de 'saí para almoçar'". O cerne da questão envolvendo o Três Sexual é a vivência de um sentimento de solidão, de um vazio, faltando-lhe um sentido claro de si, uma identidade. Isso se relaciona ao fato de o Três Sexual vivenciar a dificuldade de ser, sentir e expressar-se de modo autêntico. Embora ele possa ser mesmo muito atraente, também sofre com baixa autoestima e revela-se incapaz de se amar. Diante disso, ele pode "estampar uma expressão boa", agindo como se determinada situação não fosse indesejável, e aparentar amabilidade e complacência enquanto esconde sua força para parecer bom diante dos outros.

Como o Três Sexual é o mais emocional dos Três, existe a probabilidade de que expresse seus sentimentos. Esse Três não usa o tipo de máscara do Três Social, e convive com uma profunda tristeza interior. Muitas vezes, passou por uma infância difícil e, então, recorreu à "desconexão" de si como uma maneira de se esquecer dos abusos do passado, ou ainda de compensá-los e minimizá-los. Com medo da dor emocional e da tristeza, ele aprende a se desconectar da sua vivência emocional mais profunda. Além disso, também encara a crítica como um elemento que o ameaça, pois destrói a máscara de que é uma "pessoa perfeitamente boa".

O Três Sexual pode se parecer como o Dois ou o Sete. Com o Dois porque procura se relacionar com os outros sendo agradável e atraente. No entanto, a diferença entre ambos está no fato de o Três se concentrar mais em uma imagem específica de atratividade física e menos no engrandecimento orgulhoso de si e na satisfação das necessidades emocionais. Quanto ao Sete, ambos se assemelham na tendência à positividade e ao entusiasmo no apoio aos outros. No entanto, o Sete é fundamentalmente autorreferencial, e o Três assume como referência os outros para determinar o que ele será. O Três vive mais desconectado de si, e o Sete geralmente tem ciência do que precisa e quer.

Tadeo, um Três Sexual, fala:

Desde sempre ajo com a intenção de atrair a atenção dos outros. Embora eu fosse um pouco tímido, era fácil para mim deslumbrar as pessoas. E aprendi a atrair a atenção delas sem falar. Não temos líderes de torcida na Argentina, mas, se tivéssemos, eu teria sido um com certeza. Esforçava-me para ser carismático, amoroso, agradável, entusiasmado e, acima de tudo, uma pessoa empolgante e desejada de quem todos queriam estar perto. Admito que em toda a minha vida só me olhei pelo espelho dos outros. E uma coisa ficou bem clara para mim: ninguém gosta do feio. Quando criança, as pessoas costumavam dizer que eu era perfeito, fofo e bonito, um bonequinho que meus pais mostravam ao mundo. Mas, com o passar do tempo, eles ficaram tão sobrecarregados de problemas (e mais três filhos) que pararam de olhar para mim, sobretudo minha mãe. Depois disso, desenvolvi não só extrema intolerância a passar despercebido, mas também a necessidade neurótica de agradar e ser amado, e uma vulnerabilidade compulsiva para o elogio, o que me levou a "me vender" para qualquer um que dissesse coisas boas para mim. Muitas vezes me envolvi em relacionamentos abusivos sem perceber que estava sendo abusado.

Assim surgiu minha mania de apresentar aos outros apenas o que era bonito em mim, escondendo qualquer característica que considerassem feia. Isso me levou à autoalienação e a viver em uma fantasia em que eu era o astro de um filme de Hollywood. Ao mesmo tempo, focar constantemente o exterior gerava uma sensação de vazio interno impossível de ser suportada. Olhando apenas para mim mesmo de fora para dentro, desconectei-me de meu eu a ponto de não entender o que sentia. Do lado de fora, era charmoso, amável e sedutor, mas, por dentro (e em relacionamentos íntimos), era insensível, indiferente, difícil e totalmente desprovido de empatia.

Encontrar o parceiro "ideal" virou uma obsessão. Eu me importava com o sucesso, a imagem, o trabalho, com todas aquelas outras coisas com as quais nós, Três, nos preocupamos, mas elas não significam nada para mim se eu não tiver alguém com quem compartilhá-las. Enganei-me ao pensar que o amor era a resposta para tudo.

Quando comecei minha jornada espiritual, enfrentei dois problemas bem graves: a falta de sentido na vida e a incapacidade de sentir os efeitos do abuso sofrido anos antes devido à desconexão física, emocional e sexual de mim mesmo. Doía perceber que eu era como um ovo de Páscoa barato: decorado por fora e completamente oco por dentro.

"O trabalho" para o Tipo Três: mapeando um caminho de crescimento pessoal

Finalmente, à medida que o Três trabalha em si mesmo e se torna mais autoconsciente, ele aprende a escapar da armadilha de se isolar do amor que tanto deseja e retoma seus reais sentimentos ao desacelerar, abrindo espaço para a vulnerabilidade de "apenas ser", assim, entrando em contato com seu verdadeiro eu.

Despertar para os padrões habituais da personalidade exige de todos esforços contínuos e conscientes na auto-observação, na reflexão dos significados e das origens do que observamos e no trabalho ativo para combater as tendências automatizadas. Às vezes, é difícil para o Três reconhecer a necessidade do trabalho interior porque os padrões defensivos da sua personalidade se alinham com os elementos valorizados pela sociedade. Talvez não perceba que cultivou uma imagem que o impede de crescer, pois teve êxito em convencer todos do "valor" dele. Por essa razão, o Eneagrama pode funcionar como um componente importante para que o Três perceba sua natureza limitante por meio do encanto superficial da sua personalidade.

Para o Três, o trabalho de crescimento implica que observe como amplifica seu "fazer" para evitar sentimentos; que explore o fato de viver em função da imagem e perder contato com quem ele é fora de sua persona; e que concentre esforços ativos para mergulhar no que de fato pensa e sente, assim se afastando das impressões que deseja causar nos outros. É especialmente importante que aprenda a explorar seus verdadeiros sentimentos, que equilibre o fazer com o ser e que aprecie quem ele de fato é, e não apenas a imagem que constrói.

Nesta seção, sugiro coisas que o Três pode fazer, observar, explorar e visar nos esforços de crescimento para além das restrições da sua personalidade, objetivando assim incorporar as mais elevadas possibilidades associadas a seu tipo e subtipo.

Auto-observação: desidentificar-se da personalidade ao observá-la em ação

A auto-observação refere-se a criar espaço interno para realmente observar pensamentos, sentimentos e ações cotidianos com um novo olhar e a distância. À medida que o Três percebe isso, cabe a ele procurar os padrões principais apresentados a seguir.

Trabalhar demais para corroborar o foco (limitado) em tarefas, metas e realizações

Observe como você prioriza tarefas e objetivos de trabalho para excluir outros elementos da vida. Perceba o que lhe parece mais importante ao longo do dia e observe como se apega à sua "lista de coisas para fazer". Observe de que modo se motiva para atingir as metas e que tipos de coisas faz a fim de desobstruir os obstáculos de seu caminho. Observe suas tendências competitivas e seja honesto consigo sobre a importância da vitória e sobre o que você é capaz de fazer para se tornar o melhor. Observe o papel que as conquistas desempenham em seu cotidiano e o que faz em nome de alcançar os objetivos almejados.

Construir e manter uma imagem específica para impressionar os outros

Considere todas as formas a que recorre para avaliar seu público segundo indícios que usa para criar a imagem certa. Perceba quando necessita de atenção e o significado disso. Observe como age para elaborar estratégias de construção de uma imagem específica. Em que tipos de coisas você pensa? Que tipo de coisas faz para gerenciar sua apresentação? Como você consegue falsear a si mesmo (apresentando-se de maneiras que divergem de seus pensamentos e de suas ações) para se adequar à imagem que os outros esperam de você? Observe como se sente quando consegue de outras pessoas uma reação positiva à imagem que criou.

Agir ininterruptamente para evitar os sentimentos

Observe seu ritmo de trabalho e como tenta continuar em movimento e evita desacelerar. Perceba quando acelera seu nível de atividade e os elementos que impulsionam essa intensificação do "fazer". Note o que você faz para evitar lacunas no seu cronograma, as quais talvez impeçam que os sentimentos venham à tona, e perceba qualquer ansiedade que surja diante dessa situação. Caso verifique uma desaceleração e a eclosão de sentimentos, observe como reage a essa situação. Observe também o que acontece em seu interior se (ou quando) aflorarem os sentimentos. Como é esse processo? Ou, se você nunca (ou quase nunca) permite que os sentimentos mais profundos venham à tona, observe por que os reprime e o que o motiva a mantê-los a distância.

Autoquestionamento e autorreflexão: reunindo mais informações para expandir o autoconhecimento

À medida que o Três observa os padrões relacionados a ele, o próximo passo no caminho de crescimento do Eneagrama é entendê-los melhor. Por que existem? De onde vêm? Que propósito têm? Como lhe causam problemas quando foram feitos para ajudá-lo? Com frequência, basta compreender a origem de um hábito — por que existe e para que foi criado — para que saia do padrão. Em outros, com hábitos mais arraigados, saber como e por que funcionam como defesas talvez seja o primeiro passo para finalmente se libertar deles.

Aqui estão algumas perguntas que o Três pode fazer-se, e algumas possíveis respostas para se informar mais adequadamente sobre as origens, o funcionamento e as consequências desses padrões.

Como e por que esses padrões se desenvolveram? Como esses hábitos ajudam o Tipo Três a lidar com o problema?

Compreendendo as origens dos padrões defensivos e o fato de atuarem como estratégias para lidar com o problema, o Três poderá se tornar mais consciente de como e por que trabalha tanto para alcançar e manter uma imagem que atraia atenção e admiração. Se o Três retomar a história de sua infância e procurar as razões que o impulsionam à criação e ao modo de lidar com sua imagem — talvez para provar seu valor por meio da implantação ativa de uma imagem desejada —, ele poderá sentir mais compaixão por si e identificar como esses padrões atendem às suas necessidades mais profundas. Quando o Três perceber por que trabalha tão arduamente e se esforça para parecer tão eficiente, conseguirá entender não só que essas estratégias atuam como proteção, mas também que elas o mantêm aprisionado em um "eu-semente" limitado, mesmo que este pareça brilhante e atraente.

De que emoções dolorosas os padrões do Tipo Três o protegem?

A personalidade opera como proteção de emoções dolorosas, incluindo o que Karen Horney chama de nossa "ansiedade básica": a preocupação com que o estresse emocional não permita que nossas necessidades básicas sejam atendidas. O Três adota uma estratégia que lhe permite evitar e "anestesiar" emoções dolorosas, para que não ameacem sua capacidade de trabalhar muito e atingir metas. Alguns Três pouco sentem além de impaciência e de raiva. É possível que sentimentos difíceis, sobretudo os relacionados a precisar de atenção e não a conseguir, a não ser *visto* de forma positiva como ele é e a ter de conquistar esse amor, sejam convenientemente ignorados em razão do foco inabalável em produzir. Ao reconhecer e expressar sentimentos "corretos", o Três evita, de modo consciente, qualquer sentimento ligado à inadequação ou à solidão. Vivendo a partir de uma imagem criada, ele evita o contato real com a parte mais profunda de si e com as emoções dolorosas que motivam seus padrões defensivos a produzir muito e impressionar antes de tudo.

Por que estou fazendo isso? Como os padrões do Tipo Três funcionam em mim neste momento?

Recorrendo à auto-observação, os três tipos de Três compreenderão melhor como e por que os padrões defensivos acontecem no cotidiano e no momento presente. Se conseguirem conscientemente se flagrar no instante que aceleram como meio de se distanciarem das próprias emoções, ou quando mentem a si mesmos (ou para os outros) sobre quem são para manter a aparência externa, conseguirão refletir sobre o funcionamento desse padrão que os mantém focados no trabalho e nas preocupações fundamentais das tendências defensivas da sua personalidade. Se aproveitarem suas necessidades básicas de aprovação e admiração, entenderão como o hábito de parecerem bons e eficazes os mantém concentrados nas metas limitadas do seu "eu-semente": segurança e manutenção de um sentido positivo de si mesmos (baseado em um consenso social).

Quais são os pontos cegos desses padrões? O que o Tipo Três não percebe em si?

Como parte do processo de autorreflexão, será importante que o Três se lembre do que não percebe quando o espetáculo é dirigido pela programação de personalidade. Nas ocasiões em que o Três é arrebatado pelo fazer compulsivo, ele não consegue ver-se na plenitude do que é, ou seja, que na verdade merece amor e admiração, embora também não se veja assim. O Três evita compreender o valor inerente de seus sentimentos, de suas vulnerabilidades e de seu desejo de se relacionar de maneira autêntica. Talvez porque os padrões defensivos do Três se alinhem perfeitamente com os valores da cultura ocidental, é difícil para ele detectar o erro na estratégia de provar a si, por meio da realização e da adequação a qualquer imagem, que conquiste mais admiração. O Três às vezes está tão cego pela eficiência da sua ética de trabalho e pelo gerenciamento de sua imagem que sente falta da beleza e do poder de seu verdadeiro eu.

Quais são os efeitos ou as consequências desses padrões? Como eles me aprisionam?

A ironia da estratégia do Três é que, ao tentar ser aprovado pelos outros por meio do trabalho intenso e da manipulação da aparência, ele de fato se distancia das pessoas que quer impressionar. Cabe ao Três entender como seus impulsos para conquistar e parecer bom na verdade o impedem de expressar mais do que é de fato verdadeiro (e inerentemente bom) sobre si. O Três poderá crescer ao constatar como os padrões defensivos que parecem tão corretos aos olhos da sociedade — trabalhar muito, conquistar status elevado e aparentar ser atraente — não lhe permitem receber a profunda apreciação pela qual anseia. Por não viver na percepção de quem ele realmente é, o Três se aprisiona no encanto superficial da sua "casca de semente" e impede que a árvore de carvalho se transforme em tudo o que pode vir a ser. Ele talvez esteja tão convencido da eficácia de suas estratégias socialmente sancionadas que não consegue nem se dar conta do que está perdendo.

Autodesenvolvimento: visar a um estado mais elevado de consciência

Para todos nós que queremos despertar, o próximo passo no trabalho com esse tipo de conhecimento da personalidade é injetar mais esforço consciente e mais opções em tudo o que fazemos: pensamentos, sentimentos e ações. Nesta seção, sugiro ao Três o "que fazer" depois de observar seus padrões principais e investigar origens, formas de funcionamento e consequências deles.

Esta última seção se divide em três partes, cada uma correspondendo a um dos três processos de crescimento relacionados ao sistema do Eneagrama: 1) "o que fazer" para efetivamente combater os padrões automatizados do tipo central já descritos em "auto-observação", 2) de que modo usar o Fluxo Interno do camiñho das flechas do Eneagrama como mapa de crescimento e 3) como estudar a paixão (ou "vício") e conscientemente incorporar seu inverso: o antídoto, a "virtude" mais elevada do tipo.

Os três principais padrões de personalidade do Tipo Três: "o que fazer" para lidar com eles

Trabalhar demais para corroborar o foco (limitado) em tarefas, metas e realizações

Aceite o fracasso como um caminho para aprofundar a vivência de si mesmo.

O fracasso em geral é intolerável para o Três, pois enfraquece a estratégia para lidar com o problema de conquistar o amor por meio do sucesso e do triunfo. Se você é um Três, tente reservar um tempo para avaliar mais profundamente o que poderia acontecer se fracassasse: como se sentiria, em que pensaria e o que faria. E preste atenção nos esforços dedicados a uma solução alternativa, ou seja, confronte o que a possibilidade do fracasso significa para você. Se de fato vivenciar um fracasso, compadeça-se de si; em vez de encarar a situação de modo negativo, considere-a uma oportunidade de estar mais vulnerável e acolha aquilo com que despende tanta energia evitando. Tente vivenciar seus sentimentos em reação ao fracasso de forma mais consciente.

Redefina sua definição de sucesso.

Permita-se questionar suas premissas do que forma o sucesso. Abra-se para a ideia de que você pode e deve ser amado por ser quem é, não apenas pelo que realiza ou pelos sinais materiais do seu sucesso. Explore o que realmente quer quando está competindo para vencer ou conquistar como forma de atrair atenção positiva. Considere o que uma percepção mais profunda de sucesso poderia significar em termos de sua necessidade de amor e aceitação, e permita-se seguir nessa direção. Reconheça que se alcançam formas mais verdadeiras e satisfatórias de "valor" por meio da autenticidade, não do status e das realizações mundanas.

Observe o que fica excluído enquanto você está motivado a alcançar seu objetivo.

Quando o Três foca um objetivo importante, ele pode colocar a atenção de raio laser no que precisa acontecer para conquistar o resultado desejado. Embora isso em muitos aspectos seja um ponto forte, também pode levar o Três a não prestar atenção a aspectos importantes da sua vivência, como o que talvez esteja acontecendo em seu mundo interior que o impede de progredir.

Construir e manter uma imagem específica para impressionar os outros

Questione seu foco no que os outros valorizam como ponto de partida para quem você pensa que é.

Conforme observa Naranjo, o Três sofre um problema de identidade: a sensação de que não sabe quem é para além de seu papel e de características tangíveis. Além de agradar aos outros e trabalhar de forma eficaz, talvez ele não saiba o que quer.[18] Embora o Três em geral não se preocupe muito em não saber quem é, seus padrões defensivos representam um deslocamento de sua percepção interior para uma busca externa por aprovação; portanto, é possível que lhe seja útil analisar como constrói uma identidade baseada em ideais externos, o que conseguirá por meio de questionamentos conscientes da utilização de valores e características específicas como princípios que norteiam a projeção de sua imagem pública.

Discernir a diferença entre as ações motivadas por propósitos de criação de imagens e aquelas que atendem às necessidades e aos desejos reais.

Identifique e solidifique sua percepção de eu verdadeiro, tornando-se mais consciente de quando age baseado em motivações de imagem. Pergunte-se regularmente: "Estou fazendo isto porque realmente quero ou porque acredito que melhorará minha imagem?". À medida que o Três ficar cada vez mais consciente dos seus reais sentimentos, necessidades e desejos, precisará buscar ajuda para aceitar e incorporar quem de fato é, sobretudo se a imagem diferir do que ele acha que ela deveria ser. Nesse caso, seria útil que ouvisse as pessoas que o apreciam.

Descubra quem você é separado de sua imagem.

Com tanta atenção e energia direcionadas ao desenvolvimento da imagem, o Três pode enfrentar dificuldades em perceber que essa imagem não corresponde ao seu ser total. Pratique ativamente discernir a diferença entre a imagem que criou e quem é na verdade. Trabalhe para perguntar e responder: "Quem sou eu, se não sou esse eu da minha imagem?". Lembre-se de que não precisa desistir dos sucessos que alcançou na vida para manifestar-se com mais autenticidade; você pode chegar ao sucesso tanto no mundo quanto em um nível pessoal mais profundo. Pense nos medos de não ser aceito caso se permita aparecer sem a proteção de uma máscara social. Lembre-se de que pode identificar seu verdadeiro eu pelo caminho das emoções, das necessidades e das vulnerabilidades, inclusive considerando as supostas fraquezas como pontos fortes. Seu "Eu-árvore de carvalho" é fertilizado quando você aceita o poder das emoções autênticas e da vontade em revelar quem realmente é.

Lembre-se de que apenas seu eu verdadeiro deve se fazer presente para que receba amor e conquiste aceitação. Embora você julgue que está buscando amor ao criar uma imagem, as pessoas querem vivenciar e amar o eu real, não uma construção atrativa que compromete o caminho que leva a você.

Agir sem interrupção para evitar os sentimentos

Não espere que um colapso o alerte para a necessidade de crescimento.

Muitas vezes, o Três não reconhece a relevância do trabalho interno até que vivencia um grande fracasso ou algum tipo de colapso. Esse momento pode resultar em uma crise inesperada de depressão, pois sentimentos mais profundos de tristeza ou solidão interromperam seu hábito de um agir incessante. O Três também pode se abater com uma doença física ou uma sensação de "chocar-se contra uma parede" quando finalmente se esgota por completo. Às vezes, diante de alguma coisa objetivamente perturbadora, ele não consegue reagir movido pelos sentimentos. Se você é um Três, perceba e questione com empenho seu foco total em trabalhar antes que ocorram situações desse tipo, sobretudo se já estiver passando por um estresse relacionado à depressão, à exaustão ou ao torpor emocional. Corra o risco de pedir ajuda às pessoas, pois elas talvez nem sequer consigam perceber o que se passa, considerando-se que a imagem criada esconde o fato de você estar com problemas.

Recupere e valorize seus sentimentos.

Observe como você evita alguns sentimentos, mas não outros. Seja curioso quando não estiver sentindo suas emoções: por que evita senti-las? Que sensações viverá caso as aceite? Observe se a ação se acelera quando as emoções ameaçam aflorar. Conscientemente, permita-se ter o tempo e o espaço para acessar, assumir e vivenciar a plenitude de tais emoções. Observe qualquer medo e ansiedade decorrentes da situação e busque ajuda para trabalhar nisso. Fique atento a qualquer espécie de solidão que venha a (compreensivelmente) sentir relacionada à frustração crônica de ter de ser para os outros, ou ao fato de que o sucesso talvez resulte de um falso eu e da manipulação.[19] Abra-se para ver como o medo do fracasso, da exposição ou da rejeição o impulsiona.

Aumente sua capacidade para apenas "ser".

Para o Três, desenvolver a capacidade de sentir e de "ser" pertence a um processo mais amplo de entrar em contato com seu eu verdadeiro. Desafie-se ao tentar meditar, ou ao não fazer nada, apenas se sentando em algum canto e olhando pela janela. Se isso é difícil, permita-se vivenciar o nível de dificuldade e pense em por que o processo se revela tão desafiador. Lembre-se de que o real não deve ser avaliado pelo quanto você faz, pois importa mesmo se permitir ser mais e agir menos, porque isso lhe possibilitará atingir seu eu verdadeiro ("árvore de carvalho").

O Fluxo Interno para o Tipo Três: usando o caminho das flechas para mapear o caminho de crescimento

No Capítulo 1, apresentei o modelo do Fluxo Interno do caminho das flechas, o qual define uma dimensão do movimento dinâmico no modelo do Eneagrama. As conexões e o fluxo entre cada tipo central, seu ponto "crescimento-estresse" e seu ponto "coração-criança" mapeiam um tipo de caminho de crescimento descrito pelo símbolo. Como lembrete, o caminho das flechas é uma sugestão para o caminho de crescimento de cada tipo:

- A direção desde o ponto central no sentido da flecha é o caminho de desenvolvimento. O ponto "crescimento-estresse", que está mais adiante, representa os desafios específicos colocados diante de nós pela natureza do ponto central da nossa personalidade.

- A direção contrária da flecha, desde o ponto central até o ponto "coração-criança", indica as questões e os temas da infância que precisam de reconhecimento e apropriação consciente para que avancemos livres das amarras dos assuntos inacabados do passado. O ponto "coração-criança" representa qualidades de segurança que reprimimos de modo inconsciente, retornando às vezes a elas em tempos de estresse ou em busca de segurança, as quais devem ser reintegradas conscientemente.

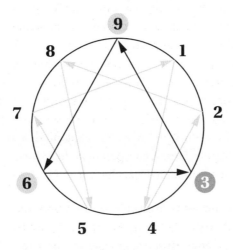

O Tipo Três movendo-se em direção ao Tipo Nove: usando conscientemente o ponto "crescimento-estresse" do Nove para desenvolvimento e expansão

O caminho de crescimento do Fluxo Interior para o Tipo Três o coloca em contato direto com os desafios personificados no Tipo Nove: permitir-se ser sem fazer, priorizar os outros e não apenas os objetivos e as tarefas e estar conectado às pessoas sem se perder. O Três pode julgar difícil a mudança para o Nove, e costuma ir lá inconscientemente em momentos de estresse, quando trabalha até entrar em colapso. Mas, considerado de modo consciente, o Três pode usar o ponto Nove como um caminho de crescimento, aprendendo a se conectar mais com o corpo, a incluir diferentes pontos de vista ao finalizar uma tarefa e a desacelerar e expandir seu foco de atenção. O Nove é particularmente bom em "seguir o fluxo", e o Três quase sempre só se sente feliz se estiver direcionando o fluxo e controlando o progresso a fim de alcançar um objetivo. Nesse aspecto, o Três pode usar o ponto Nove para abandonar conscientemente a necessidade de controlar as coisas — fazer que elas avancem em certo ritmo de determinada maneira — e permitir seguir outras mais.

O Três que conscientemente atua desse modo pode recorrer às ferramentas usadas pelo Tipo Nove saudável: a confiança mais acentuada na inclusão e no consenso como fatores importantes para executar bem o trabalho, a capacidade de seguir a liderança dos outros e nem sempre ser o centro das atenções e uma sensação de "conhecimento instintivo" como forma de direcionar seus esforços. A capacidade do Nove consciente de escolher a "ação correta" baseado não só na compreensão profunda das perspectivas dos outros, mas também em considerar seu próprio conhecimento para direcionar o progresso do movimento pode equilibrar a tendência do Três de correr em direção a um objetivo desconsiderando uma variedade mais ampla de opiniões. É possível que a postura mais passiva do Tipo Nove contrabalance a abordagem ativa geralmente tomada pelo Três. A competência do Nove de relaxar e apenas ser ajuda o Três a aprender a desacelerar o agir e arriscar o ser.

O Tipo Três movendo-se em direção ao Tipo Seis: usando conscientemente o ponto "coração-criança" para trabalhar questões dos anos iniciais e encontrar a segurança como suporte para avançar

O caminho de crescimento para o Tipo Três exige que ele recupere a capacidade de enfrentar seus medos para desacelerar e avaliar mais cuidadosamente o caminho em direção ao objetivo que almeja. Como resposta à ausência de proteção na infância, o Três frequentemente se torna um executor, mesmo que precise enterrar suas ansiedades para encontrar segurança. Um Três criança pode ter vivenciado a percepção de que não lhe davam o luxo de sentir medo, e então enfrentou o problema lidando de modo ativo com as coisas. O retorno consciente para o Seis talvez seja uma maneira de o Três se permitir entrar em contato com os medos e as preocupações que o forçam a desacelerar de modo útil seu ritmo. Pausar para refletir sobre possíveis ameaças e problemas cria mais espaço para que dedique atenção aos seus sentimentos e às suas intuições. Por essas razões, "o retorno para o Seis" pode ser uma maneira saudável de o Três pensar em mais aspectos sobre seus planos do que costuma permitir-se.

Ao navegar conscientemente, um Três pode usar o movimento para o Seis visando restabelecer um equilíbrio benéfico entre avançar e pausar para a reflexão. E também pode inserir uma rodada saudável de questionamentos antes de avançar tão rapidamente, avaliando os acontecimentos com mais profundidade do que o normal. Focar o que teme talvez seja uma maneira de o Três entrar em um nível emocional mais profundo dentro de si, quem sabe se permitindo receber a ajuda das pessoas. O Três relaxará mais se nem sempre precisar assumir o controle, e pode utilizar o aspecto mais elevado do Seis para ter mais fé nos outros, permitindo a alguém a liderança para resolver problemas e fornecer proteção. Questionamentos e dúvidas são elementos positivos para o Três, na medida em que abrem um canal para a vulnerabilidade que ele com frequência esconde atrás de uma imagem de autoconfiança.[20] Todos esses esforços para incrementar a consciência da mudança para o Seis proporcionam ao Três a visão em um sentido mais profundo de si mesmo, o que o auxiliará a progredir para o lado mais elevado do Tipo Nove.

A conversão do vício em virtude: acessar a vaidade e visar à esperança

O caminho do desenvolvimento do vício para a virtude constitui uma das contribuições centrais do mapa do Eneagrama, pois pode ser usado na "vertical" para alcançar um estado mais elevado de consciência em cada tipo. O vício (ou paixão) do Três é a vaidade, e a virtude, seu inverso, é a *esperança*. Segundo a teoria do crescimento proposta pela conversão do "vício em virtude", quanto mais cientes estivermos do funcionamento da paixão em nossa personalidade e trabalharmos conscientemente para a incorporação do seu oposto, mais nos livraremos de hábitos inconscientes e de padrões fixos do nosso tipo, evoluindo para o nosso lado "mais elevado".

O trabalho do Tipo Três centra-se em se tornar cada vez mais consciente de como as diferentes formas da vaidade desempenham papel na formação do foco da sua atenção e dos padrões de personalidade. Depois que o Três se familiariza mais com a vivência de vaidade e desenvolve a capacidade de torná-la mais consciente no cotidiano, ele pode esforçar-se para se concentrar na promulgação de sua virtude, o "antídoto" para a paixão da vaidade. No caso do Tipo Três, a virtude da esperança representa um estado de ser que ele alcançará por meio da manifestação consciente das suas capacidades mais elevadas.

A esperança implica um estado de confiança de que tudo vai ficar bem, de que tudo vai dar certo. É uma experiência de otimismo, "uma atitude de abertura alegre e receptividade confiante ao que o desdobramento do Ser nos apresenta".[21] Em "Paraíso", de A divina comédia, de Dante, o Peregrino dá um passo adiante em termos da certeza que a esperança conota quando afirma: "Esperança [...] é a fé no advento da salvação futura".[22] A esperança significa abandonar a necessidade egoica de levar as coisas adiante e ver os resultados, e o conhecimento e a confiança de que coisas boas vão acontecer.

A. H. Almaas, professor espiritual e escritor, explica que a esperança é "a percepção de que a Realidade 'faz por si só', independentemente da nossa ilusória autonomia".[23] À medida que o Tipo Três aprende que sua vaidade em ação atua para que ele controle o modo como as coisas acontecem e gerencie como se apresenta diante dos outros, ele deve iniciar o trabalho contra a necessidade de controlar o fluxo das coisas para executar e impressionar, e então relaxar na vivência da esperança. Em outras palavras, ele começa a entender que o processo da vida se desdobrará naturalmente, e, portanto, que ele não precisa acelerar ou "fazer" tanto. Quando movido pela vaidade, o Três sabe como promover seus próprios interesses, mas, de modo implícito, não confia que as coisas funcionem por iniciativa própria ou mesmo naturalmente.[24] No momento que o Três entender o verdadeiro significado da virtude da esperança, conseguirá relaxar e parar de trabalhar tanto, pois a esperança lhe inspirará o otimismo e a confiança de que os desejos dele se realizarão se conseguir desacelerar e ser receptivo ao fluxo natural das coisas.

Incorporar a esperança como um Três significa que você é capaz de se desgarrar de sua necessidade de controlar, de forçar resultados específicos e de manipular a percepção dos outros sobre quem você é. Assim, está aberto e receptivo ao que acontece, permeado pela sensação de saber que as coisas funcionarão de acordo com as forças criativas que nem sempre conseguimos ver ou entender. Se temos esperança e conseguimos nos permitir deixar acontecer, harmonizando-nos com o fluxo dos

O ARQUÉTIPO DO PONTO TRÊS

acontecimentos, em vez de agir de acordo com as noções preconcebidas do ego sobre o que funciona melhor, podemos descansar de todo o nosso esforço e ainda nos sentir enfim realizados. A esperança é o antídoto da vaidade, porque, enquanto esta procura controlar os eventos para atender às necessidades da personalidade, aquela nos permite ver o mundo sob uma perspectiva mais elevada, confiando que tudo ficará bem.

Trabalho específico para os três subtipos do Tipo Três no caminho do vício para a virtude

Observar a paixão para encontrar seu antídoto não implica exatamente o mesmo percurso para cada um dos subtipos. Caracteriza-se o caminho para um trabalho interior mais consciente em termos de "determinação, esforço e graça":[25] a "determinação" dos hábitos da nossa personalidade, o "esforço" em direção ao nosso crescimento e a "graça" que alcançamos quando nos empenhamos em uma consciência mais ampla de nós mesmos, trabalhando em direção às nossas virtudes de maneiras conscientes e positivas. Cada subtipo precisa esforçar-se contra algo meio diferente. Esse *insight* constitui um dos maiores benefícios de entender os três diferentes subtipos de cada um dos nove tipos.

O *Três Autopreservação* pode deslocar-se do caminho da vaidade para a esperança desacelerando e abrindo espaço para vivenciar mais do que registrou na sua "lista de tarefas". Ele mira a esperança ao ampliar o espaço para sentir e expressar sentimentos, de modo que consiga explorar os ritmos de sua vivência interior. Se você é um Três Autopreservação, perceba quando cria racionalizações com o objetivo de não dar espaço às emoções mais profundas e às necessidades relacionais. Permita-se encontrar segurança por meio de relacionamentos mais íntimos, e não apenas pela autoconfiança e pelo trabalho. Permita-se perceber que você não precisa assumir a responsabilidade por tudo. Crie segurança recorrendo a sentimentos compartilhados de confiança mútua, em vez de agir sozinho e trabalhar tanto para ser autônomo. Aprenda que a ansiedade sugere sentimentos e necessidades mais profundos que não estão sendo abordados, e então desacelere, cuide-se ouvindo seu eu verdadeiro, relaxe e refugie-se na esperança, na expectativa de uma felicidade futura, o que envolve você compreender que não precisa agir sozinho. Permita-se ficar tranquilo, para assim abrir espaço para viver não só uma experiência de vulnerabilidade, mas também mais do seu verdadeiro eu.

O *Três Social* pode percorrer o caminho da vaidade até a esperança usando de modo consciente os reveses, os fracassos e a vivência de sua vulnerabilidade, como elementos que irão expandir a percepção de quem ele é de fato. Quando o Três Social consegue relaxar nos esforços em ser reconhecido e aprende a confiar que as pessoas perceberão e apreciarão o valor dele se apenas se permitir aceitar mais seu real eu, ele abandona a necessidade de exercer o controle e estabelece uma experiência norteada pela esperança. Se você é um Três Social, visar à esperança significa desafiar qualquer medo de exposição ou rejeição e aprender que você é muito mais profundo e rico do que sua máscara social lhe permite ser. Expressar mais sentimentos verdadeiros é um ato de esperança para o Três, que pode enfrentar dificuldades de abandonar um eu imaginado ou idealizado em nome de que o amem do jeito que ele é. Alinhado a isso, é importante que o Três encare os fracassos e os reveses como um convite para uma experiência mais profunda de vida e uma experiência perceptível do verdadeiro eu.

O *Três Sexual* pode percorrer o caminho da vaidade à esperança aprendendo a viver para si, e não para um parceiro real ou idealizado. Esse subtipo se move para a esperança por meio do conhecimento e da vivência de seu eu verdadeiro. Os indivíduos Três Sexuais são um paradoxo: lindos e animados amigos e apoiadores, mas que não se amam e não se apoiam como fazem com os outros. Portanto, esse subtipo se movimentará para a esperança aprendendo a colocar em si a mesma fé e o mesmo amor que oferece tão generosamente aos outros. A esperança para ele está em lançar-se em uma busca intensiva pelo "eu verdadeiro", para que assim encontre sua identidade e a confiança de que esse processo o conduzirá na direção certa. Se você é um Três Sexual, compartilhe seus sentimentos com as pessoas que tanto apoia e saiba que a esperança o guiará a relacionamentos mais profundos pelos quais anseia.

Conclusão

O ponto Três representa o foco e a identificação com uma persona que confundimos com nosso verdadeiro eu, em um mundo que parece recompensar uma imagem socialmente aceitável. O caminho do crescimento nos mostra como transformar vaidade em esperança. Ao revelar a importância de aprendermos a nos "desidentificar" com uma personalidade limitadora de "casca de semente", ainda que atraente ou socialmente fantástica, o caminho do despertar do Três por meio da esperança nos permite o desprendimento de alguma coisa negativa, abrindo-nos para nossos verdadeiros sentimentos e tornando-nos o real "Eu-árvore de carvalho" que estamos destinados a ser. Em cada um desses subtipos, percebemos uma natureza específica que nos ensina o que é possível quando a vaidade se transforma na capacidade de despertar e abandonar o dever de lidar com como parecemos aos olhos dos outros, e esse é o caminho para passar pela alquimia da auto-observação, do autodesenvolvimento e do autoconhecimento.

CAPÍTULO 10

O arquétipo do ponto Dois: o tipo, os subtipos e o caminho de crescimento

A humildade não é pensar menos de si mesmo; é pensar menos em si.
C. S. LEWIS

O arquétipo do Tipo Dois é o da pessoa que procura agradar às outras com o objetivo de despertar afeto. Explicando, o impulso de ser aprovado socialmente recorrendo a métodos indiretos, como a sedução e a doação estratégica, representa um modo de receber apoio emocional e material sem ter de pedi-lo. Essa estratégia também se configura não apenas como um meio para que outros cuidem dela, mas também como uma forma de se defender contra a dor provocada por alguém que lhe é importante e rejeite o pedido direto de atender a uma necessidade.

O arquétipo do Tipo Dois, independentemente do gênero a que pertença, espelha o conceito junguiano de "anima", ou seja, o feminino interior. Jung descreveu a anima como uma "sedutora glamorosa, possessiva, mal-humorada e sentimental".[1] Relacionado aos arquétipos da *Grande Mãe* ou da *Grande Deusa*, o princípio feminino arquetípico representa ideias humanas fundamentais sobre a mulher onipotente e onipresente que proporciona nutrição fundamental e manifesta as qualidades femininas de afeto, receptividade, suavidade, sensibilidade emocional e disponibilidade para o outro.[2]

O arquétipo Dois é encontrado, por exemplo, na caricatura da "mãe judia", superficialmente altruísta para controlar emocionalmente todos os que estão próximos dela. Também se enquadra no padrão do clássico "codependente" — a pessoa que se torna dependente em apoiar ou capacitar um dependente. Em um sentido mais profundo, para o Dois a doação não significa uma ajuda altruísta, mas sim um modo de ele conseguir a autovalorização sendo necessário às pessoas que valoriza e nas quais

O ARQUÉTIPO DO PONTO DOIS

(inconscientemente) busca, como recompensa, satisfazer as necessidades dele. Portanto, a ajuda constitui um meio estratégico de o Dois ter as necessidades atendidas por meio de promessas de cuidados recíprocos, as quais algumas vezes envolvem prometer mais do que pode ser feito.[3]

Por essas razões, o Tipo Dois é o protótipo de uma tendência, na verdade comum a todos, de adotar uma perspectiva ampliada ou idealizada de nós mesmos e da nossa capacidade de fazer os outros nos estimarem. Resumindo, a tendência para a autovalorização, ou uma ostentação de si mesmo, está na base da persona do Tipo Dois. Ele com frequência parece ilimitado e imprescindivelmente generoso, útil, atraente e solidário, modelando um falso eu que procura relacionamentos positivos recorrendo a uma fachada atraente e convidativa.

Esse falso eu engendra um alinhamento emocional positivo com pessoas que lhe oferecem apoio à sobrevivência. Uma vez estabelecido um relacionamento amigável, esse vínculo pode ser usado como recurso em um momento de necessidade. O arquétipo Dois exemplifica a ideia de que, quando alguém quer algo dos outros para a manutenção do próprio bem-estar, "ele pode apanhar mais moscas com mel do que com vinagre"; charme e gentileza no presente constituem boa base para pedir favores no futuro.

Os pontos fortes naturais do Tipo Dois incluem a capacidade genuína de ouvir os outros, ter empatia pelos sentimentos deles a satisfazer-lhes as necessidades. Geralmente é alegre, otimista, caloroso e amigável, praticando com naturalidade a arte da comunicação positiva para criar harmonia. Portanto, pode ser muito diplomático e habilidoso em emitir mensagens de modo que as pessoas as ouçam. A "superpotência" específica do Dois está na capacidade de ser um excelente amigo e, muitas vezes, se esforçar para cuidar dos entes queridos e apoiá-los. Além disso, também pode ser motivado e cheio de energia, o tipo de pessoa muito competente que faz bem muitas coisas, sobretudo para impressionar os outros.

No entanto, assim como ocorre com todas as personalidades arquetípicas, os talentos e os pontos fortes do Tipo Dois também representam sua "falha fatal" (ou "calcanhar de Aquiles"). O fato de focar querer parecer poderoso para "fazer qualquer coisa" pelos outros o leva à ostentação de si mesmo, uma forma de orgulho — a paixão dos Dois. Como veremos, esse orgulho o faz mascarar a rejeição das próprias necessidades, o que motiva a sedução. Como resultado, ele acaba negando suas necessidades e perdendo a noção clara de como de fato se sente.

Ainda que o Dois seja otimista, amigável e genuinamente generoso, às vezes se prejudica no foco exacerbado de se metamorfosear para agradar aos outros. Por exemplo, o Dois nem sequer imagina que as pessoas sejam tão sensíveis às críticas quanto ele, que chega até a ser mais leve (ou amável) ou ofuscar a verdade por medo de magoar alguém. Outras vezes, a alegria de um Dois pode soar falsa, pois em algumas circunstâncias atua como uma supercompensação para mascarar tristeza, ressentimento ou decepção.

Para compreender completamente esse arquétipo, é importante entender o lado mais obscuro desse caráter "agradável" dele, que se assemelha à linda e sedutora, porém perigosa, imagem da *femme fatale* (mulher fatal). A ajuda e o apoio oferecidos pelo Dois são estratégicos, embora nem sempre esteja consciente dos motivos subjacentes. A reciprocidade é o elemento primordial dessa estratégia de sobrevivência, pois o Dois quase sempre age com base em uma premissa não manifestada verbalmente: "Se eu cuidar de você, você cuidará de mim".

O arquétipo do Tipo Dois na *Odisseia*, de Homero: Calipso

No início da *Odisseia*, Ulisses está preso na ilha da ninfa Calipso, o penúltimo lugar que visita antes de chegar em casa. Enquanto ele narra sua história, ficamos sabendo que tal ilha é o oitavo local para onde Ulisses viajou na jornada de regresso ao lar depois da Guerra de Troia.

Homero descreve Calipso como a "ninfa divina entre as deusas",[4] linda e refinadamente feminina. Calipso é o arquétipo da nutridora. Ela mima Ulisses, dando-lhe a melhor comida e tudo de que ele precisa. Mas também quer algo dele: que não parta. Ulisses quer voltar para casa, para a esposa, Penélope, mas Calipso deseja se casar com ele e torná-lo imortal como ela.

Até que o próprio Zeus ordene à ninfa que deixe Ulisses partir, ela o prende na ilha paradisíaca, ofertando-lhe todo tipo de prazeres sensuais. Assim, quer seduzi-lo a desistir do sonho de voltar para casa, por meio de apoio e hospitalidade que, apesar de extraordinários, também aprisionam Ulisses. Como desejaria voltar para a esposa mortal quando poderia ter uma deusa imortal? Por que quereria enfrentar inúmeras dificuldades para chegar em casa quando poderia, além da conquista da imortalidade, ser o senhor da casa de Calipso? Sob o pretexto da ajuda, na verdade ela quer controlá-lo e possuí-lo para sempre.[5] Mas, como Calipso é motivada sobretudo por algo que ela quer para si, e não pelo verdadeiro interesse na outra pessoa, acaba não conseguindo o que de fato precisa.

Quando finalmente permite a Ulisses que parta, ela mostra o lado superior do arquétipo Dois. Ao entender que ele a está deixando, ainda o ajuda a se preparar para a jornada. Sem restrições, e sabendo que Ulisses não a compensará como ela queria, finalmente é capaz de amá-lo de maneira mais genuína.

A estrutura de personalidade do Tipo Dois

O Tipo Dois faz parte da tríade do "coração" e, portanto, sua estrutura de personalidade se associa à emoção da *tristeza* ou do *sofrimento*. O Dois foca a criação de uma imagem específica de si e, como acontece com cada uma das personalidades emocionais (Dois, Três e Quatro), relaciona-se com os outros sobretudo por meio da empatia emocional. Essa "percepção de sentir" que esses tipos compartilham incrementa a necessidade de se conectarem com os outros e a capacidade de interpretarem bem as situações interpessoais no nível emocional-relacional. Em razão de priorizarem os relacionamentos, os tipos emocionais normalmente têm consciência da imagem que precisam apresentar para atrair o amor ou a aprovação alheios.

Enquanto o Tipo Quatro exagera no apego ao sofrimento e o Tipo Três não se lamenta, o Dois vive em conflito com a tristeza.

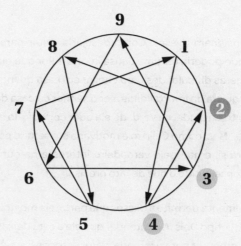

A tristeza no centro da personalidade dos tipos do coração reflete o sentimento de não serem amados por quem são de fato e o pesar por terem perdido o contato com o verdadeiro eu. Sem assumirem quem são na realidade, eles criam uma imagem específica na tentativa de conquistarem o amor (ou a aprovação) de que precisam. Os três tipos do coração enfrentam importantes questões relacionadas a necessidades não satisfeitas de serem reconhecidos, aceitos e amados da forma que são. Portanto, adotam uma estratégia para lidar com o problema que lhes permite alcançar a aprovação das pessoas de três maneiras distintas, todas atuando como um substituto para o amor que buscam, mas temem ou acreditam que não conquistarão com o eu verdadeiro. Enquanto o Três cria uma imagem de realização e sucesso e o Quatro se apresenta como único e especial, o Dois se esforça para criar uma imagem agradável e querida.

Satisfazer as pessoas que lhe são importantes parece o caminho para a sobrevivência e o sucesso do Dois, que usa sua "inteligência do coração" para ativa e automaticamente (sem pensar) "interpretar" as pessoas que o cercam e ajustar-se ao que percebe como estados de espírito, necessidades e preferências delas.[6] Ao se alinhar ou tentar conectar-se aos outros lhes satisfazendo as necessidades e acolhendo os sentimentos, o Dois se esforça para vivenciar relações positivas com aqueles que lhe são importantes, como instrumento que corrobora a sensação de bem-estar dele próprio. Às vezes, chamam o Tipo Dois de "O Doador" ou "O Ajudante", mas ele não oferece "ajuda" consistente ou incondicionalmente a qualquer um. Fundamental nesse tipo é o hábito muitas vezes inconsciente de doação estratégica para que as pessoas se sintam em débito com ele. O Dois naturalmente é compelido a doar aos outros, e muitas vezes acredita que o faz de maneira sincera e clara. No entanto, o padrão dessa personalidade é dar como parte de um cálculo a serviço da sedução, supervalorização e interesse em si. A autoconsciência do Dois implica o reconhecimento do quanto sua doação reflete a insegurança relativa ao que ele percebe como seu valor e capacidade de ser amado, e não o simples desejo de ajudar sem expectativa de recompensa.

Entender essa dinâmica de insegurança e "dar para receber" nos coloca em contato com a tristeza no centro do personagem do Tipo Dois. Para ele, a tristeza resulta da sensação de que não o amam pelo que ele é, mas pelo que faz pelos outros.

Como Calipso, é possível que o Dois se liberte desse padrão ao desistir com humildade de seu poder de seduzir por meio da satisfação das necessidades alheias. Quando ele consegue, revela a benevolência da real generosidade e se abre para a possibilidade de receber o amor que almeja conhecer.

A estratégia para lidar com o problema dos primeiros anos: Tipo Dois

A história arquetípica dos Dois começa com uma experiência, quase sempre muito cedo na infância, de alguma necessidade crucial não atendida, por exemplo, envolvendo pais inexperientes ou sobrecarregados, que falharam em alguns aspectos do cuidado básico e do amor. Tais falhas podem se referir a todos os tipos de necessidades básicas, mas, sobretudo, às emocionais, como se sentir reconhecido e amado incondicionalmente.

A partir da experiência de necessidades não satisfeitas, o Dois se adapta aos outros centrado na ideia de que suas necessidades são demais para as outras pessoas e de que não deve ser amado como é. Assim, desenvolve como estratégia de sobrevivência reprimir suas necessidades em prol das alheias e espera que, diante do esforço da solidariedade que manifesta, motive os outros a satisfazerem de maneira recíproca as necessidades não declaradas dele.

Pode-se entender a personalidade Dois como uma defesa estratégica contra a humilhação de ter de reconhecer a necessidade. A experiência do Dois nos primeiros anos de vida, relacionada ao fato de que suas necessidades são "demais", o leva a subconscientemente concluir que, diante da negligência de suas necessidades, ele mesmo, de alguma forma, não merece amor ou cuidado. A partir de então, qualquer recusa aberta de realização de necessidades talvez o faça reviver a dor psíquica da infância causada por necessidades insatisfeitas. O Dois sente essa recusa como humilhação porque se vê como alguém sem valor.

Esse cenário da infância também leva o Dois ao desenvolvimento de uma série de estratégias inconscientes para que as necessidades sejam atendidas de formas indiretas, assim evitando a dolorosa experiência de que as rejeitem (e rejeitem seu "eu"). Por um lado, soa ao Dois inconcebível pedir a alguém que atenda às necessidades dele, pois haverá mais rejeição. Por outro lado, julga que reprimi-las parece reduzir a pressão interior das necessidades não atendidas e torná-las mais simples para os outros. (Assim, o Dois poderia pensar: "Se a pessoa com quem quero me relacionar não gostar de gente raivosa, simplesmente não sentirei raiva!", ou ainda: "Se o familiar de quem preciso cuidar não gostar de gente triste, vou me livrar da minha tristeza".) Ao se tornar o que os outros querem que ele seja para receber aprovação ou carinho, o Dois constrói uma rede pessoal de conexões positivas para (com sorte indiretamente) atender às necessidades que com tanto cuidado escondeu.

Essa estratégia para lidar com o problema dos primeiros anos protege o Dois, mas a um custo considerável. Afinal, atrás do seu exterior otimista e amistoso, ele vivencia com frequência um profundo sentimento de tristeza, resultante de acreditar que não merece ser amado. Isso o coloca na infeliz posição de rejeitar partes de si para garantir que seja querido pelos outros. Esse hábito de reprimir as necessidades pode tornar o Dois suscetível ou até mesmo avesso a depender dos outros, mesmo de maneiras não intrusivas. Mas, à medida que se tornam habituais o elogio e o apoio aos outros como instrumento de receber amor ou aprovação, o Dois gradualmente fica mais defensivo contra o risco de rejeição, e menos capaz de se abrir para receber amor alheio de maneira genuína.

Chris, um Tipo Dois, descreve sua situação na infância e o desenvolvimento de sua estratégia para lidar com o problema:

Eu era o único filho e o único neto do lado paterno da família. Quando pequeno, meus avós cuidaram muito de mim porque meus pais trabalhavam em período integral. No entanto, dois anos depois do meu nascimento, meus pais e eu nos mudamos dos Estados Unidos em busca de melhores oportunidades econômicas na Grécia, o que envolveu afastar-me da família do meu pai. Quando nos mudamos de volta para os EUA, sete anos depois, precisei deixar para trás a família materna que me criou dos dois até os nove anos de idade.

Embora não me lembre de sentir conscientemente a dor de determinadas necessidades não atendidas, sei que sofri os efeitos de, antes dos dez anos de idade, conviver com avós diferentes, nem sempre tendo meus pais por perto. Por um lado, recebi muita atenção porque era filho único, mas, por outro, acho que me sentia rejeitado ou abandonado quando meus pais não estavam próximos, além de precisar afastar-me (duas vezes) de pessoas de quem havia aprendido a depender.

Minha mãe é um Tipo Um muito crítico, e meu pai, um Tipo Oito muito protetor. Desde cedo, adotei uma estratégia de agradar às pessoas, principalmente por meio do entretenimento (eu podia — e ainda faço isso! — cantar sem qualquer hesitação), e isso garantia que eu fosse o centro das atenções (e não ignorado) e que, de alguma forma, me conectasse aos outros. (Também foi minha maneira de distrair a atenção das pessoas dos argumentos lógicos da política). Projetei uma aparência de felicidade e aprendi a controlar minha raiva baseando-me na instrução que minha mãe deu ao meu pai Oito. No entanto, esse conselho de "moderar o temperamento" também me levou a esconder ou reprimir minhas emoções negativas. Não expressar sentimentos negativos também foi um comportamento reforçado pela minha avó, que sempre se preocupou com "o que os vizinhos pensavam".

Como filho único criado principalmente por adultos, fui encorajado a ser independente e autossuficiente. No ensino fundamental, sempre carregava suprimentos extras para oferecer aos colegas de classe. Muitas vezes me sentia como um forasteiro — porque cresci em outro país e era a criança nova que falava com sotaque estrangeiro —, e então tentava fazer amigos oferecendo presentes a qualquer pessoa que precisasse deles. Rapidamente perdi o sotaque britânico que adquiri vivendo no exterior, pois queria me adequar à cultura dominante para ser aceito. Gentileza, benevolência e generosidade constituíam o único recurso para me dar bem com todos e considerá-los como eu. Também escondi minha homossexualidade porque não dispunha de modelo algum que me dissesse que, mesmo gay, seria amado e aceito. Por isso, até esperei sair da casa dos meus pais para me revelar, por medo da rejeição enquanto ainda morava lá (e ainda precisava deles).

O principal mecanismo de defesa do Tipo Dois: repressão

O sofrimento é resolvido com um anestésico.[7] O principal mecanismo de defesa do Dois é a *repressão*, que funciona como uma espécie de anestesia psicológica. A repressão promove emoções ou percepções específicas à inconsciência. Ajuda a isolar a psique de uma fonte mais profunda de dor, para que a personalidade mantenha a pessoa em funcionamento. Deixa a ferida intocada, mas a pessoa é capaz de tolerá-la, embora infelizmente outros sentimentos além da dor e da humilhação sejam também anestesiados no processo.

O Dois habitualmente reprime os sentimentos que talvez inviabilizem uma conexão com pessoas que lhe são importantes. Por exemplo, sempre reprime a raiva porque acredita que ela gera o afastamento dos entes queridos, ou, pior ainda, a desaprovação imediata deles.

Em outras palavras, quando um Dois vivencia um conflito interior entre o que está sentindo ou pensando e o que acredita que precisa manifestar para se vincular a uma pessoa que lhe é importante, ele reprime seu pensamento ou sentimento real para proteger a relação. Na verdade, parece "livrar-se" de partes que, segundo ele, ninguém vai apreciar. Esse hábito justifica por que alguns percebem o Dois como falso, especialmente em situações pesadas.

Como mecanismo de defesa, a repressão anestesia automaticamente o Dois da dor das necessidades que não foram atendidas ainda na

O ARQUÉTIPO DO PONTO DOIS

infância. É também o mecanismo para afastar emoções desagradáveis, como tristeza, raiva e inveja, na esperança de que os outros satisfaçam as necessidades e os desejos dele de expressar orgulho. Entretanto, como o que é reprimido inevitavelmente aparece, o Dois muitas vezes é visto como "carente" por aqueles que conseguem observar a eclosão dos elementos reprimidos, o que o Dois não faz porque as necessidades rejeitadas se tornaram um "ponto cego" na personalidade dele.

O foco de atenção do Tipo Dois

O Dois foca pessoas essenciais e relacionamentos importantes sem de fato "decidir" querer assim; em vez disso, ele tende a "interpretar" as pessoas e a automaticamente prestar atenção às necessidades e aos sentimentos delas. O Dois também foca a própria apresentação baseado no que avalia que as pessoas vão apreciar; desse modo, vai se metamorfoseando de acordo com as informações que coleta ao interpretar aqueles com quem quer se sintonizar. Por exemplo, se alguém de quem o Dois gostaria de se aproximar gosta de beisebol, ele destacará que também gosta, chegando, inclusive, a estudar o que está acontecendo no universo desse esporte.

Como a energia acompanha a atenção, o Dois acaba investindo muita energia na satisfação das necessidades alheias e reprime as próprias. Isso desvia a atenção dele da sua vivência interior (sentimentos, necessidades, desejos) e da sua "percepção de identidade". O Dois frequentemente não tem uma percepção clara de suas emoções, necessidades e preferências, ainda que consiga interpretar e se sintonizar com facilidade com emoções, necessidades e preferências dos outros.

Mesmo priorizando as conexões positivas com pessoas que lhe são importantes, o Dois pode não estar presente em seus relacionamentos "mais próximos". Seu foco está em *fazer pelos outros* e *seduzir os que ainda não foram seduzidos*, não em ser quem de fato é e estar presente em sua vivência de vida e nos relacionamentos. Assim, paradoxalmente, os outros podem encontrar esses "Doadores" apreensivos ou indisponíveis para contato pessoal verdadeiro em momentos importantes. Apesar de concentrar muito tempo e energia na conquista de relacionamentos, o Dois quase sempre sente que não pode arriscar estar presente para apreciá-los.

Seria um erro supor que é estratégica toda a generosidade e assistência oferecidas pelo Dois. Da mesma forma, não se deve ignorar a excessiva e consciente atenção dele em conquistar amigos e cultivar influências. O Dois é bom em encontrar maneiras de conseguir o que quer, muitas vezes indiretamente, por meio da manipulação. Ou da prevaricação. Ou até mesmo da orquestração criativa. O Dois pode ser bastante autoritário e poderoso em algumas ocasiões, por exemplo, quando estressado, quando opera nos bastidores, ou quando se sente seguro com os que o rodeiam.

A paixão emocional do Tipo Dois: orgulho

O *orgulho* é a paixão do Tipo Dois, ou seja, sua motivação emocional específica. O "orgulho" nesse caso não significa o sentimento saudável e positivo que nos envolve quando nos "orgulhamos" de um trabalho bem feito. Pelo contrário, é o falso orgulho da supervalorização, que conhecemos como um dos Sete Pecados Capitais. Naranjo descreve a paixão do orgulho como "uma paixão pelo engrandecimento da autoimagem",[8] a necessidade inconsciente de se encher de orgulho para que se possa corresponder exatamente ao que as pessoas querem ou às coisas de que precisam. Sandra Maitri observa: "Nosso orgulho está na autovalorização e no investimento de energia em como gostaríamos de nos *ver* — nossa autoimagem idealizada —, e não em como nos percebemos diretamente, como somos de fato".[9]

Se você é um Dois, perceber o orgulho em si mesmo talvez seja complicado no começo. Também pode ser difícil para o Dois que acabou de descobrir seu tipo ter ciência de que "o sistema do orgulho" caminha em duas direções: inflação e deflação. Frequentemente, a consciência do Dois centra-se mais em se sentir inseguro e querer aprovação (e nunca em receber o suficiente) do que em como ele engrandece sua autoimagem ou assume mais do que consegue gerenciar.

No aspecto inflado (o engrandecimento), o Dois se orgulha de si quando acredita que é capaz de atender às necessidades de todos. Consequentemente, assume cada vez mais a responsabilidade de fazer os outros felizes, ainda que sobrecarregado ou exausto. Ele tende a pensar: "É mais fácil fazer mais do que decepcionar alguém dizendo 'não'". Então, constrói autoconfiança dizendo-se que consegue satisfazer muitas necessidades, embora não sejam as dele, as quais são ignoradas.

Com o passar do tempo, é possível que o Dois reconheça o orgulho subjacente à sensação de poder que o invade diante da capacidade apenas imaginária de satisfazer as necessidades de todos e do senso de superioridade que advém de não ter necessidades conscientes. Assim, nesse tipo, o orgulho se manifesta como uma sensação de poder na independência, a fantasia de que ele não precisa depender das pessoas que manipulou para depender dele.

Quando está orgulhosamente inflado, o Dois se vê como supercompetente, pronto e disposto a lidar com qualquer coisa. Essa visão inspirada pelo orgulho da imprescindibilidade reflete a estratégia de sobrevivência de precisar ser mais do que é para compensar o medo de que seja realmente menos do que os outros veem nele.

A tendência do Dois em engrandecer sua autoimagem com uma fantasia de atratividade ou imprescindibilidade acaba transformando-se em uma realidade não condizente com essa exacerbada e falsa percepção de identidade. Como "o que sobe tem que descer", vem a deflação, e o Dois adota uma imagem desvalorizada de si, como se fosse falho demais e totalmente inadequado, ou ainda pouco atraente aos olhos dos outros. Quando a crítica, a rejeição, a exposição ou o fracasso perfuram a postura orgulhosa e inflada do Dois, talvez ele se constranja por alguma vez ter festejado uma versão pomposa ou melhorada de si.

Em um Dois inconsciente, o remorso leva a repressão a afogar o orgulho implícito no padrão, reiniciando-o para o próximo ciclo de inflação (engrandecimento de si).

O erro cognitivo do Tipo Dois: "para receber você deve dar" ou "as pessoas só gostam de gente que é implacavelmente admirada"

No Capítulo 1, abordamos a ideia de que a personalidade se manifesta em cada um de nós nos nossos três centros de inteligência. Todos ficamos aprisionados às formas habituais de pensar que influenciam nossas crenças, nossos sentimentos e nossas ações, o que continua mesmo quando não são mais exatos os modelos intelectuais responsáveis por nossa perspectiva geral. Embora a paixão molde as motivações emocionais da personalidade, o "erro cognitivo" perturba os processos de pensamento da personalidade.[10]

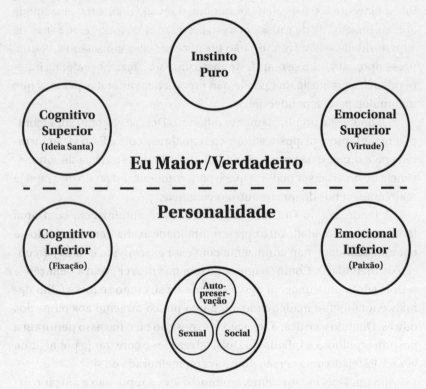

O erro cognitivo do Tipo Dois se concentra no pressuposto implícito de que precisa seduzir os outros para que gostem dele, ainda que, por outro lado, possa pensar ser "egoísta" focar as próprias necessidades e desejos. Muito tempo depois de ter saído do ambiente onde passou a infância, no qual negligenciaram suas necessidades, o que o levou a se centrar nas dos outros, o Tipo Dois mantém a crença de que satisfazer as necessidades alheias é bom, mas expressar as próprias necessidades é ruim.

É difícil mudar essas formas habituais de pensamento, formadas nos primeiros anos de vida, pois tiveram uma função vital e protetiva do ser em desenvolvimento. Mas assim como a casca inibe o crescimento da semente, o Dois inibirá seu crescimento caso se mantenha nos limites desses padrões habituais de pensamento, mesmo quando as evidências sugerirem que ele deveria agir de outra forma.

Aqui estão algumas das principais crenças e premissas típicas da personalidade do Tipo Dois. Elas refletem diferentes aspectos do erro cognitivo que leva o Dois a presumir que ele só será amado caso se esforce arduamente para merecer valor por meio do apoio dedicado aos outros:

- Não sou digno de que me amem como sou.
- Só consigo receber afeto ou cuidado ao seduzir os outros em um relacionamento quando atendo às necessidades deles e sou a pessoa que querem que eu seja.
- Se manifesto meus verdadeiros sentimentos, desejos e necessidades (os atributos centrais do meu eu verdadeiro e não amado), serei rejeitado ou humilhado.
- Não tenho tantas necessidades quanto as outras pessoas.
- Como não tenho muitas necessidades, é mais fácil sacrificá-las a serviço das necessidades dos outros (e fazê-los felizes) do que declarar qualquer necessidade ou desejo.
- O conflito, além de gerar sentimentos negativos e desaprovação, pode prejudicar os relacionamentos, por isso deve ser evitado.
- Tenho capacidade e sei como fazer as pessoas gostarem de mim. Isso garante minha sobrevivência e meu bem-estar.
- A maioria das pessoas gosta de gente feliz, que as elogia e satisfaz suas necessidades.
- A maioria das pessoas não gosta de gente carente, que causa problemas ou cria conflitos expressando negatividade, sentimentos vigorosos ou opiniões.
- Quando você se doa para os outros, eles são obrigados a recompensá-lo.

Essas crenças comuns e pensamentos reiterados do Dois sustentam e perpetuam a construção de uma autoapresentação que maximize os sentimentos positivos das pessoas e minimize as opiniões e as reações negativas delas.

A armadilha do Tipo Dois: "levo as pessoas a gostarem de mim sendo menos como sou"

Assim como ocorre com cada tipo, a fixação cognitiva do Tipo Dois engana a personalidade, levando-a a andar em círculos. Ela apresenta uma "armadilha" inerente que as limitações da personalidade não conseguem resolver.

Para o Tipo Dois, essa armadilha pode ser resumida no dilema "Faço as pessoas gostarem de mim sendo menos como sou". O Dois inevitavelmente perde contato com quem é de fato no esforço para "fazer os outros gostarem dele". Ao tentar se metamorfosear no que acredita que as pessoas vão gostar, admirar e achar atraente, ele acaba não assumindo suas necessidades, seus sentimentos e suas preferências, a essência de quem realmente é como indivíduo único e valioso. O Dois se engana substituindo a aprovação temporária pelo amor real que desesperadamente almeja. Ao se tornar a pessoa que, segundo ele, as outras querem que seja, perde a percepção de si e, com isso, a capacidade de estar presente e ser nutrido no relacionamento.

O Dois normalmente administra sua apresentação para que estabeleça com mais facilidade uma relação positiva com indivíduos específicos, mas, ao agir desse modo, confunde-se com quem de fato ele é, como realmente se sente e o que deseja na verdade. Dessa forma, aprisiona-se em um círculo vicioso de transformações para atrair os outros, e então precisa de mais apoio e validação do mundo exterior para sustentar a percepção de estar enfraquecido. Somente assumindo o risco de descobrir quem de fato é — e abandonando a necessidade de fazer todos gostarem dele — conseguirá sair da armadilha.

As principais características do Tipo Dois

Ajuda estratégica para criar imprescindibilidade

O Dois se entrega seletivamente, com a expectativa (às vezes inconsciente) de que receberá algo em troca. O estratégico "dar para receber" representa um dos principais hábitos inconscientes desse tipo.

Ser imprescindível é um dos elogios mais satisfatórios para o ego do Dois. Ele se sente mais seguro quando acha que os outros o julgam necessário, e por isso pode criar situações em que as pessoas precisem dele.

Sedução

Em razão de lhe ser difícil pedir diretamente aquilo de que precisa, o Dois seduz os outros por meio de rotas indiretas de charme e aparente generosidade como forma de conseguir o que quer. Portanto, a sedução é uma maneira de ele buscar amor ou afirmação sem pedir diretamente. Naranjo se refere à sedução não apenas como erotismo, mas também, e ainda mais importante no caso do Dois, a como "se ele parecesse ter mais a oferecer do que tem de fato". Então, seduz prometendo tudo de que precisa para atrair alguém para si, mas corre o risco de não ser capaz de cumprir seu compromisso. Portanto, embora seja verdade que o Dois goste de ser desejado, ele não necessariamente quer ter de obedecer ao que pode propor. Conforme aponta Naranjo, o Dois tende a viver no presente, não como uma maneira saudável de "centralidade no presente", mas como um subterfúgio, porque "ele não quer pensar nas consequências futuras das suas ações nem se lembrar das consequências do compromisso de ontem".[11]

Sensibilidade emocional e emocionalidade

O Dois é de natureza emocionalmente sensível, mas enfrenta dificuldades de lidar com a emocionalidade, isto é, a manifestação dos sentimentos. Algumas vezes, um Dois evita emoções negativas reprimindo-as, apenas por se sentir sobrecarregado por elas. O Dois pode se tornar muito emocional quando prefere não ser visto desse modo.

Conforme explica Naranjo, "há algo de exacerbado na manifestação emocional amável ou agressiva das pessoas do Eneatipo 2, cujo entusiasmo é eufórico demais, e os ataques de raiva, muito manipuladores".[12] O Dois pode ser incrivelmente alegre como forma de supercompensar uma sensação subjacente de tristeza por não conseguir o amor de que precisa, ou exageradamente ressentido quando os outros não lhe dão tudo de que precisa.

O extravasamento dessa emotividade varia conforme o tipo de Dois, mas todos compartilham uma significativa capacidade de sentir emoção.

O Dois também pode sofrer de ansiedade, muitas vezes justificada pela vaga sensação de que não é correto ser quem ou como ele é (precisa ser de alguma forma diferente para receber apoio).

O Dois pode se revelar particularmente sensível no aspecto emocional quando percebe críticas, mágoas e rejeições. Qualquer mensagem que indique que alguém não o aprecia talvez lhe soe devastadora, porque norteia seu bem-estar em como os outros se sentem em relação a ele. E também tende a levar as coisas para o lado pessoal, mesmo quando não o são, o que pode complicar a sinceridade das outras pessoas para com ele. Além disso, é possível que leve muito a sério as opiniões negativas dos outros, sentindo como se tivesse fracassado na tarefa de conquistar o apreço de alguém.

Romantismo

Talvez junto com o Tipo Quatro, o Dois seja o mais romântico do Eneagrama. Sua profunda necessidade de amor, aliada ao foco nos relacionamentos como fonte de satisfação romântica, o aproxima de tudo que exala romantismo, seja uma boa história de amor, sejam fantasias de experiências agradáveis com um parceiro romântico, seja música ou poesia desse tipo.

Hedonismo e indulgência excessiva compensatória

Como Naranjo afirma, a personalidade do Tipo Dois pode ser das mais hedonistas de todos os tipos do Eneagrama.[13] Assim como ocorre com as outras características do Dois, esse hedonismo resulta da necessidade insatisfeita de amor e apoio vivenciada na infância. Para o Dois, o hedonismo consiste em buscar o prazer e "ingerir" o que é bom como satisfação de suas necessidades inconscientes e compensação de um sentimento mais profundo de privação. Divertir-se, envolver-se em atividades prazerosas e exagerar geralmente refletem o desejo do Dois de se sentir bem sem trabalhar para descobrir o que de fato precisa.

Assim, afasta e reprime sua profunda necessidade de ser amado por meio dessa busca por experiências agradáveis e satisfação sensorial.

A sombra do Tipo Dois

Como o Dois aposta no seu bem-estar administrando os relacionamentos, ele tem muitos pontos cegos nesse aspecto. O Dois quase sempre não reconhece a necessidade de limites que promovam o equilíbrio entre a liberdade e o contato em um relacionamento saudável. Por exemplo, muitas vezes não percebe que pode ser positivo negar o pedido do outro e que em algumas ocasiões é melhor não se oferecer para ajudar alguém.

O Dois que age inconscientemente desconhece sua profunda e insatisfeita necessidade de amor e muitas vezes doa compulsivamente sem limites, esperando que assim conquiste o afeto dos outros. Ele não consegue compreender que com frequência esse método não é o melhor caminho para uma conexão recíproca positiva. Na pior das hipóteses, a doação talvez soe aos outros intrusiva e pesada até para o próprio Dois, enquanto ele acredita que está "apenas tentando ajudar" ou "manter o relacionamento".

Principalmente porque o padrão do Dois de "dar para receber" pode ser um ponto cego, ele se esgota e se irrita se os outros não retribuem. Essa irritação resulta diretamente do fato de que as necessidades reais do Dois estão na sombra dele, mantidas fora da consciência pela repressão. A raiva emerge periodicamente — às vezes de modo passivo, às vezes, ativo — porque o Dois insatisfeito precisa entrar em conflito com sua expectativa inconsciente de reciprocidade. E como ele reprime essa irritação porque deseja evitar o conflito e a ameaça de ficar isolado, o ressentimento pode ir se construindo até explodir no que pode parecer um irracional, surpreendente ou manipulador surto de agressão.

A percepção de identidade, ou seja, quem o Dois de fato é, se revela um significativo ponto cego para ele, que muitas vezes perde contato consigo à medida que se metamorfoseia no que pensa que os outros querem que seja. Esse esforço do falso eu para criar conexões com quem lhe é importante exige que reprima necessidades, sentimentos e opiniões que as pessoas talvez considerem pouco atraentes e, como consequência, um Dois inconsciente sentirá dificuldade não apenas em conhecer a própria identidade, mas também seus sentimentos e suas necessidades.

Outro ponto cego do Dois envolve a percepção da autoestima. Focar tanto o que acha que precisa ser para agradar aos outros com frequência implica avaliar como ele acredita não estar à altura. Nesse aspecto semelhante ao Um, o Dois poderia, dessa forma, despachar alguns dos seus atributos positivos para a sombra. Em outras palavras, o Dois frequentemente acredita que não é amado, embora essa percepção e as emoções relacionadas a ela também possam ficar na sombra dele.

Além disso, outro ponto cego do Dois se relaciona ao poder e à autoridade, porque sua personalidade concede aos outros muito desse poder para estabelecer relacionamentos. A tendência natural desse tipo é apoiar aqueles que estão em posições de poder e exigir muita aprovação dos que percebe como mais poderosos. Assim, embora um Dois possa ter a experiência e as qualidades para ser um bom líder, talvez não cumpra esse papel, preferindo administrar sua imagem de uma posição subordinada mais confortável, em vez de ser a pessoa cuja orientação todos buscam. (Embora o Dois Social se constitua uma exceção nesse sentido.)

Todos esses pontos cegos na sombra do Dois remontam à paixão do orgulho e ao mecanismo da repressão — uma conjugação muito poderosa para impelir as necessidades e os sentimentos aos níveis mais profundos do inconsciente.

A sombra da paixão do Tipo Dois: o *orgulho* no *Inferno*, de Dante

O *Inferno*, de Dante, oferece um retrato simbólico vívido no lado sombrio da personalidade do Tipo Dois e de sua paixão do orgulho. Na cosmologia cristã, o orgulho é o primeiro e fundamental pecado porque levou Lúcifer a elevar-se acima do seu nível natural e a desafiar a supremacia de Deus. (Conforme descreve Naranjo, ele se atreveu a dizer "Eu na presença do Único Eu".[14]) O orgulho causou a rebelião de Lúcifer contra seu criador e a subsequente expulsão do céu.

A cavidade profunda em formato de cone do inferno de Dante foi criada pela queda do orgulhoso anjo (Lúcifer). Assim, o Orgulho criou a estrutura do próprio Inferno e é punido no plano inferior.

E agora o rei do triste reino eu vejo,
de meio peito do gelo montante;

[...]

Se belo foi quão feio ora é o seu modo,
e contra o seu feitor ergueu a frente,
só dele proceder deve o mal todo.[15]

Embora no mapa da personalidade do Eneagrama nenhuma paixão seja melhor ou pior do que qualquer outra, na geografia moral do inferno de Dante, o orgulho é o pior dos pecados. O próprio Lúcifer o simboliza como um monstro de três faces aprisionado para sempre em um lago congelado no fundo do poço. Cercado por gigantes rebeldes da *Bíblia* e da literatura clássica, cada uma das bocas do "arquitraidor" dilacerava um famoso traidor da história. Essa imagem literária retrata com muita precisão não só como o orgulho pode causar danos de grande alcance, mas também a profundidade da repressão que a personalidade do Tipo Dois consegue para manter a paixão do orgulho na sombra do inconsciente.

Mas por que o orgulho é tão ruim de acordo com Dante? Porque ele leva o orgulhoso a priorizar sua vontade, colocando-a acima da vontade da natureza (ou Deus), e assim subverte o fluxo natural da ordem universal, similar ao que acontece quando o Tipo Dois, motivado pela paixão do orgulho, coloca sua vontade acima da dos outros ou da natureza, em uma tentativa de controlar quem gosta de quem e quem está fazendo o quê.

Os três tipos de Dois: os subtipos do Tipo Dois

Na personalidade do dois, o orgulho se manifesta como uma necessidade de seduzir os outros para que estrategicamente satisfaçam as necessidades que ele rejeita como parte de sua postura orgulhosa. Cada um dos subtipos incorpora um esforço específico para satisfazer as necessidades dele sem ter de pedir, embora os três subtipos do Dois recorram a diferentes métodos para nortear a necessidade de sedução. Os subtipos canalizam a paixão do orgulho de três formas diferentes, mas sempre visando à satisfação das necessidades: indiretamente, por meio da proteção e do cuidado dos outros (Autopreservação); conquistando admiração e respeito por meio do conhecimento e das competências (Social); ou criando uma imagem atraente para se ajustar com a finalidade de atrair indivíduos específicos (Sexual).

O Dois Autopreservação é o mais infantil dos Dois; o Dois Social, mais adulto, um "Dois de Poder"; e o Dois Sexual, uma força da natureza, lembrando o arquétipo da mulher fatal e seu equivalente masculino. O Dois Autopreservação seduz pelo charme, pelo jeito divertido e fofo. O Dois Social seduz grupos recorrendo ao poder e à competência. O Dois Sexual usa um modo mais clássico de sedução: atrair os outros por meio da beleza e da lisonja e seduzir indivíduos específicos para a satisfação de todas as necessidades e os desejos dele.

O Dois Autopreservação: "Eu Primeiro/Privilégio" (contratipo)

Esse Dois tão "fofinho" manifesta o orgulho e a necessidade de proteção recorrendo a maneiras joviais de conquistar atenção e afeto. Nesse sentido, usa como estratégia inconsciente "seduzir" como uma criança na presença dos adultos, o que incorpora não só a necessidade inconsciente de ser cuidado, mas também a percepção de que as crianças são naturalmente amáveis, inerentemente merecedoras de carinho e geralmente mais apreciadas do que os adultos. Esse Dois mantém uma qualidade infantil na apresentação e na expressão emocional, ou seja, não importa sua idade, parece infantil ou jovial. Enquanto o Dois Sexual pode parecer ostensivamente adulto, selvagem e sedutor no sentido literal do termo, o Dois Autopreservação, de modo inconsciente, visa atrair amor e atenção sendo "fofinho" e manifestando uma percepção infantil de necessidade.

Como humanos, amamos naturalmente as crianças, um imperativo biológico que garante que cuidemos daquelas cuja sobrevivência depende de nós. A necessidade básica das crianças está centrada em desejarem e precisarem ser amadas não pelo que fazem para outros, mas por quem de fato são. Assim, prevalecendo no Dois Autopreservação a necessidade pura e jovial de amor, ele "permanece pequenino" para evocar o cuidado dos outros sem ter de pedir, assim como as crianças não deveriam ter de pedir amor e carinho ou não são maduras o bastante para articular diretamente esse tipo de pedido.

Portanto, o Dois Autopreservação inconscientemente recorre ao amor universal por crianças ao adotar a postura de uma pessoa agradável e jovial. Essa apresentação reflete uma maneira de convidar as pessoas para gostarem e cuidarem dele, assim como a "fofura" de uma criança inspira que seja amada. Esse é o jeito do Dois de expressar a ideia de que, no fundo, quer ser amado não para agradar ou dar algo aos outros, ou por causa de qualificações, desempenhos ou conquistas, mas apenas por ser quem de fato é; *ele quer ser amado apenas por existir*. Esse padrão do Dois Autopreservação leva a pessoa a assumir na família a posição da criança, porque as necessidades infantis naturalmente são priorizadas.

O nome Dois Autopreservação, "eu primeiro/privilégio", refere-se à ideia sugerida por essa personalidade: "Sou criança e, portanto, sou o mais importante". Isso reflete a declaração (inconsciente) desse subtipo de uma espécie de prioridade infantil, querendo que os outros deem ênfase especial ao atendimento das necessidades dele. Esse Dois não deseja ter de provar sua importância para ser importante. Apesar da vontade de ser o centro das atenções, nenhum sentimento o acompanha para lhe dizer que precisa fazer algo nesse sentido. Ele quer que o vejam sem se mostrar.

O Dois Autopreservação, movido pela necessidade de se sentir único e especial, tem a compulsão de ser a garota ou o rapaz mais "fofinho", alguém apreciado por todos. Ele encanta ou "se entrega" aos outros para continuar o favorito. É aquele que se destaca sendo o queridinho do professor.

É menos fácil identificar o orgulho no Dois Autopreservação, que é o contratipo do Dois, ou seja, um Dois que não se assemelha ao Dois. Embora a direção energética do fluxo da personalidade Dois (focado na sedução) se centre em todos os aspectos nos outros, o instinto de autopreservação o leva a manifestar mais ambivalência nos relacionamentos. Em outras palavras, ele se move em direção aos outros, mas também faz o "contramovimento" de se afastar, devido à necessidade de autoproteção. É o Dois mais terno e amável, ainda que mais reservado do que os outros subtipos.

Como já se espera de um caráter mais infantil, o Dois Autopreservação é mais temeroso, menos confiante e mais ambivalente quanto aos relacionamentos. Embora talvez não esteja ciente de como é medroso

— afinal, todos os Dois reprimem seus sentimentos —, ele pode sentir uma necessidade mais intensa do que os outros Dois de se proteger na presença dos outros, o que alguns percebem como um "muro" invisível. A ambivalência vivenciada nos relacionamentos por esse subtipo toma a forma de sentimentos mistos ou conflitantes, especialmente nas relações íntimas ou mais próximas.

Assim como acontece com os outros Dois, o Autopreservação se concentra em satisfazer as necessidades alheias como uma forma de receber amor, mas também sente uma forte pressão que o leva a se esconder ou a se afastar diante da ameaça de desaprovação e rejeição intrínseca à interação social. Por um lado, as pessoas e os relacionamentos parecem atraentes e importantes, mas, por outro, estar perto delas parece envolver perigos, pois inclui as possibilidades de se perder ou de ser julgado, de se aproveitarem dele, de o humilharem ou rejeitarem.

Nesse Dois mais "jovial", autoimportância, irresponsabilidade, humor, alegria e charme estão em primeiro plano. A não ser que se envolva em trabalhos de autoconhecimento, ele é facilmente magoado e se revela hipersensível a insultos ou a qualquer coisa que soe como crítica ou desaprovação. Ele pode fazer birras, ficar emburrado ou se afastar quando chateado. Resultam da sensação de mágoa beicinhos amuados, recriminações irritadas ou acusações infantis. Ele pode manipular por meio da expressão de sentimentos, em vez de avançar e dizer o que quer ou aquilo de que não gosta.

A dependência, ainda que relevante nesse subtipo, é quase sempre inconsciente. Esse Dois, assim como os outros Dois, não quer perceber em si carência ou dependência, e, apesar disso, pode se engajar em um padrão de permanente e inconsciente sujeição, querendo que alguém cuide dele, ou engendrando situações em que as pessoas acabam cuidando mesmo dele. Em virtude dessa postura infantil de dependência (inconsciente), o Dois Autopreservação tem menos liberdade, do mesmo modo que uma criança muito raramente vive livre. Assim, embora muitas vezes ele queira ser livre, ao mesmo tempo se submete a pessoas de maneiras não saudáveis ou inconscientes.

Assim como os outros Dois, o Autopreservação pode ser muito competente, mas, em um nível mais profundo, não quer ter de assumir a responsabilidade. O pensamento de tomar conta de si mesmo o enche de ansiedade, a ponto de se perguntar: "O que devo fazer comigo?". O Dois

Autopreservação carrega o desejo implícito de ser a criança cuja ignorância, inocência e sentimentos que pode expressar por um capricho, ou "apenas porque sim", sejam perdoados. No entanto, nos mais maduros, a necessidade de estruturação pode torná-los mais metódicos e organizados do que os outros Dois.

Além disso, é possível que o Dois Autopreservação seja autoindulgente e hedonista. Motivado a cultivar uma percepção de "euforia" por meio de festas, compras, bebidas ou exageros em comida e diversão, busca elementos que o afastem da necessidade de entrar em contato consigo. Portanto, procura viver sensações e experiências agradáveis para se desviar dos sentimentos de autoabandono e privação interior.

Esse Dois fantasia muito (sobre ser amado ou admirado) e idealiza as pessoas, sobretudo no início dos relacionamentos. Inconscientemente projeta seu poder sobre aqueles a quem considera tudo de bom, como uma maneira de não precisar ser "bom o bastante", ou de se responsabilizar, o que talvez lhe dificulte conquistar seu próprio poder ou vivenciar relacionamentos verdadeiramente com contato.

O Dois Autopreservação se assemelha a um Seis Autopreservação, na medida em que ambos são medrosos e ambivalentes nos relacionamentos, mas no Seis se destaca um medo mais generalizado, enquanto nesse Dois ele se manifesta sobretudo nos relacionamentos. Também pode se assemelhar a um Tipo Quatro, pois expressa mais emotividade e anseio por amor, mas reprime necessidades e sentimentos próprios, focando os outros mais do que o Quatro.

Ben, um Dois Autopreservação, diz:

Desde criança, sempre me considerei o foco das interações sociais. Bondoso e fofinho, esperava que outras pessoas prestassem atenção em mim e sentissem que merecia o apoio delas. Acreditava que o reconhecimento era uma coisa natural. Evitei decisões de longo prazo, compromissos e ações adultas, como a de "formar família" ou empenhar-me em saudáveis relacionamentos adultos. Dessa forma, inconscientemente adiava a independência, não lidando verdadeiramente com as consequências e os custos das

> coisas. Ao virar adulto em um mundo de adultos, foi muito difícil encarar os desafios da vida, assumir total responsabilidade por mim mesmo e ter um olhar mais maduro, adequado à minha idade. Por muitos anos, o pensamento de incorporar todas essas coisas aflorava em mim o sentimento de que perderia minhas melhores vantagens na vida: charme e simpatia juvenil.

O Dois Social: "Ambição"

O Dois Social é um sedutor de ambientes, bom para liderar grupos, um tipo de líder mais adulto. Ao contrário dos outros dois subtipos, ele parece uma pessoa poderosa ou intelectual, e de fato tem paixão pelo poder; além disso, manifesta seu orgulho por meio do exercício da influência e da superioridade, ao cultivar a imagem de alguém influente.

Esse Dois, o subtipo mais obviamente orgulhoso, é ambicioso, conhece as pessoas certas, faz coisas importantes, ocupa cargos de liderança e quase sempre é admirado por suas realizações. Nele, a paixão do orgulho se manifesta no sentimento de satisfação na conquista de um público.

Ao contrário do infantil Dois Autopreservação e do abertamente sedutor Dois Sexual, o Dois Social se revela o mais adulto "Dois do Poder", a pessoa que é proprietária da empresa, ou trabalha em um cargo de alto nível em uma organização, ou é um líder na área em que atua.

O mais intelectual dos Dois, ele precisa ser alguém importante para assim alimentar seu orgulho, e, para ser importante, deve usar mais a mente. Nele, a sedução opera por meio da competência de influenciar um grupo maior por ser notável, excepcional e inteligente.

"Ambição", a palavra que caracteriza o Dois Social, refere-se à paixão por estar "no topo", ser aquele "que está por dentro", viver próximo de pessoas percebidas como poderosas e exercer ele mesmo o poder. Assim, o Dois Social tem paixão pela superioridade, paixão por se destacar. Em virtude da sua necessidade de admiração, ele é competitivo e às vezes consegue ser indiferente, insensível ou rejeitar as emoções dos outros. Além disso, tende a (inconscientemente) acreditar que todos querem ser como ele, ou que as pessoas são menos capazes do que ele, ou ainda que estão dispostas a tirar proveito dele porque invejam as competências superiores que tem.

O Dois Social é hábil em trabalhar nos bastidores para estender sua influência dentro do grupo e ajudar uma organização mais expressiva a se mover em direções que o beneficiem. Ele sabe como orquestrar os indivíduos dentro do grupo ou da comunidade por meio de filantropias estratégicas para conquistar fidelidade e respeito. Embora muitas vezes atue em um nível subconsciente, esse Dois depende muito da estratégia de "dar para receber" ao interagir com os outros, e quase sempre tem uma perspectiva estratégica ao expressar generosidade, e, portanto, apoia os outros como forma de garantir lealdade e relacionamentos recíprocos. Além disso, pensa em termos de influenciar as pessoas ao redor dele por meio da oferta ou da entrega de favores, e faz as coisas acontecerem prometendo recompensas ou atenção positiva.

Esse Dois se revela um pouco mais introvertido do que os outros Dois, pois está mais sintonizado com cultivar efetivamente uma imagem pública que transmita poder e autoridade. Isso o torna bom na performance diante de uma audiência, mas também exige mais privacidade ou afastamento quando está fora do palco.

É possível que o Dois Social também seja um *workaholic* com tendência à onipotência. Pode parecer entusiasmado, confiante ou superconfiante, e até maníaco às vezes. Ele tende a se envolver em disputas pelo poder, querendo dominar e fazer o papel de protetor, e às vezes manifesta um senso de territorialidade. Em geral, tem uma percepção intensamente positiva de seu trabalho e também de seus objetivos — o Dois Social acredita que consegue realizar qualquer coisa.

As pessoas desse subtipo tendem a rejeitar as emoções vulneráveis, como vergonha, medo, desespero, desconfiança, ciúme e inveja. O Dois Social sinceramente acredita que está demonstrando vulnerabilidade quando não está, ou pode usar uma demonstração de vulnerabilidade para impactar o público. Quando mais inconsciente e menos saudável, o Dois Social pode ser indiferente ou desdenhoso com os outros, assumindo uma posição de poder e controle sem que perceba, e pode até mesmo explorar as pessoas, embora acredite que as está ajudando.

Ele se assemelha a um Três ou a um Oito. Como o Tipo Três, o Dois Social tende a focar objetivos, é mais competitivo e bem-sucedido no trabalho, realizando muito e tendo a reputação de alguém poderoso, capaz de liderar o grupo. No entanto, a presença do Dois quase sempre é mais suave, e ele pode demonstrar mais vulnerabilidade, cordialidade ou emoção para alcançar seus objetivos, em especial se tais demonstrações corroboram metas mais significativas, enquanto o Três tende a não expressar tanto seus sentimentos de vulnerabilidade. Como o Tipo Oito, o Dois Social pode ser poderoso, influente, protetor e orientado para uma visão global. No entanto, ao contrário do Oito, o Dois Social não apenas manifesta mais vulnerabilidade (ou usa uma demonstração de vulnerabilidade em seu benefício), mas também acessa mais prontamente as emoções no apoio aos outros ou no exercício do controle.

Carol, uma Dois Social, diz:

Na escola, eu era a garota amiga do professor. Sempre me pediam que assumisse a liderança nos eventos escolares e nas atividades do corpo discente. Era a diplomata da escola. E também me envolvia em organizações de adultos, voluntariava em ONGs ou atuava em um conselho de diretores como a participante mais jovem.

Sempre ia além em meu cargo, trabalhando intensa e diligentemente. Procuro líderes influentes com o objetivo de conhecê-los. Mas não faço isso conscientemente; apenas acontece. No primeiro dia de trabalho em meu emprego atual, procurei grupos de redes de funcionários e me engajei de imediato em dois. Depois da primeira reunião de cada grupo, eles me pediram que assumisse um papel de líder, o que aceitei de bom grado. Tenho tendência de me comprometer demais e depois me estressar. Mas, se não estiver envolvida socialmente com grupos que considero importantes, posso ficar entediada com facilidade e até deprimida. Preciso estar envolvida e fazer a diferença.

Depois de muito trabalho interior e reflexão, percebo que meu impulso inconsciente de liderar e influenciar os líderes reflete a necessidade subjacente de aprovação. Muitas vezes, isso prejudica o cuidar de mim mesma ou a sintonização com meus sentimentos. Estou lentamente melhorando na suspensão de atividades, de modo que possa criar, passear ou relaxar, mas isso ainda requer esforço consciente.

O Dois Sexual: "Sedução/Agressão"

O Dois Sexual é um sedutor. A sedução clássica constitui o principal método desse Dois, que manifesta a necessidade de seduzir como forma de satisfazer as próprias necessidades. Essa sedução, uma maneira de conquistar lealdade ou inflamar o desejo do outro, acontece por meio do cultivo de uma apresentação atraente e da expressão do sentimento.

Enquanto o Dois Autopreservação é o contratipo do Dois, com impulsos conflitantes em direção a pessoas e para longe delas, e o Dois Social é um Dois mais adulto, com inclinação para o poder e o controle, o Dois Sexual se mostra generoso, flexível, um tanto selvagem e inclinado para a ação, sem medo de atrair os outros usando a sexualidade como ferramenta de conquista. O Dois Social tenta ser importante visando alimentar seu orgulho; o Dois Sexual, em contraste, alimenta o orgulho no apego de alguém apaixonado. A inteligência ou a competência estratégica ajudam o Dois Social a alcançar o objetivo de seduzir o grupo, enquanto a sexualidade e o charme são a fortaleza do Dois Sexual na sedução de pessoas específicas.

O Dois Sexual manifesta tendências mais claras quanto à sedução no sentido clássico, usando charme e sexualidade para atrair incautos e potenciais provisores de amor, favores e outros presentes. Ele transforma a necessidade de amor em falsas necessidades, caprichos e em uma percepção de legitimidade que o leva a fazer o que lhe agrada quando lhe agrada, não pedindo, mas aceitando. O objetivo implícito da sedução do Dois Sexual está em resolver qualquer problema ou atender a qualquer necessidade na vida, assim, ele resolve o dilema de ter necessidades, mas não querer expressá-las por ter um forte vínculo com alguém que lhe dará qualquer coisa que ele quiser.

O Dois Sexual necessita se sentir desejado, o que fomenta sua necessidade de seduzir. O orgulho ativa o impulso de inspirar a atração nos outros para que lhe deem o que ele quiser, embora o orgulho desse Dois muitas vezes não seja tão óbvio se for satisfeito pelo "ente querido". Semelhante ao Quatro Sexual, a estratégia do Dois Sexual envolve uma bela aparência e um pouco menos de constrangimento por ter necessidades. Esse padrão reflete uma percepção orgulhosa de que as pessoas vão querer satisfazer as necessidades dele porque é atraente, encantador e generoso.

Ele se assemelha à expressão francesa do arquétipo da *femme fatale* (ou seu equivalente masculino), na medida em que há uma espécie de "perigosa força irresistível" para essa personalidade. De forma similar, a denominação "sedutor/agressivo" desse subtipo sugere uma associação com o arquétipo do vampiro. Esse Dois é irresistível: alguém belo, mas um tipo perigoso de beleza, pois precisa exercer poder sobre alguém e poderá acabar consumindo-o. O nome sedutor/agressivo também sugere avanço impetuoso em direção aos outros, uma atitude ativa e proposital que pode até incluir um componente de agressividade.

O Dois Sexual pode ser direto e até mesmo dramático no exercício de uma sedução clássica: apoderar-se do afeto e da devoção da pessoa envolve um intenso, direcionado e apaixonado esforço por parte do naturalmente sexy Dois Sexual. E ele visa assegurar um relacionamento por meio da sedução, quando expressa devoção e generosidade em troca de tudo o que almeja. Como o motivo implícito dessa estratégia agressivamente sedutora é a satisfação das necessidades — basicamente conseguir um cheque em branco —, talvez seja difícil para esse Dois aceitar limites ou um "não" como resposta.

Nessa direção, o Dois Sexual, não só na necessidade mais profunda do amor, mas também na de seduzir, é um personagem que recorre à beleza, ao charme e às promessas de afeto para atrair um parceiro que o fará se sentir desejável e que satisfará todas as necessidades dele. Independentemente de precisar de atenção, de dinheiro ou de mimos, a estratégia para conquistar o que deseja está centrada na sedução clássica, projetada para criar um vínculo especial que lhe permitirá a satisfação de necessidades e desejos.

O Dois Sexual justifica ações, palavras, loucura, selvageria, invasividade e egoísmo em nome do amor, como se este fosse uma única emoção, o centro da vida, a experiência que justifica tudo. As pessoas desse subtipo podem confundir o amor com o agrado ou com a sensação de serem desejadas. Para elas, "amar" é encantar, seduzir e atrair, o que implica a manobra de uma posição em que ocupam um lugar especial. Inspirar paixão em alguém lhes permitirá consertar tudo na vida. Alinhado a isso, ainda podem ter a autoimagem de "amante ideal".

Naranjo sugeriu que no caráter "altamente emocional e romântico [Dois], a 'ajuda' se traduz como 'apoio emocional' e, no geral, a personalidade é mais bem reconhecida na figura de um 'amante' do que 'ajudante'".[16]

O ARQUÉTIPO DO PONTO DOIS

Percebemos isso especialmente no Dois Sexual: a personalidade pode ser mais bem apreendida no arquétipo do "amante" do que nas designações frequentemente atribuídas ao Dois: "ajudante" ou "doador".

Embora os outros dois subtipos possam se assemelhar aos outros tipos, o Dois Sexual, mais reconhecido como Dois, é, de certa forma, o "clássico" Dois descrito em muitos livros sobre o Eneagrama. Explicado isso, acrescenta-se que se pode confundir o Dois Sexual com o Quatro Sexual ou o Três Sexual. Por exemplo, Scarlett O'Hara, a heroína da obra *E o Vento Levou*, às vezes é caracterizada como Três, às vezes como Quatro, mas Naranjo a aponta como um bom exemplo da personalidade Dois Sexual. Ele afirma que, na busca do seu objeto de amor, Ashley, "o caráter explosivo e o egoísmo raramente se escondem sob a máscara do falso amor",[17] e que ela incorpora a percepção desse Dois de que "os desejos são mais importantes do que os princípios".[18]

A energia desse subtipo pode ser vista como "um Duplo Dois", pois a pessoa se movimenta em direção aos outros com a força combinada de duas energias, a "para cima e para fora" e a instintiva sexual, orientada por essa combinação de energia instintiva que amplifica o *momentum*. Nos relacionamentos, esse Dois pode transmitir a sensação de excitamento e a intenção de um caçador aproximando-se da presa. Apaixonado, sedutor e generoso, o Dois Sexual normalmente coloca muita energia para os relacionamentos darem certo e pode ter muita dificuldade em esquecer o parceiro se a relação fracassar.

Teri, uma Dois Sexual, diz:

Para mim, sempre foi fácil paquerar. Gostava de conhecer pessoas novas, especialmente homens! Se eu não estivesse paquerando para mim mesma, paquerava para as minhas amigas, que se chocavam com a facilidade que eu tinha de ir até um homem atraente e iniciar uma conversa. Usava meu sorriso, meus olhos e meu humor para chamar a atenção deles, e conseguia perceber quando se interessavam por mim. Era minha droga. Muita adrenalina, mas, se durasse muito tempo, eu sentia medo ou me entediava e queria partir para a próxima conquista. Também sentia tanta necessidade de agradar a pessoa com quem

> conversava, que nem sequer parava para perceber em que de fato acreditava, limitando-me a naturalmente concordar, querendo que os homens gostassem de mim e evitando qualquer conflito. Passados muitos anos e depois de sofrer um transtorno de ansiedade, entendi a necessidade de atenção, de ser querida a todo custo. Neste momento, ainda adoro os vínculos com as pessoas, mas eles parecem mais genuínos agora, e não mais funcionam para me exibir nem para satisfazer alguma necessidade disfuncional.

"O trabalho" para o Tipo Dois: mapeando um caminho de crescimento pessoal

Finalmente, o caminho para sair das armadilhas do Dois ao abandonar a si mesmo para ganhar aprovação consiste em sentir compaixão pela parte que precisa ser amada, assim conhecendo seu "eu verdadeiro" e aprendendo a amar quem de fato é. Quando o Dois aprender a se arriscar a ser ele mesmo e a se abrir para que o amem por quem ele é (ao contrário da falsa imagem que cria para conquistar aprovação), viverá a liberdade de ser sem remorso, sem ter de se adequar às necessidades e às preferências dos outros.

Para todos, despertar para os padrões habituais da personalidade implica esforços conscientes e contínuos de auto-observação, além de muita reflexão sobre o significado e as origens do que observamos e trabalho intenso no combate das tendências automatizadas. Para o Dois, esse processo envolve observar como rejeita suas necessidades, metamorfoseando-se para se alinhar com os outros, infla a própria autoimagem para ser tudo para todas as pessoas e reprime seus sentimentos reais para conquistar o amor que almeja. É particularmente importante que ele explore as razões subjacentes aos exacerbados esforços para obter aprovação, deixe vir à tona os sentimentos reprimidos e trabalhe muito para estar consciente de suas necessidades e para declarar o valor de quem de fato é.

Nesta seção, ofereço ao Dois algumas sugestões sobre o que notar, explorar e estabelecer como meta em seu esforço de crescimento para além das restrições da personalidade e também como vivenciar as melhores oportunidades associadas ao seu tipo e subtipo.

Auto-observação: desidentificar-se da personalidade ao observá-la em ação

Na auto-observação, cria-se suficiente espaço interno para que realmente sejam observados, com novos olhos e a uma distância adequada, pensamentos, sentimentos e ações rotineiros. Ao prestar atenção a isso, o Dois deve procurar os seguintes padrões-chave:

Negar as necessidades e reprimir os sentimentos como forma de mais facilmente criar vínculos com os outros

Pode ser difícil "observar" algo que não está lá, mas é importante para o Dois que entenda como evita registrar as próprias necessidades e sentimentos. Isso envolve a percepção de quando não identifica o que está sentindo, ou aquilo de que precisa, e a atenção ao que acontece quando afloram os sentimentos e as necessidades reprimidos. Uma crise de raiva ou sentimentos de mágoa podem ser importantes indícios de que você tem reprimido as necessidades e inconscientemente espera que, de alguma forma, os outros as satisfaçam.

Observe o que acontece quando lhe perguntam: "De que você precisa?" ou "O que está sentindo?", e recorra às mesmas perguntas regularmente. Com frequência, o Dois vivencia uma sensação de frieza ou vazio quando confrontado com essas questões. Preste atenção a esse tipo de "vazio" com a finalidade de, com o tempo, descobrir seus sentimentos e suas necessidades. Outra boa pergunta para ajudar a "identificar" o seu "eu" é: "Onde você está agora?".[19]

Adaptar, fundir-se, ajudar, agradar e metamorfosear-se para criar vínculos com indivíduos específicos

Observe quando começa a ajudar ou elogiar as pessoas compulsivamente, mesmo que não queira ou que isso o esgote. Descubra como racionaliza para agradar aos outros, mesmo que isso signifique fazer alguma coisa que preferiria não fazer. Observe a tendência a se fundir aos sentimentos e às preferências dos outros, ou de não se envolver com as próprias experiências. Você está evitando manifestar uma opinião diferente da de alguém a quem gostaria de se conectar? Incomoda-se exageradamente com críticas ou sentimentos de raiva dirigidos a você? É difícil parar de pensar nos erros percebidos nas interações com os outros?

Evitar a rejeição e o isolamento por meio da manutenção de uma imagem idealizada (inflada) de si, evitando os conflitos e os limites e gerenciando a autoapresentação (incluindo mentir e não ser autêntico)

Observar essas tendências implica perceber quando você diz "sim", mas queria dizer "não"; quando conta pequenas mentiras para manter sua imagem; e quando cria uma falsa imagem de quem você é para estabelecer um vínculo. Fique atento a como racionaliza fazer promessas que prefere não cumprir, ou a como se apresenta às pessoas de maneiras falsas, criadas para atrair a aprovação delas. Se alguma dessas coisas estiver acontecendo, trabalhe para revelar qualquer suposição clandestina que esteja fazendo, como a ideia de que criar uma distância apropriada causará automaticamente rejeição, isolamento ou reprovação catastrófica.

Autoquestionamento e autorreflexão: reunindo mais informações para expandir o autoconhecimento

À medida que o Dois observa esse e outros padrões em si, o próximo passo no caminho de crescimento do Eneagrama é *entendê-los* melhor. Por que existem? De onde vêm? Com que propósito? Como causam problemas se existem para ajudá-lo? Com frequência, compreender a origem de um hábito — o porquê de sua existência e a finalidade dele — já lhe permitirá romper o padrão. Em outros casos, considerando-se hábitos mais arraigados, saber como e por que funcionam como defesas talvez seja o primeiro passo para finalmente se livrar deles.

Aqui estão alguns questionamentos que o Dois pode fazer a si mesmo e as possíveis respostas para discernir melhor as origens, o funcionamento e as consequências desses padrões.

Como e por que esses padrões se desenvolveram? Como esses hábitos ajudam o Tipo Dois a lidar com o problema?

Por meio da compreensão das origens dos próprios padrões defensivos, o Dois tem a oportunidade de ver como nega, abandona e limita seu "eu verdadeiro" a uma imagem falsa para conquistar aprovação. Se o Dois conseguir explorar os motivos que o levaram a se alinhar com os outros e a não assumir as necessidades dele para a superação ainda na infância, conseguirá sentir compaixão por seu eu criança, que acreditava ser necessário se conformar aos outros para sobreviver. Com frequência, o Dois narra que precisava cuidar de outra pessoa para que esta cuidasse dele. Ao entender que lidou com um mundo que não atendia às suas necessidades desistindo delas, o Dois dará um passo na recuperação da sua capacidade de aceitar e pedirá aquilo de que precisa. Quando o Dois consegue compreender como o dar, ajudar e reprimir sentimentos operaram em conjunto como estratégias para lidar com um ambiente que não atendia às necessidades emocionais dele, entende com mais clareza como essas estratégias ainda funcionam como formas de limitar a si mesmo.

De que emoções dolorosas os padrões do Tipo Dois o protegem?

A confiança do Dois na sedução resulta da intensa necessidade de amor associada ao medo da rejeição. Os dois sentimentos — não se sentir digno de amor e ser rejeitado — podem ser extremamente dolorosos para ele. Reprimir suas necessidades e seus sentimentos enquanto busca a aprovação dos outros deve ajudar o Dois a evitar a tristeza de não ser visto e aceito por quem ele de fato é.

Os padrões defensivos do Dois o protegem da vivência do medo de não ser adequadamente amado e cuidado e de ser rejeitado porque não é bom o bastante. Gerenciar sua imagem em prol da manutenção dos relacionamentos também o ajuda a evitar a própria dor e raiva por não conseguir dos outros aquilo de que precisa. Assim, reprimindo a raiva, o Dois sente-se seguro, certo de que não vai destruir ou prejudicar as conexões com os outros, das quais precisa para se proteger.

Se o Dois conseguir compreender não apenas como sua necessidade (natural) de amor não tem sido satisfeita, mas também como seus padrões defensivos (sedutores) constituem uma estratégia para buscar o amor por meio da aprovação, evitando, portanto, a dor da rejeição, começará a perceber como essa estratégia para lidar com o problema

reflete profundas e insatisfeitas necessidades. Se ele conseguir aceitá-
-las, bem como aceitar os próprios sentimentos, iniciará o processo de
descobrir maneiras mais diretas e eficazes para encontrar o amor que
tanto deseja.

Por que estou fazendo isso? Como os padrões do Tipo Dois funcionam em mim neste momento?

Por meio da compreensão do porquê e de como os padrões defensivos operam no momento presente, o Dois chegará à maneira mais poderosa de desafiá-los e interceptá-los para finalmente os abandonar. Ao
ver que o autoengrandecimento atua como manutenção do poder e do
conforto nos relacionamentos, o Dois amplia sua consciência quanto à
administração da tendência de se fundir com os outros e prometer mais
do que pode cumprir. Flagrando-se no ato de dizer "sim" quando quer
dizer "não", ou no ato de concordar com os outros quando de fato discorda, ou, ainda, em disponibilizar ajuda quando na realidade preferiria
não o fazer, o Dois ativa a consciência e a autoconfiança, elementos que
finalmente lhe permitirão dizer o que na verdade pensa. Perceber por
que e como ele está autoconsciente e preocupado com o que os outros
pensam lhe abre o caminho para se livrar da autorrejeição, vinculada à
alteração de algo para agradar aos outros.

Quais são os pontos cegos desses padrões? O que o Tipo Dois não percebe em si?

É possível que o Dois evite assumir o medo dos relacionamentos
íntimos — ele pode, ao mesmo tempo, seduzir pessoas para engendrar
um vínculo de sentimento positivo e distanciar-se delas para se proteger da rejeição. A raiva despertada em razão das necessidades insatisfeitas pode ser um ponto cego para o Dois, até que fique tão intensa
que não mais seja contida pelo desejo de causar uma boa impressão. O
autoengrandecimento a serviço do exercício do poder sobre os outros
pode camuflar insegurança e baixa autoestima. Metamorfosear-se para
agradar aos outros e alinhar-se a eles gera no Dois uma profunda confusão sobre "quem ele de fato é", além de ser um ponto cego onde o "eu
verdadeiro" esteja.

Quais são os efeitos ou as consequências desses padrões? Como eles me aprisionam?

Conquistar vínculos profundos e receber amor verdadeiro só é possível quando se está vivendo a partir do "eu verdadeiro". O Dois evita compreender esse elemento contraditório quando se fixa em seu padrão: seduzir para conquistar o amor, em última instância, não funciona se você tem que se tornar alguém que não é para alcançar seu objetivo, porque não se sentirá "à vontade" para receber o amor quando ele surgir. Quase sempre, o Dois se satisfaz com a aprovação quando realmente quer o amor. E quanto mais ele seduz parecendo ter mais a oferecer do que é o caso, mais está fadado ao fracasso.

No momento que o Dois inicia um processo de autorreflexão, ele pode se ver em uma situação complicada: o que ele mais quer e o que mais teme é amor e relacionamento. Afinal de contas, o Dois quer ser reconhecido e amado por ser quem de fato é, no entanto, receia ser essa pessoa perante as outras. Ele teme que, caso se permita ter necessidade, pedi-la e se mostrar para conquistar o amor que deseja, viverá a decepção ou a rejeição. Mas, para ter a chance de satisfazer suas necessidades mais profundas, ele precisa correr o risco de se abrir para o prazer e para a dor da rejeição.

Autodesenvolvimento: visar a um estado mais elevado de consciência

Para todos nós que queremos despertar, o próximo passo é injetar mais esforço em tudo o que fazemos: pensar, sentir e agir com mais consciência e opção. Nesta seção, proponho ao Dois algumas sugestões sobre o "que fazer" depois de observar seus padrões principais e investigar as origens, as formas de funcionamento e as consequências deles.

Esta última seção se divide em três partes, cada uma correspondendo a um dos três processos de crescimento relacionados ao sistema do Eneagrama: 1) "o que fazer" para combater ativamente os padrões automatizados do seu tipo central já descritos na "auto-observação", 2) de que modo usar o Fluxo Interno do caminho das flechas do Eneagrama como mapa de crescimento, e 3) como estudar sua paixão (ou "vício")

Os três principais padrões de personalidade do Tipo Dois: "o que fazer" para lidar com eles

Rejeitar as necessidades e reprimir os sentimentos como forma de se conectar mais facilmente aos outros

Pergunte-se com frequência a respeito da presença das necessidades e dos sentimentos.

O Dois se beneficia ao se perguntar continuamente: "Do que de fato preciso?" e "Como estou me sentindo?". Um Dois menos consciente talvez acredite que ter sentimentos próprios automaticamente alienará outros, e também pode ter medo de vivenciar emoções mais dolorosas. Talvez seja desconcertante perguntar-se o que precisa ou o que está sentindo e não chegar à resposta. Por isso, o Dois precisará entrar em contato com suas necessidades e seus sentimentos por meio de um processo intencional, ou seja, precisará tolerar o "desconhecimento" como o primeiro passo para desenvolver a conscientização contínua das suas necessidades e emoções.

Sentimentos reais criam e aperfeiçoam as conexões, em vez de impedi-las.

Como um Tipo Dois que busca embarcar no trabalho interior, você será ajudado se tiver o apoio e a compreensão das pessoas. Quando alguém acolhe a raiva que você sente, ela pode ser libertadora e regeneradora. E trabalhar as dificuldades emocionais recorrendo aos outros, compartilhando sentimentos reais, é o caminho para que vivencie relacionamentos positivos.

Aprenda a aceitar os sentimentos e o processo de crescimento emocional.

Reconheça a validade de todos os sentimentos — eles não são "certos" ou "errados" — para se abrir à vivência de mais emoções. Crie espaço para entender, aprender e trabalhar a manifestação delas. Quando começar a sentir com mais frequência a própria raiva, talvez expresse a agressividade de maneira explosiva e infantil. Independentemente da sua experiência, é importante que você perceba que faz parte da aprendizagem possuir sentimentos e gerenciá-los, e não se sentir "ruim" pela sua (compreensível) "confusão".

Adaptar-se, fundir-se, ajudar, agradar e metamorfosear-se para criar conexões com indivíduos específicos

Liberte-se por meio do isolamento saudável.

Esse padrão pode ser combatido por meio do esforço intencional para identificar e desenvolver uma consciência contínua de uma percepção isolada do "eu", o que implica reservar tempo para ficar sozinho. É muito mais fácil para o Dois se encontrar e desenvolver seu centro de gravidade quando está sozinho. Pratique focar seu interior mesmo quando estiver com outras pessoas. Se perder o foco, traga-o de volta para si. Perceba quando se funde com alguém ou compulsivamente tenta estabelecer uma conexão, e, de modo consciente, recue sua atenção dois passos atrás de onde está para que se desconecte energeticamente e reidentifique sua percepção isolada de "eu".[20] Reconheça que a fusão camufla o medo da intimidade.

Diga "talvez" no caminho de escolha entre "sim" e "não".

Tente parar de dizer "sim" quando quer dizer "não", dando um passo intermediário ao dizer "talvez", o que lhe garantirá tempo para pensar em uma forma de dizer "não". Vá em frente na experiência real de *não* querer ajudar e persista nela. Sinta-se bem e observe se isso ressoa como alívio. Reafirme a si mesmo que as pessoas podem fazer as coisas sem você.

Aceite, mas gerencie e contenha as emoções.

Suas emoções são importantes e válidas, portanto, valorize-as como expressões do verdadeiro eu. Mas também perceba quando pressiona os outros por meio das manifestações emocionais e assuma o risco de saber o nome desse processo: manipulação emocional. Em vez de se fazer de "ruim" por causa disso, basta reconhecer que atua como parte da sua estratégia para lidar com o problema e tentar trabalhar contra. Desafie-se a assumir necessidades e sentimentos próprios, e encontre maneiras de se acalmar quando se sentir corajoso o suficiente para sentir a dor.

Abra-se para receber dos outros vivenciando mais do seu eu verdadeiro.

Ao perceber suas suposições implícitas sobre o dar recíproco, conseguirá trabalhar contra o "dar para receber", aprender a doar sem expectativas e receber sem se sentir em débito. Isso o libertará para que desfrute relacionamentos pelo valor inerente deles, em vez de simplesmente os encarar como uma rota utilitária de sobrevivência.

Evitar a rejeição e o isolamento por meio da manutenção de uma imagem idealizada (engrandecida) de si mesmo, esquivando-se dos conflitos e dos limites e gerenciando a apresentação de si mesmo (inclusive mentir e não ser autêntico)

Concentre-se na liberdade que os limites proporcionam.

Passar tempo sozinho pode ajudar o Dois a perceber que o isolamento não é tão ruim, que estar sozinho não precisa levar à solidão. Reconheça que os limites na verdade nos tornam mais livres para uma manifestação mais segura nos relacionamentos e possibilitam conexões melhores e mais próximas dos outros. Faça um esforço consciente para aprender como fazer isso e mantenha os limites positivos. Lembre-se de que "não" é uma resposta muito boa.

Encontre o ponto ideal entre inflação e deflação.

Perceba a tendência de inflar e esvaziar a percepção de si mesmo e permita-se sentir alívio por ser apenas quem você é. Observe quando fantasia ser o parceiro ou o amigo ideal, ou quando quer ser tudo para todas as pessoas, e reflita se isso é possível ou desejável. Perceba que está tudo bem (e na verdade é libertador) em não ser perfeito ou em estar perfeitamente alinhado com os outros.

Permita que os conflitos construtivos alegrem seus relacionamentos e fortaleçam sua percepção de identidade.

Reconheça que o conflito pode aproximar as pessoas e que, quando você manifesta opiniões e preferências reais, está honrando os outros por meio da revelação de seu eu verdadeiro. Arrisque-se a dizer o que de fato pensa a uma pessoa confiável, sobretudo quando discorda dela ou não quer ajudá-la. Observe se mente para suavizar as interações sociais e tente ser mais honesto. Procure não prometer mais do que consegue oferecer e perceba que isso torna os relacionamentos mais autênticos e profundos.

Enfrente a dor com mais consciência para que consiga abandoná-la.

Permita-se sentir a dor da negligência ou da rejeição, e perceba que sobreviverá. Aprenda a resistir às agressões emocionais e entenda que o cultivo da "casca grossa" não significa que a dor não importa. Aprenda a se amar e a se aceitar como é, e abra-se para o carinho dos outros, sabendo que, se alguém não o estima, isso quer dizer mais sobre ele do que sobre você.

O Fluxo Interno para o Tipo Dois: usando o caminho das flechas para mapear o caminho de crescimento

No Capítulo 1, apresentei o modelo do Fluxo Interno do caminho das flechas, o qual define uma dimensão do movimento dinâmico no modelo do Eneagrama. As conexões e o fluxo entre cada tipo central, seu ponto "crescimento-estresse" e seu ponto "coração-criança" mapeiam um tipo de caminho de crescimento descrito pelo símbolo. Como lembrete, o caminho das flechas é considerado uma sugestão para o caminho de crescimento de cada tipo:

- A direção desde o ponto central no sentido da flecha é o caminho de desenvolvimento. O ponto "crescimento-estresse", que está mais adiante, representa os desafios específicos colocados diante de nós pela natureza do ponto central da nossa personalidade.
- A direção contrária da flecha, desde o ponto central até o ponto "coração-criança", indica as questões e os temas da infância que precisam de reconhecimento e apropriação consciente para que avancemos livres das amarras dos assuntos inacabados do passado. O ponto "coração-criança" representa qualidades de segurança que reprimimos de modo inconsciente, retornando às vezes a elas em tempos de estresse ou em busca de segurança, as quais devem ser reintroduzidas conscientemente como meio de promover nosso progresso.

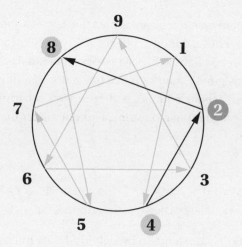

O Tipo Dois movendo-se em direção ao Tipo Oito: usando conscientemente o ponto "crescimento-estresse" do Oito para desenvolvimento e expansão

O caminho de crescimento do Fluxo Interno do Tipo Dois o coloca em contato direto com os desafios incorporados no Tipo Oito: assumir poder e autoridade, permitir-se mais acesso à raiva e lidar com conflitos e confrontos mais conscientemente. O Dois em geral se sente mais confortável com o poder atrás do trono, mas, ao avançar em direção ao Oito, ele é convocado a ter mais iniciativa e assumir o risco de liderar e agir com proatividade, em vez de estar sempre reagindo. Crucialmente para o Dois, avançar para o Oito também significa aprender a ser mais direto e assertivo, sem recorrer a meios indiretos para obter a satisfação das necessidades e a mensagens sentimentais como instrumento para que as aceitem com mais facilidade.

Embora no princípio talvez seja desconfortável para o Dois (especialmente para o Dois Autopreservação) imaginar-se autoritário, agressivo e direto quando necessário, incorporar comportamentos saudáveis do Tipo Oito pode proporcionar-lhe um equilíbrio importante no hábito de satisfazer suas necessidades veladamente por meio de sedução, charme e ajuda estratégica. A força e a autoconfiança do Oito ajudam o Dois a se valorizar e a agir com mais ousadia. Ele vê seu verdadeiro poder em ajudar e apoiar os outros, e, embora seja uma força legítima, pode exagerar na estratégia de apoio emocional e subestimar o poder do exercício da autoridade de modo mais direto. Concentrar-se em incorporar mais os Pontos do Oito, além de expandir as maneiras a que pode recorrer para impactar os outros, permite ao Dois mais liberdade no jeito como interage com as pessoas. Entender o conflito como uma coisa boa, ou seja, uma maneira de estabelecer contato positivo por meio da exploração de diferenças legítimas, também pode combater a tendência do Dois de se fundir emocionalmente com os outros.

O Tipo Dois movendo-se em direção ao Tipo Quatro: usando conscientemente o ponto "coração-criança" para trabalhar questões dos anos inicias e encontrar a segurança como suporte para avançar

Muitos Dois receberam ainda na infância a mensagem de que suas necessidades e emoções eram exageradas. Por essa razão, o caminho do crescimento do Dois exige que as recupere conforme representadas pelo Ponto Quatro. Em concordância com a estratégia para lidar com o problema de se adaptar emocionalmente aos outros, o Dois quase sempre reage a isso reprimindo as emoções e rejeitando as necessidades como forma de salvaguardar conexões. Ao recorrer conscientemente aos pontos fortes do Tipo Quatro, o Dois expande seu acesso às emoções autênticas, recupera a saudável competência autorreferencial (para equilibrar seu foco desproporcional nos outros) e aceita e manifesta suas necessidades com mais confiança.

Como muitos Dois se constrangem diante de suas necessidades e de seus sentimentos, pode lhes ser importante e restaurador incorporar a postura do Quatro em relação aos sentimentos constituírem expressões importantes e valiosas do ser autêntico. Pelo encorajamento de uma mudança de foco dos outros para si mesmo, o Dois "avança para o Quatro", permitindo-se o apego à legitimidade dos seus reais sentimentos e necessidades, o que fortalecerá a conexão com a própria sabedoria dele e sua percepção de identidade. O Dois com frequência vivencia um sentimento subjacente de ansiedade relacionado às profundas crenças na infância de que necessidades e sentimentos normais ameaçavam os vínculos com as pessoas que lhe eram importantes. Portanto, o avanço do Dois para o Quatro deve ajudá-lo a relaxar por meio do conhecimento de que honrar emoções e desejos pode ajudá--lo, em vez de causar frustração ou intimidação, na competência de criar relacionamentos positivos.

Navegando conscientemente, o Dois pode recorrer à sabedoria superior do Ponto Quatro para estabelecer um equilíbrio saudável entre focar a si e focar os outros, entre expressar tristeza e mágoa e cultivar a sensação de leveza, e entre satisfazer as necessidades alheias e pedir aquilo de que precisa. Ainda conscientemente, ele deve se lembrar de que, embora muitas vezes seja importante dar espaço para a empatia pelas emoções das pessoas, todos os sentimentos são também válidos e valiosos.

A conversão do vício em virtude: acessar o orgulho e visar à humildade

O caminho do desenvolvimento do vício para a virtude constitui uma das contribuições centrais do mapa do Eneagrama, pois pode destacar um caminho "vertical" de crescimento para um estado mais elevado de consciência em cada tipo. O vício (ou paixão) do Dois é o orgulho, e seu inverso, a virtude, é a *humildade*. Segundo a teoria do crescimento proposta pela conversão do "vício em virtude", quanto mais cientes estivermos sobre o funcionamento de nossa paixão em nossa personalidade e sobre nosso trabalho consciente para incorporar seu oposto, mais nos libertaremos de hábitos inconscientes e padrões fixos de nosso tipo, evoluindo em direção à nossa parte "mais elevada".

O trabalho do Tipo Dois centra-se no desenvolvimento de sua consciência sobre como atuam formas diferentes da paixão do orgulho no papel de formar o foco de atenção e os padrões da personalidade desse tipo. E deve fazer esse trabalho se perguntando regularmente se o orgulho está desempenhando um papel nos pensamentos, nos sentimentos e nas ações dele. À medida que o Dois se familiariza mais com a experiência do orgulho, ele pode aprofundar-se nisso por meio de esforços conscientes que o levam a se concentrar na ativação de sua virtude, o "antídoto" para a paixão do orgulho. No caso do Tipo Dois, a virtude da humildade representa um estado de ser que ele atingirá manifestando conscientemente seu potencial superior.

A humildade é um modo de ser liberto do apego em ser melhor do que você de fato é, a fim de saber que tem valor. Ela lhe permite a tranquilidade do conhecimento de que você é "suficientemente bom", e não precisa ser perfeito ou superior ou reconhecido de uma maneira específica para merecer amor. Humildade significa aprender a amar e a aceitar a si mesmo exatamente do jeito que é, nem mais nem menos. Quando o Dois consegue transcender a necessidade orgulhosa de se ver de modo melhor do que é — indispensável, sem necessidades, capaz de se transformar no que os outros mais desejam —, ele relaxa na autonomia que a humildade traz: ser ele mesmo, saber que é bom.

Em nível interior, o falso orgulho pode se confundir facilmente com autoconfiança, o que deve ser problemático para o Dois, que busca se tornar consciente do orgulho e, ao mesmo tempo, vivenciar uma experiência real da própria bondade (em oposição ao orgulho). Afinal de contas, decorre da infância a ideia de "não ser bom o suficiente" ou "ser demais", que transforma o orgulho em uma estratégia de sobrevivência. A tendência do Dois ao autoengrandecimento o motiva a assumir muitas coisas, pois ele se considera desprovido de necessidades ou limites. Mas, quando o Dois não concretiza essa visão idealizada de si e não consegue ser tudo para todas as pessoas, esse padrão inevitavelmente o leva à deflação, à autocrítica e a um doloroso sentimento de carência.

Para evitar os altos do autoengrandecimento e os baixos da autocrítica, é importante que o Dois cultive conscientemente uma intensa percepção de humildade, isto é, não apenas a capacidade de assumir suas forças, suas boas intenções e as coisas positivas que faz, mas também a consciência de como ele pode se amplificar em momentos de estresse ou quando tenta impressionar os outros. Visar à humildade como um caminho de crescimento significa observar os altos e baixos, a inflação e a deflação, e apontar para o meio, para a verdade de quem você de fato é, desenvolvendo suas verdadeiras forças ao mesmo tempo que reconhece suas limitações.

A virtude da humildade também desempenha um papel importante na nossa jornada se aspiramos evoluir em direção ao nosso verdadeiro Eu (ou árvore de carvalho). E ainda se faz necessária para que abandonemos as necessidades do nosso ego, soframos nossos medos e dores e percebamos que a estrutura da personalidade que nos deixa à vontade também limita nosso desenvolvimento. Dessa forma, a humildade representa a qualidade que devemos incorporar para nos "desidentificarmos" com sucesso da personalidade, de modo que enxerguemos para além da visão limitada do falso eu, que (equivocadamente) acredita ser tudo o que somos e deseja continuar no comando e no controle.

Perceber o orgulho e praticar a humildade ensina o Dois a valorizar quem ele é, representando o primeiro passo para que se torne tudo o que ele pode ser, não por meio do esforço, da ajuda e da doação, mas por meio da tranquilizante e confiável percepção de que ele é suficiente do jeito que é. A humildade permite ao Dois adotar uma avaliação realista de si, para que conquiste todo o seu potencial e se relacione com as pessoas de acordo com seu eu verdadeiro.

Trabalho específico para os três subtipos do Tipo Dois no caminho do vício para a virtude

Conforme explica Naranjo, observar a paixão para encontrar seu antídoto não implica exatamente o mesmo percurso para cada um dos subtipos. Caracteriza-se o caminho para um trabalho interior mais consciente em termos de "determinação, esforço e graça":[21] a "determinação" dos hábitos da nossa personalidade, o "esforço" em direção ao nosso crescimento e a "graça" que alcançamos quando nos empenhamos no sentido de uma autoconsciência mais significativa, trabalhando em direção às nossas virtudes de maneiras positivas e saudáveis. Cada subtipo precisa exercer esforço contra algo meio diferente.

O *Dois Autopreservação* percorre o caminho do orgulho para a humildade tornando as necessidades de dependência mais conscientes, trabalhando o medo e a ambivalência nos relacionamentos, e observando como o orgulho e a desconfiança acompanham as defesas e impedem o engajamento e a intimidade verdadeiros. Acima de tudo, cabe ao Dois Autopreservação desenvolver sua resiliência diante das mágoas emocionais, encorajando-se sutilmente a encontrar maneiras de crescer e assumir o seu poder. Brincar de ser criança não funciona na idade adulta, e você tem tanta competência quanto qualquer outra pessoa para tomar as rédeas da sua vida e assumir-se como sua própria autoridade. Trabalhe para conquistar dos outros uma posição de força e competência que se oponha à postura de autoengrandecimento ou de necessidade subjacente. Reconheça que, ao se apegar ao seu próprio valor, motiva os outros a lhe doar livremente, baseados na apreciação do verdadeiro valor que você tem, sem que precise exercer a manipulação ou criar uma dependência inconsciente. Lembre-se: quando você se apoia por dentro, em vez de confiar nos outros, tem a competência de receber amor e de resistir à dor ocasional da rejeição.

O *Dois Social* faz o caminho do orgulho para a humildade reconhecendo e assumindo que a necessidade de poder e de admiração desempenha um papel nas coisas que faz; tornando-se mais consciente da intenção estratégica da sua generosidade; e permitindo mais vulnerabilidade verdadeira e autenticidade nas relações com os outros. Esse Dois se beneficia quando percebe que sua forma de liderança pode ser inconscientemente manipuladora, atuando contra a necessidade mais profunda de se considerar mais competente do que os outros. Também é relevante que o Dois Social se esforce para receber tanto quando dá e para serenar a tendência maníaca de trabalhar muito. Esse subtipo pode vivenciar um sentimento de onipotência como compensação por desistir das suas necessidades mais profundas de amor e cuidado. Desacelerar e garantir que elas sejam satisfeitas de modo claro o ajudará a observar e trabalhar contra o impulso que se nutre do orgulho de trabalhar demais. Lembre-se de que o foco nas necessidades e nos sentimentos vulneráveis serve para temperar o importante trabalho com uma percepção consciente de humildade.

O *Dois Sexual* caminhará pelo caminho do orgulho em direção à humildade desenvolvendo aspectos do seu eu verdadeiro, encontrando maneiras variadas de satisfazer suas necessidades e administrando mais conscientemente suas energéticas conexões com os outros. Ao concentrar-se em dar e receber com participação e consciência, ao conter sua energia sedutora e manter limites positivos, ele temperará seu orgulho com uma percepção mais humilde das próprias intenções e do impacto sobre as outras pessoas. Esse Dois também deve visar à humildade sendo honesto consigo sobre as verdadeiras intenções que o norteiam nos relacionamentos, observando quando manipula o outro ou deturpa a si em prol da sedução, e assumindo o risco de ser quem de fato ele é, ao contrário de se apresentar como o objeto ideal de amor. Se você é um Dois Sexual, seja honesto consigo quanto a estar ou não fundamentando sua autoimagem — para conquistar amor ou ser desejado — no que julga precisar ser. Tente arriscar-se na autenticidade e permita às pessoas que venham até você.

Conclusão

O Ponto Dois representa a energia de orgulho que fomenta a necessidade de seduzir os outros a oferecer-lhes apoio emocional sendo "mais". Ele também representa como nos autoengrandecemos para fortalecer nossa autoestima em um mundo que parece nos rejeitar. O caminho de crescimento do Dois nos mostra como transformar o falso orgulho na energia que nos ajudará a manifestar nossa humilde crença no valor de quem somos de fato, sem precisar ajudar, agradar ou seduzir ninguém. Em cada um dos subtipos do Tipo Dois, percebemos um caráter específico que nos ensina o que é possível quando transformamos a estratégia de sobrevivência do autoengrandecimento em uma aceitação pacífica de nosso subjacente valor e poder, por meio da alquimia da auto-observação, do autodesenvolvimento e do autoconhecimento.

CAPÍTULO 11

O arquétipo do ponto Um: o tipo, os subtipos e o caminho de crescimento

Provavelmente minha pior qualidade é me apaixonar
demais por aquilo que considero certo.
HILLARY CLINTON

A liberdade não vale a pena se não inclui a liberdade de se cometerem erros.
MAHATMA GANDHI

O arquétipo do Tipo Um é o da pessoa que procura ser boa e fazer "a coisa certa" para satisfazer a imperiosa necessidade de virtuosismo e responsabilidade, e evitar o erro e a culpa. Esse impulso o protege defensivamente em um mundo que postula e recompensa o bom comportamento e pune o ruim.

Esse arquétipo também existe como o "superego", a parte da psique que representa a voz interiorizada da autoridade dos pais. Essa força exerce o poder de subjugar os excessos oriundos dos impulsos brutos, instintos animais e formas irrestritas de autoexpressão centradas no próprio interesse.

Portanto, o Tipo Um é o protótipo dessa tendência, na verdade presente em todos nós, de se esforçar para corresponder a elevados padrões de bom comportamento como uma maneira de provar que se é digno e evitar culpas ou erros. Para tanto, prioriza seguir regras e invocar uma ordem mais elevada como instrumento de realizar o que a percepção indica ser um bem superior.

Esse esforço também envolve necessariamente sufocar ou "civilizar" impulsos, instintos e sentimentos naturais que nos levariam a quebrar as regras a nosso favor. O Tipo Um vigia para não deixar que essas forças saiam do controle, tendendo a inibir sua experiência de sabedoria do "animal interno" e os ritmos naturais da espontaneidade, da expressão instintiva e do lúdico. Rigidez, criticismo e julgamento continuado são tão característicos desse caráter arquetípico quanto a crença na justiça, na igualdade e na boa ordem social.

As pessoas do Tipo Um são confiáveis, responsáveis, honestas, bem-intencionadas, cautelosas e trabalhadoras. Desejam com sinceridade aperfeiçoar a si mesmas e ao mundo que as cerca. O "superpoder" característico do Tipo Um deve ser entendido na superior integridade e na paixão e dedicação ao cumprimento dos ideais e da busca de padrões elevados. Esse tipo, além de forças críticas bem desenvolvidas e senso intuitivo da perfeição da natureza e da ordem natural das coisas, é diligente, prático e frugal. Também pode ser perspicaz e objetivo, significando que se destaca na análise de situações e no esclarecimento de questões enquanto afasta qualquer emoção talvez envolvida.

No entanto, assim como acontece com todas as personalidades arquetípicas, as características e os pontos fortes do Tipo Um também representam sua "falha fatal" (ou "calcanhar de Aquiles"): ele se prejudica ao exacerbar o foco na virtude e, dessa forma, compromete a própria autoconfiança, o equilíbrio e a paz interior por meio do controle, da autorrepressão e do desmedido julgamento. No entanto, quando o Tipo Um aprende a subjugar sua, algumas vezes, severa criticidade e levar as coisas menos a sério, consegue invocar seu talento para o discernimento, a confiabilidade e o idealismo para aprimorar o mundo.

O arquétipo do Tipo Um na *Odisseia*, de Homero: os feácios de Scheria

Depois de encontrar personagens que colocam obstáculos e fazem ameaças ao longo de sua jornada, Ulisses confronta os feácios de Scheria, todos eles disciplinados e corretos, metódicos e convencionais, corteses, preocupados com a etiqueta, o dever e o agir correto. O castelo do Rei que os governa é arquitetonicamente perfeito, cercado por muralhas de bronze. São marinheiros experientes, que mantêm sempre o cuidado de permanecer na rota.[1] Portanto, sentem-se moralmente obrigados a ajudar Ulisses a voltar a Ítaca.

Entretanto, por mais virtuosos que sejam os feácios, até mesmo essas qualidades "ideais" têm um aspecto negativo. Qualquer coisa levada ao extremo vira um problema, inclusive quando se fazem julgamentos morais. Homero nos conta que alguns acham que eles são "samaritanos sem derramamento de sangue", cujo perfeccionismo pode ser intenso e prepotente, e não honroso e prestativo.[2]

Os feácios personificam a personalidade do Tipo Um no empenho em serem não só modelos de virtude, mas também rigorosos, presunçosos e críticos com aqueles que não são.

No entanto, não basta a tentativa de perfeição para proteger os feácios dos caprichos do destino. Poseidon, indignado com a velocidade quase sobre-humana da embarcação e dos dotes oferecidos a Ulisses, transforma o navio em pedra e esconde a ilha atrás de montanhas para que nunca mais fosse encontrada por ninguém. Os feácios, percebendo a fúria de Poseidon, correm desesperadamente para iniciar um grande sacrifício. Nós os vemos pela última vez em oração e ritual piedoso, esperando apenas apaziguar a ira de um deus poderoso.

A estrutura de personalidade do Tipo Um

Localizado no canto superior direito do Eneagrama, o Tipo Um pertence à tríade "instintiva", associada à emoção central da *ira*, cujo foco se volta à *ordem*, à *organização* e ao *controle*.

Entretanto, o foco no julgamento e nas normas pode levar à percepção de que o Um se concentre vigorosamente na cabeça. Na verdade, esse traço reflete a constante dinâmica interior segundo a qual a função intelectual avalia, regula e detém quase sempre ativamente os impulsos "errados" originados no corpo.

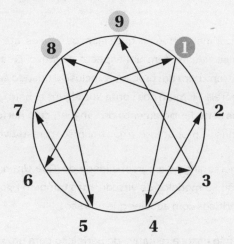

Naranjo observa que, fundamentalmente, o Tipo Um é supercivilizado ou supercontrolado. Em geral, quando as pessoas vivenciam um impulso — correr, expressar raiva, abraçar alguém —, este se movimenta das vísceras até o corpo antes de ser interceptado e julgado por meio de uma bem desenvolvida função intelectual crítica. Se o impulso fracassa a inspeção, ele é rotulado de "errado" e reprimido pela função de pensamento crítico do Um.

Na maioria das vezes, essa repressão é habitual. Um franzir de testa pode levar o Um a virar a cara. Um comentário ardoroso (ainda que talvez sem pretensões) pode defletir o momento. Mas, se o impulso é "inaceitável" sob um aspecto moral mais profundo, é possível que desencadeie a "formação reativa", um mecanismo de defesa segundo o qual o Um impele intensamente o impulso original para o inconsciente por meio da criação e da manifestação automática do impulso *oposto*.

Com cada impulso "errado", a fixação do Um em estar certo e evitar o fracasso entra em um conflito frustrante com um impulso natural e espontâneo, instinto ou sentimento, cuja função crítica é implacável. Essa raiva latente se transforma facilmente em ressentimento quando confrontada com o comportamento de "quebrar as regras" ou de autoindulgência. A percepção do Um de que ser uma pessoa ressentida é por si só "errado" ou "ruim" encerra a personalidade em um ciclo de julgamento e ira, de reação e, muitas vezes, de arrependimento.

A estratégia para lidar com o problema dos primeiros anos: Tipo Um

A personalidade do Tipo Um se defende contra as críticas, verdadeiras ou prenunciadas, e constrangimento (vergonha) ou punição por estar "errado" ou ser "ruim". Muitas vezes, ele relata ter vivenciado pressão desde o início da vida para fazer alguma coisa satisfatória ou correta quando ainda era muito novo para assumir o peso dessa responsabilidade. A experiência da crítica dos pais ou de outras figuras familiares gerou um sentimento de ansiedade no jovem Um de que existia um "jeito certo" de agir. Portanto, para ele, fazer a coisa "certa" e batalhar por um desempenho impecável inspira o feedback de apoio e de sentimentos positivos.

Algumas pessoas do Tipo Um vivenciaram essa responsabilidade precocemente porque lhes faltou suporte estrutural (ou "apoio psicológico") durante a infância. O caos, a incerteza ou a ansiedade na família motivaram a criança Um a assumir a missão de estabelecer ordem e organização para si mesma e muitas vezes para os outros membros da família. A estratégia para lidar com o problema de se incorporar intensamente a regras, rotinas e padrões de comportamento sólidos proporciona ao Um não só coesão interna e segurança, mas também proteção contra as críticas. Se o Um consegue colocar as coisas na ordem correta, pode descontrair e vivenciar uma sensação de bem-estar.

Por outro lado, a crítica e a ansiedade provenientes das coisas fora da ordem correta rapidamente ensinaram à criança Um os perigos de seguir os impulsos espontâneos. Assim, ela aprende que agir "errado" ou não se esforçar suficientemente para atingir o padrão bom é — e *deveria* ser — um convite a feedbacks negativos e sentimentos dolorosos.

Naranjo explica que a estrutura de personalidade do Tipo Um se origina da sobrecarga de responsabilidade ainda na infância, associada ao pouco reconhecimento da bondade essencial da criança Um.[3] A frustração natural aumenta quando se vê obrigada, em tenra idade, a exercitar um elevado grau de autocontrole. A criança Um rejeita essa frustração por meio da supercompensação para outro lado. Inconscientemente, ela se afasta da raiva e da frustração, deslocando a energia dessas emoções para esforços de ser excessivamente boa.

O Um também internaliza uma voz "parental" que atua depois como um crítico interior ou instrutor. A estratégia para lidar com o problema criticando-se proativamente e tentando agir de modo correto antes que as coisas entrem na vigilância dos pais pode levá-lo a evitar críticas externas e punições. Esse sistema de orientação mantém o Um de maneira constante no caminho certo, de acordo com padrões específicos de comportamento ideal. Mas a crítica interior originalmente formada para proteger o Tipo Um vira uma voz ou um sentimento sempre presente, detectando falhas e imperfeições nele e no mundo externo.

Derek, um Um Autopreservação, descreve sua situação na infância e o desenvolvimento de sua estratégia para lidar com o problema:

Ele era o mais velho de três garotos. Seu pai, um oficial militar Tipo Oito, pilotara aviões no Vietnã; a mãe era Tipo Nove "hippie". Os pais se divorciaram quando ele era bem novo, e os três meninos foram morar com o pai. Derek, apesar de ser o mais velho de três, era "o segundo no comando". Se alguma coisa pela qual ele estivesse responsável desse errado, havia um inferno a se pagar. Na casa da mãe, a vida não era convencional, e cabia a Derek tentar criar estabilidade e evitar constrangimento. A intensa percepção de responsabilidade de Derek desde cedo gerou nele não apenas ansiedade, mas também o foco em garantir que as coisas estivessem "indo bem" e a avaliação de como ele e os outros estavam cumprindo suas obrigações.

O principal mecanismo de defesa do Tipo Um: formação reativa

A formação reativa constitui uma defesa psicológica por meio da qual a psique humana transforma algo na polaridade oposta em menos ameaçadora. Assim, diante das "exigências excessivas e da frustração" na infância, em vez de se irritar e se rebelar, o filho Um assume mais responsabilidades, tornando-se um menino ou uma menina muito bom/boa.[4] A fixação fundamental em ser bom e agir de modo correto motiva o Um a focar sentimentos "positivos" e a rejeitar ou reprimir os "negativos". A formação reativa alivia o estresse resultante desse difícil conflito interior. Focar emoções "positivas" mais aceitáveis e expressá-las permite ao Tipo Um empurrar os sentimentos "negativos" para o inconsciente.

O ARQUÉTIPO DO PONTO UM

A tendência automática do Um de se revelar excessivamente gentil com uma pessoa com quem está irritado ou insatisfeito exemplifica a formação reativa como uma defesa ativa. Além disso, a formação reativa pode transformar a crescente inveja do sucesso alheio em uma manifestação de admiração. Desse modo, consegue-se rejeitar qualquer emoção (inconscientemente), apresentando o oposto "lado positivo" dela. Acrescenta-se que a formação reativa também atua como rejeição da ambivalência: em vez dos sentimentos confusos, como se ressentir com alguém a quem se é grato ou odiar a pessoa que ama, o Um muda o foco intelectual e permite-se vivenciar apenas a conclusão positiva desse complexo conjunto de emoções.[5]

Portanto, a formação reativa ajuda o Um a se proteger das críticas externas, assegurando-lhe o controle e a pertinência das expressões de emoção. E ainda o defende contra vivenciar e expressar toda a força do julgamento interno por sentimentos que ele (ou ela) percebe "errados" ou "ruins", como uma ira "inapropriada" ou um desejo egoísta.

O foco de atenção do Tipo Um

O foco de atenção do Um em tentar agir do modo mais correto possível instintivamente atrai a atenção para os "erros" ou as "imperfeições" e, em seguida, para a correção deles. O hábito mental de sentenciar contra um ideal interno supera o discernimento do certo e do errado, ou do bem e do mal. Por meio do crítico interno, o Tipo Um normalmente avalia melhor ou pior (e o porquê) tudo que ele compara a esse ideal. Não importa se a pessoa instintivamente direcionar esse impulso mais para o íntimo, para a sociedade ou para relacionamentos pessoais, pois continuará focada na *busca pela perfeição*, a fim de evitar a crítica e a dor.

O Um desenvolve um profundo apreço pelo que considera "perfeito", o qual se origina do que ele "sente" ou "sabe" ser correto. No entanto, o foco do Tipo Um muitas vezes acaba frustrado, pois a conquista real do perfeito constitui um padrão impossível. Mesmo assim, o Um também descreve uma maravilhosa sensação de paz e satisfação quando as coisas se combinam do jeito correto. O foco em alcançar esse sentimento, por mais raro ou efêmero que seja, motiva o Um a trabalhar pesado e atender energicamente aos detalhes de tudo que valoriza na busca por segurança e bem-estar que acompanham um ótimo resultado.

É importante notar que o Um não foca a perfeição da mesma forma, ou mesmo não a emprega em todos os aspectos da vida. Alguns se concentram em ordem e limpeza no ambiente, enquanto outros, não se importando com a bagunça do escritório, focam intensamente questões mais significativas da esfera política ou moral, como assuntos de certo e errado ou justiça social. Algumas dessas diferenças de foco ocorrem naturalmente no nível instintivo de acordo com a ênfase na autopreservação, nas relações sociais ou no vínculo sexual.

A paixão emocional do Tipo Um: ira

A paixão constitui uma motivação emocional específica no centro da personalidade. No Tipo Um, é a *ira*, ainda que atue de uma maneira particular. Os elementos que comumente consideramos como agressão manifesta se destacam mais em outros tipos, como o Oito e os subtipos sexuais de Seis e Quatro. O Tipo Um vivencia e expressa a ira mais como ressentimento, frustração, presunção ou irritação. Ele relata que, na maioria das vezes, reconhece o ressentimento como uma espécie de raiva amortecida de nível reduzido, em segundo plano, relacionada ao fato de que as coisas não são como deveriam ser. Quando controlada e racionalizada, a ira com frequência se expressa como irritação ou frustração, manifestada por alguém comprometido com estar acima de qualquer reprovação.

Por outro lado, o Um pode ficar furioso quando sente que está certo, e, portanto, é "apropriado" expressar tal sentimento.

A ira do Tipo Um tem duas origens principais. Primeiro, surge da frustrada vivência de se empenhar para atingir a perfeição; segundo, do fato de habitualmente reconhecer momentos em que os outros falharam em satisfazer — ou até mesmo tentaram satisfazer — os padrões que ele inerentemente considera "certos", "corretos" ou "apropriados". Essa percepção acrescenta um furioso ressentimento quanto à conduta "ruim" das pessoas diante da frustração do Um sobre como é difícil fazer com que as coisas na vida sejam corretas.

A forma reprimida ou "rabugenta" de ira é um aspecto da personalidade Tipo Um que a maioria das pessoas nem sempre percebe. Longe de ser uma personalidade violenta ou disruptiva, a paixão subjacente da ira acaba de fato fomentando um caráter supercontrolado ou supercivilizado.[6] O Um tende mais a parecer como tenso, crítico, exigente ou "comprometido" do que abertamente descontrolado ou rude.

O erro cognitivo do Tipo Um: "todos nós podemos e devemos melhorar"

No Capítulo 1, abordamos a ideia de que, em cada um de nós, a personalidade se manifesta em nossos três centros de inteligência. Todos nos aprisionamos às formas habituais de pensar que influenciam nossas crenças, nossos sentimentos e nossas ações, o que continua mesmo quando não são mais exatos os modelos intelectuais responsáveis por nossa perspectiva geral. Naranjo descreve essas pressuposições mentais fixas como "erro cognitivo", ou transe psíquico que subjaz e molda o caráter. Enquanto a paixão molda as motivações emocionais da personalidade, a "fixação cognitiva" inquieta os processos de pensamento da personalidade

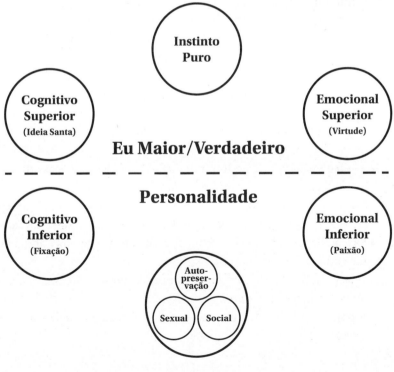

O Tipo Um, normalmente acreditando na imperfeição de seu objeto de atenção, considera que deve tentar melhorá-lo, quer seja focando a si mesmo, quer seja seus entes queridos ou a sociedade como um todo. Ele também tende a pensar que é ruim cometer erros e que o mau comportamento precisa ser punido. Essas crenças geram comportamentos como trabalhar muito e aderir às regras e aos códigos de ética. Emocionalmente, tais convicções e pensamentos lhe causam ansiedade, frustração e ressentimento, o que já discutimos.

Por exemplo, é possível que uma pessoa do Tipo Um focada na própria imperfeição acredite ser indigna e inaceitável, mesmo quando as evidências sobre como ela vive mostrem que é de fato bem-sucedida de várias maneiras e bem mais do que aceitável. Seu erro cognitivo é que ela pode e deveria melhorar, embora objetivamente sempre aja no sentido da ética e da diligência.

No entanto, é extremamente difícil mudar o jeito habitual de se pensar. Ele envolve processos que se formam ainda na infância, com a função vital de protegerem o eu em desenvolvimento. Mas, como a casca da semente, inibimos nosso crescimento ao nos limitarmos a esses padrões de pensamento.

Seguem algumas crenças e pressuposições típicas da personalidade do Tipo Um. A predominância e o foco dessas perspectivas variam de acordo com o subtipo, como ainda veremos neste capítulo:

- Devo me esforçar para satisfazer os elevados padrões de comportamento e desempenho para evitar críticas e sentimentos de fracasso.
- Sou imperfeito, estou distante da perfeição e, portanto, quase sempre sou ruim.
- Se eu efetivamente não inibir emoções, impulsos e necessidades, talvez diga ou faça algo inapropriado e me sinta constrangido.
- Gosto de ser uma pessoa em quem as outras confiam como justa e correta. Se for para me orgulhar de alguma coisa, acho que seria disso.
- Se algo der errado, mas eu tiver agido de modo correto, então não me considerarão culpado.
- Quase tudo no mundo pode ser aprimorado — e algumas coisas definitivamente *deveriam* ser.
- A perfeição é difícil. Deveria ser difícil. É rara e difícil. Mas vale a pena.

- Se todos cumprissem sua parte para seguir o que *conhecem* como regras de uma sociedade decente, tudo fluiria com bem mais suavidade.

Esses tipos de crenças ajudam o Um a ter uma percepção ponderada do mundo. Mas o empenho dele na perfeição, ao mesmo tempo que foca tanto as imperfeições, vincula a compreensão do "eu" à luta por aprimorar um mundo infinitamente imperfeito.

A armadilha do Tipo Um: "sem a 'perfeição', qual o significado de 'bom o suficiente'?"

Os padrões e hábitos resultantes da estratégia para lidar com o problema de criticar proativamente à luz de padrões específicos de qualidade ou perfeição criam uma "armadilha" encíclica que reflete o conflito básico no centro da personalidade do Um, na qual ele atua consciente e inconscientemente. O Um evita a crítica e as punições mantendo para si ou para os outros um padrão altamente punitivo, e então fomenta esse ciclo com ira e ressentimento por fracassar no cumprimento desse padrão. Portanto, o empenho para se libertar, e também aos outros, da culpa apenas reforça as crenças habituais do Tipo Um sobre ser indigno ou inamável. Conclui-se que os esforços do Um para provar que é aceitável e digno de amor acabam reforçando sua falsa crença na imperfeição e na falta de amor. Claramente, quando só se ama o perfeito, é difícil aceitar — *tranquilizar-se* no conhecimento — que "estar bem" pode implicar de fato ser bom o suficiente para todos.

As principais características do Tipo Um

Crítico interno

A maioria das pessoas do Tipo Um dirá que tem um crítico interno que julga e que, de outra forma, comenta quase tudo o que elas fazem. Embora alguns dos outros tipos de personalidade vivenciem esse tipo de diálogo crítico interno em algum momento, o Um relata ter conhecido essa voz em 90% a 100% das horas de vigília. Os outros tipos que também se enquadram nesse perfil podem reduzir ou até mesmo desconsiderar tal voz temporariamente. Mas essa função crítica domina amplamente a vida interior do Um.

O crítico interno às vezes se constrói mais como um pai interior do que simplesmente como um severo juiz. De acordo com algumas pessoas do tipo Um, o mesmo impulso que as critica por terem feito mal alguma coisa pode se revelar encorajador no momento seguinte, como se dissesse: "Isso foi melhor; faça assim de novo da próxima vez".

Supercontrole

Parte da necessidade do Tipo Um de controlar seu ambiente visa influenciar os resultados para que tomem um rumo "bom" ou "correto", distante, portanto, do "ruim" ou do "errado".

Frequentemente os outros percebem o Um como inflexível ou rigoroso, o que decorre da tendência de ele não apenas supercontrolar-se, mas também controlar as coisas que diz e faz. Esse tipo aprecia a segurança do ritual, da rotina e das regras que podem ser aplicadas, ainda que às vezes lhe seja difícil perceber quando o controle e o engajamento às regras se tornam uma tendência problemática para o "supercontrole". Entre outras coisas, isso quase sempre significa que o trabalho tem de anteceder o lúdico, sem espaço suficiente para prazer, diversão e relaxamento.

Apesar dessa tendência do Um de ser controlado na manifestação da ira, ele nem sempre tem consciência de quando está mesmo irado. Assim, embora tente reprimir a demonstração de alguns sentimentos, raiva, frustração ou ressentimento muitas vezes "escoam" em seu comportamento não verbal. E ele pode até estar inconsciente de que os outros conseguem ver essa ira "escoando" por meio do autocontrole em que se empenha.

Virtude moral

O Um se empenha continuamente em ser virtuoso. Ao contrário de outros tipos com variadas motivações primárias, inclusive o gosto de serem "maus", ele se volta para ser um bom cidadão e agir certo. Em geral, esse personagem é moralmente correto e bem-intencionado, isto é, segundo seus critérios, quer de fato ser bom e fazer a coisa correta visando ao benefício de todos.

Além do amor pela ordem, o perfeccionismo também conta na obediência à autoridade e nos esforços altruístas para bondosos trabalhos.

Em todas essas tendências do Um, a adesão aos princípios orientadores que regem e suprem os ideais pode ser entendida como uma estratégia para conquistar afeto por meio da virtude e uma defesa contra a ira e a frustração.

Perfeccionismo e crítica

Meu irmão Tipo Um fez um comentário que evidencia o desejo pela perfeição. Certa noite, eu estava preparando o jantar na casa dele e, quando comecei a fazer o molho do macarrão, meu irmão, olhando para a panela, observou que as cebolas picadas e então refogadas não eram todas do mesmo tamanho. Esse tipo de comentário indica a preocupação com a perfeição ou a uniformidade. O Um chega a acreditar que, se as coisas não forem perfeitas, eventos ruins poderão acontecer; nesse caso, talvez meu irmão temesse que as cebolas cortadas de tamanhos diferentes resultassem em um marinara grudento.

Embora se considere o perfeccionismo ou a "impecabilidade" o foco principal ou a estratégia central do Um, nem todos eles se identificam com a perfeição da mesma forma. Conforme veremos, o perfeccionismo e a crítica do Um variam com o foco instintivo do subtipo na autopreservação, nas relações sociais ou no contato sexual.

A sombra do Tipo Um

O Um em geral apresenta pontos cegos relacionados com o lado sombra do empenho para ser bom, agir certo e conquistar ideais superiores. Por acreditar que está sempre certo, ele às vezes é excessivamente crítico e pune a si mesmo e aos demais, mas racionaliza esse tratamento severo como correto ou justificado. O Um também pode se mostrar intensamente sensível à crítica, a ponto de lhe ser difícil receber feedbacks sinceros das pessoas, porque já está se massacrando ao recear receber mensagens críticas.

O lado sombra de acreditar na perfeição indica a tendência de cair no severo pensamento branco e preto. Os outros possivelmente o percebam como inflexível ou hipercrítico e considerem exacerbados os padrões que ele emprega, pois a perfeição muitas vezes não é possível ou nem sequer desejável.

O apego ao crítico interno como defesa contra o caos dos impulsos irrestritos pode levar o Um a acreditar na crítica implacável como característica fundamental de sua vivência interior, racionalizando assim os julgamentos como uma verificação necessária das imperfeições, mesmo que isso o leve à depressão e à ansiedade. Portanto, um ponto cego do Um está no aspecto negativo de ser propenso à crítica. Em particular, ele muitas vezes não consegue identificar e assumir suas qualidades bastante positivas. Portanto, o Um demonstra que os atributos "positivos" também podem ser elementos sombrios na personalidade.

O Um pode viver momentos difíceis diante da legitimidade do ponto de vista das outras pessoas se percebe que são injustas, tendenciosas ou moralmente negligentes. Ao aceitar o que considera uma posição moral superior em um conflito, talvez lhe seja complicado abandonar a percepção de que a outra pessoa "sabe" que está fazendo algo errado e mesmo assim persiste. É difícil para o Um aceitar que não há morais absolutas. Nesse sentido, o aspecto sombra desse tipo implica a capacidade de enxergar além do branco e preto da sua percepção interna de "certo" e "errado", ou "melhor ou pior".

Acima de tudo, um ponto cego do Um se relaciona à vivência e à manifestação da ira. Em alguns casos, o Um não sabe (e não consegue admitir) quando está com raiva. Se houver muita pressão nele para reprimir o que lhe soa incontrolável, algo precisa ceder. Ocorre o escoamento quando o Um tenta rejeitar, controlar ou esconder sua ira, mas os outros a percebem em uma mandíbula cerrada, em um modo abrupto, em um tom tenso ao falar, ou, ainda, em um corpo repleto de tensão.

A ira do Um pode ser extravasada por meio de explosões de moralidade, apesar da intenção de reprimi-la. Isso acontece quando o Um canaliza a ira em uma causa ou em uma opinião que envolve algum tipo de injustiça, o que lhe desperta um senso de indignação moral. A moralidade não só pode implicar o que ele percebe como uma situação objetivamente injusta, mas também ocorrer em nome dos outros, e o Um racionaliza que está sendo virtuoso, e não furioso. Em raras ocasiões, esse tipo também "representa" sua sombra em alguma espécie de comportamento "ruim", quando o empenho na virtude se torna muito estressante e os impulsos ou as necessidades mais profundas (em geral ocultas até dele mesmo) escapam do controle consciente.

A sombra da paixão do Tipo Um: a *ira* no *Inferno*, de Dante

No *Inferno,* de Dante, "o Irado" descreve aquele que sucumbe à paixão da ira. Como castigo, as sombras que mergulharam em vida tão profundamente na ira agora estão completamente dominadas por essa emoção — são pessoas sujas de lama, lutando umas contra outras, os rostos enfurecidos —, aquelas em que a "ira venceu" e foram "cobertas" de lama em uma briga física brutal no pântano sujo.

> E eu, atento a um remexer na água,
> gentes lodosas vi no lameirão,
> todas nuas, demonstrando irada mágoa.
>
> Estavam-se a esmurrar, não só de mão,
> mas co'a cabeça, o corpo todo e os pés,
> lanhando-se co'os dentes de roldão.[7]

É claro que nem toda ira merece tal castigo. O próprio Peregrino exclama furioso para uma sombra suja e mal-humorada que aborda o barco: "Com choro aqui, e com luto/ seja, maldito espírito, tua estada,/ que eu te conheço, mesmo tão poluto".[8] Virgílio elogia o Peregrino por estar indignado porque a vida terrestre da sombra lhe valeu aquela repreensão e muito mais.

A ira extrema punida no submundo e sombreando a personalidade do Tipo Um constitui uma lógica de hostilidade e ressentimento a qual habitualmente gera luta constante. Como vemos no submundo de Dante, esse tipo de raiva é sempre sua própria recompensa.[9] O Peregrino vê pela última vez a sombra que reconheceu como aquela que o atacou na lama, tão louca de raiva que se vira e se morde insanamente.

Os três tipos de Um: os subtipos do Tipo Um

Os três subtipos do Tipo Um canalizam a paixão da ira recorrendo a diferentes impulsos relacionados à tentativa de tornar as coisas perfeitas. O Um Autopreservação tenta aperfeiçoar a si e às coisas que faz; o Um Social se considera perfeito porque adere ao "jeito certo de ser"; e o Um Sexual procura aperfeiçoar outras pessoas.

Os três subtipos do Tipo Um representam personagens distintos, pois cada um deles manifesta a ira de um modo específico. Embora compartilhem alguns dos temas mais importantes do Tipo Um, cada subtipo se especializa ou foca um subconjunto diferente de preocupações.

Naranjo, baseando-se em Ichazo, denomina cada subtipo com o objetivo de sugerir os distintos padrões de atenção. O Autopreservação é chamado de "Preocupação", o Social, "Não Adaptabilidade" ou "Rigidez", e o Sexual, "Fervor". Naranjo explica que o Autopreservação é o verdadeiro "perfeccionista"; o Social, o "perfeito", pois acredita que conhece o jeito correto de ser; e o Sexual concentra-se no "aprimoramento dos outros". Embora se refiram algumas vezes ao Tipo Um como "O perfeccionista", isso se aplica em especial ao Um Autopreservação, pois o Um Sexual é mais "reformador" do que perfeccionista.

O Um Autopreservação: "Preocupação"

O Um Autopreservação reprime mais a ira. Para torná-la menos ameaçadora, o mecanismo de formação reativa transforma o calor da fúria em algo mais cálido. E esta é uma mudança bastante significativa: uma pessoa irada se desconecta desse sentimento para contemplar a gentileza, a solidariedade, as boas intenções. No Um Autopreservação, a ira, junto com as defesas contra ela, manifesta-se como boas intenções, perfeccionismo, esforços heroicos, obediência às regras e um empenho obsessivo pela perfeição.

O resultado exterior é a imagem de uma pessoa excessivamente gentil, decente e amável. Buscando a perfeição, o Um Autopreservação, por acreditar ser negativo ao sentir raiva, recorre à virtude da tolerância, à indulgência e à amabilidade. Mas na verdade é muito colérico, embora controle esse sentimento; no entanto, sob pressão, a ira extravasa como irritação, ressentimento, frustração ou moralismo.

O Um Autopreservação se preocupa muito. Esse subtipo tem necessidade de fazer previsão, desejo de planejar tudo e compulsão para tentar manter as coisas sob controle. Com frequência ele viveu uma história familiar caótica, que lhe exigiu estabelecer certa estabilidade, ainda que criança, e em geral era a pessoa mais responsável da família. Talvez pelo fato de a sobrevivência dele ter sido ameaçada por elementos fora do controle no ambiente em que vivia na infância, esse subtipo vivencia muita ansiedade. Sem confiar que as coisas correrão conforme deveriam, ele manifesta um exacerbado senso de responsabilidade que se reveste de preocupação e agitação, mesmo quando tudo caminha bem.

A sensação permanente de que qualquer coisa pode dar errado a qualquer momento acompanha esse subtipo, a menos que esteja em alerta máximo para garantir que tudo acontecerá como deveria. Esse Um também se caracteriza não só por uma falsa percepção de segurança quanto à sobrevivência, mas também por uma ansiedade subjacente sobre as coisas não estarem indo bem, associada às consequências do fracasso. O Um Autopreservação às vezes abandona a preocupação quando se convence de que não consegue intervir em uma situação, mas é difícil que freie a vigilância se houver algo que possa fazer para afetá-la.

A tendência à ansiedade e à vigilância constante pode, em alguns casos, desencadear defesas obsessivo-compulsivas, isto é, o pensamento da pessoa torna-se obsessivo, e os comportamentos, compulsivos ou ritualísticos quando ela tenta minimizar a ansiedade recorrendo a determinados pensamentos ou engajando-se em alguns comportamentos específicos. O Um Autopreservação age desse modo para incorporar uma sensação de controle sobre o que está acontecendo e, por meio dela, finalmente conseguir relaxar. No entanto, isso é difícil e raramente acontece, pois esse subtipo sempre está diante de muitas coisas a fazer e com as quais se preocupar.

O Um Autopreservação é o epítome de um verdadeiro perfeccionista, especialmente duro consigo quando não age corretamente. Conforme Naranjo aponta, esse subtipo tem dificuldade em abandonar a necessidade de controle e permitir o avançar do fluxo. Em vez disso, sente-se compelido a intervir, se necessário, para se certificar de que cada detalhe importante seja analisado e aperfeiçoado. O Um Autopreservação, portanto, encontra segurança agindo de modo correto e descobrindo a solução perfeita.

O nome "preocupação" dado a esse subtipo funciona como um rótulo descritivo da paixão ou de uma intensa compulsão emocional por se preocupar, ou inquietar-se, como se isso fosse um desejo insaciável. O Um Autopreservação normalmente vivencia três aspectos convergentes do impulso "preocupação/inquietação". A preocupação constante serve para 1) atingir a perfeição, por mais reduzida que seja; ou 2) evitar o infortúnio, por mais acentuado que seja; ou 3) libertar-se da culpa, por mais tênue que seja.

A ira subjacente à preocupação constitui a reação inicial do Um por ter de se preocupar desde a infância. Quando criança, o Um Autopreservação não se permitia estar consciente da própria raiva, pois a vivência dela (ou a insuportável frustração) representava uma ameaça ao fato de ter-se comprometido cedo demais. No entanto, o Um Autopreservação mais velho quase sempre vivencia muito a ira, que lhe molda a personalidade na fase adulta.

Nos relacionamentos, o Um Autopreservação demonstra sensibilidade quando criticado e pode zangar-se quando se sente culpado. Em momentos de conflito, às vezes se revela arrogante, severo e inflexível, mas tende a confessar suas falhas (às vezes com muita facilidade) e perdoa aqueles que admitem culpa ou que se desculpam. É possível que os parceiros desse subtipo se sintam criticados e retidos em padrões insuportavelmente elevados, mas, em contrapartida, também podem contar com o ultraconfiável Um Autopreservação.

Esse subtipo pode ser confundido com o Tipo Seis, sobretudo o Seis Social, pois ambos apresentam características semelhantes, como o pensamento branco e preto, a obediência a regras e autoridades, ou então talvez se confunda com o Seis Autopreservação, também marcado pela sensação subjacente de ansiedade e insegurança. No entanto, o Um Autopreservação se diferencia de um Seis norteado pelo medo no papel fundamental, embora inconsciente, da paixão do Um pela ira. Medo e dúvida motivam o Seis, e não o ressentimento. O Um Autopreservação continuamente se indaga: "Por que sou sempre aquele que trabalha para aprimorar a realidade, quando fazer o certo ou aperfeiçoá-la beneficia a todos?". O Seis, pelo contrário, foca lidar com a ansiedade. O Um também confia mais nos padrões de perfeição que ele emprega, enquanto o Seis continuamente duvida de ter feito o "certo".

> **Eric**, um Um Autopreservação, diz:
>
> Em toda a minha vida fui aquele que se preocupa. Preocupava-me especialmente com problemas ou com que algo desse errado porque não havia empenhado o melhor de mim em qualquer coisa que precisasse fazer. Quando criança, era muito obsessivo porque me parecia que, sempre que não estivesse vigilante, algo daria errado e eu seria punido. Na realidade, era o que os pais chamam de "um excelente garoto", que sempre tirava boas notas, pois estudava obsessivamente. Eu argumentava quando sentia que minha mãe ou meu pai estavam sendo injustos, mas jamais sonhei em lhes causar problemas de propósito. Eu me surpreendi ao saber que nem todos têm uma voz "crítica" que os acompanha o tempo todo, impulsionando-os a agirem de modo correto e afastando-os do que é errado.

O Um Social: "Não Adaptabilidade ou Rigidez"

O Um Social, menos perfeccionista, concentra-se mais em ser o exemplo perfeito para os outros sobre a conduta correta, embora não seja uma pessoa internamente ansiosa e que se empenha para alcançar a perfeição. O Um Social necessita representar o modelo perfeito em sua maneira de ser ou de agir, para ensinar aos outros pelo exemplo. Ichazo nomeou esse tipo de "Não Adaptabilidade", e Naranjo o chama de "Rigidez", descrevendo-o como alguém cuja mentalidade é a de "professor de escola". A não adaptabilidade ou rigidez se refere à tendência desse personagem em aderir rigidamente a modos específicos de ser e fazer as coisas, para assim expressar a propriedade exclusiva da maneira "certa" de ser, pensar e se comportar.

No Um Social, a ira fica meio oculta. Enquanto no Um Autopreservação o calor da raiva se transforma em calidez, no Um Social ela se transforma em algo insensível. Esse personagem tende a ser mais frio, mais intelectual, destacando-se, sobretudo, pelo controle. No entanto, o Um Social não reprime completamente a ira, porque há um equivalente dela na paixão por ser o dono da verdade. Esse subtipo canaliza a ira na super-confiança sobre estar certo ou ser "perfeito".

O Um Social necessita (em geral de modo inconsciente) sentir-se superior ou parecer superior (porque o desejo consciente de superiori-dade constituiria um comportamento negativo). É como se ele estivesse implicitamente dizendo: "Estou certo, e você, errado", como instrumento de exercício de poder sobre os outros. (Se estou certo, e você, errado, então tenho mais direito do que você de controlar a situação.) Conforme meu pai Um Social sempre costumava dizer: "Nunca estive errado, exce-to uma vez, quando pensei que estava errado, mas havia me enganado".

O Um Social aprende a reprimir as emoções desde bem cedo; ele quase sempre foi um excelente garoto que não causava problemas. Pode ter sido um adolescente que agia de modo "mais velho" do que de fato era, com frequência se esquecia de ainda ser criança.

Uma pessoa desse subtipo pode propositalmente não se adaptar a mudanças de horário ou de costumes. O Um Social tende a persistir em um modo específico de fazer as coisas que acha corretas, mesmo que os outros tenham evoluído e as façam de maneira diferente. O Um demons-tra a postura geral: "É assim que é e vou lhe dizer como deve ser".

Não é de surpreender que o Um Social assuma automaticamente o papel de professor, pois tem a sensação de que demonstrar e amoldar o que está ensinando é igual ou mais valioso do que as palavras. Portanto, é norteado pela ideia de que um bom modelo contribui bem mais para ilustrar o que está ensinando. Além disso, esse subtipo, ainda que não tenha consciência da necessidade de parecer superior, pode receber fee-dback de que está agindo como um "sabichão".

O Um Social é o que mais se assemelha ao Tipo Cinco na introver-são, em parecer um pouco "acima de tudo" e emocionalmente desape-gado. Eles se isola da multidão porque é perfeito e, portanto, superior, e nunca se sente completamente confortável nos grupos dos quais parti-cipa; na verdade, tende a se sentir alienado. Mas, enquanto o Cinco foca principalmente a conservação de energia e de recursos, o Um prioriza tornar as coisas perfeitas, com um sentimento de raiva mais à tona.

Nos relacionamentos, o Um Social pode ter as mais elevadas expecta-tivas. Ainda que tenda a confiar mais em si do que nos outros, às vezes soa mais distante, tão autossuficiente que não parece precisar dos outros. Par-ceiros e amigos talvez enfrentem dificuldades em convencer o Um Social de que uma perspectiva diferente pode ser a correta. O Um Social pensa racionalmente e debate com vigor um assunto. Ele domina tornando errada a outra pessoa, e pode ser difícil convencê-lo da validade de um ponto de vista concorrente.

> **Francis**, um Um Social, diz:
>
> No meu cotidiano, tendo a colocar tanta energia para fazer as coisas funcionarem que me irrito diante da indiferença dos outros. Por exemplo, odeio quando as pessoas estacionam sobre a linha da vaga de estacionamento, porque acabam ocupando um espaço maior. Por isso, faço questão de estacionar sempre direito entre as linhas (às vezes, para o desespero absoluto da minha esposa: "Não consigo sair do carro!"), porque esse é o jeito certo de se comportar e é como eu gostaria que todos se comportassem. Assim, não se trata tanto de ser exigente, mas de estabelecer um exemplo para todos.
>
> Na profissão de maestro de orquestra, minha atenção aos detalhes durante um ensaio me dá muita confiança quando chega a hora de estar diante da orquestra em uma apresentação. É similar a um teste para o qual você sabe que se preparou bem. Conheço a música, examinei cada parte dela e confio que darei um bom exemplo para inspirar os músicos a executá-la muito bem.

O Um Sexual: "Fervor" (contratipo)

Enquanto o Um Autopreservação é perfeccionista e o Um Social inconscientemente assume a postura de alguém "perfeito" como modelo para o jeito correto de ser, o Um Sexual foca aprimorar os outros. Portanto, é mais um reformador do que perfeccionista; precisa aperfeiçoar os outros, mas não foca ser ele mesmo perfeito.

O Um Sexual, além de ser o único subtipo Um que explicitamente se irrita, também é o contratipo das três personalidades do Um. Impaciente e às vezes invasivo, vai atrás do que quer e tem uma percepção de legitimidade. O desejo intenso fomentado pela ira o motiva a querer aprimorar os outros, o que se expressa em um sentimento de empolgação, paixão ou idealismo sobre como as coisas seriam se as pessoas reestruturassem seu comportamento, ou se as renovações que ele imagina fossem aprovadas pela sociedade. Isso o torna convincente e veemente.

Esse personagem se sente autorizado a incorporar a mentalidade de um reformador ou de um fanático — alguém que sabe viver ou fazer as coisas melhor do que os outros —, e, por isso, ele se sente no direito de que sua vontade predomine sobre a de outras pessoas. Similar à mentalidade de um conquistador, essa estratégia pode ser racionalizada (e transformada em virtuosa) por meio da retórica da adesão a um código moral superior ou vocação.

De acordo com Naranjo, Ichazo denominou esse subtipo de "Fervor", que significa "uma intensidade especial de desejo". Fervor sugere intensidade ou empolgação, o que fomenta o desejo de estabelecer vínculos sociais. Também significa fazer as coisas com cautela, dedicação e fervor.

A ira desse Um inunda seu desejo com uma intensidade ou urgência especial, e a pessoa tem a sensação de que "preciso ter isso" ou "tenho direito a isso", ou, ainda, "preciso aprimorar (a sociedade ou outra pessoa) para fazer do jeito que sei que deveria ser".

Em um sentido coletivo, isso pode ser percebido na ideia de "destino manifesto", uma ideologia que justificou a ocupação da parte ocidental dos Estados Unidos que pertencia aos nativos americanos em 1800. Apesar da nossa visão retrospectiva desse período, essa filosofia era uma justificativa para o homem branco dominar a terra povoada por "selvagens". Outro exemplo dessa ideologia pode ser identificado na mente dos conquistadores, como no caso dos espanhóis que conquistaram a América do Sul. A retórica era: "Posso me apropriar disso porque sou nobre e civilizado".

No Um Sexual, essa intensidade de desejo corrobora o impulso de renovar ou aperfeiçoar pessoas específicas, ou tornar o mundo um lugar melhor, segundo as crenças desse subtipo. Às vezes, o desejo de aperfeiçoar os outros resulta da convicção genuína de uma visão iluminada de renovação ou idealismo. Entretanto, pode, ao mesmo tempo, ser fomentado pela necessidade instintiva desse subtipo de aprimorar os outros. Uma mulher desse subtipo conhecida minha relatou que seria justificável abandonar o marido se ele não pusesse em prática as sugestões que lhe fizera para se aperfeiçoar. Ela sentia a necessidade de ajudá-lo a ser uma pessoa melhor para que tivesse um parceiro melhor.

Na cultura ocidental, pode haver um sentimento antissexual ou anti-instintivo, ou seja, a ideia de que não é aceitável agir de acordo com os nossos próprios desejos. Por exemplo, difunde-se tanto o sexo como pecado que às vezes pode ser difícil não nos sentirmos inconvenientes ou pervertidos se manifestarmos livremente nossos desejos sexuais. Mas o Um Sexual tem uma atitude mais liberada em relação ao desejo sexual. Há uma espécie de mentalidade de "vá em frente", que então talvez exija a descoberta de bons motivos para corroborar a atitude de retidão sobre qualquer coisa que o Um Sexual queira fazer. Ao contrário do Um Autopreservação, o Um Sexual não se questiona tanto, preocupando-se em fazer com que as pessoas sejam como ele acha que deveriam ser.

Esse Um é vingador e não teme o confronto. Deve estar contendo uma fúria assassina que ele próprio não consegue perceber, uma ira semelhante à de um vulcão em erupção. Percebe-se como alguém forte, determinado e muito corajoso. Também é impulsivo e faz as coisas rapidamente.

O Um Sexual tem dois lados: um mais divertido, orientado para o prazer, e outro mais agressivo e raivoso. A emoção que ele mais reprime e a que mais dificilmente demonstra é a dor. Ele consegue representar uma dor inconfessada levando uma vida dupla como modo de quebrar as regras. Algumas pessoas desse subtipo exibem um comportamento "alçapão", descarregando ira e dor por meio de práticas "ruins". Um exemplo disso é Eliot Spitzer. Como procurador-geral do estado de Nova York, ele fez campanha contra os infratores da lei, perseguindo criminosos de Wall Street e prostitutas, empenhado em renovar a sociedade. No entanto, mais tarde descobriram que mantinha um relacionamento estável com uma prostituta, o que o levou a renunciar ao cargo de governador.

Considerando essa espécie de comportamento, esse subtipo do Um se assemelha ao Tipo Oito, ambos enérgicos, assertivos e intensos. Além disso, o Um Sexual acredita que tem o direito de impor sua visão e conseguir aquilo de que precisa, como um Oito pode dominar ou controlar uma situação para impor a própria vontade. Mas o Oito e o Um diferem em um aspecto: o Um é "social de mais", e o Oito, "social de menos".

O Um Sexual traz intensidade e energia aos relacionamentos. Ele pode ser intenso e insistente, pode tentar renovar parceiros e amigos, transmitindo-lhes a sensação de estar em uma missão, ou de atender a um chamado superior ou a uma autoridade nas coisas que faz. Além disso, destaca-se em apontar aquilo de que os outros talvez necessitem para renovar seu comportamento ou atender a padrões específicos, embora dedique menos interesse e cuidado à reestruturação do seu comportamento, por considerar correto o que faz.

Sally, uma Um Sexual, diz:

Tenho uma necessidade intensa de ordem nos meus relacionamentos, o que é determinado pelo meu código moral de conduta, elemento que mantém meu mundo interior. Quando isso é interrompido (e acontece com bastante frequência), posso ficar nervosa, crítica, exigente e insensível. Com frequência não tenho consciência de como queria (e tentava) corrigir ou aprimorar os outros. Parece muito correto trazer a ordem por meio de uma comunicação clara e a partilha de discernimentos.

Posso ser bem ciumenta quando os outros parecem desfrutar vínculos mais íntimos do que eu. E fico bem mais atenta a quem meu parceiro dá atenção, especialmente se for outra mulher! Minha intensidade muitas vezes me surpreende! E agora entendo como isso pode ser desafiador para as pessoas ao meu redor.

"O trabalho" para o Tipo Um: mapeando um caminho de crescimento pessoal

Finalmente, à medida que o Um trabalha em si mesmo e conquista mais autoconsciência, ele aprende a escapar da armadilha de reafirmar sua indignidade por meio da crítica excessiva, compreendendo e aceitando a imperfeição, iluminando a si mesmo e aos outros, e aprendendo que ele (e os outros) é digno de amor e de ser aceito como de fato é.

Para todos, despertar para os padrões habituais da personalidade implica esforços contínuos e conscientes de auto-observação, além de muita reflexão sobre o significado e as origens do que observamos, e trabalho intenso no combate das tendências automatizadas. No entanto, para o Um, esse processo deve ser complicado, porque ele já exagera no autoaperfeiçoamento e no comportamento "correto". Diante disso, revela-se especialmente importante que ele recorra às estratégias de crescimento baseadas no Eneagrama, as quais levam em conta que ele já está envolvido em supercompensação, em virtude de uma estratégia de vida baseada no "aperfeiçoamento".

Nesta seção, ofereço ao Um não apenas algumas sugestões sobre o que notar, explorar e estabelecer como meta em seu esforço de crescimento para além das restrições da personalidade, mas também como incorporar as mais elevadas potencialidades associadas ao seu tipo e subtipo.

Auto-observação: desidentificar-se da personalidade ao observá-la em ação

Na auto-observação, cria-se espaço interior suficiente para que realmente sejam observados, com um olhar renovado e a uma distância adequada, pensamentos, sentimentos e ações cotidianos. Ao prestar atenção nisso, o Um deve procurar os seguintes padrões-chave:

Avaliar tudo contra um padrão ideal e visar à perfeição de si, dos outros e/ou do ambiente externo recorrendo a um "crítico interno"

Esse padrão inclui autocriticar-se continuamente e julgar os outros. Embora o principal alvo da tendência crítica do Um varie conforme o subtipo, o Um em geral emprega os padrões do que é virtuoso ou correto interna e externamente. Isso pode levar à procrastinação (adiando o objetivo final de tentar tornar as coisas mais perfeitas), ao pensamento de "um jeito certo" e "branco e preto", além de atitudes e comportamentos autopunitivos. Em situações extremas, o Um chega a acreditar que, se algo não é perfeito, torna-se desprezível. Assim, poderá desvalorizar-se e desmoralizar-se, atingindo um ciclo de esforços para se aperfeiçoar, encarando difíceis críticas, apesar desse empenho todo, e fazendo renovados esforços de aprimoramento à luz do que critica.

Seguir conscientemente as regras como parte de um esforço total em evitar cometer erros

O Um gosta de organização, e a encontra em regras e rotinas. Mas, quando excessivamente vinculado a elas, corre o risco de se tornar rígido e inflexível. As regras corroboram a tendência do Um em acreditar que conhece o "jeito certo" de ação. Esse hábito gera uma sensação interna de segurança ou bem-estar — se você está seguindo as regras, não poderá ser culpado! —, mas talvez lhe seja difícil perceber quando está exagerando a ponto de intensificar a ansiedade e a tensão nele mesmo. (E este é outro ciclo vicioso que merece atenção.)

Reprimir e supercontrolar sentimentos, necessidades e impulsos

Como espelho da vivência do Um em seu ambiente nos primeiros anos de vida, ele exige muito de si. Fazendo parte da tríade do "autoesquecimento" dos tipos instintivos do Eneagrama, o Um negligencia as necessidades mais profundas e os sentimentos vulneráveis, focando fazer a coisa certa, e trabalha muito para tornar tudo perfeito. O Um se beneficia ao notar quando se sente ressentido e reconhece isso como um indício para reprimir necessidades e sentimentos. Se você é Tipo Um, observe que a tensão interna surge quando supercontrola os impulsos e os sentimentos naturais que (automaticamente) julga errados ou ameaçadores. Reconhecer (e aceitar com compaixão) necessidades, impulsos e sentimentos mais profundos se torna um relevante primeiro passo para compreender e reverter os esforços que você exerce para trabalhar contra a sabedoria dos seus instintos e as emoções (saudáveis e apropriadas).

Autoquestionamento e autorreflexão: reunindo mais informações para expandir o autoconhecimento

À medida que o Um observa esse e outros padrões, o próximo passo no caminho do crescimento do Eneagrama é *entender* mais sobre eles. Por que existem? De onde vêm? Com que propósito? Como lhe causam problemas se existem para ajudá-lo? Muitas vezes, basta ver as origens básicas de um hábito — o porquê da existência e a finalidade dele — para sair do padrão. Em outros casos, considerando-se hábitos mais arraigados, saber como e por que funcionam como defesas talvez seja o primeiro passo para finalmente os liberar.

Aqui estão alguns questionamentos que o Um deve fazer a si, e algumas possíveis respostas para discernir melhor as origens, o funcionamento e as consequências desses padrões.

Como e por que esses padrões se desenvolveram? Como esses hábitos ajudam o Tipo Um a lidar com o problema?

Por meio do entendimento das origens dos padrões defensivos, o Um tem a oportunidade de desvendar a natureza definida das exigências estritas que governam a vida dele. Ajuda o Um explorar como o controle e o julgamento podem ter sido assumidos por seu eu infantil como instrumento de defesa contra a dor de ser criticado ou punido. Se o Um começa a sentir mais empatia por seu eu criança exposto a exigências impossíveis, ele deve praticar estender a compaixão ao seu ser atual, que ainda vive sob o peso mental dessa estratégia defensiva.

A compaixão pela situação difícil vivida pelo eu mais jovem e a observação da dinâmica do crítico interno de "incentivos e punições" revelam a estratégia de sobrevivência do Um de maneira não filtrada. O discernimento sobre como os padrões específicos se desdobram e operam defensivamente denota os motivos subjacentes pelos quais esses padrões existem. Preocupar-se, julgar e renovar são formas razoáveis de tentar o exercício do controle em um mundo imprevisível. Do mesmo modo, afastar as emoções "ruins", "feias" ou "perigosas" com dureza para fora da visão em favor de expressar o oposto torna o Um aceitável para os outros e merecedor de apoio.

Esses padrões se tornam arraigados porque proporcionam uma proteção real. E ainda o fazem, mas o Um se ajudará reconhecendo que essa estratégia para lidar com o problema só pode acomodar o eu que permaneceria na "semente" quando essa casca defensiva se formou.

De que emoções dolorosas os padrões do Tipo Um o protegem?

A personalidade funciona em todos nós com a finalidade de nos proteger das emoções dolorosas, incluindo o que Karen Horney chama de "ansiedade básica": a preocupação com que o estresse emocional não permita a satisfação das necessidades básicas. O Um adota a estratégia de perfeição como forma de construir uma estrutura de apoio ao que lhe está faltando ou era imperfeito. Desse modo, a virtude de um indivíduo se equipara à "autoestima" e ao bem-estar, e os erros e fracassos são vivenciados como falhas pessoais dolorosas.

O Um que sente a ligação entre virtuosidade e amor-próprio também é capaz de observar o ressentimento ou a ira subjacente resultantes de precisar manter constante controle. Mas a ira fomenta o que muitos consideram "mau comportamento", gerando diretamente culpa, preocupação, dor e arrependimento. Muitas pessoas do Tipo Um (e em particular o Autopreservação) devem começar observando o medo de sentir e expressar totalmente a ira. A autorreflexão nesse âmbito visa explorar quando e como o Um reprime a vivência da emoção "ruim", ou mesmo de outras ameaçadoras como raiva, medo ou tristeza. Reconhecer a formação reativa como mecanismo em "tempo real", a qual mantém a tampa dessas emoções difíceis, pode desencadear discernimentos valiosos para a consciência dos padrões de proteção da personalidade.

Por que estou fazendo isso? Como os padrões do Tipo Um funcionam em mim neste momento?

Por meio da auto-observação, as três personalidades do Tipo Um possivelmente reconhecerão a motivação automatizada para fazer coisas "corretas". A maioria consegue rastrear esse impulso de retorno à dor no momento em que fracassou ou foi criticada. Alguns compreenderão que o hábito de se culpar e se ver (ou ver os outros) como imperfeitos pertence ao ciclo negativo de julgamento a serviço da virtude como fator subjacente em muitos hábitos mais arraigados.

Quando o Um estuda sua exatidão mais de perto, em câmera lenta, provavelmente entende que a motivação para ser virtuoso e "fazer as coisas certas" é reforçada por uma forte autoridade interiorizada, ou "superego". Essa autoridade interior ou voz dos pais tem um foco: garantir a segurança e o bem-estar do Um por meio do engajamento em padrões, regras e ideais. Na prática, o indivíduo Um vive essa fixação conforme seu foco instintivo: ou despende muita energia mental e emocional afligindo-se e punindo-se (Autopreservação); ou trabalha para manter e exibir um padrão elevado (Social); ou ainda tenta aprimorar algo ou alguém (Sexual). Cada um desses padrões pode ser identificado em ciclos de ansiedade e ressentimento, à medida que o mundo do Um fracassa em avaliá-los.

O outro aspecto desse padrão também revela que uma importante função desse impulso é virtuosa: o crítico interno permite ao indivíduo que relaxe do estresse quando se empenha em "agir certo". Paradoxalmente, as demandas do superego que geram ressentimento e ansiedade no Um também geram uma poderosa motivação na forma desse alívio mental.

Quais são os pontos cegos desses padrões? O que o Tipo Um não percebe em si?

O Tipo Um nos mostra que podemos levar os atributos positivos da nossa personalidade para a sombra, bem como aqueles que sentimos serem negativos. O Um tende a focar o que está errado e o que pode corrigir e aprimorar. Como resultado, muitas vezes fracassa em ver e incorporar o que está fazendo bem. O Um aprofundará a compreensão de si reconhecendo que tende a rejeitar, descartar ou minimizar suas conquistas positivas e qualidades. E, quando não conseguimos incrementar nossa autoconfiança e amor-próprio admitindo nossa bondade, tendemos a nos aprisionar na postura defensiva da nossa personalidade.

Quais são os efeitos ou as consequências desses padrões? Como eles me aprisionam?

À medida que o Um observa sua personalidade em ação durante um tempo, geralmente reconhece como os padrões de julgamento e o exercício do controle perpetuam um ciclo interminável de esforço e decepção. Vislumbrar todo o caminho percorrido por esses tipos de círculos viciosos em conexão com padrões específicos ajuda o Um a se desprender deles. Então, conseguirá se abrir e ser capaz de mudar assim que compreender como os hábitos em que confiou tão firmemente apenas aprofundaram seu senso de inadequação e tensão.

Autodesenvolvimento: visar a um estado mais elevado de consciência

Para todos nós que buscamos despertar, o próximo passo é injetar mais esforço consciente em tudo o que fazemos: pensar, sentir e agir com mais consciência e opção. Nesta seção, proponho ao Um algumas sugestões sobre o "que fazer" depois de observar seus padrões principais e investigar suas origens, formas de funcionamento e consequências.

Esta última seção se divide em três partes, cada uma correspondendo a um dos três processos de crescimento relacionados ao sistema do Eneagrama: 1) "o que fazer" para combater ativamente os padrões automatizados do seu tipo central já descritos em "auto-observação", 2) de que modo usar o Fluxo Interno do caminho das flechas do Eneagrama como mapa de crescimento e 3) como estudar uma paixão (ou "vício") e conscientemente buscar incorporar o oposto: o antídoto, a "virtude" superior do tipo.

Os três principais padrões de personalidade do Tipo Um: "o que fazer" para lidar com eles

Avaliar tudo contra um padrão ideal e visar à perfeição de si, dos outros e/ou do ambiente externo recorrendo a um "crítico interno"

Observe o "paradoxo do aperfeiçoamento".

O primeiro passo do Um é tentar deixar de ser tão rígido consigo. O constante empenho no aperfeiçoamento paradoxalmente o mantém fixado no crescimento real e resistente a ele. Combate com frequência essa postura porque a autocorreção está no cerne da estratégia de sobrevivência desse tipo, mas aceitar-se e autocompadecer-se é crucial para que se desenvolva. Os próximos passos incluem ser menos rígido e dedicar mais tempo ao entretenimento e ao prazer.

Aceitar "a perfeição da imperfeição".

Isso também pode libertar o Um de uma parte significativa de seu esforço energético e supercompensação. Mas aceitar a imperfeição — em relação a ele ou à sociedade — pode ser muito difícil para o Um, cuja natureza é fundamentalmente moldada em torno da rejeição do "imperfeito". O Um deve trabalhar bastante para se libertar da tirania dos padrões interiores, lembrando-se sempre de que a *imperfeição é válida, inevitável e natural*, e, na maioria das vezes, o *"bom o suficiente" é bom o suficiente*.

Tranquilize o crítico interno.

O Um deve praticar minimizando as exigências do crítico interno, questionando o juiz interno, desafiando-o e até mesmo brincando com ele. Opondo-se de modo ativo às premissas desse juiz, o Um aprenderá a se identificar com um ponto de vista mais amplo do que a autoridade restritiva do superego. Essa perspectiva corrobora os esforços conscientes do Um em desenvolver mais compaixão por si e pelos outros.

Seguir conscientemente as regras como parte de um esforço total em evitar cometer erros

Entenda que existem muitas maneiras "certas" de fazer as coisas.

O Um deve focar se abrir e vislumbrar a realidade como cinza, e não apenas branco e preto. Isso o ajudará a perceber que existem muitas maneiras positivas de fazer as coisas; geralmente, não há apenas um jeito perfeito. Algumas vezes, as regras podem ser falaciosas.

Não seja tão rígido consigo.

Pode ser positivo que pessoas mostrem ao Um como ele é rígido em relação a si mesmo. Afinal, é difícil aguentar a pressão para seguir as regras e "fazer o certo", o que gera tensão interior e estresse. Quando o Um compreender com mais objetividade o nível de controle que ele exerce dentro de si, poderá começar a encontrar maneiras de se libertar.

Desenvolva mais compaixão por si e aceitação de seu jeito de ser.

Uma das coisas realmente tocantes sobre o Um é como ele se empenha em tentar. Portanto, é muito importante que desenvolva mais autocompaixão como um primeiro passo para ser mais tolerante e menos resistente a si e aos outros. Se você é Um e isso parece difícil, comece dando-se bastante crédito pelo esforço que coloca em todas as coisas que faz. Ninguém se empenha mais do que o Um para ser uma boa pessoa — na verdade, é a tendência em ser muito bom que o impede de viver uma vida mais equilibrada, descontraída e pacífica. Lembre-se de que os esforços despendidos em tudo que faz são mais do que suficientes. Cabe ao Um descobrir que não precisa alcançar a perfeição para ter integridade e valor. Portanto, deve flexibilizar focar o que ainda está errado e decidir não se perturbar com o fato de as coisas serem exatamente como são.

Reprimir e supercontrolar sentimentos, necessidades e impulsos

Priorize o prazer e o entretenimento.

Além de perceber quando e com que frequência ele se critica, o Um precisa dedicar mais tempo ao prazer e à diversão. Para que se desenvolva, é fundamental que se empenhe na alegria, na descontração e no entretenimento. O Um se beneficia quando se leva menos a sério, o que inclui também pessoas e coisas, e cria mais tempo para atividades prazerosas.

Incorporar mais humor e descontração.

O Um quase sempre tem um excelente senso de humor. Quando ele progride, esse humor se intensifica ainda mais, resultando em alguém mais engraçado e mais extrovertido. Por exemplo, acredito que o humorista Jerry Seinfeld seja Tipo Um. Usar o humor de modo consciente para alegrar as situações constitui um excelente exercício para o Tipo Um.

Assumir qualidades positivas e valorizar os sentimentos.

O Um tende a olhar para si ou para os outros através de uma lente negativa, focando o que não está certo ou não é perfeito. Portanto, é importante que se esforce para se concentrar naquilo que ele ou as outras pessoas estão fazendo bem, no que se destaca e em quais aspectos positivos seus talentos e suas capacidades estão sendo revelados. É particularmente importante que o Um se empenhe em entrar em contato com seus sentimentos, assumindo-os e expressando-os. Se você é Um, perguntar-se regularmente "O que estou sentindo?" é um exercício que o ajudará a se tornar mais consciente das emoções que talvez esteja reprimindo.

O Fluxo Interno para o Tipo Um: usando o caminho das flechas para mapear o caminho de crescimento

No Capítulo 1, apresentei o modelo do Fluxo Interno do caminho das flechas, o qual define uma dimensão do movimento dinâmico no modelo do Eneagrama. As conexões e o fluxo entre cada tipo central, seu ponto "crescimento-estresse" e seu ponto "coração-criança" mapeiam um tipo de caminho de crescimento descrito pelo símbolo. Reitero que se entende o caminho das flechas como uma sugestão para o caminho de crescimento de cada tipo:

- A direção desde o ponto central no sentido da flecha é o caminho de desenvolvimento. O ponto "crescimento-estresse", que está mais adiante, representa os desafios específicos colocados diante de nós pela natureza do ponto central da nossa personalidade.
- A direção contrária da flecha, desde o ponto central até o ponto "coração-criança", indica as questões e os temas da infância que precisam de reconhecimento e apropriação conscientes para que avancemos livres das amarras dos assuntos inacabados do passado. O ponto "coração-criança" representa qualidades de segurança que reprimimos de modo inconsciente, retornando às vezes a elas em tempos de estresse ou na busca por segurança, as quais devem ser reintroduzidas conscientemente.

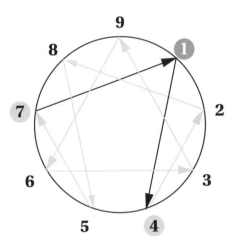

O Tipo Um movendo-se em direção ao Tipo Quatro: usando conscientemente o ponto "crescimento-estresse" do Quatro para desenvolvimento e expansão

O caminho de crescimento do Fluxo Interior para o Tipo Um o coloca em contato direto com os desafios personificados no Tipo Quatro: permitir mais amplitude e profundidade de sentimento, mais melancolia e saudade, e mais criatividade e autoexpressão (em vez de apenas seguir as regras). Não surpreende que o Um relate com frequência que entrar em contato com as características do Quatro é doloroso e desconfortável. No entanto, explorar a profundidade e a manifestação do sentimento com objetivos e consciência deve proporcionar ao Um a sensação de alívio ao finalmente liberar algo em que despendeu considerável energia para conter. É possível que essa mudança implique o contato com sentimentos depressivos ou melancólicos, mas explorá-los pode garantir ao Um mais liberdade emocional em todos os aspectos. O ponto crescimento-estresse do Quatro revela o caminho de desenvolvimento do Um para viver de maneira mais autêntica, reduzindo o supercontrole do sentimento.

O Um que trabalha conscientemente dessa forma pode recorrer aos saudáveis métodos que o Tipo Quatro utiliza: expressão artística e autenticidade emocional. A sensibilidade estética do Tipo Quatro evidencia que a arte é uma forma libertadora de manifestação pessoal de todo o espectro emocional. Além disso, como ela é inerentemente criativa e flexível, a expressão do artista está, de modo ideal, livre de absolutos ou condições prévias. Para começar, é benéfico para o Um não apenas escolher um agente que "pareça certo", mas também se dar tempo, espaço e permissão para se expressar *sem julgar*. Com o tempo, criando arte dessa forma, estará menos focado no design consciente e mais "no fluxo" do momento. Essa prática se adaptará naturalmente ao caminho do Um de explorar o sentimento e a expressão sem julgamento.

O Tipo Um movendo-se em direção ao Tipo Sete: usando conscientemente o ponto "coração-criança" para trabalhar questões dos anos iniciais e encontrar a segurança como suporte para avançar

O caminho de crescimento do Tipo Um o convoca a recuperar os impulsos lúdicos e espontâneos característicos do Tipo Sete. Muitas vezes, a vivência na infância sugeria que passatempos não sérios, por exemplo, fantasias e brincadeiras livres, não eram bons. Em um mundo que exigia que a criança Um fosse mais adulta e monitorada (geralmente cedo demais), ela com frequência recebia mensagens que desencorajavam suas qualidades mais criativas e espontâneas. Como resultado, o jovem Um reprime com constância tais impulsos.

Por essa razão, o "retorno para o Sete" pode significar simplesmente uma pausa relaxante na disciplina para o Um que supercontrola. No entanto, o Um corre o risco de aprisionar-se no movimento de vaivém entre a seriedade e a disciplina da personalidade Um e a leve rebeldia e ludicidade no retorno para o Sete. Quando isso se realiza com pouca ou nenhuma percepção autoconsciente, o Um provavelmente não está recuperando a espontaneidade reprimida, mas fugindo em caráter temporário para um comportamento negativo ou para atividades estimulantes. Previsivelmente, o resultado será autorrecriminação e arrependimento.

Ao proceder conscientemente, o Um pode usar "o retorno para o Sete" de modo que restabeleça um equilíbrio saudável entre a responsabilidade e a descontração. O Um deve focar as qualidades desse ponto de segurança-criança para reconhecer e compreender a necessidade vivida na infância de reprimir as irreprimíveis qualidades do Sete. O Um deve decidir conscientemente se lembrar de que não há problema agora em se divertir, descontrair e escolher opções mais prazerosas. Dessa forma, a perspectiva da "possibilidade aberta" do Sete evidencia ao Um uma maneira de conscientemente decidir desviar a atenção do controle e do estresse de tentar fazer as coisas funcionarem corretamente o tempo todo. Aprender a lição do Tipo Sete — criar tempo livre para brincar e se divertir é um elemento *essencial* da vida — deve dar ao Tipo Um o ponto de apoio profundamente gratificante nos simples prazeres que foi forçado a abandonar na infância.

A conversão do vício em virtude: acessar a ira e visar à serenidade

O caminho do desenvolvimento do vício para a virtude constitui uma das contribuições fundamentais do mapa do Eneagrama, pois destaca um caminho "vertical" de crescimento para um estado mais elevado de consciência em cada tipo. O vício ou a paixão do Tipo Um é a *ira*, e o oposto, a virtude, a *serenidade*. Segundo a teoria do crescimento proposta pela conversão do "vício em virtude", quanto mais conscientes estivermos do funcionamento da paixão em nossa personalidade e do trabalho para incorporar o oposto, mais nos libertaremos de hábitos inconscientes e de padrões fixos do nosso tipo, evoluindo para nosso lado "mais elevado".

O trabalho do Tipo Um centra-se em ampliar sua consciência de como formas diferentes da paixão da ira desempenham um papel na formação do foco de atenção e dos padrões da sua personalidade, o que conseguirá por meio da auto-observação e da investigação contínua da presença da ira na vivência cotidiana. Portanto, cabe ao Um perguntar-se regularmente se a ira está desempenhando uma função nos pensamentos, nos sentimentos e nas ações dele.

Depois que o Um se familiariza com a vivência da ira e desenvolve a habilidade de torná-la mais consciente, ele deve continuar trabalhando em si, empenhando-se em focar a promulgação de sua virtude, o "antídoto" para a paixão da ira. No caso do Tipo Um, a virtude da serenidade representa um estado de ser que o Um pode atingir por meio da manifestação consciente das suas competências superiores.

A *serenidade* implica um modo de ser livre do apego a maneiras específicas de fazer as coisas, livre de precisar seguir um jeito certo. A serenidade é o paciente e descontraído sentimento que acompanha a sensação de integralidade e plenitude, a sensação de que tudo é como deveria e de que nada precisa ser mudado ou aperfeiçoado. Quando o Um consegue começar a transcender a energia e a emoção da ira em todas as suas formas, poderá descontrair e seguir o fluxo. Poderá harmonizar-se com os ritmos naturais da vida sem ter de impor juízos avaliativos sobre o que deveria estar acontecendo ou sobre como a vida deveria estar segundo padrões específicos.

Quando o Um incorpora a serenidade, significa que investigou e trabalhou para estar mais consciente da ira e das questões psicológicas relacionadas a ela, a ponto de conseguir regularmente desconsiderar a compulsão de julgar tudo. Alcançar um estado de serenidade significa que a pessoa pode descansar em um lugar calmo dentro dela, confiante na sua bondade inerente, fora do calor da raiva da personalidade condicionada. Todos nós naturalmente subimos e descemos ao longo da dimensão vertical deste *continuum* vício-virtude; à medida que trabalhamos em nós mesmos, subimos a níveis mais elevados de funcionamento, mas, em razão da dificuldade de sempre ficarmos despertos, também deslizamos em momentos de estresse. Se você é Tipo Um, focando a serenidade como objetivo e observando com honestidade como ira, crítica e necessidade de julgar se reiteram de maneiras diferentes, conseguirá conscientemente percorrer o caminho desde a atividade inconsciente da sua ira até as experiências mais frequentes de viver a virtude da serenidade, que é o seu estado mais elevado de ser.

Trabalho específico para os três subtipos do Tipo Um no caminho do vício para a virtude

Observar a paixão para encontrar seu antídoto não implica exatamente o mesmo percurso para cada um dos subtipos. Caracteriza-se o

O ARQUÉTIPO DO PONTO UM

caminho para o trabalho interior mais consciente em termos de "determinação, esforço e graça": a "determinação" dos hábitos da nossa personalidade, o "esforço" em direção ao nosso crescimento e a "graça" que alcançamos quando nos empenhamos em uma consciência mais ampla de nós, trabalhando em direção às nossas virtudes de maneiras positivas e saudáveis. De acordo com Naranjo, cada subtipo precisa esforçar-se contra algo um pouco diferente. Esse *insight* constitui um dos mais significativos benefícios de entender o caráter dos três subtipos distintos de cada um dos nove tipos.

O *Um Autopreservação* pode se deslocar pelo caminho da ira à serenidade desacelerando e percebendo a origem da ansiedade e da preocupação, e quando, como e por que surgem. Se você é Um Autopreservação, descubra toda e qualquer crença que mantém sobre "maldade" ou imperfeição e desafie-as: elas não são verdadeiras! Você é perfeitamente imperfeito, e será capaz de manejar o trabalho com mais facilidade e naturalidade caso se apoie no conhecimento da própria competência e nas boas intenções. Acima de tudo, crie espaço para abandonar a necessidade de controlar tudo. Perceba que o medo e a preocupação com a sobrevivência se relacionam a um passado que agora acabou. Assuma sua bondade e observe como se critica de maneiras que nada lhe acrescentam, por coisas que não importam, o que apenas aumenta seu fardo. Observe que você não está mais naquela situação em que sua sobrevivência parecia ameaçada e a punição soava correta, mas ainda pode estar agindo como se assim fosse. Esforce-se para descontrair mais, cultivar mais espaço para o prazer, não repare coisas que não precisam de reparo, e trate-se com a mesma gentileza e o mesmo respeito que demonstra aos outros.

O *Um Social* pode percorrer o caminho pelo vício da ira até a virtude da serenidade lembrando-se de que não há, no final das contas, o caminho certo ou perfeito no mundo da personalidade condicionada. O Um Social consegue relaxar na serenidade aprendendo que o verdadeiro poder não resulta de agir certo ou de ser superior em seu conhecimento, mas do impulso embaixo da verdade de querer encontrar o melhor caminho e compartilhá-lo com os outros. Seu sincero desejo de achar os melhores jeitos de fazer as coisas e de mostrar às pessoas os caminhos para o bem e o aperfeiçoamento prova claramente que você é digno de amor e que não precisa confirmar seu valor recorrendo ao que pode nos ensinar. Lembrar-se de que há muitas formas certas ou boas de chegar à verdade o ajuda a incorporar a humildade e a descontração nas coisas que faz, o que representa o coração da serenidade para você.

O *Um Sexual* pode percorrer o caminho da ira para a serenidade sendo mais preciso sobre os motivos mais profundos por trás do desejo de aperfeiçoar os outros. Você tem valor não porque nos ajuda a aprender como nos renovar e aprimorar, mas porque valoriza profundamente o objetivo superior de criar um mundo melhor. Explore seus impulsos e sentimentos a ponto de compreender muito bem as origens do seu fervor. Coloque idealismo e energia na tarefa de primeiro se conhecer, antes de tentar oferecer a benesse do seu amor da maneira certa aos outros. O autoconhecimento e a humildade apenas aprofundarão e purificarão o que você deseja compartilhar com aqueles que o rodeiam. Seus elevados ideais e a energia que coloca por trás dessa realização podem verdadeiramente mudar o mundo para melhor, mas somente depois de você tornar mais consciente o estímulo inconsciente por trás da sua paixão.

Conclusão

O Ponto Um representa a energia da ira a serviço da virtude e as estratégias pelas quais tentamos controlar o "animal interno" para enfrentar um mundo que exige que atendamos a padrões específicos para sermos amados. O caminho de crescimento do Um nos mostra como transformar nossa raiva na energia que nos ajuda a manifestar nossos ideais. Em cada um dos subtipos do Tipo Um, percebemos um caráter específico que nos ensina o que é possível quando a ira legítima se transforma na aceitação serena por meio da alquimia da auto-observação, do autodesenvolvimento e do autoconhecimento.

APÊNDICE

Identificadores do seu tipo no Eneagrama: discernindo a diferença entre os pares de tipos

O processo de descoberta do "tipo central" correto de uma pessoa considerando os nove tipos do Eneagrama às vezes se revela traiçoeiro, sobretudo quando se acabou de conhecê-lo. Afinal, não só os pontos cegos podem dificultar nosso reconhecimento na descrição do tipo de personalidade, mas também nossa experiência interior sobre quem somos difere com frequência de como os outros nos veem ou descrevem. Podemos nos identificar naturalmente com mais de um dos nove tipos porque temos vivências em vários deles, e não apenas no tipo principal. Podemos ter características coincidentes com tipos descritos como "asa" (presentes em cada um dos lados — direita e esquerda — do nosso tipo central), aqueles com os quais estamos conectados pelo caminho das flechas, ou com os tipos de nossos pais. Além disso, incorporamos a visão de quem gostaríamos de ser — como gostaríamos de nos ver e de ser vistos pelos outros —, o que pode diferir de como de fato somos (no tempo presente). Por todas essas razões, às vezes é difícil que nos enxerguemos de forma objetiva e, sem esforço, identifiquemo-nos com uma personalidade específica. Algumas pessoas o fazem imediatamente, porém, para outras, o processo de tipificação leva um pouco mais de tempo.

Este apêndice reúne informações que o ajudarão a encontrar o seu tipo. Se você não o identificar com certeza de modo imediato, poderá reduzir a busca a dois ou três tipos. O material objetiva auxiliá-lo a compreender as semelhanças e as diferenças entre pares específicos de tipos, para que descubra com mais facilidade seu verdadeiro (central) tipo de personalidade.

Um primeiro passo implica você reconhecer-se nos padrões associados a qualquer um dos nove tipos para encontrar o seu; o segundo passo, útil e esclarecedor, assenta-se em você explorar as três versões dos subtipos (em cada um dos capítulos do tipo). As descrições dos subtipos de Naranjo recorrendo ao mapa do Eneagrama oferecem informações ainda mais específicas e diferenciadas, por meio das quais você encontrará as características de seus hábitos e de suas tendências particulares, o que o ajudará na identificação.

Um e Dois

O Um e o Dois podem assemelhar-se porque ambos mantêm conjuntos de regras aos quais esperam que os outros se engajem, e chateiam-se e ficam reativos quando isso não ocorre. No entanto, uma análise mais detalhada evidencia que o Um, além de se apegar a muito mais regras do que o Dois, tem expectativas que abrangem uma ampla variedade de comportamentos. Por exemplo, o Um com frequência se norteia por regras que regem o estilo e o produto do trabalho, como as coisas devem ser organizadas, como as pessoas devem se comportar em situações variadas, normas para vestuário que definem a roupa adequada e inadequada para inúmeras ocasiões, e muito mais. No entanto, as regras do Dois focam muito mais relacionamentos interpessoais e como as pessoas devem tratar-se. Embora os dois tipos possam ser autocríticos e críticos em relação aos outros, o Um é mais consistentemente autocrítico do que o Dois, e também julga de modo mais ostensivo as pessoas. Por exemplo, o Um ativa o "crítico interno" ou juiz em 80% a 90% das vezes (ou mais), enquanto a crítica do Dois a si mesmo e aos outros, além de menos frequente, é mais ativada por eventos extremamente angustiantes, como a rejeição e a percepção de ter falhado.

Algumas pessoas confundem o Um e o Dois porque ambos são zelosos e querem se ver (e que os outros os vejam) como "bons" e "responsáveis". Entretanto, o Um e o Dois têm significados bem diferentes para essas palavras. O Um acredita que é "bom" e, portanto, valorizado, se fizer tudo certo e cometer poucos erros, e "responsável" se cumprir seus compromissos, executar bem o trabalho, entregá-lo a tempo e ser pontual. No entanto, o Dois acredita que é "bom" e, portanto, valorizado, se for atencioso, solícito com os outros e altruísta, enquanto o sentido de "responsável" remete a ele estar sempre disponível quando as pessoas sentem necessidade e não as decepcionar.

O Um e o Dois são marcadamente diferentes em muitos aspectos. Por exemplo, o Um fala de modo decisivo, opina, emite julgamentos e

APÊNDICE

pensamentos em uma linguagem que sugere que está avaliando as pessoas e as situações — por exemplo, emprega palavras como *deveria, devem, certo, errado* e *apropriado* com muita frequência. Por outro lado, o Dois fala em tons mais suaves, faz perguntas às pessoas objetivando que participem da conversa, oferece conselhos e foca nelas de modo que se sintam importantes. Enquanto o Um pode ser bem cordial, ele em raras situações é consistentemente acolhedor ou empático como o Dois. Uma maneira relevante de entender a diferença entre os dois tipos é que, enquanto o Um procura internamente determinar se fez ou não um bom trabalho ou se cometeu um erro, o Dois é mais afetado pela percepção dos outros em relação a ele do que pelo modo como vê a si mesmo. Em outras palavras, o Dois possui uma significativa inclinação em se perceber segundo os olhos dos outros, em vez de uma forte percepção interior de como é valioso e executa bem alguma coisa. Embora o Dois não consiga pedir diretamente as opiniões das pessoas quanto ao mérito do seu trabalho ou comportamento, ele prestará mais atenção aos sinais não verbais e ao comportamento interpessoal delas, sendo bem mais afetado pelas reações positivas e negativas que provoca.

Um e Três

O Um e o Três apresentam algumas semelhanças marcantes: ambos são bastante focados em tarefas e almejam se destacar e ser percebidos como muito competentes. No entanto, o impulso do Um para a excelência se origina de um sentimento de satisfação por ter realizado uma tarefa dando o melhor de si. Por outro lado, o Três é impulsionado pela necessidade de sentir que teve sucesso aos olhos dos outros. Explicando, o Um busca o autorrespeito por meio das suas realizações, avaliando seus comportamentos de acordo com os próprios padrões internos, enquanto o Três busca o respeito e a admiração dos outros usando fatores externos como pontos de referência. Por exemplo, presta muita atenção a como pessoas que lhe são importantes reagem a ele ou ao seu salário, aos aumentos salariais e à decoração do ambiente de trabalho.

Ambos, Um e Três, enfatizam as tarefas e menos os relacionamentos, focados nos objetivos que almejam, e organizam o trabalho de acordo com essa característica. No entanto, para o Três, os objetivos constituem tipicamente mais um item das listas de "coisas a fazer" que ele pode marcar como feito, enquanto o Um gosta de organizar seu trabalho em um refinado nível de detalhes, processo que lhe dá prazer e satisfação. O Três foca muito mais suas metas porque a realização delas desperta a sensação de competência e êxito, e, então, concebe um plano eficiente para atingir cada uma. No entanto, esses planos, embora eficazes e eficientes, raramente são tão estruturados ou sistematizados quanto os do Um. Desconsiderando o objetivo final como o aspecto mais importante do processo de trabalho, o Um pode tender a procrastinar por medo do erro, e o Três, em contrapartida, tendendo a querer encontrar o caminho mais rápido e mais eficiente para conquistar o objetivo, não foca tanto a possibilidade de errar.

A diferença mais óbvia entre o Um e o Três está na maneira como cada um define qualidade. Ainda que ambos digam que se direcionam para ela, o Um a especifica fazendo o melhor trabalho de que é capaz, sem erros ou falhas, se humanamente possível. O Três, por outro lado, se remete à qualidade satisfazendo e até superando as expectativas do cliente, para que ele mesmo se sinta mais do que satisfeito. Entretanto, do ponto de vista do Três (com exceção do Três Autopreservação), executar todo o projeto e toda a tarefa tão perfeitamente quanto possível implica um precário uso de tempo e recursos, e "bom o suficiente" é bom o suficiente. Do ponto de vista do Um, se houver erros ou ele souber que a tarefa poderia ter sido mais bem executada — mesmo que o cliente não esteja ciente disso ou nem sequer preocupado com esse aspecto —, a qualidade não foi atingida. Para o Um, "bom o suficiente" raramente é bom o suficiente.

Um e Quatro

O Um e o Quatro se assemelham no fato de levarem as tarefas a sério e quererem fazer o melhor trabalho possível. Mas, enquanto o Um foca mais a criação, o processo e os detalhes da conclusão das tarefas, o Quatro se concentra mais nos relacionamentos, nas pessoas e na própria expressão criativa. Ambos, Um e Quatro, são idealistas e apreciam a qualidade, mas o Um presta mais atenção em tornar as coisas perfeitas (de acordo com os próprios padrões internos do tipo), e o Quatro

APÊNDICE

valoriza a criatividade, a autenticidade e a estética acima de um ideal específico de perfeição. Além disso, apesar de o julgamento de ambos ser norteado pela percepção interior do que é ideal, o Quatro é bem mais consciente de como as pessoas veem as coisas.

Tanto o Um como o Quatro se mostram autocríticos, mas, enquanto o crítico interno do Um faz comentários seguidos sobre como as coisas poderiam ter sido feitas com mais perfeição, o Quatro vivencia uma sensação mais profunda de que algo estava fundamentalmente errado dentro dele. Além disso, o Um percebe erros gramaticais e coisas desalinhadas ou aquém do ideal, muitas vezes manifestando pouca ou nenhuma reação emocional além de talvez uma leve irritação, enquanto o Quatro com frequência nota, em um sentido mais amplo, o que está faltando em determinada situação e nele mesmo, e pode ter reações emocionais mais profundas ao que ele percebe como ausente ou não "bom o suficiente".

Ambos os tipos diferem um do outro de inúmeras maneiras. O Quatro auxilia as pessoas, fica muito atento ao que as interações representam em um nível emocional, e ao quanto se sente conectado ou não com aqueles que o cercam. Em relação ao Um, é bem mais provável que foque a estruturação dos relacionamentos ou as tarefas de trabalho que eles compartilham.

O Um tende a ver as coisas em branco e preto, pensando que há um jeito certo de conduzir uma tarefa, enquanto o Quatro, dando muito espaço para a criatividade e a autoexpressão, provavelmente vislumbre muitas maneiras de conduzir um projeto. Embora ambos os tipos visem a um desempenho de alto nível e possam ser perfeccionistas, as prioridades do Um contemplam seguir as regras e a organização, e fazer algo do melhor modo possível, de acordo com seus padrões, enquanto o Quatro foca mais não apenas a autoexpressão criativa e autêntica, mas também que os outros o percebam como especial e único, de acordo com padrões mais artísticos.

Em termos emocionais, o Um e o Quatro podem se diferir bastante sob o ponto de vista de um observador externo. O Um tende a parecer reservado e às vezes se irrita ou se chateia com as pessoas quando elas não seguem as regras ou não satisfazem as expectativas dele. O Quatro, por outro lado, tende a um humor mais diversificado e proeminente, e pode ser muito empático com os sentimentos alheios, em função do entendimento natural — em termos da própria vivência e da dos outros — de que nas pessoas há uma ampla variedade de emoções e temperamentos. Às vezes, o Quatro pode ser dramático e emocionalmente expressivo na comunicação, enquanto o Um tende a ser mais controlado, direto, conciso e preciso.

Um e Cinco

O Um e o Cinco podem se assemelhar muito: são reservados, lógicos e focados em tarefas, e podem parecer sérios e retraídos às vezes. Ambos valorizam a independência, a autoconfiança e a autossuficiência, mas o Cinco necessita de mais privacidade do que o Um. Os dois tipos também buscam conhecimento, mas por razões diferentes: o Cinco acredita que conhecimento é poder, e o Um o compreende como um instrumento que lhe permite ser competente, informado e correto nas coisas que faz. Ambos parecem intelectuais e bem informados, sobressaindo-se pela análise objetiva. O Um empenha-se na objetividade porque quer ser responsável, acredita que é a coisa certa a se fazer e pode evitar erros. Por sua vez, no Cinco a objetividade é uma característica natural, pois ele pensa profundamente sobre as coisas e se desprende dos sentimentos ao analisar as situações. Ambos entendem os próprios limites e necessidades, são diligentes e práticos. Entretanto, o Um baseia-se mais em regras, enquanto o Cinco depende menos de um conjunto específico de regras, na medida em que aprecia a simplicidade e a preservação dos recursos. Ambos os tipos empregam seus padrões internos ao julgar o próprio trabalho ou o das outras pessoas.

Ainda que o Um e o Cinco compartilhem algumas características, há diferenças fundamentais entre eles. Enquanto o Cinco pode ser autocrítico, o Um é muito mais autocrítico, norteado por um crítico interno que comenta quase tudo o que ele faz e diz. Além disso, tende a ser mais crítico das pessoas do que o Cinco, chegando a claramente se zangar ou irritar quando não seguem as regras ou não fazem as coisas da maneira certa (de acordo com a percepção do Um de "jeito certo"). Embora nenhum dos dois se sinta confortável em compartilhar emoções e tenda a reprimi-las, o Um é propenso a liberá-las mais do que o Cinco, que quase sempre mantém uma reserva calma e serena, mesmo em momentos

APÊNDICE

de estresse. O Um tende a vivenciar alguma versão da ira com bastante regularidade e, embora tente reprimir os sentimentos, às vezes a raiva extravasa na forma de irritação, aborrecimento ou frustração, sobretudo quando as pessoas não agem conforme os critérios dele. Por outro lado, o Cinco é propenso a guardar seus pensamentos para si, em especial os sentimentos, automaticamente se desprendendo deles, e em raras situações compartilha suas emoções, especialmente no ambiente de trabalho.

Um e Seis

O Um e o Seis compartilham inúmeras características, entre elas o pensamento analítico e a preocupação com as coisas que poderiam dar errado. O Um tende a se sentir ansioso diante da possibilidade de cometer erros, e o Seis tende a vivenciar uma ansiedade mais generalizada em relação a muitas coisas diferentes que poderiam dar errado. Como resposta à preocupação, o Um é propenso à perfeição e evita cometer erros, e o Seis, mais catastrófico, imagina o pior cenário possível. No entanto, ambos se sentem desconfortáveis com o sucesso e criam problemas para si na conclusão de tarefas e no avanço para o sucesso: o Um por acreditar que algo nunca é perfeito e constantemente se criticar e o Seis por com frequência duvidar e se questionar, além de acreditar que transformar-se em alguém bem-sucedido fará dele um alvo. Ambos também tendem ao ativismo em apoio às causas sociais com as quais se preocupam: o Um porque se sente responsável por tornar o mundo um lugar melhor e o Seis porque se identifica com causas subservientes e é sensível às pessoas em posições de autoridade que exercem poder sobre outras de forma injusta.

O Um e o Seis também apresentam diferenças bem específicas. O Um se preocupa em cometer erros e estar errado, segundo seus próprios padrões, enquanto o Seis se preocupa com o perigo e as ameaças externas de todos os tipos. O Um é autocrítico e tende a julgar os outros, e o Seis duvida dele mesmo e dos outros. Vinculado à autocrítica e à autodesconfiança, o Um tenta — e inevitavelmente fracassa — ser perfeito, e o Seis tenta e não consegue encontrar segurança, ou a encontra em uma fonte específica de autoridade.

Um contraste particularmente gritante entre ambos os tipos se assenta no fato de que o Um tende a obedecer à autoridade, enquanto o Seis tende a ser desconfiado e pode até se rebelar contra ela. O Um segue regras, e a maioria dos Seis as questiona. (Uma exceção é o Seis Social, que adere a uma autoridade externa e às vezes segue rigorosamente as regras por ela estabelecidas.) Os dois tipos podem procrastinar, mas por diferentes razões: o Um, temendo cometer um erro, sempre quer mais tempo para alcançar o fazer perfeito; a dúvida e o questionamento constantes do Seis comprometem seu progresso.

Em termos de inter-relacionamento, o Um geralmente tende a confiar nas pessoas e a lhes dar o benefício da dúvida, a menos que infrinjam as regras ou se envolvam em algum tipo de mau comportamento, enquanto o Seis a princípio desconfia dos outros até que, depois de os observar o suficiente, se convença de que são confiáveis. Após esse processo, o Seis é muito leal e acolhedor.

Um e Sete

O Um e o Sete assemelham-se em muitos aspectos. Ambos se voltam para a qualidade, embora o Um exiba esse traço na atenção em atingir elevados padrões no trabalho e em outras coisas que faz, e o Sete busque vivenciar o melhor de tudo, especialmente no âmbito recreativo. O Um e o Sete são idealistas e visionários. O Um busca a perfeição e trabalha arduamente para que as coisas se enquadrem em um ideal gerado internamente. O Sete é extremamente otimista e positivo como forma de negar sentimentos e realidades negativas, e pensa muito em termos de possibilidades futuras. Os dois tipos têm bastante energia. O Um a usa diligentemente em tudo o que faz, e o Sete se dedica totalmente às variadas atividades que lhe interessam. Embora ambos possam ser perfeccionistas, o Um em geral se preocupa mais consistentemente com a perfeição do que o Sete, que é capaz de se livrar do esforço de "fazer o certo" caso se torne pesado demais. Intelectuais e analíticos, o Um e o Sete gostam de resolver problemas e se sensibilizam com as críticas, embora o Um seja mais propenso a demonstrar isso do que o Sete.

Uma importante diferença entre ambos é que, para o Um, o trabalho tem de vir antes do entretenimento, e, para o Sete, é primordial planejar um tempo para se divertir e se envolver em atividades prazerosas. Não que o trabalho não lhe seja importante, pois pode ser muito dedicado nesse sentido, mas o Sete consegue lidar com suas obrigações profissionais tornando o trabalho mais uma atividade prazerosa do que uma responsabilidade. Ainda que idealista, o Um pode parecer menos otimista, pois procura maneiras de aprimorar as coisas, enquanto o Sete é implacavelmente otimista. O Um gosta de organização e consegue trabalhar dentro dos limites prescritos, mas o Sete, não apreciando limites, pode ter mais dificuldade diante dos elementos restritivos da estrutura organizacional. Por exemplo, o Sete não se sente confortável em uma hierarquia e tende a equalizar a autoridade, enquanto o Um trabalha bem em uma estrutura definida de autoridade. Além disso, o Um é excelente em administrar os detalhes de projetos e trabalhos, enquanto o Sete acha isso enfadonho. Como o Um naturalmente presta atenção aos erros que precisam ser corrigidos, pode parecer ao Sete — sempre focado nos aspectos positivos das coisas — que o Um se concentra demais no negativo.

Interpessoalmente, o Um às vezes é crítico ou inflexível, mas, como está muito comprometido com o autoaperfeiçoamento, saberá ouvir o feedback dos outros e se dedicará a trabalhar os relacionamentos. O Sete, apesar de levar muita energia positiva e alegria aos relacionamentos, talvez se sinta desafiado se tiver de abordar e trabalhar as dificuldades com os outros.

Um e Oito

O Um e o Oito assemelham-se em alguns aspectos. Ambos são tipos com elevada energia e capacidade de trabalho, gostam de estabelecer controle e ordem e tendem a sentir raiva, mas a vivenciam e expressam de maneiras distintas. Acreditando que demonstrar raiva é errado, o Um tende a reprimi-la; no entanto, como lhe é difícil desligar-se dela completamente, ele a extravasa como ressentimento, irritação, aborrecimento ou comportamento passivo-agressivo. O Oito, por outro lado, sente e expressa a raiva mais abertamente, e não acredita que seja errado senti-la. O Um quase sempre se enraivece quando as pessoas quebram as regras ou se envolvem em comportamentos ruins, enquanto o Oito se enraivece por uma variada gama de razões. Ambos se engajam em formas de pensar "branco e preto" ou "tudo ou nada".

O Oito e o Um gostam de estar no controle, mas podem manifestar isso de diferentes maneiras: o Um se apega às regras, à organização e aos padrões, e o Oito exerce o poder de modo mais direto. Os dois, preocupados com a justiça e a imparcialidade, são capazes de trabalhar arduamente em apoio a uma causa em comum na qual acreditam. Assim, exacerbam no trabalho e negligenciam suas necessidades.

Entretanto, há também algumas diferenças fundamentais entre os dois tipos. O Oito pensa em termos de perspectiva geral, como trabalho de alto nível, e não gosta de ter de lidar com detalhes. O Um, em contrapartida, se sobressai e pode até apreciar trabalhos mais detalhados. Quando engajado em uma tarefa, o Um foca muito alcançar a perfeição, empenhando-se em executar o trabalho da melhor maneira possível, enquanto o Oito se satisfaz com o "bom o suficiente". O Oito tende a seguir seus impulsos, pode ser desmedido e não gostar da inibição, enquanto o Um tende a supercontrolar seus impulsos e a protelar as atividades prazerosas, pois normalmente foca mais o comportamento correto do que a autossatisfação. O Oito é "menos social", na medida em que não se importa — ou pode até apreciar — em ir contra as convenções, enquanto o Um é "mais social" e quase sempre cumpre as convenções sociais.

Internamente, o Um, ao contrário do Oito, é muito autocrítico. O Oito quase sempre se movimenta com rapidez para a ação, sentindo-se bem mais livre do que o Um para exercitar seu poder e a sua vontade, sem recorrer a análises exageradas ou a pensamentos críticos sobre suas intenções ou seus comportamentos. O Um geralmente se desculpa se acredita que cometeu um erro (e ele valoriza esse gesto), enquanto o Oito é bem menos propenso a sentir-se apologético nas coisas que faz. Normalmente, o Um observa as autoridades e obedece a elas, enquanto o Oito não gosta que lhe digam o que fazer e, se quiser ou precisar, pode se rebelar contra a autoridade. Na comunicação, o Um tende a ser educado e sóbrio, usando palavras como "deveria" e "precisaria" e "pode ser", enquanto o Oito tende a ser direto, abrupto, intimidador e até mesmo profano.

APÊNDICE

Um e Nove

O Um e o Nove compartilham várias características. Nos ambientes de trabalho, ambos apreciam a organização e os processos. Além disso, são bons mediadores, o Nove porque consegue facilmente observar muitos aspectos de uma questão e se sente motivado a criar harmonia, e o Um porque, norteado por padrões de justiça, pode ser um juiz objetivo e perspicaz. Os dois tipos enfrentam dificuldades em perceber e manifestar necessidades e desejos próprios, e podem ser perfeccionistas, embora o Um em geral o seja mais do que o Nove. Ambos podem trabalhar bem em uma estrutura de autoridade, respeitando-a, apesar de o Nove às vezes sutil e passivamente se rebelar caso se sinta controlado.

Também existem muitas diferenças entre o Um e o Nove. O Um tende a opinar, muitas vezes motivado pela crença de que conhece o único jeito certo de fazer algo, e o Nove pode enfrentar dificuldades em se posicionar, o que decorre do fato de estar muito sintonizado com as opiniões diversificadas das pessoas. O Nove tipicamente não sustenta uma posição, enquanto o Um assume com frequência que seu ponto de vista é o único correto. Relacionado a isso, o Um tende a pensar em termos de branco e preto, acreditando que há "um jeito certo", enquanto o Nove vê muitos tons de cinza. Embora ambos desejem evitar conflitos, o Nove o faz mais do que o Um, que pode não ser capaz de parar para se envolver em discussões quando sente intensamente algo. O Um gosta de fazer as coisas do seu jeito, e o Nove se adapta com mais facilidade aos outros, muitas vezes preferindo seguir o plano deles a ter de seguir o seu. Ao executar um trabalho, o Um se empenha em torná-lo perfeito, confiando em seus padrões internos do que é ideal, enquanto o Nove se volta mais para o que as pessoas pensam e querem. O Um com frequência tem uma percepção clara da maneira correta de fazer as coisas, mas o Nove busca um consenso, querendo ouvir os outros na tomada de decisões sobre os padrões adotados. O Um obedece mais às regras e confronta aqueles que não as seguem; o Nove, mais tranquilo, é bem menos propenso a confrontar as pessoas que não obedecem às diretrizes.

Dois e Três

O Dois e o Três se assemelham em muitos aspectos: ambos administram sua imagem e exposição para agradar aos outros ou atraí-los, e são competentes e energéticos executores. Embora os dois prestem muita atenção em criar uma imagem que corresponda ao que as pessoas valorizam, o Dois se concentra em satisfazer as necessidades alheias e ser amigável, estimado e complacente, enquanto o Três foca atingir metas de sucesso para conquistar a admiração e o respeito dos outros. Embora o Dois e o Três se sintam impulsionados a realizar muitas coisas, o Dois se volta para os relacionamentos, e o Três, para as tarefas. Ainda que os dois tipos desejem a aprovação dos outros, o Três é motivado pela recepção positiva quando atinge um objetivo e pela satisfação de parecer bem-sucedido, enquanto o Dois é impulsionado para conquistar o afeto dos outros e ser visto como indispensável. É possível que tanto o Dois quanto o Três se sintam confusos sobre quem de fato são, afinal, com tanta energia empregada para manter uma imagem projetada para impressionar os outros, pode ser difícil para os dois tipos terem uma percepção clara de identidade. Além disso, ambos tendem a evitar as emoções, o Três porque talvez o prejudiquem na execução das coisas, e o Dois porque talvez interfiram na formação de vínculos positivos com outras pessoas.

Apesar das muitas características compartilhadas, o Dois e o Três também diferem de modo significativo. Ambos reprimem ou anestesiam seus sentimentos, mas o Dois faz isso de forma menos completa, e é propenso a sentir e expressar mais emoções, e com mais frequência, do que o Três. Este, muito competitivo, considera que ser vitorioso é muito importante, e o Dois volta-se menos para a competição, entendendo o alinhamento com os outros como mais relevante do que vencer. Embora o Dois e o Três de vez em quando sintam raiva, o Dois tende a manifestá-la quando suas necessidades inconfessas não são satisfeitas, e o Três quando alguém coloca um obstáculo entre ele e aquilo que objetiva.

Quanto ao trabalho, o Três pode priorizá-lo tanto que se torna viciado nele. O Dois, ainda que também seja muito trabalhador, prioriza os relacionamentos e o prazer. Como o Três foca mais os objetivos e o desempenho, visa à eficiência e ao que é preciso fazer para alcançar uma meta. Em contraste, o Dois prioriza as necessidades dos outros, e assim adapta seus planos aos objetivos dos outros ou aos de um grupo maior. Quando o Três está focado em uma meta específica, sente dificuldade em estar presente para ouvir as pessoas; o Dois, no entanto, mantendo o foco em se sintonizar com os outros, tende a ser bem mais empático e a estar mais presente com os amigos, colegas e outras pessoas que lhe são importantes, chegando a sacrificar inclusive o vínculo consigo. Em contrapartida, o Três consegue se concentrar como um raio laser em um objetivo, e o Dois consegue abandonar seus próprios objetivos em nome de satisfazer as necessidades dos outros ou apoiá-los em seus esforços. Finalmente, o Dois e o Três diferem naquilo que mais evitam: o Dois trabalha muito, às vezes nos bastidores, para conquistar vínculos positivos com os outros e, assim, evitar a rejeição, mas o Três organiza trabalho e outras atividades direcionando-os aos objetivos a que aspira para evitar falhas. Em vista disso, o Dois pode ser menos direto e assertivo do que o Três, e este pode ser mais motivado a vencer e a reestruturar os fracassos como experiências de aprendizado.

Dois e Quatro

O Dois e o Quatro também compartilham algumas características. Ambos têm consciência da imagem e prestam atenção em como são percebidos pelos outros, mas o Dois quer ser reconhecido como simpático e amigável, e o Quatro, como especial e único. A sensibilidade ao modo como são vistos e sentidos pelos outros também contribui para que ambos sejam autocríticos, inclusive no sentido de que podem julgar-se por não ser bons o bastante para conquistar o amor das pessoas. Ambos podem sentir suas emoções prontamente, embora o Dois às vezes as reprima e outras vezes se desligue de sua experiência interior, enquanto o Quatro exagera ou se superidentifica com os sentimentos, ou, ainda, insiste em alguns deles de maneira exacerbada para evitar que surjam outros. Interpessoalmente, ambos os tipos prestam muita atenção aos relacionamentos e priorizam os vínculos sociais. E mais, possuem uma grande capacidade de empatia e, portanto, são normalmente habilidosos em estabelecer relacionamentos com base na capacidade de compreender pensamentos e sentimentos alheios.

No entanto, o Dois e o Quatro também diferem em muitos aspectos. Ao trabalhar em um projeto com outras pessoas, o Dois tende a ser otimista, animado e solidário, enquanto o Quatro quase sempre se concentra no que está faltando. O Dois, no anseio por ser útil atendendo às necessidades dos outros, negligencia as dele. Em contrapartida, o Quatro tem mais acesso a suas necessidades e seus desejos, o que lhe é prioritário. Portanto, o Dois foca mais o outro, ou seja, presta mais atenção ao que o outro sente e precisa do que nos sentimentos e nas necessidades dele próprio; o Quatro, mais autorreferencial, concentra sua atenção principalmente em si mesmo e na própria experiência interior. Nas interações sociais, o Dois valoriza muito ser querido e, com frequência, adapta sua imagem para que exceda o que, segundo ele, os outros querem que seja, enquanto o Quatro, em razão de valorizar a autenticidade, não muda tanto para agradar aos outros. O Dois tende a ser avesso ao conflito, pois teme que isso destrua vínculos valiosos com os outros, e o Quatro é mais hábil em se envolver em conflitos quando necessário, dando mais importância à manifestação dos sentimentos e das necessidades verdadeiros do que à adaptação aos outros e ao esquivamento da raiva. No geral, o Dois é quase sempre mais otimista e com temperamento e manifestação emocional extremamente positivos, enquanto o Quatro foca mais sua melancolia e tristeza.

Dois e Cinco

Embora o Dois e o Cinco sejam em alguns aspectos opostos, compartilham algumas características. Tanto o Dois quanto o Cinco podem se isolar quando se sentem vulneráveis, embora o Cinco aposte nessa estratégia com mais frequência e em mais situações do que o Dois, e o Dois Autopreservação se isola ainda com mais frequência do que os outros dois subtipos. Ambos precisam às vezes passar um tempo sozinhos, ainda que essa seja uma experiência mais regular para o Cinco do que para o Dois. Este em geral precisa desenvolver a capacidade de estar mais sozinho como parte do autotrabalho, ao passo que o Cinco quase sempre precisa desenvolver a capacidade de estar mais com os outros. Na maioria das vezes, o Dois sente a necessidade de um tempo sozinho depois de ter estado muito próximo de pessoas, ou depois de

APÊNDICE

ter feito algum trabalho no domínio do desenvolvimento e perceber que negligencia a própria experiência para se concentrar nos outros. Ambos os tipos também valorizam a independência, embora para o Cinco ela represente mais um modo de vida, e para o Dois implique um valor que ele mantém como defesa inconsciente contra se sentir dependente demais da aprovação dos outros (elemento que corrobora sua autoestima).

O Dois e o Cinco são, de muitas maneiras, bem diferentes. O Dois vivencia as próprias emoções com bastante frequência, e o Cinco tem o hábito de se distanciar delas, razão pela qual pode parecer bem reservado, insensível e analítico, enquanto o Dois tende a parecer bem mais emocional e a reagir às coisas com mais sentimentalismo. Como consequência, o Cinco tem uma maneira mais objetiva e intelectual de conduzir tarefas e discussões, a qual difere do método mais intuitivo e emocional do Dois.

O Dois gosta de estar perto de pessoas e procura ativamente relacionamentos íntimos, enquanto o Cinco valoriza muito a privacidade, o espaço pessoal e o tempo sozinho, voltando-se menos para os relacionamentos. Nesse aspecto, o Dois foca os sentimentos e as necessidades das pessoas, e o Cinco, muitas vezes propositalmente, evita se envolver demais com elas, em especial com as emoções e as necessidades emocionais dos outros. O Cinco mantém a crença de que a interação social lhe drenará energia e recursos, mas o Dois se sente energizado e valorizado pelo contato social, especialmente com amigos íntimos e indivíduos que lhe são importantes. Por isso, o Dois tende a se doar de modo muito generoso aos outros, e às vezes até exacerbadamente, enquanto o Cinco quase sempre se reserva mais, norteado pela preocupação constante de que as pessoas gastam muitos recursos, como tempo e energia, dos quais ele precisa. Além disso, o Dois talvez enfrente dificuldades em estabelecer limites apropriados entre ele e os outros, e o Cinco, ao contrário, tende a estar bem cônscio de estabelecer firmes limites diante das pessoas. Por exemplo, para o Dois pode ser difícil dizer "não", mesmo quando gostaria, enquanto o Cinco diz "não" com relativa facilidade em uma situação em que não queira atender às necessidades da outra pessoa. Acrescenta-se ainda que o Dois em geral se considera alguém com bastante energia, que pode facilmente dedicar uma boa parte dela e do tempo aos outros, enquanto o Cinco tem a sensação de que sua energia é limitada e, por isso, deseja conservá-la para as necessidades dele.

Dois e Seis

O Dois e o Seis podem assemelhar-se muito. Ambos se preocupam e sentem medos, ainda que estes tenham origens diferentes. O Seis se preocupa com a segurança global, com as coisas ruins que estão acontecendo e com os problemas ocorrendo, enquanto o Dois se preocupa mais com as pessoas o considerarem ou não de modo positivo, com a possibilidade de ser rejeitado e com a segurança de determinados indivíduos que lhe são importantes. Além do mais, os dois são bons em interpretar as pessoas, mas o fazem com objetivos diferentes. Ao focar atenção nos outros, o Seis busca planos e motivos ocultos, se alguém é confiável ou não, e possíveis ameaças; em contrapartida, o Dois tenta determinar o estado de espírito e as necessidades das pessoas, como forma de se vincular a elas e criar empatia. Nos relacionamentos em geral, o Dois tende a estar mais consciente de que precisa gerenciar sua imagem para agradar aos outros ou se alinhar a eles, mas o Seis não considera sua imagem e os pensamentos das pessoas sobre ele tão relevantes. Além disso, o Dois quer ser reconhecido e apreciado, enquanto o Seis frequentemente se esconde, pois ser notado pode levá-lo a se sentir vulnerável.

Tanto o Dois quanto o Seis, preocupados com o que vai dar errado, trabalham muito para as coisas darem certo — o Seis porque é bom em solucionar problemas e quer antecipá-los antes que ocorram, e o Dois porque deseja agradar aos outros e parecer qualificado e atraente. Em relação a tomar decisões, ambos os tipos podem enfrentar dificuldade. O Dois porque muitas vezes não sabe aquilo de que precisa ou o que quer. Como foca demais as outras pessoas, pode não estar familiarizado com suas preferências. Em contrapartida, para o Seis as decisões representam um desafio porque ele continuamente duvida de si e questiona suas possíveis escolhas, e também é possível que tema optar pela coisa errada e imagine as consequências negativas resultantes disso.

O Dois e o Seis também diferem em aspectos significativos. O Seis quase sempre se sente desconfiado ou rebelde em relação às figuras de autoridade, enquanto o Dois tende a querer cultivar boas relações com as autoridades. Com frequência o Dois deseja que figuras de autoridade e outras pessoas importantes gostem dele, e assim, em vez de ser desconfiado, geralmente lida com comportamentos projetados para conquistar um relacionamento positivo com as autoridades, se isso for possível.

APÊNDICE

Acrescente-se ainda que o Seis catastrofiza e se engaja em pensamentos voltados ao pior cenário, muito mais do que o Dois. Este é quase sempre otimista e, embora às vezes imagine que as pessoas não o apreciem, geralmente não pensa em termos do pior que pode acontecer. Outro contraste entre os dois tipos se assenta no modo como cada um lida com o conflito. O Dois gosta de evitá-lo na maioria das vezes, enquanto o Seis, e em especial o Seis contrafóbico, às vezes se movimenta para o conflito, sobretudo se motivado a desafiar uma figura de autoridade que ele acredita abusar do poder.

O Dois e o Seis Autopreservação se assemelham em pontos específicos: são calorosos, concentram bastante energia na criação de amizades, e tentam evitar mostrar agressividade (embora possam fazê-lo quando reativos). O Dois deseja atrair amigos por vontade de ser amado e reconhecido, o que lhe proporciona a sensação de bem-estar. De um modo um pouco diferente, o Seis Autopreservação visa estabelecer relacionamentos que servirão como alianças para que se mantenha seguro em meio a amigos que podem se unir contra ameaças externas. O Dois é motivado a formar amizades não só porque precisa ser amado e visto como indispensável, mas também para que tenha amigos que satisfaçam as necessidades dele da mesma forma que satisfaz as necessidades dos outros. O Seis tem intensa necessidade de segurança contra ataques ou outros tipos de perigos.

Dois e Sete

O Dois e o Sete também podem se assemelhar. Ambos tendem a ser otimistas, positivos, cheios de energia e divertidos; o Dois porque deseja que os outros gostem dele (e sabe que as pessoas gostam de gente feliz), e o Sete porque aprecia ser feliz e não triste, pois vivencia as emoções "negativas" como ameaçadoras e provocadoras de ansiedade. Ambos têm tendências hedonistas, gostam de se divertir e sentir prazer. No entanto, os objetivos subjacentes à busca pelo prazer são diferentes. O Dois quer viver experiências positivas com as pessoas para construir e desfrutar os relacionamentos, e também como uma maneira de se satisfazer (ou de se supersatisfazer) como reação a sentimentos mais profundos de privação das necessidades. O Sete tem o hábito de buscar o prazer como uma forma defensiva de evitar vivências menos positivas, inclusive sentimentos de desconforto, dor ou ansiedade. Os dois tipos apreciam se relacionar com outros e podem idealizar as pessoas de quem gostam, o Dois porque quer que reconheçam sua simpatia, e o Sete porque aprecia o estímulo que resulta do engajamento com pessoas interessantes.

Mas também existem diferenças significativas entre o Dois e o Sete. O Dois está particularmente atento às outras pessoas, focando o estado de espírito e as necessidades delas para conseguir o alinhamento que lhe possibilite criar vínculos positivos, enquanto o Sete foca mais as próprias necessidades e desejos, aspirando à satisfação de ambos como forma de evitar vivências mais negativas e desviar-se delas. Além disso, o Dois muitas vezes se adapta aos outros e abandona suas necessidades na tentativa de fortalecer os vínculos estabelecidos, enquanto o Sete faz o que quer e quase nunca desiste dos elementos necessários para que consiga agradar à outra pessoa (embora o Sete Social seja uma exceção). Nas relações interpessoais, o Dois também gerencia ativamente sua imagem para ser o que ele acha que os outros querem e assim os atrair; o Sete, por sua vez, não foca tanto as interações interpessoais em termos de como as pessoas percebem a imagem dele. Em um nível fundamental, o Dois é motivado a agradar aos outros; o Sete, a agradar a si mesmo.

O Dois tende a voltar-se mais para o sentimento, para um contato mais regular com suas emoções, enquanto o Sete, mais mental, volta-se para o pensamento. Quando conclui um trabalho, o Sete pode enfrentar um período difícil para se focar de novo, em especial se a tarefa é enfadonha ou chata; no entanto, o Dois tem mais facilidade em se concentrar ao concluir um trabalho, especialmente se o que está fazendo é de alguma forma reconhecido e avaliado por outros. O Sete gosta de ter muitas opções, e pode se sentir limitado se isso não ocorrer, enquanto o Dois não necessariamente necessita de mais opções ou as deseja, na medida em que dificultariam ainda mais a tomada de decisão (porque quase sempre ele não sabe aquilo de que precisa).

O Sete Social assemelha-se mais com o Dois do que com os outros dois subtipos Sete, na medida em que foca servir aos outros. Ele pode ser confundido com o Dois porque, além de se voltar às pessoas, irá sacrificar sua própria necessidade, de modo similar ao Tipo Dois, para apoiar as necessidades do grupo. É justamente esse hábito de estar consciente

APÊNDICE

do grupo e do que os outros precisam que faz o Sete Social se parecer muito com o Dois, amigável, extrovertido e generoso. No entanto, apesar da tendência do Sete Social de se doar ou mesmo sacrificar os interesses próprios mais do que os outros Setes, ele ainda pode ser diferenciado do Dois em razão de conhecer suas necessidades e seus desejos e de tender a evitar sentimentos problemáticos.

Dois e Oito

Embora muito diferentes, o Dois e o Oito se assemelham em alguns aspectos. Sobretudo o Dois Social pode parecer-se com o Oito, e especialmente as mulheres do Tipo Oito Social assemelham-se ao Dois. Ambos — Dois e Oito — tendem a proteger os outros, principalmente as pessoas importantes no caso do Dois, e os mais fracos ou mais vulneráveis no caso do Oito. Os dois tipos são impulsivos, autoindulgentes e hedonistas, o Dois porque pode recorrer à sobrecompensação por desconhecer aquilo de que precisa (e, portanto, talvez se sinta carente), e o Oito porque se movimenta com rapidez para a ação, muitas vezes de modo impensado, e não gosta que inibições sejam impostas aos seus desejos. As pessoas de ambos os tipos podem ser desmedidas em coisas como comer, trabalhar e doar, o Oito porque tem muita energia e apetência e não gosta de se sentir limitado, e o Dois porque, muitas vezes desconhecendo suas necessidades, acaba exagerando em algumas coisas. Além disso, o Dois tende a se abandonar quando se concentra nas necessidades dos outros, e o Oito tende a esquecer suas necessidades e seus limites quando, por exemplo, assume mais e mais coisas e trabalha muito sem ser capaz de reconhecer suas limitações. Tanto o Dois quando o Oito apreciam o controle, o Oito porque, conseguindo entender a situação geral, quer impor ordem, avançar e atender às suas necessidades, e o Dois porque deseja parecer competente e executar as coisas de um jeito que, segundo ele, vai impressionar os outros.

Existem também vários contrastes entre os dois tipos. O Dois foca bastante a sua imagem e como as pessoas o estão percebendo, enquanto o Oito pode manifestar uma postura de "não se importar com o que os outros pensam dele". A maioria dos Oitos consegue não apenas sentir e expressar a raiva com relativa facilidade, mas também enfrentar situações conflituosas, ainda que não "gostem" de conflitos. Embora o Dois ocasionalmente confronte pessoas e entre em conflitos, na maioria das vezes ele reprime a raiva e evita desavenças porque teme que isso afaste as pessoas com as quais quer manter uma ligação. A atenção do Oito geralmente se concentra no poder e no controle, em quem os tem e em como os usa. O Dois às vezes nota tal característica nele, mas basicamente presta mais atenção às necessidades e aos sentimentos das pessoas, e não no poder delas. Embora o Oito nem sempre tenha de ser o chefe ou o líder, consegue facilmente assumir a liderança, sobretudo se houver uma lacuna nessa área. Em contrapartida, o Dois, ainda que possa ser um bom líder, em geral se sente mais confortável em uma posição de apoio secundário: o braço direito do líder ou o poder por trás do trono. Enquanto o Oito consegue dominar e impor sua vontade com bastante facilidade, o Dois, tendendo a interpretar uma situação em termos do que se exige dele, altera seu comportamento para se transformar naquilo de que o outro precisa, em vez de declarar sua vontade o tempo todo (embora às vezes o faça de maneira orgulhosa: "Sei o que é melhor"). Concluindo, o Oito tende a evitar a manifestação da vulnerabilidade, e quase sempre até rejeita qualquer sensação desse tipo. Por outro lado, o Dois a manifesta mais facilmente, pois muitas vezes vivencia sentimentos vulneráveis, como a mágoa ou a tristeza, e pode até recorrer a ela, de maneira inconsciente, para manipular os outros.

Dois e Nove

O Dois e o Nove compartilham muitas características. Ambos tendem a focar os outros, razão pela qual muitas vezes esquecem ou negligenciam as próprias necessidades e desejos, priorizando os de outras pessoas. Ambos também se adaptam aos outros, o Dois mudando de comportamento para se transformar no que acha que querem que ele seja, com o objetivo de ser estimado, e o Nove se mescla com os planos dos outros para criar harmonia e reduzir a tensão e o isolamento. O Dois e o Nove conseguem ser bons mediadores porque veem e entendem com facilidade as perspectivas e as opiniões alheias; na verdade, ambos conseguem quase sempre compreender os pontos de vista dos outros mais claramente do que os deles mesmos.

APÊNDICE

Aos olhos dos observadores externos, o Dois e o Nove parecem simpáticos, amigáveis e solidários. Os dois tipos têm pouco ou nenhum contato com a própria raiva, apesar de alguns Dois a sentirem ocasionalmente quando não satisfazem suas necessidades não declaradas. O desconforto com a raiva e a inclinação de manterem ligações positivas com os outros, tanto no Dois quanto no Nove, regularmente os levam a evitar conflitos, embora, enfatizo, alguns Dois estejam mais abertos a eles quando sua natureza mais emocional os impulsionam até lá. Ambos os tipos podem se envolver em comportamentos passivo-agressivos, pois às vezes é difícil para eles manifestarem a raiva de modo mais direto, temendo que vínculos importantes com outras pessoas sejam rompidos.

Ainda que o Dois e o Nove se assemelhem em muitos aspectos, há neles algumas características contrastantes. Embora o Dois foque sobretudo os outros em vez de si mesmo, ele tende a se concentrar mais nos sentimentos e a sentir suas emoções mais prontamente, enquanto o Nove se concentra mais em manter uma harmonia energética com as pessoas. Além disso, o Dois tende a sentir uma gama mais vasta de emoções intensas, e com mais frequência do que o Nove, propenso a ser mais estável emocionalmente e equilibrado. O Dois se move de maneira mais ativa em direção aos outros, lendo proativamente necessidades e preferências alheias que o ajudem no empenho de se alinhar no sentido emocional com as pessoas, enquanto o Nove não procura formar vínculos socias tão ativamente e não interpreta tanto as necessidades dos outros. Outro aspecto a se destacar é a seletividade do Dois quando se trata dos indivíduos com quem busca criar vínculos, sentindo-se mais atraído por algumas pessoas do que por outras; no entanto, o Nove, de natureza mais democrática, não faz esforços intencionais para buscar ligações com pessoas específicas. O Dois tende a ser mais atuante, tendo um nível de energia mais elevado e um ritmo mais rápido do que o Nove, que parece quase sempre mais descontraído e fácil de se socializar. Embora ambos os tipos consigam abandonar a si em nome de dar atenção aos outros, o Dois tende a reprimir necessidades e sentimentos, enquanto o Nove se "esquece" dos seus desejos e planos, ou evita prestar atenção neles. Portanto, o Nove tende a abstrair-se de seus planos, e o Dois com frequência tem um plano mais definido (especialmente no que diz respeito à conquista de vínculos interpessoais), mesmo quando não presta atenção ao que precisa.

Três e Quatro

O Três e o Quatro se assemelham em algumas características. Ambos focam como os outros os percebem. Embora o Três esteja mais atento à criação de uma imagem de sucesso e à realização de acordo com padrões sociais em contextos específicos, o Quatro se concentra em veicular uma imagem baseada em sua percepção singular do que ele julga importante expressar. Além de ambos focarem a imagem, como pertencem à tríade do coração, voltam-se, em um nível fundamental, para os sentimentos e os vínculos emocionais. No entanto, ainda que norteados por sentimentos, o Três tende a evitá-los para fazer as coisas com mais facilidade, e o Quatro tende a senti-los com mais regularidade e, às vezes, até mesmo se identifica demais com eles. As pessoas de ambos os tipos são propensas a priorizar relacionamentos, e muitas vezes dão importância à aprovação e ao reconhecimento. Finalmente, o Três e o Quatro podem ser intensos, criativos, trabalhadores e competitivos.

Mas há diferenças significativas entre eles. O Três tende a focar as tarefas, os objetivos e o trabalho, enquanto o Quatro enfatiza mais os sentimentos, a autoexpressão e os vínculos emocionais com os outros. Quando o Três se concentra nas tarefas, geralmente busca o caminho mais curto, mais eficiente e mais rápido para concretizá-las, enquanto o Quatro prefere um método mais criativo, orgânico e não linear para a autoexpressão. O Três anestesia os sentimentos para colocar as coisas em prática, mas o Quatro acredita que todos os sentimentos devem ser vivenciados e manifestados autenticamente. O Três busca metas para alcançar o sucesso, definido pelo contexto ou pelo grupo, e o Quatro procura manifestar ideais relacionados ao amor e à profundidade emocional por meio da criatividade, da conexão relacional e da manifestação verdadeira como um modo de sentir-se especial e único.

O Três se orienta segundo o que define como bem-sucedido, valorizando intensamente os sinais materiais de sucesso, como roupas e carros bonitos, enquanto o Quatro foca a própria percepção interna de como se sente e do que valoriza. O Três foca objetivos específicos e o modo de alcançá-los. Em contraste, o Quatro concentra sua atenção no que está faltando e é imprescindível em determinada situação. Ao se apresentar para os outros, o Três se empenha em corresponder à imagem do que acham mais atraente ou admirável, mesmo que isso signifique submeter-se a algo que ele não é (e assim perder a noção de quem de fato é), enquanto o Quatro valoriza a autoexpressão autêntica. Ao proceder dessa forma, o Três se identifica com uma imagem de sucesso (e com uma autoimagem idealizada), muitas vezes parecendo genuinamente confiante e competente. O Quatro se identifica com uma autoimagem imperfeita e em geral tem a sensação de que é, de alguma forma, falho. O Três foca competir, vencer e evitar o fracasso, e o Quatro está mais atento a um relacionamento autêntico, na autoexpressão e na estética. (Embora o Quatro Sexual possa ser tão competitivo quanto o Três, ele compete impulsionado mais por um sentimento emocional de tentar provar que é digno ou superior, geralmente motivado pela raiva ou pela inveja inconsciente.)

Três e Cinco

O Três e o Cinco têm algumas características semelhantes. Ambos valorizam o controle emocional e são propensos a evitar focar as próprias emoções. O Três entorpece os sentimentos para impedir que interfiram na execução das tarefas, no alcance de objetivos e na manutenção da sua imagem; o Cinco, desligando-se das suas emoções, foca o pensamento e a análise. Encontra mais conforto e segurança no campo mental, e o Três, na ação e na execução.

Do ponto de vista daqueles que almejam um relacionamento íntimo com o Três e o Cinco, ambos às vezes parecem inacessíveis e complicados no sentido de se estabelecer uma relação com eles. O Três porque, superidentificado com a própria imagem, não seria capaz de se ligar a alguém e viver seu eu real, e o Cinco porque tende a se afastar dos outros como uma maneira de minimizar envolvimentos emocionais desconfortáveis e potencialmente desgastantes. Em razão disso, o Três e o Cinco valorizam a independência e a autossuficiência.

Entretanto, existem diferenças significativas entre ambos. O Três tende a depender dos outros para conquistar aprovação e admiração, enquanto o Cinco se orgulha da própria independência e objetividade e não se avalia com base na percepção das pessoas em relação a ele. O Três foca bastante criar uma imagem de sucesso que será admirada pelos outros, e assim se sentirá valorizado e digno; em contrapartida, o

Cinco não se concentra do mesmo modo em sua imagem. Em situações de trabalho, o Três se volta principalmente à realização de tarefas e ao trabalho visando cumprir metas, mas o Cinco prioriza observar, pensar, analisar e ampliar o conhecimento. O Três gasta muita energia e tempo no trabalho para atingir os objetivos desejados, mesmo que isso signifique trabalhar horas extras, enquanto o Cinco foca conservar energia e evitar tarefas e relacionamentos que a esgotem. O Cinco sente que há à sua disposição um tanto limitado de energia, e, assim, se envolve em esforços constantes para economizar recursos como tempo, energia e esforço. Por outro lado, o Três, com tendências a ser *workaholic*, muitas vezes trabalha sem limites e chega até mesmo a levar trabalho quando está em férias. O Três também pode ser altamente competitivo em diferentes campos, despendendo significativa energia para vencer a todo custo. O Cinco, que às vezes parece indiferente ou superior a tudo, desvencilha-se com facilidade de um esforço se concluir que não vale a pena consumir sua energia e outros recursos naquilo.

Três e Seis

O Três e o Seis assemelham-se em alguns aspectos. O Três e alguns Seis, especialmente os Seis contrafóbicos, podem ser muito trabalhadores, assertivos e focados em progredir. Ambos se especializam em interpretar as pessoas, embora movidos por diferentes razões. O Três examina o público para determinar o que valorizam e, desse modo, criar uma imagem que os outros verão como bem-sucedida e admirável. O Seis interpreta as pessoas para reagir a uma percepção interior de ameaça e proteger-se, procurando planos ocultos e intenções dissimuladas. Ambos podem ser agradáveis e amigáveis, o Três porque busca aprovação dos outros, e o Seis porque deseja criar segurança conhecendo seus aliados. E os dois tipos também podem ser práticos e focados na resolução, embora o Três se concentre nas metas e encontre o jeito mais eficiente de chegar ao resultado final, e o Seis priorize antecipar problemas e perigos para que se prepare e encontre ajustes de forma proativa.

O Três e o Seis também se distinguem em aspectos específicos. O Três foca rápida e eficientemente mover-se em direção a seus objetivos, enquanto o Seis pode procrastinar pelo receio de errar ou por estar à procura de problemas. O Três não só é competente em corresponder a uma imagem de sucesso, mas também tende a parecer confiante em tudo o que faz; o Seis, no entanto, pode vacilar por meio de dúvidas e questionamentos. Além disso, pode aprisionar-se no medo ou ficar paralisado em razão da análise excessiva e da imaginação do pior cenário possível. Ao se envolver em trabalho e mesmo na vida de modo geral, o Três foca fazer o que for preciso para alcançar o sucesso, e gosta de ser reconhecido por suas conquistas. O Seis, ao contrário, geralmente teme o sucesso e, por isso, tende a se sabotar (às vezes, em um esforço para evitar atrair a atenção dos outros). Ainda nesse sentido, enquanto o Três está voltado para a ação e para o sucesso, o Seis quase sempre evita a tomada de medidas que possam levá-lo ao sucesso, pois teme que este provoque a visibilidade que, por sua vez, desencadeará um ataque contra ele. Sendo bem orientado para alcançar um objetivo, o Três trabalha sem desacelerar a ponto de refletir sobre o que pode dar errado, enquanto o Seis quase sempre pensa no que poderia dar errado, traço que o torna especialista em solucionar problemas — ele, de forma natural, pensa nos obstáculos que talvez surjam até a conclusão de uma tarefa específica, para que assim consiga preparar-se e responsabilizar-se por eles. Por fim, o Três quase sempre consegue trabalhar bem com autoridades, desde que não interfiram no progresso em direção aos objetivos que almeja, ao passo que o Seis tende a desconfiar das autoridades ou se rebelar contra elas, temendo que usem seu poder atingindo-o de maneira injusta.

Três e Sete

O Três e o Sete são tipos parecidos, compartilhando muitas características; ambos têm muita energia e trabalham pesado, sobretudo em projetos nos quais estão interessados e envolvidos, além de serem charmosos, cativantes e encantadores. O Três recorre a tais qualidades para conquistar aprovação, admiração e cooperação das pessoas, e o Sete usa o charme como primeira linha de defesa, para dissipar a negatividade e criar um clima animado e positivo na interação social. Ambos são otimistas e confiantes sobre alcançar seus objetivos, o Três porque deseja criar uma imagem de realização e sucesso, e o Sete porque habitualmente vê as coisas de forma positiva e acredita nas infinitas possibilidades e oportunidades como um caminho de se esquivar de sentimentos difíceis. Nesse sentido, os dois tipos evitam emoções negativas que porventura os desacelere, o Três porque as mais complicadas delas interferem na ação e na boa aparência, e o Sete porque teme aprisionar-se em experiências desconfortáveis, como ansiedade ou tristeza.

Algumas características distinguem os dois tipos. O Três se destaca focando as tarefas e concluindo-as, enquanto o Sete acha esse processo mais difícil porque tende a se distrair. O Três se empenha muito em cultivar sua imagem e gerenciar a percepção dos outros em relação a ele, mas o Sete não foca tanto conquistar a aprovação das pessoas por meio de uma imagem em particular. Além disso, o Três tende a se voltar para o outro na medida em que confia na aprovação e na admiração alheia para confirmar sua autopercepção, enquanto o Sete é autorreferencial, ou seja, foca mais a própria vivência interior, as próprias necessidades e desejos, do que a aprovação ou não dos outros. O Três prioriza tanto o trabalho que o leva até para quando está em férias. Em contrapartida, o Sete prioriza mais as experiências prazerosas, divertidas e recreativas do que o trabalho. Em geral, o Três trabalha bem em estruturas de autoridade e restrições no ambiente de trabalho, desde que corroborem seu avanço em direção aos objetivos, enquanto o Sete, não apreciando estruturas hierárquicas, equaliza a autoridade para evitar reconhecer qualquer restrição que lhe seja imposta. Por fim, o Sete quase sempre se concentra no planejamento do futuro, em vez de prestar atenção ao presente, e o Três tende a focar mais o presente e o que precisa ser feito hoje em relação às tarefas urgentes diante dele.

Três e Oito

O Três e o Oito assemelham-se em várias características. Ambos são diligentes, têm muita energia para o trabalho e conseguem trabalhar em excesso, ainda que o Três se sinta impulsionado para concluir tarefas e atingir metas, independentemente do esforço e tempo necessários, e o Oito queira realizar coisas ambiciosas e tenda a esquecer suas necessidades e limites físicos. As pessoas de ambos os tipos conseguem sentir e manifestar a raiva quando necessário, mas em geral a vivenciam por diferentes razões. O Três geralmente expressa raiva e impaciência quando os outros criam obstáculos entre ele e os seus objetivos, enquanto o Oito tende a expressá-la com mais frequência e em virtude de uma variada série de situações: quando uma pessoa magoa alguém de quem ele se sente protetor, quando alguém o impede de progredir, quando lhe dizem o que fazer, quando alguém é desleal ou injusto e quando outros o magoam. Ambos os tipos conseguem ser diretos e assertivos no interesse de levar adiante tarefas e projetos, além de também serem guiados por objetivos ou mesmo por resultados.

Os dois tipos apreciam estar em posições de liderança; o Três não só gosta de declarar sua opinião sobre como as coisas acontecem, mas também aprecia os efeitos de valorização da imagem para alcançar uma posição superior de status em uma estrutura de autoridade, e o Oito quer estar no controle e ter o poder para criar um plano e fazer o trabalho avançar. Ambos também podem sentir dificuldade em manifestar emoções vulneráveis. Normalmente, o Três evita seus sentimentos porque talvez interfiram na ação e no progresso dele em direção a um objetivo, e o Oito os rejeita como forma de manter uma percepção de força, poder e controle. Pessoas dos dois tipos também podem julgar que manifestar sentimentos vulneráveis denota um sinal de fraqueza.

O Três e o Oito também se distinguem de formas bem específicas. O Três foca cultivar uma imagem de sucesso para conquistar a admiração dos outros, enquanto o Oito não foca tanto sua imagem e como as pessoas o percebem. Em termos de motivação, o Três trabalha para concretizar metas e tarefas visando ao sucesso e a uma boa aparência diante dos outros, e o Oito é motivado não apenas pelo desejo de poder e controle, mas também pela satisfação das próprias necessidades físicas. Em relação a alcançar objetivos, o Três se destaca em encontrar a maneira mais eficiente de atingi-los; em contrapartida, o Oito costuma enfrentar mais dificuldade em saber o nível de energia necessário para que se aproxime do objetivo que almeja. Portanto, o Três é habilidoso em determinar de que modo irá impactar os outros, enquanto o Oito tem um ponto cego em respeito a como impactar as pessoas.

O Três consegue trabalhar em estruturas organizacionais, desde que isso não comprometa que avance em direção a metas, mas o Oito chega a se rebelar contra as autoridades e é propenso a querer infringir regras caso isso sirva aos seus propósitos. Apesar de valorizar a verdade, o Oito pode ter dificuldade em diferenciar a verdade dele da verdade objetiva. O Três é bom em projetar sua "verdade" de acordo com a imagem que deseja criar para corresponder aos valores de um público específico. Em outras palavras, para o Oito, a verdade é o que ele diz, e para o Três, cuja fixação é o "engano" ou "autoengano", a verdade é relativa e pode ser adaptada para atender às circunstâncias. Concluindo, o Oito quase sempre sabe quem é — sobretudo em termos de percepção generalizada de identidade, poder e força —, mas o Três pode se confundir quanto à sua identidade, pois, acreditando que é sua imagem, não percebe que seu verdadeiro eu difere da imagem criada.

Três e Nove

O Três e o Nove compartilham algumas características. Ambos tendem a ser otimistas, alegres e simpáticos, além de trabalhadores e práticos, embora o Três se concentre mais em trabalhar excessivamente. O Três e o Nove também dependem de apoio externo para a percepção de identidade e direção. O Três interpreta as pessoas para compreender o que consideram ser bem-sucedido e projeta a imagem dele visando a que combine com a de sucesso como instrumento da aprovação e da admiração alheias. O Nove, por não apreciar conflitos e sem uma percepção clara dos seus planos internos, tem como referência os outros, e então concorda com os desejos e as vontades deles como forma de encontrar rumo e criar harmonia. Além disso, às vezes, pode ser difícil entrar em contato com ambos os tipos. O Três foca muito a lista de coisas a fazer e se identifica bastante com sua imagem, características que comprometem o fato de ele estar presente e consciente no plano das relações pessoais, em um sentido mais verdadeiro e mais concreto de quem ele é. De modo similar, o Nove tende a se esquecer de si e a se associar ao que os outros querem fazer, como instrumento de estar em harmonia com as pessoas e evitar conflitos. No entanto, algumas vezes, o Nove percebe mais tarde que não queria realmente concordar com aquele projeto, mas não sabia disso porque não sabe o que de fato quer no momento.

Existem também algumas relevantes diferenças entre o Três e o Nove. Em um nível fundamental, o Três foca realizar tarefas e atingir metas; por outro lado, o Nove se concentra mais em manter o conforto e a harmonia.

O Três é acelerado, decisivo e avança mais, porém o Nove se move em um ritmo mais lento e tende a não tomar partido. O Três volta-se muito para o trabalho e frequentemente pode virar um *workaholic*. Alguns Noves também são muito trabalhadores (especialmente o Nove Social), mas muitos deles têm mais dificuldade em finalizar as coisas, pois podem se aprisionar na inércia, ficar paralisados pela indecisão ou distraídos por tarefas menos importantes. O Três quase sempre se concentra nas metas que estabeleceu até alcançá-las; em contraste, o Nove tende a se desviar facilmente das próprias prioridades, pois volta sua atenção ao apoio dos objetivos e dos planos dos outros. O Três se envolve em conflito, especialmente se isso significar remover um obstáculo à frente do *momentum*, enquanto o Nove quase sempre se empenha muito em evitar conflitos. O Nove gosta de se sentir confortável e, por isso, evita sair da sua zona de conforto para concluir trabalhos que venham a perturbar sua paz, como expressar opiniões consistentes em público ou confrontar alguém sobre alguma coisa que fez de modo incorreto. Por outro lado, o Três mais facilmente suportará o desconforto se este o auxiliar no progresso em direção ao objetivo que almeja. Por fim, o Nove sente aversão a ser o centro das atenções, enquanto a maioria dos Três aprecia estar nessa posição, e pode até procurar ativamente situações em que os outros o notem.

Quatro e Cinco

Existem algumas semelhanças evidentes entre o Quatro e o Cinco. Ambos podem ser introvertidos, com tendência a se afastar dos outros. O Cinco regularmente cria limites e se afasta do contato interpessoal em razão da necessidade de conservar energia e recursos internos, e teme que a interação social o esgote ou invada seu espaço privado. O Quatro também precisa distanciar-se periodicamente dos outros para se envolver com mais intensidade na experiência interior dele. Embora o Quatro mantenha um contato bem mais regular com as suas emoções do que o Cinco, os dois tipos podem intelectualizar, ou seja, concentrar-se no pensamento para se desconectar dos sentimentos. Ambos são autorreferenciais, o que significa que focam mais a experiência interna do que a das outras pessoas. Nesse aspecto, o Quatro e o Cinco podem ser introspectivos, atentos ao que está acontecendo dentro deles.

Mas também existem diferenças significativas entre os dois tipos. O Quatro constitui um dos tipos mais emocionais, pois na maior parte do tempo entra em contato com seus sentimentos em um nível profundo. O Cinco, por outro lado, está entre os tipos menos emotivos, com frequência se desprendendo dos seus sentimentos. Quando se trata de relacionar-se com outras pessoas, o Cinco tende a evitar vínculos profundos, pois se sente mais confortável inibindo os envolvimentos emocionais, enquanto o Quatro normalmente procura criar vínculos emocionais profundos. O Cinco quase sempre mantém seus sentimentos para si e valoriza a autossuficiência, e o Quatro tende a compartilhá-los com os outros e a valorizar relacionamentos emocionalmente autênticos.

Ao avaliar uma situação ou um trabalho, o Cinco emite um ponto de vista objetivo e independente. Por outro lado, como a força específica do Quatro é a intuição emocional, ele tende a compreender as coisas mais em termos emocionais ou emocionalmente criativos. O Cinco gosta de ficar sozinho e ter bastante privacidade, enquanto o Quatro, ainda que aprecie passar um tempo sozinho, também é sensível ao abandono e à perda, e valoriza a manutenção de intensos vínculos emocionais. O Cinco tende a ser reservado, retraído e sensível à intrusão quando está em um relacionamento. O Quatro, por sua vez, é mais dramático, romântico e passional nos relacionamentos. Além disso, facilmente o Cinco se sente esgotado pelas necessidades dos outros, e o Quatro em geral é muito sensível e empático diante delas. Por fim, o Cinco tende a minimizar as próprias necessidades e desejos, enquanto o Quatro em geral vivencia a experiência de desejo e anseio de que atendam às necessidades dele. Assim, quando o Quatro não conquista aquilo de que precisa, sente a dor de modo agudo, enquanto o Cinco se distancia da dor e se concentra no armazenamento e na economia e conservação como forma de lidar com o fato de não ter o suficiente do que precisa.

Quatro e Seis

O Quatro e o Seis podem ter estilos externos muito semelhantes. Ambos são intuitivos e hábeis em interpretar os outros, o Seis porque se protege das ameaças ao observar as intenções das pessoas, e o Quatro porque é emocionalmente intuitivo e empático, características que o

APÊNDICE

ajudam a estabelecer relações solidárias. As pessoas dos dois tipos são boas em solucionar problemas, o Quatro naturalmente percebe o que está faltando em uma situação específica, e o Seis automaticamente pensa no que pode dar errado para que se prepare. Tanto o Quatro quanto o Seis são capazes de desafiar as autoridades e o modo estabelecido de desenvolver trabalhos e projetos. O Quatro pode sentir-se inconformado porque tem perspectivas criativas e se volta para a expressão autêntica e profunda dos sentimentos, e o Seis porque pensa de maneira contrária e se sente inseguro e desconfiado diante daqueles que têm poder sobre ele. Ambos tendem a ter sentimentos negativos sobre si mesmos. O Quatro quase sempre acha que é imperfeito ou que, de alguma forma, algo lhe falta, e o Seis tende a duvidar, questionar e responsabilizar a si. Ambos também podem aprisionar-se na vida e ter dificuldade em progredir, o Quatro por ser excessivamente autocrítico e ligado demais a emoções específicas, acreditando que as coisas estão perdidas, e o Seis por pensar demais nas dificuldades e nos eventos, vivenciar a "paralisia da análise", duvidando das suas competências e temendo o sucesso.

No entanto, há também significativas distinções entre os dois tipos. O Quatro é sensível à forma como os outros o percebem, e quer ser visto como único e especial. O Seis, por outro lado, não se prende à imagem que os outros têm dele. O Quatro quer se destacar e ser reconhecido como especial aos olhos dos outros, e o Seis se identifica mais com os desfavorecidos e com o arquétipo de "homem/mulher comum". O Quatro vive sobretudo no mundo das emoções, enquanto o Seis vive mais na cabeça, sendo predominantemente mais mental e analítico. As vivências emocionais mais comuns no Seis envolvem medo, dúvida e preocupação, porém o Quatro com mais frequência vivencia emoções relacionadas à tristeza e à melancolia. O Seis busca a certeza, e inevitavelmente não a encontra ou se engaja em algo específico por necessidade dela. O Quatro foca mais o que ele não tem que os outros têm — muitas vezes um relacionamento amoroso inatingível —, pensando que finalmente seria feliz se conquistasse o que deseja. Por fim, o principal objetivo do Quatro é se sentir amado e apreciado por ser quem ele é, enquanto o Seis foca mais a sua segurança.

Quatro e Sete

O Quatro e o Sete, por compartilharem alguns traços, podem assemelhar-se. Ambos são muito idealistas, sendo que o Quatro foca ideais de amor e criação de vínculos, e o Sete mais visualizar o ideal em uma ampla variedade de domínios imaginativos. Mais notadamente, o Quatro e o Sete apreciam e buscam experiências intensas e estimulantes. O Quatro porque vive dos seus sentimentos, aprecia a intensa experiência de emoções profundamente sentidas e vínculos passionais com outras pessoas, e não gosta de experiências banais. O Sete porque quer manter um estado de espírito elevado e viver experiências divertidas e positivas como forma de se afastar de alternativas menos positivas, menos intensas, potencialmente vazias, enfadonhas ou desagradáveis. Nesse aspecto, ambos têm aversão ao cotidiano, ao banal e ao convencional, considerando tais experiências potencialmente vazias e, portanto, enfadonhas ou até mesmo geradoras de ansiedade. Os dois tipos valorizam a criatividade e a autoexpressão, o Quatro porque quer ser visto e entendido como especial e único, alguém que aprecia a estética e a arte, e o Sete porque é naturalmente visionário e imagina variadas possibilidades futuras, tendo muitos interesses e ideias e apreciando os aspectos estimulantes e excitantes da expressão criativa.

Ao se relacionarem com os outros, ambos são autorreferenciais, ou seja, focam mais a própria experiência e não a dos outros. Quando o Quatro presta atenção à sua experiência, quase sempre o faz de maneira emocional, concentrando-se mais nos sentimentos e nos estados de espírito. No entanto, quando o Sete foca a si, em geral se concentra nos seus pensamentos, planos futuros, aspirações de diversão e experiências prazerosas, e olha para o mundo exterior em busca de oportunidades de entretenimento. Ambos também podem ser sensíveis às críticas, embora o Quatro as sinta como mais um golpe para a sua já subestimada percepção de si, no sentido de não ser suficientemente bom, e o Sete a vivencie como uma dolorosa interrupção do desejo infantil de focar o que é positivo.

O Quatro e o Sete diferem em aspectos específicos. Embora ambos sejam idealistas, o Sete tende a ser implacavelmente otimista, e o Quatro, um tanto pessimista, sobretudo para quem o observa de fora, pois ele tende a atrair a atenção para o que está faltando. Além disso, o Quatro e o

APÊNDICE

Sete têm perfis bem distintos quando se trata da vivência dos sentimentos. O Sete tende a se concentrar e a permanecer focado em sentimentos positivos, com temperamento muito otimista e feliz. Nesse sentido, o Sete pode ter dificuldade em alojar emoções mais difíceis, como tristeza ou desconforto. O Quatro, por outro lado, além de se sentir mais à vontade com uma ampla variedade de emoções, inclina-se a sentimentos mais sombrios, como decepção ou melancolia, de modo mais regular e confortável. De forma similar, o Sete com frequência transforma os negativos em positivos, enquanto o Quatro talvez até se irrite quando as pessoas lhe dizem que "olhe para o lado positivo". Também tende a se concentrar no que lhe está faltando ou é inacessível, mas gostaria de ter ou ser, o que o leva a ter mais consciência do aspecto negativo das situações, dos problemas e dos relacionamentos.

O conforto do Quatro com os sentimentos o torna bom em apoiar as pessoas que passam por dificuldades, enquanto o Sete sente mais dificuldade de conviver com aqueles que estão sofrendo e ser solidário a eles. E isso ocorre em razão de o Sete se sentir desafiado ao ter de lidar com o sofrimento, confortando-se e tranquilizando-se quando se concentra em sentimentos positivos. Por outro lado, o Quatro pode encontrar opulência no sofrimento e entendê-lo como uma parte real e valiosa da experiência humana. Além disso, o Quatro busca criar vínculos sociais profundos por meio do compartilhamento de sentimentos autênticos, enquanto o Sete pode vacilar diante de compromissos e de relacionamentos em um nível emocional mais profundo porque não aprecia se sentir limitado e, às vezes, tende a afastar-se demais dos outros. Concluindo, o Quatro valoriza autenticidade e profundidade, enquanto o Sete prioriza o charme e uma apresentação amável e divertida (que o Quatro pode achar superficial ou falsa).

Quatro e Oito

O Quatro e o Oito podem parecer similares. Os dois tipos estão dispostos a entrar em conflito e podem, se necessário, confrontar as pessoas, embora o Oito tenha tendência a fazê-lo mais regularmente do que o Quatro. Ambos também conseguem sentir e expressar significativos sentimentos, ainda que o Oito tenda a expressar com mais frequência a raiva do que as outras emoções, e o Quatro sinta mais prontamente uma série de emoções, tendendo à melancolia de forma mais regular do que os outros tipos. O Oito e o Quatro, atraídos pela intensidade, sentem as coisas com uma profunda paixão, apesar de o Quatro tender mais a vivenciar sentimentos vulneráveis. Ambos os tipos podem ser impulsivos, sentindo-se legitimados para quebrar regras, o Oito porque se percebe maior do que elas, e o Quatro porque prioriza sua experiência interna e as próprias necessidades e desejos. No ambiente de trabalho, o Quatro e o Oito conseguem trabalhar duro e estar profundamente engajados, mas por razões diferentes: o Quatro enxerga o trabalho como uma oportunidade de autoexpressão e uma espécie de arte colaborativa, e o Oito quer causar um grande impacto, alcançar e manter o poder, e servir de mentor e protetor para as pessoas com quem trabalha.

Mas o Quatro e o Oito também são marcados por diferenças significativas. O Quatro quase sempre vivencia uma gama mais variada de emoções do que o Oito, que sente mais raiva e impaciência do que o Quatro, e este, mais melancolia e tristeza do que o Oito. É importante ressaltar que o Oito não aprecia a vulnerabilidade nem a manifestação de sentimentos vulneráveis, os quais nega com regularidade. Por outro lado, o Quatro vivencia emoções vulneráveis e pode até sentir algum grau de conforto em uma experiência verdadeira e profunda da própria vulnerabilidade. O Oito enfrenta dificuldades em reconhecer seus limites físicos, suas necessidades de dependência e de emoções mais suaves, enquanto (com a possível exceção de alguns do Tipo Quatro Sexual) o Quatro está bem mais familiarizado com suas limitações, sua percepção de dependência e suas emoções mais suaves. Além disso, o Quatro em geral se empenha muito mais do que o Oito na satisfação de suas necessidades físicas e emocionais. E, nos relacionamentos, o Oito normalmente expressa amor por meio de proteção e poder, enquanto o Quatro o faz por meio da manifestação dos sentimentos e do desejo de criar vínculos.

Embora ambos os tipos possam desafiar as autoridades estabelecidas, o Oito quase sempre é mais rebelde do que o Quatro. No geral, o Oito foca o contexto completo da situação e cria uma estratégia sobre como fazer as coisas progredirem, enquanto o Quatro foca mais o processo criativo, atrair atenção e ser valorizado por suas contribuições singulares. Quando trabalham com outras pessoas, ambos os tipos têm bastante energia. O Oito tende a ser bastante assertivo, podendo até chegar a um comportamento agressivo e dominador, enquanto o Quatro se volta mais a estabelecer vínculos emocionais com os outros (embora o Quatro Sexual também possa ser assertivo ou agressivo). Ainda nesse aspecto, o Oito tende a interpretar de modo distorcido o impacto que ele causa nos outros, enquanto o Quatro, emocionalmente intuitivo, pode ser bastante sensível ao modo como afeta as pessoas ao redor dele. Na comunicação, o Oito costuma ser direto e franco, e o Quatro se expressa de forma mais descritiva sobre como está vivenciando algo emocionalmente. O Oito não contempla muito seus processos internos; o Quatro pode ser muito introspectivo.

Quatro e Nove

O Quatro e o Nove têm algumas características em comum. Ambos se assemelham na medida em que se importam muito em cultivar os relacionamentos e a conquista de vínculos com outras pessoas. Além disso, correm o risco de se perder ao se mesclarem com seres queridos, embora no Nove isso seja mais regular do que no Quatro, que mais facilmente detecta suas necessidades autônomas e seus desejos. Os dois tipos são capazes de entender as pessoas com relativa facilidade e de modo profundo, o Quatro porque é emocionalmente intuitivo e sensível aos estados de espírito e aos sentimentos dos outros, e o Nove porque muitas vezes consegue compreender as perspectivas alheias com mais clareza do que as dele, alinhando-se a elas para criar harmonia. No aspecto negativo, o Quatro e o Nove podem se sentir negligenciados e sem valor para os outros, e ambos regularmente acham que são mal compreendidos. No entanto, o Quatro quase sempre vivencia emoções relacionadas a ser incompreendido ou a "não ser bom o suficiente". O Nove, por sua vez, vivencia o sentimento de ser ignorado e não ouvido, em geral porque ele próprio sente dificuldade em assumir uma posição firme ou expressar uma opinião clara. Outra semelhança importante se refere ao fato de que ambos os tipos temem o não pertencimento. O Quatro é predisposto à sensação de desajuste, enquanto o Nove se preocupa em identificar se pertence ou não a um grupo.

Os dois tipos também diferem de maneira significativa. Fundamentalmente, o Nove tem como ponto de referência os outros, e o Quatro é autorreferencial, isto é, o Nove presta atenção sobretudo às opiniões, aos planos e aos estados de espírito das pessoas, enquanto o Quatro, priorizando sua vivência interior, foca mais suas próprias necessidades, seus sentimentos e desejos, sendo capaz de sentir uma gama mais variada de emoções, e de forma mais profunda, do que o Nove, que tende à estabilidade e ao equilíbrio emocional. A atenção do Nove facilmente se desvia das prioridades dele em direção a substitutos menos importantes e aos planos dos outros, enquanto a do Quatro é mais consciente e focada em satisfazer as próprias necessidades e desejos. O Nove se volta para a criação de um ambiente harmônico, e o Quatro, ao contrário, chega até mesmo a criar discórdia ou, se necessário, contribuir para que ela ocorra, como um meio de incentivar a comunicação autêntica de sentimentos. Em síntese, quase sempre o Nove evita os conflitos, enquanto o Quatro, se for necessário, entra em conflitos ou até mesmo os cria.

Geralmente, o Nove não declara suas preferências, às vezes por desconhecer o que quer, outras vezes por acreditar que as opiniões dos outros são mais importantes do que as dele, ou ainda por não querer criar um conflito. Por outro lado, o Quatro é propenso a acreditar que suas opiniões são valiosas e que é importante dizer o que pensa. Além disso, ele nem sempre se adapta às pessoas, sentindo-se regularmente impulsionado a expressar sua discordância ou perspectiva singular, enquanto o Nove tende a se ajustar exageradamente aos outros, pensando com frequência que, caso não o faça, o vínculo será rompido. Em virtude dessa tendência do Nove de se adaptar aos outros, também lhe é difícil dizer "não", estabelecer limites e impor-se. O Quatro, ao contrário, consegue com mais constância e facilidade criar limites e impor os próprios planos.

Cinco e Seis

O Cinco e o Seis se assemelham em muitos aspectos. Ambos podem ser reservados e arredios. O Seis, em particular mais fóbico, se parece com o Cinco, considerando-se que os dois tipos tendem à introversão e buscam uma sensação de segurança afastando-se das pessoas. O Cinco porque quer se prevenir do esgotamento, enquanto o Seis desconfia das pessoas e se abstém do medo de que elas representem algum tipo de perigo ou de ameaça. O Cinco e o Seis, quando estabelecem um relacionamento,

APÊNDICE

demoram a confiar nos outros porque se preocupam com segurança, ainda que o Seis fóbico tenda a se perceber mais ativo e ansioso em relação às ameaças externas, e o Cinco seja excelente em evitar situações de medo bem antes que ocorram. Ambos podem ser cautelosos na interação social e na proteção dos limites que estabelecem, e talvez se irritem quando tais limites são desafiados. O Cinco necessita de limites bem definidos, visando, desse modo, evitar intrusões e interações que potencialmente esgotem a energia com os outros, enquanto o Seis vivencia um medo mais frequente de ser atacado ou envergonhado de alguma forma. Os dois tipos são analíticos, tipos mentais que com regularidade intelectualizam, o que significa que confiam muito na função da lógica como forma de evitar sentimentos — eles até pensam nos sentimentos, mas sentem dificuldades em realmente senti-los.

No entanto, o Cinco e o Seis também diferem em algumas características. O Seis Contrafóbico (Sexual) é extrovertido, e o Cinco, mais introvertido. O Seis tem mais problemas aparentes com as autoridades do que o Cinco. Nesse aspecto, o Seis pode suspeitar de figuras de autoridade e até ser abertamente rebelde em relação a elas, enquanto o Cinco, caso queira, segue as autoridades (e, se ele não o fizer, pode ir contra a autoridade estabelecida de modo mais tranquilo e menos perceptível). O Seis, na busca da certeza, foca o questionamento e a dúvida, enquanto o Cinco se concentra no acúmulo de conhecimento, na minimização das necessidades e no uso econômico dos recursos como tempo e energia. O Cinco valoriza o controle emocional, mas o Seis não o prioriza da mesma forma.

Ao analisar uma situação, o Cinco, habitualmente desapegado das emoções, o faz com objetividade. Por outro lado, o Seis sofre para distinguir intuições de projeções, isto é, tende a confundir a realidade que ele percebe com o que teme ser verdade. Interpessoalmente, o Cinco se afasta das pessoas para evitar se sentir pressionado a satisfazer as necessidades emocionais delas, enquanto o Seis não receia atender às necessidades alheias e pode ser muito generoso, dedicando tempo e energia às pessoas em quem confia.

Cinco e Sete

O Cinco e o Sete têm várias características em comum. Ambos são tipos mentais "vivendo" a maior parte do tempo na própria cabeça (ou por meio da função da lógica), embora o façam de maneiras diferentes. Acreditando que o conhecimento é poder, o Cinco tende a pensar em termos de acumular e compartimentalizar informações, e o Sete, em termos de planejamento e de inter-relacionar e interconectar ideias. O Sete pensa de modo não linear, o que lhe dá talento para encontrar conexões e paralelos entre coisas diferentes, enquanto o Cinco prioriza o acúmulo e a compartimentalização de informações, sobretudo em questões que lhe despertam significativo interesse. Além disso, os dois tipos têm uma imaginação ativa e apreciam com sinceridade aprender coisas novas e explorar interesses intelectuais. O Cinco e o Sete se protegem evitando o comprometimento excessivo nas interações sociais, o Cinco porque teme sentir-se esgotado pelas necessidades dos outros, e o Sete porque gosta de estar diante de muitas opções e não quer se sentir limitado. Além disso, as pessoas de ambos os tipos intelectualizam, ou seja, distanciam-se das emoções por meio do pensamento e da análise.

Há também diferenças importantes entre os tipos. O Sete vive quase sempre no futuro, centrado em fantasias e planos sobre atividades prazerosas que ainda nem sequer aconteceram, enquanto o Cinco não vive no futuro ou pensa em planejamento e diversão da mesma forma. O Sete, implacavelmente positivo, de forma habitual e automática transforma negativos em positivos, mas o Cinco tende a permanecer mais afastado e a ser objetivo nas análises de situações e eventos. O Sete foca ter múltiplas opções e oportunidades ilimitadas, enquanto o Cinco foca como economizar energia e fazer as coisas do jeito mais econômico possível, dada a percepção de que, dispondo de recursos limitados, corre o risco de que se esgotem. Na verdade, para o Sete é difícil assumir compromissos, pois depender dos outros o faz sentir-se constrangido, limitado e desconfortável. Para o Cinco, ao contrário, é mais fácil assumir compromissos, precisamente porque ele é muito bom em proteger seu espaço privado e estabelecer limites. Embora o Sete seja com frequência socialmente mais ativo e gregário, o Cinco tende a fazer promessas sociais com muito mais cautela e a um número bem mais reduzido de pessoas.

APÊNDICE

Quando se trata de sentimentos, o Sete procura ativamente empolgamento e estímulos como um modo de evitar frustração, desconforto e tristeza, enquanto o Cinco simplesmente se desapega dos sentimentos, abandonando-os e concentrando-se em pensamentos e ideias. O Sete, de maneira inconsciente, dispensa medo e ansiedade encantando e desarmando os outros, ao passo que o Cinco se isola para evitar interações que lhe pareçam intrusivas ou inspirem sentimentos complicados.

Cinco e Oito

Existem algumas semelhanças bem evidentes entre o Cinco e o Oito. Ambos conseguem sentir e expressar a raiva quando alguém desafia os limites deles, mas essa é uma das únicas situações em que o Cinco manifestará abertamente a raiva; o Oito tende a enraivecer-se com mais frequência em uma significativa variedade de questões. Os dois tipos têm muita dificuldade em vivenciar (e, especialmente, expressar) emoções vulneráveis. O Cinco se desapega delas e se afasta das situações que possam gerar sentimentos vulneráveis, enquanto o Oito se desprende de sua vulnerabilidade e supercompensa focando maneiras de comunicar força e poder.

O Cinco difere do Oito em muitos aspectos. Socialmente, o Oito tende a ser extrovertido e tem "grande" energia, enquanto o Cinco é em geral mais introvertido e arredio, com uma presença energética muito mais reservada e discreta. Embora os dois tipos apreciem estar no controle, o Oito o assumirá de uma forma mais explícita, ativa e agressiva, enquanto o Cinco é propenso ao exercício do controle de modo mais tranquilo e menos óbvio, com menos gasto de energia. O Oito tende a ser exagerado nas coisas que faz; o Cinco é minimalista, conservador e econômico.

Ao analisar uma situação, o Oito talvez tenha dificuldade em distinguir a verdade objetiva da sua própria versão dela, e o Cinco revela o talento de ser um analista objetivo. O Oito é impulsivo; o Cinco, mais pensativo, a ponto de sofrer com a possibilidade de pensar demais e não tomar uma atitude. Por exemplo, o Oito tende a entrar em ação antes de pensar, enquanto o Cinco tende a pensar demais antes de entrar em ação. Nos relacionamentos, o Oito quase sempre deixa claro onde ele se encontra, enquanto o Cinco, com dificuldade de interpretar, pode até reter informações sobre seus pensamentos e sentimentos, mesmo com as pessoas mais próximas. Por fim, o Oito se rebela contra qualquer neutralização de sua intensa capacidade de prazer ou poder, enquanto o Cinco, além ser propenso a minimizar e neutralizar suas próprias necessidades e desejos, pode se sentir esgotado pela vida e pelos relacionamentos. O Cinco chega até mesmo a renunciar ao prazer de um relacionamento, porque o custo talvez lhe pareça alto demais em termos de tempo, espaço ou energia emocional. Por outro lado, a maioria dos Oitos se sente energizada por relacionamentos e, sobretudo, por intimidade física (ou a promessa disso).

Cinco e Nove

O Cinco e o Nove compartilham algumas características, em especial do ponto de vista de um observador externo. Energeticamente, o Cinco e o Nove podem parecer reservados e arredios, embora o Nove não se afaste tanto dos outros com a mesma intensidade com que se esquece de si e negligencia seus planos e preferências para criar harmonia e consonância. Ambos são bons mediadores, pois o Nove facilmente compreende todos os pontos de vista, e o Cinco é um analista objetivo. Os dois tipos não apreciam o conflito e podem ser passivo-agressivos, embora o Nove aja desse modo impulsionado pela incapacidade de sentir diretamente raiva, e o Cinco porque não quer expressar suas emoções de modo franco ou se envolver em uma situação emocional que talvez seja energeticamente dispendiosa. As pessoas de ambos os tipos têm uma forma de se distanciar da própria vivência interna: o Cinco pelo desprendimento da emoção, e o Nove pelo esquecimento das suas preferências e opiniões. No sentido de trabalhar com os outros, ambos gostam de organização e regularidade, querem ser consultados sobre o que pensam, podem precisar de tempo para refletir e têm sensibilidade e aversão de serem controlados pelos outros.

Existem, no entanto, algumas diferenças significativas entre o Cinco e o Nove. Nos relacionamentos, em um nível mais básico, o Nove tende a se mesclar aos outros, pois encontra conforto na harmonia com as pessoas, enquanto o Cinco tende a se afastar delas, pois teme que demandas e necessidades alheias o esgotem. O Nove tem como referência o outro e, por isso, tende a focar nele, enquanto o Cinco, autorreferencial, concentra-se mais nas próprias vivências e limites internos. Nesse sentido, o Nove adapta-se excessivamente aos outros, ao contrário do Cinco. O Nove, que quase sempre desconhece o que quer, tendendo a evitar declarar suas preferências, depois muitas vezes se ressente por ter concordado com os outros e por seus desejos não terem sido ouvidos. Por outro lado, o Cinco, que quase sempre sabe o que quer, é especialista em impedir que pessoas interfiram no que deseja fazer. O Nove é com frequência percebido como amigável, afável e pacato, enquanto o Cinco, como mais alheio e reservado.

Desejando estar próximo das pessoas de maneira harmoniosa, o Nove, muitas vezes não percebendo que necessita de limites, acaba não os criando, ao contrário do Cinco, que prioriza a criação e a manutenção deles. Assim, para o Nove é complicado dizer não e manifestar suas preferências diante dos desejos das pessoas, diferente do Cinco, que consegue dizer não com mais facilidade. Às vezes, o Nove diz sim quando quer dizer não, enquanto o Cinco diz não quando quer dizer não. Em virtude dos problemas em estabelecer limites, o Nove também pode ter dificuldade em isolar-se, enquanto o Cinco o faz com muita facilidade, algumas vezes até com culpa, pois o isolamento constitui uma de suas formas primárias de autoproteção. Para o Nove, o foco nos planos dos outros compromete o conhecimento dos planos dele; para o Cinco, o foco nos próprios planos lhe dificulta dar espaço para os planos (e os sentimentos) dos outros.

Seis e Sete

O Seis e Sete compartilham algumas características. São tipos mentais e, portanto, inclinados principalmente para o pensamento, embora pensem de modos diferentes sobre temas diferentes. O Sete se concentra no planejamento das atividades futuras, em ideias novas e interessantes e em inter-relacionar e sintetizar informações. O Seis, pensando no que pode dar errado, prepara-se proativamente para isso, e também pensa em termos contrários, questionando ideias e opiniões dos outros em um empenho para descobrir a verdade ou resolver os problemas. No entanto, o Seis e o Sete são pensadores rápidos, com boa imaginação, embora o Seis seja propenso a projetar os piores cenários, enquanto o Sete foca projetar cenários altamente positivos. Ambos pertencem à "tríade do medo" (os três tipos mentais), ainda que estejam ou não ativamente conscientes dele. O Sete e o Seis contrafóbico, em especial, assemelham-se muito, pois ambos avançam em direção a ameaças no contexto para enfrentar perigos, o Sete, com charme e uma apresentação envolvente, e o Seis contrafóbico, com força e disposição para intimidar. As pessoas desses dois tipos correm o risco de se aprisionar em muitos pensamentos e não entrar em ação, no entanto, o Seis aprisiona-se na dúvida, e o Sete se distrai por novas ideias e múltiplas opções, ou por não querer se comprometer com (ou ser limitado por) uma rota específica de ação.

O Seis e o Sete também diferem de maneiras específicas. O Sete tende a ser muito otimista, enquanto o Seis, que quase sempre se descreve como realista, pode parecer mais pessimista aos observadores externos, em situações em que destaca os problemas ou algumas possibilidades negativas ou ameaçadoras. O Sete, com uma visão que irradia bom humor, reformula as situações em termos positivos, enquanto o Seis tende a focar o que pode dar errado, para que assim se prepare para possíveis problemas. Ambos os tipos divergem ao lidar com os medos ou as preocupações. O Sete vai à fonte do medo com charme e gentileza para desarmar a ameaça temerosa por meio de um poder mais suave, enquanto o Seis tende a ser cauteloso e atento em perceber a ameaça chegando antes do tempo e preparando-se para enfrentá-la. O Seis contrafóbico tende a movimentar-se com firmeza em direção a situações ameaçadoras, enquanto o fóbico se afasta delas, e o Seis Social obedece a um tipo de autoridade como forma de lidar com a ansiedade.

O Sete foca as oportunidades positivas e coisas interessantes e divertidas a serem feitas como modo de manter sentimentos positivos e evitar a dor e o desconforto. O Seis dificilmente evita tais sentimentos, pois foca as próprias dúvidas, questionando ideias e supostas realidades, com o objetivo de detectar riscos potenciais. O Seis procura a certeza, mas raramente ou nunca a encontra, ou então a acha e se agarra a ela. O Sete é divertido e aventureiro; o Seis, cauteloso e estratégico. O Sete planeja por necessidade de diversão, enquanto o Seis se prepara para lidar com os problemas. O Sete vislumbra infinitas oportunidades nas atividades interessantes, em um esforço inconsciente para manter uma distância segura da ansiedade e do desconforto, mas o Seis procura problemas para

APÊNDICE

resolver como uma maneira de se sentir seguro. O Seis é propenso a se envolver em problemas com as autoridades — ele pode não só as questionar e desconfiar delas, mas também se portar de modo rebelde e desafiador —, enquanto o Sete equaliza a autoridade e simplesmente rejeita as relações hierárquicas de poder, pois ele se percebe no mesmo nível e faz amizades tanto com os superiores como com os subordinados. O Sete espera atingir o sucesso e tem uma apresentação confiante; o Seis espera que as coisas deem errado e mantém uma apresentação preocupada e até paranoica. O Sete enfrenta dificuldades com compromissos, pois teme limites, enquanto o Seis é bem leal, dedicado e comprometido quando confia em alguém ou em algo.

Seis e Oito

Embora o Seis e o Oito sejam parecidos em alguns aspectos, o Seis fóbico pode ser bem diferente do Oito, e o Seis contrafóbico pode se parecer muito com o Oito. Ambos os tipos contrafóbicos aparentam ser fortes e intimidantes para os outros, e tendem a se movimentar "destemidamente" para situações ameaçadoras ou difíceis, querendo enfrentá-las de frente. No entanto, o Oito sente pouco ou nenhum medo, enquanto o Seis contrafóbico age contra as ameaças de reprimir uma sensação mais profunda e contínua de medo que nem sempre é vivenciada conscientemente no momento (mas representa a parte de "luta" em "lutar ou fugir"). O Oito e todos os Seis tendem a se rebelar contra a autoridade, e ambos se assumem como protetores daqueles que lhes são importantes. O Oito tende a proteger os fracos e vulneráveis, e o Seis com frequência é atraído para apoiar os desfavorecidos ou as causas deles. Além disso, os dois tipos são muito trabalhadores e práticos, embora o Oito tenda mais ao excesso de trabalho, querendo que coisas excepcionais avancem rapidamente, e o Seis pode agir com mais cautela e desacelerar em razão de analisar demais as situações e fazer intermináveis questionamentos sobre elas.

O Oito também difere do Seis em alguns aspectos significativos, o Oito diferenciando-se muito mais do Seis fóbico. O Oito sente pouco medo e vulnerabilidade, pois seu método de vida se baseia em uma negação da vulnerabilidade e uma excessiva confiança no próprio poder e força. O Seis fóbico, por outro lado, na maioria das vezes se sente temeroso e, portanto, vulnerável, vivenciando a ansiedade diante das ameaças e de outros perigos. O Oito não duvida de si com muita frequência, enquanto o Seis duvida continuamente. O Seis, pensando demais e até se paralisando pela análise exacerbada, não consegue agir. O Oito age rapidamente, sem pensar. Como o Oito gosta de fazer as coisas avançarem com rapidez, impacienta-se se os outros prejudicam o progresso, enquanto o Seis procrastina e desacelera em razão do medo de que ocorra algum tipo de resultado ruim, ou até mesmo outro tipo de medo. O Seis demora mais em confiar nas pessoas e as fiscaliza cuidadosamente para procurar planos ocultos e segundas intenções, enquanto o Oito confia naquelas que parecem competentes, até que sua confiança seja rompida. O Oito pode confrontar diretamente uma situação conflituosa, assim como o Seis contrafóbico, enquanto o Seis fóbico prefere evitar o conflito, mas, se necessário ou provocado, acaba envolvendo-se nele.

Seis e Nove

O Seis e o Nove também se assemelham. Ambos podem ser leais, atenciosos e apoiadores dos outros. Os dois tipos procrastinam. O Seis porque não só teme que as coisas deem errado, mas também teme o sucesso, enquanto o Nove sente dificuldade em priorizar os próprios planos. Além disso, às vezes o Nove pode resistir passivamente ao movimento de avanço, como forma de resistir concordar com o que os outros querem que ele faça (sem declarar isso e arriscar um possível conflito). O Seis pode resistir ao próprio progresso porque se aprisiona no questionamento, na análise exacerbada e na dúvida. Além disso, o Seis fóbico e o Nove desejam evitar o conflito, embora o Nove seja mais radical nesse sentido. E as pessoas dos dois tipos são propensas à modéstia e à humildade, não apreciando estar no centro das atenções, mas por motivos diferentes. O Seis teme que até mesmo a atenção positiva o deixe vulnerável ao ataque, e o Nove se sente muito desconfortável porque nem mesmo se coloca no centro da própria atenção.

O Seis e o Nove também possuem características distintas. O Nove tende a se mesclar aos outros e a confiar facilmente neles, enquanto o Seis tende a se distanciar e a desconfiar, principalmente no início, até reunir informações que lhe permitam verificar se alguém é ou não confiável. O Nove tende a se dar bem com as pessoas e a se ajustar às preferências dos outros, como forma de evitar o desconforto e o possível isolamento. Por outro lado, o Seis é, por natureza, desconfiado, e pode questionar ou testar as pessoas antes de concordar com elas. Em razão dessa tendência de se conformar às preferências das pessoas, o Nove se desvia facilmente dos próprios planos, enquanto o Seis tende a permanecer alerta ao seu foco de atenção em possíveis ameaças.

O Nove consegue compreender muitos pontos de vista diferentes, e geralmente assume o papel de mediador quando as partes em um grupo manifestam opiniões divergentes. No entanto, o Seis pensa em termos contrários: ele pode compreender um lado, e depois percebe o lado oposto, tendendo a entender as coisas não em termos de muitos pontos de vista igualmente plausíveis, mas em termos de questionar e contrapor qualquer ponto de vista apresentado. O Nove não aprecia conflitos e em geral não entra em contato com a própria raiva (o que pode levá-lo a um conflito), e nesse sentido difere muito do Seis contrafóbico, que, quando irritado, caminha rumo ao conflito como forma de lidar com uma suposta ameaça. O Seis tende a ser um tanto (ou muito) antiautoritário, enquanto o Nove visa evitar conflitos e criar harmonia, e geralmente concorda e coopera com a autoridade, pelo menos na postura exterior.

Sete e Oito

O Sete e o Oito assemelham-se. Ambos tendem a ser pensadores visionários, capazes de entender o contexto global das coisas e as possibilidades futuras. Além disso, entram em conflito, se necessário, embora alguns Setes se sintam mais confortáveis com o confronto do que outros. O Sete e o Oito podem ser desinibidos, autoindulgentes e desmedidos quando buscam o prazer. E ambos apreciam experiências intensas e estimulantes. Nas interações interpessoais, os dois tipos não apreciam a limitação ou o controle impostos por outras pessoas. Os dois tipos podem ser rebeldes, embora o Oito se revolte mais aberta e sinceramente, e o Sete prefira um método diplomático baseado no charme. O Oito acredita que a melhor defesa é um bom ataque, e o Sete opta por expressar sua oposição a uma possível limitação por meio de um poder mais suave e da manutenção de múltiplas opções, com o charme como primeira linha de defesa.

O Sete e o Oito quebrarão as regras se isso servir aos seus propósitos, e ambos conseguem assumir muito trabalho e se sobrecarregar. Para o Sete, a sobrecarga de atividades representa a dificuldade em dizer não às oportunidades empolgantes e às atividades interessantes, e, para o Oito, a sobrecarga pode refletir a tendência de querer fazer tudo e esquecer-se de suas necessidades físicas e da vulnerabilidade. Ambos os tipos evitam ou rejeitam emoções mais vulneráveis e suaves; o Oito regularmente rejeita a própria vulnerabilidade, e o Sete evita a dor e o desconforto.

Mas existem também diferenças significativas entre os dois tipos. Embora o Oito manifeste rebeldia quando alguém exerce autoridade sobre ele, também consegue trabalhar com uma boa autoridade a quem ele respeita, e, às vezes, até gosta de liderar. Em contrapartida, o Sete equaliza a autoridade, fazendo amizade com chefes e subordinados como forma de rejeitar uma estrutura de poder vertical capaz de restringi-lo. Em termos de foco de atenção, o Oito a foca no poder e no controle, e o Sete, no planejamento positivo e na diversão. E, embora os dois tipos acessem a raiva, o Oito tem uma tendência mais significativa do que o Sete de manifestá-la. O Oito é franco e gosta de avançar de modo intenso e contundente, enquanto o Sete, com dificuldades de se concentrar no trabalho, acaba se distraindo, sobretudo quando o negócio é enfadonho ou rotineiro. O Oito gosta de estabelecer ordem e levar os projetos adiante com rapidez e eficácia, mas o Sete prefere a fase das ideias à da execução, e pode ter problemas no acompanhamento. O Sete intelectualiza-se para fugir do sentimento para o pensamento, pois considera desconfortáveis os sentimentos mais complicados, enquanto o Oito entra em ação sem pensar nas consequências. O Oito também rejeita sentimentos mais suaves ou os projeta nas pessoas que ele percebe como mais fracas, para depois as proteger. E, concluindo, ao analisar ou avaliar uma situação, o Sete ressignifica os elementos negativos transformando-os em positivos, enquanto o Oito não tem medo de constatar os "negativos" e lidar com eles, tendendo a ver problemas em termos de "tudo ou nada", ou polaridades "branco e preto".

APÊNDICE

Sete e Nove

O Sete e o Nove se assemelham em alguns aspectos. Ambos têm temperamentos amigáveis e otimistas, e, na interação social, estilos agradáveis e atraentes, apreciando estar perto das pessoas. Ao desejarem ser amados, os dois tipos agem de forma que as pessoas gostem facilmente deles. Além disso, ambos gostam de manter as coisas positivas e, se possível, evitar conflitos, embora muitos Setes entrem em conflitos, se necessário, e a maioria dos Noves na realidade prefira evitá-los. Ao executar tarefas, tanto o Sete quanto o Nove podem ter dificuldades em manter um foco definido no trabalho em questão, com o Sete normalmente se distraindo com coisas mais interessantes para fazer e pensar, e o Nove com frequência se desviando do trabalho em razão dos planos dos outros, das reclamações do ambiente e das tarefas irrelevantes.

O Sete e o Nove também divergem em vários aspectos. Se inconscientes, embora ambos se preocupem primordialmente em evitar sentimentos desconfortáveis, o Sete busca agitação, atividades autoindulgentes e coisas divertidas para fazer, como meio de evitar desconforto, enquanto o Nove, negligenciando-se, esquece suas opiniões e desejos para se esquivar da raiva e do desconforto. O Sete é um personagem acelerado e de muita energia, mas o Nove opera em um ritmo mais relaxado, muitas vezes vivenciando a inércia e a indecisão relacionadas à tomada de decisões e às tarefas. Na interação social, o Sete é autorreferencial e, portanto, focado principalmente em seus planos; em contraste, o Nove tem como referência os outros, e presta mais atenção neles, e não em desfrutar uma experiência definida ou direta dos seus desejos. O Nove se mescla às pessoas e segue os planos delas, enquanto o Sete tem um plano definido, geralmente priorizado em detrimento dos planos alheios quando existe algum tipo de conflito entre eles. Quase sempre é fácil para o Sete saber o que quer, mas difícil para o Nove, que identifica com mais facilidade o que não deseja. Normalmente, o Nove não manifesta suas preferências, que muitas vezes desconhece, e então pode ressentir-se com aqueles cuja agenda acompanha passivamente, retardando a dele mesmo, ainda que de fato não queira. O Sete tem seus próprios planos, e não permite aos outros que o impeçam de fazer o que quer.

Oito e Nove

O Oito e o Nove também se assemelham em alguns aspectos. Ainda que ambos não apreciem ser controlados, diferem na reação às tentativas de controle. O Oito se rebela abertamente, luta contra e muitas vezes domina a outra pessoa. O Nove, entretanto, adota um método muito mais passivo para afirmar o controle, com frequência parecendo concordar com os outros, enquanto resiste passivamente, isto é, diz "sim", mas age como "não". Ambos pertencem à tríade de tipos "esquecidos de si", o que significa que são capazes de se esquecer das próprias necessidades e dos desejos. O Oito faz isso recorrendo ao excesso e trabalhando demais, rejeitando suas vulnerabilidades físicas e assumindo muitas responsabilidades. O Nove foca os outros e perde o contato consciente com suas emoções e prioridades. Tanto o Oito como o Nove conseguem facilmente ir em busca de conforto e prazeres mundanos, desfrutando-os

Entretanto, ambos os tipos apresentam diferenças relevantes. O principal foco de atenção do Oito está no poder e no controle, enquanto a atenção do Nove prioriza criar harmonia e evitar conflitos. Não apreciando conflitos e tensão interpessoal, o Nove, muitas vezes inconscientemente, desvia-se de qualquer percepção interior assentada na raiva que o leve a discordar de uma pessoa, enquanto o Oito, com acesso mais simplificado à raiva, pode senti-la com frequência e mais facilmente se envolver em conflitos. O Oito é bastante opinativo, direto e franco em manifestar suas opiniões, enquanto o Nove muitas vezes desconhece sua posição porque foca muito compreender as perspectivas dos outros. Para o Nove, ter opinião significa arriscar o conflito, e por isso ele é motivado a evitar posições, desejos e sentimentos intensos dele mesmo.

O Nove consegue facilmente perceber o ponto de vista de todos e está aberto a vislumbrar muitos aspectos de um problema; em contrapartida, o Oito compreende claramente sua opinião e tende a ver problemas em termos de branco e preto. Identificar-se com múltiplas perspectivas caracteriza o Nove como excelente mediador, pois, capaz de compreender todos os aspectos de uma questão, é motivado a ajudar a criar harmonia e consenso. Em contraste, o Oito tende a querer manifestar suas próprias opiniões e ter seu próprio estilo. O Nove sente dificuldade em estabelecer limites e dizer não; o Oito tem facilidade em declarar sua vontade e rejeitar pedidos. Interpessoalmente, quase sempre o

Oito é percebido pelos outros como intimidador, enquanto a maioria das pessoas vê o Nove como agradável, acessível e amigável. O Oito tende a causar um relevante impacto sobre os outros, mas o Nove pode enfrentar dificuldades nesse sentido e também interpessoalmente, o que implica que talvez seja difícil que entre em contato com alguém. O Oito aprecia quebrar as regras, elaborar as dele, e com frequência se rebela contra a autoridade, enquanto o Nove gosta de organização e consegue mais facilmente trabalhar com figuras de autoridade. E os dois tipos escapam de determinado domínio da vivência interna, o Oito rejeitando suas emoções vulneráveis e mais brandas, e o Nove evitando ou esquecendo a própria raiva e as preferências. O Oito é muito mais aberto em relação a manifestar-se no mundo e agir de modo contundente para obter aquilo de que precisa e o que deseja.

NOTAS

Introdução
1. Jung, *Obras completas* 8, p. 137, citado em Hopcke, 1989, p. 13.
2. Tarnas, 1991, p. 3-4
3. Myss, 2013, p. xiii.

Capítulo 1
1. Hopcke, 1989, p. 81
2. Naranjo, 1995.
3. Naranjo, 1994, citado em Maitri, 2005, p. 54.
4. Naranjo, 1994, p. 199.
5. Maitri, 2005, p. 190.
6. As descrições de subtipo neste livro são baseadas na articulação dos 27 subtipos de personalidade do Eneagrama de Claudio Naranjo. Embora citações específicas sejam dadas no decorrer do texto, a maioria do material foi retirada dos livros de Naranjo (1994, 1997 e 2012), assim como das palestras de 2004, 2008 e 2012 ministradas por ele. Gonzalo Moran também contribuiu para as caracterizações de subtipos. Sou muito grata a ele por generosamente compartilhar seu conhecimento e interpretações comigo e por traduzir as partes do livro de Naranjo de 2012 acerca dos subtipos.
7. Naranjo, palestras, 2004, 2008.
8. Ao definir a sua mais nova (até onde sei) interpretação do uso consciente do caminho das flechas para o crescimento do Eneagrama, retirei do trabalho de Sandra Maitri (2000, p. 249), A. H. Almaas (conforme citada em Maitri, 2000, p. 249) e David Burke (conforme citado em Stevens, 2010, p. 134-135).
9. Bourgeault, 2003, p. 63.

Capítulo 2
1. Smith, 1992, p. vii.
2. Huxley, 1944, p. vii.
3. Bourgeault, 2003, p. 64-65. Bourgeault cita Maurice Nicoll como autor original dessa parábola e observa que foi popularizada pelo filósofo Jacob Needleman. Nicoll foi um dos estudantes de G. I. Gurdjieff e escreveu extensivamente sobre os ensinamentos dele. Needleman também tem escrito muitos artigos e livros sobre o trabalho de Gurdjieff, uma das fontes principais de informação sobre o significado simbólico do Eneagrama.
4. Helen Palmer também apresentou uma versão dessa interpretação do triângulo interno do Eneagrama nos cursos de EPTP – Programa de Treinamento do Eneagrama Profissional de que participei em 1996 e 1997.
5. Schneider, 1994, p. xx.
6. Schneider, 1994, p. xxiii.
7. Skinner, 2006.
8. Ouspensky, 1949, p. 294.
9. Ouspensky, 1949, p. 280.

10. Lawlor, 1982, p. 21.

11. Schneider, 1994, p. 3-4.

12. David Burke discutiu essa ideia na sua apresentação da conferência anual da Associação Internacional do Eneagrama em 2010.

13. Schneider, 1994, p. 42.

14. Schneider, 1994, p. 43.

15. Schneider, 1994, p. 40.

16. Esses três "centros de inteligência" no Eneagrama também têm correlatos em nossos cérebros físicos: 1) o tronco encefálico, ou cérebro reptiliano, 2) o sistema límbico, ou cérebro emocional, e 3) o córtex cerebral, o lugar do pensamento mais elevado. (Ver Killen, 2009; Lewis, Amini e Lannon, 2000.)

17. Stevens, 2010.

18. Stevens, 2010.

19. Stevens, 2010; Bertrand Russell, 1945.

20. Blake, 1997, p. 27.

21. Addison, 1998; Smoley e Kinney, 1999.

22. Bennett, 1974, p. 2.

23. Needleman, 1992, p. 360.

24. Webb, 1980, p. 5.

25. Ouspensky, 1949, p. 19. (Ver também Ouspensky, 1950.)

26. Ouspensky, 1949, p. 226.

27. Ouspensky, 1949, p. 226.

28. Site de Arica (www.arica.org).

29. Entrevistas com Oscar Ichazo, p. 91.

30. Site de Arica (www.arica.org/articles/effross.cfm).

31. Site de Arica (www.arica.org/articles/effross.cfm).

32. Claudio Naranjo, discurso de abertura da Conferência Anual da Associação Internacional do Eneagrama em 2003.

Capítulo 3

1. Goldberg, 2005, p. 17.

2. Goldberg, 2005, p. 18.

3. *Odisseia*, Canto IX: 97, Homero, 2011, p. 260.

4. Naranjo, 1994, p. 258.

5. Naranjo, 1994, p. 259.

6. Maitri, 2005, p. 34.

7. Naranjo, 1994, p. 246 e Sinkewicz, 2003.

8. Naranjo, 1994, p. 246.

9. Naranjo, 1994, p. 255.

10. Naranjo, 1994, p. 255.

11. Wagner, 2010, p. 497.

12. Wagner, 2010, p. 510.

13. Naranjo, 1994, p. 256.

14. Naranjo, 1994, p. 256.

15. *Inferno*, Canto VII: 118-126, p. 65, Dante, 1998.

16. Naranjo, 2008, palestra sobre subtipo.

17. Naranjo, 1994, p. 260.

18. David Burke, comunicação pessoal.

Capítulo 4

1. Horney, 1950.

2. Jung ("O Conceito de Libido" CW 5, par. 194), citado em Goldberg, 2005, p. 32.

3. Kahn, 2002, p. 26.

4. Kahn, 2002, p. 26.

5. Naranjo, 1997, p. 389.

6. Naranjo, 1997, p. 389; Kahn, 2002, p. 26.

7. Naranjo, 1995.

8. Maitri, 2005, p. 53.

9. Naranjo, 1995, p. 164.

10. *Odisseia*, Canto IX: 105-115, Homero, 2011, p. 260-261.

11. Goldberg, 2005, p. 28.

12. *Odisseia*, Canto IX: 273-278, Homero, 2011, p. 266.

13. Naranjo, 1994, p. 147-148.

14. Naranjo, 1997, p. 388.

15. Karen Horney (1945), conforme citado em Naranjo, 1994, p. 133.

16. McWilliams, 1994, p. 101.

17. Naranjo, 1994, p. 127.

18. Naranjo, 1997, p. 389.

19. Maitri, 2005, p. 54.

20. Naranjo, 1994, p. 140.

21. Retirado de Ichazo, Naranjo chama essas presunções mentais fixas de "erro cognitivo", que fundamenta e modela o caráter. Retirado do conhecimento em PNL (Programação Neurolinguística), Tom Condon, autor e professor do Eneagrama, refere-se à fixação mental de uma personalidade dada como "transe" do tipo.

22. Naranjo, 1994, p. 142.

23. Naranjo, 1994, p. 142.

24. Naranjo, 1994, p. 142.

25. Naranjo, 1994, p. 142.

26. O nome inicial de Ichazo para o Tipo Oito era "Ego-Vingança". Lilly e Hart, 1994, p. 223.

27. Naranjo, 1994, p. 141.

28. Naranjo, 1994, p. 145.

29. Palmer, 1988, p. 319.

30. *Inferno*, Canto V: 39, p. 50, Dante, 1998.

31. *Inferno*, Canto V: 30-36, p. 50, Dante, 1998.

32. Gonzalo Moran, comunicação pessoal.

33. Naranjo, 1990, p. 127; 1997, p. 391.

34. Naranjo, 1997, p. 389.

35. Maitri, 2005, p. 53.

36. Maitri, 2005, p. 53.

37. Maitri, 2000, p. 259.

38. Maitri, 2005, p. 68-69.

39. Maitri, 2005, p. 68.

40. David Burke, comunicação pessoal.

Capítulo 5
1. Hopcke, 1989, p. 107-108.
2. Hopcke, 1989, p. 108.
3. Maitri, 2005, p. 172.
4. *Odisseia*, Canto X: 24, Homero, 2011, p. 278.
5. *Odisseia*, Canto X: 34-42, Homero, 2011, p. 278.
6. Naranjo, 1994, p. 170.
7. Naranjo, 1994, p. 171.
8. Naranjo, 1994, p. 171.
9. Naranjo, 1997, p. 349.
10. Naranjo, 1994, p. 161.
11. Naranjo, 1994, p. 167.
12. Maitri, 2005, p. 174.
13. Naranjo, 1994, p. 161.
14. Maitri, 2005, p. 175.
15. Maitri, 2005, p.176.
16. Wagner, 2010; Tolk, 2004.
17. Maitri, 2005, p. 176.
18. Naranjo, 1994, p. 161.
19. Naranjo, 1994.
20. Naranjo, 1994, p. 162.
21. Naranjo, 1994, p. 162.
22. Naranjo, 1997, p. 353.
23. Naranjo, 1994.
24. Naranjo, 1997, p. 353.
25. Naranjo, 1997, p. 353.
26. Naranjo, 1994, p. 162.
27. Naranjo, 1994, p. 162.
28. Naranjo, 1994, p. 162.
29. Naranjo, 1997, p. 353.
30. *Inferno*, Canto VI: 34-39, 43-48, p. 56, Dante, 1998.
31. *Inferno*, p. 125, Musa, 1971.
32. Goldberg, 2005.
33. Eliot, 1943, p. 13-20.
34. Maitri, 2000.
35. Maitri, 2005, p. 185.
36. Maitri, 2005, p. 186.
37. Naranjo, 1994, p. 161.
38. David Burke, comunicação pessoal.

Capítulo 6
1. Maitri, 2005, p. 155.
2. Maitri, 2005, p. 153.
3. Erickson, 1959.

4. Naranjo (1997, p. 297), em seus trabalhos sobre os tipos do Eneagrama, destaca que, ao falar sobre o Tipo Seis, é difícil falar sobre um só personagem.

5. Naranjo, 1995, p. 151.

6. Naranjo, 1995, p. 151.

7. *Odisseia*, Canto X: 128-132, Homero, 2011, p. 281.

8. Goldberg, 2005, p. 56-57.

9. Naranjo, 1995, p. 144.

10. McWilliams, 1994, p. 107.

11. McWilliams, 1994, p. 108.

12. McWilliams, 1994, p. 113.

13. Glossário Americano de Psiquiatria, 1994.

14. Glossário Americano de Psiquiatria, 1994.

15. Naranjo 1994, p. 231.

16. Fonte: Ichazo. Naranjo chama essas presunções mentais fixas de "erro cognitivo", elemento que fundamenta e modula o caráter.

17. Naranjo, 1994, p. 233.

18. Naranjo, 1994, p. 235.

19. Naranjo, 1994, p. 238.

20. Naranjo, 1994, p. 236-237.

21. *Inferno*, Canto III: 52-57, 64-66, p. 39, Dante, 1998.

22. Naranjo, 1997, p. 297.

23. Naranjo, 1994, p. 240.

24. Naranjo, 1997, p. 299.

25. Naranjo, 1997, p. 299.

26. Naranjo, 1994.

27. Naranjo, 1997, p. 303.

28. Naranjo, 1994, p. 299.

29. Naranjo, 1995, p. 152.

30. Maitri, 2000, p. 255.

31. Maitri, 2005, p. 167.

32. C. S. Lewis, citado em Connolly, 1944.

33. David Burke, comunicação pessoal.

Capítulo 7

1. Singer, 1972, p. 187-188.

2. Singer, 1972, p. 188.

3. Singer, 1972, p. 188.

4. Naranjo, 1994, p. 71.

5. Almaas, 1998; Maitri, 2005.

6. Naranjo, 1994, p. 72.

7. Horney, 1950, p. 260.

8. Goldberg, 2005.

9. Goldberg, 2005, p. 68.

10. Homer, 1996, p. 362-365; Fagles, 1996, p. 240.

11. Naranjo, 1997.

12. Naranjo, 1994, p. 94.

13. McWilliams, 1994, p. 122.
14. Naranjo, 1997, p. 244.
15. Naranjo, 1994, p. 66.
16. Naranjo, 1995, p. 73.
17. Fonte: Ichazo. Naranjo chama essas presunções mentais fixas de "erro cognitivo", que fundamenta e modula o caráter.
18. Wagner, 2010; Tolk, 2004.
19. Wagner, 2010; Tolk, 2004.
20. Naranjo, 1994, p. 86.
21. Naranjo, 1994, p. 86.
22. Naranjo, 1994, p. 85.
23. Naranjo, 1994, p. 84.
24. Naranjo, 1994.
25. Naranjo, 1994, p. 89.
26. Naranjo, 1995, p. 123.
27. Naranjo, 1995, p. 123-124.
28. *Inferno* VII: 25-31, 58-60, Dante/Musa, 1971.
29. *Inferno* VII: 25-31, Dante/Musa, 1971.
30. *Inferno* VII: 73-96, Dante/Musa, 1971.
31. Naranjo, workshops, 2008 e 2012.
32. Naranjo, workshops, 2004, 2008 e 2012.
33. Naranjo, 1997, p. 244.
34. Naranjo, 1997, p. 245.
35. Naranjo, 1997, p. 253.
36. Maitri, 2005, p. 195
37. David Burke, comunicação pessoal.

Capítulo 8
1. Jung, 1961, p. 398.
2. *Odisseia*, Canto XI: 100-134, Homero, 2011, p. 300-301.
3. Goldberg, 2005, p. 80.
4. Goldberg, 2005.
5. Goldberg, 2005, p. 84-85.
6. Naranjo, 1994, p. 97.
7. Naranjo, 1994, p. 97.
8. Naranjo, 1997, p. 192.
9. McWilliams, 1994, p. 108.
10. Naranjo, 1994, p. 96-97.
11. Naranjo, 1994, p. 97.
12. Naranjo chama essas fixações mentais de "erro cognitivo" (ou "ideias loucas"), elemento implícito que modela o caráter.
13. Naranjo, 1997, p. 192.
14. Naranjo, 1997, p. 193.
15. Naranjo, 1990, p. 67.
16. Naranjo, 1994, p. 111.
17. *Inferno*, Canto XIII: 102, p. 100, Dante, 1998.

NOTAS

18. *Inferno*, Canto XIII: 64-72; 76-78, p. 99-100, Dante, 1998.
19. *Inferno*, Canto XIII: 70, p. 99, Dante, 1998.
20. Naranjo, 1995, p. 126.
21. Maitri, 2005, p. 147.
22. Goldstein; Kornfield, 1987, p. 75.
23. David Burke, comunicação pessoal.

Capítulo 9

1. Jung, 1961, p. 397.
2. Hopcke, 1989, p. 86.
3. Naranjo, 1995.
4. *Odisseia*, Canto XII: 109, Homero, 2011, p. 300.
5. David Daniels frequentemente diz isso em workshops e treinamentos.
6. McWilliams, 1994, p. 135.
7. Naranjo, 1994, p. 215.
8. Naranjo, 1994, p. 199.
9. Naranjo, 1994, p. 199.
10. Naranjo, 1997, p. 134.
11. Naranjo, 1997, p.136.
12. Naranjo, 1997, p.135.
13. Naranjo, 1997, p. 135
14. Sinkewicz (Evagrius), 2003, p. 64.
15. Naranjo descreve essas presunções fixas mentais como "erro cognitivo" ou "ideias loucas" que moldam e sustentam o personagem.
16. Naranjo, workshops, 2004, 2008 e 2012.
17. Moran, 2013.
18. Naranjo, 1994, p. 215.
19. Naranjo, 1994.
20. Bourgeault, 2003, p. 60.
21. Almaas, 1998, p. 268.
22. *Paraíso*, Canto XXV: 67-68, p. 177, Dante, 1998.
23. Almaas, 1998, p. 268.
24. Naranjo, 1997, p. 135.
25. David Burke, comunicação pessoal.

Capítulo 10

1. Jung, CW 9, seção 422, citado em Goldberg, 2005, p. 100.
2. Singer, 1972, p. 232.
3. Naranjo, 1997.
4. *Odisseia*, Canto I: 14, Homero, 2011, p. 119.
5. Goldberg, 2005.
6. Palmer, 1988.
7. Singer, 1953, p. 83.
8. Naranjo, 1994, p. 176.
9. Maitri, 2005, p. 112.

O ENEAGRAMA COMPLETO

10. Naranjo criou a descrição dessas fixações mentais como "erro cognitivo" que fundamenta e modula o caráter. Ele também chama essas fixações de "ideias loucas" porque persistimos nelas mesmo quando são obviamente falsas, obsoletas ou até destrutivas.

11. Naranjo, 1997, p. 93, 96.

12. Naranjo, 1997, p. 94.

13. Embora muitas pessoas possam pensar que o Tipo Sete (prazer-amoroso) é o tipo mais hedonista no sistema do Eneagrama, Naranjo diz que o "E7 é quase tão hedonista quanto o E2" (1997, p. 100).

14. Naranjo, 1994, p. 174.

15. *Inferno*, Canto XXXIV: 28-29; 34-36, p. 226, Dante, 1998.

16. Naranjo, 1997, p. 93.

17. Naranjo, 1997, p. 93.

18. Naranjo também nota que o senso de honra "nem um pouco escrupuloso de Scarlett lhe permite ler as cartas que o homem pelo qual se interessa escreve para a esposa, de quem ela é uma rival oculta". (1997, p. 96) Ele também cita Cleópatra, Carmen e Elizabeth Taylor como bons exemplos de personalidade Dois Sexual (1997, p. 96-98).

19. Helen Palmer costumava fazer essa pergunta reiteradamente em suas meditações nas palestras que proferia no Programa de Treinamento Profissional do Eneagrama, e descobri que ela é bem útil.

20. Helen Palmer sugeriu isso uma vez em uma das suas palestras do Programa de Treinamento Profissional do Eneagrama, e descobri que essas recomendações são bem úteis.

21. David Burke, comunicação pessoal.

Capítulo 11

1. Goldberg, 2005, p. 113.

2. Goldberg, 2005.

3. Naranjo, 1994.

4. Naranjo, 1994.

5. McWilliams, 1994.

6. Naranjo, 1994, p. 41.

7. *Inferno*, Canto VII: 109-112, p. 65, Dante, 1998.

8. *Inferno*, Canto VIII: 37-39, p. 68, Dante, 1998.

9. *Inferno*, Canto VIII: 61-63, p. 69, Dante, 1998.

REFERÊNCIAS

ADDISON, H. A. *The enneagram and the kabbalah*: reading your soul. Woodstock, Vermont: Jewish Lights Publishing, 1998. [*O eneagrama e a cabala*. São Paulo: Pensamento, 2009.]

ALIGHIERI, D. *A divina comédia*: inferno. Tradução e notas de Italo Eugenio Mauro. São Paulo: Ed. 34, 1998.

ALIGHIERI, D. *A divina comédia*: purgatório. Tradução e notas de Italo Eugenio Mauro. São Paulo: Ed. 34, 1998.

ALIGHIERI, D. *A divina comédia*: paraíso. Tradução e notas de Italo Eugenio Mauro. São Paulo: Ed. 34, 1998.

ALMAAS, A. H. *Facets of unity*: the enneagram of holy ideas. Berkeley, CA: Diamond Books, 1998.

BARTLETT, C. *The enneagram field guide*: notes on using the enneagram in counseling, therapy, and personal growth. Portland, Oregon: The Enneagram Consortium, 2003.

BENNETT, J. G. *The enneagram*. Sherbourne: Coombe Springs Press, 1974. [*O eneagrama*. São Paulo: Pensamento, 2001.]

BLAKE, A. G. E. *The intelligent enneagram*. Boston: Shambhala Publications, Inc., 1996.

BOURGEAULT, C. *The wisdom way of knowing*: reclaiming an ancient tradition to awaken the heart. San Francisco: Jossey-Bass, 2003.

CONNOLLY, C. *The unquiet grave*: a word cycle. New York: Curwen Press, 1944.

ELIOT, T. S. *Four quartets*. New York: Harcourt Brace Jovanovich, 1943.

ERICKSON, E. *Identity and the life cycle*. New York: W. W. Norton & Company, 1959.

EVAGRIUS PONTICUS. *The praktikos chapters on prayer*. Tradução com introdução e notas de John Eudes Bamberger. Trappist, Kentucky: Cistercian Publications, 1972.

GOLDBERG, M. J. *Travels with Odysseus*: uncommon wisdom from Homer's Odyssey. Tempe, AZ: Circe's Island Press, 2005.

GOLDSTEIN, J.; KORNFIELD, J. *Seeking the heart of wisdom*: the path of insight meditation. Boston: Shambhala, 1987. [*Buscando a essência da sabedoria*: o caminho da meditação percéptica. São Paulo: Roca, 1995.]

HOMERO. *Odisseia*. Tradução e prefácio de Frederico Lourenço; introdução e notas de Bernard Knox. São Paulo: Penguin Classics Companhia das Letras, 2011.

HOPCKE, R. H. *A guided tour of the collected works of C. G. Jung*. Boston: Shambhala Publications, Inc., 1989. [*Guia para a obra completa de C. G. Jung*. São Paulo: Vozes, 2011.]

HORNEY, K. *Neurosis and human growth*: the struggle toward self-realization. New York: W. W. Norton & Company, 1950. [*Neurose e desenvolvimento humano*. Rio de Janeiro: Civilização Brasileira, 1966.]

HORNEY, K. *Our inner conflicts*: a constructive theory of neurosis. New York: W. W. Norton and Company, 1945. [*Nossos conflitos internos*. Rio de Janeiro: Civilização Brasileira, 1964.]

HUXLEY, A. *The perennial philosophy*. New York: Harper & Row, 1944. [*A filosofia perene*. Porto Alegre: Globo, 2010.]

ICHAZO, O. *Interviews with Oscar Ichazo*. New York: Arica Institute Press, 1982.

JUNG, C. G. *The collected works of C. G. Jung*. Editado por W. McGuire. v. 8, The structure and dynamics of the psyche. New York: Bollingen Foundation, 1960.

JUNG, C. G. *The collected works of C. G. Jung*. Editado por W. McGuire. v. 9, part 1, The archetypes and the collective unconscious. New York: Princeton University Press, 1959.

JUNG, C. G. *Memories, dreams, reflections*. Gravado e editado por Aniela Jaffe. New York: Vintage Books, 1961.

KAHN, M. *Basic Freud*: psychoanalytic thought for the 21st century. New York: Basic Books, 2002. [*Freud básico*: pensamentos psicanalíticos para o século XXI. Rio de Janeiro: Edições BestBolso, Grupo Editorial Record, 2013.]

KILLEN, J. Toward the neurobiology of the enneagram. *The Enneagram Journal*, Cincinnati, OH, v. 2, n. 1, p. 40-61, 2009.

REFERÊNCIAS

LAO TZU. *Tao te ching*. Traduzido e interpretado por David Burke. Salisbury, Australia: Boolarong Press, 2007. [*Tao te ching*: o livro do caminho e da virtude. Tradução e comentários de Wu Jyh Cherng. Rio de Janeiro: Mauad, 2011.]

LAWLOR, R. *Sacred geometry*: philosophy and practice. London: Thames & Hudson, 1982. [*Geometria sagrada*. Duque de Caxias: Del Prado, 1997.]

LEWIS, T.; AMINI, F.; LANNON, R. *A general theory of love*. New York: Vintage Books, 2000.

LILLY, J. C.; HART, J. E. The arica enneagram of the personality. *In*: FRAGER, R. *Who am I?* Personality types for self-discovery. New York: Jeremy P. Tarcher, 1994. p. 221.

MAITRI, S. *The enneagram of passions and virtues*: finding the way home. New York: Jeremy P. Tarcher; Penguin, 2005.

MAITRI, S. *The spiritual dimension of the enneagram*: nine faces of the soul. New York: Jeremy P. Tarcher; Putnam, 2000. [*A dimensão espiritual do eneagrama*: as nove faces da alma. São Paulo: Cultrix, 2003.]

MCWILLIAMS, N. *Psychoanalytic diagnosis*: understanding personality structure in the clinical process. New York: The Guilford Press, 1994. [*Diagnóstico psicoanalítico*: entendendo a estrutura da personalidade no processo clínico. Porto Alegre: Artmed, 2014.]

MORAN, G. *How the passion of vanity manifests in the sexual three*. Nine Points Magazine, 2013. Disponível em: <ninepointsmagazine.org>.

MOURAVIEFF, B. *Gnosis*: study and commentaries on the esoteric tradition of eastern orthodoxy, book one, exoteric cycle. Robertsbridge, East Sussex: Agora Books, 1989.

MYSS, C. *Archetypes*: who are you? Carlsbad, CA: Hay House, 2013. [*Arquétipos*: quem é você? São Paulo: Lúmen Editorial, 2013.]

NARANJO, C. *Character and neurosis*: an integrative view. Nevada City, CA: Gateways; IDHHB Inc., 1994.

NARANJO, C. *The enneagram of society*: healing the soul to heal the world. Nevada City, CA: Gateways Books and Tapes, 1995. [*O eneagrama da sociedade*: males do mundo, males da alma. São Paulo: Esfera, 2004.]

NARANJO, C. *Ennea-type structures*: self-analysis for the seeker. Nevada City, CA: Gateways; IDHHB Inc., 1990.

NARANJO, C. *Transformation through insight*: enneatypes in life, literature, and clinical practice. Prescott, AZ: Hohm Press, 1997.

NARANJO, C. *27 Personajes en busca del ser*: experiencias de transformacion a la luz del eneagrama. 2. ed. Barcelona: Editorial la Llave, 2012.

NEEDLEMAN, J. G. I. Gurdjieff and his school. *In:* FAIVRE, A.; NEEDLEMAN, J. *Modern esoteric spirituality*. New York: Crossroad, 1992, p. 360.

OUSPENSKY, P. D. *In search of the miraculous*: fragments of an unknown teaching. New York: Harcourt Brace Jovanovich Inc., 1949. [*Fragmentos de um ensinamento desconhecido*: em busca do milagroso. São Paulo: Pensamento, 1982.]

OUSPENSKY, P. D. *The psychology of man's possible evolution*. New York: Vintage Books, 1950. [*Psicologia da evolução possível ao homem*: síntese notável, atualíssima, da ciência do desenvolvimento espiritual através da consciência. São Paulo: Pensamento, 1981.]

PALMER, H. *The enneagram*: understanding yourself and the others in your life. San Francisco: Harper San Francisco, 1988. [*Eneagrama*: compreendendo-se a si mesmo e aos outros em sua vida. São Paulo: Paulinas, 2009.]

RUSSELL, B. *The history of western philosophy*. New York: Simon and Schuster, 1945. [*História da filosofia ocidental*. Rio de Janeiro: Nova Fronteira, 2016.]

SCHNEIDER, M. S. *A beginner's guide to constructing the universe*: the mathematical archetypes of nature, art, and science. New York: Harper, 1994.

SHIRLEY, J. *Gurdjieff*: an introduction to his life and ideas. New York: Jeremy P. Tarcher; Penguin, 2004.

SINGER, J. *Boundaries of the soul*: the practice of jung's psychology. New York: Doubleday, 1953.

SINKEWICZ, R. E. *Evagrius of pontus*: the Greek ascetic corpus. Oxford: Oxford University Press, 2003.

SKINNER, S. *Sacred geometry*: deciphering the code. New York: Sterling, 2006.

SMITH, H. *Forgotten truth*: the common vision of the world's religions. New York: Harper One, 1976.

SMOLEY, R.; KINNEY, J. *Hidden wisdom*: a guide to the western inner traditions. New York: Penguin; Arkana, 1999.

STEVENS, K. The enneagram: fundamental hieroglyph of a universal language. *The Enneagram Journal*, Cincinnati, OH, v. 3, n. 1, p. 119-145, 2010.

TARNAS, R. *The passion of the western mind*: understanding the ideas that have shaped our world view. New York: Ballantine Books, 1991. [*A epopeia do pensamento ocidental*: para compreender as ideias que moldaram nossa visão de mundo. Rio de Janeiro: Betrand Brasil, 1999.]

TOLK, L. *Integrating the enneagram and schema therapy*: bringing the soul into psychotherapy. 2004. Tese (Doutorado em Psicologia) — Wright Institute Graduate School of Psychology, Ann Arbor, 2004.

WAGNER, J. *Nine lenses on the world*: the enneagram perspective. Evanston, IL: NineLens Press, 2010.

WATERFIELD, R. (tradutor). *The theology of Arithmetic*. (Attributed to Iamblichus). Grand Rapids, Michigan: Phanes Press, 1988.

WATTS, A. *The wisdom of insecurity*: a message for an age of anxiety. New York: Vintage Books, 1951. [*A sabedoria da insegurança*: uma mensagem para a era da ansiedade. São Paulo: Alaúde, 2017.]

WEBB, J. *The harmonious circle*: the lives and work of G. I. Gurdjieff, P. D. Ouspensky, and their followers. Boston: Shambhala, 1980.

AGRADECIMENTOS

Antes de tudo, eu gostaria de agradecer a Claudio Naranjo por uma vida dedicada à articulação da personalidade humana e ao processo de transformação psicoespiritual. A sua brilhante síntese sobre os diferentes fluxos de pensamento foi a principal e mais direta inspiração para este livro. Também quero expressar minha gratidão a Oscar Ichazo, pelo seu trabalho fundamental no desenvolvimento da estrutura do Eneagrama, como parte de seu mais amplo modelo multidimensional para o crescimento humano.

Agradeço a Jeff Koppelmaa, meu querido amigo e colega da faculdade de inglês, por seu apoio entusiástico a este projeto e sua cuidadosa preparação textual na maior parte do conteúdo deste livro. Este livro talvez não existisse sem a ajuda e a orientação especializadas de Brooke Warner, que, como minha coach, editora de textos e editora de livros, capacitou-me a transformar a minha visão em uma realidade. Quero enaltecer Krissa Lagos por seu excelente trabalho na edição desta obra que acabou se tornando muito extensa; Carissa Bluestone por atuar como revisora minuciosa e aplicada; Dianna Jacobsen pela oportuna colaboração no design. E eu não poderia deixar de mencionar os esforços de todos os membros da equipe de Brooke, na Editora She Writes Press, por todo o seu trabalho árduo na produção deste livro.

Sou profundamente grata a Randall Alifano, cujo auxílio foi essencial para eu me tornar a pessoa capaz de escrever este livro, e a meus incrivelmente sábios e solidários colegas de psicoterapia, amigos e companheiros de jornada neste trabalho: Kyle Corsiglia, Elizabeth Cotton, Debra Miller e Delia Shargel.

Quando comecei meus trabalhos com o Eneagrama, uma das primeiras pessoas que me apoiou, com força e entusiasmo, foi Ginger Lapid-Bogda, e sou muito grata por sua generosa orientação e, em especial, por me encorajar a desenvolver e a divulgar as descrições de subtipos de Claudio Naranjo. Tive o apoio de Matt Ahrens em grandes e pequenos assuntos, como amigo e coprofessor, e sou grata a ele por ser um sagaz parceiro de pensamento na evolução de meus entendimentos sobre os tipos e subtipos. Sou extremamente grata a Gonzalo Moran, que me ajudou a reconhecer e a articular os subtipos em um nível mais profundo e sofisticado. Sinto-me incrivelmente afortunada por ter conhecido Dirk Cloete e agradeço a ele por seu apoio oportuno em momentos cruciais neste processo e também por se revelar uma tão bem-vinda "alma gêmea" em minha vida. Também quero reconhecer Lucille Greeff por seu trabalho com Dirk para desenvolver aplicações práticas do Eneagrama que capturam o verdadeiro espírito do sistema e que, ao mesmo tempo, são tecnicamente sofisticadas e vanguardistas.

Sou muito agradecida pelo incentivo generoso e inabalável de meus pais, Paul e Marijane Chestnut. Meu primo, Chris Fasano, me ajudou a entender o significado do Eneagrama quando comecei a estudar o sistema e sou profundamente grata a ele por ter compartilhado comigo a sua sabedoria e as suas percepções. Sou grata pelo amor e pelo apoio de meu irmão, Patrick Chestnut; de minha bela cunhada, Stephanie Ott; de minha tia-avó, a Irmã Therese Perry; e de meus amigos de longa data Val e Neil Cronin, Rick Canvel, Denise Daniels, Marianne Chowning Dray, Maddy Dray, Todd Dray, Jennifer Joss, Jan e Jon Kellogg, Teri Klein, Felix Ott, Anne Stern, Robert Preston, Mahoko Kuramasu, Stacy e Mark Price, e Ed e Susan Setton. Todos eles, cada qual a seu modo, além de tornarem a minha vida mais divertida e significativa, mostraram-se solícitos para me ajudar ao longo do processo de redigir este livro. Quero registrar um agradecimento especial a Marianne Chowning Dray por sua amizade, objetividade, bom humor e sábios conselhos.

Este livro foi muito enriquecido com os depoimentos dados por meus amigos e colegas, que compartilharam generosamente suas histórias pessoais para cada subtipo e forneceram os exemplos de "estratégia para lidar com o problema dos primeiros anos" que aparecem no texto. Prometi manter as suas identidades anônimas; por isso, não vou mencioná-los pelo nome, mas eles sabem quem eles são, e sou muito grata por suas relevantes contribuições. Quero agradecer a meus clientes de psicoterapia, antigos e atuais, que tanto me inspiraram pela coragem demonstrada durante o seu trabalho de crescimento pessoal. Sinto-me profundamente honrada em poder acompanhá-los em suas jornadas.

Também sou grata pelo companheirismo e pelo apoio dos amigos e professores que conheci na comunidade do Eneagrama: Valerie Atkin, Georgia Bailey, David Burke e o pessoal em Brisbane, Jutka Freiman,

AGRADECIMENTOS

(Lisa) Byungbok Han, Sandy Hatmaker, Karl Hebenstreit, Liz Holdship, dra. Kim, Joni Minault, Peter O'Hanrahan, Debbie Ooten, Dale Rhodes, Pamela Roussos, Terry Saracino, Samantha Schoenfeld, Jane Tight, JoAnne Tybinka Blasko, Marsha Underhill, Jerry Wagner, Barbara Whiteside, e Beverly e Alan Wise. Também sou muito agradecida a Tom Condon, Russ Hudson, Jerry Wagner, e ao falecido Don Riso por seu trabalho crucial e primoroso em ajudar tantas pessoas do mundo inteiro a ter acesso ao Eneagrama das Personalidades, bem como ao projeto maior de desenvolvimento pessoal por meio da autoconsciência aprimorada.

Por fim, eu quero agradecer a Helen Palmer e David N. Daniels, meus primeiros mentores no Eneagrama. Com constância e determinação, Helen incentiva a mim e ao meu trabalho, além de ser uma enorme fonte de aprendizagem, orientação espiritual e inspiração intelectual. O dr. David Daniels foi um segundo pai para mim — sou grata a ele por ter me motivado a seguir os seus passos e estudar psicologia (conciliando com os negócios da família). A sua profunda dedicação ao trabalho do Eneagrama e o seu brilhantismo ao moderar painéis de auto-observadores para mostrar a essência desse tema surpreendente e revolucionário me revelaram, em primeira mão, o poder do mapa do Eneagrama para ajudar a promover o crescimento e a cura humanos.

TIPOGRAFIA:
Utopia [texto]
Filson e Omnes [títulos]

PAPEL:
Pólen Natural 70 g/m² [miolo]
Cartão Supremo 250 g/m² [capa]

IMPRESSÃO:
BMF Gráfica e Editora Ltda. [abril de 2024]
1ª EDIÇÃO: outubro de 2019 [3 reimpressões]